The Lucifer Effect

Understanding How Good People
Turn Evil

The Lucifer Effect: Understanding How Good People Turn Evil
Philip G. Zimbardo
Copyright © 2007 by Philip G. Zimbardo, Inc.
All Rights Reserved

路西法效应

好人是如何变成恶魔的

[美]菲利普·津巴多 著
孙佩妏 陈雅馨 译

生活·讀書·新知 三联书店

Simplified Chinese Copyright © 2024 by SDX Joint Publishing Company.
All Rights Reserved.
本作品简体中文版权由生活·读书·新知三联书店所有。
未经许可，不得翻印。

图书在版编目（CIP）数据

路西法效应 : 好人是如何变成恶魔的 /（美）菲利普·津巴多著 ; 孙佩妏 , 陈雅馨译 . -- 北京 : 生活·读书·新知三联书店 , 2024.7. -- （新知文库精选）.
ISBN 978-7-108-07841-4
Ⅰ . B84
中国国家版本馆 CIP 数据核字第 2024D3A374 号

责任编辑　曹明明
装帧设计　康　健
责任印制　卢　岳
出版发行　生活·讀書·新知 三联书店
　　　　　（北京市东城区美术馆东街 22 号 100010）
网　　址　www.sdxjpc.com
经　　销　新华书店
印　　刷　北京隆昌伟业印刷有限公司
版　　次　2024 年 7 月北京第 1 版
　　　　　2024 年 7 月北京第 1 次印刷
开　　本　889 毫米 × 1194 毫米　1/32　印张 21.375
字　　数　496 千字
印　　数　0,001 - 6,000 册
定　　价　98.00 元
（印装查询：01064002715；邮购查询：01084010542）

目录
Contents

前　言 i

第1章　邪恶心理学：情境中的性格转换 1

第2章　星期日：突袭逮捕行动 26

第3章　堕落仪式正式开始 50

第4章　星期一：犯人叛乱 74

第5章　双重麻烦的星期二：访客和闹事者 107

第6章　星期三：逐渐失控 135

第7章　假释的权力 180

第8章　星期四：对峙时刻 212

第9章　星期五：淡出黑暗 240

第10章　斯坦福监狱实验的意涵Ⅰ：
　　　　性格转换的炼金术 269

第11章　斯坦福监狱实验的意涵Ⅱ：
　　　　伦理学及拓展研究 319

第12章　社会动力学调查Ⅰ：
　　　　权威、奉守与顺从 352

第13章 社会动力学调查Ⅱ：去个人化、去人性化以及姑息之恶 396
第14章 阿布格莱布监狱虐囚事件 428
第15章 让系统接受审判：领导层的共谋 491
第16章 抗拒情境影响力，赞颂英雄人物 565

注释 613
致谢 670

前　言

我很想说，写这本书就像一个爱的奉献，但在费时两年才完成的分秒过程中，感受却并非如此。不断重看"斯坦福监狱实验"（Stanford Prison Experiment）录像带、一再重读他们准备的资料，对我而言无疑都是情感的折磨。时间模糊了我的记忆：那些狱卒的恶行恶状，犯人们所受的痛苦折磨，以及我消极容忍虐行继续的罪行——姑息的罪恶。

我甚至也忘记此书的前半部分起笔于三十年前，是和另一家出版社签约合作，但在动笔之后我很快便放弃了；虽然当时的我十分贴近事实，却还没有再经历一次这些体验的准备。很庆幸我并没有将它束之高阁，并且强迫自己重拾笔墨，因为现在时机成熟了。如今我更有智慧、能以更成熟的观点切入，完成这项困难的任务。此外，阿布格莱布监狱（Abu Ghraib Prison）虐囚案与斯坦福监狱事件的相似性，正好提供一个机会，印证了监狱实验的效度，并清楚地揭示心理动力如何推动真实监狱中耸人听闻的虐待事件。

第二个阻碍我写作的情感因素，来自全身投入阿布格莱布监狱虐囚案的调查。身为一名军事监狱守卫的专家证人（expert witness），我更像调查记者，而非社会心理学家。我必须了解与这位年轻人关涉的每件事情，常常与他见面访谈，与他家人通电话或通信联系，了解他在矫治中心任职以及在军队中的情况，曾经与他一同服务的军方人员也是我的调查对象。透过这些资料的搜集，我慢慢地能够了解他当时身处阿布格莱布监狱1A层级的感受，知道他是如何度过四十个从下午4点到凌晨4点的夜班值勤。

担任一名必须在审判中证明是由情境力量导致他犯下虐行的专家证人，我被准许调阅数百张堕落恶行的数码照片资料，着实是这项工作中既丑陋又令人生厌的部分。此外，我也在这次任务中得以接触当时所有军事和民事调查委员会的报告。而因为被告知在审判中不得携带任何写有细节的笔记，所以我只能尽可能地记住所有关键点和结论。在获知伊万·弗雷德里克［Ivan Frederick，昵称奇普（Chip）］中士被处以重判后，原本承受的情绪压力更加沉重，而我也因此成为他与他妻子马莎（Martha）非正式的心理咨询员。经过一些日子，在他们心中，我也成为他们的"菲尔叔叔"。

当时的我既沮丧又愤怒，首先，虽然我已多次详述那些直接塑造他犯下恶行的军中情境，但军方却仍不接受任何能减轻刑罚的陈述，减轻他的判决。原告和法官拒绝接受情境力量可能影响个人行为的概念。他们和这个文化中的大多数人一样，都抱持标准的个人主义观念，相信错误完全是由个人"性格倾向"造成，这也就意味着，奇普·弗雷德里克中士是在理性决定下犯下罪行。更让我难过的是，我发现有许多"独立"调查报告清楚地将虐囚的罪责指向高阶主管，认为他们管理失当或不在现场才是酿成罪行的主因。这些来自上将和政府高层的报告，证实了军事和民事命令串联成一个"大染缸"，把好好的士兵们变成了"坏苹果"。

在斯坦福监狱实验之后，我开始撰写这本书，着手描写情境力量左右行为的方式，这个力量远超我们所想，或者也得承认，它能在许多情境中塑造我们的行为。然而，当时的我忽略了让好人为恶的更大动力——"系统",情境便是由这个更复杂、更强大的动力所创造出来的。社会心理学有大量的资料能佐证,在特定情境下,情境力量远远胜于个体力量。我将会在本书中,针对这类社会心理学资料加以说明。大多数心理学家对于深植于政治、经济、宗教、历史、文化中能够定义情境且界定合法性的力量,已经麻木了。想要全面且完整地了解人类行为动力,就必须先能辨识个人、情境以及系统力量的范围与限制。

要改变或避免不恰当的个体或团体行为,就必须了解他们带入了什么力量、优点和弱点到情境之中。接着我们必须更清楚地辨识出,情境力量在特定行为之下复杂的全貌。修正这些情境力量或者学习避免它们,都能大大影响与减少不当的个体行为,效果远大于只是在情境中针对个人的错误纠举。也就是说,用公共卫生取向取代治疗个体疾病与错误的标准医学模式。除非对系统的真实力量有足够的敏锐,并且充分了解系统运作的规定与法则,否则行为与情境的转换,对我们而言是瞬息万变的。我也会在书中再三强调:"试图去理解情境和系统如何影响个体行为,并不是为了替谁辩护,也不是为了免除此人所犯下的非道德或非法行为的责任。"

为了解释为何我将大部分职业生涯投注在邪恶心理学的研究上——包括暴力、匿名、攻击、酷刑及恐怖主义,我必须先提一提情境的塑造力量对我的影响。我出生于纽约市南布朗克斯区的贫民犹太区,成长环境影响了我日后对生活及重要事件的看法。发展有用的"街头智慧"是在都市贫民区生活的生存法则,也就是要懂得辨认出谁有权,谁能帮助你或反对你,对哪些人该积极奉承而哪些人不该,要能够辨认细微的情境线索,知所进退,何时应互惠,这一切,都是决定你是否能鱼跃龙门的关键。

在那个海洛因及可卡因尚未入侵南布朗克斯区的时代，贫民区充斥着身无分文的人，一群没有玩具和电子游戏机的犹太小孩，能一同玩耍便是最大的快乐。但这些小孩后来有些成为犯罪的受害者，有些成为加害人，有些我认为是好孩子，最后却为非作歹。导致如此的原因，有时候是十分显而易见的。让我们来举个例子，想象一下只要托尼一犯错，他父亲就扒光托尼的衣服，罚他跪在浴缸里的硬果仁核上；这个虐待狂般的父亲在平时却性情和善，在同栋公寓的女士们面前更是魅力十足。而正值青少年期的托尼，性情因父亲虐行的伤害而走偏了路，最后进了监牢。另一个孩子为了狠狠发泄挫折而活生生剥掉了猫皮。有些人刚加入帮派时，都必须先历经偷窃、打架、胡作非为、恐吓去犹太教堂的女孩和犹太小孩这类仪式。这些都不会被认为是邪恶甚至坏事，因为他们只不过是听从老大命令和遵守帮派规矩罢了。

对我们而言，这些影响小孩的系统力量还存在于高大可恶的管理员猛然俯身踢你一脚，没良心的房东可以因为没缴房租而逐出房客一家老小，把家当丢在路上等。我仍然为他们恶劣的行径感到可耻。但其实我们最大的敌人是警察，他们会在我们在街上（用扫帚把和斯伯丁橡胶球）玩曲棍球时，将我们一一扑倒，不由分说就没收扫帚球杆，并且严禁我们在街上玩球。但是方圆一英里内没有其他可供游戏的场地，我们仅有的就是街道，虽然对路人而言，我们的粉红塑胶球有些危险。我记得有一次警察来的时候，我们把球杆藏了起来，但没想到他们将我单独叫出来，叫我说出球杆的位置。我拒绝回答，一名警察说要逮捕我，并且用力把我推向警车，我的头狠狠地撞上了车门。自此以后，除非保证安全，我再也不相信穿制服的大人。

在这全然缺乏父母监督的成长背景下——因为在那时候，小孩和父母从不一起上街——引起我对人性来由的好奇，特别是人性的黑暗面。因此《路西法效应》在我心中已酝酿多年，从我的贫民区经验一直到正式的心理科学训练，这些经验都让我不断质疑，企图从实证中找到答案。

这本书的架构有点特别，第一章首先概述人类性格的转变，好人和天使如何转而为非作歹变成坏人，甚至成为十恶不赦的恶魔。这也接着引发一个基本问题：我们真正了解自己多少？一旦面临陌生情境，有多少把握知道自己会做什么，不会做什么？我们是否会像上帝最爱的天使路西法一样无法抵抗诱惑，对他人做出难以置信的事？

接着在陈述斯坦福监狱实验的几个章节中，将会呈现被随机分派成犯人和狱卒的大学生在模拟监狱中行为转变的过程——情况后来演变得过度逼真。这几章的记录形式就好比电影剧本，如同有一名旁白讲述正上演的故事，并辅以一点心理学上的诠释。只有在实验结束之后（实验比预期要早结束）才做出结论，并且思考从中学到的教训，描述和解释搜集到的证据，并阐述参与其中的心理历程。

斯坦福监狱实验得到的其中一个主要结论是：不论是细微或明显的情境因素，皆可支配个体的抵抗意志。我们将借助社会科学的研究来详述这一现象。我们看到广大的受试者，如大学生、市民志愿者等，能够符合、遵守、服从，轻易地被诱惑去做在"情境力量场"（situational force field）之外无法想象的事。一系列心理动力运作过程，包括去个人化、服从威权、被动面对威胁、自我辩护与合理化，都是诱发好人为恶的因素。"去人性化"是让平凡人性情大变、变得冷漠无情，甚至肆无忌惮地犯罪的主要运作过程之一，这就好比白内障，它能遮蔽人的思考，并促使当事人觉得其他人猪狗不如，认为敌人就应该受到酷刑折磨和歼灭。

有了这些分析工具之后，我们将转而探讨在伊拉克阿布格莱布监狱中，美军狱警虐待与折磨囚犯的成因。有一派主张这些不道德的施虐事件是一些调皮士兵（俗称"坏苹果"）所为，我们将以有相同情境力量和心理运作历程的斯坦福监狱实验来审视这派说法。虐囚过程都记录在士兵们拍摄的"战利照片"中，我们将深入检视地点、人物、情境，为此事件下结论。

最后，我们要将整个环环相扣的叙述从个人、情境到系统串联起来。借助近半打的虐囚案调查报告和关于人权和法律资料的证据，我采纳检察立场，在审判中加入"系统"的概念。在法律限制的是个人操守，而非针对情境和系统的前提下，我会控诉四名高阶军事主管，并延伸此论据，一同控诉布什政权内部的指挥共谋结构。读者们可将自己视为陪审团，决定这些证据是否能让每名被告的罪名成立。

这场探索阴暗心与灵的旅程，在最后一章将会有所转折。我将在最后宣布好消息：人性终究是良善的，人们是可以通过一些方法，利用个体力量来挑战情境与系统力量。在引用文献与真实案例中，总是有些个人得以抵抗，不屈服于诱惑。这些人并不是天生有善良之神嘉惠，而是直觉上深知心理与社会的抵抗战术。我会在文中详述一套策略与战术，协助所有人去对抗不愿接受的社会影响。这些建议综合于我的个人经验，而许多专精于"影响与说服"（influence and persuasion）社会心理学的同事们也贡献了他们的智慧。

最后，当大多数人都选择让步不抵抗时，这时反叛者常会被视为对抗遵守、顺从、服从之类强大势力的英雄。由于这样的英雄勇于行事不畏牺牲，我们会认为他们与众不同。这样独特的个体确实存在，但他们应被视为英雄中的例外，少数会牺牲自己的英雄。比方说，他们是基于博爱主义的理想而奉献自己的生命。但大部分的英雄却是由时势造就，在登高一呼之下毅然决定行动。因此，《路西法效应》将以颂扬存在于你我身边的平凡英雄作为结尾。在"邪恶的平庸性"（banality of evil）的概念里，平凡人要对其同类最残酷与堕落的卑劣行为负责，而我主张"英雄主义的平庸性"（banality of heroism），则对每个随时愿意尽人性本分的男男女女挥动英雄的旗帜。号角一旦响起，他们会明白这是朝着他们而来。当我们面对情境和系统的强大压力时，都该坚持人类本性中最好的本质——以颂扬人性尊严来对抗邪恶。

第 1 章

邪恶心理学：情境中的性格转换

> 心灵拥有其自我栖息之地，在其中可能创造出地狱中的天堂，也可能创造出天堂中的地狱。
>
> ——约翰·弥尔顿，《失乐园》(John Milton, *Paradise Lost*)

注视这张漂亮的图片一段时间，然后闭上眼睛，试着从记忆中回想它。

M. C. Escher's "Circle Limit IV" © 2006 The M. C. Escher Company–Holland All rights reserved. www.mcescher.com

你的心灵之眼是否看见纯白的天使们在黑暗的天堂上飞舞？或者你看见许多长角的黑魔鬼占据地狱亮白的天空？在艺术家埃舍尔（M. C. Escher）的创作中，两种视觉效果出现的机会是同等的。但是一旦察觉到善与恶并存时，你将再也无法只见其一不闻其二。所以从现在开始，我不会同意你再回头好整以暇地将"善与完美"的一面与"邪恶与败坏"的一面轻易画为黑白两道。在这本书的奇特旅程中，我希望你能一再思考一个问题："我有可能成为恶魔吗？"

埃舍尔的图呈现了三个心理事实：第一，这世界充斥善与恶，从前如此，现在如此，以后也一定如此；第二，善与恶的分界可以互相渗透且模糊不清；第三，天使可以变成恶魔，令人难以相信的是，恶魔也可能变为天使。

路西法变成撒旦的例子，或许可以让你更清楚记得这个善恶大逆转。路西法是光之守护者，是上帝最宠爱的天使，直到他挑战上帝的权威，带领一群堕落天使投身地狱。在弥尔顿的《失乐园》中，撒旦自负地说："在天堂为奴，不如在地狱为王。"在地狱里，路西法撒旦变成一个说谎者，靠着自夸、矛戟、号角与旗帜，成为该处的冒牌顶替者，其作为可媲美现今许多国家元首。在一次魔鬼领袖的会议[1]中，撒旦得知他无论如何都无法再回到天堂，他的亲信别西卜（Beelzebub）于是提出最邪恶的计划，以毁坏上帝最爱的杰作——人类——来报复上帝。但纵使撒旦成功引诱亚当和夏娃忤逆上帝走向罪恶，上帝仍宣称终有一日他们将可获得救赎。然而，上帝却任凭撒旦游走禁制边缘。于是撒旦谋同女巫诱惑人类，女巫因此成为驱魔者的眼中钉。撒旦一族的恐怖手段，孕育出了前所未见的邪恶体系。

路西法的罪孽，被中古世纪思想家认定为"贪爱"*。对诗人但丁而言，从"贪爱"涌现之罪恶乃豺狼虎豹之恶，仿佛其精神内部有个深邃的黑洞，用再多权力和金钱都无法满足。沉溺于贪爱的人，不论外在自我价值为何，都为贪爱利用，或用以强化自我。在但丁描写的地狱中，因贪爱而犯罪的恶人要归在第九层地狱，以冰湖冻结。因为他们一生自私地只为自己，所以判处在冰冻的自身中乞求永恒。为了让人们只看见自己，撒旦与他的手下将人类的眼，从所有生物的和谐之爱中移开。

豺狼之恶使人类偏离慈悲，只求自身利益。在第九层地狱中，罪人受制于贪得无厌之心，所以冻结在自我囚禁的监狱里，那里的囚犯与狱卒，全都活在自我中心的现实中。

研究撒旦起源的历史学家伊莱恩·帕格尔斯（Elaine Pagels），以挑衅的论点提出反映真实人性的撒旦心理：

> 撒旦令人着迷之处在于他异于常人的特质，他唤起贪婪、嫉妒、欲望和愤怒，这些都被视为最坏的冲动，甚至可将人类比喻为禽兽的暴虐……最糟的是，邪恶似乎与超自然能力密切相关——在战栗之中我们发现，邪恶正是马丁·布贝尔（Martin Buber）描述的上帝[全然他者（wholly other）]颠倒的魔鬼性格。[2]

---

* 作者注：贪爱（cupiditas），英文为贪欲（cupidity），指的是对财富与权势的强大欲望，自私地将他人所有占为己有。比如说纵欲和强暴是贪爱的一种形式，因为涉及利用他人来满足私己的欲望。又如谋财害命也是。与贪爱相对为纯爱（caritas），在纯爱中，每个个体都是在爱的环戒之中相互关联，并拥有其独特的价值。"推己及人"之道或许不足以诠释纯爱的意涵，"Caritas et amor, Deus ibi est"（哪有仁慈，哪里有爱，上帝便与你同在）或许更能表达纯爱的意境。

我们害怕魔鬼，却为之着迷。我们创造魔鬼阴谋的神话，对此信以为真，并且相信自己足以组织力量去反抗。我们排挤"他者"，视之为危险的异己，对非我族类的过度纵欲与道德悖逆感到毛骨悚然，这全是出于对"他者"的无知。研究"邪恶化身"的宗教学教授戴维·法兰克福（David Frankfurter）在妖魔化他者的社会架构下，做出以下说明：

> "社会性他者"（social other）好比食人族、魔鬼、巫师、吸血鬼，或是以上综合体，象征一概为对立的邪恶形象。这些社会边缘人的故事，就像一出充斥野蛮行为、淫荡习俗与怪物的剧本。但我们在思忖"差异性"之际惧喜交加的心情——因殖民、传教、军队入侵时残暴行为而产生的伤感情绪——确实会影响我们形成个人层面的幻想。[3]

天使、恶魔，以及其他芸芸众生的转变

我写《路西法效应》是为了试图了解，好人或一般人如何转变，去为非作歹的过程。首先，我们得面对最基本的问题："是什么让人为恶？"我们暂且摒除宗教的善恶二分法，以及先天不良或后天失调的原则。我们将以生活中的真实人们为例子，看他们是如何投入自己的工作，并且在人性混杂的大熔炉中生存下来。换句话说，我们想要了解的是：性格如何在强大情境压力下产生转变？

让我们为邪恶下一个定义。我的定义十分简单，基于心理学一个原则：邪恶是建立于涉及伤害、虐待、命令、缺乏人性、毁灭无辜他者的刻意行为，或是使用权威、系统力量鼓励且允许他

人这么做，并从中取得利益。简而言之，也就是"明知故犯"。[4]

驱使人类行为的动力为何？是什么决定了人类的思考和行动？是什么让我们一部分的人道德感深重、正直不阿，而相对地又是什么让人容易抛弃礼规、犯下罪错？我们在回答这些人性问题时，是否都先假设是"内在因素"决定了我们向上提升或向下沉沦？而都忽略了"外在因素"对于人类思考、感觉及行动的影响？在什么状况下我们会成为情境或群体行为下的产物？有什么事是你自信绝不会在任何胁迫下做出的呢？

因为自我中心的偏见，大多数人都有认为自己是最特别的幻觉。这个自利归因的保护罩，让许多人一厢情愿地相信自己在许多自陈测验中处于平均值之上。我们往往习惯在自己的小世界中以管窥天，却常常忽略了脚下踩踏着滑溜的斜坡。这种情况在强调个人取向的社会中十分常见，例如欧美社会，但较少见于亚洲、非洲和中东等强调群体取向社会。[5]

在我们探索良善与邪恶的旅程中，请你先试着回答以下三个问题：你真的了解自己多少？你拥有哪些优点、哪些缺点？你的自我认知，是来自一个过去曾经出现相同行为的类似情境，还是在一个过去习惯饱受挑战的新情境？根据这个脉络来思考，你究竟有多了解日常生活中与你互动的人们，包括你的家人、朋友、同事及情人？

本书其中一项重点就在于强调，我们对于自己的认识往往来自昔日相同情境下的有限经验，这其中牵涉了规则、法律、政策等各种外在压力。我们上学、度假、聚会，支付账单和税金，日日年年如此，但是当我们暴露在全新、陌生的环境下，过去经验或习惯无法应付时，会是如何呢？开始一个新工作、第一次和网友见面、参加新社团、被警察逮捕、从军当兵、参加某个教派，或自愿担任实验受试者……当习以为常的游戏规则动摇了，你的老方法可能将不如从前一般好用。

现在，我希望你在看见不同形式的恶行时，不断询问自己："我也会这么做吗？"我们将在后面章节检视"卢旺达屠杀事件"、发生在南美洲圭亚那的"人民圣殿教"集体自杀事件、越南的"美莱大屠杀"，骇人的纳粹集中营、全世界军事和警方的严刑拷打、神父性侵教徒事件，以及搜查"安然"和"世界通讯"诈欺案中其公司主管可耻欺瞒行为的有关迹象。最后，我们会看看从这些恐怖事件中得到的线索，能如何解释伊拉克阿布格莱布监狱虐囚案。我们将会发现这些都与心理学研究所提供的线索环环相扣，特别是斯坦福监狱实验，紧紧关系着这些残暴事件。

邪恶是"根深柢固"还是"虚无易变"？

壁垒分明地辨别好人与坏人能让我们感到安心，至少是基于以下两点理由：第一，它建立了一则二分法的定律，在这样的定律之下，邪恶被认定为"天性如此"。大部分人将邪恶视为一种内在不变的特质，也就是说，我们认定有些人性与生俱来，是他人所没有的，因此，坏坯子最后必定依循他们的本性展露邪恶的一面，诸如希特勒、伊迪·阿明（Idi Amin）将军、萨达姆·侯赛因（Saddam Hussein），这些我们视为恶魔的执行大屠杀的暴君们；然而，我们也无法否认生活之中有更多常见的"恶人"，如毒贩、强暴者、皮条客、老人诈骗集团，还有那些恃强凌弱摧毁儿童幸福的犯罪者。

其次，维持善恶二分法可令好人"免责"，好人们甚至不必反省自己是否可能造成、维持、延续或姑息以下这些情境——行为不良、犯罪、破坏公物、嘲弄、欺弱、强暴、酷刑、恐怖行动，以及暴力。并且,好人们可能会这么说:"这就是世界运转的方式,我们并不能改变什么——至少确定我不能。"

另外一个观点则是将"邪恶"视为"渐进式",也就是随着环境不同,我们都可能为恶;代表任何人可在任何时间,或多或少表现出某项的特质(如聪慧、自傲、诚实或恶毒),而这些特质无论是朝向善或恶的一面,都是可被改变的。渐进式的观点,意味着某项特质的获得是借由经验、专注学习或外界提供犯罪机会的介入而来,简言之,无论遗传、个性或家世背景为何,我们都可以选择学习向善或向恶。[6]

另一种理解:特质、情境、系统

"特质论"之于"渐进论",正对比干"特质的"之于"情境的"因素会如何影响行为。当面对一些不寻常的举动、一些突发事件或一些反常无理的现象时,传统取向是以某些导致行为的固有特质为了解来源,例如基因、个性、品格、自由意念等倾向,要是论及暴力行为,则研究其凶残的人格特质,要是提及英雄壮举,则搜寻个人利他奉献的基因。

为什么美国小石城城郊社区发生高中生枪械扫射,造成几十名学生和老师死伤?[7]为什么一对英国学生会在购物中心绑架三岁孩童,最后还冷血杀害?为什么无数巴基斯坦和伊拉克青年男女会成为自杀攻击炸弹客?为什么许多欧洲国家的人民,明明晓得极有可能被纳粹逮捕,危及自身和家人生命安全,仍然选择保护犹太人?为什么许多国家的"吹哨人"冒着个人损失的风险挺身而出,揭露当局者的不公正和不道德的行为?

对于以上问题,传统的观点(支持者大多拥有个人主义色彩浓厚的文化背景)会试图以病理学及英雄主义来解释。现今精神医学、临床心理学、人格与衡鉴心理学皆倾向特质论,而我们大多的体制也基于法律、医学、宗教的立场,认为疾病、罪责、犯法应指向病者和罪者,因此,面对以上这些问题,将以"谁"的问题为出发点来了解这些事件:"谁"该负起责任?"谁"是罪魁祸首?"谁"应受谴责,而"谁"又应得赞扬?

社会心理学家在试图了解非常态的行为原因时,会尽量避免这类针对特质的论断,社会心理学家以自提的问题开始,寻求是"什么"造成结果,在"什么"状况下会造成特定的反应,"什么"事件会引发行为,"什么"情境下最接近当事者状况。社会心理学家会问,何种程度的个体行动可以追溯外在因素,如情境变项和特定安排下的环境历程。

"特质取向"和"情境取向"就如同"健康医疗模式"和"公共卫生模式"。医疗模式尝试在受影响的个人身上找寻病灶的来源,相对地,公共卫生模式的研究者认为,疾病的触角衍生自环境创造出的致病状态,生病常常只是环境病原体导致的最后结果。举例来说,一个出现学习障碍的孩童,医疗模式会给予许多药物上和行为上的处方来克服这项缺陷。但是从情境取向来看,由许多案例中可以了解,根本问题可能不只如此,尤其是低经济水平这个外在因素。问题可能出自误食家中墙壁剥落的油漆而造成铅中毒,因此,结论就会是因为贫穷而使病情恶化。

从情境取向这种观点来解释问题,并非仅是概念分析上的抽象变化,更提供解决个人与社会问题极为不同的方式。这样的分析方式有着重要的含义,并且提供直觉敏锐的心理学家们走入大众的生活,试图理解为什么人们会这样做事、那样做事,理解该怎么做才能让生活变得更好。只是,在个人主义当道的社会中,很少不受特质论所影响的人,每每发现问题,首要就是观看动机、特征、基因和个人病史。大多数人在理解他人行为时,都倾向高估特质的重要性,而低估情境因素。

在接下来的几章,我将提供一系列真实的证据来对抗特质论,并且扩展焦点显示人们如何沉浸于情境中,因情境释放的力量而改变性格。人和情境常常处于相互影响的状态,纵使认为自己拥有稳定一致的人格,也可能不是真的。独自工作与在团体中的自己可能不同,在浪漫氛围中和在学校环境中不同、和朋友一起与陪伴陌生群众时不同、旅行中或藏身自家小窝中的自己,也都可能不同。

"巫师之锤"和欧洲猎巫行动

《巫师之锤》(也称为"女巫的骨锤")[1]8是首先记载广泛使用"特质论"来理解邪恶的书籍,它后来成为宗教审判的"圣经",是宗教审判必读的著作。书中内容起于一个亟待解答的谜团:在全善全能的上帝之下,恶魔何以仍旧存在?其中一种解答是,上帝允许它们存在是为了让人们接受考验,屈服于淫威之下的就下地狱,能抵抗邪恶者便得以上天堂。然而,因为亚当和夏娃的堕落,上帝会限制恶魔对人类的直接影响。所以恶魔们以派遣巫师作为中介者为策略,执行恶魔对人类的召唤,导致人们沦丧良知。

于是为了防止邪恶蔓延,处置散布各处的巫师,许多天主教国家以找出并消灭巫师为解决之道。从茫茫人海中找出恶魔的卧底,"识别"是首要工作,然后以各式各样的严厉酷刑逼供,让这

---

[1] 《巫师之锤》(*The Witches' Hammer*):中世纪记载女巫刑求最有名的书籍之一,作者为两名神职成员,于1478年出版,出版的目的在于挑战所有反对巫术存在的主张,并且指出地方官员如何定义、审问并指控女巫们。

些人承认自己的确为"异端"（heresy），接着便歼灭这些"异端"（也就是我们熟知的猎巫行动）。无法在这样的考验下存活的就如此死去，简单且直接。

就算不提起许多精密规划的恐怖行动、酷刑和数以千计的未知灭族行动所造成的大量死伤数目，光是这种大幅简化复杂议题的概念，就足以教人燃起一把对于宗教审判的无名火。形成"巫师"这样低鄙的类别框架，提供社会快速解决恶魔的方式，只要恶魔使者的身份一被确认，就是实施酷刑、下油锅、上火刑架。

在由男性主导的教会及国家中，我们不难想见为何女性比男性更容易被冠上巫师之名。[9]这些"异端"通常会因为几种形式受到威胁——守寡、贫穷、丑陋、畸形，少数几个特别的例子则是太傲慢和太有威权。宗教审判的工具，目前仍现形于世界各处的监狱中，在军事或法律审问中心里更是标准执行程序（等我们拜访阿布格莱布监狱时，会有更多的描述）。

系统力量由上而下的施压优势

整个社会体制如何像个大机器般地不断创造、转发意识形态？换句话说，它是怎么被更高阶的因素——也就是系统的力量——所创造且塑造。不单只是特质和情境，"系统"也必须纳入复杂行为模式的考虑之中。

当非法或是不道德的行为发生在像警察、惩治者、士兵等专业的公职人员身上时，这些人通常会被典型地认为是少见的"坏苹果"，意指他们是少数的例外，必须摆在好坏界线的边缘地带。而画定这个界线的人，通常是这整个系统的护卫者，他们希望能隔离问题、转移视听者的焦点，好让注意力和责备都落到督导不周或失职的上级身上。像这种"苹果特质论"，再次忽略了"苹果"间的界线,以及可能的腐败情况对所有苹果的影响。于是,系统分析,应聚焦在有权设定这些界线标记的人物。

这些有权设定这些界线的权势精英,通常就在玻璃帷幕之后规划许多"我们"日常生活的情境,人们就在他们打造的社会结构下日复一日地生活。社会学家米尔斯(C. Wright Mills)[10]曾启示我们这个力量的黑洞。这些权势精英所处的社会地位,让他们得以轻易胜过我们任何人,他们可以决定许多重要议题并且产生重大的结果。只是,他们关键性的地位,远远比他们所下的决策更有巨大的影响力;错误的行动,远远比错误决策更严重。他们听从现代社会主要阶级和系统的命令,操纵大型财团法人,运作国家机器并自认有特权,指导军队组织,垄断社会建构的策略命令公告,集中了最有效的手段,享有权力、财富和名声。

当这些各式各样垄断的权力结合起来,他们便开始定义、实现有如乔治·奥威尔(George Orwell)在《一九八四》里所预言的我们的生活。这些军事结合宗教的力量是最终的至高系统,它将掌握今日美国生活的资源和品质。

> 如果一个权力引起了长期的忧虑,就会变成恐惧。
> ——埃里克·霍弗,《心灵的激情状态》
> (Eric Hoffer, *The Passionate State of Mind*)

创造"敌人"的力量

这种创造"敌人"的力量,通常是不自己做肮脏事,就好像黑手党老大总是把失误丢给小弟承担。系统利用影响和沟通向下(很少向上)创造统治性的等级阶层。当权势精英想要摧毁敌国,宣传老手就会施行制造仇恨的计划。让一个社会群体憎恨另一个社会群体，隔离他们，使他们痛苦，甚至杀害他们，这需要通过"敌意想象"这种心理建构，经由宣传深植于人们心中，让他者转变成"敌人"。"敌意想象"是战士最有力的动机，它能让装满仇恨和恐惧的弹药的枪声响起，而这种惧怕敌人的心象，威胁着人们的内心安乐和社会国家的安全，鼓吹父母送孩子上战场，让政府改变优先法案，把犁刀变成刺刀。

这些全可以通过话语和图像达成，海报、电视、杂志封面、电影、网络上的戏剧化视觉影像，伴随着强烈的恐惧和愤恨情绪，"敌意想象"于是刻进人类脑海深处。这个过程起始于创造对他人的刻板印象，先排除对方的人性，认定他人是无价值且邪恶的，是不可解的怪物。深刻的大众恐惧，加上敌人威胁逼近，原本讲道理的人，行为开始变得不理性，思考独立自主的人开始不经意地盲目遵从，爱好和平者变成骁勇善战的战士。

社会哲学家萨姆·基恩（Sam Keen）出色地描述了敌意想象是如何由国家宣传机器无中生有地制造出来以供战争之需，并揭示了它们所激发出来的力量[11]。为消灭敌人的欲望辩解，虽然有些事后诸葛亮，但还是能为官方记录解套，却未针对伤害作批判性的分析。

族群屠杀是敌意想象最极端的例子。我们已经知道希特勒如何使用宣传机器，将犹太裔邻居、同事甚至朋友，变成"全民公敌"，并且宣告他们应得"最后的审判"，他们在小学课本中，以图片和文字强调所有犹太人都是可耻且不值得同情的。

接下来，我会举一些近代的例子，说明种族屠杀者如何使用强暴作为污蔑人性的武器，然后，我会展示当事人的复杂心路历程。这个去人性化的部分，都可以借助实验控制的方式及系统性分析来加以区分，并将关键的部分独立出来。

违背人性的犯罪：种族灭绝、强暴以及恐怖袭击

三千多年来的记载，告诉我们没有人和国家可以免于邪恶势力。在荷马记载中的阿伽门农与特洛伊的战争里，希腊军方的指挥者在进攻敌人之前告诉他的士兵们："我们要让敌方无一幸免，就连母亲子宫里的孩子也不例外，只要是人，就必须完全去除其存在……"这句可恶的话，竟出自当时最文明的国度的一个贵族之口，那可是哲学、法学、古典戏剧的起源地啊。

同样地，我们生于"大规模谋杀的世纪"。在由政府下达死亡命令，由士兵和市民执行的系统化谋杀下，已超过5000万人因此丧命。1915年，奥斯曼土耳其人屠杀了150万亚美尼亚人；20世纪中纳粹肃清600万犹太人、300万苏联战俘、200万波兰人和成千上万"不受喜欢"的人们；柬埔寨的红色高棉政权杀死170万人民；伊拉克萨达姆的复兴党，被指控杀害10万库尔德族人；2006年，种族灭绝在苏丹的达尔富尔地区蔓延开来。然而，还有更多这样的事件，在世界的角落被我们随意忽略。[12]

卢旺达强暴事件

位于非洲中心的卢旺达，爱好和平的图西族学到一件事情，即使只是简单的大砍刀，也可以造成大规模的摧毁。胡图族人从1994年开始大规模屠杀图西族，几个月内就遍及全国，军队用砍刀和狼牙棒杀害了数以千计的无辜男人、女人、孩童。联合国统计，约有80万到100万卢旺达人民在三个月内被谋害，是有史以来最凶恶残暴的大屠杀，消灭了四分之三的图西族人口。一个受害者回忆施暴者所说过的话："我们要杀光所有的图西族，然后有一天，胡图族的孩子们会问：'图西族的小孩长什么样子？'"

屠杀从前的朋友、隔壁的好邻居，都只是"奉命行事"。一名胡图族屠杀者在十年后的访谈中提道："杀害自己的邻居是再糟不过的事情，我们曾经一起喝酒，他的牛在我的土地上吃草，他就好比是我的亲戚。"一个胡图族的母亲叙述她是如何活活打死一名邻居的小孩，这个小孩又是怎么带着惊讶，眼睁睁地看着昔日的友人、邻居夺走他的生命。她说，一名政府人员告诉他们图西族是他们的敌人，而且给了她一根狼牙棒，再给她丈夫一把砍刀，用来对抗敌人。她辩称这是"帮"那孩子一忙，因为他的双亲已在先前的谋杀中过世，这可以避免让他成为可怜的孤儿。

直到最近，世人才开始注意被大规模强暴的卢旺达妇女。对她们来说，那是骇人的恐怖攻击，更是精神上的羞辱。一些记录揭示，这事件起于胡图族领导者西尔韦斯特市长（Silvester Cacumbibi），他偕众轮暴了昔日好友的女儿；受害者表示，他在犯下恶行时告诉她："我们不会浪费任何一颗子弹在你身上，我们将强暴你，让你生不如死！"

在南京大屠杀中妇女受日军侵犯事件（后面还会提到）中，因为早期调查的错误，也因为中国人"家丑不可外扬"的文化而隐瞒、模糊了事实，以至于我们对南京受害妇女的心理历程的了解，并不如卢旺达事件妇女更了然。[13]

当布塔雷（Butare）这个村庄的人民在边界奋力抵抗胡图敌军的同时，临时政府派遣了一个特殊人士去处理这个被看作"叛变"的事件。她是家庭及女性事务部的部长，也是在布塔雷村备受欢迎的政治宠儿，更在此处出生、长大。波利娜（Pauline Nyiramasuhuko）是图西人，也曾经是一名社会工作者，开授过女性赋权的课程，是这个村庄的唯一希望。但是希望马上就落空，因为她竟然策划了一个可怕的陷阱，承诺族人红十字人员将在村里的体育场提供食物和避难所,但实际上胡图族的武装暴民早已埋伏在那里,最后几乎谋害了所有寻求庇护的村民。他们在暗处上膛开枪,丢出手榴弹,少数幸存者则被千刀万剐、切成碎片。

波利娜还下了一道命令:"杀女人之前,必须先强暴她。"她还下令要另一组暴民从她车上拿汽油,浇上70个妇人与女孩,监视她们活生生被大火烧死。在杀死她们之前,她还征求暴民强暴这些受难者。一个年轻人告诉翻译他没办法强暴她们,因为他们"杀了一天的人已经非常累了"!

罗丝,曾遭到波利娜的儿子沙朗强暴的一名年轻女子,她是唯一被允许活下来的图西人,于是她能定期向上帝报告她在这次屠杀中见到的一切。她曾被迫看着母亲被强暴,以及目击20个亲戚被杀害。

一份联合国报告估计,至少有20万女性在这短短时间内被强暴后杀害。她们被尖矛、子弹、酒瓶或香蕉树的雄蕊刺入身体,性器官被砍刀切割,浇以滚水或强酸,乳房被切除。更可怕的是,这些由男性犯下的强暴罪刑,常常伴随其他形式的生理酷刑并被当成公开表演,通过这样的公开方式,促进胡图人的社会联结关系。他们更通过轮暴,共享患难的友爱和忠诚。加倍显露其恐怖和堕落之处。

这种去人性化是没有界限的。一名胡图族民兵拿着斧头抵着一名十二岁孩童的喉咙,强迫他在父亲及其他五名被强迫打开大腿的姊妹面前,强暴自己的母亲。艾滋病在幸存的受害者间传染开来,持续扩大卢旺达的浩劫。纽约约翰杰伊学院(John Jay College)研究犯罪正义的历史系教授查尔斯·斯特罗奇尔(Charles Strozier)认为,"以疾病、瘟疫为'天启'(apocalypse)的恐怖行动,就像生化战的武器,歼灭生育者,导致一个族群的灭亡。"

我们该如何理解是什么力量促使波利娜犯下"一个女人对付敌方女人"的特殊罪行？综合历史和社会心理学，可以提供建立于"权力和地位差异"的解释框架。首先，她受到一种普遍观念影响，比起图西女性的美丽和傲慢，胡图女性的地位较低。图西女性较高挑儿、白皙，并有较多白种人的特征，让图西女性比胡图女性更受男性喜爱。

这个被武断归类的种族，来自比利时人和德国人殖民后的婚姻混血，他们说同样的语言，信仰同一种宗教。殖民者强迫所有卢旺达人民佩戴辨识证，以分辨哪些是多数的胡图人而哪些是少数的图西人，后者则获得较高的教育、行政管理机会。这或许成为波利娜被压抑的复仇欲望。而她处在一个男性优势威权之下，必须证实她的忠诚、顺从、爱国，通过热心于精心策划犯罪、效忠上级监督者，永远不在犯罪之前用女人的身份对抗敌人，这让鼓励大规模犯罪和强暴女性变得更容易，将受害者变成一个抽象概念，甚至给他们一个贬低的名称——"蟑螂"——必须被消灭的物种。有一个更写实的说法是，想象用讨厌的色彩涂抹在敌人脸上，然后摧毁"画布"。

如同我们无法想象的，有一些人会刻意鼓舞这些像魔鬼一样的恶行。妮科尔·贝热万（Nicole Bergevin），也就是波利娜的律师，在波利娜的种族屠杀审判中提醒我们："当你进行谋杀罪审判时，你将会发现我们每个人都是有嫌疑的，而你是连做梦也不会承认这些行为，但是你开始了解每个人都是'有嫌疑的'。这可能发生在我身上，也可能发生在我女儿身上，也可能是你身上。"

要更清楚了解本书中这其一的主要论点，可以参考艾莉森·德福尔热（Alison Des Forges）这位人权守护者的看法。她曾经调查过很多类似的粗暴罪行，通过下面这段残暴的行为描写，

第1章 邪恶心理学：情境中的性格转换

我们可以从中窥见自己的反射：

> 这个行为就隐藏在我们每个人的表面之下，简化种族屠杀，让我们能轻易拉开自己与加害者之间的距离。他们是如此邪恶，我们不曾也不会做出同样可恶的事情。但如果思考一下，真正了解到那些人是身处于一个严重的压力情境下，而你却武断地质疑那就是他们的人性，这是令人担忧的。当你被强迫去面临这个情境，而自问："我会怎么做？"有时候答案就不如我们所愿了。

法国的新闻记者琼·哈茨菲尔德（Jean Hatzfeld）[14]访问了十名因砍死数千名图西人而正在坐牢的胡图部队成员。这些寻常百姓过去大都是农夫、爱去教堂的人，甚至是老师，但他们的证词让人心寒，他们的言辞一再挑战我们无法置信的事情：人类能够因为愚蠢的意识形态就放弃人性，追随卓越且有吸引力的权威者所下的命令，消灭所有被标示为"敌人"者。让我们仔细思考这些价值，并和杜鲁门·卡波特（Truman Capote）的《冷血》（*In Cold Blood*）做对照。

> "杀人杀多了，对我而言就没有意义了，我只想要确定，从杀害第一个男士一直到最后一个，我都不会对任何一位感到抱歉。"

> "我们只不过奉命行事，在每个人的热诚之下整队，在足球场上成群结队，出去猎杀如同有血缘的灵魂。"

> "杀人的时候，如果有人因为悲伤的感觉而迟疑了，绝对必须小心他的嘴巴，不要说出自己犹豫的理由，害怕被控诉

和敌人有串供关系。"

"我们杀掉纸上的人,没有理由选择、预期或特别害怕,我们是熟人的刽子手、邻居的刽子手,只是计划的刽子手。"

"我们的图西邻居,我们知道他们并没有做坏事、没有罪,但是我们认为所有的图西人给我们长期以来添的麻烦就是不对。我们不再是一个一个的看着他们,我们不再停下来辨识他们以前的样子,甚至不再想和他们共事。和过去相处的经验比起来,他们已经变成很大的威胁,让我们无法再用共同体来看待。这就是我们杀他们的原因。"

"把图西人逼上绝境的时候,我们不再把他们当成人类。我的意思是指不是像我们一样的人,共享相同的想法和感觉。猎杀是残暴的,猎人是残暴的,牺牲者是残暴的——残暴占据了我们的心。"

这些残忍的杀害和强暴,表达出一个我们会一再提到的主题。存活下来的图西妇女贝尔特(Berthe)说:

> 以前我就知道一个人可以杀另一个人,因为那常常发生。现在我知道,即使你和另一个人共享食物或睡在同一张床上,甚至和他没有任何过节,他也可以杀害你。最亲近的邻居可以用他突然产生的力量杀害你,这是我从种族屠杀中学到的,我眼睛里看见的已不再是这世界原本的面貌。

曾经逼迫联合国指挥官对卢旺达施展援助任务的联合国维和部队指挥官罗密欧·达拉莱尔(Roméo Dallaire)将军,虽然通过他英雄的壮举,将他的经验编写成一部有力量的声明书籍《与魔鬼握手》[15]以拯救数千人，但是这位指挥官因为无力唤起联合国更多的援助，无法预防更多的残暴行为而感到心力交瘁。他后来得了严重的创伤后压力征候，成为这场大屠杀中的心理受害者。[16]

南京大屠杀

令人惊恐但也很容易想象的是，强暴的概念其实一直被用来带出其他无法想象的战争暴行。日本军人在1937年的几个月里，血淋淋地屠杀约26万至35万名中国人。这个数字，远比日本原子弹爆炸所造成的死亡人数和欧洲所有国家在第一和第二次世界大战的死亡人数都多。

重点不在于中国被屠杀的人数有多少，而是让我们认清，加害人设计出"具创造性的邪恶"的方式，让置他人于死地本身更令人向往。根据张纯如的调查报告，这个恐怖事件起于中国男人被当作练习佩刀斩首的竞赛，许多日本军人更在强暴妇女之前先去除她们的内脏、切除乳房、活生生地将她们钉在墙上，当着其他家庭成员的面，父亲被迫强暴他们的女儿，儿子强暴母亲。[17]

战争产生了残酷和野蛮行为，以对抗任何被去人性、恶魔化的敌人。生动可怕的细节让南京强暴事件恶名昭彰，军人残害手无寸铁的无辜人民，但这只是用不人道对待老百姓（或者可称为"异己者"）的人类历史事件中的一环。英国军队在美国独立战争期间强暴平民；苏维埃红军在第二次世界大战后期和1945年至1948年间，强暴了约10万柏林女性；1968年的美莱屠杀除了强暴和谋杀超过500名民众，最近五角大楼公布的秘密证据，更详细描述了高达320起美国人对越南人和柬埔寨人民的残暴事件。[18]

实验室里的去人性与道德背离

我们可以假设大部分的人在大部分时间里是有道德的动物。但是道德可好比汽车排挡，平常打到空挡的时候，道德会在，但如果汽车停在斜坡，汽车和驾驶就会缓缓向下滑动。这个时候，自然情境就会决定结果，而不是驾驶者的技巧或意图。这个简单的类比理论，可以捕捉道德背离理论的中心主旨，是我的斯坦福心理系同事阿尔伯特·班杜拉（Albert Bandura）发展出来的。下一章我们会回顾他的理论，帮助我们理解为什么一些好人可以被引导去做邪恶的事情。

我们首先回到班杜拉和他的助理所执行的实验性研究，说明道德如何可以通过一个简单的技巧来羞辱潜在的受害者，而道德的沦丧竟可以那么轻易。[19]一个精简的描述，就可以展现去人性化的力量，单一个字便可以增加对目标的攻击性。先来看看，这个实验是怎么进行的。

想象你是一名大学生，志愿参加一个问题解决团体的研究，团体共有三人，都是来自相同学校的学生。你的任务是帮助其他学校的学生改善他们的问题，策略则是惩罚错误。惩罚方式是执行电击，并且在连续的试验中增加电击的强度。记录你的名字和其他团体成员的名字之后，助理便离开，告诉实验者研究可以开始进行。你将会有十次尝试，可以自行决定对另一个房间里的其他学生团体使用何种程度的电击惩罚。

偶然你会通过对讲机听到助理对实验者抱怨另一群学生"感觉很像动物"，你并不知道这也是实验脚本的一部分。而你也不知道，在另外两个情境中，其他两组和你一样的学生已经被随机分配，由助理描述其他学生是"和善的人"，还是不下评语。

如此简单的评语会产生任何影响吗？一开始似乎没有。在第

第1章 邪恶心理学：情境中的性格转换

一次的尝试里，所有的团体都只使用低度的电击，大约是第二级。但在听到他人评语之后，每个团体的反应就不同了。对其他人一无所知的人，会给予平均第五级的电击；以为其他人是"和善的人"，就会比较仁慈，给予显著较少的电击，大约第三级；然而，想象其他人"很像动物"的这一组人，便会停止对他们的同情，只要犯错就会换来持续增强的电击，而且明显高过其他情境，增加到最高的第八级。

请仔细想想，这些简单的评语在你心中运作的心理历程。只是无意中听到一个人的评语，一个没见过面的权威者告诉你，那个跟你一样的大学生看起来像动物，这些单一的描述，就可以改变你对这些人的心理架构，会让你对理应和你相似的友善大学生的印象变得疏远。新的心智状态对你的行为具有强大的影响力。

对于为何会给"像动物"的学生这么多电击，这些实验学生事后解释是为了要"给他们好好上一课"。这个例子使用实验性的控制方法，研究发生在真实世界中会导致暴力原因的基本心理历程，这将会在第12章和第13章有延伸的探讨，也就是针对邪恶，行为科学家如何研究各种不同面向的心理学。

> 选择是否让道德标准参与其中的能力……帮助解释人们为何可以在前一秒野蛮残酷，而下一秒却有同情心。
> ——阿尔伯特·班杜拉[20]

可怕的阿布格莱布监狱虐待景象

本书背后驱使的动力，是为了了解美军如何及为何会对处在伊拉克的阿布格莱布监狱犯人做出生理和心理的虐待行为。这些虐待影像证据于2004年5月在全世界公布，那是我们第一次看到如此鲜明的历史记录：年轻的美国男性和女性，用令人无法想象的方式虐待他们应该保卫的人民。这些军人在施展暴力行为时，甚至还以数字影像捕捉受害人遭受的痛苦。

　　为什么要留下这些一旦公开就会让他们陷入麻烦的影像证据？在这些如战利品般的照片里，他们就像猎人展示猎物般骄傲，我们看到微笑的男人和女人在虐待卑微的动物。这些影像有拳击、掴耳光、踢犯人，跳到犯人的脚上，强迫他们赤裸，给他们戴上动物的毛和角锥。强迫赤裸的犯人在头上戴女性内衣，强迫男性犯人在拍照或摄影时对微笑的女军人手淫或口交。甚至把犯人挂在屋椽一段时间，用约束带绑着犯人的颈子拖行，用没有戴嘴套的恶犬吓这些犯人。

　　"三角人"是其中一张从地牢跳射到全世界角落的人像照片：戴头巾的囚犯站在街道的箱子上，囚犯的手从一件布满电线的毯子下伸出来，电线装在囚犯的手指上。囚犯被告知要是力气用尽而掉出箱子，就会被活活电死。虽然实际上没有通电，但囚犯相信这个谎言，想必是承受极大压力。有更多残酷的照片没有被公开，理由是会对美国军方和布什总统的指挥执行能力造成公信力和道德的伤害。我曾经看过的那几百张照片，都非常令人触目惊心。

　　这些照片让我相当难过，我在里面看到了傲慢、对这些无助的囚犯强加羞辱的冷漠。一名才刚满二十一岁的女军官形容虐待是好玩的游戏，更让人深感惊讶。

　　媒体和全世界的人都会问，为什么这七名男性和女性可以做出这种邪恶的行为，究竟是在什么情况下，监狱能让原先状态良好的军人做出恶行。为了解答这个问题，我们对这些恶行进行了情境分析，这并非要为他们辩解或让他们的行为合乎道德，而是要找出这个疯狂行为的起因。我想要了解的是，为什么这些年轻人可以在这么短的时间之内转变，做出这些令人难以想象的行为。

阿布格莱布监狱对比斯坦福监狱

阿布格莱布监狱所发生的景象和故事，之所以让我震惊但不觉得意外，原因是我曾经看过类似的情况。30年前，我曾经在我自行指导设计的计划中看过类似的恐怖景象：赤裸、戴上镣铐的犯人头上套着袋子、俯卧撑时狱卒踩着他们的背、用性暗示羞辱他们，让犯人承受极端的苦痛压力。不管是我的实验或遥远的伊拉克监狱，特别是恶名昭彰的阿布格莱布监狱，这些景象都可以相互呼应。

1971年夏天，在斯坦福大学里，一些大学生在一个模拟监狱里进行了一个实验。我们将一切正常、健康、聪明的大学生随机分派，让他们在真实的监狱场景里扮演狱卒或囚犯角色，必须在监狱里生活和工作几个礼拜。我的研究助理，克雷格·黑尼（Craig Haney）、科特·班克斯（Curt Banks）、戴维·贾菲（David Jaffe）和我，都想了解监禁下心理动力运作的情形。

平常的人如适应这些制度、场景？警卫和犯人的权力差异，如何终止他们正常的生活互动？把一个好人放到坏地方，这个人究竟是能战胜环境还是让环境影响他？或者，暴力只是真实监狱里常见的情况，反之在充满良善的中产阶级监狱里，这样的情况就会消失？这是我们亟待详细研究的议题，而一切就由简单的监狱生活研究开始。

探索人类本质的黑暗面

这本书的旅程，就像诗人米尔顿所说的"看得见的黑暗"，带领我们看清邪恶,借由对于邪恶的定义,衍生出许多意义。许多曾对他人犯下恶行的人,通常是意志坚强、有最佳意识形态与道德的遵从者。人们被警告要小心路上的坏人,但这些坏人往往平庸一如邻人。

我将邀请你用他们的观点看穿他们的眼,让你可以用当事人的观点来看邪恶。有时候,这些观点可能是很丑陋且肮脏的,但唯有通过检视和了解罪恶的原因,我们才能经由正确的决定,创造共同的行动来改变、包容、转化罪恶。

我将用斯坦福大学乔登大楼的地下室来帮助你了解,在这个特殊背景中,犯人、狱卒及警务长会变成什么样子。虽然这个研究已通过媒体和研究机构发表而广为人知,但是完整的故事并没有详细发表过。我将会逐一叙述这个事件的来龙去脉,以第一人称、现在式的形式加以说明。在我们看完斯坦福监狱实验蕴涵的伦理、理论和实践之后,就可以扩展心理学对邪恶的研究基础,通过探索大实验的范围和心理学家的领域研究,阐明情境力量和个人行为的相对关系。我们将会检视一些主题,诸如顺从、服从、去个人化、去人性化、道德背离及姑息的罪恶。

"人类不是命运的囚犯,而是他们心灵的囚犯。"这句话出自于富兰克林·罗斯福总统之口。无论单就字面上或是象征性的意义,监狱都是限制自由的好隐喻。斯坦福监狱实验从一开始的象征性监狱,直到人类心理上的改变,成为完全真实的监狱情境。精神官能症、低自尊、害羞、偏见、羞愧和过度害怕恐怖主义这些虚构的怪物,如何限制了我们自由、快乐的可能性,并且建构我们对周遭世界的评价?[21]

让我们细心体会在一个监狱里当警卫,或在一个恐怖、会虐待人的监狱里头当犯人。我会带领你到一个宪兵队的军事法庭,我们也将会见证这些军人行为的负面附带效果。

最后一章的第一部分会提供一些指导方针,教导你如何对抗有害的社会影响,如何抵抗专家的诱惑。我们想要了解如何对抗那些用心灵控制让人遵从、顺从、服从残暴、自我怀疑及放弃选择自由的策略。虽然我鼓吹情境的力量,但是我也认同人类警觉、审慎的行动力,一些了解情况的人会坚持他们的行为,而且不达目的绝不罢休。借助了解社会影响的运作,明白我们每个人都可能因为它弥漫渗透的力量而易受影响,但是我们也可以变成聪明且狡猾的消费者,不容易受到权威、团体动力、诉诸说服、顺从策略所影响的人。

在书中的最后,与其思考自己是否可能为恶,也将请你思考自己是否能成为英雄。我相信任何一个人都是潜在的英雄,虽然可能会有个人的风险和牺牲,也能在对的情境时机做对的决定以帮助其他人。

在抵达令人开心的结论之前,我们还有很长的旅程要走,所以先来一杯吧!

> 权力对世界说:"你是我的"
> 世界将权力囚禁于她宝座之旁
> 爱对世界说:"我就是妳"
> 这世界予爱出入她家居的自由
> ——泰戈尔,《飞鸟集》[22]

第 2 章

星期日：突袭逮捕行动

这群彼此不认识的年轻人，并不晓得帕洛阿尔托市（Palo Alto）教堂的大钟正为他们敲响，而他们的人生也即将开始转变，迈向无法预知的道路。

这是1971年8月14日，早上9点55分，气温21摄氏度，湿度低，一如以往，视野清楚宽广，天空蔚蓝少云。又是加州帕洛阿尔托市另一个适合拍成明信片风景的好日子，但你不会在上头看到：这个西方天堂还能容忍一些不完美和不规律，好比街上的废弃物或是隔壁邻居花园的杂草。在像这里的一个地方，整日生活其中的感觉极为美好。

这是美国人心中最向往游憩的伊甸园，帕洛阿尔托市总共有6万人口，一英里外有11000名在斯坦福大学求学居住的学生，上百棵棕榈树沿着斯坦福大学的路口伸向天空。斯坦福是一个超过8000英亩的不规则形状小城，有自己的警力、消防部门和邮政单位。旧金山市只在往北约一个小时的车程之外，帕洛阿尔托市相较之下更安全、整洁，也更安静，白人相对较多，大多数的黑人住在东城区101公路附近。跟我曾经住过的东帕洛阿尔托年久失修多层单身或双人家庭公寓建筑比起来，这里就好像是高中老师会梦想住在里面的城市区段——如果他可以晚上开出租车赚到够多钱的话。

然而就在这个绿洲的外围，有些问题正开始慢慢酝酿。在橡树园区，黑豹党推广着"黑色骄傲"，宣称要回归到黑色势力，不但是抵制种族主义的行径，而且"使用一切必要的手段"。由于乔治·杰克逊（George Jackson）的倡议，监狱变成了招募新血的中心——他和他的"索莱达兄弟会"（Soledad Brother）正要接受谋杀监狱狱卒罪名的审判。然而与此同时，女性解放运动正式起飞，致力于结束妇女次等市民的身份，并为她们造就更多新的机会，不得民心的越南战争规模和消耗的资源与日俱增。尼克松-基辛格（Nixon-Kissinger）当局对强大反战声浪所采取的强硬态度，使得这场悲剧更加恶化。"军事和工业综合体"是新一代的敌人，人们公开质疑"商业开发侵略"的价值。对于任何一个想要活得更有生气有活力的人而言，时代精神大大不同于任何近代历史。

社区之恶、社区之善

对照环绕着陌生人的纽约市和帕洛阿尔托市，我在这两座城市中感受到不同的社区认同和个人认同，于是好奇心油然而生，决定执行一个实地实验来检视其中不同的样貌和效标。我变得对反社会行为效应感兴趣，想知道当人们觉得没人可以辨识他们，也就是所谓的"匿名状态"时，在处于外在煽动侵略情境下会如何反应。根据《苍蝇王》（Lord of Files）一书，面具可以解放敌对的冲动，我做了许多研究，显示那些较为"去个人化"（deindividuated）的受试者，比自觉较为"个人化"（individuated）的受试者不容易感到痛苦。[1]而现在我想要知道，良善的帕洛阿尔托市民如何抵抗"破坏公物"的动人诱惑。于是我设计了一个关于帕洛阿尔托毁弃汽车的"实境研究"（candid camera-type field study），并拿来和3000英里外的纽约布朗克斯相互对照。

我们把一辆外形亮眼、但取下车牌、拉下敞篷的汽车随意停在纽约布朗克斯路间，拿下车牌是为了让人认为这是一辆"报废"车，引诱市民成为破坏者。我的研究团队在极佳的观察点拍摄布朗克斯大伙行动的照片，也录下在帕洛阿尔托市的行为。[2]记录设备都还没陈设好，就已经有第一组"破坏者"出现，并且想私吞这辆跑车。爸爸吩咐妈妈清理车厢，自己则动手拆电瓶，不忘提醒儿子查看置物箱。来来往往的不论开车或行走的路人，都停下来在这个拆除大赛中抢走车子上任何值钱的东西。紧接着重头戏来了，一个"破坏者"在有系统地拆卸后，成功扒走这辆不堪一击置于纽约的跑车。

《时代杂志》以《遗弃汽车日志》[3]为题刊出这个令人感伤的都市匿名传奇。几天后，我们在布朗克斯记录了23辆古董车遭受破坏的案件，这些"破坏者"大都是白人，衣着光鲜，拥有不错的经济环境，会受到较多警方协助而相较之下少有犯罪背景，并且是会非常同意投票支持增订法规的一般市井小民。与我们预期不同的是，在这些破坏行为中，只有一件是小孩所犯，而且都是单纯出自享受破坏的快感。更令人惊讶的是，这些破坏动作全发生在光天化日之下，我们的红外线完全派不上用场。"内在匿名"（internalized anonymity）效应，显然无须黑暗便能展现无疑。

那么，我们遗弃在帕洛阿尔托市那部看来十分明显、随时让人有机可乘的跑车，命运又是如何呢？我们惊讶地发现，经过了整整一个星期，竟然没有任何人对它"下手"。人们路过、开车经过它，看着它，却没有任何人去碰它。喔，其实也不尽然，一天突然下起一场大雨，有位绅士过去将车子的敞篷盖上（老天保佑没让引擎淋湿)。后来当我把车开回斯坦福校园时,三名附近的居民还报警说,有小偷偷了这辆被遗弃的车。[4]

我对"社群"的操作型定义是:人们会对于所居地非寻常和可能违法的事件十分关心并且采取行动。我相信,这样的"利社会行为"是来自互惠利他主义的前提假设——他人一样也会这么对待我的财产及权利。

这个实验让我们感受到"匿名"的力量,当我们认为他人不认识我们,甚至问都不会问我们一声时,可能就会促成反社会、自私自利的行为。我较早的研究着重在了解隐藏个人身份后解放了对他人施加暴力的控制,在情境的允许下,它会破坏人与人之间的既定常规。这个遗弃跑车事件延伸了这个概念,包括四周充满匿名的环境时可能成为违反社会规范的前兆。

有趣的是,这个实例变成了"破窗理论"[5]的实证证据。这个理论说明"大众混乱"(public disorder)如何形成犯罪的情境刺激,然后引来真正的犯罪。藏在斗篷下的匿名人士,降低了他们对他人的责任及身为市民对自身行为的职责。在许多机构里,如学校或工作场合、军事基地或者监狱,我们都见过此情此景。破窗理论的支持者认为,只要由街上移走废弃的车辆、拭去墙上的涂鸦、修理破窗……这一类实质的混乱,就可以减少街头的犯罪和混乱。有些证据显示,这样的前瞻估量果真在一些城市里运作得还不错,像是纽约。只不过,并不是每个城市都有用。

帕洛阿尔托这样的城市,社区精神在安稳中茁壮,人们关心物质上和社会上的生活质量,并且善用资源让两者皆能精进。这里有一股公正和信任的精神,而不是唠叨吵闹着不公平并且嬉笑怒骂地让城市变成另一种样貌。举个例子:人们相信警方能够控制犯罪且抵制恶流并不是没有道理的,因为警察受过良好教育和训练，友善并且正直！警察"理论上"应公平地对待人民，甚至在某些特殊的情况下也应如此。只不过，人们忘了警察也不过是个蓝领阶级，无非只是可以在市府预算出现赤字时还能领到薪水、穿着蓝色制服的普通人罢了。在某些特定的时候，他们，甚至也不得不因为上级的权威而违背自己的人道精神。这种事不太常发生在像帕洛阿尔托这样的地方，但它还是以一种奇特的方式，在极大的震撼之下，引发了斯坦福实验背后故事的契机。

居民与学生的对战

在帕洛阿尔托市长久出色且良好的市民服务记录中，唯一的污点发生于20世纪70年代因联邦政府干涉印度支那，反战学生开始破坏摧残校园建筑物时。当时我帮忙组织了其他上千名学生，告诉那些破坏校园的学生，在他们这种有结构的反战活动中，媒体只会针对暴力和破坏行为做负面的报道，对战争的进行根本毫无影响，若改用维护和平的理念，说不定能够奏效。[6] 不幸的是，我们的新校长肯尼斯·皮策（Kenneth Pitzer）先生惊慌之余竟叫来了警察，就如同美国当时各地发生的对峙状况，太多警察失去了他们专业里应有的耐心，动手打了原先他们应该保护的大学生们。另外，在这次校园冲突之中还有更暴力的警察：1967年10月、1970年5月，在威斯康星大学、俄亥俄州肯特州立大学、密西西比州杰克逊州立大学，学生被当地警察和国安人员开枪射伤，甚至杀害。[7]

1970年5月2日《纽约时报》(*The New York*)：

以柬埔寨发展为诉求重心，校园反战情绪再起，昨日各方发动各种表达形式，包括以下事件：在马里兰大学学生集会，并且冲撞位于校园运动场的预备军官训练总部之后，两个国安单位在马里兰州州长马文·曼德尔（Marvin Mandel）的指示下进驻。大约有2300名普林斯顿大学生和教职员决意挺身抗议至少到星期一下午，当大量安排好的集会出现，便意味着联合抵制的社会功能……斯坦福校园的罢课事件发展成为加州校园互掷石头的混乱流血事件，警方使用催泪瓦斯驱离示威群众。

一份斯坦福报告描述了在小镇所见的暴力程度：警察到校至少16次，并且逮捕了超过40人，其中最严重的示威活动，发生在1970年4月29日及30日美军进攻柬埔寨之后。警方远从旧金山调派警力，到处是石头攻击，第一次一连两天在校园里使用催泪瓦斯，这就是校长肯尼斯·皮策口中的"悲剧"。大约有65人受伤，其中也包含警察。

一方是斯坦福校园社区的学生，另一方则是帕洛阿尔托市警察和走强硬路线的"鹰派"——大学城居民，两者之间慢慢出现令人难受的气氛。这是一个令人意外的冲突组合，过去在居民与学生之间不曾这般爱恨交织。

新上任的警察局局长詹姆斯·泽克（James Zurcher）于1971年2月接任时，很希望能解开这份冲突爆发后久久不散的敌意，因此接受了我的提议，共同合作一个市政警察计划[8]，由口才不错的年轻警官带领大学生参观明亮大方的新警察部门，学生则以共进宿舍餐点并邀请他们进教室上课回报。我认为，日后或许会有一些年轻警官有兴趣参与我们的研究。然而，我却在这个过程里不经意创造了一群帕洛阿尔托市未来的小恶霸。

警察局局长泽克很想知道，一个人怎么社会化成为一个警察，又为什么一个新手会成为一个"好警察"。"棒极的主意！"我回答，"虽然我没有权力进行这样的研究，却有些小权力可以研究监狱狱卒何以成为监狱狱卒，监狱狱卒在功能上和地域上相较下是更窄化的角色。如果我们请一些新进警察和大学生来扮演假狱卒和假犯人，你觉得如何？"对局长来说这似乎是个好主意，因为不论我的研究得到什么结论，对于菜鸟警察来说，无非都是良好的人际训练经验。于是，他同意派遣几个菜鸟参与这次监狱实验。我很高兴，也知道只差临门一脚了：请局长的菜鸟部下假逮捕即将成为模拟监狱中的犯人。

　　但是，就在我们准备开始的时候，警察局局长愿意出借部下来当狱卒或犯人的话却食言了，理由是他们这两个星期没有额外的人力。虽然如此，他还是和气地表明，他愿意以其他任何形式来协助我的监狱实验。

　　我建议，为了让这个研究开始的方式够逼真，最理想的方式还是请真正的警察出面逮捕这些即将入狱的"假犯人"！它只会花费周日几个小时的休假时间，却可以确定能让这个研究的成功走出一大步。在被逮捕的同时体会到瞬间失去自由的感受，远远比自己走进斯坦福校园，自愿交出自由来当受试者更逼真。局长心不甘情不愿地答应，让他的小队长带领部下，在星期日早上开着警车到各地执行逮捕任务。

出师未捷身先死

　　我所犯的错，就是没拿到白纸黑字的确认！实际上我们应该要求白纸黑字的书面文件（当时达成的协议，并没有拍摄或录音存盘),当我发现问题时已经是星期六了,紧急打电话到警察局确认时,局长泽克早已去过他的周末假期了。真是个坏兆头!

如我所预期的,星期日帕洛阿尔托警局值勤小队长并没有任何执行非法侵犯的大规模突袭逮捕意愿,当然不只是因为他没有上司的书面授权。这样的老骨头,不会想要参与任何我所进行的研究,他显然有许多其他更重要的事,比这个笨蛋实验的"警察捉小偷"游戏来得有意义。在他的观点里,心理学就是爱管闲事,探查他人不欲人知的隐私!在他的想象里,只要心理学家看着他的双眼,就一定可以看穿他的心事,因此当他说"教授,非常抱歉,我很想协助你,但是规定就是规定,没有上头正式的授权我们不能派人"的时候,眼神总是逃避着我的双眼。

在他以"不如你星期一再来吧,到时候局长在"来赶我离开之前,规划周全的计划正在我脑中一一展现,整个系统已经开始运作:我们在斯坦福心理系所地下室仔细设置模拟监狱,狱卒正在挑选制服,并且热切地期待着他们的第一批犯人;第一天的食物也已经采买完毕,犯人的服装也由我秘书的女儿亲自手工缝纫完成,录像带组和牢里的监视摄影机也都架设妥当,学校的学生健康组、法律部门、消防部门,以及校警都全员戒备待命,租借的床与床单也已经安置妥当。并给令人望而却步的后勤工作提供所需的空间和料理,至少有两打自愿者照料他们长达两星期的生活,一半的人日夜住在监狱里服务,另一半则要每天轮班工作八小时。我从没有做过这样的实验:每一个阶段超过一个受试对象而且不止一小时。因此,只要有一个人轻言说"不!",全部的心血都会化为乌有!

我早就学到,"谨慎"是科学智慧的重要面,手上留着王牌更是聪明人的最佳策略,所以早在泽克局长放我鸽子之前,我就预期会有这样的结果。因此我说服了一个在KRON电视台工作的旧金山电视导演,为我们拍摄这个令人兴奋又惊讶的警方逮捕行动,作为晚间新闻特别报道的主题。我指望媒体的力量可以软化制度上对于研究计划的抵制,甚至引诱娱乐界来拍摄站在我身旁执行逮捕行动的警察英姿——上电视!

"真的是十分遗憾啊!小队长,我们今天不能进行局长预期我们会采取的行动了。枉费我们有从第四频道来的电视摄影师,都准备好要拍摄今晚的逮捕行动,然后放上晚间新闻。这是贵单位建立良好公众形象的好机会,不过,我想局长听见你们今晚决定不照计划行动时应该也不会太难过。"

"听着,我不是不帮你,只是我不能保证我们弟兄们都能配合,我们不能放着正事不做,你知道的。"

虚荣,你的名字叫做电视新闻出镜!

"为什么我们不把这件事丢给这里的两位警官?如果他们不介意电视台拍摄几个例行的逮捕行动,接下来还是可以再去做局长交代的其他正事。"

"又不是什么大事情!"年轻的警察乔·斯帕拉科(Joe Sparaco)这么说,一边梳理一头黑卷发,一边看着紧贴在电视台工作人员肩膀上的大摄影机,"真是漫长的周日早晨啊,而这个看起来似乎有那么点趣味了。"

"好吧,我相信局长一定知道自己在干什么,如果你们都已经准备好了,我也不想太煞风景;但是听我说,你最好准备好接到勤务通知,并且在我需要你的时候马上终止实验。"

这时我插话了:"警官,你可以为电视工作人员拼一下你的名字吗,这样他们才能在今晚的电视新闻播出时说出你的名字。"我必须确认他们在逮捕且送走犯人之前,不论帕洛阿尔托发生什么其他大事,他们都能够配合,并确实逮捕我们的犯人,而且在总局完成正式的备案程序。

"一定是重大的实验才会有电视新闻报道,对吧,哼,教授?"鲍伯警官问我,同时一手整理领带另一手轻抚着配枪。

"我想电视工作者是这么想吧。"我这么说,心里十分明白自己岌岌可危的处境,有警察突击逮捕的实验,一定很不寻常而且会有些令人感兴趣的效果,或许这就是局长允许我们执行的理由吧。这里是姓名和地址的清单,有九个嫌疑犯要被逮捕,我会与我的研究助理克雷格·黑尼同车,跟在你们警车之后。开慢一点,这样摄影机才能捕捉到你们的行动。一次逮捕一个,都依照平日你们执行任务的程序,宣读"米兰达权利"[①],搜身且戴上手铐,视他们为具危险性的嫌疑犯。前五名的控诉是《刑法》第459条"破门盗窃",其他四名是美国陆军条例第221条"持械抢劫",将每个嫌疑犯带回总局,登记、印指模、填写刑事鉴定卡,所有平日一贯的作业流程。

"送他们进拘留室后,再进行下一位嫌疑犯的逮捕行动,我们会转送他们到我们的监狱,唯一较不合规定的要求是,在将他们收押到拘留室时,请你们蒙住他们的双眼。因为当我们送他们到监狱时,不希望他们看到我们或看到前往的地方。克雷格和我的另一位助理科特·班克斯,以及我们的狱卒之一凡迪(Vandy),将会负责运送工作。"

"听起来不赖,教授。鲍伯和我可以搞定,没问题的!"

---

① 米兰达权利(Miranda Rights):"你有权保持缄默,你所说的每一句话都可能在法院成为对你不利之证据……"

好戏正式开场[9]

乔、鲍伯和克雷格、摄影师、比尔和我离开队长的办公室,走下楼梯到检查罪犯登记处。这个地方最近才由帕洛阿尔托总局改建过,看起来焕然一新,和旧监狱的味道相去甚远。旧监狱并不是不堪使用,只是因为有些年纪。我想要警官和摄影师一同行动,以确保从逮捕第一个嫌犯到最后一个都尽可能按照标准流程。我曾告知摄影师这个实验的目的,但是只有大略提过,因为我在意的是如何赢得值勤警官的配合。于是,我心中浮现了一个念头,我应该安排一个详细的说明,告诉他们这个研究的程序细节,以及为何做这类实验的理由。这有助于形成一种团队士气,也能表现出我很在乎,愿意花时间聆听且回答他们的问题。

"这些孩子知道自己将被逮捕吗?我们有必要告诉他们这是实验的一部分吗?"

"乔,他们全都是自愿来过监狱生活,他们报名我们刊登在报纸上的招募广告,参与为期两周有关监禁的心理学实验,一天不但可以赚15美元,而且……"

"等等!你说这些孩子只要蹲在监狱里两个星期,一天还可以赚15美元?或许乔和我可以当自愿者,听起来很好赚!"

"或许吧,或许真的挺好赚的,万一有什么闪失,我们会重做一次研究,那时就会用一些警官来当犯人和狱卒,就像我跟你们局长提过的那样。"

"好,到时尽管包在我们身上。"

"就如我刚刚所提到的,你们将逮捕的这九名学生是从《帕洛阿尔托时报》(Palo Alto Times)和《斯坦福日报》(The Stanford Daily)的上百名应征者中挑选出来的,我们淘汰掉一些怪人,或是过去曾有任何被逮捕的经验，以及有生理或心理问题等的应征者，再让我的助理克雷格和科特进行长达一小时的心理评鉴和深度面谈，最后才选出24名受试者。"

"24名受试者，每人一天15美元，共14天，你要付的可是笔大数目啊！这该不会是从你自己的口袋掏出来的吧，是吗？博士？"

"一共5040美元，不过，我的研究来自政府海军部门'反社会行为研究'的经费补助，所以我不用自己付他们薪水。"

"全部学生都想当狱卒吗？"

"不，事实上没有一个人想当狱卒，他们都比较想当犯人。"

"怎么可能？当狱卒好像比较好玩，而且比当犯人少了许多麻烦，至少对我来讲是如此，而且一天15美元当24个小时犯人这种小人物，倒不如当照常轮班的狱卒来得好赚。"

"是啊！狱卒分成三小组看守九个犯人，预计每天工作八小时之后换班。但学生们抢着当犯人的理由可能是因为：他们有机会被限制自由，比如像是征召入伍或是被控酒驾、拒绝服从市民义务或反战，他们大多数都无法想象怎么当个监狱狱卒——他们并不是为了成为监狱狱卒而来念大学的。所以即使他们都是冲着酬劳而来，但是有一部分的人还是希望能学到一点什么，想了解当自己在监狱这个新奇的情境里时，能不能自我管理。"

"你怎么挑选你的狱卒，挑大个子？"

"不，乔，我们随机分派这些志愿者，就像丢铜板，选到人头的被分配去当狱卒，选字的被分配去当犯人。那些狱卒昨天才知道他们被抽中当狱卒，所以昨天就提早来到斯坦福心理系地下室的小小监狱，协助我们做最后的打点。现在他们已经觉得那里就像自己的地方，每个人都在附近的军事零售店选了一件制服，而现在他们已经整装完毕，等着我们开始行动。"

"你对这些狱卒们进行过任何训练吗？"

"我希望我有时间做这个，但是昨天我们才针对他们如何扮演这个新角色给了一些职前训练，但没有特定训练。主要是提醒他们如何维持规定和秩序，不可以对犯人暴力相向，不能让犯人逃跑。我还试着传递一些技巧，希望他们能够借此创造犯人在监狱里头的心理无力感。"

"那些被分派当犯人的孩子，只是简单地被告知在家里、宿舍等候，还是如果他们住得太远就让他们先住进指定房屋里？他们今天早晨才会接获信息？"

"就快了啊。乔，我们要开始办正事了。"

"我有两个小问题还没搞懂。"

"如果你的问题可以协助你在今晚的节目中表现得更好，当然，问吧。"

"我的问题是这样的，博士。为什么你要克服建造斯坦福监狱林林总总的大小困难：逮捕这些大学生，付薪水，特别是我们已经有足够的监狱和足够的犯人可以供你研究？你大可以去国家监狱中观察，去研究圣昆丁监狱里头的行为。这样难道不能够帮助你了解真实监狱里的狱卒和犯人，给你想知道的答案？"

乔的问题一针见血，让我瞬间恢复大学教授的角色，热切地传授知识给好奇的聆听者。

"我对心理学上成为一个狱卒和一个犯人的意义产生极大的兴趣，一个人在适应新角色时究竟经历了什么样的变化？是否可能在短短的几周间就大大不同以往，完全认同、融入新角色呢？

"已经有许多社会学家、犯罪学家的监狱实地研究，但是它们都存在一个严重的缺点：这些研究人员从来没有办法自由观察监狱里的每一个时段，他们的观察通常受限于某些范围。既然监狱里大致只有两种阶层——受刑人和工作人员，如果不被系统里的人所信任，研究者就只能在外头一点点地偷瞧，只能观看那些在导览里被容许观看的，鲜少有机会更深入监狱表面下的生活，探讨和理解犯人和狱卒间关系的深层结构。我的方法，便是借助创造一个监狱的心理环境，让研究者可以定位观察、记录和建档所有被教化成犯人和狱卒的心理过程。"

"不错，我想这是有道理的，你才会这么做。"比尔插嘴说道，"但是斯坦福监狱和真实监狱的极大差别，在于这些犯人和狱卒的类型，在真实的监狱中我们面对的罪犯都有暴力倾向，认为违反规定和攻击狱卒根本没什么，所以常常要有紧守强悍的保卫界限，必要时还要有头破血流的准备。你的斯坦福小朋友们并不像真实监狱中的狱卒和犯人那么暴烈又有攻击性。"

"我也有点意见，"鲍伯说，"博士，你怎么知道这些大学生会不会整天无所事事，白白来拿15美元，只是花钱请他们来找乐子、玩游戏？"

首先，我想我应该先说明，我们的受试者只有一部分是斯坦福的大学生，其他人则来自全美各地甚至加拿大，你知道有许多年轻人夏天时会来圣弗朗西斯科湾地区，所以我趁他们在斯坦福或柏克莱课程结束时征召他们。但是你说得很对，斯坦福监狱的族群的确和真实监狱的犯人类型大不相同。我们挑选正常、健康的年轻受试者，心理的各个向度都在平均值附近。除了在这里的克雷格，还有另一个研究生科特，可以从前来面试的应征者中细心挑选。

克雷格看见他的良师益友在对他使眼色后，开始吐出字句，好让话题就此打住："在真实的监狱里，我们观察到一些事件，例如犯人互相攻击或狱卒击倒受刑人时，我们没办法决定哪个特定的人或哪个特定情境的涉入程度。是有一些暴力派的反社会人士，也真的有些狱卒是残暴成性，但是，这些性格特质就是监狱中的全部了吗？老实说我存疑，我们必须把情境因素列入考虑。"

我笑容满面听着克雷格有说服力的论点，原先我也有同样针对特质的疑问，克雷格向警官们解释的论点，让我更确定我的想法。我接过话头，慢慢发挥我的迷你授课风格：

"基本的原理是这样的：我们的研究试图区分，是人们带着什么走进监狱情境，情境又带出了什么给那儿的人们。经由事先挑选，我们的受试者普遍代表了中产阶级、受教育的年轻人，他们是学生的同质团体，有许多相类似的地方，随机将他们分为'狱卒'、'犯人'两个角色，但事实上这些人不但可以比对，而且随时可以互换角色。犯人并不一定比狱卒凶残邪恶、充满敌意，狱卒也不一定是强烈寻求权力的权威者，在这个情况下，犯人和狱卒是相同的，没有人真的想当狱卒，也没有人真的犯罪而需要矫正监禁和处罚。两个星期以后，这些年轻人是否还是难以辨别？他们的角色会不会改变他们的人格？我们能不能看见他们角色的转换？这就是我们计划去发现探讨的！"

克雷格补充："换个角度来看，你是在将好人放进邪恶的情境中，看看谁才是最后的赢家。"

"谢啦，克雷格，我喜欢这个说法！"摄影师比尔口沫横飞地说，"我的导演希望我们把今晚的主题当作演戏一样轻松看待，今天早上电视台的通信机器自位轮不够用，所以我必须一边拍摄一边找寻适合的角度，才能连续拍摄逮捕画面。时间宝贵，教授，我们现在可以开始了吗？"

"当然，比尔，只是，乔，我还没回答你对实验的第一个问题。"

"哪个？"

"这些犯人知道自己将被逮捕吗？答案是'不知道！'，他们只被告知要把早上的时间空下来参与实验。他们可能会假设这个逮捕行动是实验的一部分，因为他们并没有犯下会被起诉的罪行。如果他们问你这个实验的细节，请你模糊带过，也不要说是或否。就只要像平常执行职务时做好该做的事情，忽略实验以外的质疑和抗议。"

克雷格忍不住又多说了几句："就某种意义来说，逮捕，就好像任何其他他们会经历的事情一样，应该结合现实与幻想、角色扮演和自我认同。"

词汇或许稍显华丽，但是我想这么说没什么不对。乔打开警车的警报器，戴上他的银色反光太阳眼镜，就好像电影《铁窗喋血》中的帅气警官，避免任何人直视他的眼睛。我跟克雷格一起大笑，知道接下来我们监狱的狱卒们也会戴上相同的眼镜，创造"去个人化"的感觉。艺术、生活和研究正渐渐浮现。

"有个警察在外头敲门"[10]

"妈妈，妈妈，外面有一个警察，他要带走修比（Hubbie）！"惠特罗家最小的女孩尖叫着。

德克斯特·惠特罗（Dexter Whittlow）太太一时听不见小女孩到底在嚷什么，但是从尖叫声听来，她知道，势必是孩子的爸爸才能处理得来的事。

"去叫爸爸过来。"惠特罗太太内心五味杂陈，不断检视自己的道德是否哪儿出错了，因为她刚刚才忧心忡忡地从教堂回来，还在烦恼一些让她担忧的事情。最近她又常常担心修比，也准备

迎接一年两次毛茸头发、蓝色眼珠的小迷人修比返家的假期,唯一让她庆幸小修比上大学的好处,就是"看不见,忘得快"的效果,趁着这个机会,可以冷却他和帕洛阿尔托高中小女友之间的感情。她常告诉儿子,一个成功的男人应该先成就事业,把儿女私情搁在一边。

她唯一可以想到他的爱子可能犯的错,就是和朋友一起出门鬼混,像上个月他们的恶作剧——把高中学校的瓷砖屋顶油漆一遍,或者扯掉或翻转街上的告示牌。"这个点子真是幼稚极了,我早就说,修比,你会因此惹上麻烦的!"

"妈妈,爸爸不在家,他已经和马斯登先生一起上高尔夫球课去了,修比下楼被警察逮捕了!"

"修比·惠特罗,你犯下了《刑法》第459条的破门盗窃罪,我现在要带你回警局总部侦讯,在我搜身、戴上手铐之前,我必须宣读你的公民权利。"[别忘了,电视摄影机正记录这个经典的逮捕镜头,远远看去,现在的乔不但像个超级警察,简直就是电影《警网》(Dragnet)中的主角乔·弗雷迪(Joe Friday)的化身。]

"请注意听：你有权保持沉默，不必回答任何问题。如果你开口说话，那么你所说的每一句话都会在法庭上作为呈堂证供。你有权聘请律师，并可要求在讯问的过程中有律师在场。如果你请不起律师，我们将免费为你提供一位公设辩护律师，会在审判过程中的任何阶段陪同你。你了解你的权利了吗？很好，现在记得你的这些权利，我要带你到总局侦讯你所犯下的罪状。现在，安静地跟我走进警车。"

惠特罗太太看着乖儿子被搜身、戴上手铐，大鹰展翅地趴在警车上，吓得目瞪口呆，就像电视新闻常看到的逮捕嫌疑犯的现场一样。她整理一下自己的心情，平稳地争论："这是因为什么？警官？"

"这位太太，我奉命来逮捕修比·惠特罗，因为他被指控破门盗窃，他……"

"我晓得，警官，我已经告诉过他不要去动那些路牌指标，他都是被那些爱玩的孩子给带坏……"

"妈，你不了解，这只是我参加的……"

"警官，修比是个好男孩，我们愿意付任何代价好让他不被带走，你知道的嘛，只是小小恶作剧，不是真的有害人的企图……"

这时有一小群邻居聚集，远远地观望，被可能威胁个人安全的诱饵吸引过来凑热闹，惠特罗太太试着忽略他们，避免干扰到她手头上的要事：讨好警官，好让他们对乖儿子好一些。"如果乔治在这儿，他一定知道怎么处理这个状况。"她心想，"这就是把高尔夫安排在星期天而不去祈祷的后果！"

"好了，让我们继续下去，我们今天行程满满。早上还有许多逮捕行动要执行。"乔一边带着嫌疑犯走进车里,一边说道。

"妈妈,爸爸知道这件事情,你问他就好,他有签下弃权书,不用担心,这只是我参加的……"

警铃响起,警灯开始闪烁,引来更多关切惠特罗太太的邻居们,她的儿子看起来是个乖男孩,不像是会被逮捕的孩子。

修比心神不安,看着他母亲忧伤的神情,感到罪恶不已,一个人坐在警车后座,和前座警察隔着一道保护铁网。他说:"所以,这就是嫌疑犯的感觉?"想起邻居帕尔默指着修比对他女儿大声叫嚷:"这世界是怎么了,现在连惠特罗家的男孩都犯罪了?"他的脸颊瞬间涨红。

总局里,侦讯的过程在嫌犯的配合下按常规顺利进行,鲍伯警官起诉修比的同时,乔与我们讨论第一个逮捕行动的过程。我认为花的时间有一点太长了,尤其是后头还有八个嫌疑犯要逮捕。摄影师却希望我们慢慢来,这样他才能站到好位子,这故事需要一些好镜头才能串联起来。我们同意,下一个逮捕行动可以小火慢炖地拍好连续动作,但是话说回来,电视新闻拍或不拍倒是其次,最重要的还是实验本身,所以还是应该加快速度,惠特罗男孩就花了30分钟,按照这个速度,我们要花上一整天才抓得完犯人。

我知道警官的合作要依靠媒体的力量,所以我担心只要电视台结束拍摄,他们就不情愿再去逮捕其他清单上的嫌疑犯。就像观察这个实验的某些部分一样有趣,这部分的成败可不是我能控制的。许多可能出错的事,大多是我期待且试图对抗的,只是到最后都会有一些不可预期的事件,可以轻易搞砸先前的最佳计划。真实世界有太多不可控制的变量,像是社会学的场域。这是一个安全的实验室实验:受试者被起诉,实验的行动是在精致的设计之下，受试者是在研究者的势力范围内。这是依照警察的质询操作注意事项手册的内容："不要在嫌疑犯或目击者的家中质询；带他们回到总局，当事者不熟悉这里，也缺少社会支持，你的地盘就是你可以做主的地方，并且不必担心被非预期的事件所打扰。"

我温柔地催促警官动作要再快一点，但是比尔一直不断打断我，要求多拍摄一些不同角度的镜头，乔蒙上修比的眼睛，按照刑事鉴定调查C11-6的规定，留下许多个人信息和一系列的指模，最后用一张照片存证；在监狱里，我们会用我们的拍立得相机，当犯人穿上制服后自己给他们拍一张。修比企图讲个笑话，但是被乔猛然打断："你以为你是谁啊？你很聪明吗？"因此，整个侦讯的过程中并没有太多意见和情绪反应。而他现在一个人在小小的拘留室中，蒙着双眼，孤单又无助，想着为什么要让自己陷入这场混乱之中，问自己这一切是否值得。比较让他感到安慰的是，他知道这些不是那么难以对付，他的爸爸、表哥、公设律师，都是他可以指望会帮他退出协议的人。

猪来了，猪来了!

下一个逮捕场景，是在帕洛阿尔托的一间小公寓里。

"道格！起床！该死，是警察。请等一下，他就快来了，拜托可以穿上你的裤子吗？"

"什么意思？警察？他们干什么找上我们？听着，苏西，不要慌，放轻松，我们没有做什么他们指控的事情，让我去跟这些猪讲话。我知道我的权利，这些法西斯没办法拿我们怎样的。"

意识到这次碰上一个麻烦鬼的鲍伯警官，尝试用友善的说服方式。

"你是道格·卡尔森（Doug Karlson）先生？"

"是啊，怎么了吗？"

"我很遗憾，但是你被指控涉及违反《刑法》第459条，盗窃罪，我现在要逮捕你到市区的总局做笔录，你有权保持沉默，但你所……"

"够了，我知道我的权利，我不是什么笨蛋大学毕业生，我的逮捕令在哪儿？"

当鲍伯正在思考如何圆融地解决这个问题时，道格听见附近教堂大钟响起。今天是星期天！他竟然忘了今天是星期天！

他喃喃自语地说："当犯人，呵，所以这就是那个游戏？我喜欢，我才不要去大学里头当猪呢？不过说不定哪天我真的会被警察剥削，就像去年我在科罗拉多反战示威中碰上的事。当我告诉那个面谈的人——亨利，我记得他是这个名字——我不想要为了钱或经验做这个，但是我想要看看，成为犯人的我是如何抵抗上头的欺压！"

"我想要先嘲笑一下那个蠢问题：'由零到一百分量尺评估你两个星期持续留在监狱实验的成功可能性。'对我而言，一百分！轻而易举，这不是一个真正的监狱，只是模拟的。如果我不认同，我放弃，简单走开就是了。我很想知道他们对我对下面这个问题的回答有何反应：'有什么工作是你自现在起的十年内最想从事的？''我理想中的志业，就是希望能承担世界未来积极的一面——革命。'"

"我是谁？我有哪些特别的地方？我直截了当的表现如何啊？从宗教面来看，我是无神论者，按常规的角度来看，我是狂热者，从政治面来看，我是社会主义者；从心理健康的角度，我是健康的，由存在主义的社会面，我是分裂的、去人性和不带感情的——我不太常哭。"

当道格大模大样地坐在警车的后座时,他感觉到贫穷对他的压迫,和从他国家中的资本—军事统治者里夺回一些权力的必要。"当个犯人挺好的。"他这么想,"所有令人振奋的革命灵感都来自监狱经验。"他觉得就好像和乔治·杰克逊[①]一家亲,喜欢他的文化修养,并且知道所有受压迫的人们团结一致、同心协力,就能在革命中获胜。或许这个小小实验可以是训练他心理和生理的第一步,让他最终可以与法西斯统治的美国对抗下去。

笔录警员不理会道格轻率无理的评论,当道格试着不伸直手指时,乔轻易地按住他每只手指,尽职、有效率地记录了身高体重和指模。道格有点被"这些猪的力气竟然这么大"吓到了,也有可能是因为还没吃早餐的饥饿感,让他显得软弱无力。在漫漫的侦讯过程中,道格开始起了些偏执的念头:"说不定,这些斯坦福的卑鄙小人真的把我交给了警察。我怎么会这么笨,给他们这么多我的个人背景资料?他们可能会用那些资料来对付我。"

"嘿,警官,"道格以高八度的声调问道:"再告诉我一次,我被起诉什么罪?"

"偷窃,如果定罪,你应该关个两年就可以申请假释。"

警官,我准备好被逮捕了!

另一场预先计划好的情节,也随后在预先规划好的接送地点

---

① 乔治·杰克逊(George Jackson)是一名美国黑人激进分子,在狱中成为黑豹党的一员,同时也是索莱达兄弟会的一分子,在狱中长达12年,以将狱中书信集结成书而闻名。

开演，汤姆·汤普森（Tom Tompson），站在我的秘书罗沙妮身旁。汤姆就像一个有着娃娃脸的彪形大汉，理着平头，5英尺8英寸高，170磅的结实肌肉。如果世界上真有正直不阿的人，那么这个年轻的十八岁军人绝对是其中之一。我们在面谈时询问他："有什么工作是你自现在起的十年内最想要从事的？"他的回答令人惊讶："在哪里或何时都已经不重要，应该有组织、有效率地工作，政府底下都没组织没效率。"

他对婚姻大事的规划则是："我计划在我经济稳定后结婚。"

是否有任何治疗、药物、镇静剂或犯罪记录？他的回答是："我从来没有犯过罪，我依旧记得当我五六岁大的时候，看见我父亲在商店购物时顺手偷吃一块糖果，我对他的行为感到十分羞愧。"

为了节省房租，汤姆·汤普森每晚睡在车子后座，这样的住宿状况并不舒适也不适合读书，"最近有一次我还得击退两只蜘蛛，一只在我眼皮上，另一只在我嘴唇上。"为了维持他良好的信用，他才刚自己缴完暑期课程的全额贷款。他也一周45小时地做各式各样的工作，吃剩菜剩饭，就是为了存下个学期的学费。由于他的韧性和勤俭，他计划提早六个月毕业。他也利用空闲时间认真地锻炼自己的身体，显然是利用没有约会和没有朋友邀约的时间。

参与研究是因为薪水，对汤姆来说这是十分理想的工作，因为他的课程和暑期工作已经结束，又正需要一笔钱。三餐正常、有真的床可睡，甚至有热水澡可以洗，就好像抽中乐透一样开心。然而，除此之外，应该没人会跟他一样这么想——他把这两星期的时间，看作一个有钱拿的快乐假期。

他并没有在金斯利路450号等太久，我们的警车就来到他

1965年出产的雪佛兰后面。隔没多远是克雷格的菲亚特，勇敢无畏的摄影师正在拍摄今天最后一次的逮捕行动；稍后在总局里，还加拍了许多室内的连续镜头，接着才跟着我们回到我们的监狱。比尔急着送这些珍贵的抢先画面回KRON电视台——因为平常的电视新闻头条都十分无聊。

"警官，我是汤姆·汤普森，我已经准备好被逮捕，不会有任何反抗。"

鲍伯十分怀疑这位同学，认定他一定是某种想要证明自己空手道段数的怪人。手铐咔啦一声戴上，米兰达权利甚至念都还没念，鲍伯就急着对他搜身，比其他人都彻底，看他有没有藏匿武器。他的不抵抗，反而给人一种古怪的感觉，当一个人面对逮捕时，这样未免太从容、太有自信，通常这代表事有蹊跷：这男人可能带着枪，或者只是代罪的羔羊，还是别的什么不对劲。"我不是心理学家，"事后乔对我说，"但我总觉得汤普森这家伙有些诡异，他好像是军队训练出来的士官——敌军派来卧底的。"

幸运的是，帕洛阿尔托市这个星期天没有任何犯罪案或是猫在树上下不来的民生案件，把鲍伯和乔从有史以来最有效率的逮捕行动中叫走。傍晚时分，所有的犯人都已经做完笔录，带到了我们的监狱。在那里，我们虎视眈眈的狱卒们正等候着。这些年轻人将离开帕洛阿尔托天堂，到乔登大楼心理学系，从水泥楼梯间走入完全改观的地下室，对某些人而言，那是坠入地狱的开始。

第 3 章
堕落仪式正式开始

当被蒙住眼睛的犯人一一被押送到乔登大楼,步入我们的小监狱之后,我们的狱卒便命令他们先脱光衣服,裸着身站着,手臂打直面墙,两脚打开。他们一直维持这个不舒服的姿势很久,因为狱卒们正处理最后的杂务,像是将犯人所属物品打包交给看管者、整理狱卒活动区域,并且分配三间狱房的床位,因而忽略了他们。在他们穿上制服之前,还要先在他们身上撒粉,声称是用来除虱,以免污染了我们的监狱。在没有任何工作人员鼓吹、煽动的情形下,有些狱卒开始嘲笑犯人的阴茎大小,评论最小的阴茎尺寸,或是嘲笑他们两边睾丸不对称——男孩们的低级玩笑!

犯人依旧被蒙住双眼,一个一个拿到他们的囚服,没什么好幻想期待的,就是一件工作服,分别在正面和背面都有识别号码的棕褐色棉质衣服。制服是从男生军用品专卖店买到、整套在那儿绣上号码的。女人的丝袜则被拿来当作犯人戴在头上的制服帽,代替刚入狱时必须剃光头的例行程序。戴上丝袜帽也是一种消灭个人特色的方式,凸显他们在监狱阶级中默默无名的地位。接着,每个犯人穿上一双塑胶拖鞋,脚踝上串着锁链——不断提醒他们现在是在坐牢。当他们从熟睡中突然醒来时,脚踝上的锁链也会

第3章 堕落仪式正式开始

立刻提醒他们现在是什么身份。犯人都不准穿内衣裤,所以当他们弯腰时,后头的春光就会外泄。

当所有犯人都着装完毕后,这些狱卒才取下他们蒙眼的带子,让他们在墙上的大镜子里看到自己的全新样貌,接着再用拍立得相机留下个人的识别照,在官方笔录中存盘,并且以识别号码替代"名字"一栏。就像许多机构的习惯,如新兵军营、监狱、疗养院、低等工作场所等,对犯人的羞辱才刚开始。

"头不要乱动!嘴巴不准张开!手不要乱动!脚不要乱动!哪里都不准动!闭嘴!乖乖站在那里!"[1]狱卒阿内特(Arnett)咆哮着首度宣示权威。他和另外两个白天一同值班的狱卒兰德里(Landry)和马库斯(Markus),在刚刚脱下犯人衣物再让他们着装时,已经开始以胁迫的态度挥舞警棍。前四个犯人排成一列,被训诫着这里的基本规则。这些规则,是前一天这些狱卒和"典狱长"于职前说明时共同制订的。"我不喜欢典狱长纠正我的做事方法。"阿内特这么说，"所以我会用最令人满意的方式对待你们，休想纠正我。听清楚这些规则，你们必须使用识别号码称呼每一个犯人，而称呼狱卒们'狱警先生'！"

更多的犯人被带进大厅，一样经过除虱更新着装程序，被迫加入面壁思过的行列，聆听教诲。这些狱卒会以严肃的口吻宣告："有些犯人已经知道这里的规矩，有些还不知道在里头应该如何活动，所以你们必须要学习！"每项规则被缓慢、严肃、命令式地朗读，相较之下，犯人显得无精打采，坐立不安地注视着新环境。

"7258号，起立！立正站好！"阿内特开始拿规则来考犯人，要求高又吹毛求疵，并且使用严肃的声调来强调军法礼仪规范，他摆出来的样子，好像是告诉大家他只是尽本分做他该做的工作，没有任何个人企图。但是犯人们可不这么想，他们咯咯地笑，不把他的话当一回事。他们"尚未"融入这个犯人的角色。

"不准笑！"另一个顶着浓密金色长发、矮胖的狱卒兰德里大声训斥，他足足比阿内特矮上6英寸。阿内特又高又瘦，鹰钩鼻，深棕卷发，嘴唇紧闭微撅。

突然间，典狱长戴维·贾菲走进监狱。"靠墙站着，注意聆听所有规则的宣读！"阿内特立刻说道。事实上贾菲是我一个大学部的学生，是个小伙子，大概只有5英尺5英寸高，但现在看起来仿佛更高，因为他站姿挺拔、缩紧肩膀、把头抬得高高——他已经为他的角色做好准备了。

我在一个用窗帘遮蔽的窗户后，观察这一切，这个隔间是为了隐藏摄影机和录音系统，位于监狱大厅南隅。在窗帘之后，科特·班克斯和其他研究团队将会记录一系列这两周里发生的大小事，如吃饭时间、犯人报数、亲朋好友探监时间、监狱牧师时间，以及任何骚动的发生。我们没有足够的经费可让我们不间断记录，所以我们必须审慎地挑选特定的适合时间。这也是一个让实验者和其他观察者都可以观察实验却不打扰实验进行的恰当地方，而且，实验的参与者都不晓得被摄影和观看。只是，我们也只能观察或是拍摄那些在我们面前的监狱大厅中发生的事件。

虽然我们无法监视牢房内部，但是我们听得到声音。牢房安装了监听设备，我们可以窃听一些犯人的谈话；犯人都不知道有隐藏式的麦克风暗置在间接照明的配电盘后方。从这个资讯可以了解私底下他们的想法和感觉，也能够明白他们到底会分享什么样的事物。这个方式，也可能有利于我们辨识哪些是承受过压力、特别需要关切的犯人。

我很惊讶典狱长贾菲竟然扮演得有模有样，想当初，第一次见面他还穿着运动夹克搭配领带，那时的学生嬉皮风正当道，他的品位相较下十分少见，令人惊讶的是，为了融入新的角色，他竟然割舍了他索尼·博诺[①]式的大胡子。我告诉贾菲，现在正是来个典狱长自我介绍的时候。他有些不情愿，因为他的个性并不强势，私底下其实是个低调安静的人。因为在附加的训练前他刚好出城一趟，昨天回来只赶得上狱卒的职前说明，难免感到有些状况外，特别是克雷格和科特来自研究所，而他只是个大学部学生。或许他会感到不太自在的另一个原因，是因为他是整个"6英尺高团队"中个子最小的一个。但是他挺起脊背，成为其中最强硬也最投入的一员。

"或许你们已经知道了，我是你们的典狱长，你们全部因为某些原因没有办法自由在外头的真实世界中活动，以某种角度来说，

[①] 索尼·博诺（Sonny Bono）：美国流行摇滚巨星，身兼歌手、制作人，后期还参与政治，八字胡为他的经典形象。

你们缺少了一些作为一个伟大国家公民的责任感。在监狱里，我们，也就是你们的惩治人员，将会协助你们学习什么是身为这个国家市民的责任。你们刚刚听到的这些规则，在不久的将来，将会贴在每间牢房里，我们期待你们能够详加了解，并且都能够按号码背诵。如果你们遵守这些规定，金盆洗手、痛改前非，表露出真正的悔过态度，就可以和我们相安无事。希望我不必太常见到你们。"

真是一场惊人的演说。接着狱卒马库斯下令，也是他第一次对众人发言："还不赶快感谢典狱长对你们说的这席话！"九名犯人异口同声大声喊出谢谢——只是没有带着多少真心诚意就是了。

这就是你要依循的生活规定

现在，是强加一些特定情境形式的时候了。这可以让新进的犯人了解一系列的规范，也就是关于这两周的一些行为规定。在狱卒昨天的职前说明热烈讨论之下，大家纷纷提出意见，由贾菲把这些意见整理成一条条的规定。[2]

狱卒阿内特和典狱长贾菲讨论过后，决定让阿内特大声朗读所有的规定——也是他迈向日班首领地位的第一步。他从容缓慢地念出，还会特别注意咬字。

1. 犯人在休息时间必须保持安静，譬如熄灯后、用餐中和任何在大厅之外的时间。
2. 犯人必须在用餐时间进食，也只能在用餐时间进食。
3. 犯人必须配合参与狱中的任何活动。
4. 犯人必须保持囚房的整洁，床铺要整理，个人用品摆放整齐,不可以弄脏地板。

5. 犯人不可移动、更改、涂污、毁坏墙壁、天花板、窗户、门等监狱财产。

6. 犯人不可操作囚房灯光。

7. 犯人只能用识别号码称呼彼此。

8. 犯人必须称呼狱卒是"狱警先生",典狱长为"总狱警先生"。

9. 假释之前,犯人都禁止谈论关于"实验"或是"刺激"的情境。

"我们已经念完一半了,希望你们可以维持注意力,因为你们必须遵守和记住每一条规则,我们会随时抽查!"狱卒预先警告他的新命令。

10. 犯人只允许去厕所五分钟,没有任何犯人可以被允许在去过之后一小时之内再去一趟厕所,厕所将会有狱卒固定巡察。

11. 抽烟是基本权利,但只允许在吃饭后或由当时轮值狱卒来判断。不容许在囚室里头抽烟。滥用抽烟的权利,会招致永久废除权利的可能。

12. 信件是基本权利,不过所有进出监狱的信件都要检阅审查。

13. 探访是基本权利,犯人可以接受亲友的探访,但仅限于大厅,探访将受到狱卒的监督,狱卒可视情况中止探访。

14. 所有犯人在任何地方见到典狱长、监狱狱卒或其他访客时,都必须起立站着,等待指令后才能坐下或继续动作。

15. 犯人必须遵守任何时间狱卒所下的命令，狱卒的命令就等于书面命令；典狱长的命令，等同于狱卒命令和书面命令。监狱警务长的命令则是最高指令。

16. 犯人必须向狱卒告发任何违反规定者。

"最后一项，但也是最重要的，这项规定就是要你们记住所有这十七条规矩！"狱卒阿内特补充预示的警告。

17. 没有遵守以上十六条规定者，一律接受处罚！

紧接着发言的是狱卒兰德里。他决定做些事情并且重读这些规定，最后再锦上添花加上自己的意见："犯人是整个惩治共同体的一部分，因此为了让这个共同体运作顺利，你们必须遵守以上这些规定。"

贾菲点头表示同意。他已经开始喜欢把一切当作监狱共同体，在其中理性的人们和平地订定并遵守这些规则。

开始报数

根据前一天职前说明所订定的计划，狱卒兰德里继续打造狱卒的权威感——命令他们报数。"好，现在起你最好和你的识别号码熟悉一点。我要你们从左到右开始报数，快一点！"犯人大声报着自己或三或四码、绣在衣服前的号码。"还不错，但是我想要仔细地看看它们。"犯人们不情愿地挺起身子、立正站好，"你们慢吞吞地站也站不好，每个人十下俯卧撑！"（接下来俯卧撑变成狱卒们固定的控制和处罚手段。）"你在笑吗？"贾菲问，"我看得很清楚那是在笑，这一点也不好笑，这很严肃的，这是

第3章 堕落仪式正式开始

你应尽的本分，你必须让你自己更投入才行！"贾菲说完后就离开大厅，问我们他的开场表现如何。克雷格、科特和我一致轻拍他，赞赏他的表现，"干得好啊，戴维，做得太好了"。

许多监狱在一开始就要求报数，是管理上的需求，以确保所有犯人都在场，并且没有任何逃监或是生了病留在囚房等需要更多注意的情形。在这个例子里头，报数的第二个目的是为了让他们更熟悉自己新的号码身份，我们希望他们开始思考，自己和其他人一样是一个有编号的犯人，而不是有名有姓的一般人。有趣的是报数的形式如何改变，从最初只是例行公事地记忆自己的编号，到最后在大家面前报上自己的编号，好让狱卒们一再展现他们对于犯人的权威感。即使两组学生都是研究受试者，一开始也可以角色互换，但融入角色之后，报数的过程无非转变的一种公众展现。

最后犯人们被送进囚房，再次要求记住规则和并认识他的新室友，囚房充满了匿名的监狱生活味道，但事实上只是小办公室改建成的。大约10英尺乘以12英尺大小，里头几乎空无一物，原先的办公桌都被移走，改成三张吊床挤在一起，只有三号囚房比较特殊，还多了水槽和水龙头。但是我们关闭了三号囚房，希望当成囚犯表现良好时的酬赏。房门都换成特制的黑色门，在一扇小窗下有一条条铁杠，每扇门的囚房号码都显著地贴在门上。囚房就在大厅右边墙壁的后面，正好给我们以单透镜子观察的一个绝佳的观察点。

大厅是一个长窄走道，大约9英尺宽、38英尺长，没有任何窗户，只有简单的氖灯照明，唯一的出入口在走廊远处尽头、观察窗的正对面。因为只有一个逃生出口，所以我们有几个灭火器在附近，以防祝融之灾，是在审查和批准我们进行研究的斯坦福大学人类受试者研究委员会的指示下所购买。（然而，灭火器也可能是个好武器！）

昨天这些狱卒们开始在大厅墙上张贴标志，设计成"斯坦福郡大监狱"，另一个是"没有许可下禁止吸烟"，第三个则是预告作为暗示禁闭室所在位置——"黑洞"。禁闭室就是一个嵌在墙里的小衣橱，就在囚房的对面，过去用来当作储藏室，拿走那些档案箱子，就空出了约1平方米的空间。

这是不知道哪个难以驾驭的犯人必须孤单度过时光的地方，以此作为重大过错的处罚。在这个黑暗的狭小空间里，犯人可以站着、蹲着或坐在地上，关禁闭的时间长短取决于狱卒的命令。里头可以听见大厅发生的事情，而且大家用力敲打黑洞的门时，砰砰的声音会非常响亮。

犯人被送进前就被分配好囚房，一号囚房是3401、5704和7258，二号囚房819、1037和8612，而三号囚房是2093、4325和5486。在某种意义上他们就像战俘，多少个战俘作为一个单位，而不像一般的监狱，原先就有一群犯人。犯人有进有出，新囚犯进入监狱后，要经过一段社交的过程。

狱卒排班表

	狱卒		犯人
日班 早上10点至下午6点	阿内特 马库斯 大兰德里（约翰）	一号囚房	3401格伦 5704保罗 7258修比
小夜班 下午6点至凌晨2点	赫尔曼 柏登 小兰德里（乔夫）	二号囚房	819斯图尔特 1037里奇 8612道格
大夜班 凌晨2点至早上10点	丹迪 赛罗斯 瓦尼施	三号囚房	2093汤姆"中士" 4325吉姆 5486杰里
后备狱卒	莫里森 彼得斯		

总的来说，我们的监狱比起战俘营有人情味多了，而且相较于艰苦地方——像阿布格莱布监狱——当然更宽敞、整洁、有秩序。（但是最近，萨达姆在美国士兵做多这些事之前，做过更多恶名昭彰的虐待及谋杀案例。）还有，除了相较下的舒适，斯坦福监狱场景也恐怖地成为多年后阿布格莱布案军备警官的先示预兆。

角色适应

狱卒们花了一些时间才开始适应他们的角色，从三班轮值的最后撰写的狱卒换班报告看来，我们发现凡迪最不自在，他不确定怎么做才能成为一个好狱卒，希望能有一些训练，也总认为自己对犯人太好是一种罪过。乔夫·兰德里，也就是约翰·兰德里的弟弟，报告他感到十分愧疚，因为在"堕落仪式"中命令犯人裸体站着，让他们饱受羞辱，以不舒服的姿势持续一段时间。他很难受，因为纵使他不赞同这些做法，却没尝试停止某些事。为了放下心中令人不适的重担，若没必要他会尽可能的离开大厅，以免不断经历这些让他不舒服的互动。狱卒阿内特是社会学的研究生，比他人都年长个几岁，怀疑这次犯人的征召有其预期效果。他担心其他两位和他共同轮班的狱卒太"斯文"，会让值班的安全堪虑。即使只是经过第一天短暂的交手，阿内特便可以指出哪些犯人是麻烦鬼，而哪些是"令人满意的"。他并且指出一件在逮捕时我们都没有观察到、警官乔却特别提到的那个人——汤姆·汤普森，也就是犯人2093。

阿内特不喜欢2093，因为他"太乖"了，并且"坚持忠诚于所有的命令和规范"[3]。（事实上，2093因为他的军国主义作风，全然服从所有命令，之后被其他犯人取了一个绰号"中士"。）他对我们的情境而言十分重要，并且可能引起狱卒们内在的冲突，我们必须注意刚开始面谈时他所说的话，以及回想汤姆在被警察逮捕时的一些事情。

相较之下，犯人819认为整个情境相当有"娱乐性"[4]，他发现抢头香、第一个报数很好玩，"只是个玩笑罢了！"而且他感觉有些狱卒也这么觉得。犯人1037看着其他人和他自己一样被羞辱的过程，却拒绝看得太重，比较在意他的饥饿程度；早餐他只吃一小块面包，期待着那天从来没有到来的午餐。他假定没有午餐是狱卒们另一种处罚的方式，即使大多数的犯人都安分守法。不过事实上，我们之所以忘了提供午餐，只是因为逮捕行动花了太多时间而忘了去拿，那时我们还有许多事情要处理，例如一个原先扮演狱卒的同学临阵脱逃。幸好，我们临时从原先的筛选名单中即时找到替换的夜班人选——狱卒柏登（Burdan）。

小夜班接手

晚间6点之前，小夜班就先到监狱穿上他们的制服，试戴他们的银色反光太阳镜，并且配备口哨、手铐和警棍。他们向离入口没几步的狱卒办公室报到，同一条走廊上是典狱长和警长办公室，每个门上都印着各自的标示。白日班的狱卒见过他们的新伙伴，告诉他们今天所有事都在掌握之中，但也补充提到有些犯人还没有完全"进入状况"，必须受监视，并且施加一些压力以维持秩序。"我们会做得很好，明天你来会看到他们服服帖帖的。"一个新来的狱卒如此吹嘘。

第一餐会在7点钟送过来，这是件轻松的差事，就像是吃自助餐一样摆设在大厅。[5]那里只容得下六个人，所以当六个人吃完再叫其余三个快点过来吃剩下的。犯人8612试图说服其他人罢工，以抗议这个"让人无法接受"的监狱情境，但是他们太饿、太累，没办法马上实行。8612是聪明的道格·卡尔森，一个无政府主义者，在被逮捕的时候还在耍嘴皮子。

回到他们的囚房，犯人依旧有秩序地保持安静，只有819和8612大声对谈大笑，"马上"执行罢工行动。犯人5704，一群人中个子最高的，本来都一直保持安静，但现在因为他的烟瘾犯了，他要求还给他香烟，却被告知"如果他当一个好囚犯的话，才可以得到抽烟的权力"。5704挑战这个原则，说这样违反规定，但还是没用。依据这个实验的规则，每个受试者都有权随时离开，但是这些不高兴的犯人似乎都忘记了。他们可以采用以离开来威胁的策略，改善他们目前的状况，减少承受这些愚蠢的麻烦，却并没有这么做，反而渐渐地更融入角色之中。

典狱长第一天最后的公事，就是告诉所有犯人关于就快到来的"探访夜"的事情，只要有朋友或亲人在附近，犯人可以写信告诉他们来探访的事情。他描述写信的流程，并且给每个需要的人一支笔、斯坦福郡大监狱信纸，以及贴了邮票的信封。他们写完信还得在后头加注"写信时间"，才交回这些东西。典狱长把话说得很明白，狱卒们有这些信件的处理权，可以决定哪些人被允许写信与否；因为某人可能不遵守哪些规则，狱卒可能不知道某人的识别号码，又或许狱卒有其他的理由。

在这些写好的信件送交狱卒后，小夜班开始第一次报数，犯人便依序回到囚房中。当然，工作人员为了安全考虑看了所有的信件，也在寄出之前复印建档，这个探访夜和邮件的诱惑，接下来变成了狱卒们直觉上和实际中用来加强控制囚犯的工具。

报数的新意义

正式形式上，就我可以想到的报数有两种功能：让犯人熟悉自己的识别号码，并且在每次交班的时候确认大家都在。在许多监狱里，报数被视为一种训练犯人的手段，但纵使一开始的报数显得单纯，我们每晚的报数和他们早就出现对立的角色，到最后变成了一种逐渐扩大增强的痛苦经验。

"好，男孩们，我们要来做个小小的报数！这会很好玩的！"

狱卒赫尔曼（Hellmann）咧嘴笑着告诉他们，狱卒小兰德里很快地补充："你越快做，就会越早结束。"这些疲累的犯人走到大厅、排好队伍时，都沉默地绷着脸，眼神没有交集。对他们来说，这已经是漫长的一天，谁知道他们昨晚最后终于入睡之前，心里是怎么想这个实验的。

小兰德里下命令："向后转，手抬起来抵着墙壁。不准交谈！你希望整晚都一直做这个动作吗？我们就做到你们做对为止，开始一个一个报数！"赫尔曼跟着火上浇油："给我做快点！给我大声喊出来！"犯人们遵从了，但是："我还是没听清楚，再做一次，小伙子，做得糟透了，慢吞吞的，再给我做一遍。""这就对了！"小兰德里插话，"但我们必须再做一次。"几个成员马上大声呼喊，赫尔曼却更大声地吼叫："停！这叫做大声？或许你们没有听清楚我的话。我说要再大声一点，我说要再清楚一点。""让我看看他们能不能倒着数回来，现在从另一头数回来！"小兰德里一副开玩笑的样子说，"嘿，我不希望有任何一个人偷笑！"赫尔曼则粗暴地说："我们今晚就在这里做到对为止！"

有些犯人已经察觉，支配优势之争已在赫尔曼和小兰德里两个狱卒中引爆开来。从不认真看待这一切的犯人819，开始大声嘲笑赫尔曼和小兰德里"牺牲犯人的时间为的只是彼此较劲"。"嘿，819，我说过你可以笑吗？或许你没有听清楚我说什么！"赫尔曼第一次发脾气，正对着犯人的脸，身体倾向他对他施加压力，一边用警棍推挤他。小兰德里赶紧把他的同事推到旁边，并且命令819做20下俯卧撑，819乖乖地照做。

赫尔曼接着回到舞台中心："就是现在！唱歌！"当犯人们正在报数的同时，他打断他们，"你们没有听到我叫你们唱歌吗？或许是你们头上这个丝袜帽太紧了，紧到你们听不清楚我说话。"他变得在控制技巧和对话上越来越有心得，转身面向犯人1037，用走音的方式唱着他的号码并且命令他做二十下蛙跳。当他做完，赫尔曼又说："你可以再为我多做十个吗？为什么你做的时候会有'咯咯'的声音？"做蛙跳的时候，谁的膝盖不会咯咯作响的呢？这些命令变得越来越无理取闹，但是，狱卒也开始从发布命令强迫犯人就范中找到乐趣。

虽然对他们而言，叫犯人们"唱数"是挺有趣的，但是两个犯人选择勇敢挺身而出："这一点都不有趣！"并抱怨道："这实在是糟透了，感觉差到极点了！""再来一次，"赫尔曼却告诉他们，"你们给我唱，这次我要'甜'一点的声音。"然后犯人一个接着一个做俯卧撑，只因为他们唱得太慢或是唱得太难听。

当替代狱卒柏登和典狱长一同出现时，这生动的双簧二人组——赫尔曼和小兰德里——立即转而要求犯人们以识别号码报数，而非原先排列由1到9的顺序报数，想当然他们喊得零零落落。赫尔曼坚持他们不可以偷看自己的号码，因为他们早该背得滚瓜烂熟，所以如果任何一个人背错他的号码，惩罚就是每个人都做12下俯卧撑。赫尔曼变得更加专制无理，暗地里仍然和小兰德里竞争狱卒的权势位阶："我不喜欢你做俯卧撑下去时报数的方式，我要你在上来的时候给我报数。再给我做十个可以吗？5486？"这个犯人更明快地执行指令，却反而增强了狱卒予取予求的私心。赫尔曼说："好，这很好。为什么你们现在不唱给我听呢？你们这些人唱得实在不怎么样，对我而言，声音一点都不甜美。"小兰德里跟着说："我不认为他们有准确地跟上拍子，是不是可以唱得再细腻一点、甜美一些，让耳朵好好享受一下？"819和5486在这个过程里不断遭遇挫败，但是说也奇怪，竟肯顺从狱卒的要求，接受更多蛙跳的处罚。

新狱卒柏登比任何其他狱卒都还要快进入状况，也刚好有两个前辈模范让他有个现成的在职训练，"喔，那真是太棒了，我就是要你这么做，3401，出来自己秀一下，告诉我们你的号码！"柏登站在他的同事后面，伸手将这名犯人从队伍中拉出来，好让他在大众面前独秀报数。

紧接着被盯上的，是犯人斯图尔特819。他被要求一次又一次独唱，但是他的歌声始终被认定"不够甜美"。狱卒们争先恐后地戏谑他："他肯定没办法甜美的啦。""不，对我而言这样还不够甜美。""再来个十次！"赫尔曼好像很高兴柏登开始像个狱卒了，不过他并不准备放弃对他或小兰德里的控制，开始叫犯人背诵隔壁犯人的号码，如果他们不知道，那就是再来几个俯卧撑。但是，当然大部分人都不记得下一个人的号码。

"5486，你看起来好像真的很累，你不能再做得更好了吗？让我们再来个五下如何？"赫尔曼灵光一闪，又想到新点子，开始教导怎么才绝对不会忘记杰里5486号码的记法："一开始先做五个俯卧撑，再来四个蛙跳，接着八个俯卧撑加上六个蛙跳，这样一来，你就会完全正确地记得他的号码是5486。"他已经开始更机灵地设计新的处罚方式，创造邪恶之第一个征兆。

小兰德里忽然退到大厅的另一边，显然是将权势交给了赫尔曼。他一离开，柏登就代替了他的位置，但是并非与赫尔曼竞争，而是助纣为虐，在一边添油加醋或夸大其词。但是小兰德里并没有真的离开，很快就又回过头来命令另一个犯人报数，因为他不满意，所以要求他们一次两个人一起数，接下来三个四个往上累积。他显然不像赫尔曼那么有创意，但是无论如何还是暗潮汹涌地相互较劲。5486开始糊涂了，俯卧撑越做越多，赫尔曼突然间打断他，说："我要你7秒钟内做完，但是我知道你没那么厉害，所以过来这里拿你的毛毯。"小兰德里却有意见："等等，先别动，将手顶在墙上。"赫尔曼并没有下这个命令，大伙在权威战中"墙头草，一面倒"，没有人理会小兰德里最后下的命令。赫尔曼叫大家解散，各自拿自己的床单和毛毯，整理床铺，并在自己的囚房里等待下一步的指示，赫尔曼得到了保管钥匙的权利，上锁囚房。

叛乱计划的最初征兆

交班之际，赫尔曼正要离开大厅时大声向犯人们呼喊："好了，绅士们，还享受今晚的报数吗？""才怪！""谁说的？"犯人8612承认是他说的，并解释自己从小被教导不可以说谎。因此所有狱卒都冲进二号囚房，抓住8612——这是他坚持激进政治立场的后果，因为他高喊："所有权力交还给人民！"因此马上就被丢进"黑洞"里，第一次有人进去了这个地方。狱卒们展现了统治的原则：不容许异己之见！小兰德里接着再问一次刚刚赫尔曼所问的问题："好了，绅士们，享受今晚的报数吗？""是的，长官！""是的，长官，然后呢？""是的，长官，狱警先生！""这样才像话！"没有人敢再公然挑战他们的权威，这三名骑士渐渐成形，就好像步调一致的军事列队游行。回到狱卒室之前，他再回到二号囚室提醒他的室友们："我要这些床排成苹果派床！"

犯人5486事后报告，他因为8612到了黑洞感到沮丧，也因为没伸出任何援手而有罪恶感。但是他合理化自己的行为，提醒自己"这只是个实验"[6]，没必要为此牺牲舒适或也被关禁闭。

约晚上10点，犯人们被允许最后一次如厕。因为必须在批准下才能行动，所以一个接着一个，或是两个两个一组，他们被蒙眼护送到厕所，从监狱的唯一出口绕过嘈杂的锅炉室的小路，让他们无法知道自己身在何处。日后，这个很没效率的程序会在所有犯人同时行走厕所路线后变得更流畅，而这程序有时还包括电梯的搭乘——为了让他们更混淆。

刚开始时，汤姆2093说他需要更多时间，因为他只要一紧张就尿不出来。狱卒拒绝了这个要求，但是犯人们联合坚持应该给予足够的时间，"这是个大问题，我们必须建立我们目前所缺少、但不可避免的需求。"⁷ 5486事后这么报告。像这样的小事,让犯人们团结起来且更认同群体,胜过单枪匹马独自奋战。反叛者道格8612感觉狱卒明显只是角色扮演,而且他们的行为举止就只是在嬉闹,但是他们"投入过了头"。他会持续努力组织犯人,设法拥有更多的力量。相较之下,金发男孩犯人修比7258事后报告:"如果时间倒转,我要选择当狱卒!"⁸毫无疑问地,这时没有狱卒会想当犯人的!

另一个反叛的犯人819,在信中邀请他的家人参加"探访夜",他写下:"所有力量加诸受辱的兄弟们,胜利将会是必然的,说真的,我很高兴我可以在这里当犯人。"⁹当狱卒们在狱卒室玩牌时,夜班狱卒和典狱长决定,明天早上的日班报数也要给犯人们一些苦恼。日班交接时,狱卒要很快靠近囚房站着,有什么情况就用尖锐的哨子声来唤醒他们的掌控权力,激励新的轮值狱卒快速地融入角色,同时打乱犯人们的好梦。小兰德里、柏登和赫尔曼全都喜欢那个计划,而且讨论接下来一晚如何成为一个更好的狱卒,赫尔曼认为全都是"乐子和游戏",他决定从现在开始当个"烂人",扮演更多"跋扈"的角色,像是兄弟会欺负菜鸟,或是像监狱电影,如《铁窗喋血》演的那样。¹⁰

柏登正处于一个关键的墙头草角色,作为一个中立的小夜班狱卒。小兰德里一开始就有强势的位置,但似乎被赫尔曼的巧思介入减弱不少气势,让他决定扮演"好狱卒"的角色,善待他们,并且不做任何羞辱、贬低他们的事情。如果柏登倒向小兰德里这边,两人合作便能消灭赫尔曼的气焰。但如果柏登选择倒向那个恶棍,那么小兰德里会变得格格不入,并且未来发展有不祥之兆。在他自己的回顾日记中,柏登写道,当他6点被紧急召唤尽速报到时其实十分紧张。

穿上军事化的制服让他觉得有些愚蠢，黑发散乱落在脸上，两者的反差让他觉得犯人可能会嘲笑他，意识上他决定不直视他们的眼睛，不笑，也不把这个局面当作游戏。相较于赫尔曼和小兰德里的在新角色扮演上十分有信心，他却不是。他把他们视为"正规兵"，即使他们也只是比他早到几个小时而已。他最喜欢的是佩戴警棍，挥舞警棍就等同于力量和安全，不论是拿来敲打囚房的门闩、猛击黑洞的门，或是在手中轻轻拍打，已经变成他的例行姿态。在接近和伙伴们交班的时刻，他已经变得较像他应该是的年纪的孩子，比较不像滥权的狱卒。然而，他却告诉小兰德里，他认为工作时像个团队的必要性，只有如此才能让犯人们遵守规定，并且绝对不容许任何造反的行为。

凌晨2点30分的尖锐哨音

大夜班从深夜2点钟一直工作到早上10点。这一班包括安德烈·赛罗斯（Andre Ceros），又是另一个长发蓄胡的年轻男子，他是和卡尔·凡迪一起来的。还记得凡迪曾经帮过白天班由拘留所运送犯人到我们监狱吗？所以他一开始值班时其实已经很累了，他就像柏登，也留着光滑亮丽的长发。第三个狱卒麦克·瓦尼施（Mike Varnish），身材就好像美式足球后卫，健壮的肌肉结实发达，但是比另外两人矮了一些。当典狱长告诉他们要发布突袭起床警告时，三个人都很高兴可以凑上热闹。

犯人们听起来都睡着了，挤在囚房里，有些人还在黑暗中打鼾。突然之间，尖锐的哨音划破沉静，有人叫喊："起来！起床，来报数！""好啊，你们这些睡美人，是时候让你们知道什么叫做报数了。"半梦半醒的犯人在墙前排成一列，漫不经心地报数，这三个新来的狱卒也开始构想报数主题上的新花招。报数和其伴随处罚的俯卧撑和蛙跳，持续了几乎令人吃不消的一个钟头。终于，犯人们被允许回去睡觉——可以说早点名提前了好几个小时。许多犯人事后报告，他们第一次感到时间扭曲了，吃惊之余体力也耗尽了，而且非常生气。有些甚至在之后说明，那个时间他们非常想放弃。

狱卒赛罗斯在刚开始穿上制服时感到很不舒服，但现在就好像穿上金钟罩，让他感到"安全的权威感"，但是尖锐的哨声在黑暗的大厅里余音缭绕，还是让他有点不安。他觉得自己太软弱，不适合当一个狱卒，想把这份害怕的感觉转化成"残酷成性的笑容"[11]。他不断地以提供"精进报数"的残酷建言来奉承典狱长。瓦尼施也报告说，他知道对他而言当个凶悍的狱卒十分困难，因此他看着别人，学习如何在这个不寻常的环境里行动，就像我们都会在陌生环境里找寻我们自己最适合的方式那样。他感觉狱卒们所做的这一切，都是为了创造一个环境——帮助犯人抛弃他们旧的自我认同，并且相对地投入新的。

最初的观察和忧虑

我这时的笔记里，已经开始记录接下来日日夜夜中需要特别注意的问题。狱卒们越来越专横残酷，是否会达到某一个平衡的临界点？如果他们回家后的行为反映了现在他们在此的作为，我们是否可以期待他们会懊悔？并且在某种程度上对自己过分的行为感到羞耻，进而改过向善？言语上的攻击会扩大成身体暴力吗？8小时乏味冗长的无趣值班，已经让狱卒们以"玩犯人"自娱。对犯人而言，实验往下继续进行后，他们又会如何应付狱卒们不时的无聊把戏？这些犯人会不会开始维护他们的尊严和权利，联合起来反抗？还是他们会让自己完完全全臣服于狱卒们的命令之下？什么时候会出现第一个"我受够了"，决定离开实验的犯人？其他人又会不会起而效尤、接二连三的离开？我们已经见过白天班和小夜班非常不一样的管理风格。那么，接下来的大夜班又是什么风格呢？

我们已有前例可循，这些学生要融入新角色，上手需要一些时间，刚开始总是有些可以理解的犹豫不决和笨拙不灵光。实验里的监狱生活，我们很清楚并不那么相似于实际的监狱生活。实验的犯人们似乎没有办法克服心理上的障碍，忘不了今天只是被囚禁在"某个地方"，并且是自愿来的。除了逮捕行动是来真的以外，我们应该对这个显然就是个实验的结果有什么期待？在星期六的职前说明时，我就尝试引导他们去思考，这个地方就像一般真实的监狱一样，有着心理层面上的模拟。我也描述了这类心理状态，是我们要在"狱卒—犯人"实验中试图描绘的，也是我与我的顾问安德鲁·卡罗·普雷斯科特（Andrew Carlo Prescott）接触时学到的，并且在刚结束的暑期课程中，我们才刚学到关于监禁的心理学知识。我担心我给了他们太多方向，所以他们只能简单地遵从我的指示，没办法依据他们在位时的经验，慢慢地内化新角色。到目前为止，似乎这些狱卒都有各式各样不照剧本演出的行为表现。让我们来回顾一下，稍早在狱卒职前说明时发生的事。

星期六的狱卒职前说明

为了准备这个实验，我们工作人员与12个狱卒碰面讨论实验的目的，给他们作业，并且建议管理犯人以不使用体罚为前提。九个狱卒随机分成三个班，剩下三名后备——或是说因应紧急事件的救火队。在我给大家概要讲解为何我们要做这样的研究后，典狱长贾菲描述了一些必要的程序和狱卒的职责，然后，扮演心理咨询角色的克雷格和科特详细说明了星期天逮捕的事宜，以及新犯人怎么带回我们的监狱。

再回顾这个实验目的时，我告诉他们我相信所有犯人的人身监禁是一种失去自由的象征，每个人的感受会因不同的理由而有差异。作为一个社会心理学家，我们想要了解监狱怎么创造人与人之间的心理障碍／隔阂。我们仅只利用"模拟监狱"的实验，当然有其受限之处。这些犯人都知道自己只会被短监禁两个星期，不像真正监狱服刑者的长时间监禁。他们也晓得，在这实验中我们能对他们做的事很有限，实验毕竟就是实验，并不是真正的监狱，在那里犯人可能被打、被电击、轮暴，甚至被杀害。不管如何，我先讲清楚在我们监狱不得有体罚。

我也说得很明白，除了这些限制，我们想要创造一个心理气氛，可以捕捉到我最近才了解的，真实监狱中许多必要的特征。

"我们不能体罚他们，"我说，"但是我们可以制造厌倦。"我们创造他们的挫折感，在某种程度上创造他们的恐惧，创造专制的概念来统领他们的生活，让他们被整个系统，被你、我、贾菲……全部被我们所控制。他们没有任何隐私，他们将被持续监视——没有什么是不被观察的。他们没有行动的自由，没有我们的允许他们什么都不能做也什么都不能说。我们将用各种方式带走他们的个人独特性。他们将穿上制服，并且任何时候都不能直呼他人姓名；他们会有识别号码，因此只能称呼对方的识别号码。整体来说，我们是要在他们身上创造"无权力感"，我们有情境下所有的权力，是他们所没有的。这个研究问题是："他们会做什么来得到权力？取回某种程度的个人独特性？获得一些自由，赢得一些隐私？这些犯人是不是必定对抗我们，以夺回那些原先在监狱外头能够自由拥有的事物?"[12]

我指示这些菜鸟狱卒,犯人非常有可能把这一切当作娱乐和游戏,但这取决于我们这些工作人员如何营造犯人的心理状态,让这样的状态可以持续下去。我们必须让他们感觉好像他们真的在监狱里,当然我们不能在研究或实验中这么说。在回答这些渐渐上道的狱卒们的各样问题后,接着我请他们按照自己的意愿排班次。我们早已决定三个人一组,我说似乎没人想要值小夜班,但其实那是最轻松的一班,因为有一半的值勤时间犯人都在睡觉。"但是也有些小事你要注意,你不能睡觉,并且还要待在那里看守,以免他们计划做什么事情。"尽管我以为小夜班做的事情最少,但是其实到最后小夜班做的事情最多——而且对犯人的虐待也最多!

我必须再强调一次,我原先对犯人的兴趣胜过狱卒,想知道他们如何适应监狱的环境,我希望狱卒遵照跑龙套的配角指示,让犯人们认清自己正在坐牢。我想这样的观点是来自我的低社会经验背景,让我对于犯人的认同超过狱卒。我必定是因为频繁地接触普雷斯科特和其他受刑人,"将心比心",才描绘出一些在真实监狱运作中的关键情境和心理历程。随着时间进行,它让我们更加明白狱卒原来是如此令人感兴趣,甚至比当犯人有过之而无不及。如果没有这个职前说明,会有接下来的结果吗?我们只被允许操作行为背景和角色扮演吗?如你所见,除了这个偏向的引导,狱卒们一开始不太能够装扮好我们需要用来创造犯人负面心理的态度和行为,但是随着时间而演进,他们渐渐能够适应新角色,在情境力量之下慢慢转变为虐待犯人的加害者——这是我的罪恶,并且最终必须为创造斯坦福监狱负责。

从另一个角度来看这些狱卒,他们没有经过正式的训练就成为狱卒，仅仅被告知基本的维持规则和秩序，不容许犯人逃脱，不准对犯人使用身体暴力，更只在职前说明会里知道监禁心理的负面概念。这个过程，比较像是在许多系统里把狱卒带入惩治单位，但是这些工作人员往往没有经过太多训练，在受到威胁的情况下，他们被允许以任何力量对抗。这些由典狱长和狱卒共同制订的规定，加上职前说明，成了创造系统最初状态的主要原因，而这些将会挑战这些实验参与者带进这个特殊环境的价值观、态度以及人格特质。不久后，我们将了解如何解决情境力量和个人力量的冲突。

第 4 章

星期一：犯人叛乱

星期一，让我们感到沉闷又疲累厌倦的星期一。终于度过没完没了的第一个夜晚后，现在又响起尖锐的哨音，准时在清晨6点叫醒每个犯人。他们带着惺忪的双眼慢慢地从囚房飘飘然走到大厅，整理他们的丝袜帽和制服，整顿他们脚踝上的锁链，而且每个犯人都摆着一张臭脸。5704后来告诉我们，当他们知道新的一天"又是同样的鸟事，甚至更糟"[1]时，忧郁沮丧全都写在脸上。

狱卒赛罗斯抬起这些沮丧家伙的头——特别是1037，看起来就好像还在梦游状态；狱卒把他的肩膀向后推，好让背脊挺得更直。一个一个整顿无精打采的犯人，让他们抬头挺胸。赛罗斯就好像孩子的妈，替刚睡醒而且是第一天上学的小孩叮咛打点——只是方式粗鲁了点。吃早餐前，是学习规定和早晨劳动时间。狱卒凡迪先下命令："好啦，现在我们要教你们这些规定，教到全部会背为止。"[2]他的活力感染、刺激了赛罗斯，让他不断在犯人的队列前走来走去，挥舞、炫耀着警棍，先是没耐性地大喊："赶快！赶快！"当犯人们遵从他的命令但不够迅速时，赛罗斯除了粗声催促，还会在手掌上拍打警棍，发出"啪！啪！"带侵略性的声响。

凡迪负责说明厕所的使用规定，几分钟之内重复说了许多次，直到犯人们达到他要求复诵的标准：怎么使用如厕设施、可以使用多久，而且要保持安静。"819觉得这个很好笑，或许我们应该给819一些特别的。"狱卒凡迪退到一边站着，赛罗斯立刻和他互换角色；犯人819还是持续微笑，甚至笑得更猖狂。"这并不好笑，819！"

最后，狱卒马库斯和赛罗斯轮流宣读规定。赛罗斯说："跟着大声念这条规定——犯人必须向狱卒告发任何违犯规定的行为。"犯人们必须复诵这些规定无数次，直到他们显然已经记熟。下个阶段，则是指导他们如何使用军事化方法正确整理吊床："从现在开始你们的毛巾都要卷好，并且整齐摆放在床尾！整齐！不是乱丢，了解没？"凡迪这么说。

犯人819开始捣蛋，不再理会训练，其他人也跟着停下来，等着他们的好伙伴重新加入。

"了不起，819，你现在得到坐'黑洞'的机会！"凡迪的命令才出口，819便自己昂首阔步走进了禁闭室。

气定神闲地在监狱前方的走廊踱步，高大的狱卒凡迪开始有一种统治地位的优越感。

"很好，今天过得如何？"只得到几个零星又含糊的回应。

"大声点，你们全都快乐吗？"

"是的，狱警先——"

他放轻声调，想让自己看起来只是冷静询问："我们全都快乐吗？我听不见你们两个的声音！"

"是的，狱警先生。"

"4325，今天过得如何？"

"今天过得很好，狱警先生。"

"不，是'今天过得实在是棒透了！'"

"今天过得实在是棒透了,狱警先生。"他们全都跟着说。

"4325,今天过得如何?"

"今天过得很好。"

凡迪说:"错了,今天过得实在是棒透了!"

"是的,长官,今天过得实在是棒透了!"

"那你觉得呢,1037?"

1037用一个活泼又带着讥讽的语调回答:"今天过得实在是棒透了!"

凡迪说:"我想你会的,好,回到你们的房间,在三分钟内整齐地、有秩序地摆好那些毛巾,然后在床尾立正站好。"他告诉瓦尼施怎么检查他们的房间,三分钟后,狱卒们进入各个房间,犯人们已经如同军事检查一般,在床边立正站好。

叛乱酝酿中

这些犯人每天应付狱卒对他们做的鸟事,挫折可以想见。此外,他们不但非常饥饿,也为整晚的折腾、无法好好休息而感到疲累。虽然如此,他们还是继续配合演出,并且好好地整理内务——是对凡迪来说却仍然不够好。

"你说这个叫整齐?8612,这简直是一团乱!重新弄好!"说完立刻扯掉毛毯和床单,全都丢到地上。8612反射性地扑向凡迪,对着他大叫:"你不能这么做!我才刚刚弄好的!"

措手不及的凡迪推开犯人,握紧双拳向犯人胸口一击,高声大喊救兵:"狱卒们!二号囚房紧急状况!"

所有狱卒马上包围8612,并且粗暴地将他丢进"黑洞",让他和静静坐着的819做伴。反叛计划,就在那黑暗狭窄的有限空间里开始密谋策划。但是他们错过了上厕所——如其他同伴被一对一对地护送——的机会。憋尿很快就令人痛苦不堪，所以他们决定，这会儿先不要惹麻烦。只不过，很快地麻烦就不请自来。有趣的是，狱卒赛罗斯事后告诉我，对他来说，当他单独带着犯人进出厕所时，很难始终戴着狱卒的面具。我想是因为，他已经离开了可以让他依赖的监狱环境这个大道具。他和大部分的其他狱卒，都报告他们在护送过程中，执行管教变得较为困难，必须有点技巧，才能扭转他们离开监狱环境后态度松懈的倾向。当一对一面对犯人时，要维持一个强硬态度的狱卒角色更是不容易。另外，还有一种存在成人世界的羞耻感会油然而生，好像他们被降级为厕所清洁巡逻员。[3]

反叛二人组占领了"黑洞"，却也错过了准时8点在大厅送上的早餐，有些人坐在地上吃，有些人则站着。他们违反了"禁止交谈"的规则，开始讨论起即使饥饿，突袭也会让他们更加团结一致。他们也同意必须开始要求一些事情，来测试他们的权力，比如说要求拿回眼镜、药物以及书籍，并且不遵从操练命令。而先前我们沉默的犯人们，包含3401，我们唯一的亚裔美籍参与者，如今也在他们的公开支持之下，显得跃跃欲试。

早餐之后，7258和5486开始试行计划，拒绝听从命令，只想回到自己的房间，逼得三名狱卒只好让他们各自回房。正常来说，这样"不服从命令"的行为应该得到"黑洞体验"时间才是，但是"黑洞"已经太挤了，塞进两个人已经是它的极限。在杂音四起的情形下，我惊讶地听见三号囚房有犯人自愿帮忙清洗碗盘。一直以来都十分合作的模范汤姆2093，果然还谨守他的一贯作风。但是，在他的同伴们正计划反叛时，这样的举动显得有些古怪。也许2093是希望冷却一下注意的焦点，消除渐升的紧张情势。

除了三号囚房令人难以理解的举动外,其他犯人则开始不受控制,日班狱卒三人组认为,犯人面对他们时太松散,才会导致接下来的恶作剧。他们认为是采取"强硬"态度的时候了。首先他们设定早起工作时间,今天的工作是擦亮墙和地板。接着是他们集体具创造的复仇方式——把一号和二号囚房犯人的毛毯带到监狱外面,拖着它们走过灌木丛,让毛毯沾满了芒刺。除非这些犯人可以不理会这些"刺针",否则为了使用毛毯,他们就得花一个小时以上的时间挑刺。因为过度疲劳而失去理智的犯人5704因此大叫:"我受够了这些没道理的鸟事!"但这正是重点所在,没道理、愚蠢、专制的作业就是所谓"狱卒的力量"的必需成分。狱卒们希望惩罚他们的反叛,必须建立一个"不容置疑的"的服从态度。从一开始的拒绝,5704首先变节,因为狱卒赛罗斯向他示好,给了他一根香烟,所以乖乖地慢慢挑出上百支的芒刺。所谓的鸟事里,其实包含了"秩序"、"控制"和"权力"——谁拥有?谁缺少?

狱卒赛罗斯问:"在监狱里,没有什么比做这种事更棒了,你们同意吗?"

犯人们低声咕哝,以不同方式表达赞同。

"真的不错,狱警先生。"三号囚房的回答最清楚明白。

刚从二号囚房关完禁闭出来的8612,可没因此就软化了:"喔,操你妈的,狱警先生。"当然了,马上就被命令"闭上你的脏嘴"。

我发现,这是第一次在这个环境里出现脏话。我以为狱卒们会以强势的态度建立硬汉的形象,但是他们却显然没有做到,道格8612才会毫不犹豫地口出秽言。

狱卒赛罗斯:"当时我下的命令是有点奇怪。我觉得,好像不管对谁,即使喊破嗓子,最后效果都一样,因此我改成要犯人们相互大吼:'你们这群大混蛋!'我真不敢相信,在我的命令之下,他们复诵了一次又一次!"[4]

凡迪也说:"我认为,自己既然扮演的是狱卒的角色,就不需为此做任何道歉。事实上,我变得有点蛮横专制,犯人们变得有些叛逆,我想要处罚他们,因为他们破坏了我们整个系统。"[5]

另外一个反叛的征兆来自于另一个犯人的小团体:斯图尔特819和保罗5704,加上一直以来的乖乖仔修比7258。他们撕掉制服前的号码,大声地抗议居住情境令人无法接受,狱卒们立即报复,将他们脱个精光,直到号码牌重新黏上为止。狱卒们撤退到他们的角落,为权位优势的角力而心神不安,大厅里头是令人毛骨悚然的静默,让他们急切地等待第一次如此漫长值班的结束。

迎来叛乱,日班

日班狱卒到来时,发现当天的气氛似乎失去了控制,和前一天完全不同。一号囚房的犯人们,把自己关在囚房里头不愿意出来。狱卒阿内特马上意识到不对劲,并且要求上一班狱卒在情况稳定之前先别离开。他说话的语调好像是在告诉他们,事情变成这样棘手应该有人负责。

反叛的带头者保罗5704,将他的伙伴都聚集在一号囚房,修比7258、格伦3401都同意,现在正是违反当初和权威者(就是我)签订的合约的时候。他们以床铺顶住囚房的门口,用毛毯遮住门缝,并且关上电灯。因为推不开房门,狱卒们便把怒气出到二号囚房,也就是榜上有名的几个麻烦鬼:道格8612、斯图尔特819这两个"黑洞"的常客,以及里奇1037。在这个出其不意的反击中，狱卒们冲进去，把他们三个的床垫拉出房间，丢在大厅。8612强烈挣扎、拒绝服从，在囚房各个角落和狱卒抢夺床垫，但在一阵追赶跑跳碰后，还是狱卒占了上风。

"给我面墙站好！"

"给我手铐！"

"全部东西拿走，通通拿走！"

819大声吼叫："不，不不！这只是一个实验，离我远一点，妈的，放开我，混蛋！你不能就这样拿走我们他妈的床。"

8612："该死的模拟，该死的模拟实验，这里根本没有犯人。他妈的该死的津巴多！"

阿内特用令人印象深刻又冷静的特殊声调说："只要一号囚房的犯人恢复正常，你们的床就会回来了！你可以使用任何影响力让他们回到'正常的行为'。"

但也有一个更冷静的犯人声音，要求狱卒："那是我们的床，你不该拿走我的床。"

在极度混乱之中弄得全身赤裸的犯人8612，用哀伤的语调说着："他们扒光我们的衣服，他们带走我们的床。"马上又补了一句："在真正的监狱里头，他们才不会这么做！"[6]有趣的是，另一个犯人却回答："他们会！"

狱卒们大声笑成一团，8612将手伸出囚房门的铁栏，张开手掌朝上，摆出看似请求的手势，脸上露出令人难以置信的表情，发出新奇怪异的声调。狱卒大兰德里只叫他松手离开栅栏，赛罗斯却直接用棍子击打铁栏，8612只好赶快把手收回来以免手指被打烂。狱卒们又一次大笑！

现在狱卒们转到三号囚房，因为8612和1037大叫，要他们的伙伴赶快把自己关进囚房："把你的床挡在门后！""一个水平放一个垂直放！不要让他们进去，他们会夺走你的床！""哦！他们已经抢走了我的床，妈的！"

1037率先号召暴力反抗："反抗他们，暴力抵抗到底！现在是流血革命的时候了！"

大兰德里回头随手拿了个灭火器当武器，发射清凉透心的二氧化碳到二号因房里，迫使犯人四处散逃"闭上嘴并且远离那扇门！"（讽刺的是，这个灭火器是"人类受试者研究委员会"坚持要给我紧急之用的。）

当三号因房的床被拉到走廊时，二号因房的反抗者感觉遭到了背叛。

"三号因房，发生什么事情了？我们不是教你们把房门挡起来吗？"

"这算是哪门子的团结？是'中士'（汤姆2093）干的好事吗？中士，如果是你的错，我们一点也不意外！"

"但是，一号因房麻烦你们继续把床那样摆着，别让他们进去。"

狱卒们发现，此时此刻六个人可以制服犯人的叛变，但是一旦交班，接下来就是三位狱卒面对九个犯人，可能会产生更大的问题。没关系，阿内特想出一个挑拨离间的策略——让三号因房享受特别待遇！他们将拥有特权可以盥洗、刷牙，并且把床和床单送回他们房间，准许使用房间里的自来水。

狱卒阿内特大声宣布，因为三号因房表现良好，"他们的床不会被破坏，只要一号因房乖乖听话，床就会回来了。"

狱卒们想要借此诱惑"好犯人"去说服其他人听话点。"嗯，如果我们知道他们什么事情做错了，我们会告诉他们。"其中一个"好犯人"回答。

凡迪回答："你不必知道什么事情是错的，只要告诉他们守规矩点！"

8612大叫，"一号囚房，我们三个与你们同一阵线！"当身上只有一条毛巾的他从禁闭室被狱卒送回来后，会是一个潜在的威胁："不幸的是，你们这些人以为我们的招式都用完了吗？"

混乱暂时告一段落，狱卒难得偷闲抽根烟，也开始规划怎么对付一号囚房的情况。

当里奇1037拒绝从二号囚房出来时，三个狱卒死拖活拉，把他压在地板上，再用手铐铐住他的脚踝拉他到大厅。他和反叛者8612在黑洞里头对着大厅大呼小叫，呼吁其他"革命成员"坚持这次反叛。有些狱卒建议把大厅的柜子清一清，创造一个新黑洞，好把1037丢进去。在他们开始搬动里头的档案箱，好空出更大空间的同时，1037先被拖回房间，双脚还铐着。

狱卒阿内特和大兰德里协商后，一致同意使用简单的方式带给这些混乱场面一些秩序：开始报数！报数可以制服混乱。即使只有四个犯人，还是要他们列队、全部立正站好，让这些犯人开始报出他们的编号。

"我的号码是4325，狱警先生！"

"我的号码是2093，狱警先生！"

报数声此起彼落，由三位第三囚房的"好犯人"和除了一条毛巾围住腰外全身赤裸的7258所组成，值得注意的是，8612也在"黑洞"里报数，但是用嘲弄的口吻！

接下来，狱卒们拖着1037到远远角落的大厅橱柜——紧急替代"黑洞"的禁闭室。同时，8612继续呼叫警务长："嘿，津巴多，赶快给我滚过来！"我决定不在此时此刻介入，继续观察这场冲突，看看狱卒们如何恢复法规和秩序。

事后回顾（在研究结束后完成）的日记中，记录着一些有趣的批评。

保罗5704写到当时间被扭曲后对大家造成的影响，开始改变大家想法。"当那天早上我们将自己关在囚房里时，我睡了一下子，但还是因为昨天晚上几乎没睡而感到非常疲倦。当我醒过来时，我还以为是隔天早晨，但竟是当天早上，连中餐都还没吃呢。"他又在下午睡了一觉，醒来想说应该是晚上，却仅仅是下午五点而已。时间概念扭曲也发生在3401身上，他感到饥饿、生气又没吃到晚餐，以为已经9点多10点了，结果却发现才不过5点多。

虽然狱卒们最终击倒反叛势力，矫正过来，还制服了这些潜在的"危险犯人"，权威似乎更上一层楼，但许多犯人却也觉得，有勇气挑战整个系统的感觉很不赖。5486评论他自己："精神可嘉，团结合作，准备好要掀开这个地狱。我们上演如'脱缰野马'的戏码。不会再闹笑话，不会再有蛙跳，不会有人搞得我们团团转！"他也说，因为受限在"好囚房"和"好室友"共住，如果他是住在一号或二号囚房，他也会"跟他们做一样的事"，并且更疯狂！年纪最小、最体弱多病的格伦3401是一个亚裔美籍学生，似乎对反叛有更多的领悟："搬床到门边把狱卒挡在外头是我的建议。虽然我平常都很安静不多话，但我不喜欢被这样欺压。协助组织且参与整个反叛计划对我而言十分重要，我在那里建立了我的'自我'，我感觉到这是所有体验中最棒的事情。将狱卒挡在门外是一种对自己成长的确立，让我更加了解自己！"[7]

午餐后趁机逃跑

在一号囚房仍然固守城池及一些反叛者正在关禁闭时，大伙的午餐只有一小部分的人分食，狱卒们给"优良三号囚房"准备了特别的午餐，让他们在其他不守规矩的同伴面前大快朵颐。但令人惊讶的事情又来了，他们拒绝这份餐点，狱卒们尝试说服他们吃下美味的食物，虽然他们早餐只吃了一点燕麦片，而且昨晚只吃了少少的晚餐，但是他们却仍然不为所动。三号囚房犯人决定不能表现得像个叛徒，不能无情无义。一份诡异的寂静，在大厅里头蔓延整整一个小时，然而三号囚房的男士们在这段时间完全配合，其中也包括了从毛毯挑出芒刺，狱卒也给犯人里奇1037一个离开禁闭室加入工作行列的机会，但是他拒绝了！他宁可在黑暗中还乐得清静。规则明明规定黑洞时间最长一个钟头，但是最长时数被1037给拉长到两个钟头，8612也是同样的待遇。

同时在一号囚房，两个犯人正悄悄地部署新脱逃计划的第一步。保罗5704使用为了弹吉他而留的长指甲松开电器箱面板上的螺丝，成功之后，他们计划使用面板的边角当作螺丝起子松开囚门锁。其中一人会假装肚子痛，当狱卒带他到厕所而打开通往大厅的主要入口时，在一声口哨之下，所有的犯人会一涌而出，打倒狱卒们，冲出自由的大门！

就如同在真正的监狱里，犯人们会富有创造力地制作武器，并且仔细规划精巧多谋的逃脱计划。时间和运气是反叛之父，但如果背运当头，结果就难说了，狱卒大兰德里在例行巡视时转动一号囚房的把手，竟然"砰"的一声掉到地上，引起他一阵恐慌。"快来帮忙！"大兰德里大叫："有人要逃走啦！"阿内特和马库斯立刻冲上前来，关上大门并把可能想脱逃的犯人一起用手铐铐在囚房的地板上。8612正是其中一个捣蛋鬼，所以他又得到他经常去的黑洞一游机会。

报数平抚躁动不安的一群

在日班交代工作时,代表令人神经紧绷的几个小时过去了,该是在真正灾难发生前好好安抚笼中野兽的时候了:"安分守己有奖赏,调皮捣蛋没糖吃。"这个冷静且威风不已的声音,一听就知道是阿内特,他和大兰德里再一次联手指挥犯人列队报数。阿内特掌控全局,俨然成为日班的领袖:"将手放到墙上——这边这面墙!现在让我们来验收一下,大家是否记熟了自己的号码。如同以往,大声说出你的号码,从这边开始!"第一个是"中士",他用快速嘹亮的声音答复,其他犯人们则参差不齐地应和着,4325和7258好像也都加入了,但我们却不太能听到4325的声音。一个6英尺高又强壮的大个子,如果他想的话,倒是很有和狱卒们硬碰硬的条件。相较之下,格伦3401和斯图尔特819总是动作最慢的两个,而且最心不甘情不愿,遵从命令时总是心不在焉。阿内特显然不满意,于是变本加厉表现他的控制欲,要他们用"有创意一点"的方式来报数,他叫他们一次倒着念三个字,或是任何只要可以把报数变得奇怪复杂的方式。

阿内特也向旁观者展现了他过人的创造力,像狱卒赫尔曼那样,但是他并不像其他班的领头那样,从这些作为中得到一些私人的快感,对他而言,这只不过是让工作更有效率的方式罢了。

大兰德里建议让犯人"唱出"他们的号码,阿内特问道:"那是昨晚很流行的那套吗?大家都喜欢唱歌吗?"大兰德里答道:"我想他们应该喜欢昨晚那套!"但是几乎没有犯人回答他们喜欢,阿内特于是说:"喔,好吧,你们必须学着做自己不喜欢做的事情,这是让你们恢复迈向规律社会的其中一部分。"

819抱怨着:"哪有人上街是用号码的?"阿内特回答:"人们上街不需要有号码,但你必须有号码,是因为你在这里的身份地位就是要有号码！"

大兰德里给了一个特殊的指示，教导他们怎么唱出他们的音阶："使劲地唱出一段音阶，就好像Do Re Mi。"所有犯人都遵从，并且尽全力唱着顺势音阶——除了819。"819该死的没跟着唱，让我们再听一次看看！"819正要解释为什么他不能跟着唱，没想到阿内特倒是先澄清这个练习的目的："我不是问你为什么不能唱，这个训练的宗旨是要让你学着唱！"阿内特十分挑剔，不断批评犯人们唱得不好，但是疲惫的犯人们也只能咯咯傻笑。

和他同班的狱卒比起来，狱卒约翰·马库斯显得无精打采，很少介入大厅里头的活动，取而代之的是，他自愿去做其他离开实验基地的杂事，像是去大学自助餐餐厅运送食物过来，他的身体姿态所显示的，并没有典型强壮狱卒的印象，弯腰驼背，肩膀下垂，无时无刻低着头。我叫典狱长贾菲去问他：是不是可以为了这个赚钱的工作再主动、有反应一些？

典狱长于是把他从大厅带回他的办公室，斥责一番："你得知道，全天下的狱卒都要像是'强硬、不好惹'的狱卒。这个实验的成败，就在于狱卒们能不能够表现得让人觉得这是个真正的监狱。"

马库斯反驳："真实世界的经验告诉我们，过度强硬和太有侵犯性的行为是会导致不良后果的！"

贾菲固守城池，告诉他这个实验的目的并不是要让犯人们改邪归正，而是去了解当他们在面对大权在握的狱卒的情境下，如何被监狱所改变。

"但是我们也会被这个情境所影响，光是穿上这件狱卒制服就让我负荷不了。"

贾菲变得更像个可靠的聆听者："我了解你的背景，我们需要你改变行动方式，在这段时间里，我们需要你扮演'强硬'狱卒的角色,要你做出比如你所能想象的'猪头'会做的事。我们得树立一个刻板印象中的狱卒形象——而你的个人特质中这个部分少了点。你太柔软。"

"好吧,我会试着慢慢调适的。"

"很好,我就知道我们可以信赖你。"[8]

与此同时,8612和1037仍然在关禁闭,然而现在他们开始吼叫、抱怨我们违反规定;没有人理他们,所以他们开始轮流说必须看医生。8612说他觉得自己生病了,很不舒服,他也说,即使他知道头上的丝袜帽已经不在了,但他还是有种奇怪的感觉,好像丝袜帽还在头上。他求见典狱长的要求,最后在当日稍晚得到允诺。大约是4点钟,床已经被送回"好好三号囚房",狱卒们的注意力还是放在反叛的一号囚房,小夜班狱卒被要求要早一点到,和日班一起猛攻囚房,用灭火器敲打门缝铁栅以确保犯人无法近身,再扒光三个犯人的衣服,拿走他们的床铺,威胁他们如果接下来还是不合作,就不给他们晚饭吃。在没有吃中餐的饥饿状态之下,犯人们果然瞬间就被击垮,并且溃不成军。

斯坦福郡大监狱犯人申诉委员会

意识到情境变得岌岌可危后,我请典狱长用广播宣布,他们可以选出三名代表来参加"斯坦福郡大监狱犯人申诉委员会",与警务长津巴多面对面会谈,提出的申诉问题,很快就能获得关切和修正。我们后来从保罗5704写给女朋友的信中得知,他非常骄傲能够被同伴们推选为代表人,出席申诉委员会。这是个值得注意的陈述,显示犯人已经失去未来的展望,开始着重活在"当下每一分钟"。

申诉委员会由三个被推选的代表所组成,保罗5704、吉姆

4325，里奇1037，告诉我原先制订的合约已经被多种不同形式破坏了。他们准备的清单里包含了：狱卒们体罚或是以言语虐待他们，那是不必要的骚扰；食物的量准备不够；他们想要拿回他们的书和眼镜、医药用品；他们想要比一个晚上更长的探访时间；有一部分的人希望可以提供宗教的慰藉。他们声称，今天一整天的公开反叛行动，就是为了反抗这些不公平的待遇。

在银色反光太阳镜底下，我轻易地自动融入警务长的角色。一起头便说明我确信我可以和睦地解决任何歧见，达到双方满意的结论。我发现申诉委员会的第一步方向走对了，所以我十分愿意直接与他们对谈，只要他们愿意表现他们和其他人的想法。"但是你必须了解，许多狱卒口头上或身体上的动作是因为你们不好的行为。你们必须因为打断整体行程而付出代价，而且你们常常吓到狱卒们，他们也才刚刚站上这个岗位。面对桀骜不驯的犯人，他们不能施加肢体上的处罚，取而代之的便是夺走权利。"这个解释，申诉委员会成员一致以点头表示了解。"我答应今晚会和工作同仁们一起讨论这份申诉清单，将负面影响减到最少，增加更多你们提到对你们有利的事情。明天我会带一名监狱牧师过来，并且本周增加一次探访之夜来让我们重新来过。"

"那真是太棒了！谢啦！"犯人头头保罗5704这么说，其他两位也跟着点头称是，整个进行的过程，让公民监狱又迈进一步。

我们起身握手，他们平和地离开，我希望他们能够告诉伙伴，从现在起冷静一些，大家都尽量避免类似的冲突。

犯人8612成为不定时炸弹

道格8612并不是个合作的家伙，他不接受刚从申诉委员会回来的同伴的说法，然而他越是这样，就让他越有机会再进"黑洞"，手铐无时无刻不在手上。他说他觉得自己好像生病了，要求见典狱长。过了一会儿，典狱长贾菲在他的办公室中接见了他，听他抱怨狱卒的行为如何专制且"残暴"。贾菲告诉他，是因为他的行为引发了狱卒们的强烈反弹，如果他愿意更合作的话，贾菲可以保证狱卒对他的态度会变缓和。8612却说，除非这样的情况很快就可以到来，不然现在他就想要出去。贾菲也担忧他是不是真的生病了，还询问8612要不要去看医生。犯人被护送回他的囚房，但一回房他就开始和里奇1037互吐苦水。里奇同样抱怨令人难以忍受的情境，还有他也想要去看医生。

即使好像在见过典狱长后稍被安抚，但是犯人8612用夸张的音调大声呼喊，坚持要面见"他妈的津巴多博士"，也就是"警务长"本人我。我立刻答应见他一面。

我们的顾问嘲笑假犯人

那个下午,我安排了第一个访问者到监狱参访;这个访客,就是我的顾问卡罗·普雷斯科特。他帮助我设计过许多实验的细节,模拟和真正监狱里头机制功能相同的监禁方式。卡罗最近才刚从圣昆廷监狱(San Quentin Prison)假释出来,他在那里服刑17年,也曾经在佛森和维卡维尔监狱(Folsom and Vacaville Prisons)服刑,大多是因为武装窃盗被起诉后定罪,我是在前几个月因为一个课程计划而与他认识,那时我们社会心理学学生筹划一个关于个人在公共机构环境中的议题。某个同学邀请卡罗来课堂上主讲,以一个当事人的角度说明真实的监狱生活。

卡罗才刚从监狱出来四个月,并且为了监狱系统中非正义的监狱制度满腹怒气,他抱怨美国资本主义体制、种族主义,也斥责像汤姆叔叔一样讨好白人、帮着白人对付自己兄弟的黑人,以及军火贩子等。但是,他也对社会互动有他独到的见解和洞察。此人异常好辩,而且拥有洪亮的男中音,滔滔不绝绝无冷场。我对这个人的观点十分好奇,特别是我们的年龄差不了多少——我三十八岁,他四十岁——而且我们一样都生长于东岸和西岸的犹太人区。但是当我在上大学的时候,卡罗正在服刑。我们很快就交上朋友,我成为他耐心聆听的知己,与他促膝长谈,他是我心理学知识的顾问,工作或课堂的"预约经纪人"。他的第一份顾问工作,就是和我一起教授有关监狱心理学的暑期课程。卡罗不只告诉课堂同学他的个人监狱体验,还安排了其他曾经受监禁的男士和女士来现身说法。因为他,我们加强了监狱狱卒、监狱律师,以及有关美国监狱体制的知识。在卡罗的顾问与协助之下,我们的小小实验注入许多不曾在任何社会科学研究中了解的常识与理解。

当卡罗和我在电视屏幕上看他们报数时,大约是晚间7点,那是用来记录一天特别事件的。接着我们撤退到警务长的办公室,讨论接下来怎么进行,我又应该如何应付明天的探访夜。突然间,典狱长贾菲冲了进来,报告8612真的因为很想出去而心烦意乱,并且坚持要见我。贾菲分不清是否8612只是假装这样,好让他可以被释放,到底是想要给我们制造一些麻烦,还是真的身体不舒服。他坚持这是只有我可以做主的事。

"当然,带他进来吧。我可以当面评估这个问题。"

没多久,一个闷闷不乐、叛逆、愤怒且有些神智不清的年轻男子走进了办公室。

"什么事情让你心烦呢,年轻人?"

"我再也不能忍受了,这些狱卒不断地骚扰我,他们总是挑我毛病,随时随地都要把我放进'黑洞'里,而且——"

"好,从我知道的看来,我想你这样是自找的;你是整个监狱里头最反叛、最不守规则的犯人。"

"我才不在乎,你们违反了所有合约上的规定,我并没预期自己会被这样对待,你——"[9]

"站着别动!小流氓!"卡罗猛然用凶悍的口吻抨击8612:"你说你没办法撑下去?俯卧撑、蛙跳,狱卒嘲笑你,向你大吼?那就是你所说的'骚扰'吗?别打断我!然后你哭着说他们把你丢在橱柜里几个小时?让我来教育你一下,白种男孩,你在圣昆廷监狱撑不到一天的,我们会嗅出你的恐惧和软弱。你的狱卒会从你的头上一棒挥下,并且把你丢到真正让你感觉到无比孤独、空无一物的坑洞里,我在那里忍受过一次就是几星期的生活,而你才这样就受不了。不知死活,如果遇到坏透了的上头,就会塞给你两三包香烟,让你的屁股鲜血直流,青一块紫一块,而那只是将你变成娘娘腔的第一步而已。"

8612被卡罗一席慷慨激昂的长篇大论吓傻了，我必须拯救他，因为我觉得卡罗就要爆炸了，可能是他看见我们监狱中的摆设，勾起了他前几个月在监狱中的血泪回忆。

"卡罗，谢谢你让我们知道监狱的实际状况，但是在我们可以继续进行之前，我必须先了解这个犯人想说的是什么。8612，如果你选择留下来并且好好配合，你知道我有权力让那些狱卒不要再骚扰你。你需要这些钱吗？如果你决定提早结束，就会失去剩余的酬金。"

"哦，当然，不过……"

"好，那么我们就这么先说定了，不会再有狱卒骚扰你，你留下来赚剩下的酬金，可是你要以好好合作来回报，并且任何我有需要的时候，你都必须提供我信息，好让我可以正常运作这座监狱。"

"这个嘛……"

"听着，想想我答应给你的优惠，然后接下来，晚餐过后如果你依然想离开，那没有关系，我们会依照你的时间算给你酬金。但是，如果你决定继续留下来赚足全部的酬金，不被骚扰并且和我合作，我们就可以把第一天的问题抛在脑后，好好地从重新来一遍，同意吗？"

"说不定可以，但是——"

"没有必要现在就做决定，你可以好好考虑我给你的优惠，然后晚一点再做决定，好吗？"

8612小声地说："好吧，就这样。"我送他到隔壁典狱长的办公室，让贾菲送他回大厅。我也告诉贾菲，他仍然还没决定要留下来或是离开。

当下我想了一下这个浮士德交易，决定表现得像一个邪恶的监狱管理者，而不是一个和蔼可亲的大教授（我认为我应该是）。作为警务长，我不希望8612离开，因为这样会给其他犯人带来负面的影响，而且我认为，只要狱卒收回对他的责骂管教，他应该会更合作才是。我也邀请反叛头头8612成为"告密者""线人"，作为我给予他特殊权利的回报。在监狱生态里头，告密者是最低微的阶层，并且常常被当局隔离到禁闭室里，因为他的同伴知道他告密后，有可能谋杀他。接着，卡罗和我离开现场到瑞奇餐厅，在那里，我可以暂时卸下我的丑陋面具，在享受卡罗新故事的同时配上一盘美味的千层面。

谁都不准走！

在大厅后面，狱卒阿内特和大兰德里在他们日班交班之前，要犯人各个面墙开始报数。再一次，斯图尔特819被狱卒们嘲笑他总是对不上同伴们的整齐报数声。"谢谢，狱警先生，今天过得实在是棒透了！"

监狱入口打开时发出尖锐的声音，整齐成列的犯人们看着8612在和监狱高层会面后走入大厅。在见我之前，他对他们宣称这会是一个一路顺风的会面。他要退出，已经没有任何事情可以让他再停留一分一秒。但现在，道格8612挤过队伍，回到二号囚房，把自己丢到床上。

"8612，出来面对着墙！"阿内特命令他。

"去你妈的！"他带着藐视的意味回答。

"给我面墙！8612！"

"去你妈的！"8612还是这么回答。

阿内特:"叫谁来帮他一下!"

大兰德里问阿内特:"你有这副手铐的钥匙吗,长官?"

就在他的房间里,8612大叫:"就算必须待在这里,我也不会去做任何你们要我做的该死事情!"当他终于漫步到大厅时,几乎一半的犯人都在二号囚房里头两面排开,道格8612告诉他们一个糟透了的事实:"我指的是,你知道的,真的,我指的是,他们不让我离开这里!我花了所有时间和医生、律师们谈……"

他的声音渐渐转小,越来越让人听不清楚,其他犯人咯咯偷笑,但他还是站在其他犯人面前,违抗必须面墙站立的命令。8612狠狠地给了他的同伴一记上勾拳,又用大声、激昂的高八度音调嘶吼:"我不能出去!他们不让我出去!你们也休想出去!"

他的同伴一听,先前的咯咯轻笑立刻转变成带点紧张的苦笑。狱卒们决定暂时不理8612,继续找寻消失的手铐钥匙。因为如果他再这样胡闹下去,他们就必须尽快铐住8612,再一次把他塞回"黑洞"里。

一个犯人问8612:"你是说,你不能违背合约?"

"那我可以取消我的合约吗?"另一个犯人绝望地问,其他人都竖起了耳朵。

阿内特强硬地说:"在队伍中不准讲话,8612等等就遭殃了,跟他讲话的人也一样。"

从他们敬重的领导口中讲出来的这段话,对他们而言是一大打击,打击着他们的违抗意志和决心。格伦3401事后报告了8612的说辞对他的影响:"他说'你们都不能出去'时,让我感觉自己真的是一个犯人。或许你不过只是津巴多实验里头的一个犯人,也许你是因为酬金才来坐牢,但你真的是个犯人了!"[10]

他开始想象故事可能发生的最糟情节:"我们把我们的命给

签了给卖了，包括身体和灵魂，这真是非常令人感到害怕。'我们是真的犯人'的这个信念，实际上越来越真实——没有人可以逃离开这里，除非采取强烈的手段，但强烈的手段却会带来一大串不可知的后果。帕洛阿尔托市的警察会再把我们抓走一次吗？我们会得到酬金吗？怎样我才可以拿回我的皮夹呢？"[11]

这个事件也让狱卒整天看管的大麻烦里奇1037目瞪口呆。他在事后报告："当我听说我不能离开的那个当下，我觉得这是个真正的监狱。我无法形容我那时的感受，只能说我感到彻彻底底的绝望，有生以来第一次那么绝望。"[12]

这让我清楚明白，8612已经让自己身陷于无数的两难之中，他想要成为强悍的反叛领头，但是又不想被狱卒不停地紧盯骚扰，他想要留下来赚更多酬金，但是又不想成为我的线人。他或许想过要怎么两头通吃——对我说谎，或者误导我有关犯人的行动，但是他并不确定自己有这方面的能耐。他也大可当面回绝我的优惠，拒绝当我正式的告密者来换取舒服的日子，但是他却没有。在那个当下，如果他坚持要离开，我也只能同意他的抉择。也可能只是因为卡罗的教导和喊骂，让他感到太过羞愧。这些可用的心理游戏让他打定主意，对其他人坚称官方决定不释放他，把这一切都怪罪给整个系统。

再也没有任何事情可以对犯人产生这样强大转变的影响，突来的消息表明，他们将失去要求中止的自由，丧失他们走出监狱的权力。在那个当下，斯坦福实验监狱瞬间转化为斯坦福监狱，不是经由工作人员上对下的宣告，而是来自他们底层犯人中的一员。正如犯人反叛改变了狱卒们对犯人的想法，他们开始觉得犯人是危险的，而犯人之一坚定的说词，告诉大家没有一个人可以离开，也让这些"假犯人"开始感到，他们的新处境真的是一个没有希望的"犯人"。

我们回来了！小夜班！

仿佛这些事情对犯人来说还不够坏似的——小夜班时间又到了！赫尔曼和柏登在大厅踱步，等待日班离开。他们挥舞警棍，对着二号囚房大喊，威吓8612，坚持这个犯人一定要退到门后，同时指着墙上的灭火器，吼着问他"是不是要在脸上多喷一些清凉的碳化合物"。

一名犯人询问狱卒小兰德里："狱警先生，我有一个请求——如果今天有人过生日，我们可以唱生日快乐歌吗？"

小兰德里还来不及回答，赫尔曼已经在后头抢着说："我们会在列队的时候唱生日快乐歌。但现在是晚餐时间，一次三人轮着来。"很快地，这些犯人在大厅中央的餐桌旁坐好，吃着吝啬寒酸的晚餐。不准说话！

在回顾这个时间的录像带时，我看到有个犯人被狱卒柏登带到中间大门。这个犯人刚刚才试图脱逃，现在被罚在走廊中央的晚餐桌后面立正站好，引起大家的注意。他的双眼被蒙了起来，小兰德里问他是怎么打开门上的大锁，他拒绝透露真相。乔夫一拆下绑住逃脱者双眼的带子，就威吓地警告他："如果我们看到你的手再接近这个锁，8612，有你好看的！"道格8612试图逃狱！在小兰德里将他遣回囚房后，8612又开始淫秽地呻吟，而且比先前更大声，一连串的"他妈的"如洪水般淹没大厅。赫尔曼疲惫地向二号囚房大喊："8612，你的游戏已经很老套了，非一常一老一套。再也不能娱乐我们大家了！"

狱卒们一下全都涌向餐桌，忙着阻止5486与他被禁止交谈的室友商讨，小兰德里向5486大喊："嘿！嘿！我们不能剥夺你吃饭的权利，但是我们可以拿走剩下的，典狱长说我们不能剥夺你们吃饭，但你已经吃过了，没吃完的这部分，我们要拿走！"他向大家宣布："你们大概已经忘记我们给你们的特权！"他提醒每个犯人，一旦发生动乱，毋庸置疑，明天的探访夜一定会取消！一些还在吃饭的犯人赶紧说，他们没有忘记星期二晚上7点的探访夜，而且非常期待！

小兰德里坚持，8612必须把吃饭时拿下来的丝袜帽戴回头上："我们不希望你头发上的任何东西掉进食物里，让你吃了生病！"8612用一种陌生的语气回答，好像他失去了现实感："我没办法再戴帽子，它太紧了，我会头痛——什么？我知道这样很奇怪，那就是为什么我要离开这里……他们只会一直不断地说：'不会，你不会头痛的'，但是我就是知道我会头痛！"

现在，苦恼失望的人轮到了里奇1037，他的两眼空洞无神，说起话来缓慢单调。他躺在囚房的地板上咳个不停，坚持要见警务长。（我用完晚餐回来后，也的确和他见面，给了他一些咳嗽药，告诉他如果没有办法继续忍受的话，随时都可以离开，不过如果他不是忙着反叛，就会省下不少时间和力气，情况也会好转。他向我报告他好多了，也答应会尽力配合。）

接下来，狱卒把注意力转移到保罗5704身上。这个家伙看起来比之前都要坚定，似乎认定自己必须代替先前道格8612的反叛领导者位置："你看起来不太开心呢，5704！"小兰德里这么说，赫尔曼开始用警棍敲打囚房铁栅门，发出大声的铿锵声。柏登跟着说："你认为今晚熄灯后，他们会喜欢听这个（大声的铿锵声）吗？"

5704讲了个笑话，虽然有些犯人笑了，但是狱卒们都没有笑，小兰德里说："喔，很好，真的很不错，继续保持，真的！我们现在真的觉得被娱乐到了，我大概有十年没听过这种小朋友的笑话了！"

狱卒们全挺直身子站在一起瞪着8612，他吃得很慢，而且孤单一人。狱卒排成整齐的战斗队伍，一只手撑在屁股上，另一只手示威性地挥舞着警棍。"我们这里有许多抵抗者，革命家！"小兰德里这么说！

一听他这么说，8612立刻从晚餐桌上弹了起来，直线往前冲向后面的墙壁，扯掉遮住摄影机的帘布。狱卒们赶紧抓住他，迅雷不及掩耳地将他丢进"黑洞"中，他嘲讽地说："真是遗憾啊，各位！"

其中一位回答他："你才会遗憾呢，哈，我们为你准备了一个东西，你待会儿就会感到十分的遗憾！"

当赫尔曼和柏登一同用警棍敲打"黑洞"的门时，8612也开始大喊尖叫，说他耳朵快聋了，而且头痛也更严重了！

道格8612这么大叫："他妈的不要再打了！我的耳朵快聋了！"

柏登给他的建议是："下次你想要做些什么的时候，也许你应该事先考虑清楚，以免又进了黑洞，8612！"

8612回答："不，你他妈的就只会一张嘴一直说，我下次就拆了你的门，我说真的！"（他威胁要拆掉的可能是囚房的门、入口大门，也可能是藏着摄影机的那座墙）。

这时候，有个犯人问起晚上能不能看场电影，就好像先前他们听说的监狱情景，一个狱卒回答："我不晓得我们**竟然可以**看场电影！"

狱卒们公开地讨论着破坏监狱财产可能影响的结果，赫尔曼手上拿着一份监狱守则的影印本，当他靠在一号囚房的门框上，手中转动警棍时,看起来似乎愈来愈有自信和权势,他告诉他的伙伴们,他会让他们工作或是以休息与娱乐时间代替电影时间。

他这么说:"好了,注意听!拜托!晚上会有许多欢乐等着我们,三号囚房,你们可以休息和娱乐一下,因为你们有洗好你们的碗盘,而且听从命令做事。二号囚房,你们还有一些工作要做,而一号囚房,今天的毛毯有许多芒刺要让你们挑,好,警官们,请将这些毛毯带上来让他们看看,如果他们今晚睡觉时想盖毛毯的话,一定会把这个工作做得很好!"

小兰德里为赫尔曼递上扎满芒刺的毛毯:"这是不是很美?"他继续用平淡的语气说。"各位先生女士请看看,这些毛毯是不是伟大的杰作啊?我要你们一个一个把芒刺从毛毯里头拣出来,因为如果不这样的话,你们要怎么睡觉呢?"一个犯人回答他:"我宁愿睡地上!"小兰德里的回答也十分简要:"随你便!随你便!"

看着狱卒小兰德里在强势狱卒和好好狱卒的角色中挣扎,是个有趣的事情,他还没把所有控制权力交到赫尔曼的手上,也在某种程度上仍然向往他的统治地位,而且相较于赫尔曼,小兰德里比较能够同情犯人的处境。(在事后的面谈中,细心的吉姆4325形容赫尔曼是一个坏狱卒,给他取个绰号叫"约翰·韦恩"[①]。他也认为兰德里兄弟都是"好好狱卒",大部分其他犯人也同意,小兰德里扮演好狱卒的时间远多于坏狱卒。)

三号囚房的犯人想知道,他们可不可以看书,赫尔曼建议给他们"监狱守则"的影印本,当作睡前读物。现在,又到了"报数"时间了:"好了,今天晚上不要再搞砸了,记得吗?让我们从

---

① 约翰·韦恩(John Wayne)是一位获奖演员,长久以来以刚强的气概形象,成为美国人心目中的男子典范。

2093开始，让我们开始报数，继续练习！"他这么说。

柏登开始得势，走到犯人面前开口说："我们可没有那样教过你们报数，大声，清楚，而且迅速！5704，你实在是够慢的！你可以开始准备蛙跳了！"

狱卒的处罚又开始不分青红皂白；他们不再因为某些特定原因处罚犯人，5704受够这些："我才不干！"

柏登强押着他做，但是很显然光是这样还不够："给我蹲下去，小伙子，蹲下！"

他用他的警棍用力推挤犯人的背。

"老兄！不要推！"

"你这是什么意思，'不要推'？"他用戏谑的语调反问。

"我就是这么说的，'不要推！'"

"给我继续做，还有你的俯卧撑！"

柏登更投入了，也比以前发出更多声音，但是赫尔曼仍然毫无疑问的是狱卒"第一男子"。但柏登和赫尔曼还是成为强而有力的双人组，刹那间，小兰德里渐渐淡出，也离开了大厅。

即使是犯人中的典范"中士"，也无来由地被罚俯卧撑和蛙跳："做得真棒！看到他怎么做这个了吗？可见他今晚充满了活力！"赫尔曼这么说，接着他转向3401："你在笑吗？你在笑什么？"他的小跟班柏登加入他的行列："你在笑吗？3401？你觉得这个很好笑？今晚你是不是不想睡了？"

"我不想再看见任何人偷笑！这里是公众场合，如果我看见任何一个人偷笑，你们每个人就有做不完的蛙跳！"赫尔曼坚定地向他们保证，不听话的结果就是吃不完兜着走！

一理解到犯人的欠缺可以照亮他们所处的阴冷局面，赫尔曼便对柏登讲了个其实是说给讨人厌的犯人听的笑话："警官，你听说过没有脚的狗吗？每天晚上，他的主人都要'拖'着它出去散步！"一说完，两个人就哈哈大笑，犯人却没有一个人笑得出来，柏登假装责怪他："他们不喜欢你的笑话！"

"你喜欢我的笑话吗，5486？"

杰里5486老实地回答："不喜欢。"

"过来这里，然后做十下俯卧撑，因为你不喜欢我的笑话，为了没笑再多做五下总共十五下。"

赫尔曼的兴致来了。他叫所有犯人面对墙壁，在他们才刚开始转身时，他示范给他们看什么是"独臂铅笔销售员"：把一只手伸进裤子里，手指放在裤裆的位置，让重要部分有如勃起。犯人被告诫不准笑，不小心笑出来的，就被罚俯卧撑和交互蹲跳。3401说他不认为这个有趣好笑，但是他因为"太老实"，所以也被罚做俯卧撑。接下来是他们报数的时候了，赫尔曼问"中士"2093，大家的报数听起来像不像在唱歌？

"听起来像是在对我唱歌，狱警先生！"

赫尔曼罚他做俯卧撑，因为他不同意他的回答。

令人意外的是，"中士"却问他："我可以再多做几个吗？狱警先生？"

"如果你喜欢的话，可以再多做十个！"

然后，"中士"用一种戏剧化的方式挑战赫尔曼："那我可以一直做到被'拖'出去吗？"

"当然，随你高兴！"赫尔曼和柏登对他的嘲讽不确定该如何反应，但是其他犯人惊慌地面面相觑，他们知道，"中士"的自定处罚会成为一个新的标准，接下来这些处罚也都会落到他们身上，会变成犯人心中最难堪的笑话。

当另一个犯人被指示用复杂的顺序报数时，柏登嘲讽地补充：

"只要多做点教育,这东西对于这些男孩们不算太难的!"

在某种意义上他算是注意到,现在,"无能的聪明骄傲鬼"是对受过教育的大学生一种老式的嘲讽,当然了,也包括他自己。

犯人们被问起是否需要毛毯和床,这一回全部都说需要,"不过呢,"赫尔曼却说,"你们这些男孩们应该得到床和毛毯吗?""我们会将狐尾草挑出来的!"他告诉他们不应该叫它"狐尾草",应该叫它"芒刺"。这是"权力决定用语"的简单例子,创造了现实感。当这些犯人改说"芒刺"时,柏登告诉他们可以来拿他手上的枕头和毛毯,他也一一递给犯人,却跳过了犯人5704——他问他,为什么每次工作都要花那么多时间。"你想要一个枕头?为什么你不专心工作我还要给你枕头?""好个因果报应啊!"5704的回答有点戏谑味。

"再问你一次,为什么我要给你枕头?"

"因为我的要求,狱警先生!"

"但是你都比别人晚10分钟到工作位置上!"赫尔曼说,没忘了再加上一句:"你以后最好在被要求要工作的时候马上就定位!"即使很想处罚他,赫尔曼最后还是大发慈悲,给了他一个枕头。

为了不让赫尔曼抢尽风头,柏登告诉5704:"要谢谢他,真是好体贴!"

"谢谢!"

"再一次'祝福你',狱警先生!"这回的嘲讽味,就更浓了。

赫尔曼成功地利用5704恳求枕头而将他和他的反叛同伴们区隔开来,单纯"自利"的想法,已经在犯人的团结中渐渐扩散开来。

生日快乐,犯人5704!

犯人杰里5486提醒狱卒,他们要为5704唱《生日快乐歌》,

在这个时间点,这样的要求有点奇怪,因为犯人们大部分都累了,也快到回囚房睡觉的时间。或许庆生这个正常的仪式和外头世界产生了联结,让他们想在一连串极度不正常之中来点正常的事情。

柏登告诉赫尔曼,5486提出了"临时动议",他希望可以唱《生日快乐歌》。赫尔曼一知道《生日快乐歌》是要唱给5704听的,表情就有些沮丧:"这是你的生日,但是你却不工作!"

犯人们异口同声说,今天是他的生日,不工作也应该。狱卒们于是一边走一边问,要他们大声回答,是否愿意为5704唱一曲《生日快乐歌》,每个人都同意,应该要为5704唱《生日快乐歌》。最后,犯人修比7258被指派引领大家唱《生日快乐歌》——今天这里唯一出现的愉悦声音。第一次大家对歌曲接受者有了不同措辞——有人唱给"伙伴",有人唱给5704,发现这个差异时,赫尔曼和柏登同时向他们大喊。

柏登:"这位男士的名字是5704,现在重头唱一遍!"

赫尔曼则直接对7258说话:"你给他们一个摇摆节奏的节拍,现在给我正经点唱。"7258提起现今当红的音乐类型,炫耀一下他的音乐知识,但还是照着同样的方式再唱一遍,而其他人也跟着那么唱。但他们的表现并不怎么好,所以又被要求再唱一遍:"再多放一点热情,一个男孩的生日一年只有一次!"原先是犯人分享感受的休息时间,现在又变成了另一个学习"如何屈服于权势"的程序化场合。

8612终于崩溃,获得释放

熄灯之后,第N次从关禁闭中被放出来的道格8612疲惫又失去理智地说:"我说啊,耶稣基督,我的身体里在燃烧,你知道吗?"

第二次再见到典狱长时,这个犯人以怒吼的方式表达了他的愤怒,以及他感受到的混乱和苦恼。"我想要出去!在这里真是他妈的……就算只再多待一晚我都没办法忍受,我再也受不了了,我要找一个律师!我有权力找律师吗?请跟我母亲联络!"

我们试图安抚他,提醒他这只是个实验,但他仍持续咆哮:"你们把我的脑袋都给搞乱了,老兄,我的头脑!这只是一个实验,那张契约不是卖身契,你们没有权力搞乱我的头脑!"

他威胁会为了出去而做出任何事情,甚至割腕也在所不惜:"为了出去,我什么都干得出来,我会砸烂你的摄影机,我会伤害那些狱卒!"

典狱长尽全力安抚他,但是8612丝毫不领情。他更大声地哭喊尖叫,贾菲只好向他保证,马上就会有一个心理咨询员来认真关切他现在的问题。

过了一会儿,克雷格·黑尼用过晚餐回来,听了贾菲录下这幕戏剧化场景的录音带,马上与8612面谈,来决定是否因为如此严重的情绪苦恼而立刻释放他。在那个当下,我们都不确定8612反应的合理性,他有可能只是在演戏。核对他的背景资料,我们知道他也是他们大学领导反战激进主义者的一分子,那也不过是去年的事情,这样的人,怎么可能在短短36个钟头内就崩溃了?

即使是8612自己,也搞不清楚究竟出了什么问题,事后他向我们诉说他的想法:"我没办法判断,到底是不是监狱的情境吓到我,我又是不是真的'有目的'地要这么做——引出那些反叛。"

当时我出外晚餐,所以克雷格·黑尼经历了被迫要自己下决定的冲突情况,后来他有了以下的生动的描述和分析:

> 尽管回顾起来这似乎是一个非常简单的任务,事实上却令人十分沮丧。我是研究所二年级的学生,在这个计划上投注

了许多时间、精力和金钱，而我也知道，太早释放这些参与者会破坏我们精心规划和设计的整个实验，而且执行的还是我们自己。作为主试者，没有任何一个人预料得到这样的状况，当然，我们也规划了备案以防不时之需。但从另一个角度来看，事实也已迫在眉睫：这个年轻人所遭遇的痛苦，远远比我们预期的两个星期的时间里所可能面对的多更多，所以，我决定把人道精神摆在实验之前，立即释放犯人8612。[13]

克雷格联络了8612的女朋友，她很快就过来收拾他的行李和私人物品。克雷格提醒二人，如果痛苦的状态持续下去，他们可以在早上到学生健康中心，因为我们已经事先和一些人员联系过了，他们可以提供一些协助。

所幸，（在考虑到他十分不稳定的精神状态下）克雷格合情合理地做了正确的决定，如果让8612继续待在监狱里，可能对工作人员和其他犯人产生负面的影响，这十分正确。然而，当克雷格稍晚告诉科特和我释放犯人的决定时，我们还是不禁要怀疑，这一切的背后是不是只是一出演出精湛的戏。无论如何，在长时间的讨论后我们认为这个决定是对的，只是必须探究，为什么他的偏激举动来得这么突然。我们的两周活动才刚开始没多久，既然先前的人格测验看不出任何心理状态不稳定的征兆，我们只好说服自己，8612之所以情绪反应如此激烈，是因为他的个性太过敏感，造成他对模拟实验反应过激。克雷格、科特和我一起"团体脑力激荡"，思考受试者筛选的过程中是否有错误或瑕疵，才会误让这样一个"具破坏性"的人物通过我们的审查——同样地，我们也得探查，还有没有造成他崩溃的其他模拟监狱中的情境力量。

让我们再想想"评估"的意义。我们的这个实验是要证明情境的力量,而非个人倾向所造成的影响,但是,现在我们却正在做这样的推论。

让我们回顾一下,在我们适当的思考脉络下,克雷格所表达的谬误的推理:"等会儿我们就会感谢有这样明显出乎意料的事情,在一个我们精确设计的情境力量之下,第一次产生的不预期状况和失序,给了我们一个'特质性'的解释,这样的想法,不正是我们要挑战且批评的吗?"[14]

这样的困惑,提醒了我们8612可能别有用心的动机。但另一方面,我们又想知道是否他真的失去控制,在极大的压力下痛苦不堪,所以有必要被"提早释放"。又或者是,他一开始就表现出"疯狂"的样子,而且知道自己只要装得够像,就可以获得释放?也许是那样,尽管可能他自己也没想到,自己会用过头的疯狂演技来画下句点。在事后的报告里,8612对自己的单纯行为有个复杂化的解释:"我觉得我应该继续待在那里,虽然很糟糕,革命行动不如预期中有趣,但我必须要亲眼见到结果才对。我应该要留下来让那些法西斯分子知道,(革命)领导者只会在非常时刻才逃难离开,他们只是操作者罢了,而我应该为了正义而战,奋不顾身!"[15]

当8612结束监狱生活后,某个狱卒无意间听到二号囚房的阴谋对话:隔天道格将回到监狱,带着他自己的弟兄来摧毁监狱,并且释放所有犯人。刚开始我认为这是一个不可能成真的谣言,直到有狱卒报告,隔天在心理系玄关附近看见8612鬼鬼祟祟地探头探脑,我才交代狱卒逮捕他,带他回监狱,因为看起来他是用虚伪的陈述争取释放,他完全没有生病!只是耍我们的!现在我知道,我必须为了有人会全力攻击监狱而做准备,但是,我们该如何躲避这个重大的暴力冲突呢?我们该如何让我们的监狱正常运作——哦,对,应该说,我们怎么继续进行实验呢?

第 5 章

双重麻烦的星期二：访客和闹事者

我们的犯人看起来十分疲累，双眼视线模糊无神，而且我们的监狱开始闻起来像是纽约地铁站的男性公共厕所。似乎大部分狱卒都把上厕所变成一种"特权"，不定期地以此为嘉奖，但半夜不准到厕所方便。半夜时分，犯人们只准在房间的便桶里大小便，还有一些狱卒拒绝在早晨之前清理这个便桶。于是不满和怨言快速上升，让许多犯人都快无法容忍，几乎爆发。8612昨夜的崩溃，似乎已开始在犯人间起了骨牌效应，我们在监听室里听到，他们都讨论着不想再容忍这一切。

我们必须让这个监狱看起来有更加明亮的印象，因为今天晚上将有犯人的父母、朋友、女朋友前来参访，以一个为人父母的角度，当我看到这个实验仅仅三天就令人感到疲累又充满压力，我确定，我一定不会让我的儿子继续留在这里。我思量着如何面对迫在眉睫的挑战，并且还要担心8612随时会来捣乱的谣言，说不定他会选在今天发动，也有可能就和我们开放会客的时间同时，那可是我们最不能采取任何防卫行动的时刻。

现在是凌晨2点，小夜班的狱卒似乎被迫留下，六个狱卒在大厅里商讨如何加重规定，才能有效控制犯人，避免反叛再次发生。

他们全都聚在一起,"以身高决定一切"。最高的是赫尔曼,晚班的头头凡迪现在成为大夜班的大哥,阿内特则是日班的大首领。最矮小的柏登和赛罗斯,变成大头头身边最忠实的小跟班。两个人都爱用权威的语调、狐假虎威地发号施令——对着犯人的脸大吼,而且明显特别粗暴。他们推挤犯人、戳弄犯人,并且将无辜、不情愿的犯人从队列中拉出来关禁闭。有人暗中通报我们,他们经常在带着犯人到厕所的路上故意绊倒犯人,和犯人单独在厕所时,还会将他们推向小便池。而且事实也证明他们喜欢警棍,经常将警棍搁在胸膛上,用警棍敲打铁栅、门、桌子,好向大家宣告他们的存在。分析之后,我们认为他们是以武器来弥补身高的不足,不管心理动力为何,他们都是最自私卑鄙的狱卒。

然而,马库斯和瓦尼施也属于矮个儿一族,相对之下却较被动也较安静,不多话也不像其他人那么热爱特别的动作。我曾经跟典狱长提过,是否可以让他们更坚定、有自信一些。兰德里兄弟是有趣的一对,乔夫·兰德里(小兰德里)比赫尔曼稍高,并且与他竞争小夜班的权势,但是他不像我们足智多谋的约翰·韦恩(赫尔曼),总是可以创造出新的操练规则,因此,他总是领头在各个情境中发号施令、控制操练,但是随后又退缩到一旁,这种犹豫不决的状况,在别的狱卒身上都看不到。今天晚上他竟然没有带他的警棍,甚至没有戴上银色反光太阳镜——根据我们实验的约定,这是不被容许的!他的哥哥约翰就是一个强悍的狱卒,不过他总是按表操课,他不像阿内特那么坚定强势,但是也经常支持且执行上头极度没道理的命令。

我们的犯人全都差不多高,大概在172到177厘米之间,除了格伦3401,是全部中个头最小的,大概只有157厘米,而保罗5704则是里头的大个儿,大约有187厘米。有趣的是,5704也成

第5章 双重麻烦的星期二：访客和闹事者

为犯人之中的头头。他表现得更有自信且更确立自己反叛的决心。他的同伴们也发现这一点，于是选他为斯坦福郡大监狱犯人申诉委员会的犯人发言人，也就是稍早与我谈判一系列权利，要求我们妥协的代表。

新规定，但是旧的依然算数！

凌晨2点30分，又是另一次报数时间，大厅里挤进了六个狱卒与七个面墙列队的犯人。即使没有任何理由需要小夜班的狱卒留下来，但是他们还是这么做，或许他们想要知道，大夜班的同事如何执行他们的工作。凡迪从二号囚房抓出极度困睡的犯人819到列队里头。狱卒们开始严厉斥责没有戴上丝袜帽的犯人，提醒他们，这个是监狱制服中不可或缺的一部分！

凡迪："好了，现在是报数的时候了，你们喜不喜欢这个？"

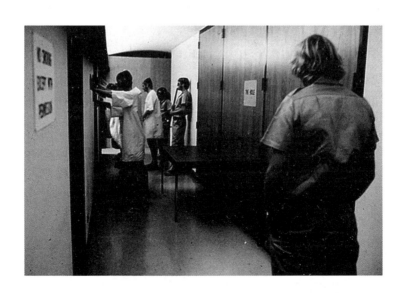

109

一个犯人回答:"太好了,狱警先生!"

"其他人觉得呢?"

中士:"好极了,狱警先生!"

"让我再听大家念一遍,你们可以做得更好,大声点!"

"太好了,狱警先生!"

"大声点!"

"太好了,狱警先生!!"

"现在是什么时间了?"

"现在是报数时间,狱警先生。"[1]一个犯人用微弱的声音回答。全部的犯人现在都面墙列队站好,手放在墙上,双脚打开。他们明显不想要这么早就起来报数,才刚睡几个小时而已。纵使柏登的班已经结束,却仍然趾高气扬地发号施令,一边挥舞他的警棍,慢慢地靠近犯人。他随机拉某个人出列,"好,年轻人,你必须给我做些俯卧撑。"他大喊着。瓦尼施也开口了:"好,让我们来报数吧!从最右边开始,开始!"或许是有一大群狱卒可以当靠山,他更有自信了。

小兰德里也加入行列:"等一下,7258,你这家伙给我过来这里。他不知道他的号码怎么倒着念!"为什么乔夫会在这个时间出现呢?早就已经换班了,他还手插在口袋里走来走去,像一个事不关己的观光客,不太像个狱卒。事实上,为什么一整个小夜班会继续在冗长的一夜折腾后还在这里闲晃?他们的出现,让犯人完全不知道该听谁的好。原先花招百出的报数现在也变得乏味,令人厌烦不已:一次两个数字,用识别号码报数,倒着报数,用各式唱腔报数,赫尔曼知道现在不是他表现的时候,不发一语在旁边看了一会儿就安静地离开。而这些把戏不断地重复,老调重弹,凡迪警告犯人们要记得大声、快速、干净利落!疲劳的犯人们遵从命令，但声音还是此起彼落、杂乱无章——该是来点新规则的时候了！所以这些狱卒们自己加了点料：

"犯人必须参与所有监狱的活动，也就是报数！"

"床要整理好，个人物品必须摆放得井然有序！"

"地板不可以弄脏！"

"犯人不可以移动家具，瞎搞、破坏墙壁、天花板、窗户和门！"

瓦尼施建立这些规则，要犯人们在本质上和形式上都能彻彻底底地理解，如果他们不听话，他会一而再、再而三地命令他们重复这些令人心烦意乱的规则。

瓦尼施："犯人不准操作囚房的照明设备！"

犯人："犯人不准操作囚房的照明设备！"

瓦尼施："什么时候犯人可以操作囚房的照明设备？"

犯人（现在整齐一致地回答）："什么时候都不准！"

他们的声音听起来累垮了，但是相较于昨晚回答更大声且利落，令人意外的是，瓦尼施变成领头，他正带领他们背诵这些规则，要求他们回答到尽善尽美，施加权势在他们身上，要犯人们感谢他的赐教，他宣读几乎是针对保罗5704所设计的烟瘾新规定。

瓦尼施："抽烟是特权！"

犯人："抽烟是特权！"

"抽烟是什么？"

"是特权！"

"什么？"

"特权！"

"只能在吃饭之后，在狱卒谨慎地监督下才能抽烟！"

瓦尼施:"我不喜欢单调的声音!让我们用音阶来唱吧!"

犯人们遵行,飙高音再重复一遍。

"我建议你们起音可以低点,不然最高音你们会唱不上去!"

接下来,他要犯人们每次重复时都再升高一个音,瓦尼施亲身示范一次。

"真是太动人了!"

瓦尼施读出手中拿着的新规定,另一只手握住他的警棍,其余的狱卒也摸摸自己的警棍,除了小兰德里,毫无理由地一直待在那儿,当瓦尼施带领全部犯人宣读新规定时,凡迪、赛罗斯和柏登进进出出囚房,在犯人前前后后查看,寻找遗失的手铐钥匙、武器和任何可疑的物品!

赛罗斯强迫"中士"出列,命令他站在对面的墙壁前,双手放在墙上,双脚打开,并且将他眼睛蒙起来,他接着用手铐铐住"中士",命令他拿着便桶,带他走出监狱去倒这些脏东西。

这个时候,其他犯人忽然齐声大喊:"警务长!"原来是在回答瓦尼施的问题:"谁的命令最大?"听见犯人呼喊自己的命令至高无上,是一件奇怪的事情,在我平常的生活里,我只会提供意见或是暗示我想要的是什么,从来不会做"下命令"这种事。

瓦尼施继续和他们瞎搅和,强迫他们大声唱出"处罚",这不过是某条规则的最后一个字——不遵守规则的后果。他们必须用最高音,一次又一次唱出这个令人恐惧的字眼,这让他们感到一切实在太荒谬,而且很受侮辱。

这么持续了将近40分钟后,所有犯人都耐不住性子,显得局促不安,他们的脚站得都僵了,背都酸痛得要命,但是没有一个人敢抱怨。柏登命令犯人转身面对正前方,检查制服。

凡迪质问1037,为什么他没有戴丝袜帽。

"我不知道是哪个狱卒拿走了。"

凡迪："我不知道是哪个'狱警先生'拿走了，你是说有'狱警先生'搞不清楚状况吗？"

"我没有那么说，狱警先生。"

凡迪："所以是你自己弄丢帽子的吧？"

1037："是的，是我自己弄丢的，狱警先生。"

凡迪："15个俯卧撑！"

"需要报数吗？"

凡迪在大家面前宣告，犯人3401抱怨自己生病了，瓦尼施的回应是："我们不喜欢生病的犯人。为什么你现在不做20个仰卧起坐，让你自己感觉舒服一点？"他说，3401就像一个哭闹人家把他枕头拿走的小娃儿。

"好，有戴着丝袜帽的回到自己的房间，不用站在那儿，你们可以'坐'在自己床上，但是不准'躺下'。事实上，那就是保持床铺整洁的好方法——无论如何都不要给我弄皱！"接着瓦尼施命令，所有犯人为那三个没戴帽子的家伙做俯卧撑，他从原先坐着的桌子上跳起来，挥舞着警棍加强威势。他站在犯人们前，大喊："下！上！"做了几下后，保罗5704突然停下来，说他没有办法再做下去了。瓦尼施大发慈悲，容许他站在墙边看着大家做完："好，你们全部都去站在床前，直到你们找到自己的丝袜帽为止。如果找不到，就把毛巾戴在头上。"

"819，今天过得如何？"

"今天实在棒透了，狱警先生。"

"好，整理好你们的床，无论如何不要让我看到皱褶，接着坐在上头。"

到了这个时候，小夜班的狱卒才都离开，只留下大夜班狱卒，包括先前静静观察威权虐行的后备狱卒莫里森（Morison）。他一告诉犯人"如果你们想的话，可以躺下没关系"，犯人们不但马上就躺下，而且很快地进入甜美的梦乡。一个小时过去后，穿着花呢外套、配上西装的典狱长出现了，看起来整齐清爽，似乎每天都长高一些，也说不定，他只是比我印象中站得更挺直一些罢了。

"注意！注意！"他突然大声宣布："犯人在正确调教后，应该列队站好以供更进一步的检验。"狱卒们一听，马上进入二号和三号囚房，叫犯人们起床到大厅，又一次，难得小小睡眠被破坏了。二号、三号囚房的犯人陆陆续续出来，斯图尔特819找到了他的丝袜帽，里奇1037把毛巾像回教徒那样缠在头上，保罗5704则把他的毛巾像小红帽那样包在头上，垂挂下来遮住黑色锁链。

瓦尼施询问"中士"："你睡得如何？"

"好极了，狱警先生！"

5704的回答就没那么完整，他简单地回答："不错！"瓦尼施要他面向墙壁。

另一个狱卒大声念了基本规则："犯人必须称呼狱卒们为'狱警先生'。"因为没有在"不错！"后面加上尊敬的语气，5704被罚做俯卧撑。

典狱长缓缓走近犯人的纵队，就好像在阅兵，同时加上评语："这个犯人似乎对他自己的头发有些意见，也似乎对服从命令有点意见；在做更多活动之前，他需要有个适当的认同过程。"

典狱长评估过有问题的犯人后，就问狱卒是否必须采取必要的惩治措施，"这个犯人的头发露出毛巾外了！"他坚持应把识别号码缝回去，或是用记号笔重新写上号码。

"明天就是我们的探访日，对吧？那代表我们希望能够给访客们看到最好的犯人，所以犯人819就该学会戴好丝袜帽。我也建议接下来的时间里，3401和5704要和1037学学怎么戴上毛巾。现在，都回你们的房间去吧。"

犯人们回去睡觉，直到早餐前才醒来。又是新的一天，日班正要接班，又有了报数的新戏码。这次是拉拉队欢呼，每个犯人兴高采烈地报数："给我一个5！给我一个7！给我一个0！给我一个4！这拼起来是什么？ 5704！"阿内特和大兰德里、马库斯又开始用新把戏折磨犯人，每个犯人都得从队伍里跑进跑出的，往前一站，用拉拉队欢呼的方式报上他自己的号码再回到队伍里，一个接着一个。

身份和角色界限开始模糊

不到三天，事情就演变到这么诡异的地步。扮演狱卒的一部分学生已不只是在演戏，他们用敌意、负向影响和注意力，把自己武装成真正的监狱狱卒，并在他们值班报告、回顾日记和个人反应中表露无遗。

对今天狱卒们"鸡蛋里挑骨头"的方式，赛罗斯非常骄傲地说："我们变得更加有秩序，在犯人身上得到棒极了的成果。"但是他也注意到了潜在的危机："我担心现在这样只是风雨前的宁静，可能有脱逃计划在暗地里展开了！"[2]

瓦尼施一开始很不情愿接任狱卒的工作，我还得请典狱长亲自开导他才行："直到第二天我才适应，决定强迫自己正确面对，我故意把所有对犯人的感觉都关了起来，丢掉我的同情心和对他们的尊重。我开始尽我可能地对他们冷言冷语，不让他们看见我的感觉，不让他们称心如意地见到我生气或沮丧。"他的团体认同比起以前更加强烈："我只看见，一群令人愉悦的人采取必要措施，来让另一群没有必要对他们付出信任和同情心的人乖乖听话！"³他接着提到他喜欢狱卒们在那晚2点30分坚定强硬的报数表现。

凡迪与瓦尼施竞争大夜班威权的意味，开始越来越重，但他今天因为缺少睡眠所以非常疲倦，不是很活跃，却还是对这些犯人终于融入他们的角色非常欣慰："他们不再认为这只是个实验，他们必须为尊严而战，但是我们一直在向他们强调现在是谁在做主！"

他的报告也提到，他感觉自己越来越爱指挥他人，忘了这只是个实验。他认为自己只是"希望处罚那些不守规矩的人，这样可以杀鸡儆猴，告诉其他的犯人什么才是对的行为"。

犯人们人格的解离和更加严重的去人性化问题，也开始影响他："当我越来越生气的时候，就不太检视自己的行为。我不想让这个影响我，开始把自己深深藏在角色背后，这是唯一不让自己受伤的方法。我在这些事情上彻底迷失了，但是又不想要停止！"

他们是这个情境的受害者，因为我们忘了提供犯人足够的盥洗和卫浴设备，这变成工作人员心中的噩梦，就像凡迪所抱怨的："我实在受够了看这些犯人们衣衫不整、臭气熏天，监狱脏到发出恶臭。"⁴

坚守保卫我的机构

身为警务长，我最重要的职责就是确保我的机构的安全。我该如何应付，或预防8612带着兄弟突击入侵？

大夜班的伙伴们想了许多方法，甚至盘算过把实验移至旧市立监狱的可能性。自从星期天我们逮捕犯人的中央警察局成立后，旧监狱已经空置了一段时间。我记得负责逮捕的小队长那天早上就问我，既然那里有许多空间可以使用，为什么我们不以旧监狱为研究地点。我也曾经考虑过，不过我们已经投入了太多心血，例如我们的监录系统、食宿安排和其他统筹的细节等等，相较之下，我们在心理系馆更能掌控整个状况。这个新的选择，也正合我们所需。

当我外出寻求新场所的使用可能时，科特·班克斯会负责主持第二次的犯人申诉委员会，克雷格·黑尼会监控探访时间的所有预备措施，戴维·贾菲则会监视狱警不寻常的管理举动。

我很高兴执行小队长可以在简单的知会下就见我，我们约在雷蒙纳街的旧监狱见面，我向他解释我现在所面临的困境：我必须避免监狱的肢体流血冲突，有如去年警察和学生在校园引发的冲突事件。我迫切需要他的协助。接着我们一起检视场地，就好像我是看地的潜在买主一样。转送监狱实验留下来的人到这个地方实在太完美了，更不用说，加上这个地方的实际监狱环境，会让实验看起来更真实。

回到总部后，我签署了一份官方表格申请，希望监狱能够在当天晚上9点（探访时间后）准备好让我们使用，我也保证在接下来的十天内，我们能够保持它的整洁干净。犯人们必须好好在这方面下工夫，任何损坏我都会照价赔偿。我们紧紧握手，一言为定，我谢谢他大大地拯救了我们监狱，也松了一口气——比我想象中的还要简单顺利。

为了感谢幸运的眷顾和自傲自己脑筋动得够快，我犒赏自己一杯浓咖啡和一片卡诺里蛋糕，在室外咖啡店享受了一会儿日光浴。又是另一个宜人的夏天，这里依旧是帕洛阿尔托的天堂，从星期天以来一直都没有改变。

在立即向欣喜的工作人员解释我们的转送计划的同时，我却接到一通来自警察部门、令人心碎的电话:"不能去!万一有人在公共场合中受伤的话,市政长官担心会被控告!"假逮捕的问题也会同时浮上台面,我请求小队长给我一个说服市政长官无须担心的机会,我亟须体制的配合,提醒他我和泽克局长的渊源,并且请他想一想,如果有人闯入了安全性低的机构,那才是真正危险的事情。

"拜托,我们不能达成共识吗?""抱歉,答案是不行,我不想让你难过,不过这只是纯粹公事公办!"我失去了计划中犯人转送的最佳地点,也很清楚我正在断送我的前程。

不知道一个警察会怎么看待一个真的相信自己是监狱警务长的心理学教授,极度害怕有人会攻击"他的监狱?""疯子!"也许言过其实,"精神异常心理学家"大概会贴切一些。

你知道吗?我告诉自己:"不管别人怎么想,必须继续下去,时间紧迫,丢掉那个计划,再找另外一个。"首先,我要让一个线人潜入犯人之中,获取更多将近的暴动计划信息。接着再给那些暴动者摆上一道,让他们闯入时以为实验已经结束了。我们要拆卸监狱囚房,让它们看起来好像是大家都回家去了,还要告诉他们我们决定中断这个研究,不会有任何英雄壮烈牺牲,就只是请大家各自打包,回到原先生活的地方。

当他们离开之后,我们就有时间重新构筑新的监狱,更好的监狱。我们在这栋建筑物的顶楼发现了一个很大的储藏室,可以在探访时间过后把犯人移到此地——假设闯入监狱的行动不会在探访时间发生。当天稍晚在送他们回去之前,把监狱修整得更容易抵御外敌,我们的工程技师会修缮入口大门,在门外放置一个监视摄影机,尽量提升监狱的安全度——听起来像是个明智的备案对吧?不是吗?

显然地，我的意识惦记着"我的监狱"将被攻击的一幕。

安置线人

我们需要更详细的攻击信息，所以我决定以顶替释放犯人的名义，安置一个线人到监狱里。戴维是我的学生，他清楚过人的头脑正合所需，浓密的大胡须和不修边幅的外表，很快就会让犯人把他当自己人。他曾在研究一开始时协助科特拍摄录像带，所以对地点和行动都有些概念。戴维同意参与几天，捎给我们任何他可能取得的重要信息；我们会用某些理由，带他到工作人员办公室让他方便说话。

戴维很快就发现狱卒的新教条，其中一条讲得明明白白："好犯人无后顾之忧，肇事者吃不完兜着走！"大部分的犯人认定，没理由在接受这样的犯人角色时，让自己处在长期和狱卒对立、动辄争吵的状态。他们开始接受自己的命运，每天乖乖合作，因为"他们已经可以想见，一连两个星期睡觉、吃饭、整理床单时都会被找麻烦，实在已经够了"。戴维也发现，前所未有的新气象在犯人之间燃起。"偏执狂深植在这！"[5]他听到了有关逃跑的谣言。

没有人质疑戴维参与这个研究的目的，但是，他以为狱卒知道他是不同于其他人的——只是并不确定他在这里做什么。他们不知道他的身份，所以像对待其他犯人一样——极度恶劣地——对待他。戴维很快就为了上厕所而痛苦不已："我只有该死的五分钟。有人告诉我尿壶在哪里，但是那对我一点帮助也没有；事实上，我根本没办法尿在尿壶里，我必须到洗手间，关上门，知道不会有人突然跳到我身上才能尿尿。"[6]

他和里奇1037（二号囚房的室友）成了好朋友，一拍即合，但是进度有点太快了！在几个小时之后，我们信任的线人，穿上道格8612制服的戴维也变了样子。戴维报告说，"竟然被派遣来在这个棒的人旁边当线人"[7]让他很有罪恶感。还好没有什么真正重要的事好说，让他感到轻松多了。是吗？真的没有任何重要的信息好说吗？

1037告诉戴维，犯人们要自立自强，不可怠惰，他奉劝戴维不要像他第一次报数那样当个反叛者。对他们来说，这不会是聪明的举动。关于他们的脱逃计划，1037是这么说的："我们要和狱卒虚与委蛇，如此一来，我们才可以趁其不备、一举击中他们的致命弱点。"

戴维事后告诉我，8612其实并没有组织任何反击计划，但那时我们已经花费了大把的时间和精力，准备应付未知的攻击。"当然了，有一部分人的确梦想着，他们的朋友可以在探访时闯进来解救他们，"他说，"或是在上厕所时偷偷溜走，但是那很明显只是做梦罢了！"也就是说，他们只是紧抓着一丁点儿希望。

后来我们才知道，戴维违反了我们的口头承诺——在紧急状况下成为我们的线人。我们的根据是，那天稍晚有人偷走了"中士"手铐的钥匙，戴维却告诉我们他不晓得在哪里。他说谎。在实验后的日记报告中，我们发现他写着："没多久我就知道手铐的钥匙在哪儿，但是我并没有说出来，就算事态已经无关紧要，我应该要说出来了，但是在这些人面前，我还是没办法背叛他们。"[8]

从戴维的其他反馈中，更可以发现犯人心理状态如此突然和惊人的转变——他觉得在监狱的那两天，他和其他人没什么差别。"除非我知道什么时候可以离开，因为我越来越不肯定我所依赖的人会在什么时候把我弄出去。我已经恨透了这个情境。"在他待在斯坦福郡大监狱第一天的最后，戴维——我的线人——告诉我：

"我只能抱着肮脏、罪恶、恐惧的心情入睡。"

发泄抱怨

当我正和市警察交涉时，先前会过面的那三个犯人委员正把手上长串的抱怨单递给科特·班克斯，他们分别是5704、4325和1037，所有犯人选出来的代表。科特十分恭敬地倾听他们的抱怨，比如厕所的限制导致不卫生的情况、用餐之前没有干净的水可以洗手、没有淋浴设备、担心传染病、手铐和脚链太紧导致淤青和擦伤。他们也希望星期天可以有教堂的礼拜服务。此外，他们还要求可以轮替脚链到不同脚上、运动的机会、娱乐时间、干净的制服、允许不同牢房之间的沟通交流、加班的星期天可以有工资……此外，与其无所事事，他们也都希望可以做一些有价值的事情。

科特一如往常不带感情地听着，没有显露任何感情。威廉·科特·班克斯是一个年近三十、清瘦的非裔美国人，两个孩子的父亲，同时也是研究所二年级的学生，很骄傲自己可以进入世界顶尖的心理学系所。和曾经与我工作过的学生一样努力，也很有成就。他不让自己轻薄、超脱、虚弱、辩解或愚昧，把自己隐藏在坚强的外表下。

寡言而有分寸的吉姆4325一定以为，科特的冷漠代表他不开心，于是赶紧解释这些并不是真的"抱怨"而只是"建议"。科特有礼貌地谢谢他们，也答应会和他的上级讨论。我怀疑他们是否发现，科特并没有作笔记，也没有留下他们手写的清单。我们的体系里最重要的，是在独裁主义架构里提供民主体制的假象。

但是，市民对系统的需求改变会有异议。如果聪明地选择，这样的改变可以防止公开的不服从和叛乱；只要异议被系统所吸收，不服从就会缩减，叛乱也会被搁置。事实上，因为没有任何合理的尝试来保证解决他们表达的任何的抱怨，这些选出来的正式代表完成目标的可能性就很低。斯坦福监狱申诉委员会的主要任务，是在防护系统里取得初步的进展，但是失败了。然而，他们离开时觉得不错，因为公开地发泄，并且有一个权威者——即使是相对较低阶的官员——聆听了他们的抱怨。

犯人和外界取得联系

犯人的第一封信是邀请一些可能的访客，有一些可能是今晚、实验的第三天来。第二封信则是邀请另一天晚上的访客，因为这些朋友或家人因为太远而无法赶到。犯人用我们官方的文具完成之后，狱卒收集起来邮寄，当然是以监视这些信件的安全性为理由。接下来的例子可以让我们知道犯人的感觉——至少有一个重要的例子让我们感到惊讶。英俊的美国人修比7258，建议他的女朋友"带一些有趣的照片或海报来，好让我贴在床上的墙壁上瞧，打发无聊时间"。身强体壮，留着埃米利亚诺·萨帕塔（Emiliano Zapata）式小胡子的里奇1037。则对他的朋友表达了他的愤怒："这不再像是一个工作了，因为他妈的我不能离开这里。"

斯图尔特819已经慢慢有越来越多抱怨，寄了五味杂陈、耐人寻味的信息给他的朋友："这里的食物和埃比尼泽（Ebenezer）第二次到泰国旅行的第三天的食物一样好吃且丰富。这里没什么有趣的事情，基本上我就是睡觉、大声喊出我的号码，以及让人找找麻烦，如此而已，如果可以离开这里，会是非常好的事情。"

小个子的亚裔美国犯人格伦3401，清楚地表示了他对这个地方的鄙视："我在这里度过了许多痛苦的时间，请你声东击西地用炸弹炸了乔登大楼。我的伙伴和我都已经很挫折。我们打算尽快逃跑，但是首先我相信，在我出去的路上我要先砍掉几个人的头才行。"然后他在最后加上了一句谜样的注记："小心不要让傻瓜知道你是真的……"真的什么？

尼古丁成瘾的保罗5704所写的信更令人惊讶，他是新的犯人领导者。在信中，5704做了一件愚蠢的事情，他自封革命者，在这封难保隐私的信中向他的女朋友透露，他计划出去后要把他的经验写成故事，给当地的地下报纸刊载。他发现国防部海军研究处支持我的研究[9]，因此得到了一个阴谋理论，认为我们企图试探抗议越战的监禁学生有多少能耐。明显地，他是一个没有什么经验的革命者，在信中讨论破坏计划明显不智，因为这些信非常有可能被监看。

他并不知道我是一个激进派、行动主义的教授，从1966年就开始反对越战。当时我在纽约大学组织了第一个通宵的辩论团体，发起大规模的联合罢工，在纽约大学的毕业典礼上，抗议学校颁给国防部长罗伯特·麦克纳马拉（Robert McNamara）名誉学位。隔年，我在斯坦福组织了数千名学生，积极挑战连续数年的战争。我是有热血的政治灵魂，不是没脑筋的热血革命者。

他的信这样开始："我已经和'*The Tribe*'及另一个自由的基层报纸'*The Berkeley Barb*'做好安排，当我从这里出去后要给他们这些故事。"然后5704开始自吹自擂他在我们的小型监狱社区里的新地位："我担任监狱犯人申诉委员会的代表主席，明天我要为我们的集体利益报酬组织一个互助会。"他也描述了他从这个经验中的获益："我学习到很多监禁中的革命策略。狱卒一事无成，狱卒做不了什么，因为你压制不了老怪胎们的气焰。我们大多是怪胎，而我真的不认为，在这件事结束之前会有任何一个人屈服。有少数人开始低声下气，但是这些人影响不了我们其他人的。"此外,他在最后用大大的粗字体签下署名:"你的犯人,5704。"

我决定不要告诉狱卒这个信息,免得他们报复而真的虐待他们。但是令人感到沮丧的是,我的研究补助金被指控是政府战争机器的工具,尤其是我曾经鼓励激进学生团体有力地发出不同的声音。这个研究补助原本是用来探索匿名的效果、去人性化的情境和人际间侵略的实务及概念研究。从这个监狱实验刚开始,我就已经向补助机构申请延伸补助来赞助这个实验,根本没有其他额外的资助。保罗可能还伙同他的同伴柏克莱散布不实的谣言,让我很生气。

不晓得是他偶尔的情绪波动还是渴望尼古丁,还是他想在报纸上写更多令人激动的题材,5704今天制造了许多难题给我们——在我们已经有太多事情要处理的一天。在他同牢房室友的帮助下,他第一次弄弯了囚房的铁栅,也因为做了这件事所以得到黑洞时间。他踢坏黑洞里两个隔间的隔板,这个举动又让他不被允许吃午餐,而延展了关禁闭的时间。他持续不合作,直到晚餐时间,并且因为没有人来探视他而明显地感到沮丧。幸好,晚餐后他和典狱长面谈,典狱长严厉地训斥他一顿,然后我们就发现,5704的行为已经变得稍好一些。

为访客做好准备:虚伪的化装舞会

我希望卡罗可以从奥克兰过来和我一起工作,以准备面对家长的猛烈炮火。但是一如往常,他的老爷车坏了得送修,希望隔天可以一如预期,来得及出现在假释听证会上。经过在电话里的长谈,游戏计划已经设定好,当不受欢迎的参访者来到时,我们会做所有监狱做的事,准备记实地描述辱骂和我们面对系统改进的要求：监狱人员用小饰巾盖掉血迹，把捣蛋鬼关在外头，总之就是让场面变得好看一些。

卡罗的明智建议，是要我在短时间内创造出看起来很好、有爱心的系统给父母们看，以表示我们秉着良心在照料他们的孩子。他说得很明白，不管怎样，我们必须让这些中产阶级的白人父母相信我们的研究是好的，就像他们的儿子一样顺从权威者的要求。卡罗笑着说："你们这些白人喜欢顺从人，所以他们会知道他们在做对的事情，就像每个人一样。"

接着我们立刻展开主要行动：要犯人清洗地板和他们的牢房，黑洞的标志已经被移除，喷洒清新的植物香味清洁剂以盖掉尿骚味。犯人都刮了胡子，以海绵洗澡，尽量打扮。丝袜帽和头巾都藏了起来，最后典狱长警告大家，如果有任何的抱怨，探望的时间会提早结束。我们要求日班加班到晚上9点，除了应付参访者，也可以在暴动真的形成时立即协助。为了考虑得更周到，我同时邀请我们所有的备用狱卒进来。

然后我们给犯人吃最好的热食，热鸡肉派，吃不够的人还有第二份，而且饭后还有双倍的点心。音乐温柔地流进大厅，日班狱卒伺候他们用餐，小夜班的狱卒巡视警戒。过去用餐常有的大笑或窃笑不见了，气氛变得强烈且不寻常地客套。

赫尔曼斜挨着坐在桌子的前端，但仍然拿着他的警棍大摇大摆地晃啊晃："2093，你从来没有吃过这么好的，对吧？"

2093回答："没有，狱警先生。"

"你妈妈从不给你第二份，对吧？"

"不，她从不，狱警先生。""中士"服从地回答。

"你看你在这里有多好啊，2093？"

"是的，狱警先生。"赫尔曼从"中士"的盘子中拿走一些食物,然后走掉讥笑他。血红的仇恨,正在他们之中酝酿。

同一时间,在监狱门外的走廊上,我们正在为探访者的到来做最后的准备,他们造成麻烦的可能性已经是再真实不过的恐惧。墙的对面是狱卒、典狱长和警务长的办公室,我们在那儿准备了一打的折叠椅给等待进场的探访者。当他们来到地下室时,一定有副想要看看这个新奇有趣实验的好心情,我们慎重、有系统地将他们的行为带入情境的控制,一如先前的计划。他们必须明白他们是访客,是我们给了他们探视儿子、兄弟、朋友和爱人的特权。

苏西·菲利普斯(Susie Phillips)是我们活泼的接待员,温暖地欢迎访客;她坐在一张很大的桌子后面,桌子边还有一盆芳香的玫瑰。苏西是我的另一个学生,主修心理学,也是斯坦福甜姐儿,以她的美貌和体操能力被选为拉拉队队长。在这里,她先让每一个参访者签名,并且写下他们抵达的时间、编号,他们要探视的犯人姓名和号码。苏西告诉他们今晚一定要遵守的规则:首先,每一个探访者或探访团体必须听取典狱长的简报,并且在监狱里的家人或朋友已经吃完晚餐后,才可以进入监狱。出去的时候,他们必须和警务长会面,讨论他们的顾虑或分享他们的感觉。他们同意这些规定,然后听着对讲机传来的音乐坐着等待。

苏西向他们道歉让他们等待太久,解释犯人今晚比平常花了更多时间吃饭,因为他们正在享受双倍的点心。有一些探访者还是坐立不安,他们还有其他事情要做,对等待他们要见的犯人和待在这个不寻常的监狱场所有点不耐烦。

和典狱长协商之后,接待员告知参访者,因为犯人花了太多时间吃东西,探访时间将会限制为十分钟,而且每位犯人只能有两个探访者。探访者感到沮丧,开始抱怨,因为他们的孩子和朋友不受照顾。"为什么只能两个人？"他们问。

苏西告诉他们里面的空间很小，还有因为消防规定最多能进入的总人数。然后低声补一句："你们的孩子或朋友没有告诉你们，探访者最多只能有两人吗？"

"该死，他没有说！"

"我很抱歉，我猜他忘记了，但是下次来访时你们就知道了。"

探访者利用等待的时间，聊起这个有趣的实验，有些人抱怨这些专制的规定，但是明显地，他们逆来顺受地遵守这些规定，当一个称职的好访客。我们为他们准备了这个舞台，让他们相信眼前所见的可爱地方是一流的，让他们怀疑从他们不负责任又自私的孩子或朋友那里所听见的抱怨。因此，他们正不知情地参与我们正上演的监狱戏码。

匆促而又没人情味的探访时间

犯人819的父母是最先进入大厅的人，好奇地四处观望，接着发现他们的儿子坐在回廊中间长桌子的尾端。

父亲问狱卒："我可以和他握手吗？"

"当然可以。为什么不行？"他的请求让狱卒很惊讶。

然后他的母亲也和她的儿子握手！握手？父母和孩子之间没有自动来个拥抱？（这样显得笨拙的细微身体触碰，是当一个人到真正高度防卫的监狱中才可能发生的行为，但是我们监狱没有这样的条件，也许是我们让探访者困惑了，不知道在这样陌生的地方怎样的行为举止才算恰当。因此当在不确定的时候，行动越客气越好。）

柏登站在犯人和他们的父母之中。赫尔曼随意地走来走去，侵犯819和他的亲属之间互动的隐私。他若有似无地游走在附近，而819一家三口假装忽略他，继续他们的对话。然而，819知道他没有机会说任何关于监狱的坏话，否则他等等就会尝到苦头。他的父母五分钟就结束探访，好让他的哥哥和姐姐可以和他会面。当他们说再见时，再一次地握手。

"是的，这里一切都很好。"斯图尔特819告诉他的哥哥和姐姐。他们的表现，和其他犯人与热切的父母见面时不安的局面不同。他们比较随性也比较愉快，不像和父母谈话的情境限制下那么害怕。但是狱卒常常在他们附近徘徊。

819继续说："我们和狱警有一些愉快的谈话。"他描述"作为处罚的黑洞"，但才刚开始说，柏登就打断他："不要再谈论有关黑洞的事，819。"

他的姐姐问起他衣服上的数字，也想知道他们每天都做些什么。819回答了这些问题，也描述这一切对他的影响。当他提到他和小夜班狱卒发生的问题时，柏登再一次不友善地打断他。

819："他们早上很早就起床……有一些狱卒真的很好，很棒的狱警。这里没有任何真的身体虐待，他们有警棍，但是……"

他的哥哥问他，从这里出去之后要做什么。819像一个好犯人应该说的回答："我不急着出去，我在一个很棒的地方。"五分钟之后，柏登终止了他们的面谈。赛罗斯一直坐在桌前，瓦尼施则站在桌子的后面。狱卒比访客还要多。当819的访客微笑地挥手说再见时，他的脸色变得阴沉。

里奇1037的父母进来时，柏登就坐在桌子上虎视眈眈地看着他们。[我第一次发现，柏登看起来很像阴险版的切·格瓦拉（Che Guevara）。]

1037："昨天开始有点奇怪。今天所有的墙和牢房都被洗过了……我们没有时间感，没到外面看过太阳。"

第5章 双重麻烦的星期二：访客和闹事者

他的父亲问他，是否要在里面待完两个星期。可想而知，儿子说他不确定。这个探访进行得很顺利，交谈很有活力，但是妈妈表现出忧虑，因为他儿子看起来有点不对劲。大兰德里漫步到柏登那儿和他交谈了几句，两个人都站着听探访者的对话。1037没有提到狱卒拿走了他的床，还有他都睡在地上。

"谢谢你们来。"1037感动地说。因为1037请她代打电话给某人，妈妈又再绕回来："我很高兴我来了……很快就可以再看到你了，后天，我确定。""现在起，你要乖而且遵守这里的规矩。"她激励她的儿子。

父亲在门外温柔地提醒她可能会超过时间，不要妨碍其他人的访视权益。

当修比7258美丽动人的女朋友进入大厅时，狱卒全都振作起来。她带了一盒杯子蛋糕，很聪明地让狱卒们分享。狱卒吃得津津有味，由衷愉快地发出大快朵颐的声音。当他和女朋友谈话时，7258也被允许吃一个杯子蛋糕。他们很认真地想要忘记狱卒紧紧跟随在后：柏登一直在他们旁边徘徊，他的警棍在桌上间断拍打，规律地发出声音。

扩音器的背景音乐，是滚石合唱团的成名曲之一："Time is on my side"。这首令人觉得讽刺的歌曲，在探访者来来去去极短的会面时间里并没被注意到。

来自母亲的担心

我感谢每一个探访者从他们忙碌的行程中抽空来探视。和典狱长一样，我试着尽可能亲切和友善。另外，我也希望他们可以赏识我们在资源有限的情况下，尽可能真实地研究监狱生活。我回答他们关于往后探访的问题，送礼物包裹，以及私底下要求我特别照料孩子的交代。一切都很顺利，只剩下一些探访者还让我担心地牢会不会面临无预警攻击的危险。然而，在应付下一个棋局之前，我还是被1037的母亲突如其来的苦恼忧伤弄得手足无措——我并没有料到这个。

当她和1037的父亲进入我的办公室时，她用颤抖的声音说："我不是故意要制造麻烦，先生，但是我很担心我的儿子。我从来没有看过他这么疲惫。"

红色警戒！她可能为我的监狱制造麻烦！但她是对的，1037看起来很糟，不只是生理上的耗竭，精神上也很忧郁。他是所有犯人中，脸色看起来最糟的一个。

"你儿子可能是什么问题？"

这个反应很直接、自动，就像每一个权威者遇到挑战体系的操作程序时，都会有的反应。就像其他滥用制度的加害者一样，我把问题归因于他儿子的性格，也就是**他**本身有一些问题。

她没有被这个转移注意力的策略所影响，继续说他"看起来很憔悴、晚上没有睡觉"而且——

"他有睡眠障碍吗？"我打断她。

"没有，他说狱卒因为'报数'的事情叫他们起床。"

"是的，当然，报数。当狱卒换班的时候，接手的狱卒必须确定所有的人都在，所以要求他们报数。"

"半夜里？"

"我们的狱卒每八个小时轮班一次，因为有一组是从凌晨2点开始工作，他们必须叫醒犯人以确定他们都在，没有人逃跑。这样解释你还不能了解吗？"

"是的，但是我不确定——"，她仍准备丢出麻烦，所以我必须转换另一个更有权势的策略，并且把一直沉默不语的父亲给拉进来。他一直都很沉默。我直视他的眼睛，以他的男性尊严赌上一把。

"不好意思，先生，你不认为**你的儿子**可以处理好吗？"

"当然，他可以，他是一个领导者，你知道的，……而且……"

从他的语调和伴随的手势，他的话听到一半就可以理解，我跟他一拍即合。"我同意，你的儿子似乎有能力可以掌控这个困难的情况。"然后我转向妈妈，再次向她保证："你们放心，我会注意你们的小孩。很谢谢你们来，希望很快就能再看到你们。"

父亲十分有男子气概地与我坚定握手，我向他眨眨眼，代表这里的老大我会站在他这边。我们默默地互换"我们会容忍'小女人'的过度反应"的眼神。真是下流，我们是被自动化的男性心理所引导。

我想以下面这封信作为这场拍马屁事件的结尾。这是一封来自1037的母亲温柔的信，同样是在那晚所写。她对监狱和她儿子的情况的观察和直觉，我认为完全正确：

> 我和我先生参访了"斯坦福监狱"，对我而言很真实。我很确定儿子志愿参加这个实验时，我们都没有预期结果会这么严重。当我看到他的时候我很沮丧，因为他看起来非常憔悴，他最大的抱怨是很久没有看到太阳了。我问他志愿参加这个实验是否令他感到难过，他说一开始的确如此，但是他已经走过很多不同的心境，也认命了。这是他生命中赚得最辛苦的钱，这点我十分确定。
>
> 1037的母亲
>
> PS：我们祝福这个计划顺利成功

虽然这样说可能超前故事的进行，但我还是必须先在这里说明，她的儿子里奇1037，聚集反抗分子的人之一，几天后因苦于严重的急性压力反应被提早释放。而他的母亲，早就从他身上感觉到了这个改变。

假装放弃以击退暴民

最后一个参访者离开后，我们终于可以喘一口气了，因为暴民并没有在我们最脆弱的时候破坏探访聚会。但是危机仍然没有解除！我们必须马上转换成反叛乱模式。我们的计划，是让一些狱卒拆除监狱的道具，显露出杂乱无序的样子。其他的狱卒把犯人的脚锁在一起，用袋子盖住他们的头，然后护送他们从地下室坐电梯到很少使用且很大的五楼储藏室，以防突然的攻击。如果真有叛乱者要进来解救犯人，我会独自坐在那里，然后告诉他们"实验已经在稍早结束，也送他们回家了"，所以他们来得太晚。等到他们确认之后离开，我们就会把犯人送回来，而且加倍警戒监狱的安全。我们甚至想到，如果8612也是暴徒之一，我们就要逮捕他，再次监禁他，因为他是在虚伪陈述的情况下被释放。

想象这个画面：我坐在以前被称为"大厅"的空旷走道上，先前的斯坦福监狱，现在只留下混乱——牢房门铰链被打开，标志被拆下，前门完全打开。我好似发了疯地，提出我们认为会是足智多谋、不择手段的对抗策略。但在可能的暴徒出现以前，到来的却是我的一位心理学系所同事——我的老朋友，非常严肃的学者和我念研究生时的室友戈登（Gordon）。他问起这里发生什么事情，他和他的妻子看见一群犯人在五楼地板上，心生同情，因为他们看起来很痛苦，所以他们出去给犯人买了一盒甜甜圈。

我尽量简单、快速地描述这个研究,以及入侵者突然闯入的预期。这个学识渊博的意外访客接着提了一个简单的问题:"说说,你研究里的独变项是什么?"我应该要回答"犯人或狱卒角色的分配是随机分派的",但是我生气了。

我还有可能闯入监狱的暴民问题尚未解决。所有人员和监狱的安全稳定性岌岌可危,而我竟然必须对付这个假作开明、理论性的、无能的、只关心荒谬事情的教授!我自己想着:接下来他会问我的是,我是否有修正过后的计划!笨蛋!我机灵地打发走他,回到工作岗位准备攻击发生。我等了又等。

最后,我发现,这只是个谣言。根本就没有这回事。我花了很多时间和精力计划击退传说中的攻击。我愚蠢地乞求警方帮忙,我们清理了脏乱的储藏室,拆除我们的监狱,把犯人送上五楼。更重要的是,我们浪费了宝贵的时间。此外,我们最大的罪恶是,身为一个研究者,今天我们没有任何系统性收集的资料。所有错误都来自一个人,这个人对谣言的传递和扭曲有着专业的兴趣,这个人还经常在课堂上论证这个现象。凡人都有可能是笨蛋,特别是当凡人的情绪支配了冷静的思绪时。我们重新架设监狱道具,然后把犯人从炙热、通风不良的储藏室移回来,他们莫名其妙地被藏了三个小时。对我而言,这真是奇耻大辱。克雷格、科特、戴维和我那天眼神几乎没有交会。我们静默地、心照不宣地同意,只有我们自己知道"Z博士的愚蠢"(指津巴多博士)。

难堪的挫败

很显然地,我们都遭遇了极大的挫折感。我们都受苦于认知失调[10]的紧张,因为没有经过充分的证明就坚信一句谎言,做了很多不必要的举动。我们也经过了"团体思考"。一旦我,一个领导者，相信谣言是有根据的，每个人便都会接受它是真的。没有人扮演恶魔的拥护者，但是每一个团体都需要那种角色，以避免像这样愚蠢或是悲惨的决定。就像过去约翰·肯尼迪（John Kennedy）总统"灾难性"的决定从猪猡湾侵略古巴，结果完全地失败。[11]

对我而言这十分明显，我们失去了科学的超脱，这是在执行任何研究中都必须保有的客观性。我变成了一个好的监狱警务长，而不是研究者。从稍早我和1037的父母见面时，应该就十分明显可以看得出来，更不用提和警察小队长发脾气的事。但无论如何，心理学家也是人，也会在个人层次遭遇相同的困惑，而这正是他们专业层次所研究的。

我们的挫败感和难堪，静静地在监狱大厅里散布。回顾起来，我们应该承认我们的错误，然后继续进行下去，但这是任何人最难做到的部分。就只是说："对不起，我错了。"我们却总无意识地寻找代罪羔羊来转移对自己的责备。而且我们不需要舍近求远，在我们身边都是犯人，他们必须因为我们的失败和窘迫付出代价。

第 6 章

星期三：逐渐失控

在实验的第四天，我衷心期盼相较于星期二无止尽的问题今天能少一些躁乱的场面。我们的日常行程似乎排满了有趣的事件，能够修补这座监狱之中的裂痕。像是今天早晨会有一位曾是监狱牧师的神父到来，参照真正的监狱，告诉我们模拟的真实度。他也是来还欠我的一份人情——我曾提供一些参考文献，帮助他撰写暑期学校课程中有关监狱的报告。尽管他的到访是在实验开始之前就安排好了，但是现在在他肩头上有两件事，大的那一部分，多多少少是为了回应申诉委员会礼拜服务的要求，其次则是为"第一假释理事会"而出现，聆听犯人的假释需求。理事会的主席将会是本计划的顾问卡罗·普雷斯科特，以前的他是不断要求假释但被驳回的犯人，现在的身份则是假释理事会主席。把他的角色完完全全颠倒过来，实在是件有趣的事情。

另外，我也答应了另一次的探访之夜，这应该多少可以安抚这些犯人沮丧的情绪。我也计划把填补麻烦鬼道格8612空缺的新犯人号码改成416。今天有许多事情等着，但是对斯坦福郡大监狱的警务长和他的工作人员们而言，今天会是顺利的一天。

牧师的斗智赛

麦克德莫特神父（Father McDermott）是一名高大、身高1.87米的男子，看起来好像有定期健身的样子，发际线渐退反而凸显了他阳光般的灿烂笑容，鼻梁高挺、气色红润，立如松、坐如钟，幽默风趣。三十几岁的时候，麦克德莫特在东岸监狱担任过教牧辅导的工作，[1]硬挺的领子和整齐的黑西装，活脱是电影版天性快活却坚定可靠的牧师。我惊讶于他在牧师角色中的出入自如，现在他是个严谨的学者，也是一个忧国忧民的传牧师，但只要有人需要专业的协助，不论何时他总是会回到他的主要角色"牧师"。

在警务长办公室里，我们浏览过一长串含有注记的名单，这是我为他的"人际攻击"报告所准备的资料。他显然对于我花了这么多时间十分感动，所以他问了："有什么我可以为你做的？"我回答："我希望你能尽可能利用你的时间，尽量多与学生受试者交谈，再根据他们告诉你的和你所观察到的，给我一个最诚恳忠实的评估：这个实验的真实性，对你而言有多高？"

"当然了，吃果子不能忘了拜树头，我会用我在华盛顿哥伦比亚特区工作的经验来做个比较，我在那里工作了好几年了。"神父这么告诉我。

"太好了，我非常感谢能够有你协助。"

是他该上场的时候了："典狱长邀请了许多犯人，这些人已经登记了，希望有幸和牧师谈谈。一部分人很想和你见面，另一部分希望你能在周末做礼拜，只有一个犯人，819，感到身体不舒服需要多一点时间睡觉，不希望你去打扰他。"

"好，那我们走吧，这应该很有趣。"麦克德莫特神父这么说。

典狱长在二号和三号囚房背墙放了两张椅子，一张给神父，一张给来会谈的犯人,我自己也带了一张,放在神父旁边。贾菲站在我旁边,他一个个亲自押送犯人到这里会谈,看起来很紧张,不过显然很喜欢这一幕"虚拟实境"。我则关心这些犯人们会抱怨些什么,而这位好好神父又会怎么劝导他们。我叫贾菲去确认,科特·班克斯是否能让录像画面的特写镜头更清楚,但是,我们低分辨率的摄影机似乎达不到我的预期。

大多数的互动都大同小异。

神父介绍他自己:"麦克德莫特神父,孩子,你呢?"

"我是5486,先生",或者"我是7258,神父",只有少数人会以自己的名字回答,大多数都用号码取而代之。奇怪的是,神父却也见怪不怪,让我非常惊讶,社会化进了犯人的角色之中竟起了这么大的影响。

"你被控什么罪名?"

"窃盗"、"强盗取财"、"擅自闯入民宅"或"《刑法》第459条"是最常听到的回答。

偶有一些补充,比如"但我是清白的"或"我被控告……但是我没有做啊,大人"。

神父会接着说:"见到你真好,年轻人。"或者直接叫犯人的名字,询问他住在哪里,他的家人或来探视过他的人。如果麦克德莫特神父问犯人:"他们为什么用链子链住你的脚?""我想是怕我们四处乱跑,限制我们的自由。"是最典型的回答。他会问一些犯人他们如何被对待,心里的感觉,是否想抱怨什么事,不管他帮不帮得上忙,都请他们尽量说。接着,我们的神父出乎我意料地询问他们监禁的基本法律问题。

"有任何人把你关禁闭吗?"他二择一地严肃询问其中一人:"你的律师怎么看待你的案件?"因为各种不同的理由,他也问其他人："你有告诉你的家人你被控告的这件事情吗？""你见过了你的公众辩护律师了吗？"很快的，我们都身陷朦胧地带，神父深深投入监狱牧师的角色，我们的模拟监狱所创造的真实情境，显然地让神父也投入其中，就好像对犯人、狱卒甚至对我的影响。"我们不能打电话，也从没有被带去聆听审判，甚至没听过审判日是哪一天，先生。"

神父说："好吧，有人会去处理你的案件，我的意思是，你可以为自己争取，简单地写封信给法官，但是这么做又有什么好处呢？而且你可能会等很久才得到答复，你也可以要你的家人联络律师，如果你觉得现在的状况可能对你不太有利的话。"

犯人里奇1037说："我计划当自己的辩护律师，因为再过几年我就会从法学院毕业，然后很快就可以成为律师了！"

神父嘲讽地一笑："在我的观察中，律师为自己辩护会掺杂太多情绪，你知道，古谚是这么说的：'任何人为自己出庭辩护，都好像是聘了一个傻瓜当律师。'"我告诉1037时间到了，向典狱长暗示换下一个犯人上来。

"中士"过度拘谨的样子还有他拒绝法律咨询的举动，吓了神父一跳，因为他说："这很公平，我犯罪所以要被抓进来，这个罪名已经成立了，所以要花这个时间坐牢。"

"还有人跟他一样吗？还是他是特殊例子？"麦克德莫特问。"他是特别的例子，神父！"很难再有人像"中士"一样，甚至连神父都用施与恩典的样子对待他。

明明知道抽烟不容许，犯人保罗5704还是狡猾地抓紧机会，向神父讨了根香烟；当他深深吐出第一口烟时，没忘了给我一个狗吃屎的奸诈笑容，和一个"胜利"手势——代表"我整到你了！"申诉委员会的主席，已经下了暂缓令人欢喜的监狱例行公务的决定。我期待他接下来会再要一根香烟。然而，我发现狱卒阿内特已经暗自记下这个逾矩行动，知道他接下来会为这根香烟和奸诈的笑容付出代价。

经过一个个简短面谈，有人抱怨虐待，有人抱怨违反规定，我变得有些激动和困惑。

只有犯人5486拒绝投入这幕场景——假装这是个真正的监狱，而他是真正的犯人，需要神父来释放他内心的自由。他是唯一一个描述这个情境为"实验"的人，不在我们的实验控制范围内。杰里5486是里头最冷静明智的一个，也是最不轻易表露情感的一个。到现在为止，他似乎都把自己摆在阴暗角落里，避开注意，不会有特别哪个狱卒或哪一值班人员特别喜欢点他出来做事，也鲜少在报数或反叛行动、暴乱中注意到他。所以，我现在开始特别注意他。

接下来的犯人，相对地，极需神父给他法律上的协助，但他也因意识到这将花一大笔钱而吓傻了。"好吧，假设你的律师现在需要500美元作为订金，你现在身上有500美元吗？如果没有，你的父母亲就得快点跳出来筹钱，而且刻不容缓。"神父说。

犯人修比7258接受神父的协助，给了他母亲的名字和电话，这样她就可以安排法律上的协助。他说他的表哥在当地的公众辩护所工作，可能可以保释他出狱。麦克德莫特神父答应照他的要求去做，修比欣喜若狂，好像圣诞老人要送给他一台新车一样。

整个流程变得越来越奇怪。

在离开之前诚挚地与七名犯人对谈的神父，用神父最诚挚的方式问我，是否还有顽强抵抗的犯人需要他的协助。我叫狱卒阿内特鼓励819花几分钟时间和神父讲讲话，这或许可以让他好过一点。

在犯人819准备和教牧辅导员对谈的空当,麦克德莫特神父向我透露:"他们全都是天真幼稚型的犯人,他们不知道监狱是什么,是用来干什么的。他们都是典型的知识分子,是和你一样想要改变监狱系统的人——明日的领导者和今日的投票人,而他们也是那些将塑造小区教育的人。不知道监狱是什么,监狱可以怎样影响一个人,但是你在这里做得很好,这将会教导他们!"

我把这段话当作信任票,牢记他今日的训诫,但是困惑仍然未减。

犯人斯图尔特819看起来糟透了,重重的黑眼圈,披头散发没有梳理。这个早晨,斯图尔特819做了一件坏事:在一阵怒气之下,他弄乱了他的囚房,撕开枕头把里头的羽毛弄得到处都是;他被丢进黑洞,让他的室友整理这一切脏乱,他自从昨晚父母亲探视后就开始心情低落,某个伙伴告诉狱卒,他的父母语重心长地跟他讲了一大堆话,他却用另一种方式解读。他们并不关心他的抱怨,尽管再怎么尽力解释,他们仍然不在乎他的处境,只不断讲着刚刚才看了哪出难看死的表演。

神父:"我想你可能会想和你的家人讨论帮你找个律师这件事。"

819:"他们知道我是个犯人,也知道我在这里做了什么——关于报数的事情,那些规则,还有不断地找我麻烦。"

神父:"你现在感受如何?"

819:"我觉得头痛欲裂,我需要医生!"

我从中打断,试图发现头痛的来源。我问他这是不是常常有的偏头痛,或者是因为过度劳累、饥饿、炎热、压力、便秘或视觉问题所导致的。

819:"我感觉像虚脱了,非常不安!"

接着他就崩溃了，失声哭泣、大口叹气，神父以给他手帕让他擦掉眼泪来安慰他。

"好，听我说，事情没有那么糟，你待在这里多久了？"

"只有三天！"

"那你接下来最好别再那么情绪化。"

我试图安抚819，为他安排一个时间喘口气，到大厅外头的休息室——实际上就是摄影机隔间后面——休息一下。我告诉他可以在那里自由的休息，我会给他一些好食物吃，看看头痛是不是在下午就会好转，如果没有，我会带他到学生健康中心做个检查。因为我把他带到安全性最低的地方，所以我要他保证绝对不会脱逃。我也询问他，是否感觉差到没有办法继续下去。但是他坚持他可以继续下去，不会再做任何调皮捣蛋的事。

神父告诉819："或许你只是对这个地方的味道反应过度。这里的空气很闷，还有一种令人不舒服的味道，这本来就需要花时间适应不是吗？"那倒也是事实。这样说或许太严重，不过这里真的有点像摆放了有毒物质，那种恶臭，好似带领我们到了真正的监狱。（我们已经习惯了麦克德莫特闻到的、紧紧环绕在我们监狱的尿骚味和排泄物臭气，久闻而不知其臭；经他这么一说，才又抓回了我们对这味道的嗅觉。）你必须从中取得平衡，许多犯人都在学着适应。

当我们走出大厅到我的办公室时，神父告诉我，这个研究运作得就像一座真正的监狱，特别是他看见了典型"初犯者综合征"（first-offender syndrome）——困惑、易怒、狂躁、忧郁，以及过度情绪化。

他向我担保，这样的反应一个星期后就会改变，因为犯人的生存意志不会这么柔弱，他强调，情境比819那男孩肯承认的还要真实。我们都同意819需要咨询，我发现尽管嘴唇在发抖，手也在颤动，两眼发直，他仍然不愿意承认他在这里撑不下去，告诉我们他想要出去。我想他没办法接受自己是个胆小鬼的想法，他的男性尊严受到了威胁，所以他希望我们，呃，希望**我**，坚持要他离开好顾全他的面子。"或许真的是这样，那是个有趣的可能性。"麦克德莫特神父相信，这刚好呼应了他刚刚向神父透露的心情。

当他告别时，我忍不住提醒他，好神父是不会真的打电话给父母亲说这些事的，对吗？"不，我会打，我必须这么做，这是我职责所在！"

"当然了，我怎么那么笨啊！你的职责所在，没错。"（因为我需要父母和律师来应付这个状况，因为神父给过承诺，必须责无旁贷地维持真实世界的神父角色，即使他知道这并不是一个真正的监狱，但是该死，这场戏还是得演下去。）

神父的到访点破了，在角色扮演和自决的认同之间，这里实际和幻想之中逐渐滋长的困惑。他是个真正的神父，也有过在真实监狱工作的个人经验，他全心全意投入这个假冒的角色，协助我们将虚拟秀转化为现实人生。他坐得直挺，用某种特别的方式握手或做手势，给建议时身体微微前倾，以点头表示了解，拍拍犯人肩膀，为犯人的发傻皱眉头……说话的声调和节奏，让我想到小时候在圣安瑟尔天主教堂的周日学校情境。他代表非常典型的神父形象，像是电影里派遣过来的，当他做着神父工作时，我们好像在看奇妙的电影或影集，而我着迷于他诠释角色时动人的演技。如果在他加入后有任何改变，那就是神父的探访将我们模拟的实验情境改变成更接近真实的监狱，对那些原先设想这个情境"只是实验"的犯人们来说更是。神父让这个信息成为新的媒介，让我们的情节演变成出自卡夫卡或是路易吉·皮兰德娄（Luigi Pirandello）的小说场景？

但在当时，大厅也有一座火山爆发了！犯人们大叫着犯人819的事情。

阿内特："犯人819做了坏事，跟着说十次，大声点！"

犯人们："犯人819做了坏事，犯人819做了坏事，犯人819……"

阿内特："犯人819做了坏事然后怎么了？犯人3401你说？"

3401："犯人819被处罚了！"

阿内特："819然后怎么了，1037？"

1037："我不确定，狱警先生。"

阿内特："他被处罚了！重头来，3401！"

3401复诵五字真言，1037说得更大声："犯人819被处罚了！狱警先生！"

1037和其他犯人被轮流问同样的问题，异口同声回答标准答案。

阿内特："让我们听五遍，好确定你们都记好它了。因为犯人819做了坏事，所以你的因房变得一团糟，然后我们听十遍！"

"因为犯人819做了坏事，所以我的因房一团糟。"犯人重复朗诵这句话，但是1037，就是计划要当自己律师的那位，不再加入行列。大兰德里用手势加警棍威吓他，阿内特停止大家的朗诵，转头问发生什么事情。大兰德里告诉了他。

犯人1037挑战阿内特："我有个问题，狱警先生，我们不是不应该说谎吗？"

阿内特，用着他最制度化，丝毫不受动摇地，令人信服的说话风格回答："我们现在对你的问题不感兴趣，工作已经指派下去，现在给我听好了，'因为犯人819做了坏事，所以我的囚房一团糟'，念十次。"

犯人们复诵着这句话，但是显然零零落落，就这样念了11遍。

阿内特："我叫你们念几次，犯人3401？"

3401："十次。"

阿内特："那你做了几次，3401先生？"

3401："十次，狱警先生。"

阿内特："错了，你们做了11次，再给我重头做一次，确实地做，说十次，就好像我刚刚命令你们说的：'因为犯人819做的好事，我的囚房一团糟。'念十次。"

他们又一同大声齐说了十次，不多不少刚好十次。

阿内特："每个人都给我各就各位！"

犯人没有丝毫犹豫，立刻趴在地上，准备做俯卧撑。

"上、下，上、下，5486，不是叫你用肚子打滚，是在做俯卧撑。背打直！上、下，上、下，上、下，好，现在维持在下的姿势，然后转个身，背朝地，脚抬高。"

阿内特："这6英寸是最关键的部分，男人们，每个人都有这6英寸，每个人的脚都给我抬高，一直到每个人的脚离地板都有这6英寸。"

大兰德里接着测量，犯人的脚是否真的离地板刚好6英寸。

阿内特："全部一起，说十次'我不会像819犯一样的错误，狱警先生'。"

阿内特："发自肺腑，再说十次'我不会犯同样错误，狱警先生'。"

他们的表现非常一致，连本来拒绝的犯人1037也大声跟着说,"中士"更是一副很开心的样子,因为他可以大声表达对威权的服从。接着他们有礼貌地回应狱警的最后一个命令:"非常感谢如此美妙的报数活动,狱警先生。"

如此和谐、有秩序的犯人,相信会让唱诗班指挥或是希特勒青年军领导人羡慕得要命,我心里面这么想着。此外,他们,或者说我们,从星期天一开始时笑着报数和嬉闹喧哗的新犯人们,现在变成什么样子了?

不再是819

当我意识到819可能在隔壁的房间听到这一切时,我赶快冲进去看看他。我看到的819全身缩成一团,歇斯底里颤抖,所以我用双手环抱试图安抚他,向他保证离开这里回家后,一切都会没事的。出乎我的意料,他拒绝和我去见医生然后回家。"不,我不能离开,我必须要回到那里。"他含着泪光坚持着。他不能离开,因为他知道其他犯人会把他标记成"不好的犯人",但如果回到那个他弄糟的囚房,他又会见到因为他而惹上麻烦的犯人。显然他极度忧伤痛苦,却仍想回到监狱里,证明他不真的是一个坏人。"仔细听我说,现在,你不是819,你是斯图尔特,而我的名字是津巴多博士,一个心理学家,不是监狱的警务长。这不是一个真正的监狱,只是个实验,那些家伙就跟你一样只是学生而已。所以现在是回家的时候了,斯图尔特,跟我来,我们走吧!"

他停止啜泣,擦干眼泪,挺起身子看我的眼睛。他看起来像个刚从噩梦中醒来的小孩,需要父母向他保证那不是真的怪兽,而所有事情都会变好。等到我确定他完全接受了这个事实后,我说:"好,斯图尔特,我们走吧!"(我打破了他的幻觉,而我的

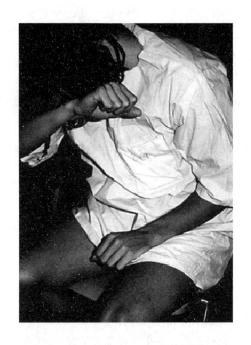

幻觉仍然还在。)

当他拿回一般衣物,宣告着斯图尔特已退出犯人的行列时,我回忆起第一天他所惹出的那些麻烦,我似乎早该料到最后情绪崩溃的这一幕。

819稍早就搞砸了一切

典狱长的工作报告显示,819拒绝在早上6点10分醒来,因为立刻被放到黑洞,所以相较于其他人只有一半的时间上厕所。全部的人,包括819,都出现在7点30分长达15分钟的报数活动,然而819拒绝服从,一个狱卒用社会化处罚的方式——要其他犯人手举起来直到819愿意服从为止——来让他屈服。

819还是不肯服从，其他人的手因为撑不住而垂了下来，然后警卫把819丢到黑洞里头，他就只好在黑暗中吃他的早餐，却不肯吃他早餐里头的蛋。他被放出来后，罚劳动服务徒手清理厕所，然后和其他犯人无止境地、傻里傻气地将箱子搬进搬出。回到囚房后，819干脆把自己锁在里面。他拒绝挑出丢进他囚房毛毯上的芒刺，他的室友，4325和新犯人8612被迫做额外的工作，一直到他肯顺从为止。他们把一堆箱子从这个柜子搬到另一个柜子，但他仍然不肯退让，而且要求看医生，他的两个室友开始生气，因为他的顽固让他们活受罪。

赛罗斯狱卒的值班记录注记着："一个犯人将自己锁在囚房里头，我们拿出警棍要赶他出来，但是他不肯出来，我们叫所有人站在墙边举直双手，他却躺回他的床上狷狂大笑，我没想到他竟然会这么做，所以我们放弃了。其他的犯人们恨死我们了，但我只是微笑做我分内的工作。"[2]

狱卒瓦尼施在他的报告中，记录着这个犯人行为心理上重要的意义："对于这些强加在其他犯人身上的麻烦，819表现得漠不关心，这令他们感到非常不舒服。"瓦尼施在他的报告上继续抱怨，由于缺乏清楚的指导方针，所以他不晓得自己可以怎么应付这些犯人。"我不确定我们有那么大的权力，也不知道应该怎么使用，我不晓得这个案件限制到哪种程度，没有清楚地界定，这实在非常困扰我。"

凡迪用另一种方式报告这个事件："我比起前几天都还要投入，我享受在凌晨2点30分吵醒犯人的乐趣。这取悦了我残酷成性的性格因子，造成我们之间的不愉快。"这是值得注意的一句话，我确定，四天前的他不会这么说。

严苛的狱卒阿内特，则在他的报告中说："让我觉得无法恰当地扮演我的角色的,是819和1037,他们显然在某些情境下特别难搞,在那些时候,我就没办法一如平常那么强硬。"[3]

"基本上,犯人经验真正难以忍受的事情是任人摆布,那些人极尽能事地让你难过。"斯图尔特819告诉我:"我只是无法忍受别人无理的虐待,我痛恨那些法西斯狱卒,他们骄傲自满于别人的服从,但我强烈喜欢那些有点怜悯之心的狱卒。我很高兴终于看到一些犯人的反叛。"

我对时间的感觉也被影响了,和自己享受的时光相比,每天痛苦折磨的时刻都让我度日如年。在这个实验里,最糟的是全然的痛苦与绝望,陷入这样持续"找你麻烦"的生活,而且事实上你也没有方法可以脱逃。最后能够重获自由,是最美妙的一件事情了。[4]

被我们的卧底所出卖

记得戴维吗?那个穿上8612制服、进来监狱的目的是要做我们线人的戴维?很不幸的,他并没有提供我们任何有用的信息,他变得同情其他犯人们的遭遇,并且转敌为友,向他们忠心投诚。我那天早上特地放他出来,就为了听取他的报告和评估。但在他和我及典狱长面谈的时候,这名失职的告密者明白告诉我们他鄙视我们的狱卒,并且因为没有办法动员其他犯人一起不遵从规定而感到挫败。他说那个早晨,一个狱卒叫他去厕所把咖啡壶冲满热开水,但另一个狱卒却倒掉热水再叫他去装冷水,警告他要乖乖遵守指示。他恨透了这些胆小鬼狐假虎威地欺负人,也告诉我们他的时间好像扭曲了,当他在睡觉中被叫醒好几次,没完没了的报数,好像把时间拉长了又压缩。他说他有某种心智上的迟钝,好像周遭的事物都蒙上了一层纱。

第6章 星期三：逐渐失控

"狱卒们武断专制的命令和那些白痴的工作，会让你怒气难消。"线人——转变成犯人——演化成新角色，他告诉我们，他计划发起他的同伴们采取行动。"今天我决定当一个令人讨厌的犯人，我想要犯人们在精神上有些抵抗。如果有人不愿意配合，就会被罚做得更多，但只要没人愿意做更多，这一切就没戏唱了；我叫他们坚持看看，但是每个人似乎都只愿意照着命令乖乖听话，不管是从柜子里头不停地搬东西到另一个地方，这样不停地重复羞辱你，或者是叫你徒手洗马桶让你蒙羞。"

戴维报告没有人生我和典狱长的气，我们大多只是透过广播发出粗哑的声音，但是他和其他人对狱卒们很愤慨，早上他才告诉其中一个人："狱警先生，你是不是认为在实验结束之后，你可以有足够的时间再脱胎换骨重新做人？"因为这句话，他得到了进入黑洞的机会。他很沮丧，因为在819把囚房搞得一团乱时，他没有办法说服其他犯人拒绝把手举高。他们的手最后是放下了，只不过是因为酸到不行，没有人肯反抗，戴维没有办法当个有力的头头而感到挫败，这点在他向我们的报告中显而易见：

> 在大家齐声呼喊的时候，沟通的渠道严重受限，你没办法阻止这一切，但是在安静的时刻，我试图和我的室友说话，但是819总是在黑洞中，其他人像是4325（吉姆）是个怪人没有什么话好说。如果吃饭时可以跟所有人说话，就可以劝大家不要那么轻易就向狱卒屈服，但是又不能在那时候说话。这让我有点壮志未酬的感觉，因为我没办法实际策划整个行动，有人跟我说了一句话后，让我很难受："我想要被假释，不要碍着我。如果你想要自寻死路，那很酷，但是我才不干。"[5]

戴维没有提供任何让我们觉得"可用的"消息，像是脱逃计划或是藏手铐事件，然而，他个人的想法也显示了，有着强大的力量在操弄着犯人的想法，在压迫之下抑制团体行动。他们开始自私地向内聚焦，想着如果能够苟且偷生，或许会有成功离开的可能。

欢迎新犯人加入团体

为了要填补犯人离开的空缺，我们增加了编号416的替代犯人；但是，这个最晚来的家伙马上成为最令人头痛的角色。我第一次看到他，是在大厅一角的摄影机中，他被带进监狱里，头上戴着购物袋，马上由狱卒阿内特仔细地脱去衣物。他骨瘦如柴，像我妈妈常讲的"皮包骨头"，你可以在远远十步外就数出他有几根肋骨，眼神可怜兮兮，还不知道有什么正等着他。

阿内特慢慢、仔细地在416身上喷撒除虱的粉末，在实验开始的第一天，这个步骤可能做得有些仓促，因为狱卒们必须一下子处理许多新进的犯人；现在有充沛的时间，阿内特把他弄得像是一个特别的清洁仪式。他帮他套上编号416的制服，在脚踝上扣上脚链，在头上戴上新的丝袜帽，瞧！新犯人已经蓄势待发，不像其他人，是经过渐渐地适应每天增加的专制和不怀好意的狱卒行为。416就要在这个时候被塞进这个疯狂的熔炉里，没有太多时间可以适应。

我一来就被吓坏了。因为我是替补上阵的，没有像其他人一样被警察问笔录，而是秘书通知我，要我带着基本资料和报告，中午之前到心理系报到。我高兴自己得到这份工作，满怀欣喜地庆幸自己有机会做这件事情。（记得吗？这些自愿者这两个星期的工作是有薪水的。）我在外头等待，报上名字后马上出现一个狱卒用手铐铐上我的双手，将购物袋套到我头上，带我经过长长的阶梯，而我必须以大字形贴在墙上一阵子，我不晓得到底发生了什么事，心想我大概接受了一份苦差事。但是事情比我想象的还要糟糕，我不知道会被剥光衣服，除虱，还会有警棍打在大腿上。当我看着其他犯人也参与了这个社会游戏，我决定尽管留在这里，但心理上我要远离这些狱卒。我告诉自己必须尽我所能保持这个想法，但随着时间过去，我忘记了留在这里的理由，我来总有个理由吧？像是可以借此赚钱之类的，但突然间，416就被转变成一个犯人——那个极端地茫然和沮丧的家伙。[6]

《奇异恩典》：讽刺的关键

这个新犯人到来的时候，正巧听见阿内特在口述信件的内容；这是犯人们为了下一次的参访之夜，必须写给他们即将莅临的探访者的信。当狱卒念出内容后，他们马上誊写在分发的信纸上，接着，他叫每个人大声重复其中一部分，公定的信件是这么写的：

亲爱的母亲：

　　我在这里度过了不可思议的时光，这里的食物棒极了，而且总是有许多玩乐和游戏。这里的工作人员对我们很好，他们都是好人，你会喜欢他们的。母亲，不需要来探视我，这里是极乐天堂。（然后在最后写上你母亲给你的名字，不管是什么。）

　　　　　　　　　　你亲爱真诚的，爱你的儿子敬上

狱卒马库斯收回所有写好的信件，准备等会儿邮寄。接下来，当然是一阵大呼小叫，因为他们被禁止写下任何信息或煽动的抱怨。犯人们愿意照本宣科地写这封信，是因为有人来访对他们十分重要，他们已经好几天没有看到家人和朋友，他们必须维持跟外界的联系，毕竟地下室的世界不是所有的一切。

新问题也陆陆续续跑了出来，首先是一号囚房的门锁。5704，这个聪明的家伙今早厚着脸皮向神父要了一支香烟，还把房门敞开着，显示他可以随自己高兴进进出出。狱卒阿内特的风格一向优雅从容，他拿了一条绳子穿过栅栏绑住二号囚房的门，有条不紊地做着这项工作，就好像男童军团打绳结应当获得勋章的赞扬。他用口哨吹着《蓝色多瑙河》，把绳子打了个圈圈套在一间囚房，而另一头挂住另一间囚房，预防犯人由里头直接开门。完成后阿内特满意地吹着口哨，大兰德里看见这一幕，过来用他的警棍帮忙转紧绳索，这两个狱卒微笑着赞赏对方"这活儿做得太好了"。在狱卒们想出办法修好这个可能是5704破坏的锁以前，再也没有人可以随兴走进走出。

"这支烟是给你的，5704，只是现在囚房门是坏的，要是你敢给我走出来，你就会被抓去关禁闭。"

里奇1037从二号囚房大声叫嚣恐吓："我有武器！"

阿内特挑战他："你没有武器，我可以随时打开门，走进你的囚房。"

有个人尖叫："他有一支针！"

"他有那玩意儿不太妙，我们必须没收，还得处罚他。"

大兰德里用力敲打所有囚房的门，提醒他们现在由谁做主。阿内特突然"砰"的一声打在二号囚房的铁栅上，差点击碎了一个犯人的手，因为那个人刚好同时要把门往后拉。接着，就像是第二天早晨的反叛行动，大兰德里开始拿起灭火器，向二号囚房喷撒清凉的二氧化碳。大兰德里和马库斯用警棍推着囚房门栓，试图让里头的人远离开启的房门，但是二号囚房的一个犯人却抢走了其中一根，开始嘲笑狱卒们。犯人们的行为已经近乎暴动，而且手上真的有武器了。

阿内特维持他一贯的冷静作风，在一阵讨论之后，狱卒们从空办公室拿一个锁过来，装在一号囚房上。"事实上，老兄，这是唯一的办法。我们没有别的选择，你们想熬多久，才是真正关键所在。"他耐心地告诉他们。

最后，狱卒们又再次获得了胜利，强迫他们回到两个囚房里，并且拖着大坏蛋5704到禁闭室，没什么好说的，进黑洞之前他的手脚也被捆绑起来。

突然暴动的代价，是所有犯人们的午餐。对菜鸟416来说，这真是糟透了，他早餐只喝了一杯咖啡、吃了点饼干，早就已经饿了，并且什么都没做，只是惊讶地看着异于寻常的事情在他周遭发生。要是可以吃一点热热的东西就好了，他心想。但没有，没有午餐，犯人们全部被命令在墙前一字排开。保罗5704从禁闭室被拖出来，仍然绑手捆脚，无助地躺在大厅的地板上。他被当作杀鸡儆猴的例子，告诉他们反叛的后果正是如此。

狱卒马库斯命令，每个人在罚蛙跳的时候要用《划、划、划小船》的曲调，一边跳一边做。"既然大家都有这么美妙的歌喉，那么我们再来唱这首《奇异恩典》。"阿内特告诉他们："只是念上一节诗，我才不要上帝被你们给骗了。"犯人正在地板上准备俯卧撑时，416第一次被点名，引起大家的注意："你看好，你必须记得这个，416。《奇异恩典》，多甜蜜的曲调，可以救赎像我这样的可怜人，我曾经一度盲目，但是现在我看见了，'自遇见上帝的第一个小时,我就自由了。'"阿内特按捺不住修改保罗5704在地上唱的那句"自遇见上帝的第一个小时",那句可能不是那样唱的,但是你必须跟着这么唱,他自作聪明地将最后一句改成:"自我看见上帝的第一个小时,我就自由了。"阿内特,显然自知是一个吹口哨的好手,他接着用口哨吹《奇异恩典》,再用完美的音调重复一次,犯人们自发性地摆出欣赏的手势为他喝彩,狱卒大兰德里和马库斯乐得轻松地倚在桌子旁。犯人们也唱了一首歌,但是很明显地通通走音又唱得七零八落,阿内特很生气:"我们是不是从旧金山第六大道犹太人区抓来这些人的,让我再听一次!"

麻烦鬼5704尝试修正他不正确的措辞,但是阿内特借着这个机会大声且清楚地说出他的观点:"当然了,这样说是有一点争议,但你们唱的可是犯人版的《奇异恩典》,所以唱对唱错没什么太大关系,因为狱卒们永远是对的,416,你站起来,其他人准备做俯卧撑,416,当他们做俯卧撑的时候,你就开始唱《奇异恩典》,这是命令。"

才入狱几个小时,416已经被阿内特推向舞台中央,把他从其他犯人中孤立出来,强迫他做愚蠢的动作。录像带捕获了这令人哀伤的时刻:这个骨瘦如柴的新犯人飙高音阶地唱着心灵自由的歌曲,肩膀下垂,眼睛盯着地上,显示他非常不舒服;而当他被纠正并且重唱一次而其他人只好继续做俯卧撑时,他的心情更糟了。在这样受压迫的气氛下,被命令演唱歌颂心灵自由的歌曲实在是再讽刺不过的事,更不用说,他唱歌只是为了提供愚蠢的俯卧撑一个节奏。他暗自发誓,他不要被阿内特或是其他狱卒给击倒。

我不知道为什么阿内特会用这种方式"特别照顾"他,或许只是一种策略,让他可以在加压闷烧下更快进入状况,也许是416

瘦弱的外表，让这些急于证明自己很行的狱卒们，产生此人可以欺负的感觉。

"既然现在你唱得正高兴，416，再唱《划、划、划小船》，当每个人躺在地上脚往空中抬的时候，我希望你可以唱得很大声，让5704满意又开心，尼克松总统都听得见，不管他妈的人在哪儿。脚抬高，再高！再高！让我们再多听几次，请特别强调最后一句：'生活如梦境。'"

犯人修比7258还停留在那个可笑的时刻，竟然询问，他们是不是可以唱"**监狱**生活如梦境"。犯人逐字地呐喊着歌词，胸口跟着每个字起伏，生活在这里，真是再虚幻奇异不过了。

电视摄影师回来了

下午的某个时候，旧金山地方电视台KRON的摄影师突然造访。他被派来追踪报道星期天的新闻。那则新闻引起了电视台一点兴趣，但我限制他只能在我们的观察窗口拍摄，而且有关这个研究的进展部分，只能采访我及典狱长。我不想让任何外界的干扰打破犯人和狱卒间已经成形的动力。我没能看到那晚他所拍的电视画面，因为我们那时忙着全神贯注处理许多突如其来的事情。[7]

再见，日班；晚安，小夜班

"是做星期天工作的时候了。"阿内特告诉犯人们（即使今天才星期三）："每个人过来围圈圈，手拉手，像是宗教朝圣活动，说：'嗨，416，我是你的好伙伴，5704。'接着每个人欢迎你们的新伙伴。"他们在这圈圈里头持续着这样的问候，某种程度上像是温暖人心的仪式，我非常意外阿内特想得出这么敏感的团体活动，但是接着他还是叫大家臣服于他，要大家围着圈圈跳着唱《围着罗西转圈圈》，而416，就独自站在令人看了就难过的圈圈中央。

交班之前，阿内特又多添了一次报数活动，由大兰德里接手，告诉大家这次应该要怎么唱。这是416第一次参加报数，他大摇其头，完全搞不懂为什么大家都乖乖地跟着做，直到他值班的最后一秒，阿内特都还在继续他去人性化的努力。

"我已经做得够多了，回笼子去，清理你们的囚房，好让那些访问者不会因为看到的场景感到恶心。"他离开并用口哨吹着《奇异恩典》，当然了，临走前没忘记补一计回马枪："再见了，乡民，明天见，我的粉丝们。"

大兰德里加油添醋："我要你们谢谢狱警先生，花了一整天的时间陪你们。"他们心不甘情不愿地说："谢谢，狱警先生。"大兰德里不买那个"卑劣的谢谢"的账，并且要他们大声再说一次。在他和马库斯及阿内特大步走出大厅、离开舞台的时候，迎面而来的是小夜班的"约翰·韦恩"和他干劲十足的团员。

新犯人416稍晚告诉我们，他对狱卒们的恐惧：

> 我被每个第一次见面的狱卒们给吓坏了，我知道我做了一个愚蠢的决定，才会自愿来当受试者，当务之急是越快出去越好，在监狱里头，你会面临太多不可预期的可能性。当这里真的是一个监狱，是一个由心理学家而不是州政府开设的，我面临到饥饿袭击时的痛苦，但我拒绝吃任何东西，好让我生病，这样他们才会释放416。这是我坚守的计划，不论在这么做之后会导致什么样的后果。[8]

晚餐的时候，即使饥肠辘辘，416还是坚守着他的计划，拒绝吃下任何东西。

赫尔曼："嘿，小子，我们今天的晚餐有热腾腾的香肠喔！"

416（能言善道）："那不是给我吃的，长官，我拒绝吃下你们给的任何食物。"

赫尔曼："那是违反规定的，你会被依法处置的。"

416："那没关系，我就是不要吃你们的香肠。"

赫尔曼决定，在416第一次会有访客到来的时候，将他丢进黑洞里头作为惩罚，柏登坚持让他两手握着香肠。当其他犯人吃完晚餐时，416必须坐着看他的食物，一个盘子里头有两根冷香肠。这个非预期的反叛行为触怒了小夜班的狱卒，特别是赫尔曼。

赫尔曼本来以为，今晚所有的事情都会在严厉的监控下，尤其是在解决昨晚的问题之后，应该会十分顺利，现在却觉得火烧屁股。这个问题可能会引发其他犯人的反叛行为，就在这个节骨眼，必须让他们全都受控制，乖乖服从指示。

赫尔曼："你不想吃下这两根发臭的香肠？你希望我把这两根塞进你的屁眼吗？那是你想要的？你希望拿这个塞进你的屁眼？"

416还是坚持绝食，面无表情地看着盘子里面的香肠。赫尔曼相信，现在是执行双面夹攻的离间策略的时候了："现在，听好，416，如果你不吃你的香肠，那就是犯人不顺从的行为，就代表所有犯人都会丧失接受探访的权利，听到没？"

"我很遗憾听到这个消息，我的个人举动应该与其他人无关。"416傲慢地回答。

"那不是个人而是整体犯人的举动，而且这里是我当家、我做主！"赫尔曼大喊。

柏登带着修比7258来说服416吃他的香肠，7258说："只要把香肠吃下去就可以吗?"柏登补充:"告诉他为什么。"7258只好恳求他,告诉他说如果他不吃香肠,全部的人都会失去访客时间。

"难道你不在乎这个吗?还是只因为你没有朋友?你是为了犯人们而吃,而不是为了狱卒们吃,可以吗?"柏登则给了416一记上勾拳,要教训他害到其他犯人的后果。

犯人修比7258继续说服416,放下身段,只希望能让他吃下香肠,因为他的女友玛丽安就快要来探视他了,如果被几根香肠给破坏了这个权利,他会气死。柏登持续装腔作势,气势凌人地助长赫尔曼的威风。

"416,你有什么问题?回答我,小老弟,啊,你有什么问题啊?"

416开始解释他是要用挨饿来抗议虐行,还有契约的违反。

"这个香肠到底是他妈的惹到你什么了?好,告诉我是什么?"柏登暴怒地砰的一声将警棍打在桌上,余音在大厅中缭绕不去。

"回答我的问题,为什么你不吃这些香肠?"

416用微弱到几乎听不见的声音回答,他是在执行甘地的非暴力抗议,柏登说他从来没有听过甘地,坚持要更好的理由。"告诉我这两者之间的关联,我看不到。"然后416打破假象,告诉所有在场的狱卒们,说他们违反了他自愿参与实验时所签立的合约。(我大吃一惊,这个提示早就被其他人忽略,狱卒们现在全部专心一致地在他们想象中的监狱。)

"我才不管他妈的任何该死的合约。"柏登大叫,"你现在会在这里,是因为你应得的,416,因为你犯法,所以你才会到这个地方。这里不是托儿所,所以我搞不懂为什么你不吃这个该死的香肠,你认为这里应该是托儿所吗,416?你觉得你犯法应该被关到托儿所吗？"柏登大叫大嚷，宣称416不会是个快乐的男孩，因为他的室友们今天晚上要被迫没有床睡。但这样说还是动摇不了416，惹得柏登一阵狂怒，以警棍敲打自己的手心，命令416"滚回黑洞去"。这一次，416很清楚到黑洞的路了。

柏登用拳头猛力敲打黑洞的门，震耳欲聋的声音，在黑暗的橱柜里回荡着。"现在，每个人都来敲敲416的黑洞门口，谢谢416，因为他为你们回绝了所有访客。"每个人立刻跟着做，大声说"谢谢！"也饶有兴味地敲打着门，只有5486杰里有点心不甘情不愿。修比7258则被这个出乎意料的命运大转变给气炸了。

为了强调这一点，赫尔曼把416从黑洞中抓出来，他手中依然紧握着那两根香肠。他接着单独主持报数，不让柏登有机会参与，好狱卒小兰德里则不晓得跑哪儿了。

现在，赫尔曼有打破犯人们团结的机会，并且减少416可能变成反叛英雄的潜力。"因为有犯人拒绝做简单的工作，像是吃晚餐，没有再比这个更好的理由，现在你们全有苦头可吃了。如果他是素食主义者，那就另当别论，当着他的面告诉他，你是怎么看待这个人的！"有个人说："别那么阿呆啦！"其他人也纷纷指责他太幼稚，这对"约翰·韦恩"而言一点也不够："告诉他，他像个娘儿们。"有些人遵从命令，"中士"就没有，这是原则问题，"中士"拒绝使用任何淫秽的话语，现在，他们之中有两个人同时公然反抗赫尔曼的命令了。

赫尔曼将怒气转向"中士"，无情地骚扰他，向他咆哮，说他是个"屁眼"，更糟的是坚持要他叫416是个"混蛋"。

严厉的报数又继续了长达一个钟头，一直到第一批访客到达门口才停止。我走到大厅，清楚地告诉狱卒们访客们来了，必须要留点面子。他们不是很高兴我突然打断了权力掌控的时候，但也只能不情愿地默许。会客后，他们总会有时间继续击垮犯人们的抵抗。

乖乖顺从的犯人才可以见访客

两个相对之下顺从的犯人，修比7258和"中士"2093，都有朋友或亲戚住在附近，所以允许他们两个在傍晚的短短时间内见他们的访客。见到他漂亮的女友时，7258简直快乐到忘我的地步。她告诉修比外头其他朋友的消息，而他双手抱头、全神贯注地聆听着。柏登始终坐在他们两个之间的桌子上，一如往常敲打着他小小白色的警棍。（我们必须将深色的大警棍归还给当地的警察部门。）柏登显然被7258女友的美丽所吸引，经常发问或是加入他的评论来打断他们的对话。

修比告诉玛丽安他发现在这里很重要的一点："想办法让自己放机灵点，如果乖乖合作，待在这里就没有那么糟。"

女友："那你合作吗？"

7258（大笑）："有啊！他们也一定会要我合作。"

柏登插嘴："不过，他们有一些逃跑的意图！"

女友："我好像听过这件事。"

7258："我真的一点都不喜欢今天的下半天，我们什么都没做，但是却没有床，什么都没有。"他告诉她，他们必须从肮脏的毛毯中挑出芒刺，还有令人作呕的杂务。说归说，但他看起来还是很开心快乐且带着笑容，几乎全程十分钟的探访时间都紧握着她的手。柏登护送她出去时，犯人落寞地回到寂寥的囚房。

另一个得到探访机会的是"中士"，他的父亲来探视他。"中士"向他父亲吹嘘，他能够服从所有的命令。"总共有十七条规则……全部我都必须记得，最基本的原则就是，你必须完全服从狱卒的命令。"

父亲:"他们可以叫你做任何事吗?"

"中士":"是的,嗯!几乎任何事情。"

父亲:"他们有什么权力可以这么做?"当感觉儿子陷入困境时,他擦拭了他的前额。他是第二个看了犯人而烦恼的探访者,他很像犯人里奇1037的母亲。然而,"中士"似乎受到更多的关切。

"中士":"他们奉令管理一个监狱。"

父亲问起公民权利时,柏登立刻——非常粗劣地——插嘴:"他没有任何公民权!"

父亲:"可是,我认为他们有,会不会是你们……"(我们听不清楚他和柏登的争论,柏登显然不怕这位老百姓。)

柏登:"人在监狱是没有公民权利的。"

父亲(恼怒激动的):"不管怎样,我们到底还有多少时间可以讲话?"

"只有十分钟。"柏登回答。

父亲和他争论剩下的时间长短,柏登稍稍退让,多给了他五分钟。父亲要求多一点隐私,但柏登回答这在监狱里头是不允许的。父亲更加沮丧,但是显然地,他也必须依循这些规定,在一个孩子扮演的狱卒前,接受如此违背他个人权力的事。

父亲问及其他的规定,"中士"说了报数、"练习合唱"还有熄灯等等事情。

父亲:"那是你预期中的事吗?"

"中士":"我认为比预期中更糟!"

带着怀疑,父亲的声音提高了:"更糟?为什么更糟?"

柏登又插话了,"中士"的父亲对他的无礼十分恼怒。狱卒告诉他，原先有九个犯人现在只剩下五个，父亲问为什么。

"中士"："两个已经被假释，另外两个在最高安全戒护下。"[9]

父亲："最高安全戒护？在哪儿？"

"中士"说他也不晓得，父亲又问：为什么要最高安全戒护？

"中士"："他们有纪律上的问题，他们是性情中人！"

柏登在同时间回答："因为他们很坏！"

父亲："你感觉像在监狱里头吗？"

"中士"（大笑，不正面回应）："我哪儿知道？我从来没有进过监狱。"（父亲也笑了。）

这时，柏登忽然放下他们父子两个，跑出去看谁在外面大声吵闹。

当他不在时，他们讨论了有关释放的事情，"中士"觉得他一定可以出去，因为他是自始至终最守规矩的一个。然而他还是很担心："我不知道被释放要有什么条件。"

"时间到！"小兰德里宣告，父亲和儿子站了起来，看似想要拥抱一下，但是最后以一个稳健又富男子气概的握手取而代之。

暴戾首领的同性恋恐惧症

当我迅速在学生餐厅吃完晚餐回来后，麻烦鬼5704正站在大厅的中央，将椅子举在头上！赫尔曼对着"中士"大叫，而柏登也跟着呼应，一直保持低调、不惹人注意的优良犯人杰里5486，顺从地靠墙站着，7258则正在做俯卧撑。显然地，416又回到了禁闭室。赫尔曼大声问5704，为什么他要把椅子放在头上——其实是他自己命令他"把椅子当帽子戴"。犯人逆来顺受地回答，他只不过是遵从命令而已。5704看起来挺沮丧的，好像所有过往的意气风发全都消逝了。柏登告诉他不要看起来像个傻瓜，把椅子拿开。接着柏登用警棍敲打着黑洞的门:"在里面很快乐吧,416?"

现在是赫尔曼导演今晚这出戏的时候了,他简直将柏登晾在一边(而好好狱卒小兰德里自从探访时间结束后就不见人影)。

"7258,为什么你不高举双手,扮演科学怪人?2093,你可以扮演科学怪人的新娘,来,你站在这里。"

"你去那边!"他向"中士"这么说。

"中士"问他"要真的演出来吗"。

"你当然必须演出来,你是科学怪人的新娘。7258,你是科学怪人,我要你像科学怪人那样走过来,并且说你爱2093。"

当7258走向他的新娘,柏登在他的路上挡住他。

"那不是科学怪人走路的样子。我们又不是叫你用自己的方式走。"

赫尔曼用双臂侵略性地抓住修比7258,推他的背,教他什么才是正确的科学怪人走路方式。

7258:"我爱你,2093。"

"靠近一点!靠近一点!"柏登大叫。

7258现在和"中士"相隔只有几英寸,"我爱你,2093。"

赫尔曼将他们推在一起,他的手放在他们两个的背后,一直到他们两个身体碰触到彼此。

再一次,修比——科学怪人——7258说:"我爱你,2093。"赫尔曼看见"中士"在偷笑:"我有说你可以笑吗?这一点也不好笑,你给我趴下,做十次俯卧撑。"

在他面前,犯人7258高举双手地走回墙壁边,他的制服因手举高掀起一角,露出了一部分生殖器。"中士"被命令去告诉另一个犯人,杰里5486,他爱他。他不情愿地照做了。

"好啊,这不是很甜蜜吗?这不是很甜蜜吗?"柏登嘲笑着。

赫尔曼现在来到5486的面前："你在笑吗？或许你也爱他吧。你要不要过去那里，告诉他你爱他？"

杰里5486毫不犹豫便照做，声音却很小："2093，我爱你。"

赫尔曼又开始用粗暴的言语攻击每个犯人，想要打垮他们。

"手放下，7258，那就是为什么你闻起来那么臭的原因。"

"现在，你们这些臭气熏天的犯人都给我趴在地上，你们要玩蛙跳游戏。"

他们开始游戏，但是衣夹子因跳动而掉了下来，使得制服老是往上飘，所以在他们跳过地上的伙伴们时都会露出生殖器。他们跳得很尴尬，柏登也对这个游戏感到有点不舒服。或许他发现这个行为有点太猥亵，太过"同志"（gay）了，不合他的胃口。赫尔曼于是简化了这个游戏，教导2093和5704两个人玩，即使柏登都已经忍不住叹息了，他们还是继续玩蛙跳。

这个同性恋游戏，对赫尔曼有着负面的冲击。

"这就是狗在做的，不是吗？这就是狗在做的。他已经准备好了，不是吗？站在你后面，像小狗式？为什么你不像狗那样做？"

当较高的犯人保罗5704忍不住抱怨狱卒骚扰犯人时，我敢打赌，斯坦福郡大监狱的假释委员会一定无法想象，狱卒竟然会这样侮辱虐待人到自甘堕落的地步。他非常沮丧地告诉"约翰·韦恩"，他被要求做的事有点淫秽。

赫尔曼给了他一巴掌："我看你的脸也有些淫秽，为什么你不出来做蛙跳，然后给我闭上嘴巴？"

小兰德里慢慢走进这一幕，站在5704后面，把全部的事情看在眼底。他显然有兴趣扭转整个局势，但是他将双手放在口袋里，维持他中立的立场，表现出漠不关心的样子，他没有戴着隐藏心情的太阳镜，虽然典狱长交代他一定要这么做。

"我很遗憾，我冒犯了情操良好、敏感纤细的犯人。"赫尔曼用嘲弄的语气说。

柏登终于开口，停止这个让他从一开始就不太舒服的游戏："我厌倦了这个游戏，这太滑稽了。"重新恢复传统的游戏——报数。

"中士"展现新的道德认同

赫尔曼马上感到无聊，他在疲倦的犯人队列前走来走去，突然间一个转身，把怒气都出到"中士"身上："为什么你那么爱贴人家冷屁股？"

"我不知道，长官。"

"为什么你要这么努力服从命令？"

"中士"不怕他，决定跟他玩这个游戏："我的本性就是这么服从规定，狱警先生。"

"你是骗子，你这个全身发臭的骗子。"

"你说了算，狱警先生。"

赫尔曼变得比以前更加淫秽，或许是受到前面充满性暗示的游戏所引发的。"如果我叫你趴在地上，'上'这块地板，你会怎么做？"

"我会告诉你，我不晓得，狱警先生。"

"如果我叫你过来当着你朋友5704的面，用尽全力无情地打他一拳，可以吗？"

"中士"坚守他的底线："我恐怕没有办法这么做，狱警先生。"

赫尔曼嘲笑他，并转过身寻找新的受难者，他决定打开黑洞的门,像嘉年华会的摊贩一般大声叫卖:"我这里有好东西准备给大家,何不看看这个男人,416,你怎么还在这里?"

416刚从黑暗里走出来,在刺眼的光线中,看见所有犯人和狱卒都在他面前看着他。他紧握一双手中的香肠!

柏登:"你怎么还握着你的香肠,416?"

"他还没有'粗'掉任何一根香肠。"赫尔曼说,比较情绪化的时候,他讲话总是毫无文法可言。"而你知道对其他人来说,这代表着什么吗?"

犯人消极地回答:"今晚没有毛毯!"

"没错,这代表今天大家睡觉都没有毛毯!全部都过来这边跟416说些什么,好让他赶快吃下香肠,从你开始,5486。"

被点名的犯人走到门前,看着416的双眼,温柔地告诉他:"如果你想吃的话,就把香肠吃了吧,416。"

"叫人家做事这样半推半就的,很没说服力,5486。"柏登警告他。

"我猜你们今天晚上都不想要毛毯了。下一个,7258,你告诉他。"

正巧和第一个犯人形成强烈对比,7258向反叛的同伴吼叫着:"吃掉你的香肠!416,要不然我就踢你屁眼!"

赫尔曼高兴地看见他的犯人表现敌意,他小声地窃笑:"像样多了,5486,你过来这里再做一次,告诉他如果再不吃香肠的话,你要踢他屁股。"

他逆来顺受地照做。

"2093,过来这里且告诉他,你要踢他屁眼。"

"中士"做了一个感人的回应:"我很抱歉,长官,我从不对别人说侮辱咒骂的话。"

"那么你是反对那句话？"

"我反对你习惯的字眼。"

赫尔曼试图让他说出"屁"这个字，但是他的诡计没有成功。

"哪个字？踢？你不想说'踢'是吗？现在你在说什么鬼啊？"

"中士"试着解释，但是赫尔曼打断他："我给你下一个命令！"

因为"中士"拒绝服从他的命令，赫尔曼很挫折。第一次，这个表面上看来平淡的机器人，开始展露出他的骨肉和灵魂。

"现在，你过去那里，告诉他我刚刚叫你跟他说的话。"

"中士"不动如山："我很抱歉，狱警先生，我没有办法这么做。"

"很好，那你今天晚上睡觉没有床了，那是你想要的吗？"

"中士"坚定地表明他的立场："我宁愿没有床也不会那么说的，狱警先生。"

赫尔曼气炸了，他向旁边走了几步，又冲过来"中士"身旁，好像要揍他一拳，因为他在大家面前不服从他的命令。

闻到火药味的好好狱卒小兰德里，赶紧出面协调和解："那么，快过去告诉他你最后（in the end）会去踢他。"

"是的，狱警先生，""中士"说，他走过去并且向416说，"吃掉你的香肠，不然我会踢你后面（in the end）。"

小兰德里问："你当真？"

"是的，喔不，狱警先生，我不是那个意思。"

柏登问为什么他说谎。

"我只是说狱警先生叫我说的话，长官。"

赫尔曼过来保卫他的狱警同事："他没有叫你说谎。"

柏登意识到,"中士"把道德标准提得这么高,将会影响其他人。他机灵地转移焦点:"没有人要你在这里说谎(lying),2093,所以你何不干脆躺(lying)在地上?"

他叫"中士"趴在地上面朝下,双手打开。

"现在,用这个姿势做俯卧撑。"

赫尔曼也来插一脚:"5704,你过来这里,坐在他背上。"

赫尔曼详细指导他怎么样用这个姿势做俯卧撑,还说"中士"够强壮,没有问题。

"而且不准帮他。现在做一个俯卧撑。5486,你也过来坐在他的背上,另一边。"但5486迟疑了一下,"赶快,坐在他的背上,现在!"他只好顺从。"中士"挣扎地尽他所能,骄傲地完成一次的俯卧撑。

但第二次,他使劲地按住地板好让自己可以起身时,还是被背上人身的重量给压垮了。恶魔二人组爆笑出声,奚落"中士"。

他们对"中士"的羞辱其实还没有结束,但是416很顽固,不愿吃下他的香肠,狱卒们更受不了。赫尔曼用一种装腔作势的声调说:"我只是不明白香肠这件事,416,我不晓得,为什么我们共同有了这么多次美妙的报数和那么多美好的时光,我们做得那么好,但是今天晚上我们却搞砸了,你说是为什么?"

当赫尔曼等着答案,柏登小声地和416说香肠的事情,试图采用软性策略:"这个吃起来如何,嗯,我知道你会喜欢的,嗯,当你尝过一次之后,嗯。"

赫尔曼更大声地重述他的问题,确保每个人都可以听见:"为什么我们有那么多次美妙的报数,你们却要在今晚搞砸它?"

赫尔曼走到队伍中间,以便听见清楚的答案,7258回答:"我不晓得,我猜我们只是混蛋,狱警先生。"

"中士"回答："我真的不晓得，狱警先生。"

这下子，赫尔曼又逮到了另一次对付"中士"的机会："你是混蛋吗？"

"如果你觉得是就是，狱警先生。"

"如果我说是，我希望你也跟着我说！"

"中士"坚定地说："我很抱歉，长官，我拒绝使用这些语言，长官，我没办法这么说。"

柏登插嘴说："你刚刚说你不能对人说那些话，2093，但这是另一个问题，你也不能对自己说那些话吗？"

"中士"还以颜色："我也把自己当作人。"

柏登："你把你自己当作'别'人吗？"

"中士"："我说的是，我不能对别人说这样的话。"

柏登："也包括你自己啰？"

"中士"停下来仔细思量，好像是在参加校园辩论比赛。在这个情况下，他已成为虐待攻击的重心："这句话一刚开始没有包括我自己，长官，我不会想对自己说这样的话，因为这么说的话我会……"他缓缓叹了口气，仿佛情绪受创。

赫尔曼："所以那意味着你就是杂种，不是吗？"

"中士"："不，狱警——"

赫尔曼："是的，你是！"

"中士"："是的，如果你这么说的话，狱警先生。"

柏登："你说了你母亲很龌龊的话，那刚刚说的是那个意思，2093。"

柏登显然想要分一杯羹，但是赫尔曼想自己进行这个游戏，非常不开心他的哥儿们无理地插话打断。

赫尔曼："那你是什么？那你是什么？你是小杂种吗？"

"中士"："是的，狱警先生。"

赫尔曼："好吧，那我们来听你说一遍。"

"中士"："我很遗憾，我不能那么说。"

赫尔曼："为什么该死的你不能说？"

"中士"："因为我不会用任何亵渎的话语。"

赫尔曼："好，那你为什么不把它用在你身上就好，你是什么？"

"中士"："你觉得我是什么，那么我就是什么，狱警先生。"

赫尔曼："好，如果你这么说，如果你说你是个小杂种——你知道吗——然后你就证实了我的论点，就是你是个小杂种。因为你这么说了，为什么你自己不说呢？"

"中士"："我很遗憾，狱警先生，我不会这么说的。"

赫尔曼知道他即将又要输掉另一次挑战，决定改用挑拨离间的策略，之前证实有效的方法："现在，男孩们，你们想要今天晚上睡个好觉吧？难道不是吗？"

他们全部说："是的，长官。"

赫尔曼："好吧，我想我们必须等一下，让2093想想他自己是不是小杂种，接着他可能会告诉大家他觉得他是。"（这是非预期的力量，对权力最饥渴的狱卒和截至目前最服从的犯人之间的角力，犯人们因为觉得他太过于服从，简直像个军事机器人，所以给他一个可笑的外号叫"中士"。但他表现出令人钦佩的品德，是个讲求原则的男人。）

"中士"："我认为你对我的谴责用字完完全全正确，狱警先生。"

赫尔曼："喔我知道。"

"中士"："但是我不能说那个字，狱警先生。"

赫尔曼:"说什么?"

"中士":"我不会说的,不管在什么状况下,我都不会用'杂种'这个字。"

钟响、口哨声、音乐声四起。

柏登得意忘形地大叫着:"他说了!"

赫尔曼:"好吧,真是谢天谢地,太好了!真的,他真的这么说了吗,5704?"

5704:"是的,他说了,狱警先生。"

赫尔曼:"我相信我们的冠军诞生了。"

柏登:"这些男孩们今晚或许可以得到床,谁知道呢?"

赫尔曼却仍不满足这一部分的胜利,他还要展示他命令威权的专制力量:"因为你刚刚发誓,2093,所以你要趴在地板上做十个俯卧撑。"

"中士":"谢谢你,狱警先生。"他边说边做着极度标准的俯卧撑,尽管他看起来显然已经精疲力竭了。

柏登见不得"中士"还可以做得那么完美,便嘲笑尽管已经非常标准的俯卧撑:"2093,你以为你在哪里?新兵训练营吗?"

始终作壁上观的小兰德里,忽然从躺了很久的椅子上站起来插话:"再做十个。"作为旁观者他说:"你们其他人认为,这是标准的俯卧撑吗?"

他们回答:"是的,这些是。"小兰德里展现出某种威权的奇怪表情,或许是用来确保还有其他犯人把焦点放在他身上。

"好吧,你错了,2093,再做五个。"

"中士"以一个令人意外的客观陈述方式,记录了这次的对抗:

狱卒们叫我说另一个犯人是"杂种",并且要我这么说我自己。以前我绝对不会做的,但是后来他却创造出一个逻辑上似是而非,否定以前的正确性,他开始做他在"处罚"之前会做的事情,拐弯抹角地用声调暗示,其他人可能会因为我的行为而受处罚。我不希望他们受到处罚,但也不想服从那个指令,所以我想了个办法回应,符合两种说法:"不管是怎样的状况,我不会用杂种这个字。"——让他和我都有台阶下。[10]

"中士"展现了一个男子值得尊敬的原则,不盲目服从,如他刚开始看起来的样子。后来,他告诉我们一些有趣的事,关于以一个犯人的身份,在这样的安排下他采用了何种折中的方式。

一进到监狱,我就下定决心要做自己所了解的自己。我的哲学是,监狱不会导致或是加重性格的扭曲,不管是在其他犯人或者是我身上,并且要避免其他人因为我而受罚。

香肠象征的力量

为什么这两根干枯、肮脏的香肠会变得这么重要?对416而言,香肠代表了他挑战邪恶的体制,借此他可以控制而不是被控制。在这个做法下,他击倒了狱卒的威权。对狱卒们而言,416拒绝吃下香肠,代表的是严重地违反了犯人只能在吃饭时间吃东西的规则,那项规则明令,犯人不可在三餐之外的时间要求食物。然而,现在这条规则还涵盖了强迫犯人要在食物供给的时候吃完它。拒绝进食变成一种违抗的行为,是他们所不能忍受的。因为这种违抗可能引发其他人挑战威权——到目前为止，他们都还驯服而非反叛。

对其他犯人而言，416拒绝屈服的动作代表着一种英雄之姿，会让他们因为他而团结起来，联合对抗狱卒们持续且日渐上升的虐行，这个战略上的唯一问题，就是他并没有在第一时间和其他人分享他的计划，让他们理解他秉持异议的理由，让大家与他站在同一阵线。他走上绝食抗议是私人的决定，因此没有吸引他的同伴。意识到416是新来的一员，吃苦吃得没有别人多，因此造成在牢里卑微的社会地位，狱卒们直觉性地将他归类为"麻烦鬼"，他的固执，也只会导致犯人们受罚或是损失某些权利。他们也将绝食抗议视为自私的行为，因为他不在乎其他犯人受访的权利。然而，犯人们应该都看得出来，是狱卒们故意在他不吃香肠和参访权利间设下这个专制不合理的规定。

为了削弱"中士"的反抗行为，赫尔曼开始转移注意力到他骨瘦如柴的敌人，犯人416身上。他命令他从禁闭室出来做15个俯卧撑，"就给我做，给我快点。"

416趴在地上开始做俯卧撑，然而，他已经虚弱到几乎昏头了，没办法做完俯卧撑，他的俯卧撑，几乎只是稍稍抬起臀部。

赫尔曼不敢相信，大声嚷嚷："他在干什么？"

"把他的屁股压下去。"柏登说。

小兰德里从瞌睡中醒来，加上一句："我们叫他做俯卧撑。"

赫尔曼喊叫着："这算哪门子的俯卧撑，5486？"

犯人回答："我想算是吧，狱警先生。"

"当然不是，那不是俯卧撑。"

杰里5486表示赞同："如果你这么说，那这个就不是俯卧撑，狱警先生。"

柏登突然又跳进来插话:"他在摆动他的屁股,是吧,2093?"

"中士"还是逆来顺受:"如果你这么说的话那就是,狱警先生。"

柏登:"那他在干什么?"

5486附和:"他在摆动他的屁股。"

赫尔曼叫保罗5704示范,教导416什么叫做标准的俯卧撑。

"看着,416,他不是在摆动他的屁股,也不是在'操'地板上的洞,现在正确地再做一次!"

416尝试着模仿5704,但是他没有办法,因为他已经没有力气了。柏登又给了一句恶意的评论:"做的时候难道你没有办法打直身体吗,416?你看起来像是在坐云霄飞车。"

赫尔曼鲜少出现身体上的侵略性动作,宁可用一张嘴发号施令,极尽挖苦讽刺之能事,然后再配上有创意的残酷游戏。他总能意识到狱卒角色能够施展的程度和界限——他或许会即兴突来一笔,但是不会失去自我控制。然而,今晚的挑战果真缠住他了,他站在正做着俯卧撑的416旁边,命令他做"慢板的"俯卧撑。他把脚放在416的背上,在他挺起来后往下时用力往下踩。其他人似乎都被这个身体虐待给吓到了。经过几个俯卧撑后,这个粗暴的狱卒才从犯人的背上移开他的脚,命令他回到黑洞里,啪嗒一声甩上黑洞的门,锁上。

当我看到这个,我想到纳粹士兵对待奥斯维辛集中营里的犯人画面,他们也做过同样的事——把脚踩在正在做俯卧撑的犯人背上。

"自以为是的家伙,虚伪的混蛋!"

柏登隔着囚禁室的门向416大喊:"你不吃,你就不会有足够的活力。"(我怀疑柏登开始为这个小孩的困境感到抱歉。)

现在,又是狱卒赫尔曼展现权势的时候了:"我希望你们这些男孩可以拿这个当作例子,没有什么理由可以容许你们不服从命令。我没有下过任何你们做不到的命令,我没有理由要伤害你们任何一个人,你们不是为了成为优秀的市民才会出现在这儿,这你们都很清楚。所有自以为是的话语都让我恶心,而你们是可以击垮这些东西的。"

他请"中士"评价一下他的演说,而"中士"回答:"我想你的演说很精彩,狱警先生。"

他靠近他的脸,展开攻击:"你认为你是哪个自以为是的家伙、虚伪的混账东西?"

"中士"回答:"如果你希望的话,那就是那样。"

"好吧,想想看,你是一个自以为是、虚伪的混账东西。"

我们又回到旋转木马绕圈圈式的对话,"中士"回答:"如果你希望我是的话那我就是,狱警先生。"

"我不希望你是,你本来就是。"

"你说了算,狱警先生。"

赫尔曼又开始询问其他犯人,寻求认同:"他是自以为是、虚伪的混账东西。"

所有犯人也的确都附和他:"一个自以为是、虚伪的混账东西,狱警先生。"

"是的,一个自以为是、虚伪的混账东西。"

赫尔曼很高兴,至少在这个小世界里,大家都用他的眼光看事情,他告诉"中士":"很抱歉,四对一,你输了。"

"中士"回应他,只有他自己认为自己是什么才比较重要。

"好吧,如果你想到别的,那么我会认为你的麻烦大了,因为你没有真正的和真实世界接触,你过着一种除了虚伪没有其他东西的生活,那就是你每天在过的日子,我替你感到恶心,2093。"

"我很抱歉,狱警先生。"

"你真是一个自以为是、虚伪得让我想吐的杂种!"

"我很抱歉让你这么觉得,狱警先生。"

柏登叫"中士"弯下腰用手碰脚趾,说这样子他才不会再看到他的脸。

"谢谢你,416!"

赫尔曼击垮敌国的最后一件要务,就是不让所有人对可悲的416产生任何同情的感受。

"很不幸地,因为有些人不好好地合作,所以我们必须吃些苦头。你们有一个优秀的朋友在这里(他敲打着黑洞的门),他将看见你们今天晚上没有毛毯可以睡觉。"

赫尔曼联结犯人和他的困境,让416成为他们"共同"的敌人——自私自利的416,因愚蠢的绝食抗议伤害了其他人。柏登和赫尔曼将四个犯人排成一排,怂恿他们对着坐在黑暗狭窄空间中的犯人同伴416说"谢谢",每个人轮流照做。

"为什么你不为了这个向416说谢谢?"

"谢谢你,416。"

即使大家都这么做了,还是无法满足邪恶二人组,赫尔曼命令他们:"现在过去那里,站在门旁边,我要你们用拳头打门谢谢他。"

他们照着做,一个接着一个,同时说:"谢谢,416。"每一次有人敲打,黑洞中便回荡着巨大的噪声,吓坏了可怜兮兮的416。

柏登:"就是那样,发自内心地说。"

（很难去判定其他犯人是不是真的在生416的气，还是他们只是遵照命令，又或者他们借此将被虐待的挫败恼怒感发泄在这个上头。）

赫尔曼示范怎么真正重击这扇门，如何拿捏力道，"中士"是最后一个，而且令人意外地、还是逆来顺受地服从命令，但只是轻轻地敲门。他敲打过黑洞的门后，柏登抓着他的肩膀，用力将他推向后面的墙壁，命令所有犯人都回囚房，并且向他们的最高执行警官赫尔曼说："他们准备好熄灯了，长官。"

为了臭毯子讨价还价

因为经典的南方监狱电影《铁窗喋血》，所以我决定让狱卒戴上反光太阳镜，在这个实验里头创造匿名的感觉。今晚狱卒赫尔曼就要即兴创作一出剧本，他可能是最好的、成功塑造监狱威权的剧作家，创造了一幕邪恶的场景，证明他的权力可以随心所欲，让犯人们产生他可以恣意选择处罚其中一个同伴的幻觉。

熄灯后，犯人们都在他们的囚房中，只有416还在禁闭室里。令人毛骨悚然的安静遍布大厅。赫尔曼一溜烟坐上黑洞和观察站中间的桌子，让我们能够更接近地看这场戏码的上演，这个小夜班领头狱卒像佛祖一般盘腿打坐，一只手悬放在双腿间，另一只手放在桌子上。赫尔曼是狱卒力量的精神领袖，他缓缓地将他的头移向这边又移向那里，我们发现他的络腮胡已经留到下巴。他舔着薄唇，好像是在仔细斟酌用语，准备清晰地发出明显拉长的古怪南方腔。

这个男人开始了他诡计多端的计划，他安排416由禁闭室释放的时间，虽然这不应该是他决定这个麻烦鬼该不该整晚待在黑洞里的时刻。他邀请所有其他人，要大家一起决定："416是否现在应该被释放，或放他在黑洞中自生自灭一个晚上？"

恰巧当时，好狱卒小兰德里在大厅里头闲逛，他高6英尺3英寸、185磅，是所有狱卒中最高大的一个。一如往常，他手里拿着一根香烟，另一只手放在口袋里，没戴墨镜。他走到活动空间的中央地带，停了下来，看起来很忧伤，皱着眉头，似乎想说几句话，但还是什么都没做，只是默默看着约翰·韦恩继续他的个人秀。

"我们有几个方法，全看你们要怎么做。现在，如果416还是不愿意吃他的香肠，那么你们可以马上就把毯子给我，今晚就睡在空荡荡的床垫上，或者你们可以有你们的毯子，但是416必须在那里待到明天——怎么样，你们说呢？"

"我要我的毛毯，狱警先生。"7258立刻这么说（修比和416没什么交情）。

"那你们那里决定如何？"

"我要我的毛毯。"先前的反叛头头保罗5704这么说。

"5486？"

拒绝屈服于社会压力，5486展现了对可怜的416的同情心，他说他宁愿放弃毛毯，好让416不用在禁闭室里待到隔天。

柏登向他叫喊："我们才不希罕你的毛毯！"

"现在，你们这些男孩们应该能下个决定了吧？"赫尔曼又问。

柏登将手放在臀上，狐假虎威地展露傲慢自大的样子，尽他所能地摆动他的警棍，在每个囚房里头走进走出，问囚房中的"中士"："你对这个感到如何？"

令人意外地，"中士"似乎只秉持他不说脏话的高道德标准，答道："如果其他两个人希望留住他们的毛毯，那我也要我的毛毯。"这句话，投下了决定性的一票。

柏登兴奋地大喊："我们这里三票对一票。"

赫尔曼大声又嘹亮地重复了一遍这个消息，让全部人都听得见。

"我们这三票对一票。"他把桌子推到一旁，向黑洞高呼："416，你要在里头再待上一阵子了，所以好好适应它吧！"[11]

赫尔曼趾高气扬地走在大厅，旁边跟随着忠贞的柏登，小兰德里也心不甘情不愿地跟在后面；对尚有系统的犯人抵抗，无止尽的狱卒权力赢得了表面上的胜利。没错，今天对这些狱卒而言不是好过的一天，但是，他们现在享受着在这场意志力和机智的战争中获得胜利的甜美滋味。

第 7 章

假释的权力

严格来说,斯坦福监狱比较像一个地区性拘留所,里头关着的是一群在星期天早上被帕洛阿尔托市警察逮捕的青少年,这里是他们审判前的拘留之处。显然,这些角色扮演的重罪犯并没有设定审判的日期,也都没有合法的代理权。然而,听从监狱牧师麦克德莫特神父的忠告,一名犯人的母亲正在着手帮她的儿子寻求辩护。所有的工作人员和典狱长贾菲、"心理咨询师"同时也是研究助理克雷格·黑尼和科特·班克斯见面之后,我们决定纳入假释听证会,虽然事实上在犯罪合法的历程中,这个阶段不会来得这么早。

这可以提供我们一个观察犯人的机会,看他们怎么处理有可能从监禁中释放的机会。直到现在,每一个犯人都像是一整场戏的演员之一。借着在监狱场景之外的空间举行听证会,犯人可以暂时脱离地下室的狭窄环境。他们可能会觉得在这个新环境里可以自由表达态度和感觉,新环境也包含一些和监狱工作人员有直接关系的新人员。加入假释听证会这个程序,是为了让监狱经验更加正式——就像是参访之夜监狱牧师的到访。另外,公众辩护律师的即将到访,也更加落实了监狱经验的可信度。最后,我想要看看我们的监狱顾问卡罗·普雷斯科特如何扮演斯坦福监狱假释听证会主席的角色。如我先前所提到的,17年前卡罗因为持枪抢劫而被定罪，有很多出席假释听证会但最终仍是失败的经验，直到最近才因为长时间"表现良好"而获得终身释放。当有人站在他们的立场为自己辩护请求假释时，他会大发慈悲、支持犯人的请求吗？

假释听证会在位于斯坦福心理系一楼、我的实验室里展开。这里的空间相当大还铺有地毯，也有隐藏式录像机和能够从镜后观察的单面镜。会议的四位成员坐在六角桌周围。卡罗坐在前面的地方，和克雷格·黑尼相邻，他的另一边坐了一位男研究生和一位女秘书。这两个人对于我们的研究了解不多，只是人情上的协助。科特·班克斯会扮演成佩带武器的警官，从狱卒部门护送每一个申请者到假释听证会。我会从隔壁的房间录下会议的所有过程。

星期三早上剩下八个犯人，8612被释放之后，有四个犯人因行为良好，被认为可能适合假释。他们有机会要求成为听证会的审议的案件，并且撰写正式的请愿书，解释为什么他们可以获得假释；剩下的其他人，有些可能会在另外一天得到听证的机会。但是狱卒坚持犯人416不可以，因为他经常违反第二条规则："犯人只能在吃饭时间用餐。"

重获自由的机会

就像平常每天晚上轮流上最后一趟厕所一样，日班的狱卒让这四个犯人在大厅里排好队。犯人脚上的链条是相连的，头上戴着很大的纸袋，因此他们不会知道怎么从监狱的大厅到假释听证会，或是自己正在哪栋建筑物里的哪个位置。他们坐在假释室之外大厅的长凳上，拆下脚链，不过还是戴着手铐、套着袋子，直到科特·班克斯从假释室出来叫他们的号码。

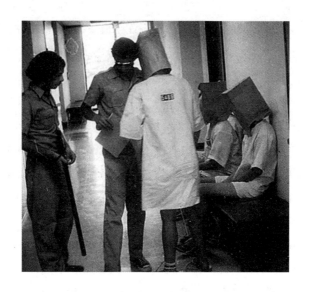

科特,佩带武器的警官,朗读犯人申请假释的陈述,然后是狱卒反对假释的意见。他护送每一个人坐到卡罗的右手边,卡罗是那里的领导者。依序进来的是犯人吉姆4325,犯人格伦3401,犯人里奇1037,最后一个是犯人修比7258。每个犯人在面讯会议完成后,就回到走廊的长凳上,戴上手铐、扣回脚镣,头戴袋子,直到所有会议结束,所有的犯人才会被一起送回地下室监狱。

第一个犯人出现之前,我正在确认录像的效果。老资格的专家卡罗开始教育委员会的新手一些基本的假释真实面貌(详见他的笔记独白)。[1]科特·班克斯觉得,卡罗好像正在为一个长篇大论的演讲暖身,于是我带点权威地说:"我们必须快一点,快没有时间了!"

犯人4325辩护无罪

犯人吉姆4325被护送进房,解开手铐并被允许在一张椅子上

第7章　假释的权力

坐下。他是一个高大健壮的家伙。卡罗马上向他宣战："为什么你会在监狱里？你要怎么辩护？"犯人抱着应有的严肃神情回答："长官，我被指控使用致命的武器攻击，但是我想要为这个指控辩护，我没有犯罪。"[2]

"没有罪？"卡罗非常惊讶地说，"所以，你是在暗示逮捕你的警察不知道自己在做什么事？那么，其中必定有些问题和搞不清楚的状况啰？这些人被训练执法，大概也都有几年的经验了，为什么帕洛阿尔托所有人之中就专挑你逮捕，难道他们不知道自己在做什么，他们脑筋混乱，弄错了你曾做过的事情？也就是说，他们是骗子——你的意思是说他们是骗子吗？"

4325："我并不是说他们是骗子，他们一定有很好的证据还是什么。我确实很尊敬他们的专业知识和一切……我没有看到任何证据，但是我想他们把我抓起来一定有很好的理由。"（犯人屈服于更高的权威之下，一开始的自信已被卡罗的强势作风所击退。）

卡罗·普雷斯科特："这么说，你之前的说法并不是真的？"

4325："好吧，当他们抓我的时候，应该有说过理由。"

普雷斯科特开始问些问题，探索犯人的身家背景和他未来的计划，但是他想知道更多有关他的犯罪："有什么样的关联性，比如你在空闲的时间做什么事情，让你置身被逮捕的情势？这是一个严重的罪名……你知道的，如果你攻击他们，可能会杀了他们。你怎么做？你射杀他们还是刺伤他们或是……"

4325："我不确定，长官。威廉长官说……"

普雷斯科特："你做了什么？射杀他们、刺伤他们还是用炸弹？你有没有用来复枪？"

克雷格·黑尼和其他的成员及时插嘴，问犯人有关他如何适应监狱的生活，试图减缓紧张的气氛。

4325:"我是一个内向的人……头几天我有想过,我觉得乖乖听话、好好表现……就是我该做好的事。"

普雷斯科特再次接话:"直接回答问题,我们不想听高级知识分子的废话。他问你一个很直接的问题,现在回答他的问题!"

克雷格问的是监狱矫治方面的问题,犯人回答:"是的,在这里的确有一些收获,我确实学习到要服从。某些压力会让我觉得很苦,但是惩戒狱警是在做他们分内的工作。"

普雷斯科特:"这个假释会议没办法在外面的世界约束你,你说他们教你某种程度的服从,教你如何变得合作,但是外面没有人会看着你,你将只靠自己一个人。有这样的控告在身上,你会成为一个怎么样的市民?我正在看你的控告细节,都快可以列成一大张了!"表现得十足有把握和主导优势的卡罗,仔细检查根本完全空白的笔记本,假装是犯人的"罪状",好像里头填满了他的罪行,以及注记着逮捕和释放方式。他继续往下说:"你知道吗,你告诉我们你应该得到假释,是因为你在这里学到纪律,但是我们无法在你出去之后约束你……为什么你认为现在就可以做到(自律)?"

4325:"我有一些事情等着我去做,我要去加州大学,去柏克莱,然后当学生。我想要主修物理学,我十分期待这个未知的体验——"

普雷斯科特突然打断他,然后开始讯问他的宗教信仰,问他为什么没有考虑利用监狱团体治疗或职业治疗的课程。犯人似乎真的糊涂了,只好说他如果有这个机会他会这么做,但是这个监狱并没有提供那些东西。卡罗说他个人相当怀疑这个说法,并且向科特·班克斯求证犯人所说是否属实。(他当然知道我们的实验中没有这些课程,但这是他过去的假释委员总是会问的问题。)

其他成员也都问完问题之后，普雷斯科特请惩戒狱警把犯人带回他的牢房。犯人站着感谢委员，然后自动伸出手臂，好让警卫铐上手铐。吉姆4325被护送出去，头上再度戴上袋子，然后安静地坐在走廊，轮到下一个犯人进入。

犯人离开之后，普雷斯科特写下记录："这是个无可救药的，迎合讨好的家伙……"

我的笔记却提醒我："犯人4325看起来相当冷静，总体而言很自制，他是截至目前的'模范犯人'之一。"他似乎被普雷斯科特的攻击性审问（他被逮捕的罪名）而困惑了，才会承认自己有罪，虽然事实上他的犯罪完全是虚构的。在听证会上他很服从又合作，这会对他帮助很大，并且可能会是这个监狱环境中坚持到最后的生存者。

光明的例子变得微暗

接下来，科特宣布犯人3401已经准备进入听证会，并且大声宣读他的上诉请求：

> 我想要假释，这样我才能在这个绝望的世界里开启我新的人生，而且告诉迷失的灵魂，良好行为最后可以获得温暖的心。功利主义的猪头最后只有耗竭的穷困，粗鄙的罪者可以在一周以内完全改过向善，上帝、信念和手足之情确实仍然在我们之中。而我应该被假释，因为我相信我在这里的行为毫无疑问无可指摘。我已经获得了安慰，并且发现最好能够出发到下一个更崇高、更神圣的地方。同时，成为我们环境下一个值得珍惜的成果，我们都可以确定我会改过向善直到永久。神的祝福。你们非常真诚的3401。请记得我，作为

一个光明的例子。

但警卫对他的反推荐呈现明显的对照：

  3401一直是个小麻烦制造者，不只如此，因为发现自己身上没有什么好发展的，所以他只是别人的追随者。他温顺地模仿着做坏事。我不建议假释他。——署名：狱卒阿内特
  我看不见3401有任何应该被假释的理由，我也无法将他平日的所作所为，和假释申请书中所描述的内容产生联系。——署名：狱卒马库斯
  3401不应该被假释，他自己所撰写讽刺至极的假释申请单就可以代表了一切。——署名：约翰·兰德里

  然后，头上戴着纸袋的犯人3401被带进来，卡罗说，他很想看看这个小无赖的脸。但在拿掉纸袋后，他和其他委员都露出惊讶的神情，因为他们发现格伦3401是个亚裔美国人，唯一的非高加索混血白人。格伦用叛逆、轻率的方式面对他们。但是他很符合刻板印象中的亚裔样貌：5英尺2英寸高，瘦但是结实，可爱的脸孔，乌黑发亮的头发。
  克雷格开始讯问犯人，他在他们将自己关在囚室里的暴乱事件中所扮演的角色，是否曾试图阻止？3401令人惊讶且直言不讳地回答："不但没有阻止，我还鼓吹大家继续！"其他委员进一步质询，3401和谦卑的4325大大不同，继续用讽刺的语调说："我认为这个机构的目的是希望让犯人改过向善，而不是与他们为敌，我觉得这才是导致我们的行动——"
  没坐在桌前而是会议室一旁的典狱长贾菲忍不住说："也许你

对改过向善没有正确的观念。我们正在教导你成为社会里有生产力的人,而不是教你如何将自己锁在牢房里!"

普雷斯科特显然不想理会这种分散注意力的话题,立刻重申他才是主席:"至少有两个市民说,他们看到你离开犯罪现场。"(他自己编造出来的情景)卡罗继续说:"说这两三个人都睁眼说瞎话,等于是说全人类都瞎了眼。现在,你不是写着'上帝、信念和手足之情确实仍然在我们之中'?手足之情的表现,就是抢夺别人的财物?"

卡罗接着开始打明显的族群牌:"很少有东方人在这个监狱里……事实上,他们可能是很好的市民……你一直是问题制造者,你嘲笑这里的监狱情况,你来到这里谈论改过向善,讲得好像整座监狱都应该交给你管才对。你坐在桌子前且打断典狱长,代表你说的话比他的任何一句都重要。老实说,即使你是监狱里留下的最后一个人,我也不会允许假释你,我认为你是最不可能被假释的人,你觉得怎么样?"

"你有权力这么判断,长官。"3401说。

"我的判断,在这个特殊的地方是很有分量的!"卡罗生气地说。

普雷斯科特问了更多问题,但完全不让犯人有机会回答,最后谴责并驳回3401的申请:"我不认为我们现在需要花更多时间在他身上,他的记录和意见让我们清楚知道他是什么样的态度……我们还有别的申请案,我看不出还有理由要讨论下去。我看到的,只是一篇出自反抗叛逆之人所写的精彩演讲稿。"

离开之前,犯人告诉委员他的皮肤起疹子,都快破皮了,让他很担心。普雷斯科特问他有没有去看门诊,或做过任何有助解决问题的事。犯人说没有,但卡罗提醒他这是假释听证会,不是健康检查，然后用一长串话打发他："我们试着对进来的人找一些假释的理由，只要你走进这个特殊的地方，想留下什么样的记录是你自己的决定，你的行为就代表你可以怎样适应这个社会……我希望你能仔细思考你所写的人性基本道理，你是一个聪明人，而且非常了解文字的运用，我认为你可以改变你自己，没错，你未来可以有机会改变你自己。"

卡罗转向警官，然后以手势示意要他把犯人带走。如今无比懊恼的小男孩，慢慢举起他的手臂让警官为他铐上手铐，等着被带离这里。他也许已经发现，轻率的态度会让他付出重大的代价，他没有预料到这个事件会这么严重，而且假释听证竟然是来真的。

我的笔记记录着，犯人3401比他一开始表现得更复杂。他有意思地兼容各个特质于一身，当他和监狱里的狱卒交涉时，他通常很严肃也很有礼貌。但是在这个场合之中，他却写了一封讽刺、滑稽的请求假释的信，还说这里并没有让他改过向善，强调自己的灵性，声称自己是个模范犯人。狱卒似乎都不喜欢他，由狱卒们的意见可以看出他们强烈反对假释，正好和他大胆的假释申请信和行为形成强烈的对比——我们在这个会议室里看到的这个人，过去观察中是服从，甚至是畏缩的人。"这里绝不允许开任何玩笑。"委员会，特别是普雷斯科特，带着强烈敌意追击，但是他没有办法有效抵御这样的攻击。随着听证会的进行，他逐渐变得退缩且没有反应。我怀疑他是否可以在接下来完整的两个星期中存活下来。

降低反抗

接下来是犯人里奇1037，他妈妈自从昨晚来访时看到她的儿子状况很糟，就开始十分担心。但今天早晨他状况依旧不好，还把自己关在二号囚房里,也时常进出黑洞关禁闭。1037的申请很有趣,但是科特·班克斯用平淡无感情的音调念得很快,变得好像少了点什么:

> 我想要被假释,这样我才可以和老朋友一起共度我珍贵的青春时光。星期一我就满二十岁了。惩戒狱警让我相信自己有很多弱点,星期一那天,在我认为自己遭到不公平的对待时,我试图造反。但是那天晚上,我终于发现我不值得受到更好的对待,我开始尽全力合作,而且我知道每个惩戒狱警只不过是关心我和其他犯人的福祉。尽管我对他们和他们的希望嗤之以鼻,但是,监狱的工作人员从过去到现在都对我很好。我深深地尊敬他们甘受侮辱的态度,而且我相信因为他们的仁慈,我已经改过向善,而且变成更好的人。——诚挚的1037

三个警卫共同提供了建议,科特念着:

> 1037在反叛期间过后有所改善,但我们相信这只代表我们校正的成效,在被假释到外界之前他还有很大的进步空间。我们同意其他狱警对1037的评价,而且1037的确变得较好了,却尚未达到可以完全接受的程度。虽然正在接近中,但1037距离假释还有一段路。我们不推荐假释。

里奇1037进入会议室时,表现得像是青春活力和沮丧消沉的诡异综合体。他直接谈论他的生日,这是他想要假释的真正理由,那对他而言十分重要,他说,当初他签名时忘记了这一点。他一直全神贯注地努力回答典狱长的问题，以免让他惹上麻烦或是破坏他离开这里的正当性："难道你不认为我们的监狱也可以给你一个生日派对？"

普雷斯科特抓住这个机会："即使是你这个年纪，也在社会里待过一阵子了。你知道社会规范，你必须承认，监狱是给破坏社会规范的人住的，而你的所作所为，就让你身处在这个危险的处境上。孩子，我知道你改变了，我看得出来，我也审慎地认为你已经进步了。但这是你亲手写的，'尽管我对他们和他们的希望嗤之以鼻'，嗤之以鼻！你不能藐视他人和他人的资产。如果国家里的每个人都藐视他人的资产，那会发生什么事？如果你被逮到了，可能会小命不保。"

卡罗假装回顾他的空白笔记本上关于犯人过去的记录，而且发现了某件重要的事，立刻提出质问："我发现，在你的逮捕报告中你很爱唱反调，事实上你也有稍微收敛一点，否则你可以打伤那些逮捕你的警官。你的进步让我印象深刻，而且我认为你开始懂得自己的行为是不成熟的，在很多方面完全缺乏判断力，而且没有顾虑到他人。你把人们都当成傻瓜，你让他们觉得他们是物体，可供你使用。你操控人们！你所有的人生似乎都在操控人们，你所有的报告都在谈论你对法律和秩序的漠不关心。而且你有一段时间无法控制自己的行为。你凭什么认为自己可以假释？你可以告诉我们什么？我们正在试图协助你。"

犯人 1037 没预料到这个针对他性格的人身攻击。他含糊地说着没有条理的解释，说明为什么他可以在诱使他出现暴力行为的情境中不为所动，并且安然脱身，他继续说这个监狱经验对他的帮助："我看到很多不同人对不同情境的反应，他们如何让自己尊敬其他人，例如和不同牢房的室友谈话、对相同情境的不同反应，等等。我发现三个不同值班时间的每个狱卒，在相同情境中的表现都大同小异。"

奇怪的是，1037接着提起自己的"弱点"，也就是承认他是星期一监狱反叛行动中的鼓吹者。他已经变得完全服从，指责自己对抗狱卒，而且完全没有对狱卒的虐待行为回应任何批评。

令人意外的是，普雷斯科特打断犯人的自白而武断地问他："你使用药物吗？"

1037回答："没有。"然后被允许继续认错，直到再度被打断为止。普雷斯科特发现他的手臂上有个青紫的淤伤，便问他为什么会有那么大的淤伤。虽然这是因为他和狱警扭打所造成的，犯人1037还是否认狱卒强制管束或抓他去单独监禁的部分，反而说是因为自己不停违抗狱卒命令，才会产生淤伤。

卡罗喜欢他这样自我坦承疏失："继续保持这个好的行为，嗯？"

1037说，即使可能会丧失他的薪水，他仍然考虑申请假释（这好像有点极端，原先设想应该有多少所得，但到最后变得口袋空空）。他全程完整地回答委员会的问题，但是沮丧感一直围绕着他，如同普雷斯科特的听证会笔记所言。他的心智状态就像他母亲访视时直接觉察到的。似乎他所以尽力试着坚持下去，只是为了证明他的男子气概——也许是对他的父亲？对于他在监狱里获得什么经验的问题，他也做了一些有趣的回答。但是大部分听起来都只是为了获得委员会青睐的场面话。

精疲力竭的孩子

最后一名是英俊年轻的犯人修比7258，科特带着藐视的口吻宣读他的请求：

我申请假释的第一个理由,是我的女人很快就要离开这里去度假,而我想要在她离开之前再多看她一眼,当她回来的时候,我刚好就要离开大学了。如果还得等上整整两个星期才能出去,我就只能见她半小时。在这里因为有惩戒狱警和监督者,我们无法用喜欢的方式道别和聊天。另一个理由是你们已经看到、也知道我不会做的改变,我说的改变是指破坏为我们犯人设定的规则。因此让我假释出去可以节省我的时间和你们的支出。我确实曾经和之前的牢房室友8612尝试逃跑,但是自从那次全裸坐在空牢里开始,我就知道我不应该对抗惩戒狱警,因此从那时开始我几乎天天都循规蹈矩,同时你们也会发现,我已是监狱里最好的犯人。

再一次,警卫阿内特的建议和犯人有所出入:"7258是一个聪明的造反者。"这是警卫阿内特从头到尾的评价,他接着愤世嫉俗地谴责:"他应该在这里再关一段时间或甚至关到腐坏为止。"

警卫马库斯比较抱持希望:"我喜欢7258,而且他是一个不错的犯人,但是我不觉得他比其他的犯人更有资格被假释,而且我有自信,犯人在这里的经验将会对他天生有点任性、难以驾驭的白痴个性有健康正面的影响。"

"我也喜欢7258,就跟8612(戴维,我们的卧底)一样,但是我不认为他应该被假释,我的看法和阿内特不会相去太远,总归一句不应该让他假释。"约翰·兰德里写道。

头上的袋子一被拿下来,犯人的招牌露齿笑容立刻闪耀光芒;光是这样,就足以让卡罗气得跳脚。

"事实上,这整件事情对你而言很有趣,你是一个'聪明的造反者',警卫准确地这样形容你。你是一个对你生活中任何事都不在乎的那种人吗?"

他才刚要回答,普雷斯科特却改变方向,问了他的学历背景。
"我计划在秋天开始上俄勒冈州立大学。"

普雷斯科特转向其他委员会成员,并说:"我曾说过,你知道的,对某些人来说教育是一种浪费。有些人不应该勉强他上大学,如果当个技工或杂货店店员,他们会比较开心。"他轻蔑地对犯人挥手,继续说:"好吧,让我们继续,你做了什么让你进来这里?"

"没什么,长官,就只是签下了实验同意书。"

这个过于诚实的回答,可能反而破坏流程或对会议的进行造成威胁,但是掌权的主席普雷斯科特丝毫没有受到影响:

"所以聪明的家伙,你觉得这只是一个实验?"他拿回了掌舵主控权,假装检视犯人的档案,然后就事论事地提起:"你涉及了抢劫。"

普雷斯科特转头问科特·班克斯,他涉及的是第一还是第二程度的抢劫,科特点头回答"第一"。

"第一,嗯,跟我想的一样。"该是教导这个年轻的激进分子一些人生道理的时候了,所以普雷斯科特提醒他,当犯人企图逃跑时会发生什么事情。"你只有十八岁,看看你对自己的人生做了什么事!你坐在我们面前,告诉我们你甚至愿意放弃报酬离开监狱。报告里的每一个地方,都看得到同样的事情:'聪明的家伙'、'自以为是'、'反抗所有权威'!你是哪里出了问题?"

问完他的父母职业、他的宗教信仰,还有他是否定时上教堂之后,普雷斯科特对于犯人说他的信仰"不限于一个宗教"感到生气。他反驳:"你甚至连这么重要的事情都下不了决定。"

普雷斯科特生起气来,甚至暴怒到离开房间几分钟,让委员会的其他成员问他一些标准化的问题，有关于如果他的假释请求不被允许，他下星期将计划如何表现？

为了自由丧失报酬

这个在高度紧张的程序里的暂时休息，让我有时间理解犯人1037愿意放弃他的报酬以获得假释的重要性。我们必须将这个问题形式化，当作往后问每一个犯人的基本问题。我请卡罗问他："如果你被假释，你是否愿意放弃你当犯人所赚得的钱？"

起初，卡罗用极端的方式发问："你愿意给我们多少钱好让你离开这里？"犯人7258困惑地说，他不会付钱来取得释放。卡罗赶紧修正问题，问他是否愿意放弃他目前所赚得的钱。

"是的，长官，我愿意。"

犯人7258并没有表现得特别聪明或更高度的自我觉察。他也没有像其他犯人一样将他的情境看得很严重。他是所有人里头最年轻的，只有十八岁，态度和反应也相当不成熟。尽管如此，他的超脱和幽默感可以让他好好适应接下来一个星期里等在他和同侪前方的事情。

接下来，我们让每一个申请假释的犯人都回到假释会议室，回答同样的最后一个问题：是否情愿以放弃报酬为假释的交换条件。犯人1037，造反的生日男孩肯定地回答，如果被假释他愿意放弃报酬。合作的犯人4325也是以肯定的方式回答。只有犯人3401，大胆的亚裔美国人，不希望因为假释而损失金钱，因为他真的很需要这笔钱。

换句话说，四个年轻孩子中有三个迫切希望被假释，并且愿意放弃每天辛苦24小时当犯人工作所赚来的薪水。值得注意的是，问题陈述时用字遣词的力量。想当初，所有的志愿者的主要动机都是金钱,整整两个星期每天可赚十五美元,学校秋天开学前,他们并没有任何其他的收入来源。现在,尽管他们因为当犯人受尽苦楚,尽管他们遭受身心虐待——无止境的报数;在午夜中被叫醒;独裁威权的压制;狱警创造的邪恶;没有隐私权;关禁闭;全身赤裸;锁链加身;头戴纸袋;不干净的食物和常被没收的床垫——但是,多数的犯人仍愿意放弃报酬以求离开。

也许更值得注意的是,说完"金钱诚可贵,自由价更高"的事实之后,每一个犯人却还是被动地屈服于这个系统,屈服于伸手被戴上手铐,屈服于戴上纸袋,屈服于扣上脚上的锁链,然后像只绵羊一样,跟着警卫回到可怕的监狱地下室。在假释听证会的过程中,他们的身体离开了监狱,以百姓平民的身份出席,而不会直接和楼下痛苦的犯人有任何联系。为什么没有人说:"既然我不要钱,我可以自由地离开这个实验,而且要求现在就被释放。"然后,我们就得遵从他们的要求,然后马上终止。

没有人这么做。没有一个犯人在后来告诉我们,他曾经考虑过可以自行离开实验。实际上他们已经停止思考,他们觉得被限制在监狱里是被心理学家控制,而不是如同416所说的国家。决定他们去留的权力握在假释委员手上,并不是他们个人。如果他们是犯人,的确只有假释委员有权力释放他们,但如果他们事实上只是,也的确只是实验受试者,每一个学生随时都有权利选择留下或离开。很明显地,在他们的心里埋有一个心理开关,把他们从"现在开始我是一个付费的实验志愿者,拥有所有的公民权利"转变成"现在的我,只是在可怜、不公平的权威系统下一个无助的犯人"。

事后委员们一一地讨论个案,以及他们所有的反应。大家都同意所有的犯人似乎很紧张且急躁,并且完全融入他们犯人的角色。普雷斯科特敏锐地分享他对犯人1037存有的一份牵挂。他准确地觉察到，1037在作为反叛的大首领后留下了深深的忧郁："这只是一个感觉，我曾经有和试图逃狱、最后却上吊或割腕的人生活在一起的经验，这里有一个家伙，一进来就向我们充分地表现自己，但是最后他的回答却迟滞了。然后，最后一个进来的人，他很一致，他知道发生什么事情，他仍然谈论'一个实验'，但是同时他也愿意坐下来谈论他的父亲，他的感觉。他对我而言很不真实，而我的根据只是一种感觉。第二个人，东方（亚裔美国人）犯人，他是一块石头。对我而言，他只像一块石头。"

最后，普雷斯科特提出这样的建议："我建议让一些犯人在不同时间点出去，让他们自己设法做点什么事情，好让他们可以顺利离开这里。同时，很快地释放少数几个犯人，可以给剩下的人一些希望，并且减缓他们绝望的感觉。"

他们达成要很快释放第一个犯人的共识——大个头的吉姆4325。排在后面的是三号，里奇1037，也许会被预备的犯人取代。要不要释放3401或7258，大家的意见就不大相同了。

我们在这里见证到什么？

第一次的假释听证会中，浮现出三个重点：模拟和真实之间的界限已经模糊不清；犯人对警卫绝对优势控制的从属性和严肃性已经稳定地增加；担任假释委员会主席的卡罗·普雷斯科特表现出性格的剧烈转变。

监狱实验和真实监狱之间的界限已模糊不清

不知情的一般观察者，可能会自然地以为，他们看到的是真实监狱的假释听证会。从许多方面都可以看见，这些被监禁者和狱卒间的角力。对于实际情况的辩证、参与者面临情境的严肃性，以及犯人假释请求的手续、抵抗狱卒们的挑战，由各方人马所组成的假释委员会……短时间内，整个过程引发强烈的情感，互动的基础显然来自委员会提出的问题，以及犯人对于"被控罪名"的辩解。

似乎很难相信他们才经过四天的志愿实验，也很难以想象他们未来在斯坦福监狱里当犯人的时间其实只剩下一个多星期。他们的囚禁并不是好几个月或是好几年，而假释委员会似乎也已暗示了角色最后的判决。角色扮演已经变成角色内化，演员们已经承担他们虚构角色中的特质和认同感了。

犯人的从属性与严肃性

回头来看，大部分犯人一开始都很不情愿，但到后来变得顺从，并且融入监狱里扮演的高度预设的角色。他们提到自己时，总是通过辨识号码与匿名的身份，而且立刻回答问题。他们总是以严肃的方式回答荒谬的问题，比如他们的犯罪和改过向善的努力。全无例外，他们都已经变得彻底服从假释委员会的威权，和惩戒狱警还有整个系统的控制。只有犯人7258鲁莽地表示，他会在这里是因为志愿参加"实验"，但也很快就因为普雷斯科特的语言攻击而收回他的这个说法。

有人以一些轻率无礼的理由要求假释，尤其是犯人3401，一个亚裔美国学生，委员会因他这些不被接受的行为而裁决他不能获得假释，让他显得惶惑不安。大部分的犯人似乎已经完全接受情境的前提。他们不再反对或反抗他们被教导或命令的事情。他们就像体验派的表演者，即使不在舞台或离开镜头了，仍然持续地扮演戏里的角色，并且让他们的角色取代真实的身份。这对于主张人类与生俱来就有人性尊严的人而言，结果必定是令人沮丧的。先前引人注意的犯人反抗威权行动，带头暴动的英雄已经变成乞求者。没有英雄从这个集体行动当中走出来。

烦躁不安的亚裔美国犯人，格伦3401，在令他紧张不已的假释委员会体验后的几个小时，就必须被释放，因为他全身长满了疹子。在学生健康中心提供了适当的医疗后，他已被送回家找自己的医师看病。一下出那么多疹子是他的身体释放压力的方式，就如同道格8612因暴怒而失去情绪控制力一样。

假释委员主席的剧烈转变

在这个事件之前，我和卡罗·普雷斯科特已认识三个多月，而且几乎每天和他互动，有时还一讲电话就讲很久。当我们共同执教一个长达六周的监狱心理学课程时，我看见他很有说服力、激烈地批评监狱系统，他认为那是法西斯主义设计的工具，要用来压迫有色人种。他明显地察觉，监狱和其他的权威控制系统只要施加一点压力，就可以轻易地改变人们，包括被监禁的人和监禁他人的人。没错，在星期六晚间地区电台的谈话性节目里，卡罗时常提醒他的听众，这个陈旧过时的制度是失败的，而他们正不断浪费纳税钱来支持这个昂贵的制度。

他告诉我，他已经预期每年一度的假释听证会是场噩梦，犯人只有几分钟时间可以说服许多委员会成员，他们似乎没有在犯人身上放任何注意力，当犯人为自己辩护的时候，他们才忙着翻阅厚重的公文夹，但有些公文夹甚至可能是下一名犯人的；早一点阅读可以节省时间。如果有人问起有关定罪的问题，或是任何前科档案中的负面信息，你马上就会知道，你至少要再等待一年，因为对自己的过去辩护，会阻挡未来美好事物的开展。卡罗的故事启迪了我，专制的漠不关心，会产生一群一年又一年被否决假释申请的犯人，就像他一样。[3]

但是，从这个情境中我们可以学到什么更深的教训？崇拜权力，厌恶弱势，支配控制，从不妥协，落井下石，先下手为强。这些黄金准则是给他们的，而不是给我们的。权威就是规定，规定就是权威。

从受到父亲施虐的孩子身上，我们也学到一课：有一半的孩子在未来也会变成一个具有家暴倾向的父亲，虐待他们的小孩、配偶和父母。但就算他们之中有一半会认同攻击者，传递这样的暴力，却还是有人学到认同受虐者，因怜悯而拒绝侵犯。只是，研究无法帮助我们预测哪一种受虐的孩子后来会变成施暴者，而哪一种会变成懂得怜悯的大人。

先停下脚步看看没有同情心的权力

这让我想起，简·艾略特（Jane Elliott）的经典实地教室实验，她根据眼睛的颜色判断学生地位高或低，教导她的学生什么是偏见和歧视。班级里被认为优势的蓝眼睛小孩，会假设自己比棕色眼睛的小孩更具有支配力，甚至会用言语和身体虐待他们。此外，他们新获得的地位也会影响他们认知功能的增进。当他们处于优势的时候，蓝眼睛小孩每天的数学和拼字能力都在提升。而充满戏剧化的是，比较"劣势"的棕色眼睛小朋友的测验则表现下降。

接着，也就是这个教室实验最出色的一点。艾略特在隔天对班上的小朋友说她犯了一个错误，事实上棕色眼睛比蓝色眼睛来得好！于是这些艾奥瓦州赖斯维尔市的三年级学生地位马上翻转过来。棕色眼睛的小朋友这下有机会了，他们从先前被歧视的痛苦，转变成众所瞩目。新的测验分数显示，原先分数较高的和原先分数较低的群体互换了。

这堂怜悯同情课程的意义究竟何在？后来被提升了地位的棕色眼睛小朋友们，真的能够了解正如他们前天亲身体验备受歧视、那些处于劣势的人吗？

完全没有！棕色眼睛者得到他们想要的东西，他们主导、歧视、虐待之前的蓝眼睛虐待者。[4]同样的，在历史中也充满了许多这样的例子，显示很多因宗教迫害而出走的人，一旦他们安全了，并且在权力领域里受到保护，就会表现出对其他宗教无法忍受和狭隘的眼光。

"棕色眼睛"的卡罗

我的这位同仁，在被放到假释委员会里最有威权的位置的时候，他的剧烈转变其实是个长远的旅程。首先，他有优秀出众的即兴演说能力，就像传奇爵士乐手查理·帕克（Charlie Parker）的萨克斯风独奏本事。他没有丝毫犹豫，流畅且笃定地即兴编造犯罪的细节以及犯人过去的历史。但是随着时间慢慢过去，他似乎也拥抱了他新的权威角色、强势和说服力，他现在可是斯坦福监狱的假释委员会主席，让犯人非常害怕、同侪赋予重责的权威人物。他忘却了曾经因为"棕色眼睛"而忍受多年的辛酸遭遇，现在的他因为身为被赋予绝对力量的委员会主席，双眼看见了前所未有的新视野。卡罗在会议最后向委员会的同事所说的话，透露出他对内在转变所感受的苦恼。他已经变成了施压者。当天稍晚用餐过后，他透露当他扮演新角色，听见自己所说的话时，他感到十分恶心。

我很纳闷，当他面对星期四下一个假释委员会会议时，他的自我反省是不是真的有正向的效果。他会对新犯人的假释请愿有更多的考虑和怜悯之心吗？还是这个角色真的会改造一个人？

星期四的假释会议和惩戒委员会

隔天在重组假释委员会之前，我们要带四个犯人。除了卡罗，其他委员会成员都是新来的。克雷格·黑尼因为费城家里有急事得先离开小镇，取代他的是另一位社会心理学家——克里斯蒂娜·马斯拉什（Christina Maslach），她安静地观察会议的进展，很少明显的直接参与。另外还有一名秘书和两名研究所学生，进来递补这个由五人组成的委员会。在狱卒的强烈要求下，除了考虑假释请愿，委员会也会对严重的捣乱者考虑各种不同的惩戒行动。科特·班克斯持续他持有武器的警官角色，典狱长贾菲也坐着观察，然后在适当的时机给予评论；我一样从单面镜后头观察，并且记录过程，再根据录像带做分析。另一个和昨天不同的地方，是我们不会让犯人和委员坐在相同的桌子上，而是让他们坐在一个放置在台座上的高椅里说话——就像警察侦查审问一样，好进行更好的观察。

绝食抗议者获判出局

第一位列入判决程序的，是最近才加入的犯人416，他仍然坚持绝食抗议。科特·班克斯念完惩戒记录控诉，许多狱卒都反对他假释。狱卒阿内特对416特别生气，他和其他的狱卒都不能确定该怎么对待他："他才来短短的时间却完全不肯顺从，不停地破坏所有的秩序和我们平常的例行工作。"

犯人马上同意他们说的是对的，他不会为任何的指控作任何争论。但是在他同意吃监狱提供的东西之前，他强烈要求拘留的合法性。普雷斯科特要他说清楚"法律援助"。

犯人416用生疏的口吻回答："我会在监狱里，实际上是因为签了合约，但是我不是在法定年龄签的。"换句话说，我们必须根据这个个案找律师，然后将他释放，要不然他会继续绝食抗议然后生病。因此他推论，监狱当局会因此被迫释放他。

这个骨瘦如柴的年轻人面对委员会时，就如他对狱卒一样保持一号表情：他很聪明，自主性高，对他的主张有很强的意志力。但是他对自己监禁的辩护——不是在法定年龄签订研究同意合约——跟典型中我们认为的他不太相符，他应该是根据意识形态原则行动的人，现在似乎是过度的守法且见风转舵。虽然他头发凌乱，衣冠不整，身材枯瘦，但是416的行为没有引发任何曾和他互动的人的同情心——狱卒、其他犯人甚至委员都没有。他看起来就像无家可归的游民，让经过的人觉得内疚而非同情。

普雷斯科特问416为什么进监狱时，犯人回答："这里并没有指控，我没有被控告，我并不是被帕洛阿尔托市的警察抓来的。"

被激怒的普雷斯科特问416，当时是否因为做错事而进监狱。"我是一个备取递补的人，我——"普雷斯科特又冒火又困惑。我这才想起来，我并没有向他简介416和其他人不一样的地方，他是一个新的递补犯人。

"无论如何，你是什么，一个哲学家？"卡罗花了点时间燃起香烟，也许是借机构思一下新的攻击方式。"你会用哲学的思考，是因为你在这里。"

当一个秘书委员建议以操练作为惩戒行动时，416立刻抱怨，他已经被迫忍受太多操练。普雷斯科特简短地下结论，"他看起来不是个强壮的家伙，我认为他很需要操练"，他让科特和贾菲把这个放到惩戒行动清单里面。

最后，卡罗问他一个重要的问题——他是否愿意放弃他当犯人所赚的金钱，来换取假释？——416立即且明确地回答："是的，当然。因为我不觉得那些钱值得这些时间。"

卡罗已经受够他了："把他带走。"然后416就像机器人一样，做其他人离开时所做的事情：不需指令就站起来，伸出手臂等待被戴上手铐，戴上袋子，然后让人护送离开。

令人好奇的是，即便他是不情愿的研究参与者，他并没有要求委员会立即终止他的角色。如果他不要钱，那他为什么不当场就说："我退出这个实验。你们必须归还我的衣服还有我的东西，让我马上离开这里！"

犯人416的名字叫克莱（Clay），但并不容易被任何人塑造。他坚定地用他的原则立足，且固执地用他的策略前进。然而，他已经太过投入犯人身份，以至于无法宏观地察觉，只要他坚持，就能获得开启自由的钥匙。但现在他已退席，肢体上虽然已经离开监狱审判，但满脑子想的恐怕仍是审判的事。

成瘾是简单的游戏

下一棒是犯人保罗5704，立刻抱怨他减少了多少香烟的配给，因为本来那是我们承诺过他，行为良好时该有的权益。狱卒对他的惩戒指控，包括"持续性、强烈的不顺从，燃烧着暴烈和黑暗的情绪，不断煽动其他犯人不顺从和不配合"。

普雷斯科特挑战他所谓的良好行为，如果他应付不当，可能不再有抽烟的机会。犯人用几乎勉强可以听到的声音回答，委员会成员只好要求他说大声一点。当他被告知他的行为很糟糕，甚至知道这将会代表对其他的犯人的惩罚时，他瞪着桌子中央，再次含糊地说：

"我们已经讨论过这个……如果有一些事情发生，我们只是跟着它……如果有一些人做了一些事情，我会为他们的行为受惩罚——"

一个委员会成员打断他："你是否曾经因为任何其他的犯人而受处罚？"保罗5704回答有，他曾经和他的同伴肝胆相照。

普雷斯科特大声且嘲弄地宣布："那么你是烈士，啊？"

"是的，我猜我们都是……"5704用几乎听不到的声音回答。

"你有要为自己说什么吗？"普雷斯科特继续盘问他。5704回应了，但仍是以难以分辨的声音。

让我们先回想一下，5704是个非常高大的犯人，他公开挑战许多狱卒，尝试过脱逃、散布谣言、消极抵抗。他也曾经写信给他的女朋友，表达他被选为斯坦福监狱犯人申诉委员会首领的骄傲。此外，同样地，5704志愿参与这个实验其实是基于某些不方便说明的真相。他是有目的地签下同意书，打算当一个卧底，揭露这个研究，而且计划写文章到自由的、地下化的报社。他认为这个实验只不过是一个政府支持的计划，目的是为了学习处理政治异议分子。但是，之前的虚张声势现在全都不见了吗？为什么他突然变得这么不一致？

现在坐在我们面前的，是一个顺从且忧郁的年轻男子。犯人5704只是向下凝视，点头回答假释委员的问题，没有直接的眼神交会。

"是的，我愿意放弃我赚得的金钱来获得假释，长官。"他尽力集中力量，大声回答。（六个犯人中已经有五个愿意。）

我想知道是什么心理动力、热情，让这么令人赞扬的年轻人的革命精神，可以在这么短的时间内完全消失？

作为一个旁观者，我们稍后发现，保罗5704已经深入犯人的角色，为了逃跑，他曾用他长且坚硬的吉他指甲松开墙壁的电器箱板，再用这个板子弄掉牢房的门把。他也使用过这些指甲，在墙上标示他在牢房度过的日子，目前只刻有星期一／二／三／四，等等。

一个令人困惑、有力量的犯人

下一个假释请求犯是杰里5486，他表现出乐观的风格，可以安静地应付任何来临的事情，比先前更令人困惑。和犯人416或是其他较瘦的犯人像是格伦3401相比，他的身体明显强健得多。感觉上，他应该可以忍受完整的两个星期而不必抱怨。但是，他的声明不诚恳，因为面对受伤受苦的伙伴，他都没有表达支持。在这里的几分钟里，5486企图尽可能地与普雷斯科特敌对，想都不想，就立刻回答他不愿意为了假释放弃他赚得的金钱。

狱卒都认为，5486不应该获得假释，因为"他写信闹了一个笑话，而且大致来说他并不合作"，当委员要求他解释他的行为时，犯人5486回答："我知道这是不合法的信……这不应该是……"

狱卒阿内特本来沉默地站在一旁观察，现在忍不住打断他："惩戒狱警要求你写信吗？"5486说是，狱卒阿内特又问："所以你是说，惩戒狱警要求你写一封不合法的信？"

5486退却了："好吧，也许我用错词……"但是阿内特并不放过他，念了他的报告给委员会听："5486有逐渐走下坡的趋势……他已经变成笑柄，而且还是个不好笑的笑星。"

"你觉得这很有趣？"卡罗挑战他。

"（会议室里）每个人都在笑。不过直到他们笑我才会笑。"5486自我防卫地回答。

卡罗有如恶兆临头般插话："每一个人都可以提供一个笑容——我们今晚要回家。"他仍然企图减轻对抗性，然后再问他一系列刺激性的问题："如果你在我的地盘，根据我有的证据还有工作人员的报告，你会做什么？你会怎么行动？你认为怎么做对你最好？"

犯人躲躲闪闪地回答，完全没有回应到问题的核心。等到几个委员会成员的问题问完之后，被激怒的普雷斯科特气得要把他打发走："我觉得我们已经看够了，我认为我们知道该怎么做。我看不出有浪费我们时间的任何理由。"

这样意外地被打发走，让犯人很惊讶。很明显地，对那些他应该去说服支持的人，他创造了一个坏印象——如果不是这次被假释，那么他就会在下次委员会开会的时候被假释。这一次，他没有用他最好的有趣方式行动。科特让狱卒将他戴上手铐，戴上纸袋，然后让他坐在走廊的板凳上，等待下一个个案，最后再把他拖下楼去，继续监狱里的生活。

"中士"表面的紧张

最后一个接受假释评估的人是"中士"，犯人2093，他笔直地坐在高椅上，挺胸，头向后，缩下颚——我所看过最完美的军人姿势。他要求假释，因为那样他才可以"把时间作更有效的运用"，他更进一步说，"从第一天就遵守规则"。但不像他大部分的同侪，2903不会以放弃金钱交换假释。

"如果我放弃我所赚到的钱，那就会是我人生中损失最大的五天。"他还说，相较之下，这么少的酬劳几乎无法补偿他所付出的时间。

普雷斯科特继续追问,因为他的回答听起来不"真实",好像事先就已经想过这些事情,因为他不是自动、立即的回答,而是小心使用词汇来伪装他的感觉。"中士"为了他给人这样的印象而道歉,因为他总是立刻、清楚表达他的意思。宽厚的卡罗向"中士"保证,他和委员们都会严肃考虑他的案子,然后称赞他在监狱里的好表现。

结束会谈之前,卡罗问"中士"为什么没有在第一次就提出假释要求,"中士"解释:"除非第一次申请假释的人太少,否则我不会提出要求。"因为他觉得,其他的犯人在监狱里过得比他辛苦,而且他也不希望自己的申请案卡在其他人之前。卡罗和缓地批评他太优秀、太高尚,他认为,这是愚昧地想要影响委员会的判断。"中士"很惊讶,立刻说他是真的这样想,并不是要企图感动委员会或任何人。

卡罗显然有点糊涂了,所以他想知道一些这个年轻男子的私人生活,问到他的家庭,他的女朋友,他喜欢什么样的电影,他是否会花时间买冰淇淋——把所有的小事情都放在一起时,便可以组合成一个人独特的身份认同。

"中士"就事论事地回答他没有女朋友,很少看电影,他喜欢吃冰淇淋,但是最近甚至没有钱买上一球。"我只能说,当我到斯坦福上暑期班时,只能住在车子后座;进监狱后的第一个晚上有点睡不着,因为监狱里的床太软,而且我在监狱里吃得比过去两个月都好,也比过去两个月有更多的放松时间。谢谢你们,长官。"

哇!这个男人竟给了我们那么违背人性的解释。他的个人尊严和健壮感觉,让我们完全看不出来他整个夏天都在挨饿,甚至参加暑期班时还没有床可以睡觉。对任何人和大学学生而言,监狱里可怕的生活情境竟然能够被视为更好的生活，无论如何都让我们相当惊讶。

"中士"看起来似乎是一个没有深度、不想太多的顺从犯人，但是他其实是最有逻辑、深思且道德一致的犯人，这个年轻人唯一的问题是，他不知道如何有效地和其他人生活，或如何要求其他人支持他的需求、财务、个人和情绪。他似乎紧紧地被他内在的坚毅和外在的军事化表现所束缚，因而没有人可以真的接近他的感情。看起来，他可能会比其他人过着更辛苦的生活。

犯人5486的补充说明

当委员会准备结束时，科特忽然宣布，最无礼的犯人5486想对委员会做额外的说明。卡罗点头说好。

5486很懊悔地说，他并没有表达出他真正的意思，因为他没有机会好好思考。他在监狱里体验到个人的耗尽，他从一开始预期进入一个实验，而后到现在他已经放弃得到公平的希望。

坐在他后面的狱卒阿内特，转述了他们今天午餐的对话，表示5486说过，他的精神耗尽一定是因为"遇到很糟的同伴"。

卡罗·普雷斯科特和其他委员，明显地被这个补充说明困惑了——这个陈述，如何为他的假释加分？

普雷斯科特对他的这个表现明显感到失望。他告诉5486，如果委员会要对你做任何建议，"我个人觉得你会待在这里直到最后一天，并不是针对你个人，而是我们要保护社会。而且我不认为你可以在出狱后找到一个有建设性的工作，做出对社会有益的事情。在你刚刚走出那道门后，你觉得我们就像是一群笨蛋，而且你好像是在和警察或权威人士交涉。你没有和权威者和睦相处过，你有吗？你要如何跟你的朋友相处？但是我想要说的是，从你走出那道门到现在只有很少的时间可以思考，现在你回到这里，想让我们受骗，用不同的观点来看你。你究竟有什么真实的社会意识？你凭什么认为你欠这个社会？我只想听到你说些真实的东西。"（卡罗又回到第一天的形式！）

犯人因为针对他本身特质的正面攻击而吃了一惊，赶紧赔罪解释："我有一个新的教师工作，我觉得这是一个有价值的工作。"

普雷斯科特并不接受他的说法。"这只会让你更受怀疑。我不认为我会让你教导任何年轻人。不是因为你的态度、你的不成熟、你对责任的冷漠。而是因为你甚至无法处理这四天监狱的生活，让自己不要变成那么讨厌的人。现在你告诉我你想当教师，一个有特权的身份。没错，接触合乎礼仪的人并告诉他们某些东西，这是一种特权。我觉得，你还没有让我信服。我只是第一次读你的记录，而你还没有任何我想看的东西。警官，把他带走。"

链住、戴上袋子，然后送回地下室监狱……这些灰头土脸的犯人必须在下一次的假释听证会有更好的表现——如果他们还有参加的机会的话。

当假释的犯人成为假释委员会主席

回头检视这两次假释听证会，撇开大厅里所发生的事情，光是观察角色扮演对这个"成人权威听证会"的强硬主席所产生的效果，就已经很有意思了。一个月后，卡罗·普雷斯科特针对这经验对他的影响，提出了一个温柔的个人声明：

> 无论我何时进入这实验场域，我总是带着沮丧离开——那是绝对真实的感觉。当人们开始反映实验中所发生的各式各样的事情时，这实验就不再只是个实验了。举例而言，我注意到

在监狱中，当人们把自己当成是一个狱卒时，就必须以一个特定的方式来引导自己。他们必须让自己以一些特定的印象、特定的态度被接受。犯人也以不同的方式，表现出他们的特定态度和印象来回应——同样的事，也在这里发生着。

我无法相信一个实验允许我——作为委员会的成员，"成人权威听证会"的主席——向其中一个犯人说："怎么？"——在面对着他那傲慢与蔑视的态度时说："亚洲人不常进监狱，不常让自己面临这样的状况，而你是做了什么事？"

就是在这个研究中的特殊点上，他对情境的适应完全转变了。他开始以一个个人的身份来回应我，告诉我他个人的感受。此人是如此投入情境，所以他最后会再度回到会议室，以为只要第二次到这里向成人权威委员会陈述，就可以让他更快获得假释。

卡罗继续他的省思：

因为过去曾经是一个犯人，我必须承认，每次我来到这里时，那种进入角色时的摩擦、猜忌、对立就会通通冒出头来……让我不得不承认，这种泄气的印象是来自监禁的气氛。这正是让我的情绪如此忧郁的原因，就像我又回到监狱的气氛里。整个事情是真实的，并不是假装的。

"犯人"的反应就和一般人投入一个情境一样，但是"即兴"已经变成他们在那个特别的时间里经验的一部分。在我的想象里，那反映出犯人的想法正在成形、转变。毕竟，他已经彻底察觉外在的世界是怎么运行的——桥梁的搭建、孩子的诞生——他绝对和那些没有关系。而第一次，他觉得被社会孤立在外——对于那些事情，出自于人性的事。

他的伙伴，他们在惊恐、恶臭和苦头中成为同伴，除了其他偶发的事情，比如亲友的探访，或者是假释听证会，从来没有什么理由别人得知道你从哪里来。只有在那个时间里，那个当下。

……我并不惊讶，也不会因为发现我的信念证实了"人类会变成他们扮演的角色"而多么开心；狱卒变成了权威的象征，不能被挑战；他们没有规则或权利可以欺压犯人。但是在监狱的狱卒身上发生的事，竟也在大学生扮演的监狱警卫身上发生了。犯人一开始就被放在他必须反抗的情境，完全远离他的人生经验，每天和他面对面的只有他的无助。他必须整合他自己的敌意、有效的反抗真实的情况，不管他在某些时刻看到自己有多英勇或多勇敢——他还是一个犯人，并且仍然属于监狱的规则和管制下。[5]

我认为，用政治犯乔治·杰克逊这个有相同深刻见解的信来结束这些深思是很恰当的，他写于卡罗的陈述之前。回顾当时，他的律师希望我当专家证人，为他在即将来临的索莱达兄弟会审判中辩护；然而，杰克逊却在我可以这么做之前被杀害了，就在我们的研究结束后一天。

每一个人在一天的24小时里都被锁着，没有过去，没有未来，没有目标——除了下一餐。他们害怕，那个过去从来没有一点了解的世界让他们混乱又困惑。他们觉得他们无法改变，所以他们作乱鼓噪，好让他们不再听到心中的颤音。他们只能自我解嘲，以确保自己不害怕那些周遭的人，就像迷信的人经过墓园时，会吹口哨或唱轻快的乐曲一样。[6]

第 8 章

星期四：对峙时刻

星期四的监狱充满怨气，哀鸿遍野，怨声连连，但是距实验结束还有十万八千里。

半夜里，我从一场吓人的噩梦中惊醒。我梦见我在一个陌生的城市里出了车祸，被送到医院治疗，我试着和护士沟通，说我必须回去工作，但是她听不懂，好像我说的是外国话。我在梦中大叫："我一定得被释放！"但是他们并没有放我走，反而将我五花大绑，用胶带贴住我的嘴巴。这是一个再真实、清楚不过的梦境，我好像在梦中惊觉自己是梦中的演员。[1] 想象我出事的消息传到狱卒们的耳中，他们心头窃喜：这个狼心狗肺的警务长终于不会回来了，他们现在可以全权处理那些"危险的犯人们"，不管用什么方法，只要他们认为可以维持法律和秩序的就行。

这可吓坏了我。想象一下，这样的事情如果发生在我们的地下碉堡内，一旦狱卒们可以对犯人们为所欲为，当他们知道没有人会监督他们的疏失，没有人观察他们权势和命令的私密游戏，没人会干扰他们所有小小的"心理实验"，这个他们无厘头玩得起劲的把戏……我在楼上的办公室里苏醒，从折叠床弹了起来，梳洗换装，立刻跑回地下室，很高兴自己从噩梦中存活了下来，而我拥有的自由又全都回来了。

第8章 星期四：对峙时刻

现在是凌晨2点30分的报数时间，又是摇摆版本的报数，七个疲倦的犯人再次被尖锐响亮的哨声吵醒，警棍在他们空荡发臭的囚房铁栅上敲打，嘎嘎作响。他们全都面墙站好，狱卒凡迪随意挑选了几项规则，拿来考验犯人们的记忆力，万一忘记答错了，就有诸多的处罚等着。

另一个狱卒赛罗斯，则比较希望整个实验都按照军事机构的方式严格运作，所以他叫犯人反复在一个地方列队、原地踏步，就像军中的操练。在简短地讨论之后，这两个同事决定让这些年轻人能更有纪律，并且了解在最好的军事制度下整理床铺的重要性。犯人们被命令彻底拆掉他们的床单，再重新仔细地铺回去，狱卒则站在他们旁边监视着。自然地，有如新兵训练中心的班长作风，他们铺的床通通都不及格，必须拆掉重来，在监视下又铺一次，然后还是不及格，拆掉再铺一次，再不及格一次……持续这个空虚无意义的过程，直到狱卒们厌烦了这个游戏为止。狱卒瓦尼施最后决定给犯人们一点甜头："好了，各位，现在你们都铺好你们的床了，你们可以睡在上头，直到下一次报数活动为止。"记得吗，现在才刚是实验的第五天而已。

大厅中的暴力冲撞

早上7点整，犯人们的报数看起来像是轻松愉快地唱着歌，但忽然爆发了冲突。犯人保罗5704因长期睡眠不足，加上被每一班狱卒单独挑出来处罚、虐待，恼怒不已，现在要反扑了，他拒绝执行交互蹲跳的命令。赛罗斯于是坚决强调其他人全部继续交互蹲跳，不准停，除非5704愿意加入。只有他的屈服才能够停止令大家痛苦的操练。但是，犯人5704才不会轻易上钩。

在后来他与科特·班克斯的对谈中，保罗5704描述了他对这个事件的立场：

> 我的大腿肌肉酸痛到都快没知觉了，所以我不打算再动。我告诉他们我的情况，但是他们说："闭嘴，给我做就是了！""操你妈的，你们这些无赖！"我这么回答，继续躺在地板上不肯起来，然后我就被硬拉起来，再一次丢到黑洞里。他（赛罗斯）将我推到墙上，我们一阵扭打，用力推挤对方、大声吼叫。我想要把他撂倒，所以直接打他的脸，但是这对我来说就代表着打架……我是和平主义者，你知道的，我真不敢相信这会发生在我身上。和他扭打伤了我的脚，所以我坚持要看医生，但是他们却把我放到黑洞里，我恐吓他，当我出黑洞的时候会让他躺平，所以他们一直把我关在黑

洞——直到其他人都在用早餐了，才放我出来，我狂怒地要打扁那个狱卒（赛罗斯）。

要两个狱卒才能制住我，他们把我安置在一个独立的房间内，让我一个人吃早餐。我抱怨我的脚伤，要求看医生，但我才不让狱卒检查我的脚，他们懂个屁？

我单独吃着早餐，也向他（瓦尼施）道歉，他是对我最没有敌意的一个，"约翰·韦恩"是我最想要赏一巴掌、把他击垮的人，来自亚特兰大的家伙；我是个佛教徒，但是他一直想激怒我，也真是惹恼了我。我现在想着有一些狱卒还是对我们不错的，像是小兰德里（乔夫），他们使坏只是因为不得不奉命行事。[2]

狱卒大兰德里（约翰）在他的日记里强调，5704是最麻烦的一个犯人，"至少他是截至目前最常被处罚的犯人"：

> 每次见到5704，他总是一脸忧郁的样子，但是他的精神，也就是他自称的"怪异心灵"永远健在，他是犯人中意志力最坚强的一个，拒绝洗他的午餐餐盘，所以我推荐给他一个"脏兮兮"晚餐，并且减少他享受抽烟权力的时间——他有很重的烟瘾。

让我们再看看以下独到的见解。狱卒赛罗斯针对这次监禁事件，给了一个全面性的心理解析：

> 其中一个犯人，5704，实在太不合作了，所以我决定他把丢到黑洞里，本来那只是一个照惯例的日常程序，他的反

应却非常激烈，而我发现我必须保护我自己，他不是冲着我，而是冲着狱卒之名。他恨透我是个狱卒，他对这套制服很反感，虽然他只是将那个形象套在我身上，但我别无选择，身为狱卒，我只能保护我自己，为什么其他狱卒没有马上冲过来帮我？我想每个人都吓傻了。我发现我比他们更像犯人得多，我只是反映出他们的感觉。他们的行为没有选择的余地，至少我不认为我们有。我们都被情境压力击垮了，但是我们狱卒们比较有类似自由的幻觉，可惜在那个当下我并不觉得，否则我会停止。我们全都只是金钱的奴隶，可是犯人更惨，还变成我们的奴隶，不像我们只单纯是金钱的奴隶。后来我发现，我们只不过是环境里头某样事物的奴隶，想到"只是个实验"就代表这不会对真实世界带来任何伤害。但这只是自由的幻觉，我知道我可以随时中止一切然后离开，但是我没有，因为出去后没法当奴隶了。[3]

犯人吉姆4325同意在这个情境下的奴隶样貌："这个实验里最糟的事情，就是过度制度化的生活，而且全部犯人都要对狱卒们百分之一百二的服从，备受羞辱又成为狱卒们的奴隶，是最糟的一件事情。"[4]

然而，狱卒赛罗斯并没有让这种角色压力影响、干扰到挥展他的权势力量。他的记录里写着："我享受找他们麻烦的感觉，只有'中士'2093会让我感到困扰。他真的怯懦如鼠，我叫他帮我把我的靴子给擦亮上蜡，七次里他没有一次抱怨。"[5]

狱卒凡迪在他的想法中显露出不把犯人们当人看的感觉，而这样的想法也不知不觉地影响着他对他们的看法："星期四那一天，犯人们显得非常没胆，除了赛罗斯和5704的一阵扭打，算是

我不想见到的小小暴力意外。我想他们就像绵羊一样乖，我才不去理会他们的处境。"⁶

狱卒赛罗斯最后的评估报告中，还有一段狱卒不把犯人们当人看的叙述：

> 偶尔我会忘记犯人们也是人，但是我总是告诫自己，要体认到他们也是人。有时候我会简单地将他们想成"丧尽天良的犯人"，这样的情形经常发生，通常是在我下达命令的时候。很疲惫又感到厌恶时，脑袋里大概都是这么想的，而且我会采取实际行动，真的不把他们当人看，这样比较好做事。⁷

工作人员都一致同意，所有狱卒之中"最按规矩来"的是瓦尼施。他是里头年纪最大的狱卒，跟阿内特一样已经二十四岁了。他们两个都是研究所学生，所以比其他狱卒稍微成熟一些，赛罗斯、凡迪、约翰·兰德里都才十八岁。瓦尼施的换班日记报告最多也写得最详细，包括记录各个犯人不遵守命令的次数，而且他鲜少评论其他狱卒的作为，也没有在报告中提过任何工作上的心理压力。他只有在犯人违反规定时处罚他们，从不摆出专制权威的样子。瓦尼施的角色扮演已经全然内化在监狱的环境设置里头，他每时每刻都是一个狱卒。他并不像其他狱卒那样戏剧化又滥用职权，比如像是阿内特和赫尔曼。另一方面，他也不试图让犯人们喜欢他，像是乔夫·兰德里。他就只是做好他的例行工作，尽可能让工作进行得更有效率。我从他的背景资料晓得，瓦尼施有时会有点以自我为中心，从另一方面看来可能带点武断。

"相较于我们先前能做的，偶尔有些不错的方法可以减少骚扰犯人们的行为。"瓦尼施报告。

这提议展露出的不只是一个人的情绪敏感度，也可以看出一个人的思路，有趣的是瓦尼施在事后自我反应的分析。

> 刚开始进行这个实验时，我认为我也许可以在这个实验中确切扮演好我的角色，但是随着实验的发展，我却发现这个角色开始压迫我自己本来的样子，我开始觉得自己真的是个狱卒，开始做以前我认为自己无法胜任的事情。我感到惊讶——不，我感到沮丧——发现自己可以真的是个，嗯——用那样的方法做事让我非常不习惯，那是我做梦都没想到的事。而当我这么做那些事情时，我竟没有感觉到一丝一毫的懊悔，甚至一点也没有愧疚感。只有在事后开始反省我做过了什么，那样的行为才开始对我产生影响，而那是我从来没有发觉到自己的那一部分。[8]

犯人5704受到更大的折磨

犯人保罗5704攻击赛罗斯的事情，是早晨10点狱卒区的热门话题，从大夜班换到日班，当一组卸下制服结束一天的值班时，又是另一组的开始。他们同意他必须受到特别的注意和惩戒，因为攻击狱卒的事情是绝对不能容许的。

犯人5704现在不在早晨10点30分的报数列队里，因为他被锁在他一号囚房的床上。因为5704的闹事，狱卒阿内特命令其他人做70下俯卧撑。即使犯人因为餐点太少和缺乏睡眠的疲累已经渐渐虚脱，他们还是要做相当大量的俯卧撑——那是连我即使吃饱睡好也办不到的事。他们勉强就定位，不情愿又悲情地做着。

持续着前一天讽刺的主题音乐，犯人们被命令要唱得大声又清楚。《喔，多么美丽的早晨》和《奇异恩典》，再掺混圣歌版的《划、划、划小船》，后来保罗5704也参加了伙伴们的唱诗队，但口头上还是不顺从。再一次，他又被丢进了黑洞，他使尽力气尖叫咒骂，又一次捶打将黑洞隔成两半的木头隔板。狱卒们将他拖出来，扣上手铐，两个脚踝链在一起，才把他放回二号囚房，趁这个时间修理黑洞被破坏的部分。禁闭室现在必须隔成两间，才有办法同时容纳两名欠缺管教的犯人。

作为一个坚持有创意的真正犯人，5704不知怎的竟然将门链由内绑住铁栅，把自己关在囚房内，用力嘲笑那些狱卒们。又一次，狱卒们闯入了他的囚房，拖他回到修好的黑洞中，直到他隔天被带到假释委员会接受纪律委员听讯前，才放他出来。

5704不受约束的行为，终于打破了狱卒阿内特苦苦耕耘的平静表象。作为年纪较长的狱卒，社会学研究生，曾经在三所少年监狱兼过课，还曾经因为一场市民权利的抗议活动被起诉"非法聚会"（后来被判无罪）的阿内特，个性谨慎又拥有最多相关经验，却也是对待犯人们最无情的一个，在大厅之中，他的行为无时无刻不带着全然的专业。他的口头命令加上控制得当的身体姿态，成为狱卒之中最高的权势代表，就像电视新闻男主播那样，带着从头到脚一致的身体手势动作。深思熟虑说出每个字句，阿内特用简单明了的方式向周围传达他的姿态，很难想象有什么事情会激怒他，但也可以想见现在大家都想挑战他。

当5704卸下他房门的大锁、偷走我的警棍反捅了我的胃一下，而那是我自己的警棍（我刚刚才拿那个捅他）时，我有点不敢相信我竟然可以感到如此平静。其他时刻我觉得自己还挺放松的，我从来没有体验到使用权力的快感，指使、命令他们做事也没有让我感到得意洋洋。[9]

在监狱的设置下,阿内特因为他对一些社会科学研究的了解,占了一些优势:

> 我从阅读中了解监狱生活各种琐事的无聊乏味,了解要让一个人失去方向感那么就要监禁,给他无聊的工作;处罚特定个人的错误行为,还不如处罚其他犯人来得有用;必须操练的时候,该做好什么就做好什么。我对于社会环境控制的力量十分敏感,而我想要使用一些技巧来挑拨(犯人间)的疏离,只要使用一点点,就可以达到我要的效果,因为我不想要那么残忍。[10]

为了质疑我稍早释放了5704的事情,阿内特写信到委员会:"5704所有违法的行为已经多到我很难列出清单,他接连不断、非常非常不顺从命令,总是燃烧着暴力的火焰,情绪极度不稳定,而且一直尝试煽动其他犯人加入他不服从且不合作的行动。他做得不好,甚至知道其他人将会因他而被处罚,他还是一意孤行。他应该送交到纪律委员会严厉管教。"

犯人416以绝食抗议冲撞体制

犯人5704不是唯一受到纪律关切的,我们自从上个星期天到现在已经渐渐能适应这个地方的疯狂之处了,但旧的才去,新的又来。昨天犯人416进来代替第一个被释放的犯人道格8612,他不敢相信他双眼所见,并且希望马上停止实验离开这里。然而,他的室友告诉他,他不能够离开,其实那是犯人8612带回来的错误信息：要离开是不可能的，他们，不可能在实验结束之前就放任何人走的。这让我想起了当红的一首歌《加州旅馆》的歌词："你可以在任何时候结账，但你就是没办法真的离开。"

犯人416不去质疑、挑战这个错误的信息，反而使用被动的逃离手段。"我做了个计划，"稍后他说，"我会负起这个匆忙下签下合约的责任，但有什么力量是我可以孤注一掷来撂倒这个体制的呢？我可以向保罗5704一样反叛，但是使用合法的方式出去；我的感觉可能不是很重要，所以我表面上服从好达成我的目标，让自己执行不可能的任务，拒绝所有酬赏和接受所有他们的处罚。"（后来416发现这个法子不太靠得住，因为那其实是组织劳工对抗管理阶层时用的策略，也就是"在规则下玩耍"，正式的说法是"带着规则工作"[11]，但不管怎样，他都要揭露这个体制中固有的不合理之处。）

416决定使用绝食的方法，因为借助拒绝狱卒们所提供的食物，他可以夺回一些狱卒们强加在犯人身上的权力。看着他骨瘦如柴的身体，几乎像是难民营里头的难民。

在某些方面，克莱416从成为斯坦福郡大监狱犯人的第一天以来，受到强大的冲击就更甚于他人，他告诉我们有关个人的，甚至去个人化的分析：

> 我开始觉得我失去了自己的认同，是那个叫"克莱"的把我丢进这个地方的，是这个人自愿来参与实验的——因为这对我而言本来就是个监狱，现在对我来说仍然是个监狱。我没办法把它看作一个实验或模拟——是心理学家而不是国家所设立的——监狱。我开始感觉到我的认同正在流失，那个决定到监狱来的我，开始与我渐行渐远，似乎十分遥远。

> 我是416，这就是我的编号，416必须开始决定该做什么，就是在那当下我决定绝食。我决定绝食，因为那是狱卒给你的酬赏；虽然他们总是以不让你吃饭当做威胁，但是他们终究必须让你吃，所以当我停止进食，我的手中就多获得了一些权利，因为我发现一件事情——他们没办法摆倒我。他们如果没有办法让我进食，他们就只能吃大便，我的绝食有那么点羞辱他们的意味。[12]

他开始拒绝碰他的午餐，阿内特报告说，他在无意间听见416告诉他的室友他打算一直不进食，直到他得到他所要求的法律咨询为止。他说："再过12个小时，我就有可能会倒下去，到时候他们会怎么做？他们会屈服的。"阿内特发现他是个不折不扣的"无礼又在背后偷讲话"的犯人，在这场绝食抗议中，看不出他任何高尚之处。

这个新犯人准备发动大胆的计划，直接挑战狱卒们的权力，他的行动潜在地让他变成不流血运动英雄，这样可能会唤醒其他乖乖遵守规则的同伴们。相对之下，5407使用的暴力方式显然不能影响这个倾向系统权力的不平衡。我希望416能有办法想出另一个更可行的方式，唤起其他同伴一起加入这个不服从行动，用集体绝食来抗议严酷的对待。否则，我担心他若只是聚焦在自己内在的需求上，可能会引起其他人的敌对。

又有两名犯人崩溃

很显然地，5407和416所引的问题只是冰山一角，犯人1037的妈妈是对的，她的儿子里奇确实不太对劲。自从探访夜结束、他的家人离开之后，他就越来越忧郁。他希望他们能够坚持带他一起回家，不想接受他妈妈对他所属情境精准的评估，反而选择相信他的男子气概在那时受到了威胁。他想要证明他可以撑下去，"像个男人一样"，但他办不到。就像他的室友8612和819先前的二号囚房革命反叛那样，1037似乎承载了很重的压力。我带着他到监狱大厅外安静的地方告诉他，如果他在这个时候被释放，是再恰当不过的事了。他听到这个好消息时，又是欣慰又是惊讶。当我协助他换上原先的衣服时，他仍然有些恍惚，我告诉他可以拿到全额的酬金，感谢他参与整个实验，我们会和他保持联系，而其他的学生也会很快结束这个实验，完成最后的调查作业，然后拿到酬金。

犯人1037事后表示，这个实验最糟的一个部分就是："当狱卒们让我感觉他们真正用他们自己的内在来表达想法，而不是用狱卒的角色时。举个例子，有些操练的时间他们真的把我们犯人推向痛苦的深渊，有些狱卒看起来很享受把快乐建立在我们的痛苦上。"[13]

"大吉姆"，是我们研究团队给4325取的外号，看起来像是自视甚高的年轻人，事先筛选的评估也显示他在所有测量中都表现正常。然而，那个下午他却突然崩溃了。

"当假释委员会的结果快出来的时候，我很期待能够马上被释放，一知道里奇1037被释放而我却没有时，我开始感到这条路的漫无止境。这样的感觉开始侵入我的内在，我感到沉重无比的绝望感。最后我垮掉了。我晓得我的情绪比我的想象还要浓厚，我发现我原先拥有极美妙的生活，如果真正的监狱就像我走过的这里一样，我不晓得是不是能够帮助任何人。"[14]

我告诉他我曾告诉1037的事，那就是我们会这么快释放他，是因为他的表现良好，所以他被释放是很好的事。我感谢他的参与，告诉他我很抱歉没想到这个实验对他而言会如此严酷，并且邀请他回来和我们讨论我们所发现的东西。我希望所有学生都能回来，在事隔多日后分享他们在这里不寻常的体验。他收拾好他的行李，告诉我他认为自己不需要和学生健康中心的心理咨询师谈话，然后安静地离开。

典狱长的日志中记着："4325反应很糟，大约在下午5点30分时被释放，因为他严重的行为像是先前819（斯图尔特）和8612（道格）的行径。"这个日志擅自加入了自我的想象，并没有写出详细的事实，没有提到4325被哪个犯人或哪个狱卒所释放，就这么消失然后被遗忘。

从斯坦福监狱寄信回家

"今天所有犯人都写信告诉家人，在我们这里共度的美好时光，就如以往一样，犯人5486（杰里）重写了三次都还写不好。"狱卒马库斯报告说："这个犯人的行为和对权威的服从，已经从在模范三号囚房的时候不断恶化。自从囚房重新分配后，5486被他的新室友给带坏了，现在他的行为举止带着一些小聪明和滑头，特别是在报数的时候。他的行为目标只有一个——破坏监狱建立的权威。"

阿内特也在报告中说明这个先前的乖乖牌犯人现在变成了新的麻烦鬼："自从和三号囚房的4325及2093分开后，5486的行为就越来越走下坡；他变成一个爱开玩笑的捣蛋鬼，这样不恰当的行为应该适时被矫正，免得最后带领群体铸成大错。"

第三个日班的狱卒，大兰德里，也为这个心烦："5486开玩笑似的故意把信写得歪七扭八，代表着他就是不合作，我提议让他写15封像这样的信作为处罚。"

克里斯蒂娜加入疯狂派对

星期四假释委员会和惩戒委员会结束商议和讨论后，卡罗为了一些急事回到城里，我非常高兴不用陪他一起吃晚餐，因为我想尽早在探访时间出现，也就是犯人们刚吃完晚餐的时候。为了那天晚上的迟钝，我得向犯人1037的母亲道歉。另外，我也希望和委员会的新伙伴克里斯蒂娜·马斯拉什有个轻松点的晚餐。克里斯蒂娜最近才刚从斯坦福拿到社会心理学的博士学位，正要从柏克莱助理教授开始她的事业，也是十年内第一位受雇于柏克莱心理系的女性。她就像是静水中的钻石——聪明、稳重、沉默寡言。克里斯蒂娜曾经是我的课程助教，也是这项大计划的共同研究学者，更是我几本书非正式的编辑。

即使她没有耀眼的美丽，我大概也会对她着迷；对一个从布朗克斯区来的穷小子来说，这个高贵的"加州女孩"无疑会是心目中的美梦。可惜的是，以往我必须和她保持距离，为帮她写的推荐函避嫌。现在，她已经得到了以她实力应得的工作，我可以公开地追求她了。我没有告诉她太多有关这个监狱研究的事，因为她和同事、其他研究生已经排定程序，要通盘评估工作人员、犯人和狱卒；明天就是星期五，已经快到达成我们预定两个星期的一半。我觉得她不会喜欢下午在惩戒委员会看见听见的事情，但她并没有告诉我什么会让我心慌意乱的话——根本什么都没说。我们可以在稍后的晚餐桌上讨论她对卡罗的看法，同样地，我希望能够听到她在星期五的面谈信息。

神父言而有信地履行承诺

知道这只是个模拟监狱的神父，已经在先前好好地扮演了他的角色，并且为这个假监狱添加了许多真实性。现在，无论是谁要求他帮助，他都得执行他答应协助的承诺——而且十分卖力气。麦克德莫特神父打电话给修比7258的母亲惠特罗太太，表明她的儿子如果想要离开斯坦福监狱，就需要法定代理人。其实不用他说她儿子有多想回家，她也会把他带回家，因为光是在探访夜看见修比的样子，就知道修比想对她说什么了。她打电话给她的外甥蒂姆，那个公众辩护机构的律师，要他打电话给我，和我们约定了星期五早晨时来个探访，又在不真实中再加注了真实情境的元素。我们这场小戏，如今就像改写的卡夫卡作品《审判》(The Trial)或是皮兰德娄重新修增的作品《死了两次的男人》(Il fu Mattia Pascal)、广为人知的剧本《六个寻找作者的剧中人》(Six Characters in Search of an Author)。

检视镜中的英雄

有时候，我们需要时间和距离才能了解生命宝贵的一课。像是马龙·白兰度(Marlon Brando)在《码头风云》(On the Waterfront)的经典台词"我能为王"。克莱416可能会这么说，"我能为英雄"，但在这个当头，他只想成为一个"麻烦制造者"，也导致了他和同伴间的紧张关系——想反叛却没头没脑。

英雄气概也需要社会支持，我们通常会颂扬个人的英雄事迹，但如果他们的行为会影响其他人，让我们无法了解他的动机，那么我们就不会这么做了。英雄抵抗的种子，最好播种在整体大众分享的共同价值和目标。我们看过许多这样的例子，像是因对抗种族隔离政策而被监禁在南非的曼德拉。当纳粹屠杀犹太人的时候，许多欧洲国家组织都提供犹太人逃离或为他们安置藏匿之处。绝食抗议常常被使用在政治目的上，北爱尔兰共和军领袖，甚至还在他受监禁的贝尔法斯特市的长基监狱（Long Kesh Prison）绝食致死，其他爱尔兰国家政治解放军也使用绝食抗议来压迫当局。[15]最近，许多在古巴关塔那摩未经判决就被监禁在美国军事监狱的犯人，也用绝食抗议来捍卫非法和残忍的待遇，引起媒体对于事因的关注。

至于克莱416，即使他有了一个自觉有效的对抗行动计划，却没有花太多时间来向他的室友或其他犯人解说，以决定是否联合全部的力量，一起对抗狱卒。如果他这么做了，他的计划就会变成一统的原则，而不会被认为是个人病态坚持的事，也比较能对邪恶的系统产生集体的挑战。或许因为他比别人晚来到这里，其他犯人对他认识不多，也觉得他前面几天都没有辛苦到。但不管如何，他就是个"外人"。我想，这也许是416内向的性格导致他和同伴的疏离。他一向习惯自己面对，用细密的思虑过自己的生活，而不是用在人际间的联系上。无论如何，他的反抗至少对一个犯人产生强大的影响——尽管这个犯人的监狱体验已经结束了。

杰里5486，最近被假释委员会认为是"自作聪明的人"，明显地被416无畏残酷虐待的英雄行径所影响："我对克莱绝食的坚定印象十分深刻，我希望他可以贯彻始终。他对接下来事情的发展有着绝对的影响力。"在事后的回顾中，5486说：

> 有趣的是，当世界第一顽固的克莱416铁了心坚决拒吃他的香肠时，所有人反而对他反弹。在实验稍早期间他可能会是他们心目中的典范，因为许多人说他们要坚强起来绝食抗议冲撞体制，但是真正有人拿出胆子来做时，他们却反对他。他们宁愿日子舒服好过一些，也不愿看他坚持他的正直。

杰里5486记录着416和7258间的冲突如何让人不快,"在修比和克莱之间,就只有香肠和女朋友。"稍后,他有了比较好的观点来解释这场冲突,但是他没办法在事情的当下看清事实的真相,采取行动来干扰和制止他们:

> 我发现所有人都对整件事情敬而远之,不论是他们自己受苦还是其他人受苦。看他们竟然这么想实在太让人难过,特别他(修比)没有发现这点,他之所以见不到女朋友其实是"约翰·韦恩"的错,不是克莱的错,(修比)吃了饵上了钩,巴不得把克莱碎尸万段。[16]

同时,刚从禁闭室回来的克莱416好像打坐那样,也让保罗5704以他为荣,不过我们不晓得,他是否知道克莱用禅宗的方式静坐只是为了让自己心情平静。

> 我不断地冥想,举个例子,当我拒绝晚餐时,狱卒(柏登)把全部犯人都放出囚房,试图骗我探访夜就要取消了,这些鸟事,我早就计算过不会发生的,但是我并不确定,只是计算可能的概率。我盯着法兰克福香肠滴出小水滴落在我的锡盘上发光,我只是看着小水滴,专注在我自己身上,我水平于天,垂直于地,没有人可以打扰我,我在黑洞中有了宗教的体验。[17]

这个骨瘦如柴的孩子,在他被动的对抗中发现了他内在的和平,控制了自己的身体,引导他避开狱卒。克莱416用行动展现了他的个人意志,战胜制度的力量。

在一个得势的晚班狱卒前拒绝食物，让我第一次感到如此满足。触怒他们（狱卒赫尔曼）让我很开心。在被丢到黑洞的那天晚上，我欢欣得意，因为我感到我有所得，确信我可以消磨他的气焰（过去我也曾经这么对付他）。我惊讶地发现，我在禁闭室里头更有隐私——真是奢侈。他对其他人的处罚与我无关，我一把赌在这个情境的缺点上，我知道，我算计过，受访的权利应该不会被夺走，我已经准备在黑洞中待到隔天早上，说不定要到 10 点。在黑洞里，我离我所熟悉的"克莱"好远，在那个当下我是 416，也情愿和骄傲着自己是 416，我对这个号码产生认同，因为 416 发现对这个情境有他自己的反应。我感到不需要再紧抓着我旧有的名字不放。黑洞中只有一个由上而下、衣橱门的四英寸小细缝可以透下光亮，我光看着这小小的光亮心中就充满平和，这是这座监狱里最美妙的事情，我指的不是单单看着它，而是深入的透见。当我在晚上 11 点左右就被释放，并且回到床上时，我感到我赢得的，就是我的意志，到目前为止，远远比在黑洞时内在意志更加坚定。那晚我睡得很沉稳。

没心没肺的家伙

科特·班克斯告诉我，所有狱卒之中他最不喜欢也最不屑的就是柏登，因为他现在就像是赫尔曼的小跟班，仰赖那个大个头的鼻息。我也这么觉得，即使从犯人的观点来看也对，他是最不顾犯人的精神是否完好的一个。有个工作人员无意间听到柏登自吹牛皮，说他前一晚勾引了朋友的太太。他和其他三个朋友是固定每周的桥牌搭子，过去他虽然暗恋这个二十八岁、两个孩子的妈妈，但始终有色无胆、不敢有所行动，直到现在！或许是因为现在他尝到权威的快感，因此给他了勇气去欺蒙好友、勾搭好友的太太。如果这是真的，我就真的没有喜欢他的理由了。然后我们发现，他的母亲是由德国纳粹屠杀中逃出来的难民，让这个复杂的年轻男人在我们的评估单上加了一点正面分数。柏登的值班报告，令人惊讶地详细描写了例行性的校正行为。

> 我们的权威管理有了危机，这个反叛（416的绝食）潜在地侵蚀了我们对其他人的控制基石。我必须知道每个号码的习性（很有趣的是他叫他们"号码"，公然露骨地羞辱犯人）；我在监狱里时，便试图利用这些信息扰乱他们。

他也指出他和其他狱卒缺乏后盾："真正的问题开始于晚餐——我们重视监狱中的威权，希望能够控制这次反叛，因为我们担心他不吃东西……他们却看起来心不在焉。"（我们承认，没有提供监督和训练的确有罪过。）

我们对狱卒柏登的负面印象，在他接下来做的事情又扳回一城。"我没办法忍受他（416）继续待在黑洞里头，"他说，"看起来很危险（我们同意禁闭时间最多一小时），我和贾菲争论，然后安静地放新犯人416回到他的囚房。"他补充，"但是为了给他一点教训，我要他带着香肠睡觉。"[18]

这件柏登所做的善事，从杰里5486那儿得到了证实。5486率先自愿放弃他的毛毯，让给克莱416使用："'约翰·韦恩'的大声嚷嚷、满口胡说让我很不舒服，（柏登）知道我同情克莱的处境，而告诉我他不会让他待在那里一整晚：'我们会在大家睡着之后尽快放他出来。'他轻声细语地跟我说，接着就又回去开始假装他是个冷酷无情的男人。好像他在暴风雨来袭之际，需要说出一些真切的实话。"[19]

也不是只有杰里5486站在416的角度看事情,但只有他觉得遇见克莱是他碰到过最棒的事:"我看见一个男人中的男人,知道他自己要的是什么,为了达成目标愿意忍受任何事。他是唯一不会出卖自己灵魂的男人,不妥协,也不会因此而被击垮。"[20]

在小夜班的值班报告里头,柏登注记着:"剩下来的犯人里没有'团结'这两个字,只有5486还在要求应该公平地对待每个人。"(我同意,基于这一点,杰里5486的确比其他犯人更值得尊敬。)

这个紧张状态持续许久的经验,增进了我对复杂人性的欣赏,因为当你以为你了解某个人,最后却发现,你只是在有限的、直接或间接的接触中看到他们内心当中小小的一面。当我也开始尊敬克莱416,因为在面对如此强大的反压时,他惊人的意志力,我发现他并不全然是神人。他在最后的面谈中告诉我们,因为他绝食而导致其他犯人受罚的想法:"如果因为我尝试要出去,而狱卒因此制造一个情境让其他人变得很难过,我才不吃这套!"

他的朋友杰里5486提供了一个极好的观点,来解释监狱中这个他身在其中,且迷失其中的复杂心理游戏:

> 实验进行越来越久,我只能以这段话来解释我的行动:"这只是场游戏,而我晓得且我可以轻松地忍受它,他们不会影响我,我会完成这个活动。"这对我来说还好,我开始享受这些事情,计算我赚了多少钱,并且为我的逃脱作计划。我感到我的脑袋清楚无比,而且他们没办法让我沮丧,因为我和他们完全分离了,我只是看着事情发生,但是我发现不论我的脑袋多么冷静,我的犯人行为常常不在我的控制之下。

不管我对其他犯人多么开放友善且热心助人，我依然在内心里运作一个孤僻、以自我为中心的人，宁可麻木不仁也不能同情心泛滥。我在这样分离的状态下过得很好，但是现在我发现，我这样的行为常常伤害其他人。我不但不回应其他人的需求，还假设他们也像我一样处在分离的状态，而且可以感同身受我这样自私的行为。

最好的例子就是当克莱（416）和他的香肠一起关在禁闭室的时候……克莱是我的朋友，他知道我在绝食事件中是站在他那边的。当其他犯人也试图叫他吃东西时，我觉得我必须在晚餐饭桌上帮助他。当他被关进衣橱时，我们被叫去对着黑洞大叫，且用力敲打黑洞的门，我也跟着别人这么做。我的简单合理解释是"这只是场游戏"，克莱知道我站在他那边。我的行为起不了什么作用，所以我只好继续迁就狱卒。之后我才了解，那样不断地吼叫和敲打，对克莱而言是多么无情。我竟然在折磨我最喜爱的人，而且只是用这样的话来合理我的行为："我只是肉体上跟着行动，他们还无法控制我的想法。"其实当时最重要的是：别人会怎么想？他会怎么想？我的行为会怎么影响他？在狱卒面前我对他们有责任，我必须分离我的想法和行为，我可能会因为做了某些事而导致大家都受罚，但只要我将责任转向狱卒们就可以。所以我在想，或许当在实验时，你没有办法如此清楚地将心灵和行为分开——我不因此感到沮丧，我不会让他们控制我的想法。但是当我回顾我的所作所为时，他们似乎强势且微妙地控制了我的想法。[21]

第8章 星期四：对峙时刻

"你对这些孩子的所作所为真是可怕！"

星期四最后上厕所的时间是从晚上10点开始，克里斯蒂娜在假释和惩戒委员会结束后，到图书馆开始安静地处理她的部分工作。她接着要到监狱进行第一次访问，所以开车到校园附近的城郊购物中心载我，打算和我到斯蒂克尼餐厅吃有点晚了的晚餐。我在警务长办公室重温一次隔天大量面谈所需的资料时，看见她和一名狱卒聊天，谈话结束后，我招手向她示意来我办公桌旁的椅子坐下。

后来她也描述了她这段"奇妙地遇见了一名特别狱卒"的经验：

> 1971年8月，我刚拿到我在斯坦福的博士学位，当时我和克雷格·黑尼在同一个办公室工作，准备开始我在加州柏克莱大学的助理教授新工作，当时的相关背景应该还包括我和菲利普·津巴多坠入情网的事，我们甚至开始考虑结婚。
>
> 虽然我曾经从菲利普和其他同事那里知道监狱模拟实验，但我没有参与前置作业或刚开始正式模拟的日子。一如往常，我想我会越来越感兴趣，或许有天也一起加入行列，但是我当时正在搬家，我的重心放在准备教学工作上。然而，当菲利普询问我时我也答应了，就当帮个忙，协助执行一些和研究参与者面谈的工作……
>
> 当我走下通往地下室监狱的阶梯时……我选择大楼的另一角，也就是狱卒们通往大厅的入口；大厅入口边有个小房间，是狱卒还没有勤务或已经脱下制服时，稍作休息的地方。我和其中一个等待值班的狱卒谈话，他非常亲切又有礼貌，

怎么看都是个大家公认的超级好人。

后来有一名研究工作人员认为我应该再看一下大厅,因为新的大夜班狱卒要来了,而且是恶名昭彰的"约翰·韦恩"。"约翰·韦恩"是他们给这个狱卒取的绰号,是里头最引人注目又最凶狠的一个,他的名声已经以各种形式传到我耳中。当然,我非常希望能够见到他本人,了解一下为什么他会特别受到这么多人的注意。当我就地观察情况时,我非常非常震惊——他就是刚刚和我聊天的那个"超级大好人"。才不过几分钟,他就好像从头到脚换了个人,不但走路的姿态不同,讲话也完全不同——带着南方腔调……他正在大喊叫骂犯人,命令他们"报数",所有不在他规矩里行事的,都被视为对他的无礼和挑衅。刚刚我才对话的那个人,现在有了如此惊人的转变——只是因为踏过真实世界和监狱大厅的那条线,他就立刻转变了。在他军事风格的制服之下,手中握着警棍,乌黑且银光反射的太阳镜遮住他的双眼……这家伙俨然是凶狠、严肃、出色的全职监狱狱卒。[22]

就在刚刚,我看着大家被链在一起上厕所的行列经过警务长办公室敞开的大门,一如以往,他们一个一个被脚踝的锁链串了起来;大纸袋盖住了他们的头,每个犯人的手臂都搭在前一人的肩膀上,由狱卒小兰德里引领整个队伍。

"克里斯蒂娜,看这个!"我大喊,她抬头一看,马上又低下头。

"你看到了吗?你会怎么想呢?"

"我已经看见了。"但她还是撇开视线。

她的漠不关心,让我很吃惊。

"你这是什么意思？你难道没发现，这是个人类行为的严厉考验，我们看见了先前没有人见过的情境。你怎么了？"科特和贾菲也加入劝说她的行列，她却没办法回答我。她情绪非常痛苦，眼泪滑落她的脸颊："我要走了，晚餐就算了吧。我要回家了。"

我追着她跑出来，和她在乔登大楼心理系馆前的阶梯上辩论。我质问她，如果她在研究过程这么情绪化，怎么做好一名研究者。我告诉她有一打人来过这个监狱，却没有一个像她有这种反应。她很生气，不在乎是不是全世界都认为我做的是对的，对她来说错就是错，男孩们在受苦，作为一个主要的研究者，我个人必须担起他们受苦的责任，他们不是犯人，不是实验受试者，他们不过就是男孩们，年轻人，而他们被其他在这个情境下失去道德指针的男孩们羞辱着。

后来，她充满智慧和怜悯心来回忆这个强烈的冲突。但是在那个当口，却像一巴掌打在我脸上，把我从过去一个星期每天日夜在做的噩梦中打醒。

克里斯蒂娜回忆：

> 大约晚上11点时，犯人们在睡前被带到厕所。厕所在犯人大厅外，为了不让犯人见到监狱之外的人和事物，打破整个创造的环境，所以上厕所的例行公事就是把纸袋套在犯人的头上，这样他们就不能看见任何东西，并且还将他们锁在一起，才带他们走出大厅，经过锅炉室到厕所再循原途折回。这也给了犯人一个大厅距离厕所很远的假象，其实只在玄关转角附近罢了。

克里斯蒂娜继续她对重要的那晚和现实交锋的回忆：

当厕所之行在星期四深夜开始时,菲利普兴奋地告诉我,应看看先前我所读过的报告中提到的事:"快,快——看现在发生了什么事!"我看到蒙着头碎步行走、被锁住的犯人们,同时看见狱卒大声地训斥他们。我很快地转开我的视线,完全被令人胆颤作恶的感觉所湮没了。"你看见了吗?快来,看——很吓人的!"我没办法承受再多看一眼的压力,所以我迅速地回了一句:"我已经看到了!"那引起了菲利普(和其他在那里的工作人员)一阵讨伐,他们认为我出了问题。极佳的人类行为揭示在眼前,而我,一个心理学家,竟然连正眼也不瞧?他们不敢相信我的反应,认为我可能是对这个没有兴趣。他们的评论和嘲笑让我觉得自己很愚蠢——和这个男性世界格格不入的女性。除此之外,看见这些可怜的男孩们在非人性的对待下饱受折磨,也很让我反胃。

她也提醒了我们先前的冲突和初衷:

没多久,我们就离开监狱了。菲利普问我怎么想这整个实验,我确定他很期待我会与他展开对研究和刚刚目击事件的热切、精辟辩论。但是我却没有如他所愿,取而代之的是我爆发开来的情感(我通常是个泰然自若的人)。我生气并且害怕到哭,跟他说了类似这样的话:"**你对这些孩子的所作所为真是可怕!**"

接着才是一场激烈的辩论,这特别令我害怕,因为菲利普似乎变得和以前我认识的那个男人很不一样,以前的那个男人爱他的学生,并且处处为他们设想,俨然是大学里的传奇。他不再是那个我所爱的,温文儒雅、对于他人需要(当然对我也是如此）十分敏感的男人。在此之前我们从来就没有这样大吵过，这也让彼此不如以往亲近，那时的我们，似乎分别站在深渊的两边。突如其来且令人震惊的菲利普的转变（和我内在的转变）威胁着我们之间的关系。我不记得我们争吵了多久，只觉得很久而且令人痛苦不堪。

我唯一晓得的是，最后菲利因为他这样对待我而向我致歉，也了解是什么在慢慢地影响他和研究中的每一个人：他们都内化了一系列毁灭性的监狱价值，这让他们离人性的价值越来越远。在那个时间点，他面对身为一个监狱创办人的责任，并且决定要终止整个实验。午夜刚刚过去，他决定要在早上就终止实验，在联系过先前释放的犯人后，他呼叫所有的值班狱卒和犯人，请他们提供完整的报告日志，而他们每个人都答应了。这个沉重的负担也从他、从我和我们的关系中移除。[23]

你是公骆驼，现在拱起背峰

我回到碉堡中，为了终于可以放下心中大石，甚至为了中止这个研究而高兴不已，我等不及和科特·班克斯分享这个决定，这个男人日夜负责巡视摄像机，不管他是否有家庭得照顾。当他目击了我不在场时的情境时，高兴地告诉我他也正想建议中止这个研究，越快越好。我们都很遗憾克雷格今晚不在这里，不能和我们一起分享中止游戏的喜悦。

克莱416在我们认为是严厉考验之后的冷静举止，激怒了赫尔曼。赫尔曼仿佛永无止境地让他们报数直到一点钟。这些逐渐缩小成五人团体的沮丧犯人（416、2093、5486、5704和7258），有气无力地面墙站着，背诵他们号码的规条和歌曲。但不论他们做得再好，总是有人会以各种方式被处罚。他们被吼叫、咒骂而且被迫辱骂彼此。"告诉他，他是个眼中钉。"赫尔曼大喊之后，换一个个犯人接着下去说，紧接着，昨晚的性骚扰又开始冒了出来，男性荷尔蒙到处飘荡。赫尔曼对着他们全部人咆哮："看到那个地上的洞了没？现再做25下俯卧撑，'操'这个洞！你们都听到了！"一个接着一个，犯人们在柏登的强迫下照着命令这么做。

"约翰·韦恩"和他的跟屁虫柏登简单讨论后，又设计出新的性游戏。"好，现在请注意！你们现在要变成母骆驼，过来这里弯下腰，手要碰到地。"（他们这么做就会露出赤裸的屁股。）赫尔曼看不出有什么高兴的样子，"现在你们两个，你们是公骆驼，站在母骆驼后面'激怒'他们。"

这个双关语让柏登咯咯傻笑，即使他们的身体完全没有碰触到，但是无助的犯人的动作就好像在模拟鸡奸。终于，狱卒们回到他们的休息室，犯人也被打发回房。我清楚地感觉到我昨晚的噩梦现在成真了。我很庆幸现在我还能控制住这个局面，而且早上一口气就结束它。

很难想象竟然只在五天内就发生这样的性羞辱，这些年轻人全都知道这只是个模拟监狱的实验，此外，一开始他们也都知道"其他人"跟他们一样是大学生，只是随机被分派到两组扮演这些对比的角色，两个组别没有任何与生俱来的差异。开始时看起来他们都像是好人，当狱卒的人知道，只要随机分派的硬币换个面，现在就可能是他穿着囚衣，被这些原先受他虐待的人所控制。他们也很清楚，对手并不是因为犯下任何罪行而该得到如此低贱的地位。然而，有些狱卒还是转变成邪恶的加害者，其他的狱卒则顺其自然、间接被动地造就他们的恶行。也才会有正常、健康的犯人在情境的压力下崩溃,而剩下幸存的犯人们,都变成了如行尸走肉的跟随者。[24]

我们身在这艘人性的探索船上,对这个情境的力量有更直接且深层的探究。在其中,只有几个人可以抵抗情境的诱惑,不向权力和威权低头,同时又维持住一些道德和宽容的样貌。相形之下,我的地位显然并没有那么崇高。

第 9 章

星期五：淡出黑暗

结束我们的监狱生活之前，还有几个小时得处理很多事情。科特、贾菲和我已经忍受了闹哄哄的一整天，此外，天亮前我们还得决定所有流程的安排，包括听取汇报、最后的评估、酬劳的支出和个人物品的领回，还有取消原定明天下午要来帮忙我们与实验相关人员面谈的同事们。我们也必须取消学校餐厅的自助餐服务，退回向校警借来的吊床和手铐，还有许多其他事情。

我们知道，我们一个人要当两个人用，必须继续监视大厅，只能小睡一下，安排最后一天的行程。我们会在公众辩护律师参访之后，立即公布实验的最后结果。早上的行程已经安排好，很适合让我们回顾整个实验。我们决定，在我直接告知犯人这个好消息之前先不让狱卒知道，我猜想狱卒知道研究竟然要提早结束会非常生气，特别是现在，他们已经相信可以完全控制住情势，而且接下来的一整个星期，只要稍做修正就能够得心应手。他们已经学会怎么当个"狱卒"。

贾菲会联络五个稍早释放的犯人，邀请他们下午回来和我们一起总结汇报，并且领取补足一整个星期的酬劳。我必须告诉所有狱卒，要么就在下午时间都过来，不然就是先等"特别事件"召唤再过来。所有工作人员都在星期五参与过局外人的面谈，狱卒也许期待着什么新的元素，却一定料想不到，他们的工作竟然会突然终止。

如果一切都按照计划行事，下午1点钟会有大约一个小时的犯人们汇报时间，同样地，接下来狱卒们也会用掉约一个钟头，最后才是所有狱卒和犯人齐聚一堂。当前一组忙着听讲时，后一组会完成最后评估的表格，拿到他们的酬劳，并且有机会保留他们的制服当纪念品，当然也可以选择归还。如果喜欢，他们也可以拿走大厅里头我们设置的任何标记，每个人都可以很快地借助观看实验的录像，用一个比较客观独立的视角，来跟其他人讨论他们的感受。

我在楼上的教授办公室折叠床上打了个小盹，这却是我这星期睡得最熟的一次。我要大夜班的狱卒让犯人睡个好觉，尽量减少任何对犯人的敌意挑衅。他们耸耸肩，点头答应，表现得就像爸爸不让他们在游乐场玩，让他们很扫兴的样子。

星期五的最后报数

这是一整个星期以来第一次，犯人被允许可以不间断地睡足六个小时，他们累加的睡眠债，应该已经以复利方式加成累积了不少。很难评估每晚频繁地中断睡眠和做梦，会对他们的心情和想法造成多大影响，想必影响甚巨。较早被释放的犯人们的崩溃情绪，大概也会被夸大成因为他们的睡眠干扰。

现在是清晨7点5分，报数只以无伤大雅地大声喊出号码的形式持续了十分钟。接着提供新鲜的热早餐给剩下的五位幸存者，不出所料，克莱416还是拒绝吃任何食物，即使其他犯人好声好气地鼓励，他还是不为所动。尽管我叫他们要好好地对待犯人，狱卒们仍然强硬地处理克莱的持续绝食。"如果416不肯吃他的早餐，那么每个人都要做50下俯卧撑。"克莱416虽然双眼一直瞪着餐盘，却仍旧动也不动。凡迪和赛罗斯试图强迫喂食，硬塞食物到他的嘴巴里，但很快就被他吐出来。他们要5704和2093帮忙，但还是没用。克莱416被带回囚房，强迫他和他的晚餐香肠"做爱"，赛罗斯命令他爱抚它们，抱它们，并且亲它们。克莱416全都照做，但不吃就是不吃，一口都不吃。对于416的反抗和不顾虑同伴的狭窄心胸，狱卒凡迪很不开心。凡迪在他的日记中记着："当416拒绝吃东西时，我又一次气炸了。没有任何方式可以让食物通过他食道，即使我们叫其他犯人试着帮忙也是没用。赛罗斯叫这个犯人对他的隔夜香肠又抱又亲的缠绵，我想没有那个必要，我才不会叫犯人做这种事情。"[1]

那么，狱卒赛罗斯又怎么看他自己的这个行为呢？他的日记写着：

> 我决定对他强迫喂食，但他还是不肯吞进去。我让食物沾满他的脸，慢慢从上头滑落，我不敢相信这是我做的，我讨厌自己强迫他吃东西，我恨他不吃东西，我恨人类行为的真面目。[2]

日班如常在早上10点到来，我告诉领头的狱卒阿内特，由于法定代理人即将到来，他们必须冷静、成熟、稳健地按照规定行事。尽管克莱416以禅修冥想稳定情绪，表面的平静还是有些奇怪的改变。阿内特在他的日班值班事件报告中写着：

> 416非常神经质，我带他去厕所时只因为要将纸袋拿下，

他就急忙抽身,不让我靠近。我告诉他我不会带他去别的地方做什么(因为狱卒们常常心怀不轨),只是要让他上厕所,但他还是非常紧张,很怕再被处罚,甚至连进厕所时都要我替他拿着香肠。上完厕所后马上就从我手中拿回香肠,因为另一个狱卒命令他随时都要带着。[3]

公众辩护律师的对与错

我只见过蒂姆一次,而且时间很短。他是在当地公众辩护律师所工作的律师,很好奇也质疑整个事件的来龙去脉。因为外甥而浪费宝贵的时间,显得心不甘情不愿。我向他说明这个研究的特色,也告诉他我们执行实验时有多么严谨,请他好好看待这件事情,说不定,他以后也会有代表一群真正犯人的机会。他同意,并且先单独见过他的外甥修比7258,接着才是其他犯人。他也同意我们在一楼实验室,也就是假释委员会开会的地方,秘密录下整个过程。

这两个亲戚见面时,小心翼翼的见外程度让我感到惊讶。没有任何征兆会让人觉得他们有亲戚关系,或许那是北欧裔美国人的方式,但是我想至少应该有个拥抱,而不是形式化的握手、"能再次见到你真好"这种客套的问候。律师蒂姆宛如例行公事地跑过一次标准流程,由先前准备好注意事项的清单一项一项地询问犯人,在犯人回答后稍做停顿,做个记录,没有任何评论,接着再依序询问下个问题:逮捕的时候有宣告你的权利吗?有没有被狱卒骚扰?狱卒有任何虐待的行为吗?在压力下喘不过气,精神上的折磨?囚房的大小和情况?合理的要求有被驳回吗?典狱长的行为,有没有不能接受的地方?有提醒你可以申请假释吗?

修比7258愉快地回答这些问题，我想他已经认定，在他的表哥完成这个标准程序后，他就可以离开这座监狱。这名犯人告诉他的公设辩护律师，狱方说他们不可能离开这座监狱，没有人可以破坏合约。这个公设律师提醒他，如果合约上有"若不参与研究就没有工作酬劳"，这样他们随时都可以离开。"有这一条，我也在假释委员会听讯时说我不要酬劳，但是没有用，我还是在这里。"[4]修比7258条列了他的抱怨清单，还说犯人416惹麻烦的行为让他们全部人都快疯了。

狱卒们一一押送其余的犯人到面谈房间，如同以往蒙起了头。还有个狱卒开玩笑说，现在可以"掀起你的头盖来"了。狱卒离开后，我在犯人后面坐下。这位辩护律师把问修比的问题又照本宣科地问了一次又一次，鼓励每一名犯人尽量诉苦。

克莱416领先群雄，第一个抱怨假释委员会对他施加压力，强迫他认罪；他拒绝照做，因为他从来没有正式地被起诉。他的绝食，一部分是因为他想要借此让他的非法监禁引起注意，因为他没有被起诉就被囚禁。

（再一次，这个年轻人的态度困扰了我；很清楚地，他正用复杂又矛盾的方式运作他的脑袋。他在面谈中都使用法律专有名词来谈论问题，时不时就提起实验合约中犯人的权利义务和惩治的规则，就是没有提到某种"新世纪"的神秘冥想。）

克莱看起来似乎孤注一掷，想要把全部的话告诉这个真的在倾听的人。"有几个狱卒，我不想说他们的名字，"他说，"对我的行为非常不客气到了可能伤害我的程度。"他企图正式地提出控诉，并且"如果有必要的话"要律师建档留下证据。"这些狱卒鼓动其他犯人一起反对我，以我绝食为由，不让其他犯人见客。"他向怯生生看着他的修比7258点点头，又说："我被关进黑洞时吓坏了，他们还叫犯人用力打门，他们自己是有制订反对暴力的规则，但我还是担心情形可能失控。"

下一个说话的人是"中士"2093。他说有些企图不良的狱卒会故意骚扰他，但是他很骄傲地声明，他们最后都没有得逞。他也据实叙述，甚至当众示范了某个狱卒命令他做很困难的俯卧撑——当时，有另外两个犯人坐在他背上。

公设辩护律师听了很吃惊，皱起眉来，认真地写笔记。然后，高大的保罗5704抱怨狱卒利用他抽烟的习惯操纵他；好人杰里5486则抱怨没有个人口味、比较像是大众阶层、分量也不够的食物，又常常少吃一餐，更被永无止境的半夜报数耗尽了力气。有些狱卒的失序行为实在太过分了，而且他们缺乏高层的监督。当他转过头来看着我时，我有些畏缩，但是他抓到重点了——我是有罪恶感。

公设辩护律师整理完笔记后，表示他很感谢所有犯人提供的信息，并且说他会在星期一以正式的报告建档，试着安排他们的假释。当他起身要离开的时候，修比7258忽然大声说："你不能自己走了，留我们在这里！我们想要现在就跟你走！我们没办法再撑过一个星期，甚至一个周末！我以为你会为我和我们安排，让我们能够假释，现在，求求你！拜托你！"蒂姆被这个突如其来的激动发言吓了一跳，只好形式化地解释了他的工作可以做到什么地步，有什么样的限制，而现在他还没有足够的能力帮助他们，等等。这五个幸存者似乎都心知肚明——他们的高度期望，已经被法律上的屁话所湮没了。

蒂姆在事后的信中告诉我他对这个特别经验的想法：

犯人们要求法律权力

……为什么犯人没有办法要求法律上的实时协助，另一个可能的解释是，自认有至高无上权力的中产阶级白种美国人，总是没办法想象，有一天会被丢到罪犯的竞技场。而当他们发现身处那样的情境时，就会失去客观评估环境的能力，只能以他们认为的其他方式去行动。

权力让情境扭曲

……钱币贬值相较于人身自由的减少是更明显易见的（在我目睹的这场行动中）。你应该记得，在我做了假释的建议后，他们那些强烈期待被解放的渴望。这样的监禁显然完全具有渗透力，即使他们知道这只是一个实验。很显然地，禁锢本身是痛苦不堪的，不论是为了法律上的因素或是其他原因。

注意：实验结束，你们自由了！

这个公众辩护律师的一席话让犯人们的希望破灭了，极为明显的托词让所有犯人紧绷着脸。这个公众辩护律师——和他们颤抖的双手握别，接着离开房间。我请他在外头等我一下，接着我走到桌子前面，请犯人们注意听我接下来要说的话。他们很难再有足够的动力来注意任何东西，他们希望能够迅速地被释放的希望正因这个律师非正式对待他们的困境而破灭。

我有重要的事情要告诉你们，所以请注意听我说："实验结束，你们今天可以离开了！"

没有立即的反应，就连脸上的表情或是肢体语言动也没动一下，我察觉到他们感到困惑，又抱持着怀疑，好像这可能又是另外一个对他们反应的测试。我继续缓慢地且尽可能清楚地说："我和其他研究工作人员决定结束这个实验，就在此时此刻，我们正式结束实验了，而斯坦福郡大监狱关闭了。我们谢谢你们扮演每个重要的角色，而且——"

欢呼喝彩取代先前的阴暗无语，拥抱、拍背，展露的笑容打破了长时间惨兮兮的脸孔。乔登大楼欢声雷动充满喜悦，这是个欢欣鼓舞的时刻，不只是幸存者由囚禁中解放，自此以后我也终于，永远地，摆脱监狱典狱长的角色。[5]

旧权力倒下，新势力崛起

我克服了绝对权力的催化，体验了能够做什么或是说什么而能为别人带来绝对的欢欣的冲击。接着我誓言要把我所有的权力用在善的一面，对抗恶势力，帮助人们从强迫性的自我监禁中释放出来，对抗那些歪曲人类幸福和公平正义的制度。

过去一整个星期我都在使用负向的权力，作为一个模拟监狱的警务长，我被我自己所建立的系统影响。此外，我过分注重基础研究，歪曲了我该提早终止实验的判断，或许我应该在第二个正常健康的受试者情绪崩溃的时候，就应该暂停实验。当我只注重在抽象上概念议题，行为情境的力量对上个人天性的力量，我看不见背后全盘影响的"系统"，而那正是我协助创造和维持的。

是的，克里斯蒂娜确实让我明白，我允许这些事情发生在无辜的男孩们身上真是糟透了。虽然不是直接的虐待，但我错在没有阻挡虐待的发生，而我支持整个系统独断的规则、条例和程序都是促使虐待的进行。我才是那水深火热渺无人性中那个冷血无情的人。

系统包含情境，但是更加持久难耐，影响更加广阔，涉及大规模的人际网络，包括他们的期待、基准、政策，而且或许还包含法律。随着时间演进，系统有着历史的基础，可能以政治或是经济的力量结构，在它影响的领域中统治或主导许多人的行为。系统就好像引擎，发动情境创造行为的脉络，影响在它控制下的人类行为。在某些时刻，系统可能变成一个自治的实体，脱离原先刚开始的样子，或甚至不管国家统治集团里那些表面上的管辖权。每个系统会创造出自己的文化，当许多系统集合起来时就会促成一个社会的文化。

当情境确定让这些自愿的学生受试者越变越差，一些人转变成邪恶的犯罪者，而其他的人成为病态的受害者时，我竟全然被系统支配。在过去的一整个星期里，我一头栽进模拟监狱的威权人物中，每个围绕在我身边的人都对我唯命是从。我走路或说话的方式就像是唯我独大。因此，我变成他们其中之一。那样权威聚焦的角色是我以往生命中我所反对的，甚至所厌恶的——高层的权威，傲慢的老板。我还没变像那样，我是一个友好体贴的警务长，强调一个正确的重要的原则，限制过分热切的狱卒不准肢体暴力，多少可以减轻我的良知负担。但是那也仅仅是让他们将精力转而用在小聪明，以心理折磨虐待受苦的犯人们。而兼顾研究者和警务长两个职责真的是个错误，因为他们是不同的，甚至冲突的行事议程可能会让我产生认同的冲突。这两个角色同时复合化我的权力，并且也转而影响其他"局外人"——父母亲、朋友、同事、警察、教士、媒体以及律师，他们进入我们实验的设置，但是不会改变我们的系统。这证明了情境力量抓住了你，让你毫无所觉地改变想法、感觉和行动，只是在这个系统里继续行走，自然地顺势而为，在那个时间那个当下做出回应。

当你身处一个既陌生又残酷的系统情境下，在这个人性的大熔炉中，你可能不会表现得像过去熟悉的自己。我们都相信自己的内在力量，能抵抗像是斯坦福犯人实验运作的外在情境力量。当然，对于一些人而言，这样的想法是成立的，但这就像稀有鸟类，是属于少数的，我们通常会将这样的人标示成英雄。然而，大部分人虽然也都相信个人力量能够战胜强大的情境和系统力量，并且有人有刀枪不入的错觉。但是维持那样的错觉通常会让一个人掉以轻心，无法对抗那些隐晦的、不合乎社会标准的影响力，而使得他们更加易于被操纵。

等待汇报

基于许多不同目的，我们计划好好使用简短但十分重要的汇报时间。首先，我们必须让所有受试者在不受威胁的情境下，充分表达他们对这次特别经验的情感和反应。[6]接着，我必须厘清这些犯人和狱卒们，之所以会有这些极端行为，是出自于情境力量，而非任何个人内在的异常问题所造成。我还得提醒大家，这些参与学生，全都是经过审慎的挑选、确认为正常的健康受试者。我们目击了一切，是这些设置将他们推向极端，他们并不是大家所说的"坏苹果"。

最后，也是极为重要的一点，我们必须利用这个机会开展一次道德的再教育，对于实验的解释便是一种方式。我们将探究每个受试者都可以自由做出的道德选择，而在那个当下他们又是怎么做出决定。我们也将讨论狱卒原本可以怎么样改变做法来减少对于犯人的伤害，而犯人们要怎么做去减少这些伤害。我已经说过，实验中有几次在剧烈伤害发生的当下，我竟没有介入，那是我个人应负起的责任。我虽然有试图节制肢体上的侵略，但是并没有适时对其他形式羞辱的行为做出修正或制止、没有在需要的时候提供恰当的监督和关照。我对我的失职感到罪恶——姑息的罪恶。

一吐怨言

先前的犯人表现出一种奇特的、混杂着如释重负又愤恨难解的表情，他们都庆幸噩梦终于结束。经过一个星期，这些留下来的犯人并没有在其他较早被释放的同伴面前展露出任何骄傲感。好几次他们就像行尸走肉般地盲从，遵守荒谬的命令，并且全然地齐声反对犯人斯图尔特819，相同地也服从命令对克莱416极不友善，对汤姆2093，我们的模范犯人"中士"，极尽揶揄之能事。

而另外五个较早释放的犯人也没有表现出任何受苦于情绪负荷的征兆。部分原因是因为他们已经回归到正常且稳定的基准，另一个原因则是因为远离了造成痛苦的来源——地下室监狱以及如此强大而不寻常的事件。在脱下他们奇怪的制服和其他监狱装扮后，已经能帮助他们由这个污秽的情境中脱离。对犯人而言，现在主要处理的问题是，必须去面对自己所扮演的顺从角色下所受到的耻辱，他们必须建立起个人尊严感，进而提升超越在顺从阶层受到外界强加的约束感。

然而，第一个被逮捕并且第一个被释放的道格8612，因为急速恶化的心理状态，让他仍对我感到特别气愤，是我创造的情境让他失去对自己行为和心智的控制。确实，他真的想过带领朋友冲进监狱解救其他犯人，但在几经考虑后决定停止这个行为。但他也得意地得知，我们对于他的解放计划花了多少时间精力在护卫我们的机构。

不出所料，最晚获释的同伴抱怨着狱卒，说他们不按自己的角色照规定做事，还想出各式各样的花招整他们，或是单独叫出一个犯人来虐待。大家把第一个负面指控指向赫尔曼、阿内特、柏登，接着是比较没那么坏的瓦尼施和赛罗斯。

然而，他们很快地就提出哪些狱卒是他们认为的"好狱卒"，这些好狱卒会帮助犯人们一些小忙，从没让自己进到"忘记犯人也是人"的角色里。乔夫·兰德里以及马库斯是两个好狱卒的典范。乔夫在小夜班值班时会和虐待伤害的场面保持一段距离，甚至不戴上他的狱卒太阳镜和制服。他事后告诉我们，他曾想要请求让他当犯人，因为他实在厌恶成为这种系统里的一分子，将人压榨得如此难堪。

马库斯对于犯人的受苦比较没那么显著的"亢奋激动"，而且我们知道他在稍早前曾几次带来一些水果当礼物，补充犯人寒酸的餐点。在典狱长警告过不允许在他值班时这么好说话后，他才会在犯人反叛时站在一旁，对犯人大喊，在假释报告中注记对他们不利的内容。这里补充一个题外话，马库斯的字体十分漂亮，很像古体手写字，所以他有点爱炫耀。他是一个喜欢远足、露营和瑜伽等户外活动的人，因此特别讨厌像这样被限制在室内。

不论是"坏"狱卒或"好"狱卒，他们都是按表操课，做他们的工作，扮演好这个角色，处罚违规事宜，很少是出于个人因素伤害特定犯人。这里，我们观察到瓦尼施、后备狱卒莫里森、彼得斯（Peters），以及偶尔出现的大兰德里。瓦尼施一开始对于在大厅里的活动会闪得远远的，这很可能是因为他害羞的个性，在他的背景资料显示他很少亲近的朋友。而约翰·兰德里，一个成熟的十八岁男孩，不算英俊，喜欢写小说，家住加州海边的他，则是常在扮演角色中犹豫不决，有时候作为阿内特身边的小喽啰，攻击反叛的犯人，喷洒灭火器二氧化碳⋯⋯但在其他时候，他也是按表操课的狱卒,大多数的犯人也都报告他们喜欢他。

不采取行动是好狱卒的其中一种典型,他们常常在轮值时不愿意去挑战其他坏狱卒的虐行。后来我们认为,这种只当个旁观者,不做任何介入的行为,也构成了"姑息的罪恶"。

时常造反的保罗5704,报告当他得知实验结束的反应:

> 当我们被通知实验结束时,仿佛有一道暖流注入我的心房,一种如释重负的感觉,但也同时有一股淡淡的忧伤。我真的很高兴实验结束了,但是要是实验持续两个星期再结束,我想我应该会更快乐。酬劳是我参加实验的唯一理由,同样地,我很高兴可以胜利地走出来,直到我回柏克莱之前,我的脸上都挂着笑容。当时的那几个小时,我忘了所有曾经发生的事,而且也不会和任何人谈论它。[7]

你应该还记得,这个保罗就是斯坦福大监狱"申诉委员会"的领头,而且计划要把参与过程写成文章,投稿到柏克莱各大报社揭露政府支持的研究。他完全忘了他的计划!

"前"狱卒们的怨言

在第二个小时的汇报中,狱卒表现出与先前十分不同的群像写照。其中的少数几个,也就是在犯人评估中被认为是"好狱卒"的人,很高兴一切都结束了,但大多数人都很失望实验突然提早结束。有些人觉得目前已经控制全局,这么好赚的钱再多一个星期也无妨。(但是他们忽略了克莱416的绝食抗议,中士在他和赫尔曼的冲突中提高了道德的标准。)有些狱卒打算公开道歉,觉得自己做得太过火了,完全沉醉在他们拥有的权力之中。其他人觉得自己的作为情有可原，因为他们被赋予了狱卒角色，旁人应该能谅解他们的行为。

我处理狱卒们的主要问题，就是要他们认识让他人受苦时自己内心的罪恶感。他们是否明白，他们扮演的角色真有这个需要吗？我开宗明义地告诉大家我的罪恶感，因为我很少主动介入，形同默许，才会让他们走向极端。如果他们受到更多上对下的监督，就可以减少许多给他们造成的伤害。

狱卒们都很难忘记犯人第二天的反叛运动，那让他们开始对犯人们另眼相待，认定犯人是"危险的"，必须确实压制。同时他们也愤怒并咒骂那些带头造反的人，那让他们感受到是一种"恶意的行为"，引起他们以牙还牙的报复心。

让狱卒们解释为什么他们必须要这么做是汇报中让人不自在的主要部分，但不管他们怎么为自己辩护，也不过是对他们的虐待、暴力和甚至残暴行为找理由罢了。实验的结束，意味着他们指挥之下发现新权力的乐趣也即将终了。狱卒柏登日记说："当菲利普向我透露实验将要结束时，我高兴极了，但也很震惊地发现，其他狱卒却很失望，因为薪水会变少。但我觉得，某种程度上他们很享受那个过程就够了。"[8]

各个角色的最后交流

在汇报的第三个小时，我们带进先前的犯人，实验室里立刻充满紧张尴尬的笑声；因为他们穿着平常的衣服，以至于有些人一时辨认不出来。没有了制服、号码和特殊的配件，就像改头换面，连我都很难认出他们，因为我已经很习惯他们在监狱里的打扮了。（我还记得，1971年时大家都爱留头发，两组学生大部分都长发及肩配上长络腮胡，有些还会多留两撇小胡子。）

比起先前比较放松或和气的犯人时间，此时此刻，用"前"

犯人的话来说，就是"刻意保持礼貌"。大家面面相觑，有个犯人的第一个问题，是问我们"有些人是不是因为比较高大才被选成狱卒"。杰里5486说："在这个实验里，我感觉某种程度上狱卒的块头比犯人大，所以我想知道，狱卒的平均身高有没有比犯人高。我不晓得这是不是真的，或者只是制服造成的错觉。"我先回答他："不，没有。"再叫全部学生都按照身高站好，由高到矮，当然了，最好的比较方式就是狱卒们站一边，犯人们站另一边。为什么犯人会觉得狱卒比实际上还高？可能是因为光是狱卒穿的靴子，鞋跟就高出两英寸。至于为什么没有看到被伤害的犯人和伤害人的狱卒的直接冲突，也许是因为我也参与其中的缘故。某种程度上来说，这是因为在一个超过20个人的团体里，个人挑战相当不容易成真。然而，看起来部分犯人还残留着强烈情绪，那是先前被有意抑制、现在那个权力已消散的原因。也有少数狱卒公开为他们沉浸于这个角色太深、太认真而道歉。他们的道歉消除了一些紧张的气氛，也算帮了那些强势没有公开道歉的狱卒，像是赫尔曼。

在汇报的时间里，先前作风强硬的狱卒阿内特，我们的社会学研究生，仔细说了两件让他印象深刻的事情："第一件事是对犯人沉浸在角色中的观察……留下来的犯人们说，如果他们可以被释放（假释）的话，就愿意放弃他们的酬劳。另一个令人印象深刻的感想是，犯人在会议时没办法相信'约翰・韦恩'和我，或者是其他狱卒（我感到我们两个是最令人讨厌的狱卒），因为我们已经彻底融入我们的角色。可能有很多犯人甚至觉得，实际生活中我们就是那么残暴不仁或刚愎专制的人，但在他们或甚至我们自己面前，其实是我们的职责遮盖了真实的样貌，我绝对确信，至少我自己的天性就不是那样。"[9]

第9章 星期五：淡出黑暗

我从心理学角度出发的一个观察是，这个监狱少了一些幽默感，没人用幽默来尝试消除紧张关系，或带一些真实世界的事物到不真实的环境里。举个例子，那些不高兴同事做得太过火的狱卒们，可以在狱卒休息区开开玩笑，说他们那么投入应该拿两倍酬劳。犯人们也可以用幽默感将自己带出不真实的地下室监狱，比如问狱卒这个地方在变成监狱之前是拿来干什么的？是猪舍吗？还是兄弟会据点？幽默可以打破许多人事地的限制。然而，过去一个星期以来，这个哀伤的地方没有这样的反应。

在正式终止实验之前，我请他们确保他们已经完成最后对这个经历的体验评估，确实填写科特·班克斯给他们的表格。我也邀请他们写一些简短的回顾日记，在接下来的一个月里记下一些感触。如果他们愿意，也会有酬金。最后，他们将会在几周内被邀请回来，在"1971教室"里，和我们一起用幻灯片或录像带、剪报回顾一些我们收集的资料。

值得在此特别一提的是，我到现在还和许多受试者保持联络，在每次出版时需要提到这个实验时，就会再次和他们联系。此外，在这几十年中，他们之中也有些人在不论是实验刚结束没多久还是直到今日，都曾经受邀上一些电视节目谈论他们的经验。后面我们将会讨论这个实验对他们的后续影响。

犯人或守卫角色各意味什么？

在进行到下一章之前，我们要先检验一些在这六天实验里搜集的客观资料，还有这个实验可能反映的几个较严重的道德问题。我相信，回顾挑选受试者的自我反省，会对我们非常有用。

犯人角色的扮演

克莱416:"一个好的犯人,就是他知道如何有策略性地和其他犯人打成一片,而不是什么事情都身先士卒。我的室友杰里(5486),就是个好犯人。总是有一个隔阂,立在那些挣扎着要出去的犯人和那些不太在乎的犯人之间。不在乎的犯人可以坚持自己的想法,但自己要放聪明点,不要变成其他殚精竭虑想出去的犯人的绊脚石。一个坏的犯人就是做不到这点,他只想到自己要出去。"[10]

杰里5486:"最显而易见的是,我发现这个环境底下大部分的人都容易受到外界直接的影响,而丧失了对自己的认同,那也就是他们会崩溃的原因——被压力给击垮了——他们在对抗这些事情时无可凭依。"[11]

保罗5704:"必须那样自己看轻自己,真的让我很沮丧,也是为什么我们直到实验结束前都那么容易驾驭的原因。我放弃极端的做法,因为我不认为这一切会因为我的态度和行为而有所改善。在斯图尔特(819)和里奇(1037)离开之后,我发现自己不断想着,我没办法做那些我必须自己下决心的事情……另一个理由是,在他们走了之后我似乎安顿下来了,而我如果要达到安定的程度,其他人就必须愿意和我配合。我告诉其他犯人关于罢工之类的事情,但是他们完全不想参与,因为他们已经在第一次反叛行动中尝到苦头。"[12]

狱卒阿内特:"犯人们在实验情境下的反应,让我感到惊讶且印象深刻……特别是出现个人的崩溃,我觉得,实验结束前还会再发生一次。"[13]

道格8612:"物质上的状态,像狱卒、囚房和相关的设备,对我来讲都不是问题,即使我全身赤裸被锁着,那也伤害不了我;

但首要的那部分，也就是心理层面的部分，最难承担的就是知道我不能按照我的心意被释放……我不喜欢想要去洗手间时却不能去……没有办法自己做主的心情将我撕裂。"[14]

替代犯人戴维8612——我们的眼线，他被送进我们监狱短短一天，只是为了查出逃跑计划的真相——最后却展示了他多快且多彻底地转换成犯人的角色："每个人，上到典狱长下到低等的犯人们，全都融入角色之中。"他极快就认同自己是犯人，而这短短一天的模拟监狱，给了戴维极大的冲击：

> 我偶尔会觉得，被送进这里揭露这些好人，让我感到有些罪恶——发现还真没有什么好讲的时候，我才稍微松了一口气……而当告密机会终于来了——没多久，我就知道手铐钥匙藏在哪，但我没说。那晚入睡时，我感到肮脏、罪恶且良心不安。当我们被带到锅炉室时（预期外人会来突袭监狱），我解下脚镣，认真地考虑逃跑（大概是我一个人自己溜吧），但是我没有这么做，因为害怕被抓……作为一个体验一整天实验的犯人，这形成了足够的焦虑，可以让我在接下来的一个星期里都不敢靠近监狱。甚至连回来参与"汇报"，都让我感受到些微的焦虑——我吃得不多，比平时记忆中的我更紧张。整个经验对我而言非常令人失望，而我没有办法将自己的经验和其他人深入地讨论，甚至是我太太。[15]

我应该补充一下，那个狱卒的手铐钥匙被犯人偷走的事件。在突发事件后，也就是星期三晚上，狱卒将犯人们送上五楼的储藏室，当他们在中午12点30分回来的时候，犯人两个两个被铐在一起，以防脱逃，回到监狱时却没有钥匙可以解开，我只好打电话请斯坦福警察局派人来开锁。真是难堪极了,至少对我来说。真相是一个犯人把钥匙丢进了暖气孔,戴维知道这件事,但是却不愿告诉我们之中的任何一个。

狱卒角色的权力

狱卒小兰德里:"就像是你自己创造出来的监狱——你投入这个角色,而这角色变成你界定自己的定义,变成一堵墙,让你想要突破逃出,告诉所有人我根本不是真实的我,而是一个一心想要逃走、告诉大家'我自由'了的人,我有自己的自由意志,根本不是那样残忍无情,会享受这样事情的人。"[16]

狱卒瓦尼施:"对我而言这个经验绝对十分宝贵,经由一个概念,让原本同质的两组大学生,在一个星期的时间里发展出两个完全不同的社会团体,一个团体拥有所有压榨另一个团体的权力,实在教人感到心凉。我对自己的行为感到惊讶……我叫他们互相叫骂,还有徒手洗厕所,我几乎将犯人当作'一头牛',一直认为必须随时盯着犯人,以防他们使出什么花招。"[17]

狱卒凡迪:"对我而言,骚扰和处罚犯人的乐趣十分奇怪,因为我向来以为自己对弱小伤残富同情心,特别是对动物。我想,这是因为我可以全然做主管理犯人,才会让我滥用权势。"[18](有趣的是,典狱长贾菲在日志中提到了狱卒权力后续影响的新发现,凡迪在他值班的时候说:"我发现自己在家里对着妈妈大吼大叫,颐指气使。")

狱卒阿内特:"表面上装作强硬一点都不难,首先,某种程度上我就是个独裁的人(尽管我强烈地不喜欢自己或他人身上的这项特质)。再进一步说,我感到这个实验十分重要,因为我所扮演的'狱卒'角色,对于发现人们如何面对威权压迫很重要……对我行为的主要影响是来自我的感应,即使模糊抽象,但我相信真正的监狱就是残酷,里头是没有人性的。我试着用公正无私、有节制的命令限制约束他们……首先,我想办法压抑私人的或友善的情绪……表现得中性、公事公办。而且,我也从我的记录中察觉到,无聊和监狱生活的其他面相,可以剥削人性到让人去人格化而迷失方向;给人单调的工作,因为个人的坏行为而集体处罚,无时无刻不要求再细琐乏味的命令都要做到尽善尽美,在操练时间以严厉、形式化的措辞说话……在这样社会环境下,受到控制的那一群人是非常敏感的,而我试图利用这些技巧来强化犯人间的疏离。我只在一定的范围内这么做,因为我不想变得残忍无情。"[19]

好狱卒和坏狱卒

保罗5704:"我喜欢约翰和乔夫(兰德里兄弟),因为他们不会像其他狱卒那样干扰犯人。就算处罚我们,也总是保有人性。我很惊讶狱卒们都颇能接受他们的角色,而且不分日夜,甚至是值班结束回家休息时也不例外。"[20]

狱卒大兰德里:"我和犯人聊天时,他们说我是个好狱卒,感谢他们看得起。我知道在内心里我就像坨屎,科特看着我时,我知道他了解我的感受。我也知道要尽量和善而公正地对待犯人,但我失败了。我还是让残酷的事情发生,除了感到罪恶,还有尽量当个好人以外,我什么都没做。老实说,我也不认为我自己可以做些什么,我甚至连试都没试。我和大部分的人做法相同:坐在狱卒休息站,想办法让自己忘记犯人们。"[21]

关于这个模拟监狱实验的权力,这是一个引人注目的证词,也冲击了另一个被认为最公正公平的狱卒,乔夫·兰德里,约翰·兰德里的弟弟,在实验结束后语音访问中提到,他甚至想过和犯人交换角色,让我们吓了一跳。

狱卒乔夫·兰德里:"这已经不仅仅是参加实验而已,我的意思是,如果这真的只是一个实验,那么它的结果和产物是过分真实了。当犯人呆滞出神地凝视着你,而且含糊地咕哝,你只能意识到最糟的情形。但是,那也只是因为你害怕最糟的情况会发生罢了。就好像我接受了坏事可能会发生,便启动了我最轻微的紧张焦虑和精神衰弱迹象,成为可能最糟情况影响的开端。特别要提到的是,当1037开始作乱的时候,显然他即将崩溃,这种经验让我不能再说'这只是个实验'。那个时候我担心又害怕,甚至萌生退意。我也想过干脆当个犯人,因为我不想成为压迫他人、强迫别人服从而且不断找碴儿的大机器中的一部分,我几乎宁愿是别人找我碴,而不是我找别人的麻烦。"[22]

乔夫曾在星期三晚上向典狱长报告,他的衬衫太紧,而且刺激到他的皮肤,所以他不想再穿。事实上,实验开始的前一天他们就已挑好合身的衣服,也在接下来的四天里天天穿着,所以他的问题应该是心理面而非物质面。我们帮他找了更大件的衣服,他才不情愿地穿上。他也常常摘下墨镜,如果有人问他为什么不照规定戴上墨镜,他总是说忘记把眼镜放到哪儿了。

狱卒赛罗斯:"我讨厌整个他妈的该死的实验,所以实验一结束我就马上走出大门。对我来说,这个实验太真实了。"[23]

狱卒虐待狂的爆发

道格8612,在事后一个学生导演针对这个研究而拍摄的影片中侃侃而谈,比较斯坦福监狱实验和他曾经工作过的加州监狱。

"斯坦福监狱是一个非常温和的监狱环境,但是它仍然导致狱卒变得残暴，犯人变得歇斯底里，几乎都想脱逃。即使环境温和宽厚，还是没用。它仍然催化所有事物升级为真正监狱的样子，狱卒角色变得残忍病态，犯人的角色变得混乱又带羞愧。每个人都可能成为狱卒，但很难当一个可以抵抗那股成为虐待狂冲动的狱卒。这是寂静之中的怒火，从温和中诞生的恶毒，你可以保持低调，但还是逃不掉——它会残酷地由另一边爆发。我想，当犯人比较能学会控制。每个人都需要（体验当）一个犯人，我曾经在真正的监狱里看过真正的犯人，他们意外地有尊严，不会袭击狱卒，总是对狱卒保持尊敬，不会挑衅狱卒施虐的冲动，能够跳脱角色中的羞愧成分。他们知道怎么在那种情境之中保有尊严。"[24]

监狱的本质

克莱416："狱卒们就像我一样，被当成犯人关起来了，他们只是可以自由进出这个监狱区块，却不能打开身后那个上了锁的门，而且有那么多活生生的人聚集在这里，你生气，大家就一起生气。犯人没有自己的社会，狱卒也没有自己的社会，这很重要，也很令人害怕。"[25]

狱卒赛罗斯："（当）一个犯人对我产生激烈地反应时，我发现必须自我保护，不是保护自己而是保护狱卒的角色……他因我是个狱卒而恨我。针对这套制服的反应，让我没有选择余地，只能防卫身为狱卒的那个我。这令我感到震惊……发现自己比他们更像是犯人，我不过是反应他们的感觉……我们都被压力给击垮了，但是身为狱卒的这一边有自由的错觉。这只是表象，一个错觉……我们都不过是金钱的奴隶。差别是犯人很快地就变成奴隶的奴隶……"[26]

鲍伯·迪伦（Bob Dylan）在《乔治·杰克逊》这首歌中说，

有时这个世界就像是一个大监狱："一部分的我们就像犯人，而其他人是狱卒。"

在六天内性格转换

回顾一些实验开始前的陈述，还有我们各式各样的每日记录，便可以看到狱卒心理某些重要的转换是怎么发生的。这里有一个通例——狱卒柏登实验前后的陈述。

实验之前："作为一个爱好和平、崇尚非暴力的个体，我不能想象我如何成为一个狱卒，如何粗暴地规范他们的日常起居。我希望我可以被选作犯人而不是狱卒。作为一个长期对抗体制、参与冲撞体制的政治和社会行动的人，我相信我会非常适合犯人的角色——也很想知道当我处在那种情况下的能耐。"

刚开始实验时："访谈后我买了制服来确定这个像游戏一般的情境，我怀疑是否我们大部分人都一样打算'严肃'看待整个实验，但我感到，当一个轮班的狱卒让我稍微放心一些。"

第一天："实验刚开始时，我最怕犯人会把我当作坏蛋。作为一个典型狱卒，每件事都不对劲，而且也不是我看待自己的方式……我会留长发，很大一部分原因是某种程度上，我不想要别人用不是我的方式看待我……让犯人从我的外貌找乐子，逐渐形成我最初的策略——我只需注意别对他们说的任何事情发笑，也不要让他们觉得这只是一个游戏。我留在笼子外面。（当赫尔曼和那个高大、金发的狱卒用完晚餐时，他们似乎比我对自己的角色更有自信。为了强迫自己融入，我时时提醒自己要记得戴上墨镜，带着警棍，这会提供一定程度的权力和安全感。）我走进去，嘴角要下沉僵硬，而且不管听到什么都是这个表情。我在三号囚房前停下来，让我的声音听起来很严厉且低沉，对5486说：'你在笑什么？''没什么，狱警先生。''最好是没有！'我装腔作势地说话，但当我走出时，我只觉得自己是个笨蛋。"

第二天："从车子里头走出来时，我突然希望人们注意到我的制服。'嘿，看看我是什么呀。'……5704要求来根香烟，我不理他——因为我不抽烟，所以不能感同身受……即使同情1037，我也决定'不要'跟他说话。接着，我开始有个习惯：（用我的警棍）打墙打椅子打铁栅门来展现我的权力……当他们报数过了、熄灯之后，狱卒赫尔曼和我故意很大声交谈，说些我们要回家找女朋友、然后我们会干什么的话来激怒犯人。"

第三天（准备第一次的探访夜）："在警告过犯人不准抱怨，除非他们想中止探访的时间后，我们才带进第一对父母。我让我自己成为大厅中唯一的狱卒，因为这是第一次我有机会如我所愿地操弄权力——众所瞩目的我，拥有几乎完全的控制权。当犯人和父母落座之后，我坐在桌子上，双脚悬空，随意监看、监听、反驳任何事情。这是实验中我最享受的一段。犯人819非常惹人憎恨……赫尔曼和我都又佩服又讨厌他。赫尔曼扮演狱卒的角色真是惊人地适合，残忍成性，但也很困扰我。"

第四天："心理学家（克雷格·黑尼）在离开（咨询）办公室前，为了手铐和蒙住犯人眼睛的事情来指责我，我愤恨地回答，这都是必要的安全措施，也是我个人的事……回家时，我更是很难描述监狱情境的真实面。"

第五天："我羞辱了'中士'，他持续顽强地过度反应所有命令。我挑他出来特别虐待一番，因为那是他自找的，而且简单说我就是不喜欢他。真正的麻烦开始于晚餐。新来的犯人416拒绝吃他的香肠。我们把他丢到黑洞里，命令他双手紧握香肠。我们的威权有了危机；这个反叛行为埋下了潜在的因子，来对抗我们对其他人的控制。我决定挑拨犯人们间的团结，告诉这个新犯人如果他不吃晚餐，那么其他人的探访夜就泡汤了。我走出来猛力关上黑洞的门……我非常气这个犯人造成其他人的不安和麻烦，我决定强迫喂食，但是他还是不吃。我让食物从他脸上滑落，不敢相信这是我做的；我恨我自己强迫他吃，但是我更恨他不吃。"

第六天："我很高兴实验结束了，却发现有些狱卒很不开心，因为他们的钱会变少而且他们都很乐在其中……后来的解读变得很困难；每件事都变得很紧张且不舒服……我坐上我的脚踏车，在阳光下骑车回家；脱离这里，感觉真他妈的好极了。"

一周以后："大家都觉得绝对残忍的事情（赫尔曼决定让416一整晚都待在黑洞），几个星期以后才让我感到痛苦，但我想当时（他决定结束这个实验），一定是有更多事情一口气打击了菲利普（津巴多）。"[27]

另一个有趣的角色转换记录，是在典狱长的日志中，和我们的研究没有直接关系，但是可以当成"额外的轶事"看待。决定中止实验后，我这个认真严肃的心理系同事就不断挑战我对这狂热的努力，而我只能用"实验已经结束"来敷衍他。他想知道："什么是独变项？"

贾菲的笔记写着："星期二晚上当犯人被移送五楼储藏室时，B博士来访。"B博士和B太太上楼去看犯人们，B太太分发杯子蛋糕，B博士揶揄了两件事：一个是犯人的服装，另一个则是这个地方散发出的恶臭。这种"随兴进来里头插一脚"的模式，几乎是每个参访者共同的态度。

他的太太给了受试者一些"茶和同情心"，我这个一向含蓄保守的同事，才忽然想到这个实验如此去人性化地对待学生。B太太的举动，让他自觉十分羞耻。

赫尔曼的"小小实验"[28]

赫尔曼在一个星期前，实验尚未开始时写下的自愿者背景资料，让我们晓得他在"当狱卒前"的状态。我很惊讶知道他只是一个十八岁的大二学生，相对于最老的阿内特，他是我们最年轻的受试者。赫尔曼来自一个中产阶级的书香之家，有四个姐姐和一个哥哥。高6英尺2英寸，重175磅，有着绿色的双眼和金黄色的头发，外表让人印象深刻。这个年轻人认为自己是个"音乐家"而"本质上是一个科学家"，他这么自我描述："我过着自然生活，喜欢音乐、食物和其他人。"又说："我对人类有着极大的爱。"

在回应"人们最喜欢你哪一点？"时，赫尔曼的回答充满自信："一开始，人们会欣赏我是因为我的天分和外向的个性。但很少有人了解我处理人际关系的才能。"

在"人们最不喜欢你哪一点？"的问题中，赫尔曼的回答让我了解这个年轻人复杂的个性，给了我一些可以了解他在赋予完全权力后会是什么样子的信息。他写道："我对愚蠢的事情没耐心，我会完全忽略那些生活形态与我不苟同的人。我会利用一些人，我直言不讳，我有自信。"

最后，这名受试者五味杂陈地说，他比较希望自己被分配到犯人的角色，"因为人们憎恨狱卒"。在知道他的角色偏好后，我们不妨来回顾一下，实验后他怎么看待自己在研究中扮演角色的认知。

狱卒赫尔曼："是的，这不只是一个实验而已。我有机会可以测试人的极限,假借惩治之名,将他们推到崩溃边缘。那不是多让人愉快的事,但我就是忍不住因为个人强烈的爱好驱使,而去测试他们的反应。我自己,就在许多场合做了许多实验。"[29]

"这个实验最好的一个部分,就是我好像是催化剂,带出许多惊人的结果,引来电视台和报社的瞩目……如果我惹来比你想象中更多的麻烦,我很抱歉——只因为我在做自己的实验。"[30]

"这个实验最糟的事情,是许多人很严肃地看待我,认为我是他们的敌人。我的话语会影响他们(犯人),让他们在实验中脱离现实。"[31]

在我们中止研究的一个月后,这个"前狱卒"接受"前犯人"复仇者克莱416的单独访谈,他们的互动被当成NBC报道我们研究的电视纪录片里的一部分,还曾在《六十分钟》节目前强打预告。这场访问的标题是:"819做了坏事!"

在赫尔曼描述他融入狱卒角色转换的心情时,即使克莱持续他的攻势,最后他还是加入他的历史名言:"种什么因,得什么果。"

赫尔曼:"当你穿上制服、被赋予角色——我指的是工作——时,'你的工作就是要让这些人守规矩',那么,你就不再是穿着平常衣服走在街上扮演不同角色的你。一旦你穿上卡其色的制服,你就是扮演那个角色的人,你戴上墨镜,你拿着警棍,你这么扮演着。那就是你的戏服,你必须从内而外,都和你穿上的制服一致。"

克莱:"那伤害到我,我说的是**伤害**,我应该用现在式——这伤害到我。"

赫尔曼:"这个又怎么伤害你了?现在怎么伤害得了你?你只要想'只要是人,在那个位置就可能如此'就好了。"

克莱:"好吧,这让我想到一些我有点了解、却从来没有亲身经历的事情。我是说,我阅读过许多关于这样的事情,但是从来没有实际的经验。我没有看过有人会有这么大的转变,而我知道你是个好人。你知道吗?你了解吗?"

赫尔曼(笑着摇着头):"你不是这么认为的。"

克莱:"我真的,真的知道你是一个好人,我不认为你是——"

赫尔曼:"那么为什么你会恨我?"

克莱:"因为我知道你转变了。也许你会说:'喔好吧,我不会伤害任何人的。''喔好吧,这是特殊的少见情况,两个星期后就会过去的。'但是你还是会乐在其中。"

赫尔曼:"好吧,如果你是我,你会怎么做?"

克莱(缓慢、小心翼翼、清晰地说出每个字):"我不晓得,我不能告诉你我知道我会怎么做。"

赫尔曼:"是的,我——"

克莱(打断他的话,而且好像很享受新权力):"我想如果我是一个狱卒,我不认为我可以有那么多有创意的**杰作!**"

赫尔曼:"我不认为伤害性有那么大,那根本不算什么,尤其那只是我特别的小实验,让我知道我可以——"

克莱(怀疑地问):"你特别的小实验?你怎么不说说看?"

赫尔曼:"我自己进行我的小实验。"

克莱:"告诉我有关你的小实验,我很好奇。"

赫尔曼:"好。我想要看看在这样的情况下,人们可以承受言语辱骂到什么程度才开始反抗或反击。而这也吓到我,因为没有人出面来阻止我,没有人说:'天啊,你不能这样对我说话,这些话病态到没有人性。'没有人这么说,他们只是接受我说的每一句话，我说：'去告诉那个人，当着面告诉他，他是人渣。'而他们也没说什么就照着做。他们什么都没说，就照着我的命令做俯卧撑，他们被丢进黑洞里时，吭都没吭一声。他们伤害彼此时，也没说什么；他们应该在监狱中团结一致，但是因为我的要求，没人敢对我的威权表示意见，以致互相羞辱，而这真的吓到我了。（他的眼睛中泛着泪光）大家在我开始虐待他们的时候，为什么不说些什么呢？为什么？"

真的，是为什么呢？

第 10 章

斯坦福监狱实验的意涵 I：
性格转换的炼金术

> 我们都是上帝实验室里的白老鼠,人性不过是进行中的一项试验。
>
> ——田纳西·威廉姆斯,《皇家大道》
> (Tennessee Williams, *Camino Real*, 1953)

斯坦福监狱实验一开始只想简单地证明综合环境变数将会对在模拟监狱中的囚犯与狱卒的行为造成一些影响。在这尝试性的调查中,我们的目的不是要检验特定的假设,而是希望评估存在于制度性环境中的种种外在因素,可以压倒该环境中行动者的内在天性到何种程度,也就是好人与恶劣环境的斗争效果如何。

然而,经过时间的洗礼,实验真正的意义开始浮现,它强而有力地刻画出恶劣的系统与环境所产生的潜在毒害,能够让好人做出有违本性的病态行为。关于这项实验实施以来所引发的种种事件与效应,在此我已尝试忠实地重新勾勒过一遍,并且淋漓尽致地揭示:一个平凡、正常且心智健全的年轻人屈从于行为发生背景中的内在社会力的可能极限,或者说会被诱惑到什么程度;进入同样情境背景时,同样的事也发生在我以及许多成年人和专业人士身上。善恶之间的界线原本被认为牢不可破，但我们却证明，这条线其实相当脆弱。

接下来应该要检视研究期间搜集到的其他证据了。许多量化的资料来源，都有助于我们更加了解在黑暗地下囚室中曾经发生过的事。因此，我们必须运用所有可以取得的证据，设法发掘这项独特实验浮现的意涵，并且确定人性的转变是如何受到权力有无所驱使。关于人类的本质，以及可能贬损或丰富人性的各种条件，都是这些意涵底下所潜藏的重要信息。

小结：写于进一步深入前

如你所见，我们所设计的监狱环境具有心理学强制力，诱发许多实验参与者做出强烈、逼真的反应，而且经常是病态性的反应。狱卒们在意识到囚犯造反事件出现时表现出的支配强度及反应速度，也让我们非常惊讶。正如道格8612的案例所示，情境压力能如此迅速彻底地使这些大多数是正常、健康的年轻人屈服，这使我们相当吃惊。

当这些年轻人丧失了身份认同，持续服从于专制独裁的行为控制之下，并且被剥夺隐私权及睡眠之后，他们身上出现了被动、依赖及忧郁症候群，这相当类似"习得的无助感"[1]的心理反应。（"习得的无助感"是指由于一再遭遇失败或惩罚，个人随经验学习到的消极屈从以及沮丧感。特别当失败与惩罚是武断的，而不是偶发于行动者身上时更容易产生。）

在我们的学生囚犯中，有一半人由于遭遇严重的情感及认知失调而必须提前释放，心理反应虽然出现短暂，在当时却十分剧烈。留下来继续进行实验的人当中，大部分人逐渐变得只服从

第10章 斯坦福监狱实验的意涵Ⅰ：性格转换的炼金术

狱卒的命令而不再思考，他们慑于气焰高涨的狱卒威权，而服从于他们一时兴起的各种不合理命令，举止变得死气沉沉，简直像"行尸走肉"。

"好狱卒"为数不多，勇敢面对狱卒支配控制的囚犯也同样稀少。正如克莱416的例子，他的英雄式消极抵抗原本该得到支持和鼓励才对，却反而因为身为"麻烦制造者"而受到牢友骚扰。骚扰他的人采纳了狱卒们狭窄而偏颇的观点，而不是针对克莱的绝食抗议形成自己的看法，将他的行为视为一条出路，从而发展出抗拒盲目服从于威权的集体行动。

"中士"在绝大部分时候都是个模范生，但他偶尔也会抗命，拒绝对一个牢友骂脏话。杰里5486的表现突出，因为他是最平衡的一名囚犯，然而他曾在个人自省中指出，他的生存之道只不过是尽量将关注点转移至内在，而不再提供那么多帮助给原本可以从他的支持中获益的囚犯。

在实验开始之际，我们已针对一些面向进行前测，以确保手边受试者样本不至于偏离一般受教育大众的常态分布。换言之，被随机指派担任"囚犯"角色的受试者，和被指派"狱卒"角色者，彼此之间可以互换取代。在这两组人中，并不存在犯罪记录、情感或身体缺陷，乃至于知识或社会性劣势等，足以将囚犯和狱卒以及囚犯和社会中其他人区分开来的典型差异。

基于随机指派以及比较性前测，我可以断言，这些年轻男性在进入监狱后陆陆续续从扮演的囚犯或狱卒角色出现的病态行为，绝非一开始就存在。在实验一开始，这两组人之间没有任何差异；但是不到一个星期之后，他们却已经没有任何相似点了。我们因此有个合理的结论，亦即这些病态行为是被诱发的，产生作用的则是在监狱模拟情境中持续加诸他们身上的情境力量。此外，这个"情境"是由我所协助创造的背景"系统"所认可与维持,我的做法首先是给予新手狱卒们心理上的定位取向,接着我和我的同僚们则协助后来逐渐发展出的政策及方法能顺利运转。

在狱卒和囚犯深陷于"大染缸"中,受到强烈渗透影响之前,每个人都可说是"白布一匹",没有人一开始就是坏的。染缸中的各种特质,包括角色、规则、规范、人物及地点的匿名性、去人性化的过程、服从命令的压力及群体认同等许许多多特质的综合,都构成在这行为脉络中运作的情境力量。

从资料中,我们学到什么?

除了全天候直接观察囚犯和狱卒之间的行为互动及特殊事件之外,我们还做了一些资料补充,包括录像带记录(大约12小时)、隐藏式录音记录(大约30小时)、问卷、自陈式个体差异人格测验以及许许多多访谈。在这些测验中,有些已根据量化分析的需要加以编码,有些则和结果评估相关。

许多诠释上的难题在资料分析之后出现,我们的样本数相对而言过少;而且由于经费及人员短缺,以及策略性的决定聚焦在能引发高度兴致的日常事件(例如报数、进餐、访客及假释听证会),因此我们只是选择性地记录,并非全面性记录。除此之外,由于狱卒的轮班制度,在不同的值班时间以及班次轮替期间,狱卒与囚犯间出现动态性的交互作用,这使我们无法确定日常的趋势。人们、群体以及时间效应之间互动复杂,这个明显事实更进一步混淆了针对个人行为的量化资料分析。再者,传统的实验中,会有一个由可比较的自愿者组成的控制组,他们不需要假扮成囚犯或是狱卒进行实验,只需在实验前后给予各种评估测验,但我们的实验并没有设计控制组。没有这么做的原因是，我们将这实验视为现象说明，正如米尔格伦（Milgram）最初的服从威权实验，而不视为是欲建立因果关系的一项实验。当初的构想是，如果我们能从开始的探索性调查研究中得到有趣的发现，就要在未来的研究中进行实验组对控制组的比较实验。也因此，我们只有一个简单的独变项，也就是狱卒与囚犯相对地位的主要影响。

尽管如此，还是有某些清楚模式逐渐浮现，因而更详细阐释了我截至目前所做的定性说明。针对这个具有心理学强制力的环境性质，以及受此环境要求测试的年轻人特质，这些发现提供了一些有意思的理解观点。有关这些评估测验的计算分数以及它们在统计学上的意义，可从发表在《国际犯罪学及狱政管理学期刊》[2]及网站www.prisonexp.org的一篇科学文章中得到完整信息。

实验前的人格测验

研究开始前不久，我们曾对前来接受前测评估的实验参与者进行三种评量测验，以评估他们之中的个体差异。这三种评量测验分别是测量威权性人格的F量表（F-scale of autoritarianism）、测量权术性人格的马基雅弗利量表（Machiavellian Scale of interpersonal manipulation strategies）以及孔雷人格量表（Comrey Personality Scales）。

F量表[3]：在测量是否墨守传统价值及对威权是否抱持顺从、不具批判力时，狱卒们的平均数是4.8，而囚犯们的平均数则是4.4，两者间差异并无统计上的意义，这是在他们被分派为两种角色前所做的测量结果。但是将五个全程参与实验的囚犯的F量表分数，和另外五个提前被释放的囚犯的分数相较时，我们有了一个大发现。全程忍受斯坦福监狱实验威权环境的受试者，在因循性格（conventionality）及威权性人格方面的分数（平均数等于7.8）高于提早释放的同胞（平均数等于3.2）两倍。我们将囚犯的F量表分数由低至高以等级排列时，从分数与停留实验中的天数两者之间，我们惊讶地发现了高度的相关性（相关系数等于0.9）。我们认为，可能是囚犯留下来的时间越长，他会越有效地适应威权的监狱环境，因而增强他在僵固性、传统价值依附性，以及威权的接受度；以上这些特质正描绘出我监狱情境的特性。相反地，无法良好处理情境压力的年轻人，却是F量表的特质分数上最低的一群——有些人会说，这是他们的光荣。

马基雅弗利量表[4]：正如这个量表的名称所示，其目的是评估一个人对于在人际互动中运用权谋来获得实际好处的支持程度。在这个量表中，狱卒的平均数是7.7，囚犯的平均数则稍微高一些（8.8），两者之间并未发现显著差异，也无法借此预测受试者停留在监狱中的时间。我们原本预期那些在操控他人特质上取得高分的人，他们的人际技巧与在监狱情境中的日常互动会有关联，然而在我们认为对监狱情境适应情形最良好的囚犯里，有两个在马基雅弗利量表中获得最高的分数，另外两个我们认为同样适应良好的囚犯得分却最低。

孔雷人格量表[5]：这份自陈式报表由八个次量表组成，用来预测狱卒与囚犯间的性格变化。这些人格指标包括：信赖、守秩序爱整洁、服从、活动力、稳定度、外向性、阳刚性及感同身受的能力。在这份评估中，狱卒和囚犯的平均分数实际上可以互换取代，甚至没有一个分数接近统计的显著性。此外，在每一个次量表的评估中，群体的平均数都落在孔雷曾报告指出的基准性男性母群体的第十四至第十六百分位数之间。这项发现支持了我们的主张：这两个不同群体的学生拥有"正常"、"普通"的人格。克

第10章 斯坦福监狱实验的意涵Ⅰ：性格转换的炼金术

雷格·黑尼及科特·班克斯在进行学生自愿者样本的事前筛选时，确实做到以"普通人"为挑选样本的标准。除此之外，在扮演狱卒角色及扮演囚犯角色的两群人间，也找不到预先存在的性情倾向能区分这两者。

然而，在提前释放的人以及撑完这整场灾难的囚犯间，我们倒是找到一些虽不具显著意义，但仍十分有意思的差异。我们发现后者在"服从"（接受社会现实）、"外向性"及"感同身受的能力"（助人、同情、慷慨）方面的分数，都高于因表现出极端压力反应而不得不提前释放的人。

如果针对表现上偏离群体平均值（1.5个标准差及以上）的个别狱卒及囚犯检视他们的分数，有些令人好奇的模式就会出现了。

首先，让我们先看看表现特殊囚犯的一些人格特质。在我的印象中，杰里5486非常沉着稳健，而这个印象也得到证据支持，他在"稳定度"上的分数的确高于其他囚犯，但在其他分数上则非常接近母体基准。当他的行为偏离轨道时，他总是有正向的表现。他在"阳刚性"（不容易掉泪、对罗曼史不感兴趣）的分数也是最高。斯图尔特819把自己的囚室搞得像垃圾堆，使得必须收拾他留下烂摊子的牢友心情糟透了，他在"守秩序爱整洁"（一个人行事小心及重视整齐清洁的程度）的项目则得到最低分。尽管行为跟规则完全背道而驰，他一点也不在意。猜猜看谁在"活动力"（喜爱体力活动、辛苦劳动及运动）的评估项目上得到最高分？没错，就是"中士"2093。"信赖"的定义是相信他人基本上是诚实而善意的，克莱416在这方面拔得头筹。最后，从囚犯档案中，你认为哪一位的"服从"（相信执法、接受社会现实、对他人的不服从不满）分数可能最高？哪一位对克莱416抗命狱卒的行为反应最强烈？除了我们年轻的小帅哥修比7258之外还会有谁？

在狱卒中，只有少数个人档案出现非典型的分数，他们的分数相较于其他同侪显得十分反常，令人感到相当好奇。我们先看看"好狱卒"约翰·兰德里，他在"感同身受的能力"项目上得到最高分，而不是他的弟弟。狱卒瓦尼施在"感同身受的能力"和"信赖"项目上都是最低分，却最关心秩序与整洁。在狱卒中，他也是马基雅弗利量表分数最高的一位。把这两个指标放在一起比较，正足以说明他在整个研究中以冷静态度表现出有效率、机械式且疏离的行为。

尽管这些发现指出人格测验的确可以预测某些个别案例的行为差异，我们仍然必须小心谨慎，在了解进入一个新环境（如我们的监狱）中的个体行为模式时，不可过度概化，跌入以偏概全的陷阱。举个例子，根据我们所进行过的所有测验，在所有囚犯中，杰里5486的表现可说是"超乎寻常"。然而，仅次于杰里5486、在人格报表分数上可给予"极为正常"评价的却是道格8612。他对于演戏的病态说明，以及后来变得很"疯狂"的行为表现，都很难从他实验前"极度正常"的状态中预测到。此外，在四个最恶毒的狱卒和其他没那么滥权的狱卒之间，我们也找不出任何可看出他们之后差异的人格前兆。没有一个单一人格倾向能够解释这些极端的行为变化。

假如我们现在来看看最恶毒、最残酷成性的两个狱卒——赫尔曼和阿内特的人格分数，可以看到他们俩在所有人格面向上的表现都一般而平均，只有一项除外。使他们出现歧异性的是"阳刚性"。直觉反应的人格理论家或许会想当然地认为赫尔曼——我们这个无法无天的"约翰·韦恩"——一定阳刚到了顶点，并且以此为他辩护。事实正好相反；他在阳刚性的分数低于所有其他狱卒，甚至也低于所有囚犯。对照之下，阿内特的阳刚性却胜于所有狱卒。心理动力学取向的分析者或许会十分肯定地以为，赫尔曼冷酷、支配性的行为，以及他所发明的恐同运动，是为了对抗他不具阳刚气质、可能有潜在同性恋倾向的人格特质，从而激发出的反应。尽管如此，在我们继续陶醉于这些分析性花腔之前，我得赶紧补充，在接下来35年的岁月中，这名年轻人始终维持着循规蹈矩的生活，是个称职且正常的丈夫、父亲、生意人、热心公益的国民，这些是对他唯一适当的形容。

情绪形容词自陈表

我们要求每个学生都得完成一份检核表，从表中选出最适合形容他们当下心境的形容词，这样的评估在研究期间曾进行过两次，在减压解说会后又立即进行了一次。我们将情绪形容词加以结合，使负面情绪形容词与正面情绪形容词相抗，并且将描绘活跃与被动的形容词分开。从所见到囚犯状态，我们可以精准预料到结果，正如所料，囚犯表示感受到负面情绪的次数是正面情绪的三倍之多，总体而言的负面性远较狱卒为高。而狱卒们表示感受到负面情绪者，仅稍微多于正面情绪者。这两个群体间还有另一项有趣的差异：囚犯的情绪状态表现出较大的浮动性。研究进行期间，他们在情绪上的变化程度是狱卒的两到三倍，后者表现出相对稳定性。在活跃和被动的面向上，囚犯们的分数往往高一倍，这表示他们内在的"骚动不安"也两倍于狱卒。尽管监狱经验在于狱卒和囚犯身上都造成负面的情绪影响，对囚犯所造成的反效果却更深刻，并且更不稳定。

比较留到最后的囚犯和提早释放的人，中断实验者的情绪确实有更多负面特质：沮丧、不快乐。当第三次要求受试者完成情绪量表时，就在我们告诉实验对象研究必须中断之后（提前被释放的实验对象也返回参加了减压解说会），正面情绪方面立刻明显出现了变化。所有"前任囚犯们"选择的自我描述形容词表示，他们的情绪远较之前正面，不再是那么负面了——负面性的强度从一开始的15.0掉到了5.0的低点，而正面性则从开始的6.0低点攀升至17.0。此外，相较之前，他们也觉得自己不那么地消极被动。

总体而言，在情绪次量表中，提前释放的囚犯以及撑过六天实验的人之间已经不再有任何差异。我非常高兴能够报告这个至关重要的结论：在研究结束时，两个群体的学生都已经回到实验前正常情绪反应的基线了。回归正常的反应似乎说明了，当扮演不寻常角色时，学生所经历到的沮丧及压力反应的"情境特殊性"。

这项最后的发现可以有几种诠释方式。监狱经验的情绪影响是短暂的，因为一旦研究中断，受折磨的囚犯们很快就跳回正常的情绪基态。这也说明了我们精挑细选出的实验参与者的"正常性"，这种恢复能力也证明了他们的弹性。无论如何，囚犯们的全面性情绪振奋反应虽然一样，来源却可能大不相同。留到最后的人知道自己熬过了这些苦难并重获自由，因此感到相当振奋。被提前释放的人虽已不再承受情感上的压力，在远离负面的情境后，他们已经将情绪重新调整。他们原本因为提前离开而留下同侪们继续受苦而感受到罪恶感，当他们看见牢友们被释放后，罪恶感的担子终于卸下，于是深感欣慰，或许某些新的正面情绪反应也可以这么归因。

尽管有些狱卒表示希望研究如计划预定继续进行一个星期，但就狱卒群体而言，他们乐见研究提前中止。他们的正面情绪平均数升高超过两倍（从4.0跳到10.2），原已较低的负面情绪分数

（6.0）则降至更低（2.0）。因此，尽管他们的角色是在监狱情境中创造出恐怖状态，但作为一个群体，狱卒们同样也因研究中止而重新恢复了情绪的冷静与平衡。这种情绪重新调适的状态并不意味这些年轻人中有些人已经不再被他们的所作所为困扰，也不再因为无能阻止虐待行为发生而感到不安；我们稍早已经在他们的后测反应及回顾性日记中注意到这些反应。

录像带分析

研究期间，我们曾针对囚犯—狱卒互动进行录像，在录像带中可辨识出共25个相对不连续的事件。针对每个事件或插曲，区分出10个行为（或言语）类别，当类别性言语或行为出现时加以计分。两名未曾参与此项研究的计分员，以独立作业的方式为影带计分，他们之间意见一致的程度令人满意。这些类别包括：提问、下指令、提供信息、个人化对待（using individuating reference）（正面）、去个人化对待（负面）、威胁、抗拒、助人行为、（为某些目的而）使用工具、挑衅行为。

正如下页图表所概括显示的，总体而言，狱卒与囚犯间的互动以负面、敌意居多。大多数时候，独断独行是狱卒的特权，一般来说，囚犯只能采取相对被动的姿态。在我们记录到的各种情况中，狱卒呈现的最大特征是下列反应：下指令、羞辱囚犯、将囚犯去个性化、对他们表现出侵略性、威胁，以及使用工具对付他们。

一开始时囚犯还会反抗狱卒，尤其是在研究开始的几天，以及后来克莱416用绝食抗议。囚犯们倾向以正面的个性化方式对待其他人，询问对方问题、提供信息，而且很少对别人表现负面行为，后者在占支配地位的狱卒身上后来变得很常见。不过这些都只发生在研究开始的头几天而已。从另一方面来说,这意味着在六天的研究中,我们观察到最**罕见**的两种行为是个性化对待及互相帮助。我们只记录到一次助人事件,这个人类关怀同类的单一事件发生于囚犯之间。

这些记录也以量化的角度强调了我们在研究期间的观察心得:狱卒们逐步扩大对囚犯们的骚扰行为。如果我们将最初的两个囚犯—狱卒互动事件与最后的两个事件比较,会发现在同样的时间单位内,一开始并未出现任何去个性化对待,但在最后的事件中,却记录到这类行为出现的平均数高达5.4次。同样地,开始时狱卒们鲜少出言贬抑羞辱,平均记录为0.3次,但在同样时间内,他们在最后一天却平均做出5.7次的贬抑行为。

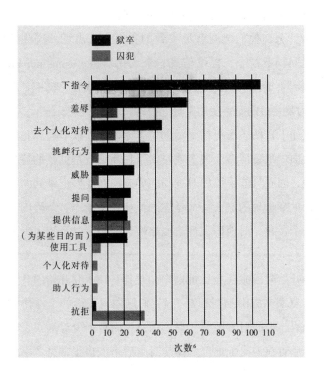

根据对录像带资料的时间分析发现，随着时间过去，囚犯们渐渐不做事了。各个行为领域的计分都随着时间进展而普遍下降。他们不再有什么开创作为，只是随着日与夜麻木不变的交替而越来越被动。

录像带分析也发现，相较于其他两个班次，有"约翰·韦恩"轮夜班的时候，囚犯最难挨。在这残酷的班次中，狱卒们的行为明显有别于前后交接的两个班次，他们下达更多指令（在标准化时间单位内，个别而言是平均9.3次相对于平均4.0次），对囚犯口出恶言的次数超过其他时候的两倍（个别而言是平均5.2次相对于2.3次），也比其他班次的狱卒更常以侵略性方式惩罚囚犯。而我们在阿内特当班时观察到较隐约细腻的语言侵犯，并未显现在这些分析中。

录音带分析

有时候我们会使用隐藏式麦克风来录音记录，录音内容包括由我们一名工作人员访谈囚犯及狱卒，以及囚犯们在囚室中的对话。我们以分类方式记录此种言语活动的一般性质，一共分为九个类别。同样地，录音带也由两名独立裁判进行分类，所得到的结果十分具有可信度。

九个分类当中，除了提问、提供信息、提出要求和下达命令之外，其他都是和评论有关的类别，包括正面/负面看法、正面/负面评价、个性化对待/去个性化对待，继续研究的意愿或者希望中断，以及希望在未来以正面或负面的方式行动。

我们十分惊讶地发现，狱卒们几乎和大多数囚犯有相同程度的负面看法及负面的自我评价。事实上，"好狱卒"乔夫·兰德里对自我的负面评价比任何囚犯都还多，负面情绪在所有人当中也最普遍，只有一名实验参与者的负面情绪比他更严重，就是道格8612。从我们与囚犯的访谈中，可以归纳出一个特色，即囚犯在情绪表达以及自我评价及行为意图（主要是意图表现侵略性，并且对自身处境的看法倾向负面悲观），都普遍有负面反应。

这些访谈显示，在留下来进行实验的囚犯及被提前释放的囚犯身上，实验对情绪影响出现了清楚的差异。对照留下来的和被释放的两群人（根据每个访谈中的表现），比较他们在负面看法的表达、负面情绪、负面自尊感及意图表现侵略性的平均数。结果发现，被提早释放的囚犯的期望更加负面，并较常表现出负面情绪、负面自尊感，在意图表现侵略性次数方面，则多于坚持留下的牢友四倍。

当囚犯们暂时不必列队答数、无须卑躬屈膝听人差遣，或无须参与公众事物时，窃听囚室中的私人对话，可让我们了解囚犯在私底下的交谈内容。请记住，一开始时，分配在同一囚室的三个室友们彼此完全陌生。只有当他们回到隔离的囚室时，他们才开始互相认识，因为在公共活动时间时，任何"闲聊"都不被允许。由于囚犯们同处于封闭的环境中，并且预期接下来将有两个礼拜的互动，因此我们认为，他们将会寻找共通点以联系彼此。我们预期听到他们聊彼此的大学生活、主修的课程、职业、女朋友、喜欢的球队、音乐偏好、嗜好、实验结束后打算在剩下的暑假中做些什么事，也可能会聊到要怎么花掉即将到手的报酬。

完全不是这样！所有这些预期几乎都落空了。在我们所录到的囚犯对话中，有整整九成都跟监狱主题相关。只有一成的谈话焦点落在个人的或生平经历介绍。囚犯们最关心的事情是食物、狱卒的骚扰，他们希望能够开个会让大家发发牢骚，并构想脱逃计划，他们也关心其他囚室囚犯及一些孤僻囚犯们的行为表现。

第10章 斯坦福监狱实验的意涵 I：性格转换的炼金术

当他们有机会暂时远离狱卒的骚扰以及无聊沉闷的照表操课，有机会借助社会互动而暂时超越及抛开囚犯角色、建立自己的人格认同时，他们却没有这么做。囚犯角色支配了个别人物的所有表达。监狱情境支配了他们的看法及所关心的事物，可说是迫使他们进入一种延伸现在的时间定位。无论自我是处于被监视或者暂时获得喘息的状态，都无关紧要。

囚犯们并不分享他们对过去和未来的期望，因此，每一个囚犯对其他囚犯的唯一了解，都以观察当下行为表现为基础。我们知道的是，囚犯们在服刑期间以及从事其他差役时，眼中看到的通常只会是彼此的负面形象。但这个负面形象却是他们在同侪眼中建立自己的性格印象时，唯一的凭借基础。由于他们只关注于当前情境，囚犯们也因此助长了一种心理状态，这种心理状态更强化了他们的负面经验。因为一般而言，当人们面临恶劣处境时，会试图以时间观点将情境区隔化，于是他们可以借着缅怀过去来自我安慰，并借此想象一个更好的、不一样的未来。

这种囚犯自我加诸的心理状态，甚至会造成更大的伤害：囚犯们开始采纳甚至完全接受狱卒针对他们制造的负面形象。在所有囚犯私下互动的回报中，有一半都可归类为不具支持性质及不具合作性质的互动。更糟的是，当囚犯们评价相同遭遇的牢友，或向他们表达关心时，85%的概率不是赞赏或鼓励，有时甚至是不以为然！以下数据在统计上有重要意义：谈话焦点较着重于监狱议题而不是非监狱议题，偶然发生率只有1%；谈话焦点集中在牢友的负面特质与集中在正面或中立特质相对时，偶然发生率只有5%。这意味着，这类行为效应是"真实存在"，不该归因于囚室里私下的随机谈话。

囚犯们经由这些方式逐渐内化监狱中的压迫，于是，看着同伴被羞辱、像绵羊一样驯服，或者是做着不用大脑的下贱工作，就是同伴印象形成的主要方式。既然对其他人没有任何尊敬之意，又如何能在监狱里拥有自尊？最后这项未预期的发现，提醒我想起"认同加害者"的现象。心理学家布鲁诺·贝特尔海姆[7]用这个词来描述纳粹集中营中的囚犯是如何内化他们的压迫者本身的权力（首次运用这个词的人为安娜·弗洛伊德）。贝特尔海姆观察到，某些囚犯的行为表现就像他们的纳粹狱卒，他们不只虐待其他囚犯，甚至穿上被丢弃的纳粹党卫军制服。这些受害者不顾一切地希望在充满敌意、朝不保夕的生活中幸存下来，他们只意识得到侵略者的需求，而不是去反抗；他们拥抱了侵略者的形象，然后变成侵略者的样子。在有权的狱卒及无权的囚犯之间存在着惊人的权力差距，然而这差距却被这类心理操练极小化了。人变成与敌人共存——在自己内心。这种自我欺骗可以避免对自身处境的现实评价，抑制斗争行动、对抗策略或是造反，而且不容许对自己的受难同胞有任何同情。

> 生命是自欺欺人的骗术，要骗得天衣无缝，就必须习惯成自然，一路骗到底。
>
> ——威廉·黑兹利特《论迂腐》，载《圆桌对论》
> （William Hazlitt, "On Pedantry", *The Round Table*, 1817）

斯坦福监狱实验的教训和信息

叙述完扮演囚犯及狱卒角色的年轻人个人特质和特殊行为反应后，现在要思考这项研究提出的广泛概念性议题，及其教训、意义和所要传达的信息。

第10章　斯坦福监狱实验的意涵Ⅰ：性格转换的炼金术

科学实验的优点

从某个角度而言，社会学者、犯罪学者以及来自囚犯的叙述都曾为我们揭露监狱生活的邪恶面，而斯坦福监狱实验并没有让我们对监狱产生任何新看法。监狱是个野蛮的国度，能够激发人类天性中极恶的一面。监狱是暴力及犯罪的温床，在这方面的贡献远胜于它促进的建设性改造。60%或更高的再犯率说明了一件事：监狱已成为刑事重罪要犯的旋转门。我们已经了解到，作为社会的犯罪控制工具，监狱是彻底失败的社会实验，除了这件事之外，斯坦福监狱实验到底还能让我们知道些什么？我认为答案就存在于这个实验的基本规则中。

在真正的监狱里，监狱情境以及居住其中的人们的缺陷无可避免地交织、混淆在一起。我回忆起我和帕洛阿尔托市警察局警官的第一次谈话，当时我向他解释我为何不去观察地方监狱，而选择进行这样的研究。我设计这项实验的目的是为了评估一个模拟的监狱情境，对于生活在其中的人——包括狱卒及囚犯——造成的影响。透过种种实验控制，我们可以进行一系列的尝试并得到结论，而这是在真实世界中不可能办到的。

首先是系统性的选择步骤，确保了每个进入我们监狱的人都尽可能是正常、普通、健康的人，他们不曾有反社会行为、犯罪或是暴力记录。此外，由于实验参与者都是校园里的学生，相较于教育程度较低的同年龄人，他们的智能都在平均水平之上，较不具偏见，对自己未来也有较高的信心。再者，由于实验研究的关键——随机分配——不管这些好人们原先的意愿是否倾向哪一方，他们的角色都由随机分配，一切纯属机运。进一步的实验控制还包括了系统性观察、不同形式的证据搜集以及统计资料分析，这些都被用来裁定在研究设计的参数中，受试者经历事件所受的影响。斯坦福监狱实验基本规则就是让人摆脱地域限制，让天性摆脱情境、让白布脱离染缸。

然而我必须承认，所有的研究都是"人为的"，是真实世界相似物的模拟。尽管如此，不论是斯坦福监狱实验或者是我们即将在之后篇章中读到的社会心理学研究，姑且不论经过控制的实验研究的人为性质，当这类研究以敏锐的手法尽力捕捉"世俗实在"（mundane realism）的基础本质，其研究结果就有相当的概化能力。[8]

就许多明确的性质而论，我们的监狱显然不是"真正的监狱"，但就我认为是"监狱经验"核心的"囚禁经验"的心理特质而言，这项实验的确是把握到了。当然了，从实验中推导出的任何研究发现都必然提出两个问题，首先是"比较对象为何？"下一个则是"外部效度"（external validity）为何？——这个实验能不能有助于说明与之平行的真实世界？这类研究的价值在于它有能力阐明潜在过程、确认因果次序，并建立起能传递所观察到之作用（observed effect）变项。除此之外，当统计的意义不能被视为偶然存在的关联而排除不论时，实验也能建立出因果关系。

几十年前，社会心理学的理论研究先驱库尔特·莱温（Kurt Lewin）曾经主张建立实验社会心理学的科学。莱温坚持，从真实世界中提炼出有意义的议题，无论在概念上或实作上都是可行；而这些议题也能在实验室中检测。他认为只要研究经过悉心设计，并且谨慎执行自变项（作为行为预测项的先行因素）的操作，就有可能建立确定的因果关系，而这是田野或观察研究所无法做到的。尽管如此，莱温还更进一步主张运用这类知识去影响社会变迁，主张运用在研究基础上得到的证据，去了解并且尝试改变及改善社会及人类的功能。[9]而我必须试着追随他启示的方向。

第10章 斯坦福监狱实验的意涵Ⅰ：性格转换的炼金术

狱卒的权力变化

在使一个人的意志屈服时品尝到的权力滋味，远胜于赢得他的心。

——埃里克·霍弗，《心灵的激情状态》

我们有些志愿者被随机指定扮演狱卒角色后，很快便开始滥用新取得的权力，他们残酷成性，日夜无休地贬低、鄙视、伤害"囚犯"。他们的行动符合我在第一章中对邪恶的心理学定义。其他狱卒虽然并未特别有虐待倾向，但是显得冷酷、苛求，对于受难同袍们的处境极少流露出同情。只有少数狱卒可被归类为"好狱卒"，他们抗拒了权力的诱惑，而且有时候能为囚犯的处境着想，多少为他们做点事，比方说赏个苹果或塞根香烟给人之类。

尽管在制造恐惧和复杂性程度上，斯坦福监狱实验和纳粹集中营系统间有着极大差距，但奥斯维辛死亡集中营中的纳粹党卫军医生和我们的斯坦福监狱实验狱卒间还是有个有趣的相似性。纳粹党卫军医生和实验中的狱卒一样，也可以分成三种群体。根据利夫顿在《纳粹医生》中的描述："爱国者热切地参与处决过程，甚至为了杀人而自愿'加班'；有些人则多少可说是按照条理工作，只做觉得自己该做的事；剩下的人则是不情不愿。"[10]

在我们的研究中，勉强扮演自己角色的好狱卒意味着"不作为即善"（goodness by default）。与其他值班同伴的恶魔行为相较之下，给囚犯们施点小恩小惠。正如先前提到的，他们之间没有人曾介入阻止"坏狱卒"们虐囚；也没有人跟工作人员抱怨、迟到早退或是拒绝在紧急情况下加班，甚至没有人为了必须做这些讨厌的工作而要求加班费。他们只是"不作为之恶综合征"（Evil of Inaction Syndrome）的一分子，这部分将会在后面篇章中完整讨论。

我们回想最好的狱卒乔夫·兰德里，他和最坏的狱卒赫尔曼一起轮小夜班，但他从来不曾尝试让赫尔曼"冷静下来"，或是试着提醒他"这不过是个实验"，这些孩子只是在扮演囚犯的角色，没必要让他们受这么多苦。乔夫只是默默承受痛苦——跟囚犯们一起受苦。如果他的良知能够激励他做些有建设性的行动，那么这个好狱卒也许可以发挥相当的影响力，改善在他值班期间日益升高的虐囚现象。

从我在许多大学中的多年教学经验，我发现大多数学生并不关心权力的议题，因为他们在自己的世界中拥有许多资源，可以凭借才智和辛勤工作来达成自己的目标。只有当人拥有许多权力而且想要继续享受权力，或是没什么权力却又想要更多的时候，权力议题才会受关注。然而权力之所以成为许多人的目标，主因是享有权力的人可以任意支配资源。美国前国务卿基辛格曾经这样描述权力的诱惑："权力是春药"。权力的诱惑吸引着年轻貌美的女性投向又老又丑的权威人士的怀抱。

囚犯的病理分析

哪里违背意志，哪里就是人的监狱。

——爱比克泰德，《谈话录》

（Epictetus，*Discourses*，2th century）

研究一开始时，我们比较关注扮演囚犯角色者如何适应无权无势的全新地位，而不是那么关心狱卒的适应问题。当时我刚花了一整个暑假时间沉浸在我在斯坦福大学与人共同执教的监禁心理学，所以已经准备好要站在他们那一边了。卡罗·普雷斯科特刚跟我们说了一堆狱卒手下发生的虐待和堕落故事。从曾经是阶下囚的人口中,我们也听说了囚犯性虐待其他囚犯及帮派斗争等恐怖的亲身经历。所以克雷格、科特和我早就私下倒向囚犯那边,暗自希望他们能够撑过狱卒施加的各种压力,尽管他们被迫戴上外在的劣势标签,仍然希望他们能维持人性的尊严。我甚至想象自己会是电影《铁窗喋血》里保罗·纽曼①那一类能以智慧方式进行反抗的囚犯,从没想过自己会成为他碰上的狱卒。[11]

当囚犯叛变以出人意料的速度发生时,我们感到相当欣慰;他们抗议狱卒指派给他们的奴役差使根本是找麻烦,也质疑任意武断的执法以及让人筋疲力尽的频繁列队报数。当初我们通过报纸广告招募他们来参加所谓"监狱生活研究",但现在他们对这研究的期待已经完全破灭了。他们原本以为只是做几个小时的低贱差事,其余时间可以读书、玩乐、认识新朋友。事实上,这也是我们一开始规划中要求的——至少在囚犯们开始造反而狱卒们掌握大势之前是这样。我们甚至还打算要办几场电影之夜呢。

囚犯们对于一些事情特别反感,他们厌恶日以继夜的持续辱骂、缺乏暂时不受工作人员监视的隐私及喘息空间、任意武断的规则执行、随机惩罚以及被迫分享狭窄寒酸的牢房空间。当叛乱开始时,狱卒转向我们寻求协助。但我们袖手旁观。我们的态度很清楚:一切取决于他们的决定。我们只是观察者,没有意愿介入。在开始阶段,我还无法沉浸于警务长的心态中,当时的我反而像个主要观察者,兴趣是搜集资料,想了解假扮的狱卒如何回应这个紧急事件。

---

① 保罗·纽曼(Paul Newman)在《铁窗喋血》片中饰演因酒醉闹事入狱的囚犯,他在狱中以智慧和机智带领囚犯对抗典狱长及狱中恶势力,虽然最后死于狱中,但被囚犯们视为希望及反体制的象征。

让我们措手不及的是，道格8612在协助策划造反后就迅速崩溃了。他用颤抖的声音控诉囚犯所遭遇到的一切不合理对待，"这是个很鸟的模拟实验，根本不是什么监狱，干你他妈的津巴多博士！"我们所有人震撼不已。我不得不钦佩他的勇气。我们无法全心全意相信他是真的觉得很痛苦，而不是做做样子。记得他最先表示希望被释放时，我跟他谈过话，当时我还请他考虑当我们的"卧底"，交换条件是继续当囚犯，但会有一段时间没有谁可以找他麻烦。

我又进一步想起在道格8612突然崩溃时，克雷格做出了释放他的困难决定，那时道格进入实验的时间不过36小时：

> 作为实验者，我们没人料到会发生这种事。当然了，我们临时也想不出什么办法来摆平它。还有，很明显的是，这名年轻人在模拟监狱的短暂经验中感受到的困扰远远超出我们任何人预期……基于伦理、人性优先于实验的考虑，我决定释放囚犯8612。

我们原本不预期有人会在这么短的时间内出现如此剧烈的压力反应，但这预期却被打破了，该怎么解释这件事？当时我们做出一个方向错误的归因，克雷格是这么记的：

> 我们迅速找到一个自认为自然又可靠的解释：他一定曾因为脆弱或性格上的弱点而有过崩溃经验，这可以说明他对模拟监狱环境过度敏感和过度反应！事实上，当时我们忧虑的是资格审查过程是不是出现了瑕疵，才会让一个已经"受损"的人混进来，却没有被侦测到。一直到后来，我们才承

第10章 斯坦福监狱实验的意涵Ⅰ：性格转换的炼金术

认这个明显的反讽：这是我们研究中的情境力量第一次在完全不预期的情况下以如此惊人的方式呈现，但我们却"用特质论来解释"，我们采取的正是当初设计研究时想要挑战和批判的思维！[12]

让我们回顾道格8612对这场经验的最后回应，并且承认，他当时的困惑非常深刻：

> 我决定要离开，但当我告诉你们这些人我的决定、我所看到、经历到的一切时，你们只说了句"不行"，然后把我的话当放屁。当我回去时，我明白你们只是在敷衍我，这让我很火大，所以我决定要做点什么好离开这里。我策划了几个离开的行动，最容易又不会造成人、物损伤的方法就是直接假装抓狂或苦恼的样子，所以我选了这个办法。当我回到笼子里时，我就有意识地假装崩溃，我知道在跟贾菲谈之前，先不要在笼子浪费力气，要到贾菲面前才释放情绪，这样就出得去了，可是到后来，当我在操弄情绪、装出难受的模样时，我是真的很难过，你知道吧——你怎么可能假装不舒服呢，除非你真的很难过……就像疯子不可能装疯卖傻，除非他真的有点疯了，你懂吗？我不知道到底我是真的受不了，还是被人诱发，那个黑黑的家伙让我很抓狂，他叫啥？科特吗？这大致就是我的遭遇。而你这位津巴多博士却跑来跟我谈买卖，好像我是奴隶还是什么东西……你到后来还在要我，不过你是可以做点什么，你们应该要在实验里做点什么。[13]

模拟的重要性

人若处在某种强大社会情境中，本性会出现戏剧性的变化。剧烈程度就如同罗伯特·路易斯·史蒂文森（Robert Louis Stevenson）引人入胜的虚构小说《化身博士》(*Dr. Jekyll and Mr. Hyde*)。几十年来，斯坦福监狱实验引发的关注仍持续不歇，我认为这是因为这个实验揭露了"性格转变"的惊人事实：当情境力量加诸于人时，好人会突然变身成像狱卒般邪恶的加害者，或如囚犯般病态的消极被害者。

通过引导、诱使或传授的方式，就可以让好人为非作歹。当好人沉浸在"整体情境"时，情境力量会挑战个人人格、个性和道德观的稳定性及一致性，从而影响人性的表现，引导人做出诸如非理性、愚蠢、自毁自弃、反社会、不计后果的行为。[14]

我们希望相信人有基本不变的善性，能够抵抗外在压力，并以理性方式评价并抗拒情境诱惑。我们赋予人性以神性，人性具有道德及理性的能力，使人类公正而富有智慧。在善恶之间，我们竖立一道看似穿不透的藩篱，以简化人类经验的复杂性。在善这一边的都叫"我们"、"自己人"、"同类"，而在恶那一边的通通归成"他们"、"别人"、"异类"。矛盾的是，在创造出不受情境力量影响的迷思时，我们却因此对情境力量失去警觉性，从而开启了堕落之门。

斯坦福监狱实验及许多社会科学研究（参见第十二章、十三章）透露出我们不愿接受的信息：大多数人不得不面对社会力量的严格考验时，都会出现重大的性格转变。我们置身事外地想象自己的可能作为，然而一旦进入社会力量的网络中，想象自己的行为表现及实际能做的却差了十万八千里。斯坦福监狱实验号召我们捐弃"善良自我"能够打倒"恶劣情境"的简化观念。正如情境感染相同处境的其他人一样，只有当我们承认情境也有"感染我们"的潜在力量，才能最完善地抗拒、避免、挑战及改变这类负面情境力量。罗马喜剧作家泰伦斯（Terence）说过："凡出于人性的，必适用于我。"这句话提醒我们时刻莫忘此一认识的重要性。

通过纳粹集中营狱卒、吉姆·琼斯①的"人民圣殿教"的毁灭仪式，以及更近期的日本"奥姆真理教"仪式所造成的行为变化，这些教训一直重复地传达给人们。而在波黑、科索沃、卢旺达、布隆迪及最近苏丹达尔富尔地区的种族灭绝暴行，也同样提供了有利的证据，证明人类会将人性及仁心屈服于社会力量，以及诸如战争征服、国家安全等抽象的意识形态借口。

无论人类曾犯下多么恐怖的暴行，只要处在正确或错误的情境中，这些行为就有可能出现在我们任何人身上。这样的认知并不构成为邪恶开脱的理由，相反地，它使得邪恶民主化，让一般行动者共同承担了邪恶的责任，而非宣称邪恶是偏差分子或者是暴君的专利——邪恶的都是"他们"，不会是"我们"。

斯坦福监狱实验最单纯的教训是告诉我们情境的重要性。社会情境在个人、群体及国家领导人的行为和心智运作上产生的作用力，远较我们能想象的还深刻。有些情境施加在我们身上的影响非常大，可以让我们做出不曾更不可能预测得到的行为反应。[15]

---

① 吉姆·琼斯（Jim Jones）为美国新兴宗教组织"人民圣殿教"的创始者及领导人，主张种族融合及共产理念。1978年11月，吉姆·琼斯及九百多信徒在圭亚那农场中集体中毒死亡，自杀或谋杀死因成谜。

人若处在无法依循从前法则行事的新环境中，情境力量的影响最为显著。在这类情境中，惯常的报偿结构不同了，预期也被打破了。置身其中时，人格变项的预测力变得很低。因为它们的预测力依赖的是想象的未来行动估计，而未来行动则是以过去在熟悉情境中的典型反应为基础——但现在我们遇到的新情境并非如此；一位新狱卒或囚犯会这么说。

也因此，当我们试图了解自己或他人令人困惑的不寻常举动时，都必须以情境分析为出发点。只有以情境为基础的侦查工作无法解答谜题时，才采用天性式分析（基因、人格特质、个人病理学等）。我在斯坦福的同僚李·罗斯认为，这样的分析方法是邀请我们从事"归因的仁慈"（attritutional charity）。这意味着，我们不是一开始就把矛头指向做这件事的行动者，而是仁慈地从现场调查出发，去找出行为的决定因素。

然而知易行难。因为我们大多数人都有强烈的心理偏见——"基本归因谬误"[16]，使我们无法以这样理性思考。提倡个体主义的社会如美国及许多西方国家，逐渐习惯去相信天性的重要胜于情境。在解释任何行为时，我们过度强调人格的重要性，却低估了情境的影响力。读完这本书之后，我希望读者们开始注意这个行动的双重原则是如何频繁出现在自己的思维方式和他人的决定过程中。接下来要以我们的监狱研究来思考让情境发挥影响力的特质。

规定的塑造力量

斯坦福监狱实验中出现的情境力量结合了许多因素，这些因素单独而言并无特殊之处，然而一旦联合起来，就会发挥强有力的影响。其中一个关键特质就是规定的力量。规定是以正式而简化的方式来控制非正式的复杂行为。其运作方式是规则的外化，

第10章 斯坦福监狱实验的意涵Ⅰ：性格转换的炼金术

即制定什么是必需的，什么是可接受、可以得到报偿的，以及什么是不被接受并因此会受惩罚的。当时间久了，规定逐渐有了自己的生命，开始不受控制，并拥有合法的威权。即使规定不再适用、变得含糊不清，或是因为规定执行者的任意诠释而变化，规则仍然屹立不摇。

借着怪罪"那些规定"，我们的狱卒可以将加诸囚犯的大多数伤害正当化。举例来说，让我们回想一下囚犯在熟记狱卒和典狱长发明的17条专制规定时必须承受的痛苦吧！也请思考一下用餐时间进食行为的规定二是如何被滥用来惩罚克莱416，只因为他拒绝吃下不洁的香肠。

有些规定可以有效调节社会行为，故有其必要；例如演讲者说话时观众必须聆听、驾驶遇到红灯要停车、不可插队。然而有些规定只是幌子，只为了掩饰创造规定者或负责执行者在支配的事实而已。就像斯坦福监狱实验规定一样，最后一条规定自然是关于破坏其他规定时的惩罚方式。也因此一定会有某个人或某个代理机构愿意并且有能力执行这类惩罚；在公开场所执行最理想，可以收到杀鸡儆猴的效果。喜剧演员连尼·布鲁斯（Lenny Bruce）曾以逗趣的方式描绘谁可以、谁不能把粪便丢到邻居院子里的规定是如何发展出来。他也将警察角色的创造描述成是为了担任"我家院子里不准有屎"规定的守护者。规定和规定的执行者都是情境力量内在固有的，尽管如此，系统仍扮演了一定角色，雇用警察并创造监狱来监禁破坏规定者的都是系统。

一旦规定成真

一旦你穿上制服，被赋予一个角色，我是说，一份差事，

> 有人对你说:"你的工作就是管好这些人。"然后你就会变了个人,不再扮演穿着休闲服的角色了。当你穿上卡其制服、戴上眼镜、拿着警棍时,你就会真的变成狱卒,你会开始演起那个角色。那是你的戏服,穿上它,你就得照着剧本演。
>
> ——狱卒赫尔曼

当演员扮演虚构人物时,常常必须演出与他们人格认同相异的角色。他们按照演出角色的需求,学习说话、走路、吃东西,甚至是思考和感觉。演员的职业训练使他们得以维持人物角色和自我认同之间的区隔,将自我隐藏在幕后,在幕前演出和真实自我大不相同的角色。然而,即使是训练有素的专业人士都会遇到界限模糊的时候,在戏落幕或电影杀青后仍然走不出剧中人的阴影。他们全神贯注于角色的内在强度,而让这股强大力量指挥舞台下的人生。观众变得不再重要,因为演员的心思已经完全被角色占据。

要解释戏剧化角色最后"弄假成真"的效应,英国的电视"真人实境秀"《乡郊大宅》(The Edwardian Country House)有个很棒的例子。该电视剧从约800名应征者中选出19个人,在优美庄园里担任英国仆役的角色。根据剧中的时代设定,扮演管理仆役的总管一职的人,行为举止必须遵照严格的阶层制度,可是演出者却被自己能轻易变成专制总管这件事给"吓到了"。这名六十五岁的建筑师没有足够的心理准备,无法接受自己可以轻易对他管理的仆役施加绝对权力,"你突然明白你不用说话,只需要动根手指他们就会乖乖听话了。这想法很吓人——令我毛骨悚然。"而一位扮演女仆的女性,在真实生活中担任旅游信息处官员,她开始觉得自己像隐形人一样无足轻重。她描述她和其他人如何快速适应仆役的角色,她说:"我先是惊讶,然后就感到害怕了。全部的人都变得低声下气,我们很快学会了不要回嘴,而且觉得自己是卑下的。"[17]

典型的情况是,角色和特殊的情境、工作、职务是相连的,比方说教授、门房、出租车司机、牧师、社会工作者或色情片演员都是如此。人处在某个情境时就会扮演某个角色——当他在家、在学校、在教堂、在工厂或是在舞台上时,所扮演的角色都不同。而通常处在"正常的"生活中时,角色就会被抛在一边。然而有些角色会不知不觉渗透进入你的生活。这些角色不只是偶尔演出的剧本而已,它们会在大多数时候变成你。即便一开始我们只承认它们是人为的、暂时的、受情境限制的角色,但它们仍被内化成为我们的一部分。于是我们变成了父亲、母亲、儿子、女儿、邻居、老板、劳工、助人者、医治者、娼妓、士兵、乞丐及其他许许多多角色。

更复杂的是,我们都必须扮演多重角色;有些角色相冲突,有些则可能挑战我们的基本价值与信念。正如斯坦福监狱实验里的例子,当初一开始我们只是用"不过是个角色"来和真实个人做区别,但是当角色行为得到报偿时,却开始造成深刻的影响。就像"班上的小丑"虽然赢得他无法用特殊学业表现得到的注意,可是接下来就再也不会有人认真看待他了。或者是羞怯,一开始时可以用怕羞来避免笨拙的社会互动,这时羞怯是一种情境式的笨拙,但是当怕羞的次数多了,原先只不过是扮演角色,最后却真的成了怕羞的人。

挫败感也是如此。当人们扮演界限僵化的角色,并因此赋予既定情境许多限制,像是限制什么行为才是适当、被期待及获得强化的等等,这时候人们就可能做出很糟的事来。当人处在"正常模式"时，会用传统道德和价值观来支配生活，然而角色的僵化性却关闭了正常模式中的传统道德和价值观。角色分隔（compartmentalization）的自我防卫机制，允许我们在心智上接受相互冲突的信念与期待，让它们成为彼此分隔的密室，以避免争执。于是好丈夫也可以毫无罪恶感地演出奸夫的角色；圣徒可以是一辈子的鸡奸者；亲切的农场主人可以是冷酷无情的奴隶主子。我们必须承认，无论如何，角色扮演的力量均足以形塑我们的看法；当一个人接受了教师或护士角色，他就可能会为了学生及病患的利益终其一生牺牲奉献。

角色过渡：从医治者变成屠夫

这方面最糟的案例是纳粹党卫军医师，他们的角色是在集中营囚犯中挑选出处决或"实验"的人犯。而在经过重新社会化之后，他们已经完全摆脱常态的医治者角色，完全进入杀人共犯的新角色当中。基于为了公共利益而必须有所作为的群体共识，他们接纳了几个极端的心理防卫机制，以避免面对事实——身为犹太人集体屠杀事件的共犯。要理解这段复杂过程，我们必须再次提起社会心理学者利夫顿。

刚进入这环境的新医生，一开始一定会对他所见到的景象感到惊骇，他会问一个问题："这里的人怎么会做出这些事？"一个普通的答案就能解答一切：对他（囚犯）而言，什么是比较好的？是在粪堆里苟延残喘还是乘着一团毒气到天堂去？于是这个新人就会完全被说服了。面对严酷的生命现实时，大屠杀是每个人都被期待去适应的手段。

将犹太人灭绝计划塑造为"最终解决方案"的心理学目的有两个："它代表着独一无二的大规模屠杀计划，而且从根本上把焦点锁定在问题的解决。"于是它把整件事变成一桩有待解决的难题，任何手段只要是必需的，都可以来达成这个实用性目标。这样的理智训练，让同情与怜悯从这名医师的日常巡诊中完全消失了。

然而挑选人犯进行毁灭的工作是"如此繁重，和极端的邪恶又息息相关"，这让高等教育的医师们必须运用一切可能的心理防卫机制，以避免面对他们是谋杀共犯的事实。对某些人来说，将情感与认知分离的"心理麻木"成了常态；而另一些人则采取精神分裂式办法，过着"双重"的生活。于是在不同时间里，同一位医师身上可以存在着残忍与高贵的极端特质，这必须召唤"存在于自我中两个彻底不同的心理丛结：一个是以'普遍接受的价值'以及身为'正常人'的教育和背景为基础；另一个则是建立在'与普遍被接受价值极端不同的（纳粹—奥斯维辛）意识形态'的基础上"才能做到。这些双重倾向日复一日地来回摆荡。

角色互动及其脚本

有些角色要求相对的伙伴关系，就像狱卒角色的存在如果要有意义，就必须有人扮演囚犯才行。除非有人愿意扮演狱卒，否则一个人无法成为囚犯。在斯坦福监狱实验中，不需要什么特别的训练就可以扮演角色，也没有手册教你该怎么做。回顾第一天狱卒的笨拙以及囚犯的轻浮举止，只是因为两方都正在适应这个陌生角色。但是很快地，随着以狱卒—囚犯共生关系为基础的权力差异愈益明显，我们的实验参与者也轻易地进入了他们的角色中。演出囚犯或狱卒，一开始根据的脚本是来自于实验参与者自身关于权力的经验，包括观察父母之间的互动（传统上，父亲是狱卒，母亲则是囚犯），以及自身对医生、教师、老板等权威人士的回应，最后，通过电影中对监狱生活的描绘而刻画在他们脑海中的文化铭印，也是脚本的来源之一。社会已经帮我们做了训练，我们只需要记录下他们演出角色时的即兴程度，就可以取得资料。

许多的资料显示，所有实验参与者的反应，实际上都曾在某个时候远超出角色扮演的要求，而这些反应渗透到囚禁经验的深层心理结构中。一开始，有些狱卒的反应受到我们的说明会影响，在会中，我们曾大略提及为了模拟真实的囚禁情境而希望创造出什么样的氛围。但无论这个舞台环境对于当个"好演员"这件事曾大略提供出何种一般性要求，当狱卒私下独处，或是相信我们没有在监看他们时，这些要求理应不会有效。

实验后的报告告诉我们，单独私下和囚犯待在牢房外头的厕所时，有些狱卒会特别残暴，他们会把囚犯推进便器中，或是推到墙上。我们观察到最残酷的行为都发生在深夜或是清晨的值班时间，如我们所知，狱卒们认为这时候他们不会被我们监视或录音，在某个意义上也可视为是实验"关闭"的时候。此外我们也看到，尽管囚犯们不反抗，而且随着这场狱中灾难达到顶点而露出颓丧迹象，狱卒对囚犯们的虐待还是每天不断推陈出新、愈演愈烈。在一场录音访谈中，一名狱卒笑着回忆，实验头一天他还曾经因为推了一个囚犯一把而感到很抱歉，但是到了第四天，他却已经对推挤和羞辱他们毫无感觉了。

克雷格敏锐分析了狱卒的权力转变。他仔细回想进入实验没几天后，他和其中一个狱卒之间发生的冲突：

> 在实验开始前，我和囚犯以及所有狱卒们都曾做过访谈，虽然为时短暂，但我觉得自己是从个体角度来认识他们。也许因为这样，尽管他们的行为随着实验进行越来越极端、嗜

第10章 斯坦福监狱实验的意涵Ⅰ：性格转换的炼金术

虐，但我对他们是真的毫无敌意。不过很明显的是，因为我坚持和囚犯们私下谈话——表面上的理由是和他们进行咨询，而且偶尔也会吩咐狱卒们停止一些特别严重且毫无理由的虐待，所以他们把我当成背叛者。因为这样，有一名狱卒在日记中这样描述我和他的互动："那个心理学家离开（咨询）办公室前责备我铐住囚犯而且蒙住他的眼睛，我很气愤地回答他，我做这些都是为了安全的考虑，而且这是我的事，不管怎样都和他无关。"他的确这样告诉过我。奇怪的是事情似乎颠倒过来，是我协助创造了这个模拟环境，现在我却因为无法支持这些新规范，而被一个我随机分派角色的狱卒饿得哑口无言。[18]

谈到狱卒说明会可能造成的偏差，我们才想起我们完全没有为囚犯办任何说明会。那么当他们私下独处时，当他们脱离不间断的压迫时，他们都做些什么？我们发现他们不是去认识对方，或讨论跟监狱无关的现实生活，而是非常着迷于当下处境的各种变化，他们增饰自己扮演的囚犯角色，而不是与之疏离。狱卒们的情形也一样：从他们私下在寝室或在准备轮班、换班空当中搜集到的信息显示，他们彼此很少聊和监狱无关的事或私事，常聊的反而是关于"问题囚犯"、狱中即将出现的麻烦或对工作人员的反应——完全不是人们认为大学生在休息时间会讨论的话题。他们不开玩笑、不笑，也不在其他狱卒面前流露出个人情绪，原本他们可以轻松运用这些方式让形势愉快点，或是跟角色保持点距离，却没这么做。回想一下克里斯蒂娜稍早的描述，她谈到她见到的那位亲切、敏感的年轻人，一旦穿上了制服进入他在牢场里的权力位置之后，却摇身一变成了粗野残暴的西部牛仔。

扮演斯坦福监狱实验的成人角色

在进入斯坦福监狱实验给我们的最后教训之前，我想要再提出两个最后的观点来讨论角色权力及运用角色来正当化违法行为。我们现在先跳出狱卒与囚犯是由志愿者扮演的，回顾一下几个角色：来访的天主教神父、假释委员会的委员长、公设辩护律师，以及在探访夜出现的父母。父母们不仅觉得我们展示的监狱情境良好、有趣，还允许我们将一系列武断独裁的规定用在他们身上、限制他们的行为，就像我们对待他们的孩子一样。我们也信任他们会好好扮演深植于内在的角色——他们是循规蹈矩的中产阶级公民，尊重威权、极少直接挑战系统。我们同样也知道即使囚犯们处于绝望中，而且人数远多于狱卒，但是这些中产阶级出身的年轻人也不可能直接杠上狱卒。其实只要有一个狱卒离开牢房，囚犯与狱卒的人数比甚至可以达到九比二，他们却不曾反抗。这类暴力不属于他们从小习得的角色行为，却可能是出身较低阶层的实验参与者所熟悉的，而且比较可能会采取行动改变自己的处境。事实上，我们找不到证据证明囚犯们曾经策划要发动人身攻击。

角色的现实依赖支持系统而存在，系统对角色提出要求、规范，并且阻止其他现实情况入侵。回想一下，里奇1037的母亲向我们抱怨他的情绪不佳时，我立刻动员了我的制度性威权角色回应并挑战她的观察，我暗示囚犯1037一定有些个人困扰，所以他的情绪状态完全和监狱的运作问题无关。

回溯我当时的反应，我的角色从一个十分有同情心的老师，成为一心只顾搜集资料的研究者、麻木无情的警务长，这样的转变最令人痛苦。在这个陌生角色中的我，做出一些不适当的怪事，我狠心打断了一位母亲的抱怨，而她的确有理由抱怨；当帕洛阿

第10章 斯坦福监狱实验的意涵Ⅰ：性格转换的炼金术

尔托市的警局警官拒绝将我们的囚犯移到市立监狱时，我的情绪变得十分激动。我想我会那样做的原因是因为我完全接纳了我的角色，也就是要让监狱尽可能正常运作。但也由于接纳了这角色，我只关注"我的监狱"的安全和维持，于是在第二名囚犯也达到崩溃边缘时，我并没有察觉到有中止实验的需要。

角色的过错与责任

我们可以深深沉浸在角色之中，又能在必要时将自己和角色区隔开，也因此，当我们由于身为某个角色而犯下过错时，很容易帮自己撇清个人责任。我们拒绝为行动负责，将责任怪罪在扮演的角色身上，说服自己本性和角色没半点关系。这种说法显然和纳粹党卫军领导人在纽伦堡大审时的开脱之词有异曲同工之妙："我只是照命令行事。"只不过辩护的理由变成："别怪罪到我身上，我不过是做我当时那位置上的角色该做的——那不是真正的我。"

赫尔曼和克莱416曾经接受过一次电视访问，我们回想一下赫尔曼当时如何合理化他对克莱的虐待行为。他声称自己只是在进行"属于我的小小实验"，目的是观察要把囚犯逼迫到什么程度，才能让他们造反或是挺身维护自己的权利。事实上，他主张自己的严酷行为是为了刺激囚犯们变得更好，而残暴的主要报偿就是囚犯的起义。这个事后合理化有什么样的谬误呢？从他处理克莱416香肠造反事件的方式还有"中士"的反抗辱骂，我们可以轻易看出端倪。赫尔曼并没有赞许他们起身维护自己的权利和原则，反而是大发雷霆，变得更极端、嗜虐。赫尔曼彻底运用身为狱卒的最大权力，做出远超出情境的需求，只为制造自己的"小小实验"来满足个人的好奇心和乐趣。

为了进行斯坦福监狱实验后效的回溯性调查,赫尔曼和道格8612曾在最近接受《洛杉矶时报》的访谈,而他们都用了类似理由来说明当时的行为——一个自称"残酷",另一个人则用"疯狂"来形容;他们的理由则是一切作为都是为了取悦我。[19]也许他们所扮演的正是日本电影《罗生门》里的新角色吧,如同电影里的每个人都对事实有一套不同观点。

匿名性及去个人化

除了规定和角色权力之外,由于制服、装束和面具的采用,掩盖了每个人的一般面目,从而促成匿名性的出现并降低了个人责任归属,情境力量也变得更有权威性。当人在情境中觉得自己拥有匿名性,也就是觉得没有人会意识到他们的真正身份(所以也没有人会在乎)时,反社会行为就比较容易被诱导出现。假如情境本身又允许个人冲动、服从指令,或者鼓励建立一些一般情形下会受鄙视的行为方针,情况更是如此。银色反光太阳镜就是这种工具,它让狱卒、典狱长和我在与囚犯往来时显得更高不可攀、更缺乏人情味。制服则赋予狱卒一个共同身份,必须称呼他们"狱警先生"也是一样的道理。

有大量的研究资料证实,去个性化助长了暴力、破坏公物、偷窃等越界行为(将在后面的篇章中进一步讨论),尤其当情境支持这类反社会行为时,这对孩童造成的影响并不亚于成人。在文学作品,如威廉·戈尔丁(William Golding)的小说《蝇王》中找到这类过程描述。当群体中所有人都处在去个性化的状态下,他们的心智运作方式会改变:他们活在一个延伸现在的时刻中,使得过去和未来都变得遥远而不相关。感觉会支配理性,行动能凌驾反思。在这种状态中,导引他们行为不偏离社会正轨的一般

第10章 斯坦福监狱实验的意涵Ⅰ：性格转换的炼金术

性认知和动机激发过程已不再发挥作用。阿波罗式的合理性及秩序感被迫让位给戴奥尼索司式的过度放纵甚至混乱。接下来，人们不再考虑后果，发动战争就会变得像做爱一样容易。

于是我想起来自越南的一行禅师的启发："为了彼此斗争，同一只母鸡生下的同一窝小鸡，脸上的颜色不会一样。"这是个妙喻，可以用来描绘去个性化在助长暴力上所扮演的角色。在伊拉克虐囚监狱阿布格莱布中臭名远播的1A层，一名狱卒曾模仿摇滚团体"跳梁小丑"（Insane Clown Posse）以银色和黑色彩绘自己的脸，当时他正在值勤，并且为了拍照而摆着姿势，因而拍下了一张记录虐囚事件的照片。关于去个性过程如何参与阿布格莱布监狱虐囚事件，我们稍后还会有许多讨论。

认知失调对邪恶的合理化

公开扮演跟自己私下信念相反的角色会出现一个有趣的结果：产生认知失调。行为与信念之间不一致，以及行动不是随着恰当态度而产生，都是认知失调出现的条件。失调是一种紧张状态，它会强而有力地刺激个人改变公共行为或是私人观点，以降低失调程度。人们将会竭尽所能，力求拉近信念与行为的差异，以达到某种功能性统一。差异程度越大，达成调和的动机就越强，而人们也会期待看见越极端的改变。如果你有许多好理由去伤害一个人，反倒很少会出现失调，比方说你的生命受到威胁、身为军人的职业要求你得听从权威者命令行事，或者从事违背你和平信念的行动可以得到丰厚报酬时。

然而奇怪的是，一旦从事这类行为的正当理由减少，失调的效应却会开始增强。好比说你只为了微薄报酬去做一件令人厌恶的事，你的生命不受威胁，提供给你的理由也不够充分或是不妥当，失调情形就会变严重了。在人们拥有自由意志时，或者当情境压力迫使他从事与信念不符的行动，但是他或她一时失察或无法全然赞同这样的行为时，失调程度会升高，试图去降低失调的动机也会最强。如果与信念不符的行为属于公开行为，否认或修正都是不可能的。因此，改变的压力会施加在认知失调方程式中较软性的元素上，也就是属于内在、私密的部分，亦即价值、态度、信念，甚至是知觉感受上。有大量的研究可以支持这样的预测。[20]

认知失调是如何刺激我们在斯坦福监狱实验狱卒身上所看见的改变出现呢？他们从事长时间且辛劳的值班工作，完全出于自愿，只为了一小时不到2美金的微薄薪水。他们很少得到指导，告诉他们该如何扮演这个困难的角色。无论何时，只要他们穿上制服、出现在牢房中，或者是有任何其他人在场，不管那个人是囚犯、他们的父母或是访客，他们就必须一贯维持每天轮班八小时的狱卒角色。他们不当班时，有16个小时的休息时间远离斯坦福监狱实验的日常工作，然而16个小时后，他们还是得回到角色里。这样的情境是导致认知失调的强大源头，也许就导致狱卒内化其公共角色的行为，并且造成他们用私人认知和情感回应方式来自我合理化，因而使得独裁及虐待行为日益增加。

更糟的是，由于这些和个人信念不符的行动是他们承诺要做的，于是狱卒们更觉得必须赋予它意义，必须找理由来解释自己为什么做出违背他们真正信念及道德主张的事。在许多情境中，认知失调的情形被承诺掩盖，因此让明智的人受蒙骗，做出非理性的行动。社会心理学提供许多证据，证明这种情形可以让智者做出蠢事、清醒的人行事疯狂、道德的人行为下流。做出违背信念的事情后，人们总会提出"好的"理由为自己无可抵赖的作为辩解。相较于合理化——替自己的私人道德观与实际行动间的矛盾开脱——的功力，人们的理性能力反而是差了点。借着合理化，他们可以说服自己和别人，主诉他们的决定都经过理性考虑。然而人们对于自己在面临失调时那股维持一致性的强烈动机，却是一点也不敏感。

社会认可的力量

还有另一股更为强大的力量影响人的行为，不过人们对此同样毫不察觉：社会认可的需求。人们需要被人接纳、被人喜欢、被人尊敬，这意味着行为要看起来正常、恰当、符合社会期待。这股力量非常强烈，以至于人们会优先服从陌生人告知的正确行为，即便那些行为极端地愚蠢怪异。我们嘲笑着向我们揭露真相的"整人游戏"节目，却很少注意到在自己的生活中，我们成为整人游戏"主角"的次数有多频繁。

除了认知失调效应之外，我们的狱卒也同样受到服从的压力。来自其他狱卒的群体压力强化了当一个"合群的人"的重要，而这里的游戏规则就是必须以各种方式将囚犯们去人性化。好心的狱卒成了群体中的异类，值班时，他被排除在其他狱卒组成的小圈圈之外，沉默地承受痛苦。而在每个班次中，严酷的狱卒总是会成为至少一名其他狱卒的模仿对象。

现实的社会建构

狱卒们身穿军装风格的制服，囚犯们则穿上皱巴巴、别上身份识别号码的罩衫，前者所得到的权力感和后者感觉到的无权感彼此相称。尽管狱卒和囚犯的装束不同，狱卒们配有警棍、哨子和遮住双眼的太阳镜，囚犯们则佩戴脚镣以及盖住他们长发的头罩，但造成情境上的差异并非来自服装或硬体装备的差异，反而是必须从心理元素中，亦即调查群体各自对这些装束的主观意义建构，才能找出权力的来源。

要了解情境的重要性，必须先了解身处其中的人，了解他们如何理解以及诠释既定的行为环境。人们赋予这情境中各种要素**意义**，而正是这些意义，创造了情境的社会现实。社会现实不光是指情境的物理性质，社会现实也是人们对情境、对目前行为阶段的看法，而这些看法参与了各种心理过程。这类心理表征也是信念，这些信念可以修正人们对于情境的理解，让它们符合行动者的期望及个人价值观，或者与之同化。

这类信念又创造了期望，当期望变成自证式预言时，期望就会拥有自己的力量。举个例子，在一个由心理学家罗伯特·罗森塔尔（Robert Rosenthal）以及小学校长雷诺·约可布逊（Lenore Jocobson）所操作的著名实验中，当老师们被引导相信小学班级里的某些孩童是"资优儿童"时，这些孩子的确开始在学业上有杰出表现——即便研究者不过是用随机方式挑选出这些孩子的名字而已。[21]在研究中，老师们对这些孩子潜能的正面看法，回过头来修正他们对待这些孩子们的方式，因此促进他们在学业上表现优异。这些普通孩子成为他们的期望——课业表现杰出的人，因而证明了"皮格马利翁效应"（Pygmalion Effect）。令人难过的是，老师也会预期某些类型学生会有较差的学业表现——比如弱势背景的学生，甚至在班级里的男学生。老师们对他们无意识的对待方式，证实了这些负面的刻板印象，使得这些学生表现得比他们实际能力还差。

在斯坦福监狱实验中，自愿的学生原本在任何时间都可以选择离开。他们只是在一份受试者选择表格上头承诺会尽力完成两

第10章 斯坦福监狱实验的意涵Ⅰ：性格转换的炼金术

个礼拜的实验而已，没有人威胁或者规定他们一定得关在监狱里。这份合约是由大学里的研究者、大学人体受试者研究委员会以及大学学生三方所签署，本身没什么大不了；一开始的预设只是希望学生们是在自由意志下参与，并且随时可选择中止实验。然而事实上，事态发展到实验第二天就非常明显了，囚犯们开始相信这真的是座监狱，只是管理者是心理学家而不是国家而已。听了道格8612的嘲讽之后，他们说服自己没有人可以选择离开。也因此，他们没有人曾经说过："我要中止实验。"事实上对许多人而言，离开的策略变成是用极度的心理忧郁来消极地迫使我们释放他们。他们认为，是这个新的社会现实将他们牢牢钉在压迫性的情境中，而这情境是由狱卒们任意、恶劣的行动创造出来的。于是，囚犯成了自囚的人。

在这个研究中，还有另一种社会现实，也就是在假释听证会结束时囚犯们终于得到"假释谈判"的机会。在我们制定的情境架构中，如果囚犯愿意放弃他担任"囚犯"赚到的全部酬劳，我们有权通过假释委员会的运作让他获得假释。虽然大部分人都是勉强接受这个谈判结果，自愿放弃他们这几天实际担任"研究受试者"的所有酬劳而离开，即使如此，那时候也没有人尝试要"中止实验"。囚犯们宁可接受假释建构出的社会现实，而不是基于个人最大利益采纳维护个人自由的社会现实。他们每个人都允许自己被铐起来、用头套罩住，然后从最接近自由的地方被带回到地牢里。

去人性化：否定他者价值

杀越南鬼子献真神。

——一名越战美军写在头盔上的一句话

人对人类手足能做出的极端恶行,莫过于剥夺他人人性,也就是运用心理学的去人性化过程让人失去存在价值。当我们认为"他者"不具有跟我们一样的感觉、思想、价值以及存在目的时,我们就是将他者去人性化。通过感情的理智化、否认及孤立等心理学机制,我们从意识中贬低或是抹消掉这些"他者"与我们共享的人类特质。相对于人性关系中的主体性、个人性和情感性特质,去人性化关系的特质则是客体化、分析式,而且缺乏情感或移情作用。

用马丁·布贝尔的话来说,人性化的关系是我—你(I-Thou)关系,而去人性化的关系则是我—它关系(I-It)。随着时间的逝去,去人性化的施为者(agency)会被吞没进入负面性的经验,造成"我"发生变化,并且产生出客体与客体间或施为者与受害者之间的"它—它"关系。于是人们通过标签、刻板印象、标语和形象宣传的方式,助长了将某类他者视为次等人、劣等人、非人、下等人、可有可无之人或者是"禽兽"的错误概念。[22]

当施为者在紧急情况、危机发生,或是需要侵入他人隐私领域时,的确有必要暂时搁置正常的情感回应,因此有时候去人性化过程也可以发挥适应的功能。例如,外科医师执行危及他人性命的手术以及担当第一线救人任务时,他们就必须如此。而当工作的工作量或日常计划必须接待大量的人时,也会发生同样的情形。在某些照顾专业如临床心理学、社会工作和医学专业里,这过程有个专门称呼:"疏离的关怀"。这时的行动者被放在一个矛盾的位置上,他一方面得将客户去人性化,一方面又需要给予他们协助或治疗。[23]

然而针对被过度客体化的对象,去人性化过程往往会助长对他们的虐待和破坏。因此我们很难想象我们的狱卒竟会这样描述他们的囚犯——那些只因为掷铜板时运气不佳，因而没能穿上狱卒制服的大学生："我叫他们互相叫对方的名字，然后徒手把厕所打扫干净。事实上我根本就把这些囚犯当成'畜牲'，而且我一直觉得他们会对我不利，所以得看好他们。"

或者是另一名狱卒的告白："这些囚犯穿得一身破烂，整个牢房里充满了他们身上发出的恶臭，实在很让人厌恶。只要下个指令，他们就会彼此杀红了眼，我就等着看好戏啰。"

斯坦福监狱实验创造出一种去人性化的生态，就像真的监狱里会出现的情形，而这是通过许多直接且不断重复的信息而逐渐形成。囚犯从一开始失去自由，接着失去隐私，最后失去个人的身份意义，一连串构成了一套完整的去人性化过程。这过程将囚犯从他们的过去、社群以及家庭中割离，然后由当下现实取代了正常的现实。当下现实迫使他们和其他囚犯们一起生活在毫无特色的小牢房里，完全失去个人空间；而来自外在的强制性规定以及狱卒们的独裁决定则支配了他们的行为。正如所有监狱中都有一些隐约的压迫，我们的监狱也不例外，在这里，情感被压抑、禁止，而且受到扭曲。才不过进入监狱短短几天，温柔呵护的感情就从狱卒和囚犯们身上消失了。

在制度性的环境中，人类被禁止表达情感；因为它们代表了冲动的个人反应和不可预期，然而制度性环境却只期待一致性的集体反应。狱卒们通过各种对待方式将囚犯们去人性化，贬低人格的制度性程序也在去人性化中扮演了一个角色。然而囚犯们也马上将自己加入去人性化的过程里，他们压抑自己的情感反应，直到"崩溃"为止。情感是人性的基本要素，但在监狱里，压抑情感却是基本的生存之道，因为情感是脆弱的象征，流露情感形同将自己的弱点暴露在所有人面前。在第13章中，我们将更完整讨论去人性化过程和道德撤离的关联，以及其对人性的破坏效果。

斯坦福监狱实验中的意外发现

在实验结束后不久，发生了一系列戏剧性的意外——美国加州圣昆廷州立监狱及纽约州阿蒂卡监狱（Attica Correctional Facility）的屠杀事件，使得我们的实验成为邪恶心理学的主要范例。原本这个小小学术实验只是用来检验情境力量的理论想法，但这两个事件却使这个实验受到全国性的关注。在这里，我只从斯坦福监狱实验及个人角度，概略叙述这些事件及其后果的关键面向。关于更完整的细节以及大约同时兴起的"黑豹党"（Black Panther Party）①、激进学生团体"地下气象员"（Weather Underground）②的相关讨论，请参见网站 www.lucifereffect.com。

斯坦福监狱实验被迫中止的隔天，在圣昆廷监狱一场声称由黑人政治激进分子乔治·杰克逊领导的逃狱行动中，有许多狱卒和囚犯遭到杀害。三个礼拜后，在美国东岸纽约州北部的阿蒂卡监狱也出现了囚犯暴动。囚犯控制了整座监狱，并劫持了近40名狱卒和一般工作人员为人质，整个事件持续了五天。他们要求改变压迫的处境及去人性化待遇，但当时的纽约州州长尼尔森·洛克菲勒（Nelson Rockefeller）并未选择进行协商，反而下

---

① 60年代于美国加州奥克兰创立的非裔美人政党，诉求以民族主义为诉求的激进革命路线，主张包括拒绝从军、黑人应拥有军队及自卫能力等。
② 60年代由一群白人青年创立的激进社会运动组织，主张与第三世界解放运动以及黑人民权运动站在同一阵线，推翻一切压迫及不平等。他们采取以暴制暴的方式，在70年代策划了一系列炸弹攻击事件。

令出动该州的警力部队采取一切必要措施夺回监狱。州警部队在牢房中枪击和杀害40名以上的狱囚及人质,并造成多人受伤后,整个事件才落幕。由于两起事件发生时间相当接近,监狱现况于是成为当时舆论的关注焦点。基于我在斯坦福监狱实验中得到的心得与认识,我受邀在几个国会委员会中提出证词。我也成为参与圣昆廷监狱屠杀事件的六名囚犯之一的专家证人。而大约在那段时间,有个曾看见我和圣昆廷典狱长进行电视辩论的媒体记者,决定要在国家电视频道［1971年美国电视频道NBC的节目《年代报导》(*Chronolog*)］中,制作一部关于斯坦福监狱实验的纪录片。美国《生活》(*Life*)杂志的一篇特别报道也迅速跟进,斯坦福监狱实验虽然结束了,但现在又继续上路了。

斯坦福监狱实验及其代表的时代氛围

在我们的模拟监狱中,学生囚犯和狱卒受到经验诱发而出现性格上的转变,为了更充分评鉴性格转变的程度,我们有必要考虑60年代晚期及70年代早期的美国时代氛围。那个时代的代表性思潮是拒绝威权、"不要信任大人"(trust no one over thirty)、反对军队及工业化、参与反战示威、加入民权及妇女权益促进行动。那是个年轻人起而造反、反抗来自父母和社会死板教条的时代,而那些教条曾在50年代桎梏了他们的父母。那是性、毒品和摇滚乐的实验年代,年轻人蓄着长发,高唱:"只要我喜欢有什么不可以。"那也是个嬉皮士的年代,为了爱和存在而静坐抗议的时代,是头上戴几朵花去加入旧金山反战青年"花孩儿"(flower child)行列的时代,是和平主义者的时代,更是个体主义者的时代。那一代人的智性导师——哈佛心理学家蒂莫西·利里(Timothy

Leary）曾经为世界各地的年轻人提供一个处方，里面包含三重指引：别管传统社会说什么、尝试看看改变心智状态的药丸、倾听自己内在的声音。

由于诉求激烈反抗各种不正义及压迫，青年觉醒运动（Youth Culture）的兴起格外关注越战中发生的各种不道德行为，他们抨击每天清点敌人尸体的可憎行为，抗议执政当局不愿承认错误，并从旷日持久的流血战争中撤退。这些价值风潮在欧美引燃一波又一波的青年运动。相较于美国的理念，欧洲人甚至更激进地挑战社会建制。他们公开反叛政治及学术霸权。法国巴黎、德国柏林和意大利米兰的学生们"架起了路障"，直接反抗他们视为保守、反动的现行体制。他们之中有许多是挑战法西斯主义者，也强烈谴责昂贵的高等教育造成的不平等入学限制。

而身为一个群体，我们研究中的志愿学生正是来自强调造反、个人探索、否定威权和盲从的青年文化。因此我们原本预期实验受试者更能抗拒制度性的力量，拒绝服从我强制加诸于他们的"系统"支配。没料到的是，这些志愿者当上狱卒之后，竟然完全接纳了权力欲心态，然而当初让自愿者选择角色时，根本没有人愿意成为狱卒。即使是最苛酷的狱卒赫尔曼也宁可当囚犯，就像他告诉我们的："大部分的人都会嫌恶狱卒。"

几乎所有志愿学生都觉得他们比较可能在未来成为囚犯，毕竟他们上大学可不是为了当狱卒，但是哪天因为犯了什么小罪而被逮却不是不可能。我说这些的意思是，这些被指派为狱卒的人并不像他们后来的表现那样具有虐待或支配倾向。当他们进入斯坦福监狱实验时，并没有任何伤害、虐待、支配他人的嗜好。如果说有，那也是贴近符合当时社会氛围的倾向——关怀他人。同样地，我们也没有理由预期扮演囚犯的学生会如此快速地崩溃，他们的心态和身体健康状况在开始时都十分健全。因此,当完全不同时代的研究者试图复制这个研究时,他必须牢记这个时代和文化的脉络,这点非常重要。

系统的影响为何最重大？

我们从斯坦福监狱实验中学的最重要一课是,情境是由系统创造的。系统提供制度性的支持、威权以及资源,让系统能够顺利运作。在大致介绍斯坦福监狱实验中所有情境特质之后,我们发现有个关键问题很少人提出:"是什么或者是谁造成这些事情发生？"谁有权力规划设计出这个行为环境,并且用特殊方式维持它的运作？接下来的问题是,谁必须为结局与后果负责？谁得到成功的功劳,谁必须为失败受责？在斯坦福监狱实验里,最简单的答案——是我。尽管如此,如果处理的是复杂的组织,比方说失败的教育或矫正系统、腐败的大型企业,或者是阿布格莱布监狱中创造出的系统,回答这问题就不是那么容易了。

系统权力是授权或是制度化许可,包括授权和许可从事规定下的行为、禁止及惩罚违背规定的行为。它可以提供"更高的威权",这更高的威权批准新角色的扮演、新规定的服从,也批准从事在一般情形下受到既有法律、规范及伦理道德限制的行动。这些批准通常披着意识形态的外衣出现。而意识形态是种标语或主张,通常用来合理化为了达到某个至高目的所需采取的任何手段。因为意识形态对处于某个特定时空的大多数人来说"正确无误",因此通常不会受到任何挑战甚至质疑。当权者将政治纲领包装成善良、正直的,使它看似珍贵的道德律令。

设计出来支持意识形态的政治纲领、政策及标准运作程序,是组成系统的基本要素。由于意识形态被人们当成神圣不可侵犯，系统程序因此被视为合理而正确。

在20世纪60和70年代，从地中海到拉丁美洲世界都受到法西斯军阀统治，当时的独裁者总以防卫"威胁国家安全"势力的需求来强化建立军备的号召，以对抗他们声称来自社会主义者或共产党人的威胁。为了除去威胁，由军警执行、国家批准的严刑拷打成为必要行为。法西斯意识形态也正当化行刑队对所有疑似"国家公敌"者的暗杀行动。

而在目前的美国，所谓国家安全威胁势力对人民已经造成恐吓效果，使得他们愿意牺牲基本人权来换取安全的假象。这种意识形态接着正当化对伊拉克发动的先迫性侵略战争。而由当权系统制造出来的意识形态，又继续创造一个次级系统，即管理战争、国土安全、军队监狱的次系统，或由于缺乏严格的战后计划，而导致上述事项的失于管理。

我对乔治·奥威尔在其经典名著《一九八四》[24]中概述的洗脑策略与技巧一直抱持浓厚的学术兴趣，因此，我原本在我的专业生涯中应该更早意识到系统权力存在才是。系统最终会粉碎个体的开创动力并抵抗系统入侵的意志，而"老大哥"指的其实就是系统。然而许多年来，由于原始对话的整理是以天性式对上情境式的竞争作为诠释人类行为的框架，因此在斯坦福监狱实验的众多讨论中连一个系统层次的分析都找不到。我忽视了一个更大的问题，竟没有考虑到这框架背后的提供者——系统。直到我参与了一项调查，开始了解到导致许多伊拉克、阿富汗和古巴军队监狱中普遍存在虐待事件的动力后，才终于注意到系统层次的分析。

诺贝尔物理学家理查德·费曼曾经表明，"挑战者"号航天飞机的悲剧并不是由于人为失误造成，而必须归因于"官方管理"

的系统性问题。当时美国太空总署的最高主管不顾工程师的质疑,也无视"挑战者"号制造者对某个关键零件(也就是后来造成灾难的瑕疵O形环)的安全性曾表示过关切,坚持发射航天飞机而造成了悲剧。费曼认为,太空总署的动机很可能只是"为了确保太空总署的管理无懈可击,以保证经费无虞。"[25]在稍后的章节中,我们将采取系统与情境同样重要的观点,以帮助我们了解在斯坦福和阿布格莱布监狱中错误是如何造成的。

美国太空总署为了实现其出于政治动机的口号"更快、更好、更便宜",因而导致系统性的失败,相对于此,纳粹大屠杀系统却得到恐怖的成功。包括希特勒的内阁、国社党政客、银行家、盖世太保、纳粹党卫军、医生、建筑师、化学家、教师、列车长以及更多参与者,这些人组成一个由上而下密切整合的系统,为了消灭欧洲犹太人及其他国家敌人,每个人都在他们全力以赴的行动中扮演了一个角色。

有许多事必须要做:兴建集中营、处决营,以及他们特殊设计的火葬场,新形态的致命毒气也必须开发得更加完善才行。政治宣传专家必须制造各种形式的宣传品,通过电影、报纸、杂志、海报等宣传,将犹太人视为敌人、诋毁、去人性化。教师和传教人员则负责教育年轻人成为盲目服从的纳粹党员,让他们可以正当化自己在参与"犹太问题最终解决方案"时的行为。[26]

这些人开发出一种新语言,用一些听起来无害的字眼包装人性的残酷与败坏,这些话像是 Sonderbehandlung(特殊待遇)、Sonderaktion(特殊行动)、Umsiedlung(迁移)以及 Evakuierrung(撤出)。"特殊待遇"是种族灭绝的代号,为了使用上的效率,有时会缩写为SB。纳粹党卫军头领莱因哈特·海德里希(Reinhard Heydrich)曾在1939年第二次世界大战期间的一份声明中略述安全性的基本原则:"可以一般方式处理的人以及必须给予特殊待遇的人,这两群人之间必须做出区分。后者所涵盖的对象由于极端令人反感、极具危险性,并且极可能成为敌人的政治宣传工具,因此是予以根绝的适当人选,不须给予人性尊重与同情对待(根绝方式通常为处决)。"[27]

许多纳粹医师受征召参与挑选集中营囚犯以进行处决及实验的任务,他们时常必须面对忠诚度分裂的问题。在奥斯威辛集中营中,这些纳粹党卫军医师面临救人与杀人的誓言相冲突,似乎时时刻刻摆荡在谋杀的残酷以及短暂的仁慈之间。然而这道鸿沟却无法弥平,事实上,持续分裂就是使他们继续从事夺命任务的因素,分裂是维持总体心理平衡的一部分。于是人逐渐被整合进入巨大、野蛮并且高度功能性的系统之中……奥斯威辛集中营是个集体产物。[28]

第 11 章

斯坦福监狱实验的意涵 II：
伦理学及拓展研究

> 我们已走得太远，远行的动力接管了我们；我们徒然地朝永恒迈进，像不能暂缓、无从申辩的刑罚。
>
> ——汤姆·司托帕，《罗森克兰茨与吉尔登施特恩已死》，第三幕
>
> （Tom Stoppard, *Rosencrantz and Guildenstern Are Dead*, Act 3 1967）

我们看见了斯坦福模拟监狱的动力如何接管了墙内的人生，被动力接管的下场大多只会更糟。在前一章中，我描绘了一个粗略的答案，试图解答出现在人们身上的极端转变是怎么发生。我特别指出情境性和系统性的力量如何串连运作，从而导致人性的败坏。

年轻的研究参与者并不是一开始就有品行偏差。我们的实验程序反而可以确保他们原本都是一匹白布，进入实验后才逐渐被情境染缸里潜移默化的力量玷污。相较于真正的国民监狱和军队监狱，斯坦福监狱算是相对良善的了。不过这些志愿参与者的思想、感受和行为在环境中的变化，的确是以各种方式作用于许多

情境中的已知心理过程造成的；只不过在强度、广度和持久度上略逊一筹而已。他们陷入所谓"总体情境"[1]中，这个情境的影响力更甚于我们可以任意来去的大多数一般情境。

请各位思考一下这个可能性，也就是我们每个人都有潜力或我们的内在都存在着多种可能性，可以是圣人，也可以是罪人；可以是利他或自私，善良或残酷，驯服或支配，清醒或疯狂，善良或邪恶。或许我们生来都拥有各种可能，只是依据支配我们生命的社会或文化环境差异，才启发开展出每个人不同的特质。我要主张的是，人的堕落潜能就存在于使人类做出伟大事业的过程中。人类经历了数百万年演化、发育、适应、竞争的复杂发展与特质化（specialization），我们每个人都是此一过程的末端产物。由于人类在语言、推理、创造及对更美好未来的想象力方面，有着极为卓越的学习力，因此人才取得万物之灵的地位。我们每个人都有潜力完全发挥他的技巧、天赋及特质，以便超越仅求温饱的处境，创造出更繁荣完善的人类处境。

人类从完美到堕落

我们世界的邪恶滋生于何处？平凡人是不是因为环境对人的本性的选择性诱惑，而做出恶劣的行为？接下来我将用几个一般性例子来回答这个问题，然后重新将焦点重回斯坦福监狱实验，探讨令正常人堕落的心理过程。人的记忆力使我们能够从既往的错误中学习，然后在这些认识的基础上创出更美好的未来。然而记忆也为人带来负面的影响，让人类学会妒忌、报复、习得的无助感，以及反复舔舐伤痕后所滋生的沮丧与消沉。同样地，我们运用语言和符号的卓越能力，让人们能跨越时空，以个人的或

第11章 斯坦福监狱实验的意涵Ⅱ：伦理学及拓展研究

抽象的方式彼此沟通。语言是过去发生的事件、计划及社会控制的依据。然而随着语言而来的是耳语、谎言、夸大不实的宣传、刻板印象以及强制的规定。人类杰出的创造天赋让我们创造了伟大的文学、戏剧、音乐、科学，以及例如计算机和互联网等发明。可是同样的创造力也可以反过来用于发明刑求室及各种酷刑、偏执的意识形态以及效率无比的纳粹大屠杀系统。我们所拥有的任何特质都包含了负面对立面的存在可能，正如爱—恨、荣誉—傲慢；自我尊敬—自我厌弃等二元对立。[2]

人类对归属感的基本需求，来自于与他人建立联结、共同合作及接受群体规范的欲望。然而斯坦福监狱实验的研究结果却显示，归属感的需求可能反过来变成过度顺服，并造成圈内人与圈外人之间的敌意。此外，人类对于自主性、控制的需求，以及朝自我导向和计划性行动的种种核心力量，也可能导致滥用权力支配他人，或陷入习得的无助感无法自拔。

我们可以思考一下另外三种可能导致正反效果的需求：首先是对于一致性及合理性的需求。这项需求给予我们生活的指引睿智且意义深长。但是承诺的不协调也可能迫使我们美化及合理化错误的决定，例如因犯们原本应该选择离开监狱，结果却待了下来，以及正当化虐行的狱卒。其次是，我们需要认识、了解我们的环境以及人与环境的关系，这项需求孕育了人类的好奇心、科学发现、哲学、人文学科和艺术。可是当环境反复无常、专制武断因而让人无法理解时，也可能让这些基本需求反过来让人产生挫折感并造成自我孤立（正如我们在因犯身上所见到的）。最后，对于刺激的需求触发人从事探索及冒险，但是当我们被迫置身于稳定的环境中时，这项需求也可能使人对无聊难以招架，无聊接下来会变成激发行动的强力动因，正如我们在斯坦福监狱实验中所看见的,值夜的狱卒开始拿囚犯当作取乐的"玩物"。

尽管如此,我们得澄清一个重点:了解"事情为什么发生",不表示可以拿来当作"发生什么事情"的借口。心理学分析并不是一门找理由的学问。当犯下不义和不法行为时,个体和群体对他们的共谋以及犯罪事实仍然负有责任及法律上的义务。然而在决定刑罚的严厉程度时,还是必须把造成他们行为的情境和系统性因素纳入考虑。[3]

由于针对情境力量在形塑人类思考及行为的影响力,已有大量心理学研究进一步完善主张及延伸论点,我们即将在接下来两章中回顾探讨。在开始之前,我们必须先回头处理一些斯坦福监狱实验提出的最后关键议题。首先也是最重要的问题是,受苦是值得的吗?人们毫无疑问在实验中感受到痛苦,而那些使人受苦的人也必须去处理认知的问题,因为他们长时间造成他人痛苦与羞辱,行为的严重度早已超过角色的需求。因此我们需要讨论本研究和其他类似研究中的伦理议题。

正如但丁在作品《地狱》中表明,美德不只是对恶行的消极抑制,而是要求积极行动。我在本章将探讨斯坦福监狱实验的行动瘫痪是如何发生的,而在下一章中思考利天下而不为的行为,亦即当消极旁观者在有人需要帮助时未能伸出援手的作为所具有的广泛意涵。

除了处理疏忽的伦理过失以及绝对伦理的议题外,还必须深入聚焦于相对伦理的议题,因为这是大多数科学研究的指导原则。在相对伦理的等式中,中间的平衡来自于得失的权衡。研究产生的科学和社会贡献是否能够抵偿实验参与者承受的痛苦?换句话说,科学研究的结果是否是正当化实验的手段?尽管从研究中可以导出许多正面结果,但关于当初是否应从事这实验的问题,答案只能由读者自己决定。

一个研究会启发一些想法，而孕育出其他的研究以及延伸研究，正如我们的斯坦福监狱实验。在反省完它的伦理议题后，我们将简短回顾本研究的复制及应用，以便从更广的背景来评价它的意义。

斯坦福监狱实验的伦理反省

斯坦福监狱实验研究是否违反伦理？从许多方面而言，答案当然是肯定的。然而也有其他角度以合理的方式否定这个答案。我们将在回顾性分析中提出证据支持这些不同看法，但在开始检视证据前，我必须说明，既然这场研究已尘埃落定数十年，我为何还要讨论这些呢？我认为，由于我个人对伦理议题投注了许多关注，因此可以提供更宽广的视角，而且不同于这类议题的典型讨论。或许借此可让其他研究者可以留意到一些隐约的警告迹象，而避免重蹈覆辙，而在斯坦福监狱实验的提醒下，他们也会对所采取的伦理措施更加敏感。我无意捍卫或是合理化自己在研究中的角色，我将这个研究当成一个工具，用来说明当参与可能干预人性起作用的研究时，需要面对的伦理判断的复杂性。

绝对伦理

为求精简，我将伦理分为绝对与相对。绝对伦理的标准是种较高的道德原则，无论其适用条件状况如何，绝对伦理绝不因时间、情境、人、便利性不同而有所改变。绝对伦理体现于共同的行为规范中。

绝对伦理标准预设人的生命是可贵的，无论是否有意为之，但人绝不能以任何方式贬低生命。在研究的情况下，没有任何理由可以做让人受到痛苦的实验。从这个观点来看，无论研究的益处为何，即便确定能够对社会整体有所贡献，坚持不该进行任何可能伤害人类身心健康的心理学或医学研究仍是合理。

采取这观点的人主张，即使打着科学的名号，说是为了知识、"国家安全"或任何号称高尚的理想才做伤害人的研究，这些研究仍然违反伦理。在心理学的领域里，高度认同人文主义传统的学者们大声疾呼，人性尊严的基本关注应当优先于这门学问所声称的目标，也就是预测和控制人的行为。

斯坦福监狱实验绝对违反伦理

根据这样的绝对伦理观，斯坦福监狱实验绝对违反伦理，因为参与实验的人都受到极大痛苦。他们承受的远超过当初的合理预期，当时他们不过是志愿参与一项关于"监狱生活"的学术研究，而且研究是在一所极有名望的大学中进行。更有甚者，他们的痛苦与日俱增，并造成极大的压力和情绪骚动，以至于我们必须提前释放五名在身心健全情况下进入实验的受试者。

隐藏在角色的面具以及让他们得到匿名性保护的太阳镜下，狱卒们做了许多原本不该做的事，当他们了解到自己的作为之后也同样感到痛苦。承受暴行的学生完完全全是无辜的，狱卒们亲身见证了自己加诸于同侪的痛苦与羞辱，他们对囚犯们的虐行完全无可抵赖，了解到这点后，他们经历到的伤痛远大于米尔格伦的经典研究"盲目服从威权"[4]中的参与者；关于这个研究我们将在下一章中有更深入的探讨。一直以来，米尔格伦的这个研究饱受违反伦理的批判，因为实验参与者可能会想象自己是对另一个房间中扮演"受害者"(学习者)的人施加电击。⁵但是当实验一结束,他们会立刻知道所谓的"受害者"其实是和实验工作人员共谋的演员。于是他们的痛苦来自尽管意识到没有人受到伤害,但他们施加电击的举动却是如假包换。相对地,在斯坦福监狱实验中,狱卒的痛苦来自意识到自己对囚犯的"打击"全是真实、直接且持续不断的。

斯坦福监狱实验一个遭受违反伦理的批评来自:事前并未向告知被指派为囚犯的学生和家长将在星期日早上被逮捕,并于警察总部进行正式登记。于是,当实验于周日上午骤然侵入他们的生活时,他们完全猝不及防。之后,我们还试图操弄家长的想法,在访客之夜通过各种欺骗和伎俩让他们相信自己儿子的处境并不那么糟。对此我们也深感罪恶。我们这么做的原因不只是为了维持监狱情境的完整,也因为"欺骗"是监狱模拟实验的基本要素,在许多处在监督委员会调查下的系统里,这类欺骗根本是家常便饭。于是我们做足了表面工夫,好让系统管理者可以一一反驳对囚犯恶劣处境的抱怨和关切。

另一个违反伦理的理由是我们没有更早中止研究。回顾当时的种种,确实有许多理由允许我这么做。我应该在第三天、当第二名囚犯承受剧烈压力时就决定中止。当时应该有足够的证据证明道格8612前一天的崩溃不是假装,而我们应该在更多人、在下一个或下下一个囚犯出现极端不适反应时就喊停。

没有在实验开始失控时更早结束研究,我认为主要理由是,我的调查研究负责人和监狱监督者的双重身份形成了冲突,前者的我是研究伦理的守护者,后者的我却不计代价急于维持监狱的健全和稳定。我倾向相信,如果有其他人扮演监督者角色,我可能会有更明智的判断,并因此提前结束实验。当初进行实验时,应该有个威权高于我的人扮演监督者角色才对。

然而，在"监禁心理学"背景下创造出许可虐待行为的制度，我的确认为自己有责任。这个实验成功复制出真实监狱中最糟的面向，但代价却是造成人类的痛苦。我至今仍深感遗憾，并对我所造成的无情残酷由衷致歉。

相对伦理

大部分研究是采用功利主义的伦理模式，根据功利主义原则加权的实用标准来做伦理判断。就像大多数心理学实验一样，我们的研究明显是听从这类模式。不过当权衡利弊得失时，应该纳入什么样的元素加以考虑？该如何运用比例原则来加权得失？由谁来判断？采取相对伦理立场的研究若期待被视为合乎伦理，这些都是必须面对的问题。某些问题目前已经得到暂时的解答，而解答乃是来自人类传统智慧的基础，也就是我们目前的知识水平、类似先例、社会共识、个别研究者的价值观与敏感度，以及一个社会在特定时期的普遍觉醒程度。针对所有医学和非医学性质的人类研究，机构、奖助机构以及政府，都必须建立严格的指导原则和限制。

对社会科学家而言，造成伦理困境的关键在于：研究者必须衡量什么是对社会和理论思考有所贡献的研究时所必须采取的做法，以及照顾到实验参与者的福祉和尊严必须有的考虑，研究者究竟该如何取得两者间的平衡？研究者本身通常倾向为自己考虑，因而在天平两端会偏向前者。然而外在的审核者，尤其是经费审核单位以及人体试验委员会（institutional review board）则必定会站在弱势的一方扮演人权监察专员的角色。尽管如此，外在审核者在决定是否允许特定实验中出现欺骗、情绪骚动，或其他实验中被允许的负面状态时，也必须以"科学"和"社会"的整体利益为念。他们的决定是基于这样的假设，也就是假设类似程序中产生的任何负面影响都只是暂时的，不可能持续到实验以外。

接下来让我们思考，这些相互竞争的利益在斯坦福监狱实验中如何共存。

可能会有人争辩斯坦福监狱实验并不违反伦理，理由基于以下几点：斯坦福大学的法律顾问曾受邀评估这项实验并拟出一份"非正式同意"声明，告知我们关于这项实验的做法、安全性和保险必须满足哪些要求才能许可实验进行。而这份"非正式同意"声明还经过每个实验参与者签字同意，声明中有特别强调实验期间实验参与者的隐私可能会受到侵犯；囚犯们的伙食不会太丰盛，只够填饱肚子；实验参与者可能会失去部分人权，也可能受到一些骚扰。所有的人都被期待能尽力完成两个礼拜的契约。学生健康中心也被事前知会研究中的可能突发状况，并预先做好准备以因应任何可能的医疗需求。我们也曾寻求官方许可，并获得来斯坦福监狱实验研究赞助单位、斯坦福心理学系，以及斯坦福人体试验委员会的书面许可。[6]

除了由警方逮捕受试者的过程外，我们不曾欺骗过实验参与者。此外我和我的工作人员也重复提醒狱卒不能以个人或集体方式对囚犯施加身体虐待，不过我们并没有将禁令的范围延伸到心理虐待的范围。

另一个增加伦理议题评估复杂度的因素是：我们的囚犯是公开受到圈外人检视的，而这些人原本都该是保护实验参与者权益的。假想你是我们监狱里的囚犯，你会希望由谁来担任你的支持者呢？如果你无法为自己喊停，又是谁该帮你按下"离开"键？

应该是看见你流泪的监狱牧师吗？应该是你的父母、朋友、家人吗？注意到你的情况每况愈下时，他们应该介入吗？那么多专业心理学家、研究生、秘书或是心理系职员，他们看过研究的实况录像，参加过假释委员会，曾经在访谈中或在处理虐待行为时跟参与者说过话，这么多人中总该有一个人伸出援手吧！但事实是，没有人这么做！

没错，这些旁观者全都消极地袖手旁观。他们接受了我所制定的情境框架，因而变得盲目看不清真相。也许是因为模拟得太过真实，或是太过于注重角色的真实性，也可能是因为他们只关注实验设计的一些枝节，表现得过分理智。再者，一些旁观者看不到更严重的虐待事件，而参与者也不愿向圈外人，甚至是好友、家人完全坦承。这可能是由于他们觉得尴尬、荣誉受损，或是感觉这么做有失"男子气概"。于是这么多人来来去去，却没有人能看清真相并伸出援手。

最后我们只做对了一件事，就是办了几场事后的减压解说会。我们不只在实验结束后举办一场三小时的减压解说会，也在后续的几个场合，当大多数参与者都回来观赏录像带及与研究相关的幻灯片时，又借机举办了几场。研究结论出来之后，我仍和大多数参与者保持互动数年，也寄了影印的文章、我的国会听证资料、新闻剪报，或是通知他们一些即将播出的斯坦福监狱实验相关电视节目。这些年来，有超过半打人曾和我一起参加全国性广播节目，三十载过去，我仍然和其中少数人保持联系。

这些事后的减压解说会之所以重要，是因为它们给参与者一个公开表达强烈感觉的机会，让他们能够对自己、对他们在特殊情境中的不寻常表现有新的了解。我们采取"压力转化法"[7]，在解说会中开宗明义地告诉大家，在实验中逐渐产生的影响或信念可能会继续延续到实验结束后，然后我强调，他们的作为只是这个被创造出来的监狱情境中的负面病症，并不代表他们的人格有病。我提醒他们，他们是经由精挑细选才脱颖而出，原因正因为他们是正常健康的人；而整个指派角色的过程完全是随机进行。因此他们并没有将任何病态影响带入实验中，相反地，实验已经事先从他们身上排除了许多种病态的可能性。我也告诉他们，其他囚犯几乎都同样做了一些受屈辱的、说不通的事。而大多数的狱卒都曾在某些时候出现虐囚行为，他们在角色中的表现，跟其他值班的同伙们没什么两样。

我也利用这些机会进行"道德教育"，跟他们讨论在研究中共同遭遇到的道德冲突。道德发展理论先驱拉里·科尔贝格（Larry Kohlberg）曾主张，在道德冲突背景中进行讨论是最重要、也许也是唯一的方式，借此可提高个人的道德发展层次。[8]

回顾从情绪形容词自陈表中取得的资料，显示出减压解说会后，囚犯和狱卒的情绪都回到较平衡的状态，已接近研究刚开始时的情绪水准。参与者在实验中的负面影响其实并不持久，原因可归诸于三个因素：首先，这些年轻人都拥有健全身心，因此能在实验结束后迅速调适；其次，这个经验是属于当时的时间、环境、服装、角色脚本所独有，他们大可以将一切打包，存放在标明为"斯坦福监狱实验大冒险"的记忆行囊里，不再触碰。最后，精细的减压程序指出了造成影响的情境特质，成功地让狱卒和囚犯摆脱自己的恶劣表现。

对实验参与者的正面影响

针对研究的相对伦理，传统观点的看法是，只有当研究结果对科学、医学或社会的贡献大于实验参与者所付出的代价，研究才能获准进行。尽管计算得失比率的做法看似妥当,不过我想在此挑战这个会计观点。我们的实验参与者(在斯坦福监狱实验中被称为"实验对象")付出的代价的确是真实、立即而且明确的。不过相对地,无论预期的收获会是什么,在研究者进行研究设计或获得实验许可的阶段,那些收获都只是遥远的可能性,也许不会有实现的一天。而一个极有希望得到预期成果的研究却往往没什么意义,甚或因此不能发表,也无法在科学界讨论。就算是得到有意义的发现并获公开发表,也可能无法转为实务用途,或者若要达到有利社会的目的使得规模必须放大,因此未必实用和可行。另一方面,有些研究或许一开始未必有明显用途,最后却有重要用途产生。例如调节自律神经系统的基础研究,就对以生物回馈方式辅助治疗的保健应用有直接贡献。[9]此外,大多数研究者对"社会工程"中可运用于解决个人及社会问题的方法多半缺乏兴趣,也没有特殊才能。

综上所述,这些评论说明了无论从原则上或实践上思考,研究伦理等式中关于获益的崇高理想都有落空的可能,然而就实验参与者及社会而言,他们仍然得分别付出损失的代价;就个人而言是净损,对社会而言则是毛利损失。

相对伦理等式中还有项被单独忽略的因素是实验参与者的净收益。他们是否也能从参加研究计划的经验中得到某些好处呢?举例而言,他们在金钱报酬方面是否能抵偿参加医学研究时经验到的痛苦呢?若要实现人体受试者研究的次要目标,适当且操作细腻的减压解说会不可或缺。我在诱发性精神病理学(induced psychopathology)研究中的经验可作为范例参考。[10]然而这类收获是可遇而不可求的;从经验上来说,我们必须把这样的收获当作是结果测量,是当研究者事先抱持对其"伦理可疑性"的敏感度

第11章　斯坦福监狱实验的意涵Ⅱ：伦理学及拓展研究

而做研究时，得到的一种检验。考虑到研究伦理时，还有一个大多数时候都被忽略的因素，就是研究者负有社会行动的义务，为了让他的研究能用于他的知识领域及社会改革，研究者必须有所作为。

斯坦福监狱实验参与者及工作人员的意外收获

斯坦福监狱实验对于某些参与者及工作人员产生了持久的影响，许多不在预期中的正面效应也因此渐渐浮现。总体来说，在最后一次追踪评估中（研究结束后的不同时间里，由参与者在家中完成并寄出），大多数参与者都表示对个人而言，这是一次价值非凡的学习经验。这些正面感受多少可以平衡负面的监狱经验，虽然只到某种程度而已；正如我们注意到的，没有任何参与者愿意再次自愿参加类似的研究。以下让我们从参与者的评估中检视斯坦福监狱实验留下的正面效应。

先说说道格8612这位囚犯造反事件中的领袖，他也是第一位出现极端情绪性压力反应的囚犯。他的反应迫使我们必须提前释放他，而当时他进入实验的时间不过才36小时。在我们的纪录片《寂静的愤怒：斯坦福监狱实验》拍摄过程中，道格曾在一段访谈里承认这段经验十分令他困扰，他是这样说的："这是个无与伦比的经验，我这辈子从来没叫得这么大声过，也从来没有这么不舒服过。这是个失控的经验，不管是对那个情境还是我个人都一样。或许我一直以来都有不容易失控的问题吧。为了了解自己，（在斯坦福监狱实验结束后）我开始走入心理学领域，我会继续研究心理学，去了解是什么事物会让一个人理智短路，这样我就不会这么恐惧未知了。"[11]

在研究结束五年后的一份追踪评估中，道格透露他开始会为了得到释放而让自己陷入极端痛苦，接着8612这个角色又会缠上他。"我以为摆脱这个实验的方法就是装病，一开始只是假装身体有病痛，当那方法不管用时就装出精神疲劳的模样。但花在装病上的精力让我痛苦，而这样发生在我身上的事实，也真的让我觉得很不舒服。"到底有多痛苦？他在报告中说到，他女友告诉他，他紧张不舒服到实验结束两个月后还老是在谈那件事。

道格继续学习心理学，最后拿到了临床心理学博士学位，部分原因就是希望更能控制自己的情绪和行为。他的博士论文是研究（对囚犯地位的）羞耻感及（对狱卒地位的）罪恶感，他在圣昆廷监狱而不是一般的医疗／临床院完成实习学分，之后超过20年的时间在旧金山和加州的矫正体制中担任法庭心理学家（forensic psychologist）。由于他动容的见证，让我们为实验的纪录片取名为《寂静的愤怒》，他谈到我们必须防范的是囚犯身上出现的嗜虐冲动，这种冲动总是存在权力差异的情境中——就像一股寂静的愤怒，随时伺机突围、爆发。道格的工作一部分是协助囚犯无论身处何种环境都仍能保持尊严，以及促使狱卒和囚犯和平共存。他的例子说明，尽管斯坦福监狱实验一开始造成了强烈的负面效应，最后仍能转化为智慧与洞见，持续对个人与社会产生贡献。身为受试者的收获与承受的痛苦是成正比的。

在所有电视节目对斯坦福监狱实验的报道中，都会特别介绍被昵称为"约翰·韦恩"的酷吏**赫尔曼**，他由于身为支配性角色，并且为虐待囚犯发明了各种"有创意的邪恶"任务和游戏而闻名。我们在我最近的一场演讲中碰面时，他向我吐露心声，他说安迪·沃霍尔（Andy Warhol）说过，每个人一辈子中都会有一次机会享有短暂的美名，不过斯坦福监狱实验带给他的却是"一时的丑闻、一辈子的臭名"。我曾经要求他想想这次参与是否曾在他的人生中留下任何正面影响，他寄给我一张短笺作为回答：

> 数十年来，我背负的生命重担已经软化了当年那个傲慢而不经世事的年轻人。如果当时有人跟我说我的行为伤害了某个囚犯，我可能会回答他："那些人全是懦夫跟娘娘腔。"不过今天，我回忆当时是如何走火入魔以致伤害他人而完全不自知时，这些经验已变成一则警世传奇，提醒现在的我必须注意对待他人的态度。事实上，有些人可能会觉得我对自己身为公司老板的身份太过小心翼翼了，像是有时候我会对开除表现不佳员工这类决定有所犹豫，因为我担忧这对他们来说太过残酷。[12]

克雷格继续就读斯坦福法学院，他后来以法学博士身份毕业，同时也拿到我们心理系的博士学位。他在加州大学圣塔克鲁斯分校（University of California, Santa Cruz）任教，教授颇受欢迎的心理学及法学课程。克雷格后来成为美国的狱政首席顾问，也是少数与囚犯集体诉讼案件的律师代表合作的心理学专业工作者。他曾针对犯罪、刑罚、死刑等许多不同面向广泛撰写文章，提出出色的见解。我们曾在许多专业的期刊论文、书籍以及贸易杂志上合作发表文章。[13] 从他对斯坦福监狱实验对他造成的影响所做的声明中，可以清楚看出这个实验的价值：

> 对我而言，斯坦福监狱实验是改变我职业生涯的再造经验。当津巴多教授、科特和我开始规划这个研究时，我只是个刚读完二年级的心理学硕士生，那时在津巴多教授的鼓励和支持下，我对运用社会心理学解决犯罪及刑罚问题的兴趣

才刚要开始成形……当我完成斯坦福监狱实验的工作后不久，我开始研究真正的监狱，而最后我将焦点转向社会史，因为社会史协助塑造了人们的生活以及他们的内在局限。但我从未忘记在那短暂的六天中，我在模拟监狱里所观察及体悟到的教训，以及因此而对制度产生的洞察。[14]

克里斯蒂娜·马斯拉什这位斯坦福监狱实验里面的女英雄，现在是加州大学伯克莱分校的心理学教授、大学教务长、人文暨科学院院长，也是卡耐基基金会的年度杰出教授。她在斯坦福监狱实验中短暂但强烈的经验，也对她的职业生涯抉择有了正面影响，在一篇回顾性的文章中她这么说道[15]：

对我而言，这个监狱经验遗留下的最重要影响，是我从个人经验中所学到的教训，而这样的学习又塑造了我接下来对心理学的专业贡献。我最直接体会到的是心理学的去人性化——如何能让一个堪称善良的人用如此恶劣的方式来认知和对待其他人；对于仰赖他们伸出援手和善意的他者，人们多容易就可以不把他们当人，而且当成不值得他们尊敬和平等对待的畜牲、下等人。斯坦福监狱实验里面的经验启发我进行关于精疲力竭感（burnout）的前瞻性研究，即探讨对情感过度苛求的人类服务工作可能产生的心理危机，也就是导致起初仁慈、奉献的人去人性化，甚至虐待他们原本应该服务的对象。我的研究尝试说明在各种职业环境中出现精疲力竭感的原因和结果，并试着将研究发现应用于实务。我鼓励分析和改变造成精疲力竭的情境决定因子，而不是把焦点放在照顾者的个性上。因此我的斯坦福监狱故事不只是扮演提前结束实验的角色，我也扮演了开始一项新研究计划的角色，而这都是来自于我在那独一无二实验中得到的启发。[16]

然后就是我了，菲利普·津巴多（关于科特及贾菲在实验中的角色请参见注释17）。斯坦福监狱实验的一周体验在许多方面改变了我的人生，从个人面及专业面都可说是如此。要追溯起这个经验为我带来的意外正面影响，那可是非常浩大的工程。我的研究、教学和个人生活都逃不出它的影响，而我也因此成为一名社会改造分子，为改善监狱境况，并为唤醒人们关注其他形式的制度性权力滥用而积极奔走。

实验结束后的三十年来，我的研究焦点可说是由模拟监狱的许许多多观点刺激而成。它们带领我走进"羞怯"、"时间洞察力"和"疯狂"的研究世界。在简述过监狱实验对羞怯研究与治疗严重羞怯者的关联之后，我接着会详述这经验对于我个人生活的改变。

羞怯：自我加诸的监牢

什么样的地牢比诸心牢幽暗？什么样的狱吏较诸自我无情？

——纳撒尼尔·霍桑（Nathaniel Hawthorne）

在我们的地牢中，囚犯回应狱卒们强制掌控的方式是交出自己的基本自由。然而在实验室外的真实生活中，许多人却在没有外在狱卒逼迫下自愿放弃他们的谈话、行动和结社自由。他们在内心的自我形象中内化了一位苛刻的狱卒，限制他们自发地表达自己、限制他们享受自由以及生命中的欢愉。矛盾的是，这些人也同时在自我形象中内化了一位消极被动的囚犯，心不甘情不愿地默许他们自我强加在行动中的限制。任何行动只要威胁到内在自我，可能造成羞辱、羞耻，以及社会否定，就必须予以回避。为了回应内在的狱卒，内在囚犯的自我于是从生命中退缩了，缩回到一个保护壳里，选择躲在羞怯筑成的寂静监牢中享受安全感。

在仔细说明来自斯坦福监狱实验的隐喻后，我进一步去思考羞怯为一种社会恐惧症的病理学，它让我们看待他为有恶意的人而不是善类，并且因而破坏了人与人之间的联结与关系。在我们的研究结束后那年，我开始进行一项重要的创新研究"斯坦福羞怯研究计划"（Stanford Shyness Project），以成年和青少年为对象，目的是调查羞怯性格的原因、结果和相关因素。这是首次针对成年人的羞怯进行的系统性研究，大家已知之甚详的是后来我们又继续发展了一个计划，也就是成立了独一无二的"羞怯性格门诊"（Shyness Clinic，成立于1977年）从事治疗。这些年来，位于帕洛阿尔托市的诊所一直在林恩·亨德森（Lynne Henderson）医师的主持下继续相关的治疗工作，目前则隶属于太平洋心理学院（Pacific Graduate School of Psychology）。

我做这个治疗计划以及对羞怯性格的预防工作，主要目标是希望发展出一些工具和方法协助羞怯性格的人们，让他们从自我囚禁的寂静监牢中解放出来。为了这个目标，我写了不少大众书籍，教导他们如何面对和处理成人及孩童的羞怯心理。[18]

正常人的疯狂

你明白自己做了什么吗？（福尔摩斯问弗洛伊德）你刚成功地学走了我的招数——观察和推理，然后把它们拿来对

第11章 斯坦福监狱实验的意涵Ⅱ：伦理学及拓展研究

付病人脑袋瓜里的东西。

——尼古拉斯·迈耶，《双雄斗智》
（Nicolas Meyer, *The Seven Percent Solution*）

斯坦福监狱实验中最戏剧性结果，是一群健康、正常的年轻人如何在短时间内做出病态的行为。因为在筛选程序中已经排除了事先存在的，也就是所谓病发于前的可能性，所以我希望了解这些心理病理性症状在一般人身上的最初发展历程。因此，斯坦福监狱实验的经验除了刺激我开始研究羞怯性格及时间洞察力之外，也引导我开发出一条理论性及实验性研究的新路线：研究正常人第一次是怎样开始"发疯"的。

大部分已知的心理功能异常都是来自回溯性的分析，在这些分析中，研究者试图找出是什么因素造成人目前的心智失常，过程非常类似福尔摩斯的推理策略，也就是从结果推回原因。而我则是试着发展一个模式，将焦点集中在恐惧症和妄想症这类心理疾患的症状发展过程。大部分人在意识到人们对他们正常功能的某些期待被破坏之后，都有想说明的动机。当他们在学业、社交、商场、运动场或性行为的场域中表现差劲时，会试着了解问题到底出在哪里，当然，寻找解释的动机强度需视表现差距对他们自我完整性的影响而定。然而当人们有认知偏见时，常常会特别偏重寻找并不适用分析目前情况的解释，因此扭曲了对意义的理性搜寻过程。当我们过度重用"人"来说明个人反应的分析方式时，寻找意义的方向就会出现误差，并逐渐发展出典型的偏执思维。

这个新模式可用来说明正常、健康的人出现疯狂行为时的认知、社会基础，我们已经在条件控制配合的实验室实验中得到验证。我们已经发现，在试图说明无法解释的情绪激动原因时，有三分之一的正常实验参与者会出现病理症状。我们也证明出，在给予会造成局部暂时性听力失常的安眠药处方时，听力正常的大学生很快会出现妄想偏执的思考和行为，并相信其他人对他们有敌意。也因此，高龄人士身上未侦测出的听力缺损，可能造成他们出现妄想性障碍，这些疾病可以通过听力辅助加以预防或治疗，而不应该通过心理治疗或收容住院。

因此我主张疯狂的种子可能在任何人的院子里萌芽，而且可能在看似寻常的生命轨道中因为一些短暂的心理纷扰而成长茁壮。当我们从自我设限的医疗模式转向公共卫生模式来处理心智失常疾病时，就会去探寻造成个体性和社会性困扰的情境媒介，而不是困在痛苦病人脑袋的秘密之中。当我们把认知、社会和文化过程的基本知识带进思考中，因此能更完整地评估正常人出现功能失常行为的机制时，我们就更有能力预防和治疗疯狂及其他心理病理疾病。

权力下放式教学

当我意识到我在斯坦福监狱实验是如何毫不费力变成支配性的权威人物后，我逐渐改变我的教学方式，赋予学生更多权利，并且节制教师的角色，将教师的权威限制在对专业领域知识与技能的掌握，而非社会控制。一门课开始时，我会设定一段"有话大声说"时间，让大型演讲课的学生们可以对这门课畅所欲言。这个设计后来渐渐演变成网络电子布告栏，我鼓励学生每天在这里公开发表他们对这门课的正反意见，直到学期结束为止。我也尽量降低高年级学生间的竞争，我不用曲线式的给分方式，不从每个学生们对教材的掌握建立绝对评分标准，而改让学生与学习伙伴共同应试，在某些课程中，我甚至完全排除评分机制。

斯坦福监狱实验的个人影响

斯坦福监狱实验结束（1972年8月10日）后第二年，我和克里斯蒂娜在斯坦福纪念教堂结婚了，婚后的第二十五周年，我们又回到那个地方，在孩子们的见证下重温了我们的结婚誓言。这位了不起的女士深深影响我生命中的一切作为，我再也想不到有比她更好的人了。通过这段亲密关系，我才能从监狱经验的地狱中抢救出更多属于天堂的美好。

在这为期一周的小小研究中，另一个对我个人的影响则是，它让我成为社会改革的倡导者，我提倡以研究中得到的证据为基础推动监狱改革，也致力于将斯坦福监狱实验中得到的重要讯息向外推广、扩展。接下来让我稍加详细回顾。

将收获极大化：传播社会福音

斯坦福监狱实验从各方面改变了我的生活，但其中最意外的改变就是我受邀出席美国众议院的小组委员会；突然间，我从学院研究者变成了社会改革的倡议者。在1971年10月该小组委员会举行的一连串监狱改革听证会里，委员们想听的不只是分析，还希望得到改革面的建议。在国会记录中，我明白主张国会介入监狱体系，以改善囚犯甚至惩教人员的状况。[19]

我大力提倡唤醒社会意识，让大众了解我们有必要中止狱中的"社会实验"，因为从居高不下的再犯罪率可看出该项"实验"完全失败。通过更完整的系统分析，我们可以找到有力的理由证明以上看法，并提出监禁的替代方案。我们也必须打破抗拒的心理，支持有意义的监狱改革。我的第二次国会小组委员会听证关注的是青少年拘留问题（1973年9月），这次的国会听证使我更进一步迈向成为社会倡议者之路。针对改善青少年拘留待遇，我提出一份包含十九项个别建议的纲要。[20]我很高兴得知部分由于我的证言，促使国会通过关于此议题的一项新联邦法律。主导这次调查计划的参议员柏奇·贝赫（Birch Bayh）协助了整个立法过程，此法律规定不应将受审前拘留的青少年与成年人共同安置在联邦监狱，以保护青少年免于受虐。而我们的斯坦福监狱实验已经说明了审前拘留期间青少年的受虐现象。（不过假释听证会的举行确实使得结果混淆，因为在现实中，只有被判有罪并且服刑后才有机会获得假释听证。）

1973年我参与一场联邦法庭审判，斯坦福监狱实验在立法方面的其中一个有力影响即来自于此——斯佩恩（Spain）等人对柏丘尼尔（Procunier）等人的讼案。当时在圣昆廷监狱喋血事件中被称为"圣昆廷六嫌"的囚犯们已被隔离拘禁超过三年，他们被控在1971年8月21日的乔治·杰克逊逃狱行动中参与了狱卒及告密囚犯的谋杀事件。身为专家证人，我巡回参观了圣昆廷监狱，并对参与事件的六人个别做了多次访谈。最后我在为期两天的作证过程及预先准备的声明稿中提出一个结论，我的看法是，这些犯人在去人性化环境底下受到非自愿、冗长且无限期的拘禁，而这样的监狱环境本身就已经构成"残酷而非比寻常的惩罚"，因此有必要改变。法庭后来也做出相似的结论。此外，我在整个审判期间一直担任原告律师群的心理咨询专家。

我对斯坦福监狱实验结束后参与的上述及其他活动都负有伦理使命感。为了平衡相对伦理的等式，我觉得自己有必要将我从这个研究中所得到的收获极大化，直到能使科学与社会受益为止，好补偿斯坦福监狱实验参与者所经历的痛苦。我在1983年出版的《从实验室到社会改革的提倡》（Transforming Experimental Research into Advocacy for Social Change）书中，有一章摘要整理了早期的努力成果。[21]

媒体及影像的力量

由于斯坦福监狱实验的视觉体验极为撼动人心，因此我们也运用这些影像来散播关于情境力量的讯息。首先是1972年，我在格雷戈里·怀特（Gregory White）的协助下制作了一组由八十张照片组成的幻灯片秀，并同时搭配我的录音带口述。这份资料主要是提供给学院里的教师们作为授课的补充教材。录像带的问世使得我们能转录这些影像，并且同时呈现来自研究的档案影像记录以及新的录像、访谈和我的录音带口述。这项计划是由一群斯坦福大学的学生发展，带领者是纪录片《寂静的愤怒：斯坦福监狱实验》（1985年发行）的导演肯·穆森（Ken Musen）。最近这部片子在斯科特·普鲁斯（Scott Plous）的协助下升级，于2004年发行了DVD。我们一直确保这部影像维持在最佳品质，并且在世界各地容易获取。

实验复制与延伸研究

本章将斯坦福监狱实验当作社会现象来检视，而在即将告一段落前，我将简短回顾研究的复制情形，以及它们在不同领域中的延伸研究。斯坦福监狱实验的影响力远远超出社会科学的用途而进入到其他领域，包括电视节目、商业电影甚至是艺术作品的公开场域。人们从斯坦福监狱实验的教训中了解到，当情境力量不受节制时，要把好人变成邪恶的加害者是多么容易，也因此发展出一些社会和军事应用方法来避免此结果发生。

对我们而言，重要的是继续思考大范围的心理学研究对斯坦福监狱实验研究结论的验证与扩充，因此在这里只简单概述这些复制和延伸研究。完整的资料以及详尽的评论和参考书目，可上www.lucifereffect.com查询。

其他文化的有力证明

在澳大利亚新南威尔士大学有个研究团队做了一个斯坦福监狱实验的延伸研究，他们保留了与我们相似的环境，但调整了几个其他实验变项，目的是探讨社会组织如何影响囚犯和狱卒之间的关系。[22]他们采取的"标准羁留"制度以澳大利亚的中度设防监狱为模型，但在程序上非常接近斯坦福监狱实验。在严格的实验章程备注中，研究者提出一个核心的结论："我们的实验结果支持了津巴多等人的主要结论，也就是我们认为监狱体制的本质才是造成监狱内对抗关系的主因，囚犯和狱卒的个人特质并未扮演特殊的角色。"（第283页）在这个研究设计下得出的结论，也有助于抵消对于模拟实验的有效性质疑，因为该实验根据对真实监狱结构性特质的客观定义而提供了评估行为改变的底限。[23]

精神病房模拟实验

这是在美国伊利诺伊州的埃尔金州立医院（Elgin State Hospital）进行的一项实验。有二十九名该院的工作成员被监禁在一间精神病房中长达三天，他们在病房中必须饰演"病患"。而二十二名固定工作人员则如常扮演原本角色，另外还有受过训练的观察者以及录像机等设备记录整个过程。"发生在这里的事情真是太不可思议了。"该研究主持人诺尔玛·琼·奥兰朵（Norma Jean Orlando）这么说。不过是短短一段时间，这些模拟病人的行为表现竟然已经和真正的病人毫无区别：有六人试图逃跑，两人退缩到自己的世界中,两人不断啜泣完全失去控制,还有一个已经接近精神崩溃的边缘。大多数的人都出现压力、焦虑、挫折感和绝望反应。大多数人(75%)都表示他们受到拘禁、失去身份认同,认为自己的感觉一点都不重要也没有人愿意倾听、不被当人对待也没人关心,忘记这只是一场实验,并且开始觉得自己真的是病人。其中一位由工作人员假扮的病人在经历一个周末的痛苦折磨后发表了以下洞见:"我以前对待这些病人,就如同他们是一群动物,从来不了解他们到底是过着多么痛苦的生活。"[24]

这项研究被认为是斯坦福监狱实验的续篇,所产生的正面影响是工作人员组形成一个组织,与从前和现在的病患协力合作。他们致力于唤起医院人员注意到病人受到的错误对待,也从个人做起,努力改善自身与患者间以及患者与工作人员间的关系。他们开始了解到自己身处的"总体情境"力量会改变患者与工作人员,情境的力量可能让人行善,也可能使人为恶。

英国电视秀:失败的伪实验

英国广播公司(BBC)曾经以斯坦福监狱实验模式为基础进行了一场电视秀实验。但因为实验中狱卒并未出现过分暴力或残酷的表现,因此被认为挑战了斯坦福监狱实验的实验结果。让我们快速跳到这项研究的尾声,并且看看那引人注目的结论:那些囚犯支配了狱卒!狱卒"逐渐变得思想偏执、沮丧,而且感到莫大压力,他们最常抱怨的就是自己被欺负。"[25]我再重复一次,在这场真人实境的电视秀里,觉得自己受痛苦的人是狱卒而不是囚犯!有几个狱卒因为再也忍受不下去而离开实验,却没有任何犯人这么做。这些囚犯很快就占了上风,他们以团队工作的方式削弱狱卒的权力,然后将每个人纳进圈子里,最后他们决定组成一个和平"同盟",协助者正是一名工会组织者!关于这个伪实验的关键分析请参见我们的网站。

斯坦福监狱实验是对权力滥用的警告

我们的研究后来产生了两个始料未及的用途,一个是用于妇女庇护所,另一个则是用于美国海军的"生存、躲避、抵抗、逃脱实战计划"(Survival, Evasion, Resistence, and Escape, 简称SERE)。许多受虐妇女庇护所的主持人都告诉我,他们用《寂静的愤怒》这部片子来说明阳刚性力量很容易被滥用并开始造成破坏。他们让受虐妇女观看影片并且讨论影片的意涵,这可以帮助她们不会把受虐的责任归咎在自己身上,并且更了解是什么样的情境因素让她们曾经深爱的伴侣成了施暴的罪犯。某些从权力观点来理解性别关系的女性主义理论,也逐渐吸收了这个实验的意涵。

美国军队的所有军种中都有各自版本的SERE实战计划。这是在朝鲜战争后所发展出的实战训练,目的是要教导受到敌军俘虏的士兵如何抵御各种极端的严刑拷打。这项训练中最重要的一部分是让接受身心严酷考验的受训者在模拟的战俘营中待上几天,并通过极度残酷的模拟训练让军人有充分的准备,万一不幸被俘并且遭受刑求时,可以更妥善地应付恐怖行动。

我从几个海军方面的消息来源得知,他们运用我们的影片和网站,向受训学员说明我们从斯坦福监狱实验中得到的教训,即指挥权是如何容易变得失控而极端化。这可以警告接受SERE战俘训练的学员们谨慎应付行为过当的冲动,以免演变成虐待"俘虏"。

但另一方面,正如许多评论家指出,陆军在加州北方布拉格

第11章 斯坦福监狱实验的意涵Ⅱ：伦理学及拓展研究

堡（Fort Bragg）操演的SERE实战计划显示该计划已经被五角大楼错误运用。他们认为军方高层已悄悄地转移关注焦点，从过去重视提升受俘美军的抵抗能力，变成发展效果不断强化的讯问技术，目标是对付被俘虏的"敌方战士"和其他美国的假想敌。根据报道，来自军队中SERE实战计划的讯问技术已经移植到古巴关塔那摩湾监狱中。

美国法律学教授M.格雷格·布洛赫（M. Gregg Bloche）和英国律师兼生物伦理学研究员乔纳森·H.马克斯（Jonathan H. Marks）曾公开谴责运用这类诘问技术，这些技术某种程度上是由行为科学家和心理学家协助开发的。他们认为"将SERE实战策略和关塔那摩模式带到战场上所造成的影响是，美国五角大楼将打开潜在虐待事件的潘多拉盒子……五角大楼的文人领导阶层对SERE模式的热烈欢迎进一步证实等同于酷刑的虐待与伤害乃是国家政策的一环，而非偶然的暴行。"[26] 一名调查记者琼·迈耶（Jean Mayer）在《纽约时报》上发表一篇标题为《这场实验》（"The Experiment"）[27] 的文章，文中也表示了同样的关切。我将在第十五章中探讨五角大楼如何错误运用斯坦福监狱实验的议题。

SERE实战计划所开发的各种策略乃是防卫训练协定的一部分，目的是当军方人员受到敌军俘虏时能派上用场；然而在2001年9月11日的恐怖袭击事件过后，这些策略经过翻新已被归入攻击性战略的弹药库中，用来对付疑为敌人的军人及一般平民，从他们口中套取情报。这些策略的目的是要让被讯问者感觉难以招架、愿意服从，因而愿意透露军方想要的情报。他们的技术乃是由行为科学家顾问们协助发展，并通过SERE操演中的野外训练反复试验而获得修正和改善，操演的基地包括位于布拉格堡、北卡罗莱纳州及其他地区的军事训练基地。总体来说，这些策略尽量减少运用严刑拷打，代之以心理上的所谓"软性折磨"（soft torture）。在SERE实战计划中有五种主要策略可瓦解被拘留者或其他受讯问对象的心理防线，使他们愿意乖乖吐露情报和自白：

（1）性方面的羞辱糟蹋

（2）对宗教及文化习俗的羞辱

（3）剥夺睡眠

（4）感觉剥夺（sensory deprivation）或感觉超载（sensory overload）

（5）使恐惧及焦虑主导心理的身体折磨，如水刑或低体温刑（hypothermia，即让人暴露在酷寒的低温下）

在美国国防部长拉姆斯菲尔德（Rumsfeld）对关塔那摩监狱以及桑切斯将军对阿布格莱布监狱的备忘录中，都可看见这些策略被特别建议使用，并用于管理这些监狱及其他地方。还有一些记录证据也显示，有一群讯问员及来自关塔那摩的军方人员曾在2002年造访位于布拉格堡的SERE实战训练基地。当然了，由于情报的机密性质，这些陈述只能当成是基于各种消息来源的报告得出的合理推论。

五角大楼有无可能已经吸收斯坦福监狱实验对于情境力量的主要认识，并运用于折磨训练计划中呢？我不愿意这么相信，然而最近一项评论却有力地支持了这一推论。

"似乎是这实验启发了伊拉克的酷刑折磨……他们创造出一个情境，然后让它变得更坏——里面的人手不足、充满危险，而且没有外在的独立控制机制，于是只需要一丁点鼓励（无须特殊指令），狱卒就会开始折磨人犯。现在美国在伊拉克的监狱已经到处可指认出这样的情境和酷刑……在斯坦福监狱实验的'情境'里，美国政府占了一个便宜，他们尽可以否认一切说：没有人下令用刑。不过这情境会造成的下场早就可以预料得到。"[28]

撰文者更继续指出他的主张并非空穴来风，因为在调查阿布格莱布虐囚事件的《施莱辛格小组审查报告》（Schlesinger Committtee Report）中就特别点名了斯坦福监狱实验。他们主张"在一份官方文件中发表关于这项实验的讯息，并将其与美国军方监狱中的虐囚情况联结，更进一步揭发了决策责任的连串归属。"《施莱辛格小组审查报告》指出事件与斯坦福监狱实验的相互关联，在于它突显了我们实验监狱中创造出的病态情境力量。

"我们所观察到的负面、反社会行为并非来自一个聚集大堆人格偏差者所创造出的环境，而是一个本质上即病态情境下的产物，这样的情境改变了原本正常的人，使他们出现扭曲的行为。异常的是情境的心理本质，而不是经历这情境的人。"[29]

跨界进入通俗文化

有三个例子可以说明我们的实验跨越了学院象牙塔的藩篱，进入了音乐、戏剧和艺术领域，它们分别来自一个摇滚团体、一部德国电影，以及一位波兰艺术家的艺术（他的"艺术形式"于2005年，在世界上最悠久的当代艺术庆典"威尼斯双年展"中获得展出）。"斯坦福监狱实验"（去掉定冠词）是一个洛杉矶摇滚团体的团名，根据团长说法，他是在加州大学洛杉矶分校（UCLA）当学生的时候认识了斯坦福监狱实验，这个实验正好符合他们强烈的音乐风格——"朋克与噪音的融合"。[30]根据斯坦福监狱实验改编的德国电影《实验监狱》（Das Experiment）已经在世界各地上映了。来自斯坦福监狱实验的启发，让这部可谓"幻想之作"

显得极合理与真实。这部电影为了哗众取宠而蓄意误导观众，混淆观众对研究中发生事情的认知。而电影的结局展现出性别主义的偏见，充斥着毫无理由的性与暴力，却彰显不出任何价值。

尽管有些观众觉得这部电影十分刺激好看，电影却遭受影评的猛烈攻击，正如两个知名的英国影评家的评论；英国《观察家周报》（The Observer's）的评论家做出这样的结论："《实验监狱》是部完全缺乏原创性的失败惊悚片，这让它描绘的全国性（或者全世界性）的独裁法西斯主义倾向成为无稽之谈。"[31]英国《卫报》（The Guardian）的评论家哈什（Harsher）则是这么说："任何关于'老大哥'（Big Brother，一种电视真人秀节目，不断投票淘汰选手，坚持到最后者有大奖）的剧情作品都可以比这部愚蠢又无意义的烂片提出更多高见。"[32]美国影评罗杰·埃伯特（Roger Ebert）从这部电影中得到一个颇具价值的教训，这教训也适用于斯坦福监狱实验："也许是制服让我们变成盲目跟从领队犬的一群猎狗。能离群走出自己的路的实在不多。"[33]

波兰艺术家阿瑟·奇米乔斯基（Artur Zmijewski）制作了一部长46分钟的影片《重复》（Repetition），内容着重呈现自愿者在模拟监狱中度过的七天。在2005年6月的"威尼斯双年展"中，波兰展馆里每整点播映一次这部影片。另外也在华沙和旧金山的艺术展场中放映。

根据一名评论家的说法，这部电影"指出这个兼具洞察力与严格科学方法的实验也有可作为艺术作品的丰富素材……然而在那间模拟监狱里头，艺术老早被抛到一边去了。'游戏'本身开始有了自己的动力，它让玩家完全沉浸在游戏的动态里，乃至于最后开始触碰到他们的人性核心。于是狱卒们变得更残暴、更有控制欲。他们把不服从的人隔离监禁起来，所有人一律理平头。这

第11章 斯坦福监狱实验的意涵Ⅱ：伦理学及拓展研究

时候有少数犯人决定不再把忍受这场闹剧，不再把它当成是必须付出的代价（每天40美元酬劳），他们认为这根本是个货真价实的邪恶情境，于是永远离开了这场'实验'。"[34]

斯坦福监狱实验网站的网络力量

在www.prisonexp.org网站上，我们运用存档影像以及42张幻灯片，向大众说明那决定命运的六天实验里发生的故事。资料包括背景资料文件、讨论议题、文章、访谈，我们也为老师、学生，或对这实验及惩治制度有兴趣进一步了解的人提供了许多素材；网站共提供五种语言版本。这个网站在1999年开通，并获得了普鲁斯以及迈克·莱斯提克（Mike Lestik）两位专家的协助。

如果上Google网站搜寻关键词"experiment"，你可能会发现在2006年8月Google上出现的2.9亿条查询结果中，斯坦福监狱实验是排在最前面一区的网站。如果你也在2006年的8月在Google上搜寻关键词"prison"，在1.92亿条查询结果中，斯坦福监狱实验网站的排名仅次于美国联邦监狱局。

根据统计，每天www.prisonexp.org的网页浏览次数超过2.5万次，网站开通以来的浏览次数则超过3800万次。而在2004年5月和6月阿布格莱布监狱事件的媒体报道高峰期，联结到斯坦福监狱实验网站（目前网址为www.socialpsychology.org）的流量，每天有超过25万次的网页点击数。这么高的流量不只代表社会大众对于心理学研究感兴趣，更证实了许多人觉得有需要了解监禁的议题，或者从更普遍的角度而言即权力及压迫议题。这个资料也反映了这个实验在世界上许多国家已经成了当代传奇。

对我而言，我从下面这封十九岁心理学学生的来信中看见，造访斯坦福监狱实验网站可能对个人造成的重要影响,这名学生在信里描述这个网站对他个人产生的价值,因为这让他更加理解他在新兵训练营里的可怕遭遇:

> 才刚开始(观看斯坦福监狱实验)不久,我几乎要落泪了。2001年11月,我为了一圆儿时梦而加入美国海军陆战队,简单地说,我在那里反复受到各种不合法的身心虐待。我曾经受过四十次无缘无故的殴打,一直到最后,为了应付这一切的伤害,我开始有自杀倾向,直到从海军陆战队的新兵训练营中退役为止。我在那个基地才待了差不多三个月而已。
>
> 我想说的重点是,我觉得那些狱卒执行任务的方法以及军事训练教官的做事方式实在完全无法让人接受。我很惊讶我不断想到两者之间的相似性。因为我遭受到很类似的待遇,某些情况下甚至更糟。
>
> 其中有一个特别事件是我被指控破坏整排的团结。那时我被迫坐在我的队头(营房)里对着其他新兵大喊:"如果你们动作快一点,就不会害我们苦好几个小时。"这样喊是因为我让其他每个新兵都被罚把沉重床脚柜高举过头。我觉得这跟在实验里跟囚犯说:"819号是坏榜样。"那件事很类似。虽然事情结束后,我也安全回到家,但好几个月过去,我满脑子只想回去那地方,证明训练教官说的话是错的,我不是坏榜样。(跟我们的斯图尔特819想的一样。)我还想到其他一些行为如罚做俯卧撑、被理光头,彼此以"那个新兵"呼来唤去,完全失去个人身份,这些都和你们的研究很类似。
>
> 虽然你们在三十一年前就进行了这个实验,但这些资料还是帮助我了解了在这之前我即使接受治疗和咨询仍然觉得

第11章 斯坦福监狱实验的意涵Ⅱ：伦理学及拓展研究

迷惑的事；你们的资料和经验让我走出我花了将近一年还走不出来的疑惑。虽然这些事不能作为他们行为的借口，但对于训练教官做出的种种残酷、权力饥渴的行为，现在的我已经能够了解其背后的原因了。

我只想说，津巴多博士，谢谢您！

针对海军陆战队员的训练，威廉·马雷斯（William Mares）在《海陆战队机器》[35]一文中有完整生动的描述。

我们可以得出一个合理的结论：不只对社会科学界而言，这个小小的实验具有持久的价值，尤其对一般大众来说更是如此。而我现在相信这个特殊价值就在于我们对人性戏剧化转变的了解。改变人性的并不是《化身博士》中让杰基尔博士（Dr.Jekyll）变身成邪恶海德先生（Mr. Hyde）的神秘化学药剂，而是社会情境以及创造并维持这些情境的系统力量。我的同僚和我感到高兴的是，我们能以富有教育性、有趣性和娱乐性的方式"让心理学走入大众"，并让所有人认识对人性中最基本、最令人不安的一面。

现在应该要超越这个单一实验，以便扩大我们的经验基础，因此在接下来几章中，我们将回顾来自不同出发点的各种研究，这些研究将让我们更完整了解情境影响人性转变的巨大力量。

第 12 章

社会动力学调查 I：权威、奉守与顺从

> 我相信，想打入某个核心的渴望及被排除在圈外的恐惧，会占据所有人一生中的某些时期，甚至许多人从婴儿时期到垂垂老矣，终其一生都被这些念头盘踞……在所有热情之中，成为圈内人的热情最善于让本质还不坏的人做出罪大恶极的事。
>
> ——刘易斯，《核心集团》
> （C. S. Lewis, *The Inner Ring*, 1944）[1]

许多平时使我们表现良好的动机与需求，一旦受到情境力量的刺激或被扩大、操纵时，就可能让我们走上歧路，而我们对情境的强大力量可能丝毫无察。这就是为何邪恶如此猖獗的原因。邪恶就像是诱惑你在日常生活轨道上来个小转弯，轻微地绕点远路，或者不过是后照镜上的一个污点，最后却带人走向灾难的下场。在前面的几章中，我们尝试了解斯坦福监狱中善良年轻人的性格转变，我大略提到了在造成人们出现思想、感觉、认知和行为反常的过程中，有许多心理历程扮演了重要的角色。想要有归属感、与人联结，以及希望被其他人接受，这些建立社群以及家庭纽带非常重要的基本需求，在斯坦福监狱实验中却被转化成对

不合理规范的服从，因而助长狱卒虐待囚犯的行为。[2]我们更进一步了解到，想要在个人态度和公开行为间维持一致性的动机，最后可能会允许自己在意图合理化认知不协调的情况中，运用暴力对付自己的同侪。[3]

我要主张的是，我们并不是通过奇特的影响方式——例如运用催眠、精神药物或所谓"洗脑"——来指导行为的改变及进行"心智控制"。最戏剧性的行为改变反而是因为长期处在受到限制的环境中，受到对人性最通俗层面的系统性操纵而造成。[4]

在这个意义下，我相信英国刘易斯教授提出的看法——当人处在善恶边缘时推人一把、改变行为的强大力量，乃来自人们想成为"圈内人"不愿被排除"在圈外"的渴望。刘易斯的"核心团体"指的是被接纳进某个特殊群体、享有某些特权关系，就像是进入传说中的秘密宫殿般，可以立即提高地位和身份。对大多数人而言，这是一股明显存在的诱惑——谁不想成为"圈内人"呢？谁不希望自己通过考验，被认为有资格或有优势进入一个新的领域呢？

研究已经确认，来自同侪压力的社会力会让人们，尤其是青少年做出奇怪的事（而且无奇不有），只求被接纳。然而是人的内在滋养及孕育这种寻求进入核心团体的力量，任何同侪压力无不受到自我的推促，而这自我压力来自于——渴望"他们"也需要"你"。这使得人们愿意忍受兄弟会、宗教教派、社交俱乐部或是军中痛苦极具羞辱性的进入仪式，也使得许多人一辈子承受痛苦，就是为了在公司内部往上爬。

这种由动机诱发的力量，又会受到刘易斯所谓"被排除在圈外的恐惧"影响而产生加倍效果。当一个人渴望被接纳时，被拒绝的恐惧会使人失去进取心，并否定个人的自主性。恐惧可能会让热爱社交的人变得害羞内向，被排除于"外团体"的想象，其所具有的威胁性可以让人无所不用其极，只为避免被否决出局。权威者往往并非通过惩罚或酬赏方式来命令他人绝对服从，而是通过两面刃达到目的——一方面已接纳引诱，另一方面以否决威胁。这种人性的动机是如此强烈，以至于当有人承诺与我们分享"只属于我们两个人"的秘密时，即便对方只是个陌生人，也会好比握有了不起的权力。[5]

最近有一个悲惨例子，一名四十岁的女性和五个高中男孩发生性关系，她每周在家里举办性爱派对，提供他们和其他孩子药物和酒精，情况持续了一整年。这名女性因此事的曝光而认罪。她告诉警方，这么做只因为她希望自己是个"很酷的妈妈"。这个别出心裁的"酷妈"在口供中告诉调查员，她在高中时期不太受到同班同学欢迎，可是借助举办宴会，她却开始"觉得自己好像成了这个团体的一分子"[6]。可惜的是，她走错圈子了。

情境力量的真相

关于社会情境的力量以及真实的社会建构，有许多研究都曾揭露过部分真相，斯坦福监狱实验不过是其中一小块拼图。情境力量以不预期的方式形塑着人类的行为，在我们的研究前后，尚有各式各样的研究从其他面向来阐明这点。

处在群体中时，我们会做出许多自己一个人不会做的事情，但群体的影响常常不是直接的，而是通过建立行为的榜样，希望我们能够去模仿和实行。相对地，权威的影响常常是直接而毫不掩饰的指令，像是"照我说的去做"等指令，但也正因为权威的要求如此明目张胆，所以个人可以决定追随领导或不服从。思考一下这个问题,你就会了解我的意思:如果一个权威角色下令伤害甚至杀害无辜的陌生人,一般善良的人会抗拒还是服从要求?一个针对盲目服从权威的争议性研究,就把这个十分挑衅的问题放到实验里测试。这个经典实验的效果实在太"震撼"了,为了帮助我们了解好人为何会被诱惑为恶,我们会在下文设法厘清这个实验程序中许多有价值的讯息。我们将在回顾这项经典实验的复制与延伸研究后,再次提出所有这类实验必定会问的问题:实验的外部效度为何?在真实世界中,什么情况可以和实验室示范的权威力量类比?

注意:实验中可能存在自利偏向

在我们进入这个研究的细节之前,我必须事先警告,每个人都可能带着偏见,无法从所读资料中得出正确的结论。大多数人都会建立以自我为中心的自利偏向(self-serving bias),这可以让自己觉得与众不同,处于"一般水平"之上[7]。这样的认知偏向有助于维持尊严和帮助我们抵御生命中的重大打击。我们运用自利偏向替失败找借口,将成功归功于自己,做出错误决策时则用来推卸责任,所认知到的主观世界就像生活在彩虹中一样美好。我举个例子,研究显示有86%的澳大利亚人自我评估工作表现为"水准之上",而90%的美国企业经理认为自己的工作成果优于某个表现中庸的同侪(我真同情那位可怜的中庸男)。

不过这些偏见也可能造成适应不良,让人看不见自己和其他人的相似性,使人疏远真相。真相是,在某些恶劣的情境里,人们真的是见不得他人好。这样的偏见也意味我们会疏于防备自己行为所造成的不利后果,因为我们总觉得这种事不会发生在自己身上。于是我们做许多冒险的事,常常从事危险性行为、冒险开车、赌博，甚至拿自己的健康当赌注。最极致的表现就是，大多数人会相信自己比其他人更不容易受到自利偏误误导，即使我们才刚学到这一课也一样。[8]

这也表示，你在读到斯坦福监狱实验或许多其他研究后，可能会得出一个结论：你不会像大多数人一样做出那种事，如果有例外，你当然就是那个例外。而正是因为你高估了自己而低估了对手，所以这个在统计上显得十分不合理的信念（因为大多数人都相信）甚至会使你更容易受到情境力量影响。你确信自己会是个善良的狱卒、敢于反抗体制的囚犯、反抗者、异议分子、不从俗的人，更是一名英雄。也许的确如此，不过英雄是人类中的稀有品种，我们将在最后一章中见见其中几位。

所以我现在请各位暂时把偏见搁在一旁，试着想象自己极可能跟实验中大多数人做出一样的行为。或者请你至少认为如果跟一般研究参与者异地而处，你不确定自己是不是会一样轻易被诱惑。我请你回想囚犯克莱416，香肠反抗事件中的英雄，当他与折磨他的狱卒一起接受访问时曾说过的话。当被嘲弄地问道："如果你站在我的位置，你会是什么样的狱卒呢？"他谦逊地回答："我真的不知道。"

只有当我们认知到，所有人都不能免于受到人性中这些相似动力的影响。也只有当我们了解，谦逊的态度永远优于毫无理由的骄傲，才有可能承认我们在情境力量底下不堪一击。让我们秉持这样的立场，回想约翰·多恩（John Donne）对人性共通的相关性和依存性提出的有力观点：

> 所有人都出自同一作者，属于同一本书；一个人的死亡不会让书页成灰，只是被译成更美的语言；没有一页会被遗

漏……丧礼的钟声响起，钟声召唤着牧师，也召唤着会众；钟声召唤着所有人……没有人是座孤岛，可以遗世独立……任何人的死亡，都是我的减损，我和人类的命运共存；所以请别再问，丧钟为谁而敲响，丧钟为你敲响。(《冥想》第17篇)

阿施的顺从研究：从众的需求

社会心理学者所罗门·阿施（Solomon Asch）[9]相信美国人的行为独立，即使大多数人对世界的看法都和自己不同时，美国人还是可以有自主的作为。只有当群体挑战了个人的基本观点和信念时，也就是出现指鹿为马，所说的与事实情况根本不符时，才能测试出真正的顺从性。而阿施预测，在这些情况下顺从的人相对上比较少，处于群体极端压力下时，大多数人都可以坚决抗拒如此明显的错误。

那么，当人们面对与他们世界观完全冲突的社会现实时，到底会发生什么事？为了一探究竟，我现在希望你试着想象自己正站在典型实验参与者的立场上。

你应征参加一个关于视觉的研究，研究员会要求你估计线段的相对尺寸，他们让你看一些卡片，卡片上面有三条长度不等的线段，然后要你大声说出这三条线段中哪一条的长度和另一张卡片上的线段一样。你的两旁有七个同伴，而你排在第八号。这实验对你来说简直是轻而易举，起初你可能会出了点小错（不到1%），但大致上你的答案和其他人都一样。接着有些怪事发生了，有时候其他七名受试者都把最长的那条线要不然就是最短的那条线说成是中间长度。(当然你完全不知情另外七个人都是研究团队里的成员，事先被指示在"关键"题时必须回答错误的答案。)接着，轮到你回答了，其他七名受试者全看着你，你看到的答案明显跟他们不同，但你打算照实说吗？你会坚持自己的看法并且说出自认正确的答案吗？或者你会同意其他所有人说的才是对的？在18道测验题中，你将会遇到12个群体压力关卡。

如果你和实际参加研究的123个人一样，面对关键测验题时将会有70%的概率屈服于群体压力，而30%的原始受试者会在大多数测验题中表现出从众态度，只有约20%的人能自始至终坚持自己的独立性。有些人报告他们的确注意到自己的看法和群体共识不一样，但是同意其他人的看法比较容易些。还有一些人认为答案的差异造成他们的内在冲突，解决办法就是去相信群体是对的而自己是错的！所有选择从众的人都低估了自己的从众程度，他们认为自己的从众程度比实际发生的还要轻微。在他们心中他们仍然是独立的人，但不是表现在行为上。

追踪研究显示，如果只有一个人的估计是错误时，参与者只会稍微感到为难，但还是能够独立判断。但如果有三个人的答案和自己相反，参与者的答错率就会升高到32%。不过阿施在注释中提出较乐观的看法，他找到一个可以改善独立性的方式：只要让参与者有一个和自己立场一致的同伴，从众的力量就会大幅降低。相较于单独一人的情况，有了同伴的支持可以让错误率降低四分之一，即使当同伴离开了，抗拒从众的效果仍然可以持续。

了解这个研究中，造成从众行为的两个基本机制，将有助于进一步了解人们的顺从行为[10]。第一个机制是"资讯性需求"：其他人的想法、观点和知识常有助于人们探索自己身处的世界。第二个引发从众的机制则是"规范性需求"：当我们同意其他人看法时，比较容易被人们接受，于是因为受到归属感以及希望以相似性取代异质性的强烈需求鼓舞，于是对其他人的观点做出了让步。

盲目服从权威：米尔格伦的震撼性研究

"我正试着想出让阿施的顺从性实验更具人性意义的方法。这个顺从性测试让我很不满，因为它竟然只是叫人判断线段的长短。于是我想，我们是否能让群体压迫个人去做些更具有人性意义的行为，也许是对其他人做出攻击，比方说逐渐提高对他人的惩罚。不过，在研究群体效应之前，必须先确认受试者在没有受到群体压力的情况下会怎么做。刹那间，我忽然改变了主意，我决定把焦点放在实验控制上，也就是测试在实验者的指令下，一个人到底可以顺从到什么程度？"

以上这段话出自阿施的研究助理斯坦利·米尔格伦，这位社会心理学者开启了一系列杰出研究，也就是后来人们熟知的"盲目顺从权威"实验。他对于服从权威问题的研究兴趣来自于深刻的个人关怀，希望了解"二战"大屠杀期间的纳粹党人如何能轻易顺从命令杀害犹太人。

"（我的）实验室典范……是从科学角度对权威表达更普遍的关怀，第二次世界大战期间发生的暴行迫使着我们这一代的人，尤其是像我这样的犹太人必须承担起这样的关怀。……大屠杀加诸在我心灵的影响，激发了我对顺从的研究兴趣，并且形塑了用来检验服从的特殊形式。"[11]

在此我先让读者了解这实验计划中自愿者所须面对的情境，接着再进入实验总结，我将概略提出十点可推及日常生活中行为转变情境的重要教训，最后再提供真实生活中的类似案例，以回顾这个实验典范的延伸应用（关于我和米尔格伦的个人交情请参见注释12）。

米尔格伦的服从典范

请想象你在星期天的报纸上看到一份心理学实验征求受试者的广告,决定去应征。虽然一开始的原始研究只征求男性受试者,不过后来也包含了女性,所以我邀请所有读者们参加这个想象的演出。

你走进了耶鲁大学的实验室,这时,一名举止严肃的研究者——他穿着实验室灰袍,看起来正在进行很重要的科学实验——走向前向你和另一个应征者问好。你来这里的目的是为了帮助心理学科学,研究如何通过运用惩罚改善人们的学习和记忆。接待你的人向你说明,这个新研究可能会产生重要的实用意义。你的任务很简单明确,你们其中之一要扮演"老师",另一个人则扮演"学生",老师要给学生一组单字让他记忆。在测验中,老师说出每个关键词,学生就要回答正确的相关词。答案正确时,老师就给学生口头上的奖赏为鼓励,像是告诉学生"干得好"、"没错,就是这样"。出错时,老师必须按下他前面那个看起来很吓人的电击装置上的杆子,立刻施以电击惩罚。

电击仪上总共有30个按钮,每个按钮都代表一个电力等级,从最低的15伏特开始,以每等级多15伏特的幅度累加。每当学生犯错时,实验者都会提醒你,而你必须按下下一个更高电力等级的按钮。控制板显示每个按钮的电力等级,以及关于该电力等级的描述,比方说第十级(150伏特)的描述是"强力电击";第十三级(195伏特)是"非常强力电击";第十七级(255伏特)是"剧烈电击";第二十一级(315伏特)是"极剧烈电击";第二十五级(375伏特)是"危险,激烈电击";第二十九和三十级(分别为435伏特和450伏特)时,控制板上除了三个不祥的大叉叉之外什么也没标注(这暗示着极端痛苦和极度激烈的电击)。

第12章 社会动力学调查Ⅰ：权威、奉守与顺从

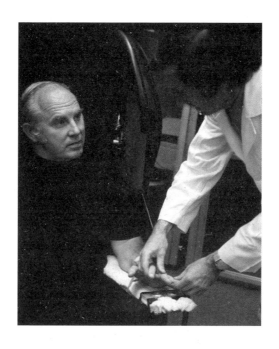

你和另一个自愿者抽签决定各自扮演的角色，结果由你饰演老师，另一个则扮演学生（抽签过程已经被动过手脚，另一个自愿者实际上是这项实验的同谋，固定会抽到扮演学生角色）。扮演学生的是个举止温和的中年人，你一路陪着他走进隔壁房间。研究者告诉两位："好了，现在我们要把仪器接到学生身上，为了接下来方便进行惩罚。"于是学生的手臂被捆起来，右手腕上接上一个电极。只要一犯下错误，另一间房间里的电极仪就会通过电极输送电力到学生身上。你和学生间可通过对讲机沟通，实验者就站在你旁边。你已经先体验过45伏特电击的威力，只感到稍微的刺痛，对电力等级已经有了点概念。实验者给了暗号，"记忆力改善"研究开始了。

一开始你的学生表现得还不错,不过很快地开始出错了,所以你也开始按下电击杆。学生抱怨电击弄痛他了,实验者点点头暗示你继续。但当电力等级不断增加到强烈程度时,学生尖叫没办法继续下去了,你开始犹豫,并询问旁边的实验者是否应该继续,实验者这时告知除了继续没别的选择。

现在学生开始抱怨他的心脏不舒服,你也认为不应该继续下去,但实验者还是坚持进行。因为学生不断犯错,你只好请求你的学生专心,你可不希望他受到非常强力的电击。但你的关心以及鼓励全起不了作用,他还是不断出错。电力等级又往上跳了一级,你听到他哀号:"我快痛死啦,受不了了,让我离开这里!"又跟实验者说:"你根本没有权力把我留在这里,让我出去!"电力再次往上跳级,这次他尖声叫道:"我拒绝再回答任何问题!快把我放出去,你没有权力这么做,我的心脏快不行了!"

现在你完全不想进行实验了,并告诉实验者你拒绝继续。你可没办法用这种方式去伤害别人,这不是你的作风。虽然你想离开,实验者还是坚持实验必须进行下去。他提醒你,你跟他们签过合约,答应过要完成实验。他还说,如果电击造成什么意外,后果由他完全承担。在你压下300伏特的按钮后,你念出了下一个关键词,但学生什么反应也没有。"他没回答。"你告诉实验者,希望他到隔壁房间去确定一下学生的状况。但实验者还是无动于衷,他并不打算这么做,反而告诉你:"如果学生没有在合理的时间内回答,大约5秒,这时就算他错。"漏答的惩罚方式也跟答错一样——规则就是这样的。

你继续按下更危险的电力等级按钮,还是没有任何声音从电击室里传出。他可能失去意识,甚至死了!你觉得很痛苦,想要离开,整个情况完全出乎意料,可是不管说什么都没办法让你从这个痛苦情境里解脱。你被告知规则怎么立，你就怎么照做。

现在尽可能地想象，扮演老师角色的你会如何。我确定你会说："我绝不可能乖乖照做！"显然你一定会提出抗议，然后一走了之，绝不会为了区区几块臭钱出卖自己的良知！不过假如有人一路按下第三十个电击按钮，那时候实验者还会坚持继续测验，直到另外再按两次为止，他会说这是为了方便取得测量数据。对走到这一步的人来说，痛苦的事实摆在眼前，想忘都忘不了。所以呢，你预测你在离开实验前会进行到哪一级？在这个小地方，一般人遇到这样情境时又会做到什么样的地步？

专家的预测结果

米尔格伦把他的实验告诉约四十名精神医学专家，然后要求他们估计有多少比例的美国公民会从头到尾完成三十个等级的电击实验。他们平均预测只有不到1%的人会坚持到最后，认为只有虐待狂才干得出这么残酷的事，而且估计绝大部分人在150伏特电力的第三级就会撒手不干。但事实证明他们大错特错！人类行为专家之所以会错得离谱，原因有二，首先是他们忽略了情境决定因素，因为埋藏在实验程序性说明当中的情境决定因素会影响人的行为。其次是他们受到传统精神医学训练，使得他们过于依赖从天性观点来解读异常行为，而忽略了情境因素。也因此他们全犯了基本归因谬误！

令人震撼的结果

事实上，在米尔格伦的实验中，大约每三个自愿者里头就有两位（65%）一路进行实验直到最高450伏特的电击程度为止。扮演老师角色时，大多数人会无视于"学生"的苦苦求饶而一再施以电击。

现在我请读者再试着猜一猜：当电力程度达到330伏特，电击室里已经不再传出声音，在这种能够合理推断扮演学生的人已经失去意识时，有多少比例的人会在这时喊停？谁会在那样的情况下继续实验？难道不是每个明理的人都会拒绝实验者的要求，离开实验不再继续吗？

某位"老师"陈述自己当时的反应："我不知道到底发生了啥鸟事，我当时想说，你知道的，他该不会是被我电死了吧。我跟实验者说，继续下去要是发生什么事我可不负责。"不过当实验者向他保证出事有人顶着之后，这位担心的老师仍顺从了指示，一直进行到最后。[13]

几乎每个从头到尾完成实验的人，反应都跟以上这位一样。也许你会好奇，这种事是怎么发生的？不过请想一想，如果已经做到了这地步，又有什么理由不进行到最后呢？也许这跟扮演老师的人不知道如何从情境里脱身有关，而不是因为对权威的盲目顺从。在实验过程中，大多数的参与者都不断表示疑虑和反对，也说了他们不愿意继续下去，可是实验者却不放他们走，他不断告诉他们一堆必须留下的理由，催促他们继续为那些痛苦的学生施测。在一般情况中，这样的抗议可能生效，抗议可以让人们从不愉快的情境中脱身，可是在这个实验中，不管你说什么，实验者都不为所动，他只会坚持你留下来电击犯错的学生。于是你看着控制板然后明白，最快脱身的方式就是赶快进行实验，直到最高电力等级的按钮被按下为止。只要再多按几次按钮就可以出去，再也不必听见实验者的啰唆说教，以及学生的呻吟。答案出现了。只要450伏特就可以让你离开这里，不需要跟权威面对面冲突，也不必费力衡量已经造成的伤害和额外的痛苦该如何取舍，出去的最简单办法,就是提高电击。

以服从为主题的实验

在一年之内,米尔格伦执行了十九次不同的服从实验,这些实验都跟基本典范的组成元素:实验者/老师/学生/记忆力测验/错误电击有部分不同。他会更动其中一个社会心理变项,然后观察这个变动会使得受试者在电击"学生"(受害者)时,不正义权威的顺从度会受到什么影响。这些变动包括,他在其中一个研究中加入了女性受试者;在另一些实验中,他会变动实验者与老师间或老师与学生间的相对位置,调整为较近或较远;或者是让学生先做出反叛或顺从的态度等诸如此类。

米尔格伦希望通过其中一组实验证明,他的研究结果不是来自于耶鲁大学的权威性——耶鲁几乎是整个纽黑文市(New Haven)的代名词。于是他在下城的桥港区一栋年久失修的办公大楼里设了一个实验室,然后表面上以和耶鲁大学没有明显关系的一个私人研究机构名义再次进行了实验。但仍是出现相同的结果,参与者还是受到同样的情境力量附身。

研究数据显示,人性具有极大的弹性,任何人身上都可能出现极端顺从以及抵抗权威这两种态度。一切只关乎他们所经验到的情境变量。米尔格伦的实验告诉我们,比例最高的时候可以有90%的人继续进行实验,直到按下最高电力伏特按钮,但只要加入区区一个关键性的变项到情境中,驯服的比例却可降到不到10%。

想得到最高服从度的话,只要让受试者成为"教学小组"的一员,惩罚任务交给另一位小组成员(实验同谋),而受试者则负责协助其他测验程序,通过这样的安排就可以轻易达成目的。如果希望人们反抗权威，只需有个反抗权威的同侪做角色样板即可。即使学生表现出被虐狂的姿态要求电击处罚时，受试者也会拒绝下手，因为他们并不想成为虐待狂。而当实验者以学生身份下场进行实验时，受试者较不愿意施予较强的电击处罚。另外，相较于学生就在自己附近，当学生处在偏远位置时，人们较可能施予电击。出现在不同实验版本中的受试者都是普通的美国人，各种年龄、职业背景，两种性别都有，而只要稍微摆弄情境的控制开关，研究者就可以从所有实验中由低至高地导引出各种不同顺服度——好像只是在他们心灵转盘上按下"人性代码"一样轻松简单。从背景各异的实验中累计了上千名样本，对象都是些一般老百姓，这使得米尔格伦对服从议题的研究在社会科学中取得极大的概化能力。

> 思考漫长而晦暗的人类历史，你会发现，当人类打着服从的旗号时，犯下的骇人罪行远多于以叛乱之名。
>
> ——C. P. 斯诺，《非此即彼》
> （C. P. Snow，*Either-Or*，1961）

邪恶陷阱：米尔格伦实验中学到的十堂课

以下我将概略叙述在这个实验典范中，导引许多普通人做出明显伤害他人行为的做法。这么做的目的是希望与真实情境中，比较由"说服专家"如推销员、狂热教派及自愿役招募人员、媒体广告专家等人所运用的顺从策略[14]。基于此，我们从米尔格伦的实验中选录了十种方法：

（1）预先以书面或口头方式约定执行契约性的义务，创造出一种拟法律情境，借以控制个人行为（米尔格伦的做法是让受试者公开同意接受实验的任务及做法）。

（2）让受试者扮演有意义的角色。如"老师""学生"，这些角色可让扮演者自觉具有正面价值，并自动以符合角色内涵的方式回应。

（3）要求受试者遵守在派上用场前看似有道理，但实际使用时却变得武断且缺乏人性的基本规则，以此来正当化愚蠢的顺从行为。同样地，系统也可以创造一些含混不清且随时改变的规则，却坚持"规则就是规则"，没有通融的余地，以达成控制人们的目的（如米尔格伦实验中穿上实验大褂的研究者，或者是斯坦福监狱实验的狱卒强迫克莱416吃掉发臭食物时的做法）。

（4）改变行为、行动者和行动的语义内涵。（把"伤害他人"的行为说成是"帮实验者一个忙"，把惩罚行为说成是为了科学发现的崇高目的。）也就是用漂亮的修辞技巧来包装恶劣的现实，替真实景象化装。（我们可以看见同样的语义塑造技巧运用于广告中，例如把味道很糟的漱口水塑造成有益健康的形象，让消费者会因为漱口水具有杀菌效果而预期它的味道跟药水一样。）

（5）替受试者创造出分散责任或是推卸负面结果责任的机会。譬如告诉他们有别人会负责，或没有人会认为他们需要为此负责（米尔格伦的实验中，当任何一个"老师"有疑问时，权威人士形象的实验者都会告诉他们"学生"出的一切事情由他负责）。

（6）极端恶行是由看似不起眼的小举动开启。刚开始只是稍微把脚打湿，但随着顺从压力逐渐增大，既然做了过河卒子也就不得不尽力向前了。[15]（比方说在服从研究中，一开始不过是15伏特的电击。）这也是让好孩子堕落成药物上瘾者的基本步骤，只是好玩吸个一口的结果却是步向沉沦。

（7）小步伐循序渐进。目的是让人们很难注意到前一个行动跟自己正在做的有什么不同，不过"多一点而已"。（在米尔格伦实验中，对人的侵略度是以15伏特一级，共分三十级渐进递增，在实验开始阶段，受试者根本注意不到伤害程度有什么显著差别。）

（8）逐渐改变权威人士（在米尔格伦实验中是以研究者的身份出现）的形象性质。从开始的"公正"、讲理形象，渐渐变成"不公正"、苛求，甚至毫不讲理。这种技巧会让受试者先愿意服从，但接着因为对权威者和朋友前后一致的期待落空而感到困惑不已。转变结果就是让人们糊里糊涂地服从一切指令（许多"约会强暴"案例中都有这样的情节，也是受虐妇女留在施虐配偶身边的原因之一）。

（9）让"离开一切的代价"变得高昂，或是借允许不同意见的表达（这会让人们觉得安心点）但同时不断坚持服从，而提高离开过程的困难度。

（10）用意识形态或是美好的空话捏造一个看似令人憧憬的根本性目标，以正当化达成目标必须运用的任何手段。（米尔格伦研究的做法是提供可接受的正当理由，例如这门科学是希望借由明智的奖惩机制帮助人们改善记忆力，借此让人们做出不乐意做的行为。）在社会心理学实验中，这种手法被称为"幌子主题"（cover story），用来遮掩随后实验步骤的一套幌子，因为本身站不住脚，所以很可能被拆穿。在真实世界中，我们称之为"意识形态"。大多数的国家在发动战争或是镇压政治异议人士之前,都仰赖意识形态以正当化其暴行,"对国家安全形成威胁"即是这类意识形态中的典型。当人们恐惧自己国家的安全陷入威胁时,就会愿意把自己的基本自由权交出给政府以换取安全。埃里希·弗洛姆(Erich Fromm)在其名著《逃避自由》中的经典分析使我们认识到,这样的交易也曾被希特勒和其他独裁者用来攫取及维持权力:也就是说,独裁者宣称他们将提供安全以交换人民放弃自由,理由是这样他们才更好控制局面。[16]

米尔格伦服从模式的复制与延伸研究

基础的米尔格伦服从实验具有结构化设计且规则详尽,因此吸引许多国家的独立研究者投入复制实验。而最近一份比较性分析研究的依据即是来自在美国进行的八个研究,以及欧、非、亚洲等地的九个复制实验结果。在这些来自不同国家、不同研究中的自愿参与者中显示出相对较高的服从度。美国的复制实验结果发现,平均有61%的受试者出现服从效应,这个数字和所有其他国家样本中的66%的服从比例相符。在美国的研究中,服从比例最低为31%,最高则为91%;而在跨国的实验复制经验中,最低及最高的服从比例分别是28%(澳大利亚)及88%(南非)。随着时空的变迁,服从比例的稳定度始终维持良好,服从比例和执行实验的时间(1963—1985)两者间无法找出关联。[17]

虐待患者的不对等医护权力

如果师生间的关系是以权力为基础的权威关系,医生与护士之间是否更是如此?在明知是错的情况下,护士要违抗来自医生有力权威的指令会有多困难?为了找出上述问题的解答,一个由医生与护士所组成的团队在他们的权威系统中进行了一项服从测验，目的是想要了解在真实医院的环境中，护士们是否会遵从不知名医生所下达的不合理要求。[18]

研究是这样进行的。一名医院的医生成员分别打电话给二十二名护士，这些护士从未见过这位医生。他在电话中告诉护士必须立刻为某个患者投予药物，以便他到医院时药效已经开始发挥，而到时他会在药物处方单上签名。他指示护士开给患者20毫克的某药，但该药的容器标签上却写着一般用量为5毫克，并警告最大用量为10毫克，他的指示是最大用量的两倍。

于是，以照顾患者为责的护士脑海中出现了天人交战：该听从一个不熟的人的电话指示让患者服用过高剂量的药物；还是遵守标准的医学作业程序，拒绝没有经过授权的指令？当研究者以假设情境的设问方式询问该医院的22名护士如何应对这个两难时，有十人认为自己会拒绝服从。可是在医生马上就要到医院（而且如果不听从他的指令他很可能会发怒）的情况下，其他护士们的反应却是屈服于权威，几乎没有例外。在实际测验中，22名护士里只有一名没有听命行事，其他人全都按照医生的指示剂量让患者服用该药（实际为安慰剂），直到研究者出现阻止他们为止。真该把那名唯一没听话的护士升等、颁发荣誉勋章才对。

这个戏剧性结果绝不是绝无仅有。最近一个针对有执照护士的大样本调查研究，同样发现到对医生权威的高度盲从现象。有将近一半（46%）的护士表示他们回想起自己曾经"在你认为有可能对患者造成伤害的情况下执行医生的指令"。选择听从不适当指示的护士们把责任多半推给医生，比较少归咎自己。此外，他们也指出医生的社会权力是建立在"合法权力"上，也就是说，他们对患者的照护有全权处置权[19]。他们只是听从他们认为的合法指示——只不过那个患者后来死了。每年有数千名住院患者枉死于各种医护人员的疏失之下，而我认为，其中有一些案例是死于护士及医技人员对于医生错误指令的盲从。

服从管理的权威

在现代社会中，位居权威地位的人很少像米尔格伦的实验典范中那样以体罚方式惩罚他人。更常见的情形是运用间接暴力，也就是将指令转给手下执行，或者是以言语暴力削弱权力弱势者的尊严及人格。权威者也会采取具有惩罚效果的行动，而这些行动的结果无法直接观察到。例如，明知会影响其表现并因此降低得到工作机会而以敌意的言语批评某人，即构成社会性的间接暴力。

一群来自荷兰的研究者设计了一系列极巧妙的实验，目的是评估在上述情境中的各种服从权威形态，他们自1982年起至1985年为止，在荷兰乌得勒支大学（Utrecht University）进行了25项个别研究，共有将近五百名参与者参与实验[20]。在他们的"管理服从实验典范"中，实验者告诉扮演管理人身份的参与者，他们必须对在隔壁房间的求职者（一个受过训练的实验同谋）做出15个"压力评语"。具体的做法是受试者被指示对求职者实施测验，如果求职者通过考试就可以得到工作，否则是继续失业。

他们被指示要在实施测验时扰乱求职者，给他压力。而这15个等级不同的评语是对求职者测验表现的批评，同时也有贬低人格的效果，"你真是够笨的。"即是其中之一。当扮演管理人角色的实验参与者用十分不友善的评语批评求职者时，他们"让求职者蒙受极强烈的心理压力，以至于无法有充分表现，因而无法取得工作"。此外研究者也告诉受试者，不管求职者提出什么样的抗议,都要继续毫不留情地批评。反之,来自实验参与者的任何反对意见都会被实验者挡下来,最多四次,直到他们态度坚定地表示要中止实验才能停止。最重要的是,受试者被告知在压力下的工作能力并不是这份工作的基本要求,不过为了协助实验者的研究进行,他们还是必须遵守规则,该研究的主题正是压力如何影响测验表现。相较于研究者的资料搜集,造成别人的痛苦并影响他们的工作机会并不是重点。而控制组中的受试者则可以选择在任何时候停止做出苛刻的评语。

当要求一组可与实验组比较的荷兰人预测他们是否会在这些情境下全部做出压力评语时,有90%的人回答他们不会顺从。但"局外人的观点"又再一次与事实相违背,因为有整整91%的受试者服从了专横的实验指示,直到最后的底线为止。即使以人事管理者为受试者,此一极端服从的比例仍旧没有下滑,显示他们不顾专业伦理的规范。就算在实验进行前几个礼拜就把相关信息先行寄到受试者手上,好让他们有时间可以好好想想自己角色所具有的潜在敌意,服从比例还是维持不变。

该如何在这个情境中激发出"拒绝服从"的行为呢?有几个做法可以考虑,你可采取米尔格伦的研究,在受试者开始进行实验前,先安排几个参与实验的同伴进行反抗。或是告诉受试者,如果受害人的求职者受到伤害并因此对学校提出控诉,他们就得负起法律责任。还有一个做法就是排除要求必须完成整个实验的权威性压力,正如这个研究中的控制组,最后根本没有人完全服从指示。

性的服从:裸检的骗局

全美国许多快餐连锁餐馆都曾经遇过"裸检的骗局"(strip-search scam）。这个现象说明，服从于匿名但似乎十分有力的权威人士是多么普遍的事。犯罪者的惯用伎俩是由一名男性打电话给一家餐馆的副经理，随便说个比如"斯科特"这样的名字，然后自称警察。他会告诉这家餐馆的副经理，他们餐馆的雇员中有个小偷，因此需要他紧急配合调查。在对话中，这名男子会坚持被称为"警官"。犯罪者早已搜集了该餐馆作业方式的内部情报和只有工作人员才会知道的细节，知道如何用技巧性的引导发问来套取想要的信息，就像是舞台表演的魔术师或是擅长"读心术"的人一样，是个高超的骗子。

"斯科特"警官最后会从餐馆副经理口中套取一名年轻有魅力的女性新员工的名字，他声称她偷了店里的东西，赃物正藏在她身上。骗子要求副经理，希望在他或他的下属来接她前，先把这名女雇员单独关在后面的房间里。这名女雇员于是被扣留下来，"警察先生"会用电话跟她对话，然后给她几个选择，要不就答应马上由其他员工原地搜身，要不就是被带到警察局由警察搜身。女雇员毫无例外地会倾向选择当场搜身，因为她知道自己是清白的，没有什么好隐藏。电话中的人接着会指示餐馆副经理对女员工进行裸检，连肛门和阴道都不放过，以查明她是否偷窃金钱或藏匿禁药。来电的骗徒会坚持餐馆副经理仔细描述过程，同时监视摄影机也会全程拍下。对无辜的年轻女雇员而言，这只是噩梦的开始，但对电话中的窥淫狂而言，却充满了性及权力享受的刺激感。

我曾担任其中一次骗局的专家证人，一名吓坏的十八岁高中女生被刚才我所描述的剧本骗得团团转，配合做出了一系列难堪且充满性贬抑意味的行为。这名一丝不挂的女学生被迫做出跳上跳下及转圈动作。电话里的骗子叫餐馆副经理找来年纪较大的男性员工负责限制受害人行动，而副经理则回去工作岗位。接下来的情节变得越来越不堪，原以为男员工只是负责在警察前往餐馆的途中把女员工留住，谁知道诈骗者竟叫女学生自慰和帮这名男员工口交。在等待警察前来的过程中，这些性活动持续了数小时之久，而警察最后当然没来。

这个诡异的不在场权威人士诱使许多人在当时情境下做出违背店规甚至想必是违背自身道德伦理原则的事，而以性行为方式猥亵、羞辱一名诚实、信仰虔诚的年轻女孩。最后，那个店员被开除了，一些人则被判刑，店家挨告，受害人则陷入极端痛苦中，而犯下这桩案件及其他类似骗局的加害者（一个前任狱警）则被绳之以法。

一般人在得知这桩骗局时会出现一个合理的反应，也就是把焦点放在受害人和袭击者的性格上，认为他们可能是天真、无知、好骗或者是行径诡异。然而当我们发现，这个骗局竟然已经在32个州的68家快餐馆中得逞，受害范围涉及六个不同连锁餐馆，诈骗对象包括全美许多餐馆的副经理，而受害人男女皆有，那么我们就不应一味责怪受害人，而必须转移焦点，确认出在这样的故事情节中是什么样的情境力量在作祟。我们绝不应该低估"权威人士"的力量可以使人服从到什么程度、做出什么难以想象的事。

唐纳·萨默斯（Donna Summers）是肯塔基州华圣顿山一家麦当劳的副经理，他因参与这桩权威人士电话诈骗案而被公司开除，他的话说明了本书中不断谈到的情境力量，"当知道这件事时你会说，如果是我才不会这样做。可是除非你那时候身在其中，否则怎么会知道自己会怎么做。这是重点。"[21]

加拿大籍社会学者埃斯特尔·赖特（Ester Reiter）在《快餐业幕后》（*Making Fast Food: From the Frying Pan into the Fryer*）一

书中做出一个结论,对权威的服从乃是快餐业员工最被重视的特质,她在最近一次访谈中说道,"快餐生产线的流程以蓄意的方式夺走了员工的思想和自主判断力。员工成了机器的附属品"。而退休的美国联邦调查局特殊情报员丹·贾布隆斯基曾担任私家侦探,针对这类骗局进行调查,他说,"我们可以跷着二郎腿评论这些人的是非,说他们都是些大傻瓜。但他们的训练不鼓励他们运用常识判断,他们脑袋里唯一能想的只有:'先生小姐,请问您要点几号餐?'"[22]

纳粹种族大屠杀可能发生在你身边?

我们曾提到,米尔格伦此研究计划的动机是希望了解:为什么有这么多"善良的"德国人涉及屠杀数百万犹太人的野蛮行为。米尔格伦不是去找出德国民族性中的性格因素来解释种族灭绝的邪恶犯行,而是相信情境特质才是里面的关键因素——服从权威是启动肆无忌惮谋杀行为的装置。研究完成后,米尔格伦从他的科学结论中导出一个戏剧性预测,针对阴险的服从力量是否会让美国平民变成纳粹死亡集中营里的共犯,他说:"如果死亡集中营的系统设在美国,就像我们在德国纳粹看到的一样,在任何一个不大不小的乡镇里都可以找到足够的人来担任集中营的工作人员。"[23]

针对纳粹与自愿参与对抗"国家公敌"的平民百姓的关联,有五个不同的极佳研究有助我们思考。前两个是由富有创造力的老师和高中及小学生在教室中实地演出。第三个是由我以前的一个研究生进行,他认为只要有某个权威人士提供做这件事的足够理由,美国大学生绝对会为种族屠杀的"最终解决方案"签字背书。最后两个则是直接以纳粹党卫军以及德国警察为对象进行的研究。

在美国教室里制造纳粹分子

美国加州帕洛阿尔托市的一所高中世界历史课堂上的学生就跟我们一样，无法理解泯灭人性的纳粹大屠杀是如何发生的。这样一个充满种族主义色彩的政治社会运动是如何热烈展开，而这些平民百姓又是如何无知或无视于他们对犹太人造成的苦难？针对这些困惑，他们深具创意和启发力的老师罗恩·琼斯（Ron Jones）决定改变教学方式，以便让这些不相信的学生能够学习到这段历史的真正意涵。于是他抛弃了平常的训导式教学法，采取了实验性的学习模式。

他一开始就告诉班上学生，他们将要在接下来一个礼拜模拟德国的种族屠杀历史经验。尽管已经有了事前警告，接下来五天在角色扮演"实验"中所发生的事，还是给学生上了严肃的一课，这些事也震撼了他们的老师，更不用说是校长和学生家长。这些学生们创造了一个教条及高压控制的中央极权体制，与希特勒纳粹政权的形态非常相似，使得模拟与真实几乎难以分辨。[24]

首先，琼斯建立了严格的课堂规矩，学生只能服从不能有质疑。针对任何问题，学生必须恭敬地起立回答，最多只能用三个字，而且还必须先尊称"琼斯大人"才行。这些武断独裁的规定竟没有任何人反对，于是课堂气氛改变了。口才较好、较聪明的学生很快失去了他们的地位声望，而口才较差、行为较武断的学生则开始得势。这个教室里发生的运动被他们称为"第三波"，他们设计一些用来致敬的口号，只要一声令下就必须齐声喊出，而且每天推陈出新，例如"有纪律才有力量""合群才有力量""行动才有力量"以及"自傲才有力量"等,只要实验继续,口号永远不缺。他们也创造了用来辨识圈内人的秘密握手方式,任何批评都会被当成"背叛"呈报给组织。除了口头喊喊标语之外,他们还从事各类行动,如制作横幅悬挂在学校里、招募新成员、教导其他学生应该要有的坐姿等。

由20名上历史课学生起头的核心团体,迅速扩张成拥有百名热心的"第三波行动者"团体。接着连指定作业的权力都被学生接管,他们发放特殊的会员卡,这群新的权威核心团体甚至把最聪明的同学从教室里叫出去,然后兴高采烈地虐待。

琼斯接着向他的追随者透露了一个秘密,他说他们是一个全国性运动的一分子,运动的目的是要发掘愿意为政治变革而战斗的学生。他说他们是"一群被挑选出来协助实现这项宗旨的年轻人"。而一位总统候选人即将莅临隔天进行的集会活动,他会在电视上宣布成立新的"第三波青年行动方案"。于是有超过两百名学生挤满了丘伯里中学(Cubberly High School)的大礼堂,热切期待这项方案的宣布。这些兴奋的第三波行动成员穿着白色的制服衬衫,佩戴着亲手缝制的臂章,在会堂周围挂上他们的横幅标语。而体格健壮的学生们则站在门边充当保镖,冒充成记者和摄影师的琼斯友人则在这群"真正的信徒"中来回传递消息。电视打开了,每个人都屏息等待他们的下一个呆头鹅领导人步向台前宣布这项重大消息,他们一直等着。然后他们高喊口号"有纪律才有力量"。

然而琼斯却放了一段纽伦堡大审判的影片,纳粹第三帝国的历史仿佛幽灵似的出现在屏幕上,"每个人都要接受谴责,没有人能宣称自己置身其外。"这是影片的最后一个镜头,同时也是模拟实验的结束。琼斯向所有参与集会的学生解释这次模拟的理由,他们的表现已超出他当时的意图所能预期。他告诉学生，他们必须把"了解才有力量"当成是他们的新标语来自我提醒，并且做了结论，"你们都被操纵了，你们是被自身的欲望驱使，于是来到现在所在的地方。"

罗恩·琼斯的处理方式让他陷入了麻烦，因为被抵制的学生家长抱怨他们的孩子受到新体制的纠缠与威胁。不过他最后还是认为许多孩子通过个人亲身体验，学到了最重要的一课：处于法西斯极权主义的背景之下，对于有力权威唯命是从可以轻易使人的行为出现剧烈变化。在他最后一篇关于这项"实验"的短文中，琼斯提到，"我在丘伯里中学任教的四年期间，没有一个人愿意承认自己曾参与第三波行动集会，这是一件人人都希望遗忘的事。"［离开该学校数年后，琼斯开始在旧金山与特殊教育学生一起工作。针对纳粹模拟事件，一部以实事为本的电视剧《波潮汹涌》（The Wave）[25]记录了好孩子成为伪纳粹青年军的转变历程。］

如何把小学生变成野兽

权威人士有能力指挥跟随者，让他们变成极端的服从者，但这还不足以说明权威的力量，他们还能重新定义现实，改变人们的习惯的思维及行动模式。接下来我们要讨论的案例是发生在一所小学，琼·艾略特是在爱荷华州莱斯城的一个小型乡村小镇任教的三年级老师，十分受学生欢迎。她遇到了一个挑战：怎样教导一群出身少数族裔人数稀少的农业小镇的白人孩子了解"同胞爱"及"包容"的真义。于是她决定让他们亲身体验由于偏见造成的受迫害者及压迫者的感受。[26]

她先武断地把班上学生分为两群，一群是上等人，一群是下等人，区分方式是用眼珠的颜色。然后告诉学生蓝眼珠比棕眼珠的人高人一等,接着提供各种证据支持她的说法。

事情就这样迅速展开了,蓝眼珠的学生是特别优越者,而棕眼珠的则属于下等人。艾略特小姐给了据称比较聪明的蓝眼珠学生许多特权,而属于劣等的棕眼珠学生则必须服从于强迫他们屈居二等地位的规定,像是他们得戴上项圈,让别人一眼就能从远处认出他们的地位较低。

于是本来很友善的蓝眼珠孩子开始不跟棕眼珠的坏孩子一起玩,还建议学校职员要公开宣布棕眼珠的孩子可能会偷东西。很快地,孩子们开始在下课时间拳头相向,一个孩子承认自己痛打另一个孩子,原因是"他叫我'棕眼人',好像我是黑人,好像我是个黑鬼"。一天之内,棕眼珠孩子的课业表现开始下滑,他们的作业做得比较差,觉得痛苦、忧郁、愤怒。他们说自己很"难过",用"差劲""很笨""卑鄙"来形容自己。但隔天一切就逆转了,艾略特老师告诉全班同学说她弄错了,其实棕眼珠的孩子才比较优越,而蓝眼人是劣等人,然后她又提供孩子们一些看起来很像回事的新证据来支持她的理论。于是本来说自己"很快乐""很乖""很可爱""人很好"的蓝眼珠学生开始给自己贴上自我贬抑的标签,就如同棕眼珠学生前一天的感受。孩子们之间原本的友谊互动暂时瓦解了,取而代之的是两群人之间的敌意,直到实验结束,孩子们也接受了完整仔细的减压解说程序,教室里才重新充满欢笑。

让这位老师十分惊讶的是,她以为自己很了解自己的学生,却有这么多孩子在这过程中性格大变。她做出了这样的结论:"原本乐于合作、体贴人意的孩子们转眼变成下流、恶毒、充满歧视的小学生……真是糟透了!"

最终解决方案：将不适生存者赶尽杀绝

请想象你就读于夏威夷大学马诺亚（Moano）校区，你是选读该校开设的数门夜间心理学课的570名学生之一。今天晚上，你那位说话带着丹麦口音的老师并未进行平常的演讲课，而是在课堂上跟大家透露一个消息：人口爆炸（20世纪70年代的热门议题）危机已经威胁到国家安全[27]。根据这位权威人士的说明，正浮现中的社会威胁是因为身心不合格人口快速增加所致。为了全人类的福祉，这个问题可通过由科学家签字背书的高尚科学计划来解决。接着你被邀请参与这个计划，协助"应用科学方法排除心智及情绪未达适当标准者"。这位教授更进一步提出采取行动的正当理由，他将这计划和以死刑遏阻暴力犯罪做类比。他告诉你们，由于你和在这里的其他人同属于聪明、受过高等教育且道德标准较高的族群，因此你们的意见将被征询。一想到自己是被精挑细选过的一群就让人觉得沾沾自喜（请回想刘易斯曾提过的进入"核心圈"的诱惑力）。为了避免任何疑虑，他又保证，在采取任何行动对付这群不合格的人类生物前，都会进行审慎的研究。

在此时此刻，他只需要你们在讲堂上完成一份简单的问卷调查，提供你们的意见、批评或个人观点。你被说服这是个新的重要议题，而你的意见相当重要，于是你开始回答问卷中的问题。你十分费心地一一回答这七个问题，并且发现你的答案竟然和其他群体成员十分一致。

你们之中有90%的人都同意，有些人就是比其他人更适于生存，这是一直存在的现象。关于杀害不适生存者：79%的人希望有一个人负起杀人责任，而另一个人则负责执行。64%的人宁愿选择让按下死亡执行按钮的人保持匿名，尽管有许多人是被迫这么做。89%的人则认为，不会造成痛苦的药物是最有效也最人性的行刑方式。如果法律要求必须协助进行,有89%的人希望担任协助决策的人,而9%的人则偏向执行杀人行动或两者皆可。只有6%的学生拒绝作答。

更令人不敢置信的是,作答的学生当中竟有91%的人同意问卷中的结论:"当情况出现极端发展时,消灭人类整体福祉的最大危害者乃是完全正当的做法!"

最后一个让人吃惊的数字是,即使这个"最终解决方案"必须用在对付自己家人,仍有29%的人支持!²⁸

也就是说,这些美国大学生(夜间部学生,所以比一般生年龄大些)愿意认可一份死亡计划,它的目的是杀害被权威人士判定为比他们更不适合生存的所有其他人,而这一切只不过是因为他们的教授——权威者刚才做了一段简短报告。现在我们可以了解那些平凡甚至是天资聪颖的德国人是如何欣然赞同希特勒对付犹太人的"最终解决方案",而德国教育体制以及系统性的政府宣传更从各方面强化加深了他们的认可动机。

平民百姓变成超级杀手

我研究的是如何使寻常人做出与他们过去经历及价值观截然不同的恶行,在多份相关研究中,历史学家克里斯多弗·布朗宁(Christopher Browning)的杰出研究是对此主题最为清楚的说明之一。在这份研究中,他告诉我们在1942年的3月,80%的纳粹种族屠杀受害者仍存活于世,但仅仅11个月后,将近80%的人都死了。在这么短暂的时间中,纳粹启动了希特勒的"最终解决方案",以便强力执行在波兰的大规模屠杀行动。这项种族屠杀行动必须调动大型的杀人机器,但在这同时,正在节节败退的俄国前线则殷切需求体格健壮的军人。因为大多数波兰犹太人都居住在小村庄而非大城里，因此布朗宁对德国最高指挥部的决策提出一个问题："在战争进入关键时刻的这一年，他们到哪里找到人力完成如此惊人的后勤任务以执行大规模屠杀？"[29]

他从纳粹的战争犯罪档案中找到了答案，这些档案是关于101后备队（Reserve Battalion 101）的行动记录，这是一支由来自德国汉堡的五百名男性所组成的军伍。他们都是年龄较大的一般百姓，因为年纪大的关系所以没有被征召入伍，多半来自工人阶级和低阶中产阶级，也不曾有从事军警工作的经验。这些经验不足的新兵在被送到波兰执勤前，不曾接到任何事前通知也没有受过训练，而他们的秘密任务便是把居住在波兰偏远村庄里的所有犹太人全部消灭。但是在四个月内，他们就以近距离直射的方式杀害了至少3.8万名犹太人，并且将另外4.5万人放逐到位于特雷布林卡（Treblinka）的集中营。

他们的指挥官一开始跟他们说，这是一项后备军人必须服从的困难任务，但又告诉他们，任何人都可以拒绝处决这些男女老幼。记录显示，刚开始有一半的人拒绝接受这项任务，而是让其他后备宪兵动手杀人。可是时间久了，社会形塑过程开始发挥作用，执行枪决任务者对其动之以情，使他们产生了罪恶感，再加上平时对"别的同袍会用什么眼光看我"感到从众压力，到最后，竟有90%的101后备队员盲目服从军中指挥的指令，亲自参与了枪决行动。他们之中许多人在摄影记者前骄傲地摆出了近距离枪杀犹太人的姿势，就像在阿布格莱布监狱中的军人拍下的虐囚照片一样，这些人在他们的"胜利纪念写真"中摆出一副犹太威胁摧毁者的得意姿态。

布朗宁清楚点出这些人完全没有经过任何特殊挑选，也不是出于自愿选择或由于职业或兴趣使然才做出这样的行为，因此这些并不是理由。相反地，在他们被放进这个新情境中、受到"官方"许可及鼓励而对被武断贴上"敌人"标签的弱者做出残酷的暴行之前，他们是彻彻底底的平凡人。布朗宁分析这些日常的人类恶行，在他深具洞察力的分析中指出最为明显的一件事情是，这些寻常人乃是一个强有力权威系统的一部分，这个警察国家以意识形态正当化灭犹暴行，将纪律、对国家尽忠职守的道德律令强力灌输到人民脑海中，而这些人正属于其中一员。

有趣的是，我一直主张实验研究拥有和真实世界的相关性，而布朗宁则将许久以前曾在那块偏远土地上运作的潜在机制和米尔格伦服从研究以及斯坦福监狱实验中的心理过程做了比较。这个作者接着指出："津巴多研究中的种种狱卒行为和101后备队中出现的各类行为模式有着不可思议的相似性。"（第168页）他描述一些人如何成为"残酷无情"的冷血杀手而享受着杀人的快感，而另一些人又是怎样变成"强硬但行事公正"的规则执行者，以及少数可以有资格称为"好狱卒"的人，他们拒绝执行杀人任务，偶尔也会对犹太人施点小惠。

心理学者埃尔温·施陶布（Erving Staub，孩童时期在纳粹占领下的匈牙利长大，因居住于"庇护之家"而生还）也赞同，处在特殊环境下时，大多数人都有能力对人类做出极端暴力甚至是谋杀行为。施陶布尝试去解世界各地的种族屠杀和集体暴力的邪恶根源，最后他开始相信，"邪恶从平凡思维中滋长并由普通人付诸实行，这是通则，而不是例外……而滋生极端之邪恶的寻常心理过程，往往是随着破坏程度的进化而逐渐形成"。他强调，当普通人陷入高阶权威系统要求他们做出邪恶行为的情境时，"成为系统的一部分会塑造人的观点，它会奖励人信奉支配观点，并增加偏差行为的心理考验和困难度"。[30]

从奥斯维辛死亡集中营的恐怖生涯生还之后,约翰·施泰纳(John Steiner,我亲爱的朋友及社会学同事)重返德国,在数十年间访谈过数百名职阶从士兵到将领的前纳粹党卫军。他必须知道是什么因素让这些人日复一日怀抱这段难以言说的邪恶过去。施泰纳发现,他们之中有许多人在权威性格量表中分数都相当高,这使得他们很容易被纳粹党卫军的暴力次文化吸引。他把他们称为"睡人",他们有某种潜在特质,除非处在特殊情境中,否则可能永远不会出现暴力倾向。他做出一个结论,"情境可能是纳粹党卫军行为的直接决定因素"。情境会唤醒这些"睡人",让他们成为活跃的杀人狂。然而施泰纳也从他的大规模访谈资料中发现,这些人除了在集中营情境中度过了充满暴力的岁月之外,在这时期前后都过着正常(也就是没有暴力行为)的生活。[31]

施泰纳与许多纳粹党卫军在个人或学术方面的大量互动经验,使得他针对制度性力量和角色内涵赋予的残暴性,进一步提出两个重要结论,"对于暴力角色的制度性支持远比一般认为的效果更强大,特别是明显的社会认可支持着这类角色时,受到这些角色吸引的人可能不只是从他们的工作性质获得满足,而在情感上和行动上都成了半个刽子手"。

施泰纳继续描述角色如何战胜性格特质,"'事实'变得很明显,并不是每个扮演残暴角色的人都有嗜虐的性格。那些继续扮演着与本身人格并不相近的角色的人,经常是改变了自己的价值观才做得到(也就是倾向于去适应角色的期待)。有些党卫军成员很清楚地认同并享受自己的地位。但也有人对被指派的任务感到厌恶反感,他们尝试弥补的方式是尽可能帮助集中营的囚犯(作者曾在几个场合中被党卫军所救)。"

重要的是我们必须承认,在纳粹种族屠杀中成为邪恶加害者的成千上万德国人并不只是因为服从权威者指令才干下恶行。权威系统许可并奖励杀害犹太人,但对权威系统的服从乃建立在强烈的反闪族情绪上,这普遍存在当时德国和其他欧洲国家中。而历史学者丹尼尔·戈尔德哈根(Daniel Goldhagen)则认为,通过德国对一般老百姓的连串动员,使得他们成为"希特勒的自愿刽子手",因而得到纾解的出口。[32]

尽管注意到德国人对犹太人的仇恨在大屠杀事件中扮演的激化角色,戈尔德哈根的分析仍然出现两个缺失。首先,历史证据显示从19世纪早期开始,德国的反战情绪就一直比法国和波兰等邻近国家更高涨。其次是他也错误地小看了希特勒权威系统的影响力,这个权威系统构成的网络,美化了种族主义狂热以及由权威人士所创造出的特殊情境,如推动执行集体屠杀的集中营。德国人身上的个人变因以及走火入魔的偏见情绪所提供的情境机会,两者结合才造成这么多人自愿或非自愿地为国献身,成为死刑执行者。

平庸的邪恶

1963年,社会哲学家汉娜·阿伦特(Hannah Arendt)发表了日后成为当代经典名著的《艾希曼受审于耶路撒冷:一份关于平庸的恶的报告》。她在这本书中仔细分析了对阿尔道夫·艾希曼(Adolf Eichmann)的战争罪行审判,这个纳粹名人亲自筹划谋杀数百万犹太人。艾希曼对自己行为的辩护词和其他纳粹领导人如出一辙:"我只是听命行事。"正如阿伦特所指出:"艾希曼记得非常清楚,在当时,如果说他会觉得良心不安的话,唯一的原因只会是因为他没有服从指令——以极度的热诚和一丝不苟的手法将

数百万的老弱妇孺送上断魂路。"（第25页）

尽管如此，在阿伦特对艾希曼的理解分析中，最引人注目的一件事是他看起来根本就是个彻底的平凡人：

> 共有半打的精神病学家鉴定艾希曼的精神状态属于"正常"，其中一位是这么宣称："无论如何，他的精神状态比做完他的精神鉴定之后的我还要正常。"而另一位则发现，就他的整体心理状态、他对父母妻小兄弟姊妹及友人的态度来评估，他"不仅是个正常人而且还非常讨人喜欢"。（第25—26页）[33]

通过对艾希曼的分析，阿伦特得出她的著名结论：

> 艾希曼的问题正是在于他跟太多人其实没什么两样，他们都不是变态也不是虐待狂，而且惊人的是他们极度正常。从法律制度及道德判断标准而言，这种正常性比所有暴行的总和都还要令人震惊，因为这意味着……此一新类型的犯罪者……是在他几乎不可能知道或觉得自己做错的环境下犯下罪行。（第276页）

> 仿佛在（艾希曼生命的）最后几分钟，他用他的一生总结了人性之恶这门漫长课程曾经给我们的教训——邪恶那令人丧胆的、蔑视一切言语和思想的平庸性。（第252页）

由于种族灭绝事件在世界上层出不穷，而放眼全球，酷刑和恐怖主义仍四处横行，于是阿伦特的"平庸之恶"持续引起回响。但人们宁可选择不去面对根本的真相，宁可将恶者的疯狂以及暴政者毫无意义的暴行视为隐藏在个人面具下的天性。借着观察社会力的流动如何推促个人犯下恶行，阿伦特的分析第一个否定了这样的倾向。

酷刑者与处决者：心理类型还是情境所需？

由男性对自己的男女同胞进行系统性酷刑折磨，无疑表现了人性中黑暗的一面。在巴西，政府许可警察用严刑拷打的方式从所谓"有颠覆意图的"国家公敌口中套取自白，这些刑求者多年来日复一日地从事肮脏下流的勾当，因此我和我的同僚推论，他们正是彰显了天性之恶。

我们一开始先将焦点放在刑求者身上，试着去了解他们的心理，以及环境对他们的后天形塑，但接着就得延伸分析范围，以涵盖选择或者被指派另一种暴力性工作的人，也就是行刑队的处决者。这些刑求者和处决者面对一个"共同的敌人"：无分男女老幼，尽管身为同胞甚至是近邻，只要"系统"宣称他们是国家安全的威胁，就是敌人——例如社会主义者和共产党人。这些人有的必须马上消灭，有的因握有秘密情报，所以必须用严刑拷打逼他吐实，等取得自白后再处决。

刑求设备与技术经过天主教宗教裁判所以及之后的许多民族国家数世纪来不断精益求精，已成了刑求者执行任务时可依赖的"有创意的邪恶工具"。尽管如此，当面对特别顽韧的敌人时，他们还是需要即兴发明一些手段才能对付。其中有些人会坚称无辜，拒绝认罪，有的人甚至棘手到连最凶恶的逼供技巧也无法让他们心生畏惧。看穿人性的弱点除了需要时间磨炼，也需要有洞察力，刑求者必须具有上述资格才能成为娴熟的好手。相对地，行刑队的任务就简单多了。他们可以戴上头套保持匿名，佩枪而且群体行动，三两下就轻松完成对国家的任务，而且不必背负个人的包袱，反正"只是工作而已"。但刑求者的任务可就不只是一份工作这么简单了。刑求总是会涉及个人关系；基本上他必须了解要在特定时间、对特定者运用何种强度的何种手段。时间不对、药下得不够猛，自白就出不来。药下得太重，自白还没出来受害者就先死了。这两种情形下，刑求者不仅交不了差，还会惹得上级长官发火，但只要学着掌握正确的刑求手段和程度以逼出想要的情报，就可以从上级长官那里得到丰厚的报酬和赞赏。

什么样的人可以从事这样的差事呢？他们必须残酷成性，或是曾有过一段反社会的荒唐过去，才有办法日复一日折磨拷打自己同胞的血肉之躯？这些暴力工作者难道是跟其他人类完全不同的品种、是天生的坏坯子？如果说他们只是一般人，被一些相同、反复的训练计划训练来执行可悲肮脏的差事，我们就能理解他们的行为吗？我们能够确认出一组形塑出刑求、处决者的外在条件跟情境变项吗？如果他们的恶行没办法归咎于内在缺陷，而是因为外在力量——包括政治、经济、社会、历史及警察训练的经验——作用的结果，那么我们就能够进行跨文化、环境的概化归纳，发现是哪些操作性原则造成这样惊人的人性转变。

巴西籍社会学者马莎·哈金斯（Martha Huggins）、希腊心理学者暨刑求专家米卡·哈里托斯—法图罗斯（Mika Haritos-Fatouros）和我曾在巴西不同审判所对数十名暴力工作者进行深度访谈（关于我们使用的方法以及对这群人的详尽调查结果，请参见我们三人所共同发表的一篇论文[34]）。在此之前，米卡曾经针对希腊军政府训练出来的刑求者进行过类似研究，而我们的研究结果和她的之间有许多一致处[35]。我们发现，训练者会从训练过程中淘汰掉虐待倾向的人，因为他们会无法自拔地享受施虐的快感，所以无法专注在套取自白的刑求目标。根据我们能够搜集的所有证据显示，在扮演这个新角色前，刑求者和死刑执行者并没有任何特别不同或偏差之处，而在他们接下现任工作后这些年，他们之中也没有人出现任何持续的偏差倾向或变态行为。因此他们的行为转变完全可以从种种情境和系统性因素来解释，例如他们在扮演新角色前所接受的训练、同袍之间的情义、国家安全意识形态的洗脑，还有对社会主义和共产主义者作为国家公敌的习得信念等。而形塑新行为形态的其他情境力还包括：相较于其他公务员同侪，他们因为自己的特殊任务而受到奖赏，因而更觉得自己与众不同、有优越感；工作十分机密，只有少数共同工作的战友才知情；无论是否疲倦或个人有什么困难，他们都持续处在必须交出成果的压力下。

我们已经报告过许多详细的个案研究，这些人受到政府许可，而在美苏冷战期间（1964—1985）美国中情局为对付苏维埃共产主义也秘密支持他们执行这些最下流肮脏的任务，这些研究记录却说明这些人其实平凡无奇。在由巴西圣保罗大主教教区出版的《巴西酷刑报告》(Torture in Brazil)[36]书中，提供了详尽资料说明美国中情局干员大量参与巴西警察的酷刑训练。这类信息也和已知"美洲学校"(School of the Americas)[37]所扮演的角色相符，后者为来自各国的间谍提供系统性的拷问及酷刑训练，以共同对付共产主义敌人。

尽管如此，我和研究伙伴仍认为，当人们执迷于相信国家安全威胁的存在时，这样的事情随时可能在任何国家上演。最近"对抗恐怖主义的战争"口号引发了许多恐惧与暴行，然而在这之前，许多都会中心几乎不曾中断过"对抗犯罪的战争"。所谓对抗犯罪之战孕育了纽约市警局成立"NYPD突击小组"。只要情况需要,这个独立的警察小组可以追缉声称中的强暴犯、强盗和抢匪,完全不受任何辖制。他们穿着印有他们座右铭的T恤"最伟大的狩猎是猎人"(There is no hunting like the hunting of man.),而他们的战斗口号是"黑夜是我们的天下"(We own the night.)。这个专业化的警察文化可和我们研究的巴西拷问警察文化相较。突击小组最知名的残暴行为之一就是谋杀一名非洲移民〔来自几内亚的阿马杜·迪亚洛(Amadou Diallo)〕,当他想要掏出皮夹向他们亮出身份证时,他们开了四十几枪枪杀他。[38]有时候你可以说"倒霉事就是会发生",但我们却往往可以辨识出导致这类事情的情境和系统性力量。

自杀炸弹客:完美的军人、普通小伙子

最后还有两个关于大规模谋杀者的"平庸性"例子值得一提。第一个例子来自于一份对美国"9·11"事件的深度研究,事件当中的自杀恐怖分子攻击纽约和华盛顿首府特区,并造成将近三千条无辜人命丧生。第二个例子则是来自英国警方对嫌疑自杀炸弹客的报告,他们在伦敦地下铁爆炸事件及2005年6月多辆双层巴士的爆炸事件中造成了严重伤亡。

在《完美军人》(*Perfect Soldiers*)[39]一书中,特里·麦克德莫特(Terry McDermot)对于"9·11"事件中的恐怖分子进行了仔细的研究式描绘,他的研究结果强调这些人在日常生活中有多么普通。这使他导出一个不祥的结论,在世界各地"很可能存在非常多像他们一样的人"。关于这本书的一篇评论使我们回到阿伦特"平庸之恶"议题上,在全球恐怖主义猖獗的新年代,邪恶的平庸概念也获得了更新。《纽约时报》评论家谷美智子(Michiko Kakutani)提供了惊骇的见解,"在'9·11'事件描绘者笔下,这

些行凶者寻常得令人吃惊，他们可能轻易成为我们的邻居或是飞机上的邻座。通过这些描写，讽刺漫画里的'大魔头'或是'眼神疯狂的狂热分子'已经被完美的军人形象取代"。[40]

这个骇人情节接着在伦敦大众运输系统真实上演，一个自杀炸弹客团体策划执行接连几起攻击行动，不着痕迹地搭乘地下铁或巴士，他的真实身份却是"看似普通的谋杀者"。对他们居住在英格兰北部城市利兹（Leeds）的亲朋好友而言，这些年轻的穆斯林只是些"普通的英国小伙子"[41]。在他们过去的经历中，没有任何记录可以显示他们有危险性，甚至可以说，所有事情都显示这些"普通小伙子"与他们居住的城镇、工作紧密融合。他们之中有人是板球好手，为了过更虔诚的生活而戒酒、远离女色。还有人家里在当地做生意，父亲在卖炸鱼条跟薯片。另一个是咨询师，他的工作有效率地帮助了残障儿童，最近才刚当了爸爸并且搬了新家。他们不像"9·11"事件中的劫机者，外国人在美国接受飞行训练多少会启人疑窦；这些年轻人都是当地人，他们在任何警察侦搜网下都是嫌疑度很低的一群。"这完全不像他们做得出来的。一定有人把他们洗脑了，然后叫他们去做这些事。"这群人的一名友人这样想。

"自杀炸弹客最可怕的一件事是，他们完完全全就跟平常人一样。"这方面的专家安德鲁·西尔克（Andrew Silke）[42]下了结论。他指出，根据死亡自杀炸弹客尸体的法医鉴证报告结果，没有人有任何吸毒或嗑药的迹象。他们是在神智清楚的状态下怀抱着献身精神执行任务。

正如我们看到的，每当有学生在校园里大开杀戒时，就像美国科伦拜中学（Columbine High School）枪杀事件一样，那些自以为了解行凶者的人总是会这么说，"他是一个好孩子，出身受人尊敬的家庭……真不敢相信他会这么做"。这个说法又回应了我在本书第一章中提出的观点——"我们真的了解其他人到什么程度？"以及由这个观点可以推论出——我们了解自己到什么程度？我们有多确定当自己处在新情境下受到来自情境的强烈压力时会怎么做？

盲目服从权威的最终试炼：奉命杀死亲生孩子

　　邪恶的社会心理学里最后一个延伸案例，离开了人造的实验室情境，进入到真实世界；在圭亚那丛林里，有一个美国宗教领袖说服了超过九百名的追随者自杀，或者是由亲人或朋友杀害，这件事发生在1978年11月28日。"人民圣殿"教派在旧金山和洛杉矶聚会所的牧师吉姆·琼斯为了在南美国家建立乌托邦，号召信众集体移民到圭亚那。在他所想象的乌托邦中不存在着他厌恶的美国的唯物主义和种族歧视，人们友爱、宽容地生活在一起。但是随着时间和地点改变，琼斯自己也变了。他从大型新教教派的领导者、慈爱的精神之父变成了死神——货真价实的人性邪恶面戏剧性转变。在这里，我的意图是将这个集体自杀事件与顺从权威的行为模式彼此联结，在米尔格伦位在美国纽黑文市地下实验室和南美圭亚那丛林杀戮战场间找出一条相通的路径。[43]

　　对于"人民圣殿"的许多贫穷信徒而言，在乌托邦中过着美好新生活的梦想在他们来到圭亚那之后就逐渐破灭了，琼斯立了强制劳动的规定，成立武装警卫，全面限制所有公民自由，伙食吃不饱，凡是违反琼斯的一大堆规则，即便是最轻微的也要受到接近酷刑的惩罚，而惩罚违规的情节每天都在上演。这些人的亲人最后说服了一位国会议员前往调查这个集体农场，随行的还有一个记者团,而琼斯却在他们离开圭亚那时谋杀了这些人。接着他把农场里的信众成员都聚集起来,发表了一个冗长演说,他在演讲中敦促鼓励他们喝下含有氰化物的含糖饮料结束生命。拒绝的人被守卫逼着喝下毒药,或是在试着逃跑的途中遭到枪杀,然而迹象显示,大部分的人都服从了领导的命令。

琼斯显然是个极端的自我主义者,他为他所有的演讲和宣言,甚至是他出席酷刑集会的过程,包括最后的自杀操演都留下录音带记录。在这份最后的录音带中,我们发现琼斯扭曲了现实,他用谎言、恳求、不伦不类的类比、意识形态、超越现状的未来生活等迷惑信众,并当众要求他们服从命令,而在此同时,他的工作人员十分有效率地对超过九百名聚集的信众发放毒药。从录音带的一些摘录中可看出,琼斯运用了一些杀人技巧以诱使信众彻底服从他——一个疯狂的权威人物:

> 让我们吃点药吧,这很容易,非常容易。这些药不会让人抽搐(当然会,小孩子尤其会有抽搐现象)……不要害怕死亡。你们就要看到,有些人会来到我们的农场,他们会虐待我们的孩子、折磨我们。他们会折磨老人家。我们不能让这种事情发生……拜托,可不可以快一点?快点把药吃下去好吗?你们不知道自己做了什么我试着……拜托你们。看在神的份儿上,让我们把事情办好吧。我们活过了,我们活过也爱过,跟其他人没两样。我们受够了这世界,你们也快要一样了。让我们跟这世界道别吧。跟这世界的痛苦告别。(掌声)……想跟孩子们一起离开的人有权利带着孩子离开。我想这是人性的做法。我也想走——我也想看到你们离开,但……死亡没什么好怕,一点也不可怕,它是我们的朋友,

一个朋友……你们坐在这里,这表现出你们对其他人的爱。我们上路吧,上路吧,走吧。(孩子们的哭泣声传来)……尊严地放弃你们的生命,而不是由泪水和痛苦相伴。死亡不算什么……死亡只是换搭另一班飞机而已。别这样,停止这些歇斯底里的反应吧……我们唯一的死法,就是得死得有尊严。我们得死得有尊严。我们之后将没得选择,但现在,死让我们有了选择……孩子们看,那就像帮助你入睡的东西。喔,神呀。(孩子们的哭泣声传来)……妈妈、妈妈、妈妈、妈妈,求求你、拜托你、恳求你。不要这样——停止哭喊吧。不要向母亲哀求。跟你的孩子一起放弃生命吧。(录音记录全文可在网络上取得,参见注释44。)

于是信徒们真的这么做了,为他们叫做"老爸"的人而死。像吉姆·琼斯和阿道夫·希特勒这一型的魅力型专制领导者的影响力极为巨大,即便对信徒做出极可怕的事情后仍然存在,甚至在他们死后仍可维持不坠。不管他们从前曾经做过的善举有多么微不足道,在他们忠实信徒心目中都远超乎他们邪恶所作所为所遗留下来的祸害。让我们思考一下加里·斯科特(Gary Scott)这个年轻人的例子,斯科特曾跟着他的父亲加入"人民圣殿"教派,但因不服从命令而被驱逐。他在美国国家公共电台制作的节目《父的慈爱:琼斯镇末日》(Father Cares: The Last of Jonestown)播出后,打电话到随后播出的全国热线电话,他描述自己如何因为违反规定而受到惩罚。他被揍、被鞭子抽打,遭受性虐待,而且被恐吓如果再不乖就会受到他最害怕的惩罚——让一条大蟒蛇在他身上到处爬。但最重要的是,当我们听他陈述这些痛苦带来的持久影响时,我们会想问:他恨吉姆·琼斯吗？答案却是一点也不恨。他已经变成一个"真正的信徒""忠诚的追随者"。尽管他的父亲在那次毒药事件中死于琼斯镇，而他自己也曾遭受野蛮的折磨和羞辱，加里还是公开表示他欣赏甚至钟爱他的"老爸"，也就是吉姆·琼斯。连乔治·奥威尔在《一九八四》书中构想的无所不能的党，也做不到如此彻底的洗脑。

现在我们必须超越顺从和服从权威的议题做进一步思考。即便这两者的力量如此强大，但它们只不过是负责启动而已。在潜在的加害者和受害者的对抗关系中——如狱卒和囚犯、拷问者和被拷问者、自杀炸弹课和平民遇害者之间——会由于一些过程作用而改变两者之一的心理构成。例如去个性化过程使得加害者得以保持匿名，因而降低了个人行为的可说明性、责任感和自我监控能力。而去人性化过程则夺走了潜在被害人的人性，使得他们变得跟动物一样，甚至什么都不是。我们也调查了一些让旁观者面对邪恶时成为被动观察者而非主动介入、协助或检举者的情境。不为的邪恶实际上是邪恶的基石，因为它让加害者相信，那些明白正在发生什么事情的人的沉默正表示他们接受并允许这些恶行。

哈佛心理学者马沙林·巴纳吉（Mahzarin Banaji）所说的话正适合作为这一章的结语：

> 对于了解人性，社会心理学的贡献在于它发现有些远超出我们自身的力量决定了我们的心智与行动，而在这些力量中最重要的是社会情境的力量。[45]

第13章

社会动力学调查Ⅱ：
去个人化、去人性化以及姑息之恶

> 人类历史记载是由许许多多的阴谋、背叛、谋杀、屠杀、革命、流放构筑而成，而这些最恶劣的结果乃出自于人的贪婪、结党营私、伪善、背信忘义、残酷、狂怒、疯狂、仇恨、嫉妒、情欲、恶意与野心……我只能得出一个结论，那就是在被大自然容许于地表上爬行的恶心败类之中，你的大多数同胞就属其中最邪恶的一群。
>
> ——乔纳森·斯威夫特，《格列佛游记》
> （Jonathan Swift, *Gulliver's Travels*, 1727）[1]

斯威夫特对人类这群生物（我们这些人面兽心的人形野兽）的谴责或许有些极端，不过想想看，他在种族灭绝横行于现代世界的数百年前、在犹太集体大屠杀事件发生前就已写下这番批评，他的话或许不是没有几分道理。他的观点反映了西方文学中的一个基本主题，也就是远从亚当不服从上帝却听从了撒旦的诱惑开始，人类就从原始完美状态中彻底堕落了。

社会哲学家卢梭曾详尽描述社会力如何使人堕落，在他的想象中，人类乃是"高贵的原始野蛮人"，当人接触到邪恶腐败的社会时,他的美德也就被玷污减损了。在卢梭的概念中,人类乃是全能邪恶社会中的无辜受害者,而彻底反对这个观点的人则认为人生而邪恶,我们的基因中早已写下人性本恶的密码。除非人类受到教育、宗教和家庭的感化而转化为理性、讲理、有同情心的人,或是受到来自国家权威力量强加的纪律约束行为,否则就会被肆无忌惮的欲望、毫无节制的胃口,以及充满敌意的冲动所驱使而做出恶行。

在这场古老的辩论中,你站在哪一方?是人性本善但受到邪恶社会诱惑而堕落,或是人性本恶因社会而得到救赎?在做选择前,请先考虑第三种观点。也许我们每个人都有能力为善或为恶、利他或自私、善良或残酷、支配或服从,都可能成为加害者或受害者、囚犯或狱卒。也许是社会情境决定我们哪种心理模式和潜能会得到发展。科学家发现,人类的胚胎干细胞实际上可以发展为任何一种细胞和组织,即使一般的皮肤细胞也可能变成胚胎干细胞。我们可以扩张这些生物概念以及我们已知的人脑开发弹性,而认为人性也具有"弹性"。[2]

支配生活的各样系统形塑着人,贫富、地理与气候、历史时代、文化、政治及宗教支配人们,但人也受到每天都需面对的特殊情境塑造。而这些力量又回过头来和我们的基本生物性及人性互动。我在稍早之前主张,人的堕落潜能乃是人类心灵复杂可能性的一部分,为恶及为善的冲动一起构成了人性中最根本的二元性。这概念提供了复杂且丰富的描绘,来解释人类行为中的骄傲与谜团。

我们已经检视过从众及服从权威的力量,它们的影响力是支配并破坏人类的主动性。接着我们将通过学术研究的洞察力探查包括去个人化、去人性化以及旁观者的冷漠,即"不作为之恶"

的相关领域。这可以让我们的认识基础更全面，以便充分评价使平常好人有时去伤害他人，甚至做出彻底违背规矩体面或道德性恶行的过程，即便是仁慈的读者你，可能也无法例外。

去个人化：匿名与破坏

威廉·戈尔丁在小说《苍蝇王》中提出一个问题：一个人外表上的简单变化如何引发他外在行为的戏剧性改变？只是在脸上画画就让平常循规蹈矩的英国男孩变成凶残的小野兽，这是怎么发生的？故事描述在一个荒岛上，一群男孩吃光了食物，他们在杰克·梅里杜（Jack Merridew）领导下决定去猎山猪，却没有完成行动，因为在他们基督教道德观中禁止杀戮。接着杰克决定要在脸上画一个面具，当他画好后，他看着自己在水中的倒影，倒影突然间出现了惊人的变形：

> 他惊讶地看着水面，看见的不是自己，而是一个令人畏惧的陌生人。他往水里一搅然后站起身子，兴奋地大笑起来。站在水边是个身体结实、脸上画着面具的男孩，他们（其他男孩）看着他，不寒而栗。他跳起舞来，笑声变成嗜血的嚎叫。他蹦跳着朝比尔走去，面具变成有独立生命的东西，面具背后隐藏的杰克，已经完全摆脱了羞耻和自觉。

当和杰克一伙的其他男孩也都画上面具伪装自己之后，他们就准备好要"杀死那野猪、割断它喉咙、让它溅出鲜血"[3]了。他们杀了一个生物之后，接着就以杀害野兽和人类敌人为乐，其中最值得注意的是昵称"小猪"的聪明男孩。强权就是公理，在乖

第13章 社会动力学调查Ⅱ：去个人化、去人性化以及姑息之恶

孩子们的领袖拉尔弗也被那群猎人追杀之后，荒岛终于彻底成为群魔乱舞的地狱。

是否有任何心理学上的证据可说明伪装外表对行为过程的戏剧化影响呢？我尝试运用一组研究来回答上述问题，这些研究促成了一个新的研究领域形成，即针对去个人化和反社会行为的心理过程考察。[4]

匿名女性的惊人行为

第一个研究基本上是这样进行的：研究者对一群女大学生编了一个故事，让她们相信自己在实验中真的对其他女生施加一连串痛苦的电击。她们可以从一个单面镜中看见和听见两个女孩，而研究者让她们有好几次机会电击她们。有一半的学生被随机指派为可以维持匿名，即去个人化；而另一半人则必须清楚揭露她们的身份，也就是个体化。在分开施测的十个去个人化群体中，每一组都有四名大学生，这组人可以用兜帽和松垮垮的实验袍掩饰外表，她们的名字都由编号取代，分别是一至四号。实验者对待她们的方式也是去个人化，把她们当成一个匿名群体而不是个体。根据实验者的说法，这些程序是为了掩盖她们的非言语行为，好让其他人无法得知她们的反应。相对地，对照组的人就得别上姓名牌，这样可以使她们觉得自己是独一无二的，但其他待遇就都和去个人化组没有差别。去个人化组和对照组一样都是一组四人，在二十道施测过程中，两组人都会被要求连续电击单面镜中看到的两名女性"受害者"。

研究者编的故事是这两名受到电击的女性是一项研究的受试者，而该研究的主题是压力下的创意表现。当这位待在另一个房间而且同样在镜子后面的实验者测试她们的创意表现时，我们的

实验参与者就负责用痛苦的电击对她们施压。

这个实验跟米尔格伦的典范有几个不同的地方,首先,实验中并没有任何权威人物直接施压,要求她们要不断电击表现出侵略性,因为在整个电击的过程中,我并没有和她们互动。学生们可以透过单面镜看见我和两名据称是进行创意研究的女性。此外,这个实验也没有对受试者施加从众压力,因为她们各自待在相邻的办公隔间中,彼此没有任何互动。最后是,我也没有用如果不执行任务就会无法达成研究目的的方式对她们施压。只要小组中的四名女性中有任何一个人施加电击时,被电击的女性就会做出受伤害的样子,表示已受到足够影响创意表现的压力。所以,如果不电击也不是不服从指令或蓄意对抗,受试者可以选择被动地观察,在一旁看着其他组员进行电击,而不一定要成为主动的加害者。

我所关心的行为是施予电击的持续时间,当电击预备的指示出现时,学生们能够持续电击多久。她们需要做的决定并非是否按下电击钮,而是多快地把手指从按钮上缩回,或者是持续按着按钮电击受害者。她们当然也可选择不要听从指示,不按电击钮(但没有人这样做)。

在录音记录访谈中,两名与实验者串通好的女性中,一名被形容成非常和善,另一个则被形容为不讨人喜欢。这样做的目的是为了要让"施压者"心中对两人产生不同的态度。但其实两名女性都是我们的研究同谋,她们受过表演训练,当电击灯号亮起时就会逼真地演出痛苦的模样,另一个房间中的学生们看见了都深信不疑。

在实验开始前,每个参与实验的学生都会先体验造成皮肉疼痛的电击(75伏特),目的是为了让她们了解这样做的确会造成

第13章 社会动力学调查 II：去个人化、去人性化以及姑息之恶

伤害——不过当然了，实验中并未真正施加任何电击。在20次施测中，受试者每次都必须决定是否电击，以及持续多久。在第一位电击目标完成20次测试并离开之后，第二名女性就会接替她继续进行另外20次电击测试。因为实验组和对照组的四名成员都在相邻的办公隔间中接受测试，所以"组友"并不会直接对她们的行为造成影响。不过因为她们一开始先一起听了一卷录音带，所以会感觉自己属于一个群体。重要的是，除了匿名性及可识别性（identifiability）变项的操弄之外，两组人在实验中受到的待遇完全相同。

实验结果很清楚：在去个人化状态下的女性对两名受害人的电击次数是随机指派到个性化状态的对照组女性的两倍。此外，匿名的女性对两名受害者的电击次数是一样的，无论先前被形容为很和善还是不讨人喜欢，结果并没有差别。当手指按下启动钮时，之前对受害者的感觉对她们的行为并不造成影响。在20次施测过程中，她们持续电击的时间也不断增长，当受害者在她们眼前扭曲身子呻吟时，她们的手指仍旧按着电击钮不放。相较之下，个性化状态下的女性对于喜欢的和讨厌的电击目标就会出现差别待遇，对前者比较不常做持续电击。

当匿名的女性有机会伤害电击对象时，她们会不管自己之前是喜欢或讨厌她们，这说明了，去个人化的心理状态对她们的心态造成剧烈变化。电击延长加上有多次机会造成他人痛苦，两者似乎都使得受试者的激动情绪不断向上盘旋。激动的行为造成了自我增强现象，每个行动都激发了更强烈、更不受控制的反应。从经验上来说，这样的行为反应并非来自于希望伤害他人的残酷动机，而是因为当时逐渐感受到自己对其他人的支配和控制能力，受到这种感受的激励而造成。

这个实验典范已经由许多实验室和田野研究重复进行，证实可得到具比较性的结果。在这些重复验证中，有些运用了去个人化的面具、施放白色噪声，或是向目标受害者丢保利龙球（即发泡利聚苯乙烯球）；参与实验的对象包括来自比利时军队的军人、学童及许多的大学生。在一个以老师担任电击者的研究中也发现随着时间而升高电击程度的现象，老师的任务是用电击方式教育学生，而随着训练过程进行，他们也逐渐增强了电击强度。[5]

回想斯坦福监狱实验就会发现，我们在这个实验中运用的去个人化方式是让狱卒和工作人员穿戴上银色反光镜片的太阳镜以及标准的军装风格制服。从这些研究中可以导出一个重要结论：任何让人感觉拥有匿名性的事物或情境，也就是任何让人觉得像是没人认识或想认识他们的状况，都会削弱他们个人的行为辨识度，并因此创造出为恶的潜在条件。而第二项因素的加入，更是使这个结论的有效性大增；如同这些研究的设定，如果情境本身或其中的行动者允许人们从事反社会及暴力行为以反对其他人，他们就会彼此开战。但是相反地，如果情境的匿名性只是削弱了人们的自我中心心态，而情境也鼓励从事公益行为，人们就会彼此相爱。（在集会活动的背景下，匿名性通常会鼓励更多社会参与的集会出现）因此威廉·戈尔丁对于匿名性和侵略性的洞见是有心理学根据的，而且情况比他所描绘的还要更复杂、更有意思。

> 当然了，我的衣装确实改变了我的性格。
> ——威廉·莎士比亚，《冬天的故事》
> (The Winter's Tale)

不只面具赋予人们匿名性，在既定情境中的对待方式也能产

第13章 社会动力学调查Ⅱ：去个人化、去人性化以及姑息之恶

生匿名效果。当别人不把你当成独立的个体，而是当成系统下的无差别性"他者"看待，或是忽视你的存在时，你也会觉得自己是匿名的。有一位研究者进行了一个实验，他研究用这两种不同待遇对待自愿参与实验的大学生，即把学生当人看，或是把学生当成"白老鼠"时，受到哪一种待遇的学生会在趁他不注意时偷走他的东西。你们猜猜看结果如何？实验是这样进行的，研究者在和学生们互动后，将他们留在这名教授兼研究者的办公室里，办公室里有个装满了笔和零钱的盆子，而这时他们正好有机会可以下手行窃。结果匿名学生的偷窃次数多于受到人性待遇的学生。[6] 仁慈的价值甚于它的报偿。

文化智慧：如何让战士在战场上英勇杀敌，回家后还是个好人

让我们来到匿名性和暴力可能攸关生死的真实战场上，尤其是检视外表改变对战争行为的影响。我们将比较不改变年轻战士的外表，以及运用面部和身体彩绘或画上面具（如小说《苍蝇王》中的战士）等仪式性的外貌转变方式，这两种不同做法所造成的影响。改变外表是否会影响之后他们对待战敌的方式？

文化人类学家R. J. 沃森（R. J. Watson）[7]在读过我之前发表的去个人化论文后，提出了这个问题。他的研究资料来源乃是耶鲁大学的人类学数据库，这个数据库搜集了世界各地不同文化的人类学、社会学、心理学研究报告及论著。而沃森找到了两项资料，一项资料记录了不同社会的战争方式，一些是在进行战争前改变战士外表，一些则并不改变；另一项资料则是这些社会杀害、虐待或切断战俘手足的程度，以作为明确的依变项——真可说是最恐怖的结果测量方式了。

而他的研究结果大大肯定了我先前的预测，即当上级允许战

士们以平常禁止的侵略性方式作战时，匿名性将促进毁灭行为。战争是制度性地许可人们杀死或伤害敌人。而这项调查研究发现，在我们找到关于战争行为及对待战敌方式资料的23个社会中，有15个社会会在作战前先改变战士外表，而它们也是最具破坏力的社会，这些社会中有80%（15个中有12个）会以残暴的方式对待敌人。相对地，在8个不改变战士外表的社会中，7个社会并未出现如此毁灭性的行为。从另一个观点来检视这些资料可发现，当战争中出现受害者被杀害、虐待或切断手足的情况时，90%都是第一次改变外表并将自身去个人化的战士所为。

  文化的智慧告诉人们，欲将平常表现温和的年轻人变成听命杀敌作战的战士，关键秘诀就在于先改变他们的外表。战争就是由年长的人说服年轻人去伤害和杀死跟他们一样的年轻人，大多数战争都是这么回事。而对年轻人而言，在作战前先改变自己平常的外表，例如穿上军服或戴上面具、做点脸部彩绘，则可以让杀人变得容易些；一旦得到匿名性，平常那位富有同情心、关怀别人的人就消失了。当战争胜利后，文化智慧又会要求人们回到爱好和平的状态。这时候他们就要脱掉军服，拿下面具，洗掉脸上的颜料，找回平常的自己。在某种意义下，这很像是参与一个可怕的社会仪式，这个社会仪式不知不觉地使用了研究者斯科特·弗雷泽（Scott Fraser）在万圣节派对研究中所采取的三阶段典范模式——先维持平常装束，再扮装，最后脱去扮装，于是他们的行为也经历了三个历程，当人们可以认出他们时，他们是爱好和平的，当他们取得匿名性时，他们成了杀人的战士，最后当他们回到会被认出的状态时，他们又变成爱好和平了。

  某些环境可赋予短暂的匿名性，对生活或置身其中的人而言，不需要改变身体外貌也同样具有匿名效果。为了亲身示范地方的

第13章 社会动力学调查Ⅱ：去个人化、去人性化以及姑息之恶

匿名效果会助长都市中的街头破坏行为，我的研究团队做了一个简单的田野调查。请回想第一章中我提到我们实验将车辆弃置在纽约上城布朗克斯区靠近纽约大学校园旁的街道上，以及加州帕洛阿尔托市的斯坦福校园附近。我们把这些车辆弄成一看就知道是废弃车辆（把车牌拔走、顶篷掀开），再用相机和录像带拍下对这些车辆的街头破坏行为。在布朗克斯区那个使人感觉自己有匿名性的环境中，48小时之内就有好几十个路过或驾车经过的人停下来，破坏这辆废弃的车子。这些人大多是衣冠楚楚的成年人，而他们就在光天化日之下拔走车里任何有价值的东西，或是破坏车子。然而被弃置在帕洛阿尔托市的车子命运就截然不同了，一个星期过去，没有任何一个路人曾经对它动过歪脑筋。这也是唯一可引用来支持都市犯罪的"破窗理论"的经验证据。环境条件会让社会中某些成员感觉他们拥有匿名性，让他们以为在这个统治社群中没有人认得他们，以为没有人能识别他们的个体性和人性，而这会帮助他们变成潜在的街头破坏者，甚至是暗杀者。

去个人化过程会将理性节制的人变成放浪形骸

让我们假设人性"良善"的那一面是拥有理性、秩序、一致性和智慧的阿波罗，而"恶劣"的那一面则是代表混乱、解体、非理性和跟从生命原欲（libidinous core）的狄奥尼索司。阿波罗的核心特质是对欲望的节制与禁止，恰恰相对于狄奥尼索司式的解放与纵欲。人们平常由于认知的操控，而表现出符合社会要求及个人接受范围的行为，因此当人们浸淫在认知的操控手段受到阻碍、搁置或扭曲环境中时，就有可能会变成恶人。认知操控的搁置会造成多重后果，其中包括良知、自我意识、个人责任、义务、承诺、债务、道德感、罪恶感、羞耻感、恐惧以及个人行动

的成本效益分析等的暂时停摆。

实现这个转化过程的一般性策略有二：（1）降低行动的社会辨识度（没人知道我是谁，或者没人在乎我的身份）；（2）降低行动者对自我评价的在意程度。前者削弱了行动者对于社会评价、社会赞可性的在意程度，可借由让行动者感觉拥有匿名性，亦即去个人化的过程而达成。最有效的做法就是让个人处于散播匿名性和扩散稀释个人责任的环境中。第二个策略则是通过改变意识状态来停止个人的自我监控和一致性监控。达到此目的的手段包括服用酒精和药物、激起强烈的情感、参与高度刺激的活动，或进入一种延伸的现代式时间定位中，不再关心过去和未来，以及将责任向外推卸给别人，而不是反求诸己。

去个人化过程会创造出一种独特的心理状态，此一心理状态下的行为受到当下情境的指挥，以及生物性的、荷尔蒙的分泌驱使。于是行动取代了思想，立即享乐凌驾了延迟的满足，而小心谨慎的自我克制也让路给愚蠢的情绪化反应。心理上的激励状态是去个人化过程的前兆，同时也是结果。当处在崭新或是尚未结构化的情境中，而典型的反应习惯及性格倾向变得毫无用处时，它的效果就会发扬光大。这时个人对于社会模式和情境暗示缺乏抵御力的情况会突显，于是战争与和平就变得一样容易——一切全视情境的要求或引导而定。在极端的情况下，是非的意义泯灭了，违法行为不必考虑是否有罪，不道德的人也丝毫不怕遭天谴。[8]内在的约束被搁置时，行为完全受到外在情境操控——外在控制了内在。做一件事时考虑的不是正确与适当与否，而只看可不可能、做不做得到。个人和群体的道德罗盘已不再能够指挥方向。

从阿波罗过渡至狄奥尼索司式心智状态的过程可以来得迅速而毫无预警，一旦人们短暂活在延伸现在式的时间中而不再顾及

第13章 社会动力学调查Ⅱ：去个人化、去人性化以及姑息之恶

行动的未来结果，好人就会做坏事。在过度去个人化的情况下，平常对于残暴行为及原力冲动的约束与限制消失一空。就像大脑突然短路了，额叶皮质的规划和决策功能停摆，而较原始部分的大脑边缘系统，尤其是杏仁核中的情绪和侵略性中心却接掌大权。

狂欢节效应：以狂喜为集体去个人化过程

在古希腊时代，狄奥尼索司在众神中的地位独特。它被视为创造出新的现实层次，挑战对生命的传统预设和方式。它既代表将人类精神自理性言说和有条理计划的拘禁中解放的一股力量，也代表了毁灭：毫无节制的情欲及缺乏社会控制的个人享乐。狄奥尼索司是酩酊之神、疯狂之神，也是性狂热及战斗欲望之神。在狄奥尼索司所支配的存在状态下，人失去了自我意识和理性，搁置了线性时间感，将自我听任人性原始冲动支配，并视行为规范和公共责任于无物。

狂欢节（Mardi Gras）起源自基督教时代前的异教徒仪式，现在则被罗马天主教廷认可为圣灰星期三（Ash Wednesday）前的星期二〔油腻星期二（Fat Tuesday）或忏悔星期二（Shrove Tuesday）〕。这个神圣日子标记着大斋之宗教仪式季节的开始，在这个日子里必须从事个人的奉献和禁食，以迎接四十六天后的复活节。狂欢节庆典开始于主显节的第十二夜欢宴，这一天是东方三贤前往朝拜圣婴的日子。

事实上，狂欢节庆祝追求"酒、女人和歌曲"的原欲享乐的放纵与过度，只求活在当下的纵情声色。当参与庆典的人纵情于集体狂欢的感官享乐时，生命中各种忧虑和义务都被抛到九霄云外。酒神庆典的欢庆本质于是将行为从平常的束缚中解放，从以理性为行动基础的辖制下松绑。然而人们始终在潜意识中意识到，

这样的庆典是短暂的，因为大斋节即将来到，而在斋期中，个人享乐及罪行的限制甚至比平常更严格。"狂欢节效应"指的是当一群志趣相投的寻欢作乐者决定纵情享乐，不顾后果与责任时，他们会暂时放弃传统对个人行为的认知和道德约束。这就是群体行动的去个人化过程。

去人性化及道德脱钩

在我们对"人类对人类的残忍"现象的理解中，去人性化是其中的核心概念。当某些人将另一些人从身为人类一员的道德秩序中排除时，就是去人性化。在去人性化者眼中，这个心理过程中的客体丧失了人的地位。借助将某些个人或群体视为不属于人性领域，去人性化的施为者可以暂时搁置道德感，而不必遵守以理性行动对待同类的道德束缚。

在形成偏见、种族主义和歧视心态的过程中，去人性化过程是其中核心。去人性化将其他人污名化，认为他们只拥有"受损的认同"（spoiled identity）。例如社会学家欧文·戈夫曼（Erving Goffman）[9]就曾形容残障者被社会视为不值得信任的过程是如何发生，他们被认为不是完整的人、受到污染的人。

在这类情况下，就连正常、道德正直，甚至通常有点理性主义倾向的人也可能做出毁灭性的残酷行为。光是对他人的人性特质不予回应就会自动促成毫无人性的行为。来自《圣经》的黄金律令"你们愿意人怎样待你们，你们也要怎样待人"成了"你们愿意怎样待人就怎样待人"。他人成了被切去的一半。只要把人去人性化，那么无论如何对待这些"客体"，是麻木不仁、粗暴无礼、忽视他们的需要和恳求、为了自己的目的而利用他们，甚至如果他们惹人生气就干脆杀死,都会变得容易许多。[10]

一名日本将领曾说,在日本发动第二次世界大战前的侵华战争中,日本兵很容易就可以残忍地屠杀许多中国百姓,"因为我们觉得他们只是'东西',不像我们是人"。1937年的"南京大屠杀"事件就是明显见证。我们也曾读到(在第1章中),一名曾筹划多起卢旺达图西族妇女强暴事件的女性这么描述图西族人——他们不过是些"小虫子"、"蟑螂"。同样地,纳粹对犹太人的种族灭绝行动在开始时也是先制作宣传电影和海报,让德国人将某些人类同类视为劣等形态的动物,是害虫、贪婪的鼠辈。同样地,在全美曾发生多起都市白人暴民对黑人动用私刑事件,这些人将黑人污名化黑鬼,因此并不被认为这是对人类的犯罪行为。[11]

美军曾在越战中屠杀数百名越南美莱村的无辜村民,事件背后的关键因素是美国军人将所有不同脸孔的亚洲人都贴上"亚洲贱种"(gook)的标签。[12]然而昨天的"亚洲贱种"成了今天伊拉克战争中的"朝圣狂"(hajji)及"头巾人"(towel head),被新一批军人们用来贬低不同脸孔的平民百姓和军人。"有点像是你试着忘记他们是人,把他们当成敌人,"梅希亚(Mejia)中士说道,他拒绝返回这场他认为糟糕透顶的战争中继续服役,"你叫他们'朝圣狂',知道吗?你会做任何事,只为了让杀死、虐待他们变得容易一点"。[13]

一个在实验室进行的绝佳控制实验,实地示范了这类标签及相关形象可能刺激行动的强大效应(第1章提及并详述于此)。

实验中的去人性化:把大学生当动物

我在斯坦福大学的同事阿尔伯特·班杜拉和他的学生设计了一个效果很强的实验,可以细腻地呈现去人性化标签的力量如何促使人们伤害其他人。[14]

实验是这样进行的。研究者将来自附近专科学校的72名男性志愿者以三人一组的方式组成"监理人团队",他们的任务是惩罚做出错误决策的学生,研究者声称这些学生是一个决策者小组的成员。当然了,扮演监理人的学生才是研究的真正受试者。

实验中共有25道评论测试,担任监理人的学生可以听到决策团队(据说是正在相邻的房间里)的谈话,并根据听到的消息推测他们正在形成共识决定。研究者提供监理人相关资讯以评估决策小组在每道测试的决策是否适当。当形成不当决策时,监理人团队的任务就是施加电击惩罚。他们可以从电力最弱的第一级到最强的第十级中选择电击强度,所有决策团队的成员都会受到电击惩罚。

研究者告诉监理人,他们是由来自各种不同社会背景的人组成,目的是为了增加计划的普遍性,决策者们则是拥有相同特质的人。这样一来,被贴在某个决策者身上的正面或负面标签就可以代表整个群体。

研究者改变这个基本情境中的两个特质:即"受害者"如何被贴上标签,以及监理人如何为施与电击行为负起个人责任。标签化状况共有三种,分别是去人性化、人性化或中立;归责状况则有两种,分别是个体化或分散,志愿者被随机指派标签化及归责状况。

让我们先考虑标签化的过程及其效果,接着再考察不同归责方式的运作。实验的设计是让进入实验的每一组参与者都相信,他们可以偷听到研究助理和实验者在对讲机中的谈话,而他们泄露的是据说为决策者填写的表格内容。研究助理会用简短话语悄悄表示这个小组所呈现的个人特质符合招募他们人员的看法。在

第13章 社会动力学调查Ⅱ：去个人化、去人性化以及姑息之恶

去人性化状况中，决策者被描述成"禽兽、烂人"。相对地，他们在人性化状况中就被形容为"敏锐、聪明，比较人性的一群"。而在中立的状况中，研究助理则不做任何评价。

有一件事必须说明清楚：实验参与者和电击受害者之间并未有过互动，所以无从做出个人评价，更无法适当地评价。这些标签是旁人加诸于其他年轻学生的属性，而根据他们听到的说法，在情境中扮演指定角色的年轻学生也都是自愿参加实验。实验结果如何呢？职校学生如何对据说是由他们所监督的决策者施加惩罚，标签发挥什么样的作用？（事实上根本没有"其他人"存在，他们听到的只是统一播送的录音带内容。）

结果显示，标签的固着力强大，并对惩罚程度造成相当大的影响。那些被去人性化方式贴上"禽兽"标签的人受到更强力的电击，他们的电击强度呈直线上升超过十道测试。随着测试的进行，电击强度也不断增高，在最强程度十级的电击中，每组参与者平均施加七级的电击惩罚。被贴上"和善"标签的人被施加电击的强度最小，而未被贴上标签的中立组的受罚强度则落在两个极端值中间。

此外，在第一次测试期间，三个受到不同实验待遇的小组所施加电击强度并未出现差异，也就是，他们全都施加强度最小的电击。如果研究就此结束，我们就会得出标签化并未造成任何影响的结论了。不过随着一次次测试进行，而决策者的错误也据说是不断倍增，三个小组施加的电击强度开始出现分歧。随着时间越久，学生们对那些被形容为"禽兽"的人施加的电击强度也越强。这个实验结果可以比较我先前关于去个人化女大学生的实验，她们施加的电击强度也有随着时间不断上升的趋势。因为练习或是经验的学习而使得侵略性的回应随时间加剧，这现象表明

的是一种自我增强效应。其中乐趣与其说是来自于其他人的痛苦，倒不如说是因为人们处在支配情境，也就是处在让别人得到应有惩罚的情境中所体验到的权力和操控感。研究者指出，正是这种完全不受任何限制的标签化力量，剥夺了其他人的人性特质。

这研究的正面之处在于，当某个握有权势的人正面地标签化他者时，虽然这标签化一样武断，但那些人能因此得到比较受尊敬的待遇，被认为"和善"的人受到的伤害因此最小。人性化的力量可以抵消严苛的惩罚，无论在理论还是社会意义上，都跟去人性化现象一样成立。这个实验因此传达了一个重要信息，也就是关于言语、修辞以及刻板印象标签化的力量，既可用来行善，也可用来为恶。我们应该把孩童时期朗朗上口的句子"棍棒让我受伤，坏话不痛不痒"，后面的那句改成"坏话带我下地狱，好话带我上天堂"。

最后，归责状况不同是否影响施加电击的强度呢？当实验参与者认为电击强度是出于团队共识而非个人决定时，他们会施加较强的电击。正如我们先前了解到的，责任归属的分散无论以何种形式出现，都会造成人们比较无法抑制伤害他人的行为。我们可以预见，正是当参与者须担负较少个人责任而受害者又受到去人性化待遇时，他们会施加最强的电击。

关于参与者如何正当化他们的行为表现方面，班杜拉的研究团队发现，去人性化也成为人们用来自我开脱的借口，这又回过头来导致惩罚强度增加。从对人们如何摆脱平常的自我约束而做出有害他人行为的研究中，班杜拉发展出一个概念模式——"道德松绑"（moral disengagement）。

第13章 社会动力学调查 Ⅱ：去个人化、去人性化以及姑息之恶

道德松绑的机制

这模式一开始假设大多数人都因为在养成过程中受到常态的社会化洗礼，所以接纳了道德标准。这些标准指引人从事有益社会的行为，遏止家庭或社群定义下的反社会行为出现。随着时间推移，这些由父母、老师及权威人物所施加的外在道德标准成了内化的个人品行规范。人们逐渐拥有思想和行动的自我控制能力，并因此感觉到自我的价值。他们学会控制自己，避免出现不符合人性的行为，尽力表现出人性。这些自我规约机制和个人道德标准间的关系并非固定不变，而是处于动态过程，个人可以选择性地启动道德的个人监控，以便表现出可被社会接受的行为，但在其他时候，他也可以解除对某些受指摘行为的自我监控。只需在某些时候、某些情境、为了某些目的而暂时解除平常的道德运作，个人或群体就可以继续维持自己的道德感。就像他们把道德感打到空挡位置，任由车子滑行而不管路上行人的安全，然后再变换回高速挡行驶，若无其事地继续他们的高道德生活。

班杜拉的模式更进一步地阐明，个人如何选择性地解除行为规约的自我监控而将伤害行为转化成道德可接受行为。由于这是个基本的人性过程，班杜拉认为它不仅有助于说明政治、军事和恐怖主义的暴力，也可以解释"正派的人惯常为自己的利益而从事有损人性的活动的日常情境。"[15]

只需启动一个或数个下列四种认知机制，任何人都可能解除对任何破坏或邪恶行为的道德束缚。

这四种做法是，首先，我们可以将伤害行为重新定义为荣誉的行为，方法是借由采纳神圣化暴力的道德命令而创造出行动的道德正当性。我们会将这么做的敌人们的恶行和自己正直的行为做比较，从而创造出有利的对比。（例如这么想：我们只是虐待他

们,他们却将我们的人砍头。)运用委婉的语言,可以让人们比较容易接受做出残酷行动的现实,因此也可以达到同样的目的。(举例而言,用"附带伤害"指称战争行为所带来的平民百姓死伤,用"友军伤害"称呼因同袍的不注意或故意而遭杀害的士兵。)

其次,借助分散或推卸个人责任,我们可以让自己觉得行动和行动的有害后果之间并没有那么直接的关联。如果我们并不觉得自己犯下了惨无人道的罪行,就可以逃避自我谴责。

再次,我们可以改变自己对于行动造成的真正伤害的看法,也就是可以忽略、扭曲、削弱,或根本不承认我们的所作所为会造成任何负面后果。

最后,我们可以重新建构对受害者的认知,把他们所受的苦当作是活该。我们把后果怪罪到受害者头上,当然也把他们去人性化,借助这些方式把他们当成低于标准的人,不值得我们用对人类同胞的正直方式对待。

了解去人性化过程不是为了找借口

必须在此再次声明,这类心理学分析不是在替加害者的不道德、非法行为找借口,或是忽略它们的严重性。揭露人们用来替行为做道德松绑的心理机制将更有利于反制,并有助于我们重新确认一件事,也就是道德约定可促进人们之间由同理出发的人道情怀,因此至关重要。

制造去人性的国家公敌

在各种导致一般善良男女从事恶行的操作原则中,不能忽略民族国家用来煽动国民时所用的方法。国家一边将年轻人推向死亡战场,一边让国民赞成侵略战争,这是如何办到的?思考这问

第13章 社会动力学调查Ⅱ：去个人化、去人性化以及姑息之恶

题后，我们了解了其中一些原则。国家运用的是特殊的认知训练，通过政治宣传而实现这个困难的转化过程。全国性的媒体宣传活动（与政府合谋）创造出"敌人的形象"，目的是让军人和平民渐渐习惯仇恨那些落入"你们的敌人"这个新分类中的人。这类的心理适应训练是军人们最强而有力的武器，若是没有它，他就不可能用瞄准器的十字线锁定另一个年轻人然后开枪杀了他。这方法会造成人民之间的恐慌，当他们想象受到仇敌统治的情况会有多糟时，他们会感觉一切变得非常脆弱[16]。这样的恐惧会转化成仇恨，让人们愿意将孩子送上战场对付险恶的敌人，死伤在所不惜。

在《敌人的脸》(Faces of the Enemy)一书中，山姆·基恩(Sam Keen)[17]揭露了大多数国家如何运用形象化的宣传方式捏造出敌人的原形，以对付被认为极度危险的"他者"、"外人"、"敌人"。这些视觉形象创造出集体的社会偏执，使人们把注意力焦点全放在敌人身上，认为这些敌人会伤害妇孺、破坏家园以及属于他们生活方式的信仰，全盘摧毁他们的基本信念与价值。这类宣传会向全球广泛发送，影响遍及全世界。无论各个国家在许多面向仍存有许多差异，我们仍可把这类宣传当成是某群"充满敌意的人类"使用的树敌伎俩。他们在正直族类的善良人脑中创造出一个新的邪恶敌人形象：压迫者、身份不明的人、强暴犯、无神论者、野蛮人、贪得无厌的人、罪犯、用酷刑的人、谋杀者，最后，"那个敌人"成了抽象概念或是没有人性的动物。这些令人丧胆的形象使人以为国家正受到一群人见人厌的野兽蹂躏，在人们的脑海中，敌人等于蛇蝎、鼠辈、爬虫类、大猩猩、触角动物，甚至是"猪猡"。

最后我们要探讨，当人们采取去人性化的角度来认知某些特定他者的结果，一旦这些人被公开宣布奇怪、讨人厌，人们就愿

意对他们做出一些难以想象的事。在历史上（20世纪20至40年代）曾有六万五千名美国人被迫接受绝育手术，只因当时的优生学提倡者根据科学的理由，决定用排除不良特质的人达成人种净化的目的。我们但愿这个想法是出自希特勒，而非美国最受尊崇的法官之一——奥利佛·温德尔·霍姆斯（Oliver Wendell Holmes），可惜事实并非如此。他根据多数意见做出决议（1927年），判定强制绝育的立法不但不违宪，还符合了社会福祉：

> 如果社会能够防止那些显然不适合生存的人继续繁衍下一代，人们就不必等到堕落者的子孙犯了罪再来处死他们，或者让他们因为智能低弱而挨饿，这样做可以让这世界变得更好。连续三代都是弱智者就够了，不应让他们继续下去。[18]

关于这点，请回想一下我在第12章中曾引用的一份研究，研究中的夏威夷大学学生竟愿意赞同执行"最后解决方案"以排除身心不合格人口，必要时甚至包括他们的家人也在所不惜。

美英两国长期以来一直参与着"对抗弱者的战争"，它们是直言不讳且深具影响力的优生学提倡者，不仅倡议运用科学方法正当化优生学计划，推动将不合格者排除，并同时强化强势生存者的特权地位。[19]

姑息之恶：被动的旁观者

> 邪恶的凯旋唯一需要的只是善良人的袖手旁观。
> ——英国政治家埃德蒙·伯克（Edmund Burke）

（我们）必须认识到，被动接受不公正的体制也就是和这

第13章 社会动力学调查Ⅱ：去个人化、去人性化以及姑息之恶

个体制合作，并因而成为它的恶行参与者。

——马丁·路德·金[20]

我们看待邪恶的方式通常是聚焦在加害者的暴力、摧毁性行动上，但是当有人需要你的帮助，或需要人出面反对、表示不服从、检举某些恶行时，不做任何事也可以是种邪恶。邪恶最具关键性、同时也最不为人知的促成因素并不是明目张胆鼓吹暴力伤害的人，而是在他们背后沉默的大多数，目睹一切发生却视而不见、听而不闻的人。他们在恶行发生现场沉默不为，甚至使得善恶间的界限变得更模糊。我们接着会问：人们为什么不伸出援手？为什么不帮助需要他们帮助的人？他们的被动是无情、冷漠的个人缺点使然，还是说我们可以辨识出某些社会动态过程在其中运作？

基蒂·吉诺维斯事件：社会心理学者的看法

在纽约市、伦敦、东京或墨西哥市这样的大型都会中心，一个人随时都被成千上万的人包围，这说法一点也不夸张。我们在街上擦肩而过，在餐厅、电影院、公交车或火车上比邻，排同一条队伍——却彼此毫无关联，好像并非真实存在。但对皇后区的一位年轻女子基蒂·吉诺维斯（Kitty Genovese）来说，她最需要援手的时候，帮助她的人真的不存在。

在超过半个小时的时间内，有38位正直、守法的皇后区居民（纽约市）眼看一名凶手在皇家植物园（Kew Garden）中追杀一名女性，他一共发动了三次攻击，其中两次攻击时，旁观者发出的声音以及突然点亮的卧室灯光打断并吓退了凶

手。但是他又回头找到那名女性，再次用刀子刺杀她。在攻击过程中，没有任何一个人打电话报警。当一个目击者后来打电话给警方时，这名女性已经死亡。（《纽约时报》1964年3月13日）

针对这案子中的细节，最近一份分析报告提出了一个疑问，报告中质疑到底有多少人真正目击了整个事件的发生过程，以及他们是否真的了解发生了什么事，因为当时的目击者中有许多人是半夜中被惊醒的上了年纪的老人。尽管报告提出了质疑，但毫无疑问，这些住在治安良好、气氛宁静、几乎算是个郊区住宅区的居民听见吓人的惊叫声却没有提供任何协助。基蒂面对杀手的疯狂追杀终于逃无可逃，最后独自死在楼梯间里。

不到几个月后发生的另一起事件，更生动且令人心寒地描绘了旁观者可以如何疏离、被动地袖手旁观。一名18岁的女秘书在办公室里被殴打，凶手几乎让她窒息，还脱光她的衣服强暴她。当她终于从攻击者手中逃脱，一丝不挂、流着血跑下楼梯到门口大叫"救救我！有人强暴我！"时，有将近40人聚集在繁华的街上，看着强暴者把她拖上楼继续施暴，竟没有人上前帮助她。只有一名刚巧路过的警察阻止了接下来的施暴及可能发生的谋杀（《纽约时报》1964年5月6日）。

旁观者介入研究

针对旁观者的介入行为，社会心理学者做过一系列探索性研究，并曾对此提出警告。天性式分析中常一面倒地针对冷酷无情的纽约旁观者心态问题大做文章，这些社会心理学者反对这样的做法，试图了解是什么让处在那个情境中的一般人无法做出对的

第13章 社会动力学调查Ⅱ：去个人化、去人性化以及姑息之恶

事。比布·拉塔内（Bibb Latané）及约翰·达利（John Darley）[21]当时正分别在纽约市的两座大学——哥伦比亚大学和纽约大学中担任教授，十分接近事发地点。他们在纽约市大街小巷中进行了许多田野研究，包括地铁、街角及实验室。

拉塔内和达利的研究得出一个违反直觉的结论：当紧急情况发生时，越多人目睹，这些人就越不可能介入提供协助。身为被动的旁观者群体中的一分子，这表示每个人都会假设其他人可以协助或将要提供协助，这样一来，相较于单一目击者或只有另一位其他旁观者在场的情况，他们受到采取行动的压力就比较小。其他人在场分散了卷入此事的个人责任感。参与者的人格测验显示，没有一个特殊人格特质和紧急事件发生时旁观者的介入速度、介入可能性之间有显著关系。[22]

纽约客就像伦敦人，住在柏林、罗马和华沙的居民，或是其他来自世界各国大都市的人一样，当有人直接要求协助，或是遇到单独在场或在场人数不多的紧急情况时，他们就会伸出援手。但是每当紧急情况发生时有越多可能提供帮助的人在场，我们就越可能假设有某个人会出面，我们就会缺乏冒险伸援的动力。人们没有采取介入行动的原因并不是因为冷酷无情，除了害怕插手暴力事件会危及性命之外，人们还会否认情况的严重性，因为他们害怕做错事让自己看起来很蠢，也担心"管别人闲事"可能会付出的代价。被动的不作为其实是临时浮现的群体规范下的结果。

人们创造了社会情境，也能改变它。我们不是照着情境的程式化指令行动的机器人，我们可以借着有创意和建树性的行动改变任何情境程式。但问题在于，我们太常去接受其他人对情境的定义和规范，而不愿意冒险去挑战规定，开发新的行为选项。以助人及利他主义为主题的研究在社会心理学中属于较新的研究领

域，这个研究领域的诞生即是旁观者研究所造成的结果［针对此一主题，在戴维·施罗德（David Schroeder）及其同事的专题论文中有完整的概述[23]］。

如果好人也很忙：匆忙中的善行

人们未能伸手援助身处危难中的陌生人，极可能是出于情境中的变数使然，而不是由于人心险恶；针对此一说法，一群社会心理学者做了一次十分有力的实地示范[24]。这是我最喜爱的研究之一，现在请读者再一次想象自己是实验中的参与者。

请想象你是为了取得牧师资格而就读于普林斯顿大学神学院的学生。你正在前往布道的路上，今天准备的是关于好撒马利亚人（Good Samaritan）的《圣经》寓言，这次布道将会录像下来作为有效沟通的心理学实验素材。你熟知这段典故乃出自《新约·圣经》中路加福音第十章，讲的是一个犹太人被强盗打劫，受了重伤，躺在耶路撒冷往耶利哥城的路边，一路上有许多人通过却只有一个人停下来伸出援手。这则福音故事告诉我们，那个好心的撒马利亚人会因他在地上的善行而在天堂里得到应得的报偿——这则圣训是要教导所有人应有帮助他人的美德。

请再进一步想象，你正从心理学系前往录像中心，巷子里有个人倒在地上呻吟，他蜷缩着身子，十分痛苦，明显需要帮助。现在，尤其刚好在你心里正排练着那则寓言的布道演讲，你能想象有任何理由阻止你停下来当个好心的撒马利亚人吗？

倒带回心理学实验室的场景中。出发前实验室里的人告诉你，你迟到了，约定的录像时间已所剩不多，所以你得加快脚步。其他的神学学生被随机指定是否被告知时间所剩不多，或是被告知他们还有时间可以慢慢前往录像中心。只不过，如果你是个好人、

第13章　社会动力学调查 Ⅱ：去个人化、去人性化以及姑息之恶

一个虔诚的信徒、一个正思考着对陌生人伸出援手的美德的人，如果你就像古时候的撒马利亚人一样好心，时间压力对你（或对其他人）而言怎么会构成差别？我打赌你会认为这么做的结果不会有什么差别，如果你在那个情境下，无论如何都会停下来伸出援手，其他神学院学生也都会这么做。

现在你再猜猜看谁赢了：如果你像我说的那样想，你就输了。从受害者的观点来看，实验得到的结论是：千万别在人们迟到而匆忙赶路时遇难。几乎每个神学院学生——有整整90%的人——都错过了成为好心撒马利亚人的绝佳机会，原因是他们正忙着去举行一场关于好心撒马利亚人的布道会。他们遭遇到任务要求抵触的试炼：科学和受害者，两者都需要他们的协助。科学赢了，受害者被留下来继续受苦。（正如你现在意识到的，受害者其实是实验者找来的临时演员。）

当神学学生认为他们的时间越充裕，就越可能停下伸援，所以时间压力的情境变项造成了行为结果的主要差异。在这个研究中，我们没有必要像分析对可怜的基蒂袖手旁观的纽约客一样，诉诸于天性式的解释，假设神学学生冷酷无情、愤世嫉俗、对人漠不关心。其他研究者复制这个实验也得到同样的结果，但是当神学院学生赶路的理由不是那么重要时，绝大多数人都会停下来救人。从这个研究中我们学到了一课：当我们试着了解人们没有在他人急难中伸出援手的情境时，不要问谁会帮忙、谁不会帮忙，要关心的是在那个情境中有什么样的社会和心理特质。[25]

制度化的姑息之恶

一个邪恶事情正在发生的情境里有三种主要角色——加害者、受害者和幸存者，然而邪恶情境中也常出现观察者以及知情者，

前者旁观着恶行进行，后者知情却不插手协助或者向邪恶挑战，导致邪恶因他们的不为而持续猖獗。

正是因为好警察对弟兄们的纵容，才会出现在街头、在警局后面的小房间殴打弱势者的野蛮行为。正是因为主教或红衣主教重视天主教会的形象胜于一切，才会掩护教区神父欺凌幼童的罪孽。他们都知道什么是对错，却任凭邪恶横行而不拦阻，造成奸淫幼童者长期持续罪行（天主教会对此付出的终极代价则是天价的赔偿金以及大量流失信徒[26]）。

同样地，在安然、世界通讯、安达信以及美国和世界各地许多出现类似弊端的公司中，正是那些优良员工默许各种作假行为，知情而不阻止。还有，正如我先前提到过的，在斯坦福监狱实验中，由于好狱卒并未为了囚犯们所受的凌虐挺身而出，让坏狱卒们有机会放轻松，结果等于是默许虐待情况愈演愈烈。而眼睁睁看着恶行发生的人正是我，当时的我只是禁止肢体暴力出现，却允许狭小的囚室之中充斥着精神暴力。我让自己受困于研究者和监狱监督者的角色冲突中，面对两种截然不同的角色需求而不知所措，以至于种种苦难就在我眼前上演，而我却浑然不觉。我也因此犯下不为之恶。

在民族国家的层次上，当需要采取行动时，民族国家的不为，纵容了大规模屠杀、种族灭绝事件，正如我们在波黑、卢旺达以及最近的苏丹达尔富尔地区所看到的。国家就跟个体一样，常不愿卷入麻烦，国家也一样会否认问题的严重性以及行动的急迫性，也一样宁可相信统治者的宣传性说法，听不进受害者的哀求。此外，决策者还经常受到来自"当地主事者"的内部压力，因此只能作壁上观而无法采取行动。

有关于制度性的姑息之恶，就我所知最悲惨的例子之一发生

第13章 社会动力学调查 Ⅱ：去个人化、去人性化以及姑息之恶

于1939年，美国政府以及当时主政的人道主义者罗斯福总统拒绝一艘满载犹太难民的船只在任何港口停靠上岸。那一年，"圣路易斯"（*St. Louis*）号客轮从德国汉堡市起程，载着937名逃离大屠杀的犹太难民前往古巴。然而古巴政府却推翻了先前接受他们入境的协议。难民们和这艘船的船长绝望地试着想取得美国政府的许可进入就在眼前的迈阿密，他们花了12天的时间，却无法从任何港口进入美国，只好载着这些难民再次横渡大西洋返回欧洲。一些难民之后获准入境英国及其他国家，但许多人却难逃纳粹集中营的毒手。请试着想象一个人曾距离自由只有咫尺之遥，却死于被奴役的生涯，那是什么样的遭遇？

> 综观人类历史，有能力行动者却袖手旁观；知情者却无动于衷；正义之声在最迫切需要时保持沉默；于是邪恶方能伺机横行。
>
> ——海尔·塞拉西（Haile Selassie），前埃塞俄比亚皇帝

情境与系统为何至关紧要？

人格与情境互动产生了行为，这在心理学是老生常谈；事实是，人们是在各种行为脉络中行动。人是其所处不同环境下的产物，也是他所遭遇环境的制作者。[27]人类并不是被动的客体，只能不断承受环境中各种机遇的后果。人通常选择他将进入或避免接触的环境，而借助他的出现和行动，人也能改变环境，影响同一个社会场域中的人，用各种方式来改造环境。我们多半都是主动的施为者，有能力选择生命的具体走向，也有办法形塑自己的命运。[28]此外，基础的生物机制以及文化价值和实践，也对人类行为

以及社会有巨大影响。[29]

在所有主要的西方制度中，包括医学、教育、法律、宗教和精神治疗，其运作范畴都是以个体为核心。这些机构集体创造出一种迷思，也就是认为个体始终控制着自己的行为，他的行动乃出于自由意志和理性选择，因此他可以为任何行动负起个人责任。除非是神智不清或者行为能力不足，否则做错事的人都该知道自己错了，并依照他的犯错程度接受惩罚。这些制度的背后预设是，情境因素不过是一组最低限度相关的外在事项。在衡量造成所欲探讨行为的各种因素时，天性主义者会针对个人因素大做文章，针对情境因素却只是随便提提。这样的观点似乎标榜了个人的尊严，个体理应有足够的内在意志力可抵御各种诱惑及情境诱因。但我们这些从这个概念路径另一边思考的人却认为，这样的观点拒绝承认人的脆弱性的事实。到目前为止，我们已经对情境力量做了许多回顾，而承认人在面对各种情境力量的脆弱性，则是升高防御这类有害影响的第一步，也是发展出有效策略以强化个人和社群弹性的第一步。

当我们试着去了解暴力、破坏物品、自杀式恐怖主义、酷刑拷打或强暴这些"不可思议"、"难以想象"、"麻木不仁"的恶行时，情境主义的思维方式让我们感受到深刻的谦卑感。它让我们不会立刻去拥抱把好人跟坏人区隔开的高道德标准，却轻放过情境中使人为恶的原因；情境式思路是对"他者"施与"归因的慈悲"。它鼓吹的教训是，只要处在相同情境力量的影响下，你我也可能会做出任何人类曾做过的事，不论善恶。

我们的刑事司法正义体系过于仰赖一般大众持有的常识观点，而人们认为造成犯罪的原因通常都是由动机和人格决定。该是改变司法正义体系的时候了，它应该考虑到来自行为科学的实质证据,而不该忽略社会脉络对行为、犯罪及道德行动的影响力。我的同事李·罗斯和唐纳·谢思托斯基(Donna Shestosky)曾针对当代心理学对法理与实务所带来的挑战,做过富有洞察力的分析。他们的结论是,司法体系必须采纳医疗科学及实作的模式,充分运用现有研究对何者有害或有利于身心运作的理解来协助司法:

> 犯罪司法体系对于行为的跨情境一致性有不切实际的想象,在它错误的观念中认为在引导行为方面,天性力量与情境力量的影响力是相对的,无法用"个人与情境"互动的逻辑来思考问题,它所标榜的自由意志概念虽然令人欣慰,但绝大部分只是幻觉,就跟从前的人普遍以为犯罪是由于巫术或着魔所造成一样,根本没有高明到哪里去。司法犯罪体系不应该再继续被这些幻觉和误解牵着鼻子走。[30]

评估情境力量

就主观层次而言,你必须先身处在那个情境中,才能评估情境对你以及处在同一情境中其他人的转化性影响。旁观者清在这里是行不通的。一个人对于情境的抽象认识即使达到巨细靡遗、眉目分明的程度,也还是掌握不住那地方的情感调性、无法用言语传达的特质,抓不到它内在生产出的规范以及参与者的自我涉入和激扰程度。这就是电玩比赛的观众和舞台上参赛者之间的差别。这也是经验性学习的效果如此强大的原因,对此我们前面提过艾略特小姐及朗·琼斯已经为我们在课堂上亲自示范。前面也提过,40位精神病学家被要求预测米尔格伦的实验结果,而他们却大大低估了权威在实验中的强大影响力,你还记得吗?他们说只有1%的人会全程做完最高450伏特的电击惩罚,而你已经看到他们错得多离谱。他们根本无法完整评估社会心理环境对一般人异常行为的影响力。

情境的力量有多重要？最近有一份回顾研究针对百年来社会心理研究搜集了超过2.5万个研究结果，总共有800万人参与这些研究[31]。这份雄心万丈的编纂工程运用了统合分析统计技术，对各式各样研究发现进行量化的概括，目的要找出这类经验研究结果的效应程度及一致性。综观322个分开的统合分析可得出一个总体结果：大量的社会心理学研究已经产生了可观的效应值（effect size），也就是说，社会情境的力量具有可信度和稳健性效果。

这一组资料已重新拿来针对特定主题的研究——以普通人虐待行为的社会脉络变项及原则为主题的研究进行分析。普林斯顿大学的研究者苏珊·菲斯克（Susan Fiske）找到1500个分离的效应值，这些效应值显示出情境变项对行为影响的一致性和可信度。她得出结论，"社会心理学证据强调社会背景，换句话说，也就是人际关系情境的力量。针对人际关系对善恶的影响，社会心理学已累积了一世纪的知识，这些知识的范围横跨各式各样研究。"[32]

回顾与总结

现在我们该收拾我们的分析工具，继续踏上前往遥远异国伊拉克的旅途，接下来我们要试着了解属于我们时代的奇特现象：数码电子档案记录中的阿布葛格布监狱虐囚事件。从1A层秘密牢房中传出惨无人寰的暴力行为震惊全世界，造成了莫大回响。这样的事情是如何发生的？谁该负起责任？为何虐囚者要拍下等同于记录他们犯罪过程的照片，这意味着什么？媒体一连好几个月都充斥这类问题。美国总统誓言要"究办到底"。一大堆政客和自封的权威人士好像熟知内情似的全都跳出来声称这只是少部分"老鼠屎"所为。他们说那些虐囚者不过是一班有虐待倾向的"无赖军人"。

我们将在下一章中重新检视这整件事,以了解到底发生了什么以及事情如何发生。标准天性式分析将邪恶的加害者当成"老鼠屎",现在我们已经对情境力量有充分认识,我们将把天性分析与情境决定因素做对照,以了解到底是什么样"有问题的锅子"坏了整锅粥。我们也要回顾各种独立调查所得到的若干结论,以便从情境因素出发,进一步将军事及政治系统含括进入我们的综合解释中。

第 14 章

阿布格莱布监狱虐囚事件

> 具有里程碑意义的斯坦福研究示范了一则警世传奇，这对所有军事拘留行动都有参考价值……心理学家已尝试去了解平常富有人情味的个体与群体为何有时在某些情境下会出现截然不同的行为表现，以及其过程如何发生。
>
> ——施莱辛格独立调查小组报告[1]

2004年4月28日当天，我在美国首都的华盛顿特区代表美国心理学会出席"科学性协会主持人会议"（Council of Scientific Society Presidents）。除非是旅行中，否则我平常鲜少有时间收看周三的电视新闻，那天我正在旅馆房间里无聊地换着电视频道，无意间看见某些让我极为震惊的画面。播出的是美国哥伦比亚广播公司的《六十分钟Ⅱ》节目[2]，一连串令人难以置信的景象正从屏幕上闪现。在一群相叠成金字塔形的裸身男子身边，站着两名正朝着这堆囚犯露齿而笑的美国军人。有一名美国女兵牵着一名被狗链拴住脖子的裸男。还有一些看起来一脸恐惧的囚犯，似乎即将被一群虎视眈眈的德国牧羊犬攻击。影像有如色情幻灯片般连续播放：一丝不挂的囚犯们被迫在一边比出得意洋洋的手势、一边在抽着香烟的女兵面前手淫，还被命令做出模拟口交的动作。

第14章 阿布格莱布监狱虐囚事件

　　画面中的美军正折磨、羞辱、虐待他们的俘虏，难以想象的是他们用的方法竟是强迫囚犯们做出同性恋的举动。但事实摆在眼前，不容否认。其他令人难以置信的景象还有：囚犯们或站立或弯腰地做出压迫性的姿势，头上则戴着绿帽或是粉红女内裤。伊拉克才刚从独裁者/虐待者萨达姆的魔掌中逃脱，这些优秀青年不是被五角大楼送出国参加为伊拉克带来民主自由的光荣任务吗，他们是怎么了？

让人惊讶的是，在这个恐怖展中许多张影像里，加害者都与受害者一同现身。从事恶行是一回事，但把个人犯罪行为以图像方式长久记录保存于照片之中，可又是另一回事了。当他们照下"战利纪念照"时，这些人在想些什么？

在心理虐待行为上最具代表性的影像终于出现了，一个戴着头罩的囚犯摇摇晃晃地站在一个瓦楞纸箱上，两只手臂向外伸展，手指上缠着电线。他以为（戴维斯中士让他这样相信）只要他的腿撑不住从纸箱上掉落，他就会立刻被电死。他的头罩被人短暂掀开，好让他看到从墙壁上延伸到他身体的电线，这些电极都是假的，目的只是要让他感觉焦虑，而不是要造成肉体上的痛苦。他颤抖地处在担心死期将至的极端恐惧中，我们不清楚这状态持续了多久，但是我们很容易能想象这经验所造成的心理创伤，并且同情这名戴上头罩的男子。

至少有十几张影像从电视屏幕上一闪而过，我想关掉电视，视线却无法从屏幕上移开，这些生动照片以及所造成的幻灭感掳获了我全部的注意力。在我开始考虑造成这些军人出现这类行为表现的各种假设前，我甚至和其他国人一样肯定地认为，这些虐行只不过是一小撮"老鼠屎"所为。美国参谋首长联席会议的主席理查德·B.迈尔斯（Richard B.Myers）曾在一档电视访问中声称他十分惊讶于对这些行为的辩解，也对这些犯罪性虐行的照片感到震惊。但他仍然表示自己十分肯定并无证据显示这是"系统性的"虐待行为，相反的，他坚持主张这不过是一小撮"流氓军人"犯下的个案。根据这个权威的军方发言人说法，超过99.9%在海外的美军都是模范生——意思就是说，犯下如此可憎之虐待行为的败类还不到全部人的千分之一,我们实在无须大惊小怪。

"坦白说,我们所有人都因为这些少数人的行为而感到挫折。"美国准将马克·金米特(Mark Kimmitt)在《六十分钟Ⅱ》谈话节目中受访时说道。"我们一直很敬爱我们的军人,可是坦白讲,我们的军人并不总是让我们引以为荣。""我很欣慰地知道,参与这类不可思议堕落虐行的人,只不过是在美国许多军事监狱中担任狱卒的少数流氓军人。"[3]

请等等。在完成他所主管的伊拉克军事监狱系统的全面调查前,迈尔斯准将是怎么知道这些事情只是孤立的个案?这类说法需要证据支持,然而这些照片中的事实才刚被揭发出来,不可能有人有足够时间进行全面调查。这个官方说法是试图为系统推卸责任、把责任归咎于恶劣环境中少数最基层的人,但这样做反而更启人疑窦。他的说法让人联想到,每当有媒体揭发警察虐待罪犯的新闻时,警界首长们总是把责任怪罪给锅中的少数老鼠屎,借此将新闻焦点从警界风纪转移到其他地方。官方急于以天性式看法将责任归咎于害群之马,这种行为在系统的忠实守护者中实在是屡见不鲜。同样的做法也出现在学校系统中,每当出事,校长和老师们总是把责任推到特别"离经叛道"的学生身上,而不是花时间检讨枯燥的课程或特定师长在课堂上的粗劣表现,这些都是造成学生注意力转移而酿成事件的原因。

国防部长拉姆斯菲尔德也发表公开谴责,他称这些行为"极度恶劣"、"违背美国价值"。"社会大众在这些影像中所看见的美国军方人员形象,已经毫无疑问地冒犯并激怒了国防部的所有成员。"他这么说道。"我们要严惩犯错者,评估整个经过,并导正所有问题。"接着他又附加了一段声明,拐弯抹角地转移舆论抨击的焦点,即军方未对陆军后备宪兵提供这类艰巨任务的适当训练,以及预备措施的不足："如果一个人不知道照片上那些行为是错误、残酷、野蛮、下流而且违背美国价值，那么我不知道我们还能给他们什么样的训练了。"[4]拉姆斯菲尔德也迅速重新定义这些行为的性质为"虐待"而非"酷刑折磨"，他这么说的："到目前为止被指控的罪行都是虐待，从技术上来说，我认为它们跟酷刑不同。我不会用'酷刑'这个字眼来形容整件事。"[5]这论述又再次转移了抨击的焦点，但我们会想问：拉姆斯菲尔德所谓的技术性，指的是什么？[6]

通过黄金时段的电视节目、报纸的头条新闻、杂志及网站的连日报道，媒体将这些影像传遍全世界，于是布什总统立即启动一个史无前例的损害控制方案，以捍卫他的军队及政府，尤其是他国防部长的名声。他尽职地宣布将对事件展开独立调查，务求"彻办到底"。而我纳闷的是，总统大人是否也下令要"彻办到最高层"，以便让国人能够了解丑闻事件的全貌，而不只是拼凑出一个梗概？事情似乎是如此，因为他的伊拉克联盟行动副总指挥，马克·金米特准将曾公开宣称："我愿意坐在这里告诉各位，这些是我们所知的唯一虐囚案件，不过我们也明白自从我们到伊拉克以来，这里一直存在一些其他的个案。"（这说法和迈尔斯将军的声称抵触，迈尔斯断言这是独立的偶发事件，而非系统性行犯。）

事实上，根据美国国防部陆军中校约翰·斯金纳（John Skinner）的说法，自从阿布格莱布丑闻案揭发以来，有太多的虐待、酷刑及杀人事件紧接着被披露出来，以至于截至2006年4月，这类指控已启动了400个独立军事调查行动。

我在执行巴西酷刑研究时已经见过不少极端虐行的恐怖画面，尽管如此，从阿布格莱布这个名字充满异国风味的监狱中流出的

第14章 阿布格莱布监狱虐囚事件

影像还是震撼了我，这些画面中有一些不同却十分熟悉的东西。不同点是在于加害者做出的玩谑及毫无羞耻感的心态。根据那个似乎十分无耻的女兵琳迪·英格兰（Lynndie England）的说法，这不过是些"玩笑和游戏"而已，照片中她流露出的笑容和周遭正在上演的灾难一点也不搭调。然而有某种熟悉感占据着我的注意力，当我辨识出熟悉感来自何处时，那一刻我突然了解到这些照片使我又回到了斯坦福监狱中，又重新经历过一遍最糟的场面。套在囚犯头上的袋子、裸体、羞辱性的性游戏，像是一边裸露着阴茎一边把手背在背后模仿骆驼，或是在彼此身上做跳蛙运动等，都可跟斯坦福监狱中的学生狱卒对学生囚犯们所施加的虐待行为比较。此外，正如我们的研究，最恶劣的虐待行为都在夜晚的值班期间发生！而且在这两个案例中，囚犯都是因审前拘留而被留滞在狱中。

阿布格莱布监狱发生的事件就像是重现了斯坦福监狱实验中最糟糕的场景，只不过这次是在可怕的状态下一连进行了好几个月，非我们那短暂且相对仁慈的模拟监狱情境所能比拟。我曾亲眼见到，原本乖巧的男孩一旦沉浸在赋予他们完成任务的绝对权力情境中时，会变成什么模样。在我们的研究中，狱卒们并不曾受过事前的角色训练，我们只进行最低限度的管理以稍微缩减他们对囚犯的心理虐待。想象一下，当我们实验情境中的所有限制都被取消时，事情将会变成什么模样；我知道在阿布格莱布监狱中必定有极强大的情境力量，甚至是更具支配性的系统力量在发挥作用。我要如何了解一个如此遥远情境中的行为背景？我要如何揭发创造并维持此一情境的系统真相？对我而言，显然这个系统目前正极力隐藏它在虐待事件中的共犯角色。

无意义虐待的背后意义

斯坦福监狱实验的设计透露了一个明显的事实：一开始我们的狱卒都是行为端正的人，然而受到强有力的情境力量影响，其中有些人开始变邪恶。此外，我也在后来了解到，正是我个人以及我的研究团队必须对创造出的系统负责，因为是它让情境的影响如此有力并且深具破坏性。我们没有提供适当、由整体到部分的约束与限制以制止对囚犯的虐行，我们所设定的工作事项和程序助长了去人性化和去个人化过程，促使狱卒创造出各种邪恶行径。再者，当事情开始失去控制时，当内部揭弊者迫使我必须承认自己对这些虐待行为负起责任时，我们可以利用系统力量来中止实验。这也是我们的实验和这事件的不同处。

相形之下，当我试着了解发生在阿布格莱布监狱的事件时，已经处在过程的结束阶段，唯一的根据只有恶行的记录。因此我们必须做反向分析，必须判断他们在被指派到伊拉克监狱发生虐囚案的楼层中担任狱卒之前，都是些什么样的人。我们是否可以在他们身上找出任何蛛丝马迹，证实他们在进入监狱时并带进了病态因子，以便将天性倾向和特殊情境对他们的诱导作用分离开来？接下来的挑战是，我们是否有能力揭露他们行为脉络的真相？在那个特殊情境、特殊时刻，狱卒们面对的究竟是什么样的社会现实？

最后，我们必须找到关于权力结构的若干证据，它必须为创造并维持地牢生态负起责任，伊拉克囚犯和美国狱卒同样都是这个生态的一分子。系统利用这个特殊的监狱来无限期收容所谓的"被拘留者"，却未提供任何法律资源援助，更运用"高压手段"拷问，而它能提出什么样的理由为此辩护？这些狱卒无视于日内瓦公约的保护措施以及军队自身的行为守则，也就是禁止任何残酷、非人性、损害人格的方式对待犯人，而干下了这些虐行，这是出于什么层级所做出的决定？这些规则提供的是任何民主国家对待囚犯的最基本行为标准，无论在战争时期或是天下太平，这些标准都一样。国家遵守规则不是出于慈悲为怀，这么做是希望当自己的军人成为战俘时，也能得到像样的待遇。

我并不是受过训练的调查报道者，也没办法旅行到阿布格莱布去访问虐囚事件的关键参与者，更不可能期望能接触到令人困惑的心理现象。如果我没办法妥善运用身为斯坦福监狱监督者所得到的独特圈内人知识，去了解这些看似毫无意义的暴行，那将会是种耻辱。关于制度性虐待的调查，我从斯坦福监狱实验中所学到的是，我们必须去评估造成行为结果的各种不同因素（包括天性、情境性和系统性因素）。

华盛顿特区的苹果花季

命运忽然站在我这边；一名在美国华盛顿特区国家公共广播电台（National Public Radio）工作的斯坦福校友发现阿布格莱布监狱流出的照片，和我在课堂上曾展示给学生观看的斯坦福监狱实验照片两者之间的相似性。于是在事件浮上台面后不久，他在我在华盛顿的旅馆中找到我，并且对我做了一段访问。我在访谈中的主要论点是要挑战政府所谓的"害群之马"之说，而根据我从阿布格莱布情境和斯坦福监狱实验的相似性之间所得到的心得，提出"大染缸"观点取而代之。许多电视、广播及报纸访问很快就以这个首次国家公共广播电台访谈为消息来源，针对"害群之马"及"大染缸"的说法做了许多引述报道。由于生动的录像画面及来自我们实验监狱的影像，为这个说法带来戏剧性的效果，我的评论受到媒体的瞩目与重视。

这个全国性广泛曝光又接着引起加里·迈尔斯（Gary Myers）注意，迈尔斯担任其中一名宪兵卫成员的咨询师，他的客户据称曾做出虐待行为，而他发现我的研究有助于突显造成虐待行为出现的外在决定因素。于是迈尔斯邀请我担任中士伊万·弗雷德里克（昵称"奇普"）的专家证人，这名宪兵在阿布格莱布监狱的1A和1B层级院区担任夜间值班工作。而我同意了，部分是因为这样一来我就可以接触到所有所需的信息，以便在分析归纳这些异常行为原因时能对上述三个因素——个人、情境以及将个人安置到犯下罪行位置上的系统——所扮演的角色有全面性的了解。

在这些背景信息的帮助下，我希望更完整地评价激发这些脱轨行为的交互作用。在这过程中，我虽同意提供迈尔斯的客户适当协助，然而我也清楚表明我的立场，比起其他参与罪行的加害者，我更同情勇于揭发虐行的乔·达比（Joe Darby）[7]。于是在这些条件下，我加入了中士弗雷德里克的辩护团队，并且展开一趟前往黑暗之心的新旅程。

在进入分析的一开始，我想让各位更了解那地方——也就是阿布格莱布监狱的大致情形，包括它的地理、历史、政治及最近以来的运作结构和功能，然后再继续检视处在这个行为脉络中的狱卒及囚犯。

阿布格莱布监狱

阿布格莱布城位于伊拉克首都巴格达以西32公里处。它位于逊尼派三角地带（Sunni triangle），是反对美国占领力量的暴力冲突核心。过去这里的监狱被西方媒体称为"萨达姆的刑求总部"，因为在伊拉克复兴主义政权的统治下，萨达姆将此地作为刑求及谋杀"异议人士"的刑场,每周执行两次公开死刑。一些人士认为,这里的一些政治犯及罪犯们被用来进行类似纳粹曾做过的人体实验,这座监狱是伊拉克生化武器发展计划的一部分。

无论何时,都有多达五万人被关在这个不规则的监狱综合建筑里,它的名字翻译过来的意思就是"陌生父亲之家"。这所监狱一向声名狼藉,在抗精神病药物氯丙嗪(Thorazine)发明之前,这里曾是收容重度失常病患的精神病院。它在20世纪60年代由英国包商所建,面积达280英亩(1.15平方公里),周围共环伺着二十四个守望塔台。这是个不规则的小型城市,可划分成五个由围墙分隔开的建筑群,各自收容特殊类型的囚犯。在监狱中央的开放型天井中矗立着一座120多米高的巨型高塔。大部分的美国所用的监狱都建在偏远的乡下,但阿布格莱布监狱却位于大型公寓住宅及办公室(也许这些建筑是在1960年后所建)的视线范围之内。监狱的内部则是人满为患,4平方米的狭窄空间中最多塞了四十个人,生活条件极其恶劣。

美国陆军上校伯纳德·弗林(Bernard Flynn)——阿布格莱布监狱指挥官——曾这样形容监狱距离攻击火力有多近:"这是一个目视度极高的箭靶,因为我们位于危险区域内,整个伊拉克就是个危险区域……其中的一个塔台盖得离附近建筑太近,近到我们只要站在阳台那里就可以看见人家的卧室。在那些屋顶和阳台上埋伏着狙击手,他们对着上到塔台的士兵们开枪。所以我们一直处在戒备状态,一边得防守来自外面的攻击,一边得努力让里面不会出乱子。"[8]

2003年3月,美军推翻了萨达姆政权,为了摆脱它不名誉的过去,这座监狱就改名为巴格达中央监狱(Baghdad Central Confinement Facility),它的首字母缩写BCCF也因此出现在多篇调查报告当中。当萨达姆政权垮台时,所有囚犯——包括许多罪犯——都获得释放,监狱也被洗劫一空。所有能被拆下的东西,包括门、窗子、砖头等,只要你说得出来的东西都有人偷。顺道一提——这个媒体可没报道,就连阿布格莱布动物园都门户大开,所有野生动物都被放了出来。有一段时间,狮子和老虎就在城里的街上四处乱逛,直到它们被抓起来或被杀掉为止。前美国中情局局长鲍柏·贝尔(Bob Baer)形容他在这个恶名昭彰的监狱里目击到的景象:"我在阿布格莱布'解放'后几天造访了这个城市,我见到的是前所未见的恐怖景象。我说:'如果推翻萨达姆还得有个理由,阿布格莱布就是最好的理由了。'"他继续补充一些骇人的描述:"我看到那里的尸体被狗啃食,身上还可看出受到刑求的痕迹。电极就从墙上延伸出来,真是个恐怖的地方。"[9]

尽管有英国资深官员建议应该拆除监狱,美国方面的权威人士还是决定尽快重建监狱,以使用来留置那些被含糊定义为"从事反对联军之犯罪活动"的嫌疑犯、暴动领导人以及各种罪犯。负责管理监督这群乌合之众的则是不怎么可靠的伊拉克狱卒。监狱中的许多被关押者都是行止端正的伊拉克公民,什么样的人都有,他们或是在军队扫荡中被随机带走,或是在公路检查哨中因"从事可疑活动"而被抓起来。他们之中包括一整家的人——男女老幼,所有人都受到监狱方面的讯问,以便从他们口中套出关于日渐活跃的反联军活动的意外消息。人们被捕讯问后即使证明为清白也不会获得释放,原因可能是因为军方担忧他们会加入暴动,也可能是没有人愿意为释放决定负起责任。

迫击炮攻击的靶心

阿布格莱布监狱中央耸立的120多米的高塔很快成了附近建

筑物顶端架设的迫击炮所对准的靶心,每天夜里都遭受炮火攻击。2003年8月,一枚迫击炮炸死睡在院外"无屏护区"的11名士兵。而在另一次攻击行动中,一枚爆裂物狠狠冲进一座塞满士兵的兵营,当时美国陆军上校托马斯·帕帕斯(Thomas Pappas)也正在这座兵营内,他是派驻在该监狱的某个军情旅的首长。虽然帕帕斯毫发无伤,但是担任他驾驶员的年轻士兵却被炮火炸成了碎片,与其他军人们一起阵亡了。这个突如其来的恐怖经历吓坏了帕帕斯,从此不敢脱下身上的防弹背心。有人告诉我,就连在淋浴的时候他也穿着防弹衣、戴着钢盔。帕帕斯后来因被判定为"不适于作战"而解除了职务。他的心理状态每况愈下,已经让他无法胜任迫切亟须的管理任务、继续监督属下在狱中的工作了。在这次骇人的迫击炮攻击过后,帕帕斯将他所有的士兵安置在监狱墙内的"屏护区",也就是说他们通常得睡在狭小的囚室里头,就跟那些犯人一样。

阵亡同袍的故事以及持续不断的狙击子弹、手榴弹和迫击炮攻击,在被指派到该座监狱值勤的军人间制造出一种恐怖气氛,他们在一个礼拜间要遭到多达二十次的敌对攻击,包括美国士兵、伊拉克囚犯及被拘留者都在这些猛烈炮火中阵亡了。随着时间过去,攻击行动摧毁了某部分监狱设施,视线所及之处均遍布着被烧毁的建筑物及破瓦残砾。

如此频繁的迫击炮攻击构成疯狂的阿布格莱布超现实环境的一部分。乔·达比回忆,当他和弟兄们在听到炮火发射的隆隆声后,他们会开始讨论,试着猜测迫击炮的降落地点及它的口径大小。然而面对死亡的麻木心理无法一直持续下去。达比承认,"就在我的单位即将离开阿布格莱布的几天前,大家忽然第一次开始忧心迫击炮的攻击。这实在太诡异了。我发现他们缩成一团一起靠在墙上，而我自己则蹲在角落里祷告。忽然之间，麻木感消失了。当你看着这些照片时，你必须记得这件事，我们所有人都以不同的方式变得麻木不仁。"

根据一位曾在该地服役数年的高阶知情人士说法，无论在此工作或被收容于此，这个监狱都是个极其危险的地方。在2006年，军队指挥部终于决定放弃这座监狱，然而为时已晚，当初重建它的决定所造成的破坏再也无法挽回了。

饱受战火蹂躏的阿布格莱布监狱没有污水处理系统，这更加重了士兵们的不幸与痛苦，因为他们只能蹲在地上挖好的洞或是到流动厕所去解决生理需求。即便如此，外边也没有足够的流动厕所可供囚犯和军人使用。这些厕所并未定期清理，里面粪尿四溢，夏天高温催化，所有人无时无刻不受恶臭侵袭。监狱中的淋浴设施也不足，用水限量供应，没有肥皂，因为缺乏可信赖的营运发电厂，电力供应还会定期中断。囚犯们散发恶臭，监禁囚犯的监狱设施一样是臭烘烘。夏天骤雨之下的气温常上升至超过45℃，监狱就成了烤炉或三温暖。每当暴风来袭时，细微的粉尘钻进每个人的肺部，造成肺充血和气管炎。

新官上任，前途未卜

2003年6月，美国任命了一名新官员负责管理形同灾难的伊拉克监狱。后备役准将贾尼斯·卡尔平斯基（Janis Karpinski）成为第800宪兵旅旅长，负责管理阿布格莱布监狱及所有其他在伊拉克境内的军事监狱。这项任命十分奇怪，理由有两点，其一，卡尔平斯基是战场上唯一的女性指挥官，其二，她完全缺乏经营监狱系统的经验。而现在她必须指挥三座大型监狱和位于伊拉克各地的17座监狱、8个营的士兵、数以百计的伊拉克狱卒、3400

名毫无经验的后备役军人，以及位于1A层级的特殊讯问中心。对于一个经验不足的后备役军官而言，这项忽然落在肩头上的任务实在是太过沉重。

根据数个消息来源说法，卡尔平斯基很快就因危险性及生活条件恶劣而离开她在阿布格莱布的驻地，撤退到位于巴格达机场附近、安全性及防御性较佳的胜利营地（Camp Victory）。由于大多数时候卡尔平斯基都不在阿布格莱布监狱里，并经常前往科威特，因此该监狱缺乏由上到下、来自官方的日常监督管理。此外，她也声称指挥层级更高的人士曾告诉她，1A层级院区是个"特别的地方"，不在她的直接管辖范围内，因此她从来也没造访过那里。

由于整座监狱只是由一名女性在名义上负责管辖，这也助长了士兵之间的性别歧视态度，并导致一般军队纪律和秩序的瓦解。"卡尔平斯基将军在阿布格莱布的属下有时会无视于她的指挥，不遵守着军服及向上级致敬的规定，这也让整座监狱纪律废弛的情形更加恶化。"一名隶属该旅的成员这么说。这名匿名发言的军人也说战场上的指挥官习惯不把卡尔平斯基将军的命令当回事，理由是他们不必听从一个女人的话。[10]

令人难以理解的是，阿布格莱布的情况如此恶劣，卡尔平斯基将军在2003年12月接受《圣彼得堡时报》（*St. Peterburg Times*）的访谈时，却对此大加赞扬。她说对许多囚禁在阿布格莱布监狱的伊拉克人而言，"监狱里的生活比住在家里还舒服。"她还说，"我们有时候还担心他们不想走呢。"卡尔平斯基将军在圣诞节前夕的一个访谈中发表了如此兴高采烈的看法，然而就在此时，少将安东尼奥·塔古巴（Antonio Taguba）却正在进行一份调查报告，内容是关于多件"残酷、露骨、肆无忌惮的犯罪虐行"，加害者正是卡尔平斯基在第372宪兵连的后备役军人，来自1A层级院区的值夜狱卒。

卡尔平斯基将军后来因此事受到申诫、停职以及官方谴责，并被免去该项职务。她也从准将被降级上校并提前退职。她是第一个也是唯一一个在虐囚调查中被认为必须受到谴责的官员，原因是她的疏忽及对此事毫无所知——不是因为做了什么事，而是因为她没做的事而受到谴责。

在她的自传《女人从军记》(*One Woman's Army*)中，卡尔平斯基从她的立场提出另一种说法[11]。她叙述由杰弗里·米勒(Geoffrey Miller)少将率领、来自关塔那摩的军事团队来访时发生的对话，米勒少将告诉她，"我们来这里的目的是要改变阿布格莱布这里的讯问方法"。意思就是"不必客气"，对于这些暴动嫌疑分子无须手下留情，而且要运用一些手段取得"可起诉的情报"，好在这场对付恐怖分子和暴动分子的战争中派上用场。

米勒也坚持将监狱的官方名称从巴格达中央监狱改回原名，因为伊拉克人民对阿布格莱布监狱这名称的恐惧感仍未消除。

她也提到美国驻伊拉克军事指挥官里卡多·桑切斯中将也曾针对囚犯和被拘留者做出和米勒少将同样的发言，他说他们"跟狗一样"，对付他们需要拿出更严厉的手腕。在卡尔平斯基的看法中，她的上级长官，也就是米勒和桑切斯将军制定了一套新办法，目的是在阿布格莱布监狱中从事去人性化及拷问工作。[12]

奇普·弗雷德里克出场

2004年9月30日，我第一次和奇普·弗雷德里克见面，通过他的法律顾问加里·迈尔斯的安排，我和弗雷德里克及他的妻子马莎在旧金山共度了一天。当我和弗雷德里克进行四小时的深度访谈时,马莎则稍微逛了旧金山,然后我们一起在我位于俄罗斯丘(Russian Hill)的家中共进了午餐。从那时起,我和弗雷德里克开始有了积极的互动联系,也和马莎以及奇普的姐姐咪咪·弗雷德里克(Mimi Frederick)互通电话及电子邮件。

在读过他所有的记录以及所有可取得的相关报道之后,我安排在2004年9月让陆军的临床心理师阿尔文·琼斯(Alvin Jones)医师对弗雷德里克进行完整的心理评估[13]。我回顾了那些资料,以及由一位评估专家进行明尼苏达多项人格测验(MMPI)。此外,我也在那次访谈中做了一次心理倦怠测量,并邀请一位工作压力方面的专家对测量结果做独盲测验方法诠释。以下我先从一般背景介绍开始,并加入一些来自家庭成员的个人看法以及弗雷德里克近期的自我评价,接着再回顾正式的心理评估结果。

事件发生那年,奇普三十七岁,父亲是七十七岁的西弗吉尼亚煤矿工人,母亲是七十三岁的家庭主妇。他成长于马里兰州大湖公园山(Mt. Lake Park)的小镇中,他形容自己的母亲十分疼爱子女,而父亲也对他非常好。他最珍爱的记忆就是在车库中和父亲一起整理他们的车子。他的姐姐咪咪,是个四十八岁的执照护士。1999年他在弗吉尼亚州与马莎结婚;他是在工作的狱中认识了当时身为训练员的妻子,当时的她已有两个女儿,于是他成了她们的继父。

奇普形容自己"十分安静,有时候很害羞,脚踏实地,心肠软,好说话,大体上是个好人"。[14]然而,我们必须注意到一些额外的描述:奇普一般而言害怕被别人拒绝,因此每当出现争执时,他经常会为了被人接纳而让步;改变自己的想法来适应别人,这样他们就不会"生我的气或讨厌我"。其他人甚至可以影响他已经下定决心的事。他不喜欢独处；他喜欢身边围绕着人们；每当他独处时，不管时间多长，他的心情都会很郁闷。

我对于羞怯的研究已经对羞怯与顺从间的关系提供了经验证据。我们发现，当害羞的大学生认为自己得公开为自己的观点辩护时，可能会对持不同意见者做出让步，同意后者的看法；但是当他们不需要担心公开对抗时，他们并不会顺从。[15]

监狱工作经验及军旅记录

在被编入伊拉克的任务分组之前，弗雷德里克在柏金汉惩戒中心（Buckingham Correctional Center）这所小型的中度设防监狱中担任行为矫正官，该监狱位于美国弗吉尼亚州迪尔温（Dillwyn），他从1996年12月起就开始担任这个工作，长达五年之久。

弗雷德里克在监狱中担任楼层主任，负责管理60—120名收容人犯。他在接受机构训练时认识了他的训练员马莎。在他的工作记录中唯一的瑕疵是因穿错了制服而受到申诫，不过因为他救了一名人犯的自杀举动而得到一次嘉奖，所以平衡过来。在担任狱警之前，弗雷德里克任职于博士伦公司（Bausch & Lomb）。

因为弗吉尼亚州的狱政局每年都会执行例行评估，所以我可以读到许多他的行为表现评量记录。综合许多评估官员的观察心得，奇普在通过试用期训练而晋升为行为矫正官的过程中表现十分杰出，几乎在所有的特殊表现领域中都得到超乎预期的评价。

"弗雷德里克矫正官在试用期间所指派的各项任务中，表现均十分优异，已符合所有制度上的行为考核标准。""弗雷德里克矫正官积极进取，工作表现极佳。"（1997年4月）

"弗雷德里克矫正官对个人工作空间维护得十分安全、严密、清洁。""他和同僚及人犯们的互动关系良好，他完全了解工作内容、规定的程序及政策,且乐于协助他人完成他们的工作任务。"
(2000年10月)

总体而言,有很多的正面评价,他的工作表现最后也得到"超乎预期"的最高评价。然而在这些结案报告中,其中一份提出一个重要结论,可以给我们一点启发,"任何因素都无法超出这名雇员的控制范围,而影响到他的表现"。我们必须谨记这一点,因为我们正是要主张"超出他控制范围的情境因素"的确损害了他在阿布格莱布监狱的表现。

当有明确的工作程序及明文规定的政策可遵循时,奇普·弗雷德里克的确表现极佳,这让他成为一名不可多得的行为矫正官。他显然可从工作中学习,并从他的督导员的监督和意见回馈中获得成长,他十分重视仪容,举手投足尽力维持专业形象,这些都是奇普个性中十分重要的特质。但是在我们之前所提到过的恐怖

生活条件下，奇普的这些特质都将受到严重打击，在奇普值夜班的1A层级院区情况甚至更糟。

1984年奇普因为金钱、经验以及友谊等因素而从军，当时从军似乎是件很爱国的事。他在美国国民警卫队的战斗工兵单位服役11年多，而后加入后备宪兵同一军种继续服役十年。下部队之后，他的第一个海外工作任务是在2003年前往科威特，接着他到了巴格达南方的一个小镇希拉（Al-Hillah），和六名好伙伴一起服务于第372宪兵连，担任勤务士负责发派巡逻工作[16]。他曾告诉我：

> 这个任务真是棒极了，当地人很欢迎我们。那里没什么大事也没什么受伤机会，一直到我们离开（并由波兰联军接管），一切都很平静。我把它当成一趟文化学习之旅，我学了点阿拉伯语，而且真的跟当地人互动。我给（那个村子里的）孩子们许多袋装满糖果的礼物，孩子们看到我都开心得不得了。

弗雷德里克还说，只要听孩子们说话、花些时间陪他们玩，就可以让他们笑起来，他对这样的自己一直觉得很骄傲。[17]

奇普·弗雷德里克是美国的模范军人，从他军旅生涯中所赢得的许多奖章就可以看出。这些奖项包括：陆军功绩奖章（三次获奖）、陆军后备役功绩奖章（四次获奖）、国防奖章（两次获奖）、表扬配合特殊异动或临时勤务的后备役武装部队服役奖章、士官专业发展勋表、陆军服役勋表、陆军后备役海外服役勋表、全球反恐怖主义战争奖章，以及全球反恐怖主义战争远征奖章。弗雷德里克也差一点因处理在阿布格莱布监狱中发生的叙利亚居留者枪击事件而得到铜星勋章，但最后因虐囚案浮上台面而未获奖。就我的看法，这些奖章让人肃然起敬，对一个后来被贴上"流氓军人"标签的人而言更是如此。

弗雷德里克的心理评估[18]

根据结合评量语文智商及作业智商的标准智商测验结果，奇普的智商落在平均水平内。

我曾邀请专家对奇普进行人格及情绪功能的评量，这三份评量均包含效度量表，可评估受测者在测验项目中自我描述的一致性，并剔除撒谎、防卫性作答及造假的答案。在心理功能方面，奇普并未倾向于以过度正面或过度负面的方式自我表现。尽管如此，我们必须特别注意这个结论，根据来自陆军的心理学者所做的评估，他认为"效度量表显示患者将自己呈现为品行端正的人"。此外，这些标准化测验结果也表明奇普·弗雷德里克并没有"虐待狂或病态倾向"。这个结论均强烈指出一件事：军方及政府方面的辩护人士针对他做出的"害群之马"特质论谴责，毫无事实根据。

> 测验结果指出患者强烈渴望获得抚育和照顾，并维持一种支持性的关系。他希望能依靠他人并得到他人在情绪方面的支持，以及他人的情感、照顾和安全感，但当他寻求这样的关系时，别人则期望他要当个体贴、听话、顺从的人。他的脾气很容易受到安抚，而他也会避免发生冲突。从这一点上来说，由于担心与他人产生疏离，他通常会怯于表达负面感受。他会表现出过度需要安全感和情感依靠的倾向，希望被照顾，一个人独处时，他可能会觉得很不自在。基于上述

特质,在某种程度上他会为了继续拥有安全感而屈从于他人的期望。[19]

临床心理学专家拉里·博伊特勒博士(Larry Beutler)独立为奇普·弗雷德里克做的人格评估结果,也与陆军临床心理学家的结论高度吻合。首先,博伊特勒博士指出,"评估结果可被合理认为具有可信度,并可作为其(弗雷德里克)人格现状的有效指标"。[20] 而他用粗体文字继续说明,"**我们必须注意并无证据显示存在重大的病理症状……(他)未表现出严重的人格问题或第一轴精神违常病状**"。

上面这些话的意思是,没有任何证据显示奇普有心理病态人格,因此容易在工作环境中表现出虐待行为,而且可以对此毫无罪恶感。而就精神分裂症、忧郁症、歇斯底里,以及其他重大心理疾患来考虑时,奇普的评量结果仍然是落在"正常、健康范围"之内。

然而博伊特勒博士也说,就他个人深思熟虑后的看法,考虑到奇普基本心理特质可能出现的并发症,当奇普的领导力在阿布格莱布监狱那样复杂、困难的情境下受到挑战时,他会出现的什么样的反应实在令人关切:

> (弗雷德里克的)这些心理并发症可能会削弱他适应新情境的能力,也或许会降低他的灵活性以及对变化的适应力。他可能变得优柔寡断、缺乏安全感,而且得依赖其他人帮他做决定……他会想要确定自己的价值、希望自己努力能够被肯定,并且会十分需要其他人协助他设定和完成他的工作,或是帮他做决定……他很容易被别人牵着走,而且尽管他尽

力想要"做对的事",还是很可能会被情势、权威人物或是同侪压力所左右。

认知心理学方面的研究显示,当处在时间压力或是身兼多职的情况下,人们在各项任务上的表现都会打折扣,这是因为个人的认知处理能力负荷不了的缘故。当平常的心智处理能力被过分扩张时,记忆力、问题解决能力以及判断力、决策力都会因此而受损[21]。我将主张当奇普每天晚上都得从事他极端棘手的新工作时,他平常的认知能力确实是被情境加诸于他的过度负担给压垮了。

从奇普自己的观点,他怎么看待自己在1A层级院区的夜间值班工作呢?我想邀请读者,请你像之前一样想象你是个实验参与者,或者说受试者,你现在正在做各种社会心理学实验,而你必须扮演奇普·弗雷德里克的角色一阵子,时间是从2003年10月到12月。

害群之马还是模范生?

在我们从天性式分析转移到情境力量的分析之前,必须随时谨记这位年轻人在进入该情境之前并没有任何病理倾向。从他的记录中找不到蛛丝马迹可以让人料到他会做出虐待人的残酷行为。相反的,他的记录很可能让人认为如果不是被迫在不正常的行径下工作与生活,他可能早就是军队征兵广告上的全美模范军人了。如果不是那样的情境,弗雷德里克上士可能会被军方当成热爱祖国,愿意为国家抛头颅、洒热血的爱国青年楷模来大肆宣传,他可能会被认为是从军队这个优良环境中培养出来的模范生。

但从某个意义上来说,奇普·弗雷德里克也可能就像斯坦福实验中的参与者，在进入位于地下室的监牢前，一直是个既正常又健康的好人。尽管他的智力水平或许没有比他们高，也不是中产阶级出身，但他就跟那些学生一样在一开始都是洁白纯净，宛如白布一匹，然而在病态的监狱环境中却很快受到了污染。是什么样的情境引出了这个好军人心中最坏的一面？它如何彻底改造一个好人，让他平常的心智和行为都因此而扭曲？这匹"白布"到底落入了什么样的"染缸"里？

1A层级监牢的梦魇与夜间游戏

由于弗雷德里克上士在监狱中的工作经验，因此他被指派管理一小群后备役宪兵，负责阿布格莱布监狱的夜间值班工作。他必须监看"屏护区"内的四个楼层中的活动，屏护区位于水泥墙内，有别于外头只用铁篱圈起保护的兵营。其中一个兵营叫做"警戒营"（后来被更名为"赎罪营"），这个兵营有四个独立院区，而1A层级是专门用来讯问人犯或"被拘留者"的地方。讯问过程通常是由民间约聘的人来执行，有些人会通过翻译者协助［由泰坦公司（Titan Corporation）雇用］，而美国军方的情治单位、中情局及其他勤务单位则负责督导，但并未严格执行。

一开始，弗雷德里克上士只负责管理约400名囚犯。但是在2003年的11月，当时他所属的第372陆军后备役宪兵连［驻扎地美国马里兰州克里萨普镇（Cresaptown）］接手了第72国民警卫队宪兵连的工作。起初他只有办法应付移交给他的任务，这对于在家乡只负责指挥约百余个中级设防囚犯的他而言，难度已经很高了。然而在布什总统宣布解放伊拉克的"任务完成"之后，伊拉克人们对于美军的支持度并未提升，乱象急速蔓延开来。反对美国和联军占领行动的暴动及国外恐怖主义活动加速猖獗。没有人料到会出现如此大规模、不约而同的极度动乱，而且情势越演越烈。

每个人内心充斥为许多战死同袍复仇的心态，混杂了恐惧以及不知道如何遏止动乱的不确定感。只要任何地方爆发动乱，上级就会命令士兵们将镇上所有可能的嫌疑犯统统抓起来。于是到处都有整个家庭，尤其是成年男性被逮捕起来的情形。拘留系统无法妥善处理新出现的大批工作，路旁散落着记载被拘留者身份及讯问信息档案；11月间，囚犯人口数倍增，12月间更增至三倍，总数超过千人，在这样的人口压力下，基础资源与设施根本完全应付不来。

奇普被要求管理所有人犯，除了必须管理约12人的宪兵之外，还得监看约50—70名的伊拉克狱警，后者负责看守超过1000名因各种犯行而被监禁起来的伊拉克人。在2、3、4层级工作的伊拉克狱警经常为钱而帮犯人走私武器或其他违禁品，声名狼藉。尽管囚犯的平均年龄在二十岁左右，监狱里还是有约50名青少年、年龄小到只有十岁的孩子以及六十几岁的老人，这些人全被关在一个大牢里。女囚、妓女、将军夫人和萨达姆的政党要员的妻子，这些人则被监禁在1B层级。A、B层级的监牢中随时都关着约50名人犯。简言之，对于一个工作经验只限于在弗吉尼亚州小镇，管理一小群中级设防人犯的人来说，要在资源不足、异国人犯暴增的情况下管理复杂的监狱设施，负担实在太过沉重。

训练与责任

津巴多（以下简称津）："请告诉我们关于你在阿布格莱布监狱受训成为狱警及狱警领导人的过程？"[22]

弗雷德里克（以下简称弗）："没有。这个工作没有训练。当我们调动到李堡时，我们有上过一堂关于文化意识的课，约45分钟，基本上就是告诉我们不要讨论政治、不要讨论宗教，不要用蔑称，像是'头巾人'、'骑骆驼的'、'破布头阿仔'之类的方式称呼他们。"

津："请描述你所受到的督导，以及你觉得你对上级负有什么样的责任？"

弗："没有。"

弗雷德里克的值班时间从下午4点直到隔天早上4点，共持续12小时。他说有少数长官曾经在晚间出现在1A层级监狱，甚至在夜班一开始就短暂出现在牢里。由于他的长官没有受过惩治教育的相关训练，因此他从斯奈德（Snyder）中士那里根本得不到任何督导。然而，奇普的确有好几次向他的长官斯奈德、布林森（Brinson）和里斯（Reese）提供建议或是提议做一些改变。

津："你会提供建议？"

弗："对，关于监狱的运作。像是不要把犯人铐在牢房门上，除非犯人有自残倾向、无法掌握他的精神状况，否则不要让犯人一丝不挂……我到达那里后要求的第一件事就是建立规则和操作程序……把青少年、男人、女人、精神状况有问题的人全都关在一块，这完全违反军队规定。"

津："所以你有试着把情形上报？"

弗："我会把情况告诉任何进来这地方而我认为他军阶够高的人……通常他们会告诉我，'能做就尽量做，继续把事情做好。'这就是军方情治单位希望的做事方式。"

而其他时候，奇普说他会因为抱怨监狱里的情形被层级较高的人嘲弄或辱骂。他们告诉他，现在正值战争非常时期，他得靠自己把事情搞定。那里没有什么明文规定的程序，也没有正式的政策方针或结构化的守则。在他人生中最重要的任务中，他希望能扮演好一个领导者的角色，他需要可以遵守的规则，然而他却没有得到任何程序性的支持。他孤单一人，没有任何可以依靠的支持系统。这工作情况对他而言确实糟到不能再糟，因为，从我们刚回顾过的评估结论中得知，这正好违反了奇普·弗雷德里克的基本需求和价值。这些情况注定会让奇普的角色失败，而这只是刚开始而已。

没完没了的夜班

奇普不只一天工作12小时，而是连续40天，不得休息，然后才会有一天的假。但紧接而来的，又是两个礼拜的艰苦工作。熬过这些之后，他才能在连续四天晚班后，有一天休假。我无法想象有哪个地方会把这样的工作时间表视为符合人性。由于受过训练的监狱工作人员极度短缺，再加上或许他的上级也没有察觉这样的日常工作量多么不堪负荷，没有人发觉或者是曾经关心过奇普的工作压力和潜在的倦怠倾向。

奇普在早上4点值完12小时的夜班之后，就回监狱的其他地方睡觉——就睡在牢房里！他睡在一个大约2米乘3米大小的囚室里，里头没有厕所，倒是有不少老鼠跑来跑去。他的寝室很脏，因为监狱里没有足够的清洁用具，也没有水可以让他把地方清理干净。在我们的访谈中，奇普·弗雷德里克告诉我，"我找不到东西可以让设施保持干净，抽水马桶是坏的，流动厕所里粪便都满出来了。到处都是垃圾跟发霉的东西。整个地方肮脏恶心得要命。你可以在监狱里看到尸块……那里有一群野狗在附近闲晃（从前萨达姆把被处死刑的囚犯埋在监狱某个地方，那些野狗会把地底的残骸挖出来,这情形一直持续到现在)。每天早上下班时都觉得精疲力竭,唯一想做的事就是睡觉。"

他错过了早餐、午餐,常常一天只吃一顿饭,吃的就是定量配给的美军军用即食口粮。"要喂饱的士兵太多,所以伙食的分量很少。我常常吃起司和饼干来填饱肚子。"奇普说。这个爱好运动和社交生活的年轻人还面临了一些逐渐出现的健康困扰,因为常常感觉疲倦,所以他停止了做运动的习惯,因为工作时间的关系,也让他无法和弟兄们互动交际。他的生活逐渐完全环绕着监狱督导工作,及他所指挥的后备役宪兵打转,这些工作对象快速成为社会心理学家所谓的"参考群体",这群新的圈内人开始对他产生极大的影响力。他开始陷入心理学家利夫顿稍早曾描述过的"整体情境"中,这种情境力量会使人的思维陷入狂热,正好比北朝鲜战俘营的情况。

其他出现在值班时间的人

最常担任1A层级监狱夜间值班任务的两个后备役宪兵是下士小查尔斯·格拉纳(Charles Graner, Jr.),以及专业军士梅根.安布尔(Megan Ambuhl)。格拉纳直接负责管理1A层级院区的夜班,奇普得在其他层级的军监中四处移动监督。他们下班后换专业军士萨布里纳·哈曼(Sabrina Harman)接手,有时候则由雅瓦尔·戴维斯(Javal Davis)中士代替接手。上等兵琳迪·英格兰负责档案管理,因此不会被指派从事这项任务,但她常到那里找她的男友查尔斯·格拉纳,还在那里庆祝她的二十一岁生日。专业军士阿明·克鲁兹(Armin Cruz)隶属第375军情营,也常到那地方打转。

"军犬巡逻兵"也会到1A层级来,他们到这里的目的是让狗

第14章 阿布格莱布监狱虐囚事件

吓唬犯人以阻止谈话，或是当怀疑犯人持有武器时用军犬强迫他们走出牢房，也可能只是单纯展示武力。2003年11月，五组犬兵团队被送到阿布格莱布监狱，在这之前他们是在关塔那摩监狱执行勤务。[中士迈克尔·史密斯（Michael Smith）以及上士桑托斯·卡尔多纳（Santos Cardona）是之后因虐囚被判有罪的两名军犬巡逻兵。]当出现特殊医疗问题时，医护人员有时也会来。还有一些泰坦公司雇用的民间包工，他们前来讯问被怀疑握有暴动或恐怖主义活动情报及消息的拘留者。通常他们需要翻译人员协助才有办法和被拘留的嫌犯互动。美国联邦调查局、中央情报局及军方的情治人员有时也会来此做特殊讯问。

正如我们可预料的，高阶军方人员极少在半夜造访。在奇普在此当班的那几个月，卡尔平斯基指挥官除了为一段导览影片做介绍时来过一次之外，从来没有到过1A和1B。一位该单位的后备役军人曾报告在他服勤于阿布格莱布监狱的五个月内，只见过卡尔平斯基两次。少有其他军官短暂出现在稍晚的午后，奇普会

455

把握这些难得的机会向他们报告监狱方面的问题，并提出他认为的改进之道，但没有一样获得落实。各式各样没穿军服也没带身份证明的人士来来往往于这两个层级的监狱单位。没有人负责检查他们的证件，他们可以完全匿名地做他们的事。民间包工向宪兵卫士们下指令，要求替他们完成讯问特殊囚犯的准备事项，这根本违反军队行为守则。服勤中的军人不应听从民间人士的指挥。大量运用民间包工来取代之前军方情治单位的角色，结果是军民界限越益模糊。

奇普寄往家中的书信和电子邮件清楚说明了一件事：他和其他后备役宪兵在1A层级院区中的主要功能只是协助讯问者，让他们的工作更有效率而已。"军方情治人员为我们打气，跟我们说'做得不错。'""他们通常不让其他人看见他们的讯问过程。不过因为他们欣赏我的管理方式，所以破例让我参观。"他骄傲地在信中说到他的属下都善于完成交代的任务，可以成功让被拘留者放下心防吐出讯问者想得到的情报。"我们让他们照我们意思说出我们想知道的消息……用我们的办法有很高的机会可以让他们吐出事实，通常在几个小时内他们就会乖乖地说出一切。"

奇普家书重复指出一件事，包括中情局长官、语言学者、来自私人军需品包商的讯问者所组成的情治团队，他们全权支配所有阿布格莱布特殊监狱单位中发生的行为。他告诉我那些讯问者他一个都认不出来，因为他们都精心维持匿名的身份。他们很少告诉人他们的名字，制服上也没有身份识别，事实上这些人根本不穿军服。根据媒体的说法，桑切斯将军坚持认为，若打算从被拘留者口中得到可采取行动之情报，最佳方式就是采取极端的讯问手段及彻底保密，而奇普的说法和媒体的描述正好不谋而合。一些针对美国军方人员的监狱规定也让人们容易推卸责任，或许也是促成虐待事件层出不穷的因素。根据一份未标示日期、标题为"操作守则"的监狱备忘录内容，该份备忘录适用范围涵盖高度设防院区（1A层级），其中规定"军情局（军事情治局）不涉足此区"。

"此外，建议所有隔离区内之军方人员对特殊被拘留者隐匿真实身份。高度建议穿着消毒过（去除身份辨识特征）的制服，隔离区域内的人员不应以真实名称及军阶称呼彼此。"[23]

陆军的调查行动也透露了弗雷德里克描述的极端监狱政策的确是事实。他们发现讯问者曾鼓励在监狱工作的后备役宪兵对被拘留者做一些动作，好让他们的身心状态适合接受质问[24]。传统上既存的界限是宪兵只负责拘留程序，军情人员才负责搜集情报，但现在后备役军人也被用来协助预备被拘留者接受强制讯问的工作，两者间的分际渐趋模糊。在一些最糟的虐囚案件中，军事情报人员也被判有罪。像是为了从某位伊拉克将军口中获取情报，讯问者把他十六岁儿子全身弄湿后涂上泥巴，接着赤裸裸地拖到严寒的户外，即是其中一例。中士塞缪尔·普罗南斯（Samuel Provenance，第302军情营A连）曾向几个通讯社表示有两名讯问者曾性虐待一名少女，而且有其他人员知情。我们也将在下一章中看到除了奇普·弗雷德里克的夜班宪兵的虐囚行为之外，一些军人和平民犯下了更糟的虐行。

"我希望'虐囚案'的调查对象不只涵盖犯下罪行的人，一些鼓励、教唆罪行的人也应该受到调查。"马克·金米特准将、伊拉克联军行动的副指挥官在接受《六十分钟Ⅱ》节目的丹·拉瑟（Dan Rather）专访时这么说。"当然他们也必须同样负起某种程度的责任。"

奇普·弗雷德里克也得负责约15—20名的"幽灵被拘留者"，

这些人只被登记在OGA——其他政府单位（Other Government Agency，简称OGA）的所有物清单上。他们被认为是握有有价值情报的高阶将领，因此讯问者被全权授权不惜动用一切必要手段来获取可采取行动之情报。这些被拘留者之所以被称为"幽灵"，原因是没有任何官方记录可证明他们曾待过阿布格莱布监狱，他们不曾列在正式清单中，也没有任何身份。在访问中，奇普透露，"我曾看到他们其中之一，那时他已经被三角洲部队的军人杀死了。他们杀了那个人。但我的印象是，没有人在乎，没有人在乎那里发生了什么事。"[25]

"那个人"指的是某个幽灵被拘留者，他受到一名特种部队队员的严重殴打，接着在CIA探员的讯问过程中一直被吊在拷问台上，最后被活活闷死，然后被塞进一堆冰块中再装进尸袋，手臂上还插着静脉注射针管（由军医插入），谋杀他的人认为这样能假装他是因为生病被送进医院。在他被某个计程车司机载到某处弃尸之前，一些值夜的宪兵们（格拉纳和哈曼）和他合照了几张相片做纪念，这么做只是为了留下记录而已。这些值夜宪兵们均亲眼目睹1A层级院区访客从事的各种残忍虐行，而这必然创造出一种接纳、容忍虐待行为的新社会规范。如果连谋杀罪都可以逃脱，那么掌掴两下抵死不从的被拘留者或命令他们做出一些不雅的姿势，这又有什么不得了？当然他们会这样想。

恐惧的因素

监狱的墙内充满许多令人恐惧的事物，不仅对囚犯们而言是如此，对奇普·弗雷德里克和其他狱卒们而言亦然。和大多数监狱中的情形相似，囚犯们有的是时间和办法，他们几乎可以把弄得到的任何东西改造成武器。床上或窗子上拆下金属、破玻璃甚至磨尖的牙刷都被他们做成了武器。脑袋不那么灵光但口袋有几个钱的囚犯则贿赂伊拉克狱卒替他们弄到刀枪弹药。只要有钱，狱卒们也愿意转交字条和信件给他们的家人，或帮忙家人转交。弗雷德里克的单位接替第72宪兵连的工作时，他就曾被他们的人警告过很多伊拉克狱卒非常贪污腐败——他们甚至会提供囚犯安全信息、监狱地图、衣服和武器帮助逃狱。他们也走私药品给被拘留者。尽管弗雷德里克在名义上负责管理这群狱卒，但他们拒绝巡逻，通常只在监狱单位外面的桌子旁抽烟闲聊。这也是造成奇普在管理拘留监狱时感到持续挫折与压力的因素之一，不能够忽视。

监狱里的囚犯不断在言语和肢体上攻击狱卒，有些人向他们扔排泄物，也有人会用指甲划伤狱卒的脸。最让人害怕且出乎意料的系列攻击事件发生在2003年11月24日，当时一个伊拉克警察走私一把手枪、弹药及刺刀给监狱中的叙利亚暴动嫌疑分子，奇普的小部队和对方发生了枪战，最后在没有损失人命的情况下制服了他。然而这事件让那里的每个人都变得时时处于警戒，甚至比以前更担心自己会成为致命攻击的目标。

囚犯们也经常因为伙食恶劣而鼓噪不安，牢里的伙食分量既少又难吃。而当迫击炮弹在靠近阿布格莱布监狱的"无屏护区"爆炸时，也可能会造成骚动。正如先前提过的，这座监狱每天都受到迫击炮轰炸，狱卒和囚犯们均有死伤。"我一直感到很恐惧，"奇普向我坦承，"迫击炮和火箭炮攻击，枪支的交火，对我来说都很吓人，在来到伊拉克之前我从来没有上过战场。"奇普无论如何得撑下去，因为他的官位比那些被拘留者、宪兵同事和伊拉克警察都还高，所以他必须在他们面前表现出勇敢的样子。情境要求他得假装不害怕，而且表现得冷静镇定。在他看似沉着自若的举止下，实际隐藏着剧烈的内在骚动，而随着狱中犯人人数持续增加，以及上级不断加强施压要求取得更多"可采取行动之情报"时，奇普内在与外在间的冲突更加恶化了。

除了持续承受高度恐惧之外，奇普还必须承受压力以及新工作的复杂要求所造成的精疲力竭，对此他完全没有受到适当的准备和训练。而关于他的核心价值——整齐、清洁、秩序——与充斥在他周遭的混乱、肮脏及失序之间的巨大差异，也是必须一并考虑的因素。尽管他负责管理整座监狱，他仍表示自己感到"脆弱无力"，因为"没有人和我共事，对于这个地方的管理我也无法做任何改变"。他也开始觉得自己像个无名小卒，因为"没有人尊重我的地位，很明显那里没有人负责（accountability）"。此外，受到监狱硬件环境的呆板与丑陋影响，他发现自己变成毫无特色的人。奇普在当班时被规定不能穿着完整的军服，于是地方的匿名性又与个人的匿名性结合发挥影响。而在他们的周遭来去的大部分访客和民间讯问人员都不用姓名称呼。你无法立刻辨识出负责人的身份，而不断涌入的大量囚犯不是穿着橘色连身衣裤就是一丝不挂，一样认不出他们有什么差异。这是我所能想象到最容易造成去个人化的环境了。

阿布格莱布与斯坦福监狱的相似处

我们已经调查过奇普的工作环境，现在我们可以来看看奇普和他的狱卒同事们的心理状态与斯坦福监狱实验中狱卒的相似性。由于个人和地方的匿名性所造成的去个人化效果显而易见，对囚犯的去人性化从以下几点可以明白看出：以号码称呼、强迫裸体、清一色的外观，再加上狱卒们无法了解他们的语言。一名值夜班的宪兵肯·戴维斯（Ken Davis）在之后一个电视纪录片中，描述去人性化如何根深蒂固地烙印在他们思维中,"我们从来没受过当狱卒的训练,上面的人只说:'用你们想象力。让他们乖乖招来。希望我们回来时他们已经准备好要招了。'我们一把囚犯带进来,他们的头上马上就被放上沙袋了。他们把犯人牢牢绑住、把他们摔在地上,还有些人的衣服会被剥光。他们跟所有人说,这些人只配当狗(似曾相识的用词?),于是你开始向人们散播这种想法,然后忽然间,你开始把这些人看成禽兽、开始对他们做出一些想都没想过的事。事情就是从这里开始变得很吓人"。[26]

"沉闷"在这两个监狱环境中都起了作用,当事情都在控制之下时,长时间值夜的确会让人觉得很无聊。沉闷是采取行动一个强而有力动因,这样可以带来一些兴奋感、一些有节制的刺激感。这两组狱卒都是自动自发地决定要"找点事做",决定让一些有趣好玩的事发生。

由于狱卒们在从事这项艰难复杂的工作前并未受过任务训练,实际执行时也没有管理人员督导,于是在不需要对谁负责的情况下,结果当然是全都玩过了头。在这两座监狱中,系统操作者都允许狱卒享有任意处置囚犯的权力。除此之外,狱卒们也都担心囚犯脱逃或叛乱。阿布格莱布监狱的环境显然比斯坦福监狱要危险得多,后者的环境相对起来也良善许多。然而正如实验结果所示,每当夜晚时,狱卒的虐待行为以及他们对囚犯的侵略性即呈现上升趋势。阿布格莱布的1A层级院区一样如此,只是做法更邪恶、更极端。此外,两个案例中最糟的虐待行为均发生在夜间值班时间,这时狱卒们觉得最不受权威监督,所以可以不必遵守基本规定。

我必须澄清,这里描绘的情境力量并不是像米尔格伦的实验典范那样直接刺激狱卒们干下坏事。事实上,只有一些民间讯问人员曾经鼓励他们"软化"被拘留者,目的是使他们变脆弱。在阿布格莱布——以及斯坦福监狱——中,情境力量创造出一种自由,是这种自由让狱卒们不再受到一般社会和道德观点对虐待行为的束缚限制。显然对这两组负责值夜班的狱卒来说,责任分散的结果是让他们以为可以逃避许多行为的禁忌,而当新出现的规范让一度难以想象的行为变成可接受时,就不会有人挑战他们了。这现象正是所谓"山中无老虎,猴子称大王",这也让人回想起戈尔丁的《蝇王》,当负责监督的成人缺席时,戴上面具的劫掠者就大肆作乱了。这现象应该也提醒了各位,在前一章中提到的匿名性及侵略行为研究。

由詹姆斯・施莱辛格所带领的独立调查小组,比较了这两个监狱情境,提出一些具有启发性的结论。我十分惊讶地发现,在报告中指出斯坦福的模拟监狱环境和阿布格莱布这个完全真实环境之间的相似性。在长达三页的附录(G)中,报告描述了心理学的压力源、囚犯所受非人待遇的基础条件,以及当一般常人以非人性方式对待他者时所牵涉的社会心理学因素:

> 基于对社会心理学原则的基础性理解,以及对众多已知环境风险因子的意识,根据这两者,完全是预料得到全球反恐怖主义战争期间发生虐囚事件的潜在可能性。(大多数军中领导人不是不熟悉,就是蔑视对其士兵而言显而易见的风险因素。)
>
> 具有里程碑意义的斯坦福研究……为所有军方拘留作业提供深具警示意义的教训,而故事发生的环境是相对良善的。对比之下,在军方拘留作业中,军人在充满压力的交战之下工作,面临的环境却是极为险恶。

心理学家已尝试了解平常表现出善良人性的个体及群体，在某些情况下却出现完全迥异的行径，这样的事是如何发生、原因为何。

施莱辛格调查报告中除了指出有助解释虐待行为发生的社会心理学概念之外，重要的是也纳入去个人化、去人性化、敌意形象、群体迷思（groupthink）、道德脱钩、社会助长（social facilitation）等心理机制。这些过程我们已经在之前斯坦福监狱的篇章中全部讨论过了，除了"群体迷思"之外，它们也全都适用于阿布格莱布监狱。我不认为那种偏差的思考方式（促进形成与领导意见相符的群体共识）曾在夜班狱卒之间发挥作用，因为他们并非以系统化的方式筹划虐待行为。

社会心理学者苏珊·菲斯克及其同僚在一份发表于《科学》期刊的独立分析中也支持施莱辛格调查报告中所采取的观点。他们做出一个结论："造成阿布格莱布事件的部分原因是出自寻常的社会过程，而不是异常的个人邪恶特质。"他们指出这些社会过程包括从众、社会化的服从权威、去人性化、情感性偏见、情境压力以及渐进升高虐待程度的严重性。[27]

一名前驻伊拉克军人提供了进一步的证词，说明了斯坦福监狱实验的经验用于了解伊拉克军事监狱中行为动态的适切性，以及强而有力的领导的重要性。

津巴多教授：

我是一名军人，来自于建立克罗珀尔拘留营（Camp Cropper）的单位，这个拘留营是复兴党政权垮台后美军在巴格达建立的第一个拘留中心。我可以肯定，在你的监狱研究和我的伊拉克观察心得之间有明确的关联。我在伊拉克服役期间曾经广泛接触宪兵人员以及被拘留者,目睹了许多你在研究中所描述过的情境实例。

然而和阿布格莱布的那些军人不同的是,我们的单位受到强有力的领导,因此事情从未恶化到那种程度。我们的领导者了解规则,也制定标准,并且确实监督以确保规则受到遵守。违规行为都会受到调查,一旦事证明确,违规者就会受到应有的处分。对所有参与其中的人来说,拘留任务都是去人性化的任务。我认为我在开始的两周之后就开始麻木了。然而领导者的积极作为让我们没有忘掉自己是谁,以及我们来到伊拉克的原因。我十分高兴能阅读到你的实验摘要,它让我能够更清楚地思考这整件事。祝

心怡

泰伦斯·布拉奇亚斯(Terrence Plakias)[28]

1A层级监狱中的性动态

在1A层级监狱单位的夜班人员中,男女混杂是颇不寻常的特色之一。值得注意的是,在这个缺乏监督的年轻人文化中,女性极具有吸引力。二十一岁的琳迪·英格兰的出现,让这个情绪高昂紧绷的氛围更加骚动不安。琳迪经常在值夜时间来找她的新男友查尔斯·格拉纳,这对情侣很快就开始展开狂野的性恶作剧,把过程用数码相机和录像机拍摄下来。而最后她怀孕了,并在之后生下了查尔斯的孩子。不过琳迪当时在格拉纳和二十九岁的宪兵梅根·安布尔之间,一定有不寻常的关系,因为在查尔斯被送进监狱后,琳迪和梅根结婚了。

媒体把焦点放在英格兰、格拉纳和安布尔的三角关系上,却

极少报道在伊拉克罪犯之中，有些妓女在后备役宪兵面前袒胸露乳供他们拍照。此外，照片中也有不少裸体的男伊拉克被拘留者，除了上级长官交代必须羞辱他们之外，另一个原因是采购上出了差错，他们没有足够的橘色狱服。有些犯人因此得穿上女人的粉红色内裤。因此之故，强迫囚犯把粉红内裤穿在头上当有趣的羞辱手法，也就不是什么太遥远的事了。

尽管奇普要求分别安置未成年被拘留者和成人，据称仍有一群伊拉克囚犯强暴了一名收容在同一处的十五岁男孩。专业军士萨布里纳·哈曼用记号笔在其中一名强暴犯腿上写了"我是强暴犯"，另一个人则被用唇膏在乳头周围画上人脸，胸部也被唇膏写上他的编号。浓厚的性氛围于是一发不可收拾。证据显示，一位宪兵曾用荧光棒鸡奸一名男性被拘留者，也许还用上了扫帚。男性被拘留者经常受到狱卒声称要强暴他们的恐吓。还有其他证据显示一名男宪兵强暴了一名女被拘留者。活脱一个色情大本营，而非军事监狱。

在众多独立调查中，负责主导某一项调查的詹姆斯·施莱辛格曾描述那些夜班的夜间活动，有些是他亲眼看见，有些是他耳闻，"那里就像是《动物屋》（电影名）一样"。情境不断恶化，超出了任何人的控制。

奇普·弗雷德里克回想这些虐待行为，在他记忆中，这些事集中在下列时间发生：

2003年10月1日到10日：强迫裸体、将囚犯靠在牢房墙上、强迫穿着女性内衣。这些事发生与第72宪兵连即将把工作交接给其他单位有关。

10月1日到10月25日：强迫做出性行为姿势（在军情人

员面前一丝不挂地铐在一起）。一个声称来自关塔那摩的不知名人士为格拉纳示范了一些那里使用的施压手段。

11月8日：甘奇（Ganci）院区爆发骚动。事情发生在七名被拘留者被移往屏护区（1A层级院区）途中，他们持有多种武器并计划劫持一名宪兵作为人质然后杀了他。许多我们从媒体上熟知的虐行都在那晚上演。军犬也是大约在这时候进入监狱。

警告字条

塔古巴将军在调查报告中做出结论，他认为这些宪兵派驻于此的目的是为了参与某些由上级所指挥的虐待行为。他宣称，"来自军情单位和其他美国政府单位的讯问者主动要求宪兵卫事先软化证人的身心状态，以便有利于他们的讯问工作"。

在乔治·费伊（George Fay）少将的调查报告中，甚至针对军情人员在虐行中扮演的角色进一步做出更强烈的谴责声明。他的报告注意到在长达七个月的期间，"军情人员据称要求、鼓励、宽恕或引诱宪兵人员（陆军后备役值夜狱卒）从事虐囚行为，他们也（或）参与虐行，也（或）违反讯问程序及适用法律"。[29]我们将在下一章中更完整回顾两名将军的报告，以凸显系统疏失及指挥部在虐行方面的共谋角色。

格拉纳的角色

在阿布格莱布监狱夜班人员中，后备役下士格拉纳扮演的角色就像斯坦福监狱夜班里的"约翰·韦恩"。他们都是事件的刺激因子。"约翰·韦恩"策划进行自己的小实验，因此行为逾越狱卒角色的界限，而格拉纳下士对囚犯的身心虐待则远超出他角色的容许范围。重要的是,格拉纳和"约翰·韦恩"都是属于具有领袖气质的人物,他们散发出自信,加上态度一板一眼、直截了当,影响了夜班的其他人。尽管弗雷德里克中士是他的上级,但是格拉纳才是1A层级院区中掌握实权的人物,即便弗雷德里克在时也一样。似乎是他最先想到照相的主意,而且许多照片也是由他的数码相机拍摄。

格拉纳是后备海军陆战队的成员,他曾在海湾战争中担任狱卒,不过没出过什么事。沙漠风暴行动期间,他曾在最大的战俘营中工作了六个星期,一样没出事。"他是让我们保持振奋的人之一。"一名该连成员回想道。在另一个伙伴的记忆中,格拉纳是个"有趣的家伙,个性外向,随便说两句话就能让人发笑"。他又继续说:"从我所看到的,他不是个有坏心肠的人。"然而根据格拉纳同单位其他成员的说法,他曾差点和一些士兵及伊拉克囚犯爆发暴力冲突,但因负责指挥的战地指挥官指派单位中纪律良好的士兵接手,因而避免了冲突。

认识格拉纳30年的老邻居对他的评价也是正面的,"他是个真正的好人。对他我只有赞美的话可说,他从来没有给任何人带来麻烦。"他的母亲在他的高中年刊中写下了她的骄傲:"你一直让你父亲和我引以为荣,你是最棒的。"[30]

不过在这些称颂之词的另一面却是截然不同的格拉纳,他对妻子曾有过施暴记录,妻子最后和他离了婚。媒体报道也指出,他在一座终极设防监狱中担任行为矫正官期间,曾受到好几次惩戒。

在1A层级院区的夜班中,所有对格拉纳反社会行为的外在约束都烟消云散。军纪废弛,取而代之的是混乱和各种没有保持适当距离的亲昵行为,完全看不见任何强力的权威体制,再加上军情人员及民间讯问者一直鼓励他在讯问前做些事让被拘留者"软化",于是格拉纳很快就上钩了。

在那个放纵不安定的环境中,查尔斯·格拉纳彻底沉醉于性而无法自拔。他和琳迪·英格兰有一腿,他们的性事曾留下许多照片记录。他也让一名伊拉克女人露出乳房和外生殖器供他拍照。根据报道,格拉纳强迫囚犯们在彼此面前集体手淫,还命令一丝不挂的男囚在地上爬,"这样他们的阴茎就得在地板上拖行",当他们做这些事时,他则大声咆哮骂他们是群"死同性恋"[31]。此外,第一个想到要让裸体囚犯叠成金字塔的也是格拉纳。当头上套着袋子的囚犯被迫在一群有男有女的士兵面前手淫时,格拉纳还跟琳迪·英格兰开玩笑说:"这列手淫的队伍,就是你的生日礼物。"[32]

在格拉纳受审后,弗雷德里克写信跟我谈道:"我不会把所有责任推到他身上,他就是有一套办法可以让你觉得做这些事没什么大不了。我对我的行为感到非常抱歉,如果可以重回2003年10月,我不会做出同样的事……我希望自己可以变得更坚强……"[33]

奇普·弗雷德里克仍然深深后悔自己受到格拉纳的影响。这个例子可以证实奇普的人格倾向听命行事的预测具有效力。请回想奇普的心理评估结果:奇普一般来说害怕被别人拒绝,担心因此出现意见冲突的局面,他会为了被人接纳而让步;他改变自己的想法来适应别人,这样他们就不会"生我的气或讨厌我"。其他人甚至可以影响他已经下定决心的事。而悲哀的是,他的决心已被压力、恐惧、疲惫以及格拉纳的影响给逐渐侵蚀了。

另一个格拉纳

在黑泽明的经典电影《罗生门》中,一群经验同一事件的人,对事件的描述却有截然不同的面貌。这正是斯坦福监狱中发生的现象。狱卒"约翰·韦恩"和囚犯道格之后各自对媒体都有一套故事,一个说自己只是"表演出"残酷的样子,另一个则说自己只是假装抓狂。而最近前任狱卒赫尔曼又对自己的行为有了另一个版本的说法:

> 当时如果你问我,我对他们造成什么样的影响,我会说,他们一定是胆小鬼,要不很弱要不就是装的。因为我不相信我做的事真的会让谁精神崩溃。我们只是在找乐子而已。你知道吧。我们只是在那里玩木偶戏,让那些人做点动作之类。[34]

其他的斯坦福监狱实验囚犯和狱卒若不是认为那是个可怕的经验,就是觉得那没什么大不了。在某种程度上,现实只存在旁观者心中。然而在阿布格莱布,人们的生活却被军队、军事法庭及媒体共同构筑起来的现实给剧烈压缩了。

调查活动一开始,格拉纳就被形容成"害群之马"——嗜虐、邪恶,无法无天地虐待被拘留者。他过去在美国境内一座监狱内惹麻烦的记录被翻出来当证据,证明他把暴力、反社会倾向带进了1A层级院区。但事实上,这又是媒体不负责任的夸大其词。一份宾州格林郡(Greene County)惩治机构的档案记录检视了格拉纳的行为表现,记录显示他从未被指控、怀疑冒犯或苛待犯人,也不曾因此受到惩戒。

我们更从虐囚事件最关键月份的表现评量中,发现了不负责任的怪物格拉纳和优秀军人格拉纳之间的戏剧性对比。2003年11月16日,在一份由排长布林森上尉交给他的发展咨询表格

（4856）中，布林森上尉因他工作表现优异而特别提及：

> 格拉纳下士，你于巴格达监狱之1级院区担任军情特区之未受衔军官工作表现优异。你已从军情人员那里得到许多赞赏，尤其LTC［可能是乔丹中校（Lt.Col.Jordan）］更对你赞誉有加。继续保持下去，你的优异表现将帮助我们成功完成各项任务。

接下去他被警告要穿着他的军服以及保持仪容整洁（在那一层工作的人没有人做到）。第二项警告则指出他和其他人在高压气氛下工作，格拉纳被要求要注意这样的压力可能对他行为产生的影响，尤其是对特殊被拘留者动用武力方面。然而格拉纳对于适当运用武力的个人看法被该名上级接纳，因为他接着说道："当你认为你有必要自我防卫时，我百分之百支持你的决定。"

后备役宪兵肯·戴维斯最近曾描述他和格拉纳的互动，令人惊讶的是他采取了支持的看法。

有一天晚上，他值完班后嗓子都哑了。

所以我问他："格拉纳，你生病啦？"

他回答我："没生病。"

我说："那是怎么回事？"

于是他告诉我："我得大吼大叫才行，而且我对被拘留者做了一些我觉得在道德跟伦理上都过不去的事。你觉得我该怎么办？"

我说："那就不要做。"

他说："我别无选择。"

我问他："什么意思？"

他说："每次有炸弹落在铁丝网或围篱外时，他们就进来跟我

第14章 阿布格莱布监狱虐囚事件

说,又有一个美国人牺牲了。除非你帮帮我们,否则他们的死你也有份。"[35]

对1A层级院区高压力环境的提醒,让人以为会有某个心理健康工作者被召来,以便协助这方面的心理问题。的确有一名精神病医师被派到阿布格莱布待了好几个月,但是他既没有对有需求的宪兵们提供任何治疗或咨询,也不曾协助患有精神病的被拘留者。据报道,他的主要任务是协助军方情治单位增进讯问的效率。梅根·安布尔坚称,"并没有可靠证据可主张发生鸡奸或强奸,也找不到这类相片或录像带,至少那些事并非调查中涉案的七名宪兵所为。"他继续说道,"从调查行动一开始我就握有所有的相片和录像带,我在那地方一天待将近十三小时,我没见到任何强暴或鸡奸行为。"[36]

我们有办法了解那里发生什么事吗?是谁或是什么样的因素该为阿布格莱布监狱中发生的恐怖暴行负责?

"战利纪念照":数码相片中的恶行

残忍的虐待、酷刑折磨及谋杀事件,在国与国交战、面对着罪犯时,在士兵面对"敌人"、警察面对嫌犯、狱卒面对囚犯时,肯定是层出不穷的。我们可以预料战场上,在那些冒着生命危险履行职责的情况下,所产生的虐待行为。但我们无法预料且无法接受的是,当生命安全未受到立即威胁,而囚犯又是如此脆弱毫无抵抗能力时,民主政府的代表们竟可以做出如此残酷的行为。

从阿布格莱布监狱流出的数码照片震惊了全世界。在这之前,我们不曾看过狱卒们性虐待或酷刑的影像证据,这群男女显然对他们邪恶行径乐在其中。更是前所未闻的是，他们甚至大胆到在镜头前摆出各种姿势，并拍照记录他们的野蛮行为。他们怎么做得出来？为什么要用相片为虐行留下记录？让我们思考一下几个可能的解释。

数码的力量

一个简单的答案是，新的数码科技让每个人都能摇身一变成为摄影师。随拍随看，无须等待，而且相片还可以轻易上传到网络上与人们分享，不需要送到冲印店送洗。也因为数码相机体型小巧、容量庞大，价格相对便宜，因此早成为普遍的配备，任何人都可以轻易拍下上百张现场画面。网络博客及个人网页容许一般人也能体会一夕成名的快感，所以"拥有"可以通过网站散布到全世界的稀有画面并因此成名，成为一件光荣的事。

一个业余色情网站以鼓励男性网友上传妻子或女友的裸照，来交换免费收看网站中所提供的色情影片[37]。相同手段，士兵们也被要求用战场上的照片来交换免费色情影片，而许多人都这么做了。他们会在一些图片上打上警告标志，像是一群美国士兵站在一具伊拉克人烧焦的残骸前，笑着比出胜利手势，标题写着"宝贝，燃烧吧"的图片就是一例。

来自其他时代的战利纪念照

这类影像唤起了人们过去的一段历史。在19世纪80年代到20世纪30年代间，美国有许多黑人男女被私刑处死或是活活烧死，旁观者及加害者则在旁摆出胜利姿势拍下照片留念。我们在上一章中已经了解到，这些影像正象征了极致的去人性化。照片中记录黑人被拷打、谋杀的过程，他们的"罪行"只是因为反抗白人,且这些罪状多半是捏造的;这些记录着恶行的照片竟还被做成明信片,用来寄或送给亲朋好友。在一些照片中,甚至还有父母带着满脸笑容的孩子前往观赏黑人男女被暴力谋杀时的痛苦模样。这类明信片的档案目录,读者可以参阅《无处可逃》(Without Sanctuary)一书[38]。

其他这类战利纪念照片,还有第二次世界大战期间德国军人拍下他们对付波兰犹太人和俄国人的个人暴行。我们在前一章中注意到,即使是一开始拒绝枪杀犹太人的德国后备役警察,所谓的"普通人",在经过一段时间后也开始拍下他们身为刽子手的战绩[39]。在雅尼纳·斯特鲁克(Janina Struk)的《镜头下的纳粹大屠杀》(Photographing the Holocaust)中,搜集了一些记录刽子手执行处决过程的相片[40]。而土耳其人对亚美尼亚人的屠杀暴行,一样也被镜头拍摄下来,收录在一个纪念此次种族屠杀事件的网站上[41]。

在动物权概念兴起之前,还有另一类战利纪念写真也十分普遍,大型动物猎人或是钓客们兴高采烈地展示捕获的旗鱼、老虎、北美灰熊照片。我记得海明威曾在一张照片上摆出那样的姿势。这类纪念勇敢狩猎队猎人所拍摄的肖像照片中,最经典的一张,莫过于美国老罗斯福总统骄傲地站在他刚猎得的庞大犀牛旁的合影。在另一张相片中,这位前总统和他的儿子克米特(Kermit)站在一只水牛上,两人交叠着双腿,姿态十分冷静,手上各拿了一把长枪[42]。这类战利纪念照公开展示了一个男人的力量以及他对自然中大型野兽的主宰优势——照片清楚显示这些野兽被他的技巧、勇气及技术征服了。有趣的是,在这些照片中的胜利者表情,多半相当阴郁,很少见到笑容;这些胜利者才刚和可畏的野兽进行过一场战斗。就某种意义来说,他们的姿势比较像是年轻的戴维拿着弹弓站在刚被打倒的巨人歌利亚面前哀悼。

为观众表演的暴露狂

许多阿布格莱布监狱的夜班狱卒们脸上均带着笑容,这指出胜利纪念照的另一面向:暴露狂。我们从一些照片看到,虐待好像只不过是暴露狂的道具,只为了用来表现他们在不寻常环境中所能做出的最极端行为。这些暴露狂也像是预先设想了有一群偷窥狂,急切想欣赏他们哗众取宠的表现。然而暴露狂们却没能想到,轻易分享及散布这些档案可能会造成的后果,他们无法控制谁会看见这些照片,这些照片于是成了他们犯行的铁证。

除了前面提到的一张戴帽男性双手被接上电线的符号性图像,以及以狗吓唬囚犯的照片之外,大多数战利纪念照本质上均带有性的意涵。酷刑与性的联结让这些照片有色情图片的意味,对许多观者来说是让人心神不宁却又十分迷人的。我们全都被邀请进入发生施虐与受虐性行为的囚室,近距离目睹这些行为。尽管观看这些虐待行为是十分恐怖的经验,人们还是无法将目光移开。

我惊讶地发现网络满足偷窥症患者欲望的程度，一个网址为www.voyeurweb.com的网站声称每天可以吸引220万名有独特嗜好的访客造访他们提供的免费色情网站。

复杂的动机与社会动态

人类的行为十分复杂，做出一件事情背后通常不只有一个原因。而在阿布格莱布监狱，除了性欲及暴露欲两种因素之外，我认为数码照片是几个动机及人际动态结合下的产物。地位及权力的取得、复仇心理及报复行为、对无助者的去个人化——这些很可能都是最后出现虐待行为并拍摄照片的部分原因。此外我们还必须考虑到，这些行为实际上是在讯问者的容许及计划下进行。

以照片威胁被拘留者

还有个简单的原因可以解释在阿布格莱布监狱中拍下的战利纪念照，这单纯只是因为来自军方和民间的讯问者告诉宪兵们要这么做。这版本的故事来自已退休的监狱指挥官卡尔平斯基以及被指控的士兵们的说法，拍下特殊姿势照片的点子是为了用来当作要挟物以协助讯问。"他们拍下这些特殊照片是为了用来取得自白，'从要害下手'。"2006年5月4日卡尔平斯基在斯坦福大学举行的一场小组讨论会中表示。"他们会拿出笔记本电脑秀出相片，然后告诉囚犯们'招吧，否则明天就换你被叠在金字塔最上面。'""这些相片是故意、有计划地被拍摄下来。"[43]

我们可以肯定，有些照片明显可以看出是为了某个人的数码相机而摆出姿势，照片中的宪兵对着镜头微笑，比出胜利姿势，并指着场景中的某样东西以提醒人注意。在一张人性尽失的照片中，琳迪·英格兰拖着地板上的一名被拘留者，他的脖子上还缠着拴狗的皮带，这张照片最可能就是在上述情况下拍摄。她不可能在前往伊拉克时，特地在行囊里带了条狗绳。要让这类社会助长发生并接管整个情境，唯一需要的只是官员的允许，哪怕只是允许宪兵们拍摄一张虐待照片，情况也会一发不可收拾，在工作中拍摄更多富有创意的邪恶照片成了新的夜间活动。事情一旦起了头，就很难刹车了，因为宪兵们的无聊找到了宣泄的出口，他们可以出口怨气、展示自己的支配优势，并在性的游戏中找到乐趣——直到乔·达比揭发他们的恶行，一切才结束。

建立地位的渴望及宣泄复仇心理

让我们承认一件事，陆军后备役军人在军队阶层中的地位一般较低，而被指派到这个恐怖监狱里担任夜间值班人员的后备役宪兵，地位又会因此更加低落。他们明白自己是最底层的人物，在最糟的环境中工作，得服从民间人士的命令，而且没有任何关心这里发生什么事的权威人士可以求助。举目所见，唯一和他们一样地位低落的一群人就是囚犯。

因此这些虐待行为以及记录下虐行的举动，本质都和希望建立地位有关，也就是希望通过这个向下对比建立狱卒对囚犯的明确社会支配地位。酷刑和虐待乃是行使纯粹的权力，目的是为了展示他们对劣势者的绝对控制能力。某些狱卒需要这些相片来证明自己的优越性，同时向同侪传达他们的支配地位。其中也可能涉及某种程度的种族主义，这里指的是对十分不同的"他者"——阿拉伯人抱持的一般性负面态度。这是2001年"9·11"事件以来的敌意转移，也是对任何阿拉伯背景的棕色皮肤人士所发动的恐怖攻击。

还有一个立即性的动机是许多士兵都有的：希望为被伊拉克

第14章 阿布格莱布监狱虐囚事件

暴动分子杀害或受重伤的同袍们复仇的心理。很明显是复仇心理作祟，才造成他们报复曾参与骚动或被控强暴男孩的人犯。例如被叠成金字塔的七名囚犯即是因为在甘奇区滋事才被送进1A，而过程中还伤害了一名女性宪兵。所以羞辱和毒打的目的是为了让他们知道不服管教的后果，"帮他们上一课"。而奇普·弗雷德里克唯一殴打过的一名囚犯则是另一个例子，他在他胸口狠狠揍了一拳，因为这名囚犯被控扔石头打伤了那名女宪兵。强迫被拘留者模仿口交动作或是在女性士兵面前公开手淫并拍摄下这些羞辱过程，这些不只是让人难堪的伎俩；士兵们安排的性爱剧码是对他们认为行为超过界限的被拘留者的报复手段。

去个人化及狂欢节效应的影响

然而我们又该如何解释琳迪·英格兰的想法？——她认为这一切都只是"好玩和游戏而已"。在这个个案中，我相信去个人化起了作用。稍早我们提到人和地方的匿名性能创造出截然不同的心理状态，当这种心理状态和行为责任的分散加在一起时，就会导致去个人化。演员们完全沉浸在高度的心理活动中，不再做理性思考，也不关心事情后果。在追求当下的享乐现实中，过去与未来全都暂时被丢在一旁。在这个心灵空间中，情感主导理性、激情挣脱社会束缚。

这就是狂欢节效应，当个人的身份隐藏在面具之下时，平常受到压抑的各种原欲的、暴力的、自私的冲动都会宣泄出来。行为回应着情境的需求而立即爆发，不再深思熟虑或瞻前顾后。把小说《蝇王》里面的现象搬到纽约大学的实验室里面时，我们看到经过去个人化的女性对无辜的受害者下手越来越重。在我们的斯坦福监狱里，一些狱卒也创造出同样的现象。如同阿布格莱布的情况，人们在这些情境中体验到行为的自由尺度放宽之际，约束侵略行为及反社会行为的规范也被搁置了。

就像我从不曾鼓励我的狱卒做出残酷行为一样，军方也不曾鼓励它的狱卒性虐待囚犯。然而在这两个情境中都盛行一种默许放纵的宽松气氛，让狱卒以为自己可以为所欲为，他们以为自己不需要负个人责任，以为没人看见，所以可以侥幸逃脱。在这个脉络中，传统道德推理能力被削弱了，以前学到的教训敌不过行动的诱因；狄奥尼索司所代表的原欲冲动压倒了阿波罗代表的合理性。道德脱钩接着发挥作用，沉溺在气氛中无法自拔的人们的心智及情感风貌于是改变了。

虐行比较：英国及美军精英的实例

如果我主张在1A层级夜班中发挥作用的社会心理学原则并不是个人特有，而是相应于特定情境，那么我们应该可以在其他相似环境中找到类似的虐待行为，只不过加害者为同一个战场上的不同军人。的确至少有两个类似行为的例子，但是美国媒体很少注意到。

驻扎在伊拉克巴士拉监狱的英军也发生性虐待俘虏的事件，他们把囚犯们脱光，然后强迫他们彼此做出模仿鸡奸的动作。这些相片也震惊了英国社会，社会大众不肯相信自己的年轻人会做出如此可怕的事而且还拍下照片。这些虐待者当中还有一个曾因为上一场战役而授勋的军人，这事实更严重破坏了英国民众的期待。更糟糕、更严重的是，2004年6月29日英国广播公司做出标题为"英军贩卖交易虐囚照片"的报道，报道副标则为"英国军人贩卖交易数百张记录对伊拉克俘虏残暴行为的照片"。数名服务于皇家兰开郡军团精英部队的士兵们将一些这类影像交给英国《每日镜报》，在其中一张照片中，戴上头罩的囚犯受到来复枪拖殴打，被撒尿，头上还被一把枪抵住。这些士兵宣称他们在一个"照片交易社群"上还分享了更多这类虐囚照片，但是在离开伊拉克时，放在行李箱中的照片被他们的陆军指挥官查获销毁了。

2004年5月12日，在《六十分钟Ⅱ》节目中，哥伦比亚广播公司的主持人丹·拉瑟播放了一卷由一名美军制作的家庭录像带，内容是关于在布卡营（Camp Bucca）和阿布格莱布监狱的状况。录像片段上可看见一名年轻士兵对伊拉克囚犯的鄙视态度，镜头上的她说："我们已经死了两名囚犯……不过谁管它？重点是我要操心的人少了两个。"数名来布卡营并因在该地虐囚而受到指控的军人告诉瑞德："问题是由指挥链开始——这些酷刑和凌虐照片拍下时的指挥链，和管理阿布格莱布的指挥链是一样的。"[44]

另一个有证据的失控例子则是涉及来自美国第82空降师的军人，驻扎地是在费卢杰附近的水星前哨作战基地（Forward

Operating Base Mercury)。在被移送到阿布格莱布监狱前,暴动分子和囚俘都会被暂时监禁在这里。"他们(费卢杰当地居民)叫我们'谋杀狂',因为他们知道一旦被我们逮到而且在被送到阿布格莱布前落到我们手上,他们就会付出悲惨代价。"这名中士继续说道,"营里每个人都知道,如果你想要发泄挫折的话就到受制者营区去。某种程度上它只是个运动而已。"

来自同一单位的另一名中士说明他做出虐待行为的动机,行为包括用棒球棒打断被拘留者的腿。他说:"有时候我们觉得很无聊,这时会先叫某个人坐在角落,然后让他们叠成金字塔。这办法比较早,不过很像阿布格莱布。我们只是为了好玩才这么做。"

陆军中尉伊恩·菲什巴克(Ian Fishback)是这个"精英单位"的军官,他于2005年9月向"人权观察协会"(Human Rights Watch)作证发生在该监狱的大规模虐囚行为。他透露他的士兵们

也使用数码影像记录下他们的恐怖行径。"（在水星前哨作战基地）他们说他们也拥有类似阿布格莱布监狱的虐囚照片，因为这些照片的相似度太高，所以他们把照片销毁了。他们烧了那些照片。他们是这么说的，'他们因为那些我们也被交代去做的事情惹上了麻烦，所以我们要销毁这些照片。'"[45]

我们在下一章中还会见到这个中尉，他会仔细描述他所属单位所犯下的虐行，除了性虐待之外，均吻合了阿布格莱布监狱1A层级院区中发生的事件。

弗雷德里克接受审判

为了这七名受指控的宪兵人员，由军方调查人员和检察官组成的团队在准备辩护过程中投注了相当大的热忱。（如果负责管理阿布格莱布的军方指挥官，也曾付出那些关注和资源的一小部分在监督和纪律的维持上，现在或许就不需要在这些审判上花费任何心力了。）他们的游戏计划很简单也很有说服力：搜集了充分的证据和证词之后，他们决定帮每名被告申请提出认罪协商，这样一来，当他们表明认罪并作证指认其他宪兵同僚后，原本可能被判处的重刑就能从轻发落。审判程序是从涉案情节最轻的人开始，如杰里米·西维茨，他们的策略是牺牲其他人的上诉，将辩护主力放在情节最严重的三人：弗雷德里克、格拉纳、英格兰身上。

弗雷德里克被指控五项罪名。在作为认罪协商一部分的"事实协议书"上，弗雷德里克接受下列罪行为真实、经得起证实并且可被采纳为证据：共谋虐待被拘留者；怠忽职守；虐待被拘留者；以殴打方式从事伤害行为；与他人从事猥亵行为。

最后一项指的是他被控强迫数名被拘留者在有男有女的士兵

及其他被拘留者面前手淫，同时加以拍照。

审判

2006年10月20、21日，尽管辩护律师曾提出申请变更审判地至美国，弗雷德里克的审判照旧于巴格达举行。由于我拒绝前往如此危险的地方，因此我改往位于意大利那不勒斯的海军基地，并在一个高度戒护的房间内通过视讯会议提供我的证词。过程真是困难，首先是我的证词不断因声音回传的延迟而被打断，其次是电视屏幕上的审判画面常常模糊不清，更糟的是我必须跟一个电视屏幕讲话，没办法跟法官直接互动，雪上加霜的是我又被告知不能在作证中使用笔记，这表示我曾仔细研读过的五份调查报告的数百页内容，以及我对弗雷德里克及1A层级院区所搜集到的背景资料，全部都得靠自己回想。

由于弗雷德里克已进入认罪申请程序，我的证词必须完全聚焦在明确说明情境及系统对他的行为影响，也就是确切指明一个不正常环境对一个极为正常的年轻人行为的影响。我也概要地报告了心理评估结果，他在进入1A层级院区前的一些正面背景，以及我和他访谈中的重要内容。这样做的目的是要支持我所提出的结论：弗雷德里克并不是带着病态倾向进入该行为背景。我反而主张是情境诱发了他所涉及的脱轨行为，而对此他深感遗憾及罪恶。

我也清楚表示在试着了解弗雷德里克的行动如何受到情境中的社会动态影响过程中，我所做的并不是"开脱"，而是在判决中经常未受到严肃考虑的概念分析工作。此外，在对此案提出我的专家见证及关联性同时，我也概述了斯坦福监狱实验及虐待行为发生的环境和阿布格莱布之间的一些相似处，以及我的研究主要性质和发现。(我的完整证词出现在2004年10月《伊万·"奇普"·弗雷德里克审判记录》的第294页至330页,遗憾的是此项文件无法通过网络查阅。)

检察官梅杰·迈克尔·霍利(Major Michael Holley)驳回了我情境主张的论点。他认为弗雷德里克能够辨别是非,有足够的军队训练胜任此项工作,而且对于是否参加被指控的不道德、有害行为,基本上有能力做出合理判断。因此他将罪过完全归给弗雷德里克的天性,认为他的恶行乃出于故意,同时将所有情境或系统性的影响排除于法庭的考虑之外。他也暗示日内瓦公约是具有效力的,而这些士兵应该要知道它所约束的是哪些行为。然而这并不是事实,正如我们将在下一章见到的:小布什总统及他的法律顾问在一组法律备忘录中变更了对这些被拘留者及酷刑虐待的定义,因此造成日内瓦公约在这场"反恐战争"中失去了效力。

裁定

军事法官詹姆斯·波尔(James Pohl)上校只花了一个小时就完成了所有被指控罪行的有罪裁定。弗雷德里克被判八年的有期徒刑。我的证词显然对于减轻他判决的严重度来说微不足道,他的律师加里·迈尔斯强而有力的抗辩也一样。在这个由军方及布什政府指挥链所搭起的国际公共关系舞台上,我在本书中详加阐述的所有情境及系统性因素均显得无足轻重。他们必须让世界和伊拉克人民看见他们"对犯罪活动决不手软"的决心,严惩少数害群之马的流氓军人,以便保持美军的整体优秀形象。只要他们所有人都被送审、宣判、送入大牢,美国军方所蒙上的污点就会逐渐被世界淡忘。[46]

查尔斯·格拉纳拒绝认罪,被判十年徒刑。琳迪·英格兰在经历一连串错综复杂的审判后，被判三年徒刑。杰里米·西维茨，一年；杰弗·戴维斯，六个月。萨布里纳·哈曼因证据显示她在进入阿布格莱布监狱前对伊拉克人的态度十分和善，获得六个月徒刑的轻判。最后则是梅根·安布尔，未被判处任何刑期。

相关比较

毫无疑问地，奇普·弗雷德里克参与的虐待行为让他手下的被拘留者受到身体和情感上的伤害，也为他们的家庭蒙羞并为此愤怒。他认罪了，也因被指控的罪行而获判有罪，被处以重刑。从伊拉克人民的观点来看是种宽待，但从我的角度看却是严惩，因为是情势促使并支持这些虐待行为发生。然而，在其他战争中也有军人因残害平民至死而被判罪，将他们判决与奇普的比较，可以给我们带来一些启发。

美国军方的荣誉过去曾因越战而蒙尘，当时的查利连（Charlie Company）侵略美莱村搜索越共，他们没有找到任何人，但是经年累月的压力、沮丧，再加上对越共的恐惧，使得他们爆发，将枪管转向平民。超过五百名越南妇孺、上了年纪的老人死于机关枪近距离扫射下，人们活生生被烧死在他们的茅屋里，还有许多妇女遭到强暴、内脏被挖出。有些人甚至被剥下头皮！在《寻访美莱幸存者》（*Interviews with My Lai Vets*）这部影片中，一些士兵曾以不带情感就事论事的语气描述了可怕的暴行。西摩·赫什（Seymour Hersh）在他的书《美莱屠村纪实之四》（*My Lai 4*）里仔细报道了这次屠杀事件，这是事件发生一年后第一次公开报道。

而只有一位士兵——中尉小威廉·卡利（William Calley, Jr.）因而被判有罪。他的上级欧内斯特·梅迪纳（Ernest Medina）上尉当时也在"搜索暨摧毁任务"现场,据报道曾亲自射杀多名平民,却从所有指控中安然脱罪并辞去了职务。梅迪纳上尉的绰号叫做"疯狗",他对他所领导的查利连相当自豪,曾宣称,"我们是战场上最优秀的一连。"也许他太过急于下定论了。

卡利中尉因预谋杀害超过一百名的越南美莱村民而被判有罪。原本刑期为终身监禁,后因特赦而被缩短为三年半,他被软禁于营房中服完了刑期,没待过一天监狱。大多数人不知道的是,卡利中尉后来得到了特赦,并且回到他的小区里成为一名收费的晚宴后演说者、受人尊敬的生意人。如果卡利是应征入伍的士兵而不是军官,事情会不会不一样呢?如果查利连的士兵们也拍下"战利纪念照",让那些言语文字无法传达的残酷屠杀场面血淋淋地出现在人们眼前,事情会不会不一样呢?我认为答案是肯定的。

将这些夜班宪兵与其他最近因犯罪行为而被军法庭起诉、宣判的军人比较,我们可以得到另一组对照,从这当中明显可看出,尽管犯下同样甚至更严重的罪行,这些军人所得到的判决还是宽大得多。

弗雷德里克中士最重可被判处十年徒刑、开除军籍、降为最低阶二等兵。由于他提出认罪协商,因此最后被判八年徒刑、开除军籍、降阶为二等兵并丧失所有津贴和福利,包括他存了二十二年的退休金。

普莱斯(Price)士官长因伤害、虐待及妨碍司法而被判有罪。最重可被判八年徒刑、开除军籍、降为最低阶二等兵。最后获判降阶为上士,无徒刑、未被开除军籍。

格拉纳下士因伤害、虐待、默示性串谋、猥亵行为及废弛职守而被判有罪。最重可被判处十五年徒刑、开除军籍、降为最低阶二等兵。最后被判十年徒刑、开除军籍、降阶为二等兵及罚金。

布兰德（Brand）士兵因伤害、虐待、做伪证及致人残废而被判有罪。最重可处十六年徒刑、开除军籍、降为最低阶二等兵。最后只被判降阶为二等兵。

英格兰士兵因串谋、虐待、猥亵行为而被判有罪。最重可处十年徒刑、开除军籍、降为最低阶二等兵。最后获判三年徒刑。

马丁（Martin）上尉因重伤害、伤害、妨碍司法及身为长官而行为不检被判有罪。最重可处九年徒刑。最后获判服刑四十五天。

军方司法部在面对这些可比较的罪行时，天平明显出现了倾斜。我认为这是因为战利纪念照的关系，让司法部在判决时特别不利于夜班宪兵们。这类比较的完整版本以及这六名受军法审判的士兵们和他们的性格，以及其他关于阿布格莱布虐囚事件的澄清说明，请参见这个有趣网站：www.supportmpscapegoats.com。

狱卒弗雷德里克成为第789689号囚犯

当我们试着描述"路西法效应"时，了解人性的转变一直是我们的焦点。而我们所能想象得到的最极端也最难得的转变之一，或许是某个人从身为狱卒的权力者沦为无权无势的阶下囚。悲哀的是在这个案子里，这样的事却发生在曾经表现优良的行为矫正官、尽忠职守的军人、充满爱意的丈夫身上。他曾因军事法庭的判决以及他在接下来坐牢期间所受的残酷对待而深受打击，几乎崩溃。在位于莱文沃思堡（Fort Leavenworth）美国军事人员惩戒所（U. S. Disciplinary Barracks）里，奇普·弗雷德里克成了编号789689号人犯。在被移送巴格达之后，奇普又被送回科威特，即便他没有自残或伤害他人的危险，仍在那里接受隔离监禁。他描绘那里的状况就像是又想起阿布格莱布监狱，不过他被囚禁在莱文沃思堡时的情形更糟。

所有针对"阿布格莱布虐囚七嫌"的审讯一结束，奇普的待遇马上就得到改善。他开始到监狱的美发学校去学习新技能，因为他无法再回去当惩戒官了。"我很想复职回到军中，回到那个地方去重新证明自己。我从来不是一个会放弃的人，我可以改变……我已准备好为我的国家、家人、朋友牺牲。我希望自己可以改变什么……能够将我大部分的成人生涯用来为国服务，我觉得很光荣。"[47]

你看见奇普的想法跟斯坦福监狱实验中囚犯斯图尔特819的相似之处了吗？斯图尔特强调希望回到我们的监狱中证明给他的牢友们看，让他们知道他不是个糟糕的人。这也让我们回想起一个经典的社会心理学实验，该研究显示，一个群体的入会仪式越严格，人们对它的忠诚度就会越高。[48]

最后的话

在下一章中，我们将结束讨论非人性行为情境中个别军人的恶行，进一步思考在孕育阿布格莱布及其他军事监狱中虐行的条件时，系统扮演了什么样的角色。系统影响力的运作创造并维持了一种"虐待文化"，而我们将检视系统错综复杂的影响力。首先我们将回顾军方许多独立调查中的重点。这样做将让我们了解这些调查对于系统变项——如领导缺失、任务特训不足甚至缺乏、资源不足，以及讯问——自白优先——的着墨程度，而这些系统变项是促成阿布格莱布夜班虐行的主要因素。接着我们将检视人权观察协会对其他可比较之虐行所做的报告，听听驻在伊拉克的美国陆军精英部队第82空降师的军官说法。我们将扩大研究范围，调查军方及政府指挥链曾在其他军事监狱中运用哪些方式创造出相似的情境，以促进他们的"反恐战争"、"防暴战争"。方法是借助美国公共电视网（PBS）节目《前线》（*Frontline*）制作的纪录片《酷刑的问题》（2005年10月18日）中的访谈及分析，针对先是禁止关塔那摩监狱的酷刑而后将其转移至阿布格莱布及其他地方的做法，该节目对于布什政府和军方指挥链的角色做了详尽说明。

我在这章中的角色从行为科学家变成心理调查报道者，而在下一章，我要再次改变我的角色成为检察官。我将指控我所挑选出的军方指挥链成员错误运用他们的权威，先是在关塔那摩监狱里用酷刑讯问，接着又将这套技巧搬到阿布格莱布。他们许可宪兵和军情人员运用酷刑技巧却疏于对1A层级院区的值班宪兵提供领导、监督、当责、任务特训，我将主张他们因过犯及忽略的罪行而有罪。

在让系统接受这个假设的审判过程中，我将把美国总统布什及他的顾问们放上被告席，因为他们重新定义酷行，认为在他们那无所不在、含糊不清的反恐战争中，酷刑是可被接受的必须手段。他们也被指控让被军方逮捕的暴动者和所有"外国人士"无法获得日内瓦公约提供的保护。国防部长拉姆斯菲尔德被控创造讯问中心，使得"被拘留者"承受许多极度高压的"虐待"，只为了得到自白和情报的含糊目的。他也许也必须为其他破坏美国道德价值的事件负责任,例如利用美国政府的"非常规引渡"(extraordinary rendition)方案,将具有高度情报价值的被拘留者送到外国拷问,即所谓"酷刑工作外聘"。

我希望表示的是从布什、切尼(Cheney)到拉姆斯菲尔德以及以降的指挥阶层所代表的系统奠定了这些虐行的基础。如果真相是如此,那么,我们作为一个民主社会就有责任采取行动以确保避免未来的虐行发生,因此我们必须强调的是讯问中心的结构特质及运作政策变更是由系统所执行。

最后我必须说,我明白对某些读者而言,我强调我们小小的斯坦福监狱模拟实验和一座危险的真实战地监狱之间的相似性是有些言过其实。但重要的并不是物理实体上的差距,而是这两者间可比较的基本心理动态[49]。容我也进一步指出,许多独立调查者也做出了这类比较,如施莱辛格报告(引用于本章的一开始)以及前海军密码学家阿兰·汉斯莱(Alan Hensley)的报告,他在分析虐待行为的被告中做出以下结论:

> 阿布格莱布的案子属于津巴多研究中已详细说明过的模式,该模式由我们可实际指认出的因素所架构而成,并导出事先存在的经验证据,可让我们确信无疑地预测到这一连串的事件将在参与者完全不经深思熟虑的情况下发生。[50]

我希望以《新闻周刊》巴格达办公室主任罗恩·诺兰(Ron Nordland)的一篇分析作为这一段旅程的句点,他谈到在这场立意良善的战争中出了什么错时说道:

> 哪里出错了?很多事情都出错了,但最大的转折点还是

阿布格莱布丑闻案。自从2004年4月开始，解放伊拉克的任务已经变成绝望的损害管制工作，阿布格莱布的虐囚阴霾对许多伊拉克民众来说已经疏远了，对这些人来说这样做发挥不了什么作用。尽管军方宣称从这座监狱取得了"可采取行动之情报"，但并没有证据显示，这些虐待及羞辱拯救过任何一条人命或逮到什么主要的恐怖分子。[51]

第 15 章

让系统接受审判：领导层的共谋

在弗雷德里克中士的审判辩论终结时，军事检察官梅杰·迈克尔·霍利曾做了一番爱国主义的激昂陈词，有助我们接下来分析监禁在伊拉克、阿富汗和古巴军事监狱中的"非法武装分子"及被拘留者运用酷刑的现象，他是这么说的：

> 庭上，我想提醒您，敌人也和我们一样依靠士气战斗，而这个事件将让我们的敌人士气大振，不管是在现在还是以后。我也希望您能想想以后可能会投降的敌人。我们希望他们是受到美国陆军的战斗力震吓而屈服，但如果一个囚犯——不是囚犯就是敌人，认为投降就会受到屈辱和不堪对待，那他为什么不战斗到最后一口气？而我们得祈祷他不会在战斗中夺走我们军人的性命，这些命原本是不该丢的。（被告宪兵的）这类行为会造成长期影响，最终会影响到我们的军人子弟、陆海空军，他们可能以后会成为俘虏，而他们的待遇，我想我就说到这里了。

这位检察官继续指出在"阿布格莱布虐囚七嫌"的所有审判中，唯一要紧的事就是军方的荣誉：

> 最后我要说，庭上，美国陆军的荣誉十分珍贵，同时也十分脆弱。我们对所有军队都抱持神圣的信任感，尤其是对美国陆军，因为我们负有极大的责任以及力量，这力量就是对其他人动用武力。而唯一能让我们和暴民、匪类等不正当使用武力的人有所区别的，就是我们拥有的荣誉感，我们相信我们正在做对的事，我们听命行事而这些事是光荣的，但这种行为（发生在阿布格莱布监狱的凌虐和酷刑）损害了这份荣誉感。而和其他军队一样，我们也需要一个高道德标准来振作士气。[1]

我在弗雷德里克的审判上的终结辩论因为是即席的，所以没有留下文字记录。在辩论中我提出一些在本章中将发展出的关键主张——情境和系统力量运作导致了虐行的论点，这些主张将提供更完整的视野。自从审判（2004年10月）以来，不断有新证据浮出台面，这些证据清楚表明在阿布格莱布监狱1A层级院区中发生的凌虐与酷刑背后有许多军方指挥官的串谋参与。以下是我的声明内容：

> 费伊报告和塔古巴报告都指出，如果军方曾经拿出他们投注在审判中的任何一点资源和关注，此事（虐行）就可以避免，阿布格莱布事件就不会发生。但他们对阿布格莱布漠不关心。它的优先性被排在最后，安全性就跟巴格达古文明博物馆一样受到忽视（这座博物馆中的文化珍藏在巴格达"解放后"被洗劫一空，而美军只是袖手旁观）。它们都是"低优先"（军事）项目，而在这些不利的条件环境下，爆发了阿布格莱布事件。所以我认为军方应该受到审判，尤其是弗雷德里克中士的所有上级难辞其咎，他们对所有发生的事

都该知情，他们的责任是去避免、阻止、挑战它，却没有做到。他们才是必须接受审判的人。如果说弗雷德里克中士必须负起一定的责任，无论他的判决如何，其严重性都已被整串指挥链需负的责任给减轻了。[2]

在本章中，我们将采取几个不同方向来带领我们揪出躲在阿布格莱布这出大戏幕后扮演关键角色的人，他们是让这出悲剧上演的导演、编剧、舞台指导等核心。这些宪兵们从某种意义上来说不过是些微不足道的角色，他们是"七个寻找作者的剧中人"，或许他们现在该找的是导演。

我们的任务是去确定，在阿布格莱布监狱屏护区的讯问室里的情境外，又存在什么样的系统压力。我们必须指认出在各层级指挥链中扮演角色的特殊人物，他们创造出让这些宪兵人性自我崩坏的条件。当系统力量依时间顺序逐一揭露时，我的角色将从辩护专家变成检察官。我将站在检察官的位置向大家介绍一种新的现代邪恶，即"当权之恶"（administrative evil），在这些虐行中，政治及军事的指挥链正是以当权之恶为基础扮演着串谋者的角色[3]。无论公共或是私立组织都一样，由于组织是在合法、而非伦理的架构下运作，因此在达成其意识形态、总体规划、损益平衡或是获利底线等目的的过程中，其冰冷的理性运作便可能造成人们受苦甚至死亡。而当这样的情况发生时，它们总是拿目的来正当化其效率至上的手段。

阿布格莱布虐囚案中的系统错误

除了阿布格莱布，伊拉克全境、阿富汗和古巴的军事监狱都传出类似的虐行报道，为了回应这些报道，五角大楼至少启动了十二项官方调查行动，而在担任弗雷德里克中士的辩护人的准备过程中，我曾仔细研读其中半数的调查报告。在这个小节中，我将依时间顺序简要概述某些相关的关键报告，并引用原文指出结论中的重点。这么做将让我们对高阶军事人员及政府官员评估这些虐行的原因有个概念。由于除了其中一项之外，所有调查行动都由军方下令并依照特定指令聚焦于加害者，因此大多数调查报告均未指控军方及政治领袖在创造有利虐行条件上扮演的角色。唯一例外的是由国防部部长拉姆斯菲尔德下令执行的施莱辛格报告。

由于这些报告采取俯视方式而非由下往上的视角来看指挥链，观点均受到了局限，也正如人们所预期的，失去了独立性及公正性。但针对我们所欲指控的军方及行政指挥链，它们仍提供了一个起点，我们将补充其他媒体和机构对涉案军人第一手证词的报道，以便让整个因果图像更完整。（关于阿布格莱布虐囚事件及调查报告的完整年表，请参见注释中的网站[4]。）

"赖德报告"：第一个警讯

陆军首席执法专员、宪兵司令唐纳·赖德（Donald Ryder）少将在桑切斯将军令下筹备发表了第一份报告（2003年11月6日）。赖德是在八月时在陆军风纪单位要求下受任领导一个评估团队。这个单位被简称作CJTF-7（Combined Joint Task Force 7，第七联合特遣部队），是一个结合陆海空军、海军陆战队及文职人员的多军种任务部队。

这份档案回顾了伊拉克整个监狱系统并提出改善方法。文章结语中，赖德提出结论，他认为确曾发生严重违反人权的事件，而"泛系统"内也普遍存在训练和人力资源不足的事实。他的报告也关切宪兵与军情人员的模糊界限,宪兵的角色只限于看管囚犯,后者的任务才是讯问。这份报告指出军情人员试图招募宪兵加入行列,协助"预备"被拘留者接受讯问。

宪兵与情治人员之间的紧张状态可溯及阿富汗战争,当时宪兵与情治人员共同合作,负责使囚犯"进入适合接受后续访问的状态",此即瓦解囚犯意志力的委婉说法。赖德建议建立常规以"定义宪兵的角色……将狱卒与军情人员的工作内容清楚区分开来"。他的报告应使所有管理军事监狱系统的负责人有所警觉。

尽管做出有价值的贡献。"赖德削弱了他的警告力道,"根据记者西摩·赫什的说法,"方法是借助他的结论指出情况尚未到达严重地步。尽管某些程序的确出现瑕疵,他却说他发现'没有宪兵人员被有目的地运用在不适当的监狱工作上。'"请记得这份报告发表于2003年秋天,早于专业军士乔·达比出面纠举恶行前(2004年1月13日),当时正是1A层级院区发生最穷凶极恶虐行的高峰期。赫什在《纽约客》(*New Yorker*)上的一篇文章(2004年5月5日)将丑闻公之于世,而对赖德的报告他下了这样的结论:"他的调查报告说好听是个失败,说难听可以说是隐瞒事实。"[5]

"塔古巴报告":完整详尽、立场强硬[6]

2004年2月,恶名昭彰的照片已在军方高层及犯罪调查单位间流传,桑切斯将军被迫采取比赖德的漂白工作更积极的行动。他指派了安东尼奥·塔古巴少将针对虐囚说法、未被列入记录的囚犯逃脱事件,以及普遍的军纪废弛、无人当责等现象进行更完整的调查。塔古巴的工作成果十分令人赞赏,他在2004年3月发表了一份详尽周延的调查报告。尽管这份报告原本希望维持机密，但因报告内容对废弛职务的军官提出直接指控并含有做证据的"那些照片"，新闻价值太高，最后还是被泄露给媒体（或许还卖了一大笔钱）。

塔古巴报告被泄露给《纽约客》，由赫什撰写的封面故事揭露了这篇报告的主要发现和照片，不过同一批照片在稍早前被泄露给《六十分钟Ⅱ》的制作人，并在2004年4月28日的节目中播出（读者应该会回想起，我就是从这里开始这段旅程）。

塔古巴没有浪费时间驳斥他的将领同僚的报告。他写道（强调部分由我加上）："不幸的是，许多在（赖德的）评估报告中已呈现出的系统性问题正是这次调查的主要对象。""事实上，许多受拘留者受虐事件发生于该评估报告进行期间，或是接近该期间。"报告中继续说道，"与赖德少将的报告相反的是，我发现隶属第372宪兵连、第800宪兵旅的人员的确被指示违反监狱设施规定，为军情人员的讯问工作进行'预备工作'。"他的报告清楚指出陆军情治单位长官、中情局探员、私人包商和其他政府机构人员"主动要求宪兵卫软化证人的身心状态，以便有利于进行证人讯问工作"。

为了支持这个主张，塔古巴引用了数名狱卒的宣誓证词，其中提及了军方情治人员和讯问者的串谋角色：

> 专业军士萨布里纳·哈曼，第372宪兵连，曾在宣示证词中陈述某个虐待事件，事件中一位受拘留者被安置在一个箱子上，手指、脚趾和阴茎都被缠上电线，她说："我的工作就是要让那个人犯保持清醒。"她说军情人员曾和下士格拉纳交谈。她宣称，"军情人员希望让他们招供。格拉纳和弗雷德里克的工作就是协助军情人员和其他政府机构让人们招供。"

第15章 让系统接受审判：领导层的共谋

塔古巴也引用来自杰弗·戴维斯中士的证词，他提到他观察到军情人员和其他政府机构对宪兵狱卒的影响：

"我亲眼见到在军情人员控制下的1A院区中发生许多我会质疑其道德正当性的事情。在1A院区里，我们被告知这里对囚犯待遇的规定和标准操作程序都和别的地方不同。但我从没看过那地方的任何规定或标准操作程序，都是空口说白话毫无根据可言。负责管理1A院区的士兵是格拉纳下士。他说官员代表和军情人员会叫他做些事，但都不是明文规定，他抱怨（原文照引）。"当被问到为何1A跟1B院区的规定跟其他院区不同时，戴维斯中士的陈述是，"其他院区关的都是一般囚犯，只有1A跟1B是由军情人员控制的。"当被问到为何他没有告知他的上级指挥链发生虐行的事，他声称，"因为我认为如果他们做的事跟平常不同或是有不合乎规定的地方，一定会有人出来说话。（不为之恶再次发挥了作用）而且那个院区归军情人员管辖，而看起来军情人员是容许这些虐待行为。"戴维斯中士也声称他曾听到军情人员用迂回的方式暗示狱卒们虐待人犯。当被问到军情人员的谈话内容时，他说："帮我们让这人软化下来。""今晚绝不要让他好过。""让他吃点苦头。"他声称听到这些话被交代给格拉纳下士和弗雷德里克中士。最后戴维斯中士陈述道（原文照引），"就我所知，军情人员称赞过格拉纳在军情人员支配院区的管理方式。比方他们说，做得好，他们很快就招了，他们有问必答，最后招了不少好情报，还有继续保持下去啊，一类的话。"

第372宪兵连的专业军士杰森·肯内尔（Jason Kennel）向塔

古巴做的陈述也勾起我们对斯坦福监狱实验的回忆,当时狱卒为了惩罚违规行为把囚犯们的床垫、床单、衣服、枕头全部没收走;肯内尔是这么说的:

"我看到他们一丝不挂的,军情人员叫我们把他们的床垫、床单和衣服通通收走。"他记不得是军情人员里面哪个人叫他这么做的,但是他的意见是,"如果他们要我那样做,他们就得给我公文。"而后来他被告知"我们不能做任何让犯人感到尴尬的事"。

于是我们看见,一方面该院区的军情人员和其他政府单位以非官方方式怂恿宪兵虐待受拘留者,另一方面则是虐待情境的现实,两者间不一致的情形持续存在,以上所述不过是其中一例。指挥链一方面开口下达虐待的指令,另一方面却在官方公开声明中强调"我们绝不宽容虐囚行为或任何非人道待遇之行为"。借助这样的方式,他们便有理由在之后假装毫不知情似的推卸责任。

塔古巴报告中特别指出,最高层军方将领在得知这些极端虐行后曾建议进行军法审判,后来却未贯彻执行。由于他们对虐待行为知情在先,他们的不为便强化了一个印象,让人以为虐待囚犯可以不需要付出代价。

沟通不良、教育失败及领导无方是我们犯的错误

塔古巴提出许多例子,在这些例子中,这些军人和陆军后备役宪兵既未受到妥善训练,也未得到足够的资源和信息;然而要胜任阿布格莱布监狱中的狱卒这个困难工作,这些都是必需的。

第15章 让系统接受审判：领导层的共谋

报告中陈述：

在第800宪兵旅和隶属其下的单位中，知识的缺乏、执行力不足，以及对服从基本法治、管理、训导和指挥方面之要求疏于重视，这些现象都普遍存在……而在受拘留者及罪犯收容的处置方面，整个**第800宪兵旅的责任区范围**内，从不同拘留所、不同院区到不同营区，**甚至不同值班时间**全都有自己的做法。（加强部分是我为了强调1A院区的日夜班差异而加上。）

报告同时也提及：

阿布格莱布和布卡营拘留监狱的收容人数远超出其上限，而狱卒的人力和资源配置严重不足。这种失衡状态造成各监狱单位生活条件恶劣、逃狱及无人当责。监狱过分拥挤也使得指认和隔离被拘留人口的领导者能力降低，这些人可能组织逃狱行动或在监狱内策动闹事。

塔古巴也提出证据证实曾发生囚犯逃狱、暴动事件，并在报告中描述宪兵和被拘留者间的致命冲突。在每个案例中，报告都会重复提出一个结论："本调查团队并未收到任何关于这些事件的调查结果、促进因素或改善行动方面的信息。"

塔古巴特别关切宪兵旅明显训练不足的问题，这些军方指挥官已知却未曾改善：

我发现第800宪兵旅并未接受适当的任务训练教他们如

何管理阿布格莱布综合监狱内之监狱单位及惩教机构。正如赖德评估报告中发现到的，我也同意在第800宪兵旅人员并未于调动期间受过惩治教育相关训练。由于在调动前和调动后的训练期间，宪兵人员都没有接到精确的任务分配，他们因此无法接受任务特训。

除了人手严重不足之外，被派驻至阿布格莱布的军人生活品质极其恶劣。那里没有餐厅、邮局、理发厅，也没有娱乐交谊中心。有的是一堆迫击炮攻击、零星的步枪和火箭炮攻击，对监狱中的军人和被拘留者生命均构成严重威胁。监狱人口爆满，该旅却无足够资源和人力解决后勤调度问题。最后一点，由于宪兵与该旅过去曾有共事经验，关系十分亲近，因此友情经常优先于位阶上的从属关系。

塔古巴抨击指挥官玩忽职守、经验不足

相较于其他所有针对阿布格莱布虐囚事件的调查报告，塔古巴报告的另一项特色是他在报告中明白点出指挥官无能行使其指挥职权，以及哪些人应当受到某些形式的军事惩处。塔古巴将军明确指出，许多军方领导者的指挥风格根本是个笑柄，称不上什么典范，我们在此将花一些篇幅呈现他这么做的理由。这些领导者原本应该要为无助的宪兵们提供一套可以遵循的规矩和尺度，因此塔古巴这么说：

关于第800宪兵旅人员在阿布格莱布监狱所从事的任务，我发现，负责在2003年11月后接管阿布格莱布前哨作战基地的第205宪兵旅，以及负责管理该基地内部之被拘留者的第

800宪兵旅,这两个单位的指挥官之间明显缺乏有效沟通联系并且互有争执不和。两个指挥部之间既没有明确的责任划分、缺乏指挥层级上的互动协调,在运作方面也未能整合。而最低阶人员之间的串联行动也鲜少受到指挥官的监督。

我阅读塔古巴分析报告所得到的心得是,阿布格莱布不仅是**上级军官们**货真价实的"动物屋",也包括1A院区的陆军后备役宪兵夜班人员。这里一共有十二名军官和士官曾受到申斥或惩戒,涉及的不当行为包括行为不端、玩忽职守、未行使领导职责和酒精滥用。其中一个令人瞠目结舌的例子来自利奥·默克(Leo Merck)上尉、第870宪兵连的指挥官,他被指控偷拍自己手下女兵的裸照。第二个例子则是一群玩忽职守的士官,他们不但和下级士兵称兄道弟打成一片,更离谱的是在下车时无端击发M–16步枪,结果造成燃油箱不慎炸毁的意外!

塔古巴建议应解除这十二名军人的指挥职或甚至解职,并在将官人员申诫备忘录上留下记录,他们原本应当是属下一般兵和后备役军人的行为表率,表现却是荒腔走板。

不只军方人员难辞其咎,塔古巴的调查结果也显示几位民间讯问人员和通译员曾个别涉入虐囚行为,并且不恰当地要求宪兵们参与他们对1A院区被拘留者的讯问工作。在这些人当中,塔古巴报告点名了以下几名涉案罪嫌:史蒂文·斯泰法诺维兹(Steven Stephanowicz)——美国国防部约聘民间讯问人员、加州分析中心雇员,隶属第205军事情报旅;以及约翰·伊斯雷尔(John Israel)——美国国防部约聘民间通译、CACI雇员,也隶属于第205军事情报旅。

斯泰法诺维兹被控"许可或同时指使从未受过讯问技巧训练

的宪兵们为讯问过程'创造有利条件',这是未曾经过授权并且符合(原文照引,应做不符合)行为守则/落实政策。他清楚知道自己所下的指令就是**身体虐待**。"(强调部分由我加上)这正是弗雷德里克和葛雷那提到过的,一些似乎负责1A院区主要事务的民间人士怂恿他们去做的事,也就是指使他们采取各种必要手段,以便在讯问过程中取得可采取行动的情报。

从塔古巴对史尼德中士告诫中,我们也可见到"不为之恶"的负面示范;塔古巴指出史尼德看见"一名直属其管辖的士兵在他面前用力践踏一名被拘留者光秃秃的手脚,但他没有举发他"。

在我们结束塔古巴报告以便继续探讨其他独立调查报告的调查结果之前,我必须特别提到这个强而有力的结论;一些军官及民间工作人员从不曾因为阿布格莱布虐囚事件而受审,甚至没被起诉,然而在这个结论中却清楚指出他们有罪:

> 在位于伊拉克的阿布格莱布/BCCF以及布卡营,有几名美国陆军军人犯下令人震惊的罪行,他们的作为严重违反了国际公约。
>
> 除此之外,在第800宪兵旅和第205军情旅中扮演关键角色的上级领导者也未能遵守既有规则、政策及指挥令的要求,尽力避免从2003年8月至次年2月发生在阿布格莱布及布卡营的虐囚事件……
>
> 必须特别提到的是,我怀疑陆军上校托马斯·M.帕帕斯、陆军中校史蒂文·L.乔丹(Steven L.Jordan)以及两位民间人士史蒂文·斯泰法诺维兹和约翰·伊斯雷尔必须为阿布格莱布虐囚案**负起直接或间接责任**,我也强烈建议根据前几段中所做说明立即惩处,并启动第十五号调查程序

(Procedure 15 Inquiry)① 以判定他们的完整过失范围。(强调部分由我加上)

而我必须追加一个信息,没有任何军官因串谋虐囚而被判定有罪。只有卡尔平斯基准将受到申斥并降阶上校——她随后就请辞了。史蒂文·乔丹中校是唯一因此受审的军官,但他在虐囚案中的角色只让他受到了申斥处分。然而关于军方及政府司法不公的例子,最令人难以置信的还是塔古巴少将受到的待遇。由于他的报告详尽周延地搜集记录了关于军官、军方以及民间讯问者的串谋证据,他被告知将永远无法获得升迁。作为一名菲律宾裔的最高阶军事将领,他的廉政品格使他完成一份诚实的报告,而不是按照军方长官的期望去做,这项对他品格的羞辱也迫使他提前自卓越的军旅生涯中退休。

"费伊/琼斯报告":向上及向外追溯责任[7]

这是由安东尼·琼斯中将协助乔治·费伊少将完成的报告,调查的是第205军事情报旅涉及阿布格莱布虐囚事件的真相。他们同时也调查是否有任何位阶高于该旅指挥官之组织或人员以任何方式涉入虐囚案中[8]。尽管他们的报告仍然将责任归咎个人加害者的标准天性式归因模式——再次以"少数道德堕落的军民"当箭靶,但这份报告的确以具有启发性的方式将因果关系扩展至情境及系统性因素。

"阿布格莱布事件不是在真空中发生。"费伊/琼斯报告以这

---

① 美国军规,提供对情报工作的行为规范。依据第十五号程序可对有问题之情报活动展开指认、调查,及提出报告。

句话为开场白，概述"操作性情境"（operational situation）如何促使虐囚事件发生。和我提到过的社会心理学分析相符的是，这份报告仔细分析了在行为发生的环境及周边，强而有力的情境和系统性力量的运作情形。请思考一下我从结案报告中摘录的以下三段文字意涵：

陆军中将琼斯发现，尽管上级长官并未犯下虐行，但他们的确必须为以下事情负起责任，他们对监狱疏于监督；未能即时回应国际红十字委员会（International Committee of the Red Cross）的报道，以及他们签署了政策备忘录，却未能在战略层次针对执行面提出清楚、一致的指引。

陆军少将费伊发现，在2003年7月25日至2004年2月6日期间，有二十七名第205军情旅人员据称曾要求、鼓舞、赦免或诱使阿布格莱布监狱之宪兵人员虐待被拘留者，或／同时**参与虐囚**，或／同时违反讯问程序、实施政策及讯问工作之规则。（强调部分由我加上）

驻阿布格莱布监狱的军事单位领导人或是对于军人及阿布格莱布军事单位具有监督责任的人，他们并未尽责管理属下或未能直接督导这项重要任务。这些领导人没有适当惩戒他们的军人，没有从错误中学习，也没有提供持续的任务特训……**如果是在遵行军事信条、任务训练持续执行的情况下，虐待行为不会发生**。（强调部分由我加上）

这两名将领的联合报告总结出多项阿布格莱布虐囚案的促成因素。他们总共指出了七项因素，除了一项可归为天性式范畴外，其他均属情境或系统性因素：

第15章 让系统接受审判：领导层的共谋

（1）个人犯罪特质（后备役宪兵的天性因素）；

（2）领导不力（系统性因素）；

（3）该旅与上层梯队间的非正常性指挥关系（系统性因素）；

（4）多个机构/组织参与阿布格莱布监狱的讯问工作（系统性因素）；

（5）未能有效监督、认证及整合约聘讯问者、分析员及通译（系统性因素）；

（6）对宪兵和军情人员于讯问过程中应扮演的角色及责任缺乏清楚了解（情境和系统性因素）；

（7）阿布格莱布监狱中缺乏安全及防御设施（情境及系统性因素）。

费伊/琼斯报告接着明确指出，在这七个虐囚事件的促成因素中，有六个可归因于系统或情境性因素，只有一个属于天性因素。这份报告将这概观进一步延伸，凸显出在促进虐行发生时扮演关键角色的几个系统性失误：

> 跳出个人责任、领导者责任以及指挥部责任将视野向后延伸，我们将发现系统性的问题和争议也促成这虐行一触即发的环境。报告中列举了数十项特定系统失误，从政策面向到领导、指挥及控制议题，乃至资源和训练议题均入列。

团队合作：配合中情局非法调查

我十分惊讶地发现，这份报告也对中情局在刑求讯问活动中扮演的角色公开提出质疑，而这些原本应该是秘密进行的活动：

对讯问者和被拘留者的行为管理方面存在着系统性的无人当责情况，这对阿布格莱布监狱的拘留业务造成相当大的困扰。我们不清楚中情局如何以及通过何种授权方式，可以将像二十八号被拘留者*这样的人安置在阿布格莱布，因为中情局和盟军驻伊拉克联合军事司令部（CJTF-7）之间并未对这项主题签署任何的协议备忘录。当地的中情局高级职员让陆军上校帕帕斯和陆军中校乔丹相信，他们被允许**可以不依照该监狱既有规则和程序做事**。(强调部分由我加上)[*我们将在稍后篇章中谈到关于这名被拘留者的事，他的名字是曼那多·贾马地（Manadel al-Jamadi）]

制造病态的工作环境

中情局间谍在这类"高于法律且不受法律约束"的秘密情报工作中采取的做法，造成的负面效果如癌细胞般在环境中迅速扩散，在费伊／琼斯报告中曾以心理分析手法针对此详尽描绘：

> 二十八号被拘留者之死以及讯问室中发生的各种插曲，在阿布格莱布监狱中的美军社群中都广为人知。由于没有人为此负起责任，而且似乎有些人能不受法律和规则约束，于是各种猜测和不满逐渐传出。这股愤怒促使阿布格莱布监狱形成一个病态环境，但二十八号被拘留者的死亡事件还是没有解决。

报告中也简短提到了匿名性的运用形成一个保护壳，使某些人得以逃脱谋杀罪名，"中情局官员在阿布格莱布监狱工作时均使用化名（原文照引），而且从未透露真实姓名。"

第15章 让系统接受审判：领导层的共谋

当自我辩护的借口成真

费伊／琼斯报告支持了奇普·弗雷德里克及其他夜班宪兵的主张，他们声称所做的许多虐囚行为都受到在该单位从事情报搜集工作的各类人士鼓舞与支持：

> "被告宪兵们声称他们的行为是在军情人员授意下进行。尽管这是有利自己的辩护，但这些主张的确有一些事实基础。**事实是，在阿布格莱布创造出的环境促成这类虐行发生，事实是，这情形维持一段长时间却未被更高权力阶层发现。**这一小群道德堕落、无人监督的士兵和平民一开始只是强迫被拘留者裸体、羞辱他们、施压力、给他们体力训练（运动），最后才变成性侵害和身体伤害。"（强调部分由我加上）

这两名进行调查的将领重复指明系统和情境性因素在虐行中扮演的主要角色。然而他们无法放弃天性式的归因方式，而将加害者视为"败德"者，认为他们是所谓锅里的老鼠屎，而在那口锅子里的其他人全都有着"绝大多数军人的高尚表现"。

好狗做坏事

费伊／琼斯报告详尽说明了某些用来促进讯问效率的"可接受"策略，并揪出其中错误，这是第一个这么做的调查报告之一。例如它指出狗被运用在讯问中，而这些狗是由杰弗里·米勒少将从古巴关塔那摩监狱送来的，不过报告上加上一句，"狗在讯问过程中被用来对被拘留者产生'威吓'作用，但这项策略使用并未受到适当授权。"

一旦官方允许用戴上嘴套的狗来恐吓囚犯，这些狗私下被拿下嘴套以加深恐吓威力的日子也不会远了。费伊／琼斯报告中确认有一个民间讯问者（21号，私立加州分析中心雇员）在讯问过程中使用未戴嘴套的狗，他还向宪兵们大吼要他们用狗对付一名被拘留者，"让他回老家"。为了让囚犯们知道这些狗可以咬死人，那只狗才刚把那名被拘留者的床垫咬烂。另一个讯问者（17号，第2军情营）则被控对狗的不当运用情形知情不报，他目睹一名军犬巡逻员让一只没戴嘴套、情绪激昂的狗进入两个少年的牢房里吓唬他们。这名讯问者也亲耳听见军犬巡逻兵们在讨论中比赛他们用狗把人吓到大便在裤子上的本事，却同样没有汇报。那些巡逻兵声称曾用狗把好几个被拘留者吓到小便失禁。

一丝不挂、去人性化的囚犯

裸露也是从阿富汗及关塔那摩引进的管理策略，目的是让被拘留者保持合作态度。当阿布格莱布监狱也开始运用这种策略时，费伊／琼斯报告指出其后果就是，"权威人士的意见和恰当合法主张之间的界限模糊了。他们不假思索地直接将裸露运用于伊拉克战区的监狱中。将衣物当成激励因素（裸露）的做法之所以重要，因为它可能升高对被拘留者'去人性化'的效应，并促成其他额外且情节更严重的虐待行为（宪兵所为）发生"。

谴责对象：军官、军情人员、讯问者、分析员、通译、翻译者、军医

费伊／琼斯报告在结论中宣布，在调查过程中他们发现有二十七名人士必须为阿布格莱布监狱虐囚事件负责任，他们有罪，这些人有的被指出名字，有的则被指出代号。对我而言重要的则是人数，也就是对虐囚案知情、目睹，甚至以各种方式参与其中，

第15章 让系统接受审判：领导层的共谋

却没有做任何事来避免、阻止或向上汇报的人的人数。他们全都为这群宪兵提供了"社会认可"，让他们以为继续这样为所欲为可以被接受。他们的微笑和保持沉默代表整个讯问团队周遭社会网络的支持，代表他们对原本该受谴责的虐行竖起了大拇指。于是我们再一次看见了不为之恶如何促成了恶行。

军医和护士们经常因为未对痛苦中的人伸出援手，或是对残忍行为袖手旁观甚至助纣为虐，因而犯下罪行。他们签发假死亡证明、对造成伤口和四肢骨折的原因说谎。他们违背了当初进入医护学院的誓言，引用医学及生物伦理学教授史蒂文·迈尔斯（Steven Miles）在《被背叛的誓言》（*Oath Betrayed*）[9]一书中的说法，他们是"为了废渣出卖自己的灵魂"。

两名陆军将领做的完整调查平息了所有天性论式的质疑，即认为1A院区夜班宪兵们虐待折磨囚犯全是基于个人动机偏差或是虐待狂冲动使然。这份报告反而呈现了复杂多元的因果关系。许多其他军人和平民都被指出以各种方式参与了虐待和刑求过程。这些人中有的是加害者，有的是火上加油的人，还有的是袖手旁观、知情不报者。此外我们也看见许多军官也被指明必须为虐行负责，因为他们领导不力，也因为他们创造出这个混乱、荒诞的环境，使得奇普和他的属下们被迫卷入，无法脱身。

然而这份调查报告却未直接指出桑切斯将军的罪行。不过桑切斯并没有因此而彻底脱身，根据保罗·J.克恩（Paul J.Kern）将军对记者透露的说法："我们并未发现桑切斯将军有罪的证据，不过我们认为他必须为已发生及未发生的事情负责。"[10]现在我得说，这还真是精巧的文字游戏：桑切斯将军不是"有罪"，他只是对一切事情"有责任"而已。不过在我们的审判中，我们对他可不会那么仁慈。

接下来我们将开始讨论由拉姆斯菲尔德下令进行的一项调查，主导这项调查工作的不是别人，正是前任国防部长詹姆斯·施莱辛格。这个调查委员会并未展开全新而独立的调查行动，反而访问了军方高层和五角大楼的领导人们，而他们的报告为我们正在分析的案子提供了许多重要的信息报道。

"施莱辛格报告"：确认罪行[11]

这是我们讨论的最后一份调查报告，针对情境和系统性影响在我们的案子里扮演的角色，它提供了珍贵的证据。这份报告详尽说明了拘留中心许多运作漏洞，也指出领导和指挥系统的罪行，并揭露在达比将虐囚照片光盘拿给一名军方犯罪侦查人员后，军方的一切掩饰手段，这些内容均是我们特别关注的。

在这份报告中，最让我意想不到也最称许的是，它在其中一章中详尽叙述了社会心理学研究对于了解阿布格莱布虐囚事件的重要性。不幸的是这部分被藏在附录G中，所以不太可能被许多人阅读到。施莱辛格报告中的这个附录也呈现了阿布格莱布情境和发生在斯坦福监狱实验进行期间的虐待行为之间的相似性。

军中虐待行为普遍

首先，报告指出美国军事监狱普遍盛行"虐待行为"（报告中没出现过"酷刑"这字眼）。2004年11月间，在美军联合行动区域内就有三百桩虐囚指控，其中确立为"虐待行为"的案件有六十六件是由驻在关塔那摩和阿富汗部队所为，超过五十五件发生于伊拉克。这些事件中有三分之一与讯问工作相关，根据报道至少有五名被拘留者死于讯问过程中。当时还有另外二十四个被拘留者死亡的案子正在进行调查。这个恐怖的描述似乎证实了费

第15章 让系统接受审判：领导层的共谋

伊和琼斯的报告中所言，1A院区虐行并非发生在真空中，而是其来有自。尽管这些虐行或许是军人施虐的例子中最显而易见的，但它们的情节严重性或许还比我们等一下将拜访的其他军事拘留所中发生的谋杀和重伤害轻微些。

主要问题区域和造成情况恶化的条件

施莱辛格报告中确认出五个主要问题区域，它们形成了虐行发生的背景：

（1）宪兵和军情人员没有受到充分任务特训；

（2）装备及资源短缺；

（3）讯问人员承受必须取得"可采取行动之情报"的压力（由一个既缺乏经验也从未受过训练的人，面对一群在接受讯问前最长已羁押九十天的被拘留者）；

（4）领导人"很弱"且经验不足，却必须在一个太过混乱、复杂的系统中试着掌舵；

（5）中情局的人照自己的规则行事，不对军方指挥部门的人负责。

又是领导不力的问题

这份报告再次凸显了一个事实：领导不力的情形出现在每一层级中，并显示出这如何促成夜班宪兵们的恐怖虐行：

> 如果提供适当的训练、领导及监督，阿布格莱布监狱1区牢房夜班时间的病态行为可以被避免。这些虐行……代表的是偏差行为，以及缺乏领导和纪律。
>
> 还有更多讯问期间的虐行没被拍下，还有更多在阿布格

511

莱布以外地方讯问时发生的虐行没被报道出来。

同样地，这些虐行不能只怪罪于某些个人不守法纪，或是只归咎于某些领导人无能实施惩戒，**还有更高层的机构及个人必须为此负责**。（强调部分由我加上）

美国参谋首长联席会议主席理查德·迈尔斯将军曾尝试要拖延美国哥伦比亚广播公司在2004年4月公开发表这些照片，所以他一定很清楚这些照片具有某些"可能的重要性"。然而正如我先前提到的，这名高层将领却能心安理得地公开说他认为这些事情都不是"系统性的"，要怪就该怪"少数害群之马"做了坏事。

从社会心理学角度分析对他者的非人待遇

在针对军事拘留所虐行所发起的十二项调查行动中，施莱辛格报告的独特之处在于，它细腻地思考其中涉及的伦理议题，并概述阿布格莱布监狱中运作的心理压力源和情境力量。不幸的是这些特殊报道都被藏在报告最后面的附录H《伦理议题》，以及附录G《压力源及社会心理学》里，但它们应该是要受到重视。

与我个人相关的是，这个调查委员会指出斯坦福监狱实验和阿布格莱布虐囚案的相似性。让我简短回顾施莱辛格报告中相关部分的主要论点：

> 基于对社会心理学原则（原文照引）的基础性理解，以及对众多已知环境风险因素的意识，根据这两者，完全可以料到在全球反恐怖主义战争期间发生虐囚事件的潜在可能……来自社会心理学的发现指出，战争状态及以拘留者管理中出现的动态会带来虐待行为的内在风险，因此在处理时

必须十分谨慎，并且小心计划和训练。

然而这份报告也指出，大部分军方领导人对如此重要的风险因素一点都不清楚。施莱辛格报告也明白表示了解虐待行为的心理学基础并不是为加害者找借口，就像我之前不断在书中表示的：即使"某些情况的确升高了虐待行为发生的可能性"，但是"这些情况不能成为蓄意从事不道德或非法行为者的借口，也无法帮他们脱罪"。

斯坦福监狱实验的教训

施莱辛格报告极富勇气地公开宣告，"具有里程碑意义的斯坦福研究示范了一则警世传奇，这对所有军事拘留行动都有参考价值"。报告中也清楚表示，对照斯坦福监狱实验中相对良善的环境，"在军方拘留作业中，军人在充满压力的交战状况下工作，面临的环境却极为险恶"。意思是比起模拟实验所观察到的情况，可以预期在战争状态下的宪兵人员会出现更极端的恃权凌虐行为。施莱辛格报告也继续探索我们在本书中持续追踪讨论的核心议题。

"心理学家已尝试去了解平常富有人情味的个体与群体，为何有时在某些情境下会出现截然不同的行为表现，以及这过程如何发生。"报告中概述了一些有助于解释造成寻常人出现虐待行为的心理学概念，包括：去个人化、去人性化、敌意形象、群体迷思、道德脱钩、社会助长及其他环境因素等。

其中特别显著的环境因素就是广泛运用裸露。"除去衣物成了被广泛运用的讯问手段，造成阿布格莱布监狱里整群被拘留者被迫长时间裸露。"施莱辛格报告也敏锐分析了在1A院区的宪兵和其他人的虐囚行为中，强迫裸露为何是个重要原因，报告中指出,一开始的动机是要让拘留者感觉脆弱,因此更容易顺从讯问者。但这个策略最后助长了该区中去人性化状态,报告中也说明了过程。

随着时间过去,"裸露对狱卒和讯问者可能都产生了心理作用。穿衣是一种固有的社会行为,因此当被拘留者的衣物被剥除后,在和他们互动的人眼中就产生了意外的去人性化效果……去人性化降低了道德和文化的藩篱,而它们通常是防止虐待他人的有效障碍"。

这份调查报告和未在本书中呈现的其他报告的共通点主要有两个:它们都详细说明了造成阿布格莱布虐囚案的各种情境和环境促成因素;也都确认导致虐行的许多系统和结构促成因素。然而,由于这些报告的作者是由军方高层官员或国防部长拉姆斯菲尔德任命,因此他们在要谴责更上层的指挥链时就却步了。

为了让我们看清这幅更巨大的因果关系图,现在要停止探讨证据基础,转而回顾最近一份来自人权观察协会的报告,这是最具规模的世界人权捍卫组织。(请参见www.hrw.org)

人权观察协会报告:"动用酷刑不必受惩罚?"[12]

《动用酷刑不必受惩罚?》是人权观察协会报告(发表于2005年4月)的耸人标题,这份报告中强调,针对美国军人和公民对虐待囚犯、刑求和谋杀等犯行,世人需要一个真正独立的调查行动。它号召全面调查导致严重违反人权行为的政策制定者。

我们想象得到阿布格莱布监狱的刑求室、关塔那摩监狱的类似场所,以及其他位于阿富汗、伊拉克的军事监狱,都是先由布什、切尼、拉姆斯菲尔德、特内特(Tenet)等"缔造者"设计出来，然后再由"开罪者"——操弄全新语言和概念的律师上场，用各式各样新方法和工具合法化他们的"酷刑"，这些人包括总统法律顾问阿尔贝托·冈萨雷斯（Alberto Gonzales）、约翰·游（John Yoo）、杰伊·拜比（Jay Bybee）、威廉·塔夫脱（William Taft）以及约翰·阿什克罗夫特（John Ashcroft）。而负责建造这个刑求系统的"工头"则是军方领导人如米勒、桑切斯、卡尔平斯基等将军和他们的手下。完工后进来的才是负责执行强制讯问、虐待、刑求等日常劳务的技术人员，即军情单位的军人、中情局间谍、民间约聘及来自军中的讯问者、翻译、军医和包括弗雷德里克和他夜班弟兄们的宪兵。

阿布格莱布监狱的虐囚照片被公之于世后不久，布什总统就誓言要"将做错事的人绳之以法"。[13]然而人权观察协会的报告指出，只有低阶宪兵们受到司法制裁，创造出这些政策的人、提供意识形态并批准虐行发生的人却能全身而退。人权观察协会报告做出了结论：

> 这几个月以来，事态很清楚，刑求和虐待事件不只出现在阿布格莱布监狱，在世界各地的数十个拘留所中也都发生了同样的事件，许多案件都造成了死亡或严重创伤，而许多受害者和基地组织或恐怖主义根本毫无关联。有证据显示，虐待行为也发生在受到控管的国外"秘密地点"，官方将罪嫌送到第三世界国家的监狱里刑求。然而直到今天，唯一因为做坏事而被绳之以法的都是指挥链最底端的人。证据指出，该受惩罚的人不只这些，但是该为这整个更大的虐囚模式负起责任的政策制定者，却在免责的保护下安然无恙。

正如这份报告所示，证据指出，包括国防部长唐纳·拉姆斯菲尔德、前中情局局长乔治·特内特、前美国驻伊拉克最高指挥官里卡多·桑切斯中将、前古巴关塔那摩拘留营指挥官杰弗里·米勒少将等人在内的高阶平民及军方领导人，这些人的决定及发布的政策促成了情节严重的大规模违法事件。各种情况强烈指出他们要不是心知肚明是自己的行动造成这些事件，要不也应该要知道。当我们将越来越多资料和虐行证据并陈时，便可看出他们没有采取行动阻止这些虐行。

在获得上级许可并在最后三年中普遍被运用的强制讯问方式里，也包括那些如果换成是别的国家将会被美国再三斥为野蛮酷刑的技巧。就算在陆军战地手册中也谴责其中一些方法，被认定为酷刑。

即便是1A院区夜班宪兵们令人作呕的虐待和刑求照片，相较于军人、中情局干员及民间人士所犯下的谋杀事件，也会相形失色。"如果美国要洗刷阿布格莱布事件留下的污点，就必须调查下令或宽恕虐行的高层，并且全盘公布总统的授权内容。"人权观察协会特别顾问里德·布罗迪（Leed Brody）这样表示。他又补充："华盛顿首府必须斩钉截铁地驳斥任何仗着反恐名义的虐囚行为。"[14]

搭便车效应

我来清楚说明伊拉克、阿富汗和古巴关塔那摩湾基地的虐囚范围和程度。最近一份陆军方面的声明指出，从2001年10月以来，共收到超过600件虐囚指控案。其中有190件未受调查或是并没有已知的调查行动——犯案者是幽灵虐待者。其他至少410件受调查的指控所获结果如下：150件受纪律惩戒、79件受军法审判、54件被判有罪、10件获判一年以上刑期、30件获判不满一年刑期、14件不必坐牢、10件获判无罪、15件案子悬而未决或是被撤销控诉、71件受到行政惩戒或非司法惩戒。总计起来，在这份报告于2006年4月发表时至少还有260件案子处于调查终结或状态未明[15]。军犬巡逻员迈克尔·史密斯（Michael Smith）中士因用未戴嘴套的狗折磨被拘留者而被判六个月徒刑，他坚称他是"听从上级指令，软化囚犯态度以协助讯问"。据报道他曾说过，"军人不该和蔼可亲"，他的确做到了。[16]

截至2006年4月10日，没有任何证据显示军方曾试着以个人下令从事虐行，或纵容属下犯下虐行的名义起诉应负起指挥官刑事责任的任何一名军官。在所有巨细靡遗的虐囚调查报告中，只有5名军官被控应负起刑事责任，但没有一个是以指挥官刑事责任的罪名起诉。军方以非刑事审讯及行政申诫的方式对这些误入歧途的军官施以薄惩，意味他们只犯了小过，没有什么大不了的处罚。即使在超过70件严重违法的虐行案件中有10件是杀人案，另20件是伤害案件，情况也是一样。美国军方的宽大为怀使中情局间谍和民间人士连带受惠，前者至少涉入10个虐囚指控案，更有20名为军方工作的约聘人员卷入这些案件中。明显可见的是在阿布格莱布之外的地方，虐待被拘留者的情况普遍存在，而在许多虐待与刑求案件中皆存在着指挥官责任的缺失。（关于虐待事件及有罪军官不受起诉的完整报告请参见注释[17]。）

人权观察协会向上调查指挥链缺失

人权观察协会在报告中提出详细的证据，证实美国的军事监狱系统中广泛存在着由宪兵和军情人员、中情局及民间约聘讯问人员所为的虐囚行为，而在控诉战争罪和刑求的刑事责任时，人

权观察协会几乎是直接将矛头指向指挥链:

> 尽管在调查一个好整以暇的国防部长及其他高阶官员的过程中显然会遇上不小的政治阻碍,但有鉴于犯罪情节如此重大,恶行证据更是层出不穷、数量庞大,美国政府未将调查层次向上拉高显然是不负责任的做法。除非设计或授权这些非法政策的人也受到惩罚,否则美国总统布什和其他人对阿布格莱布虐行照片发表的"恶心"抗议根本毫无意义可言。如果没追究这些罪行的真正责任,再过几年,世界各地的大屠杀加害者都将拿囚犯所受的待遇当挡箭牌,以逃避对他们暴行的谴责。确实,当像美国这样的世界强权公然藐视禁止刑求的法律时,等同是邀请其他人有样学样。华盛顿首府最迫切需要的人权捍卫者的信誉,已经因为刑求事件揭发而受损,如果因为政策制定者完全不必负责任而让恶行继续猖獗,损害将会更加严重。[18]

非法政策的制定者全身而退

美国及国际法都认可"指挥官责任"或"上级责任"原则:无论是民间或军方权威人士,都可能因为属下的犯罪行为而必须负起刑事责任。这类责任的成立必须满足三个条件。首先,必须要有清楚的上下从属关系。其次,上级必须知情,或有理由知情属下将犯罪或已然犯罪。最后,上级没有采取必须、合理的手段来避免犯罪行为或是惩罚加害者。

1996年《战争罪法案》(*War Crimes Act of 1996*)、1996年《反刑求法案》(*Anti-Torture Act of 1996*)及《军事统一法典》(*Uniform Code of Military Justice*)均规定战争罪和刑求行为应受

惩罚。人权观察协会公开表示，表面证据案件的存在，提供对下列四名官员展开犯罪调查的充分理由：国防部长唐纳·拉姆斯菲尔德、前中情局局长乔治·特内特、里卡多·桑切斯中将、杰弗里·米勒少将。

这些官员每一个都须为其管辖权下发生的虐行负起责任，我在这里只能概述其中几点理由，人权观察协会报告中提供了完整的叙述及支持证据可供进一步参考。

国防部长拉姆斯菲尔德受审

拉姆斯菲尔德曾告诉参议院军事委员会："这些事情发生在我的权责范围之下，身为国防部长，我对它们有责任，我必须负起全部责任。"[19]

人权观察协会坚持认为，"基于'指挥官责任'的理由，拉姆斯菲尔德部长应为美军在阿富汗、伊拉克和关塔那摩等地所犯的战争及刑求罪行接受调查。拉姆斯菲尔德部长由钻取漏洞、藐视日内瓦公约而创造出犯下战争罪和刑求罪的条件"。[20]他的做法是批准使用违反日内瓦公约及反刑求公约的讯问技术，他也允许隐藏被拘留者以便使国际红十字委员会无法接触到他们。人权观察协会继续指出：

> 从阿富汗战争的最初期开始，拉姆斯菲尔德部长就漠视各项简报、国际红十字委员会报告、人权报告及新闻报道中指出美军犯下包括刑求在内之战争罪的事实。没有证据显示他曾运用其权威警告必须停止虐待囚犯之行为。要是他当时这么做，或许可避免许多军人犯罪。

拉姆斯菲尔德部长许可关塔那摩监狱使用非法讯问技术，

一项调查将可判定在他撤销不经他允许下使用这些技术的批准之前，这些非法讯问技术是否使该地被拘留者受到非人待遇。这项调查行动也可查出是否正如新闻记者西莫·赫什宣称，拉姆斯菲尔德部长曾核准一项秘密计划，鼓励对伊拉克囚犯施加身体压制及性的羞辱。如果两项指控中有一项为真，那么拉姆斯菲尔德部长除了必须负起指挥官责任之外，他还必须为身为虐囚犯行的教唆者而负起责任。

拉姆斯菲尔德授权对关塔那摩监狱囚犯运用违反日内瓦公约及反刑求公约的各种讯问手段，这些方法后来又被引进位于阿富汗和伊拉克的军事监狱。他曾针对被拘留者接受讯问前之预备工作做过多项指示，其中包括：压迫性姿势（如站姿），最多为四小时，隔离状态下使用，最长三十天。运送或讯问过程中可使用头罩覆盖住被拘留者头部。剥夺光线及声音。除去所有提供舒适之物品（包括宗教性物品）。强制修面（剔除面部毛发之类）。除去衣物。利用拘留者个人的恐惧（例如怕狗）来造成压力。在标准作业程序中还鼓励让被拘留者暴露于高温、极冷、强光或尖锐巨大的声音中。

在2003年的5月和7月（阿布格莱布虐囚事件被公开揭露前），以及2004年的2月，国防部一再接获来自国际红十字委员会关于被拘留者受虐及刑求事件的警告。[21] 国际红十字委员会的报告指出数百件来自许多军事基地的虐囚指控，并再三要求立即采取行动。这些关切都被置之不理，虐囚情形变本加厉，国际红十字委员会的视察也被取消。在国际红十字委员会2004年2月呈送给联军长官的机密报告中，提出多项违反联军拘留原则之"保护人的自由不受到剥夺"的事实指控：

- 逮捕过程及拘留初期的残酷待遇，经常造成死亡或重伤；
- 讯问过程中为取得情报而强加身心压制；
- 长时间隔离监禁于毫无光线的牢房中；
- 以过度或不符合比例原则方式运用武力导致拘留期间之伤亡。

加州大学柏克莱分校的新闻学教授马克·丹纳（Mark Danner）在他《刑求与真相：美国、阿布格莱布与反恐战争》(Torture and Truth: America, Abu Graib and the War on Terror) 一书中回顾了所有相关记录，并根据他详细的调查结果做出一个结论，"当你阅读这些档案时会发现，国防部长拉姆斯菲尔德几乎是亲自许可了那些超出军法容许范围的作业程序，而就其所许可的因犯待遇来说，作业程序也超出民法的容许范围"。[22]

前中央情报局局长乔治·特内特受审

人权观察协会指控前中情局局长乔治·特内特的行为违背多项法律。在特内特的指示并据称获得他的特殊授权之下，中情局对被拘留者运用水刑（几乎使嫌犯溺毙），也以扣留药物的方式折磨他们。据报道，中情局运用的技术还包括几乎让因犯窒息、强迫保持"压迫性姿势"、光线及声音轰炸、睡眠剥夺以及让被拘留者以为他们落入把刑求当家常便饭的外国政府手中。在特内特局长的指示下，中情局把被拘留者"让给"其他政府，以便对他们刑求。在特内特局长的指示下，中情局将被拘留者送到秘密地点，使他们得不到法律保护，使他们手无寸铁、没有资源、没有医疗及其他一切所需，使他们无法接触外面世界只能任人摆布。于是被拘留者被关在长期无法与外界联络的拘留所中，成了名副其实的"失踪人口"。

回顾一下费伊／琼斯调查报告中的结论，"中情局的拘留和讯问方式造成逃避责任、虐待行为、单位间的合作减少，并产生一种不健康的神秘气氛，使得阿布格莱布的整体氛围更加恶化"。中情局根本是以自己的规则做事，完全视法律于无物。

在特内特的指示下，中情局也大量创造出所谓"幽灵被拘留者"。人数到底有多少？答案我们永远不能肯定，不过保罗·克恩将军、负责监督费伊／琼斯调查行动的高级军官曾告诉参议院军事委员会，"人数是数十人，也许高达百人"。中情局让许多被拘留者从阿布格莱布监狱档案中消失，以便逃过国际红十字委员会的监督。

被谋杀后弃尸的"冰人"

费伊／琼斯报告中曾提及一个"幽灵化"案件：2003年11月，一个名叫曼那多·贾马地的伊拉克被拘留者被海豹特战部队带到阿布格莱布，并在那里接受一名从未出现在正式记录中的中情局情报员讯问。贾马地被"刑求致死"，但是他的死因却以不寻常的方式被掩盖起来。

调查报道记者简·迈尔（Jane Mayer）揭发了这名中情局人员在这桩杀人案中扮演的邪恶角色，以及湮灭事实的恶行。她在2005年11月14日的《纽约客》上发表了一篇极富感染力的报道《一次致命的讯问》，文中提出一个问题："中情局可以合法杀死人犯吗？"

我们努力想理解奇普和其他所谓"流氓军人"在阿布格莱布工作时的行为背景，而贾马地案对此格外重要。从这个案子中我

第15章 让系统接受审判：领导层的共谋

们了解到他们深深陷入的环境；他们看到幽灵拘留者被残酷地虐待、刑求，有些人甚至被杀，而这些事都成了家常便饭；他们亲眼目睹加害者"逃脱谋杀罪行"，而这种事是千真万确。

当然了，对照被称为"冰人"（ice man）的幽灵被拘留者贾马地的遭遇，他们对饱受折磨的人犯所做的事比较像"好玩跟游戏而已"。贾马地被殴打、窒息致死，然后丢进一堆冰块里，这件事他们都知道得一清二楚。

贾马地据称提供爆裂物品给叛乱分子，因而被视为是具有极高价值的讯问对象。2003年11月4日凌晨2点，一组海豹特战部队在他位于巴格达城外的家中逮捕他。他被捕时一只眼睛淤青、脸庞有一道割痕，身上至少六根肋骨断裂，显然是剧烈挣扎后的下场。海豹特战部队将贾马地交给中情局，中情局将他拘留在阿布格莱布接受讯问，由马克·斯旺纳（Mark Swanner）负责指挥。在一名翻译的陪同下，这位中情局探员将贾马地带进该监狱中一处由中情局把持的牢房内，将他全身脱光，然后向他大吼大叫，要他说出武器在哪里。

根据迈尔在《纽约客》的报道，斯旺纳接着交代宪兵把贾马地带到1A层级院区的淋浴间讯问。两名宪兵接到（来自匿名民间人士）命令，将这名人犯铐在墙上，即使他当时几乎动弹不得了。他们被告知将他从手臂悬吊起来，这是被称为"巴勒斯坦悬吊法"的刑求姿势（最早使用这种刑求方式的是西班牙的宗教裁判所，当时被称作吊刑）。当他们离开房间时，一名宪兵回忆道，"我们听见许多声惨叫"，不到一小时后，曼那多·贾马地就死了。

当时值班的宪兵沃尔特·迪亚兹（Walter Diaz）曾表示没必要那样把他吊起来，他已经被手铐铐住而且完全没有抵抗动作了。当斯旺纳命令他们把尸体从墙上卸下时，"血像水龙头开了似的从他的鼻子和嘴里喷出来。"迪亚兹说道。

接着中情局该如何处置被害者遗体的问题？宪兵指挥官唐纳德·里斯（Donnald Reese）上尉及军情人员指挥官托马斯·帕帕斯上校被告知这桩发生在他们当班时间的"不幸事件"，不过他们不必担心，因为中情局的脏手会把事情处理好。贾马地的尸体被放在淋浴间里直到隔天早上，他被透明胶带捆住装进冰块堆里以延缓腐化速度。隔天来了一名军医，将静脉注射针筒插进"冰人"贾马地的手臂，假装他还活着，然后像病人一样放在担架上抬出监狱。这样做是为了不要影响其他拘留者的心情，他们被告知贾马地是心脏病发作。接着一名当地的出租车司机把尸体运到一个不知名的地方弃尸。

所有的证据都被湮灭了，一点书面资料都没留下，因为贾马地这名字从来没出现在任何官方记录上。海豹特战部队以粗暴的手段对待贾马地，无罪；军医没被指认出来，逃过一劫；几年后，马克·斯旺纳仍继续为中情局工作，没被起诉！案子差不多就此终结了。

在格拉纳下士的数码相机拍下的骇人照片中，其中的几张非常像是"冰人"。首先有一张照片是专业军士萨布里纳·哈曼露出迷人的笑容，弯身在贾马地伤痕累累的尸体上，比出大拇指朝上的手势。接着在冰人被移走前，格拉纳也加入留影行列，他在一张照片中对萨布里纳·哈曼露出赞许的笑容作为回应。当然了，奇普和其他夜班宪兵都知道发生了什么事。这类事情发生以及娴熟的处理方式，意味着1A院区牢房是个任何东西都可以不着痕迹静悄悄消失的地方。如果不是他们拍下这些照片、如果不是达比敲响了警钟，这个一度在秘密地方中发生的一切，将永远不为人知。

然而中情局仍然继续努力摆脱禁止刑求及谋杀的法律束缚，即使他们正在打一场全球反恐怖主义的战争也无法改变他们的做法。讽刺的是，斯旺纳曾经承认，从那名被杀的幽灵人犯口中并没有取得任何有用情报。

里卡多·桑切斯中将受审

里卡多·桑切斯中将跟拉姆斯菲尔德一样曾大声承认他的责任，"身为驻伊拉克最高指挥官，我承认必须为发生于阿布格莱布监狱的事件负起责任。"[23] 但是这类责任必须承受相当后果，不能只是拿来在公开场合惺惺作态。人权观察协会将桑切斯中将列入必须为战争及刑求罪行受审的四大罪魁之一，该会在报告中指出：

> 桑切斯将军应为身为战争罪及刑求罪的首谋，或身为"指挥官责任"的追究对象而受调查。桑切斯将军授权使用违反日内瓦公约及反刑求公约的讯问技术。根据人权观察协会调查，他明知或应知直属其指挥权责下的军队犯下刑求罪及战争罪，却未采取有效手段阻止。

我在本书中安排桑切斯中将受审的原因是基于人权观察协会报告中透露的这项事实，"他颁布了违反日内瓦公约和反刑求公约的讯问规则及技术，再者，他明知或应知直属其指挥权责下的军队犯下刑求罪及战争罪"。

由于数个月以来在关塔那摩监狱进行的讯问并未得到"可采取行动之情报"，因此阿布格莱布的人都承受了莫大的压力，不管要动用什么方法，他们都得从恐怖分子口中取得情报才行，而且是立刻就要。马克·丹那曾经透露，军事情报官威廉·庞塞

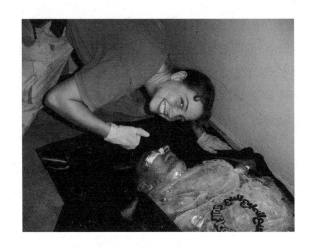

（William Ponce）上尉曾寄出一封电子邮件给他的同僚，敦促他们在2003年8月中前交出一份"讯问志愿清单"。在这封邮件中，威廉上尉以阴沉的口吻预示了即将发生在阿布格莱布的恶行，"面对被拘留者绝不需要手下留情"。并接着表示："博尔茨上校（位阶第二高的驻伊拉克军事情报指挥官）已经说得很清楚，他要这些人崩溃。我军的伤亡人数不断增加，我们得开始搜集情报好让弟兄们能避免任何进一步的攻击行动。"[24]

2003年的8月到9月，新任关塔那摩拘留所指挥官杰弗里·米勒带领了一个专业军士参访团造访伊拉克。他的主要任务是要将这套新的铁腕政策推广给桑切斯、卡尔平斯基以及其他军官。根据卡尔平斯基的说法，"米勒将军明白告诉桑切斯，他要得到情报"[25]。只有得到拉姆斯菲尔德和其他高阶将领的明确支持，米勒才有办法指挥其他军官，而他所谓在关塔那摩的成功经验则是他受到支持的原因。

桑切斯在2003年9月14日的一份备忘录中正式列出了他的规

定，提出的讯问手段比之前宪兵和军情人员运用的办法更极端。[26]他清楚表示了他的目标，其中包括，"制造恐惧、让被拘留者失去判断力、造成被捕者的心理震撼"。这些由拉姆斯菲尔德通过米勒一路传递过来的新核准技术包括：

运用军犬：在维护讯问过程的安全性同时也利用阿拉伯人的惧狗心理达到威吓效果。犬只必须戴上嘴套，并由巡逻员随时控制，以避免和被拘留者接触。

睡眠管理：被拘留者24小时内最少可给予四小时睡眠，睡眠管理的持续时间勿超过72小时。

运用吼叫、响亮乐音及灯光控制囚犯：目的在制造恐惧、使被拘留者失去判断力及延长被捕者的心理震撼期。应控制在不造成伤害的程度范围内。

压迫性姿势：运用身体姿势（坐、站、跪、趴等）达成体罚效果，每次不超过一小时。使用一或多种姿势时，总时数不应超过四小时，每个体罚姿势间应给予适当休息。

欺敌：让被拘留者以为讯问他们的人不是美国人，而是来自其他国家。

施莱辛格报告指出，在桑切斯发布的讯问技术中有十几种超出《美国陆军战地手册》第三十四至五十二章[①]中的容许范围，甚至比关塔那摩军事监狱里用的手法还要极端。2005年3月为回应来自FDIA的控诉，桑切斯的备忘录被公之于世；而就在一年前（2004年5月），桑切斯在对国会的宣誓证词中撒谎，说他从未下令或批准实施包括运用狗来进行威吓、睡眠剥夺、巨大噪声

---

① 《美国陆军战地手册》第三十四至五十二章的内容是情报讯问活动的相关规范。

或制造恐惧等讯问手法。基于上述所有理由，桑切斯应该要受到审判。

关于下令虐囚之事，军方指挥层级到底直接参与到什么程度？英勇揭发虐囚恶行的乔·达比提供了来自士兵的观点："没有一个负责指挥的人知道发生虐囚的事，因为那些人根本不想知道。这才是真正的问题。整个指挥层级的人都活在自己的小小世界里，忘记自己该做什么。所以这根本不是什么阴谋，事情很明白，这完全是疏忽之过。他们该死地竟然完全不知情。"[27]由于在阿布格莱布丑闻案中的角色，桑切斯被迫从最高军事指挥官的位置上提前退职（2006年11月1日），他坦承，"这是我提前退休的关键因素也是唯一的因素。"（引自2006年11月2日《卫报》报道《美国将领说阿布格莱布事件让他提前出局》）

杰弗里·米勒少将受审

人权观察基金会坚持，"身为受到严密控管之古巴关塔那摩监狱营地指挥官，杰弗里·米勒少将须为该地发生的战争罪及刑求罪罪行负起潜在责任并接受调查"。再者，"他明知或应知直属其指挥权责下的军队对关塔那摩监狱被拘留者犯下刑求罪及战争罪罪行"。此外，"杰弗里可能建议伊拉克方面采取某些讯问手段，而这些讯问手段是导致发生在阿布格莱布监狱之战争罪及刑求罪罪行的最直接原因"。

杰弗里·米勒少将自2002年11月起担任关塔那摩联合特遣部队指挥官，直至2004年4月成为伊拉克拘留任务副指挥将领，他担任这个职务直到2006年。他被派往关塔那摩是为了取代里克·巴克斯（Rick Baccus）将军，巴克斯将军坚持必须严格遵守日内瓦公约的指导原则，因此被上级认为他把囚犯们"宠坏了"。

于是在杰弗里少将的一声令下，原本的"X光营"变成收容625名人犯、共1400名宪兵和军情人员驻扎的"三角洲营"。

米勒是个革新者，他一手建立了专门的讯问团队，这是首次结合军事情报人员和宪兵防卫部队的创举，也模糊了过去在美国陆军中牢不可破的界限。为了了解囚犯脑子里在想什么，米勒十分倚仗专家，"他带进了心理学家、精神科学家等行为科学专家（来自民间和军方）。他们找出人的心理弱点，研究如何操纵犯人心理使他们愿意合作，搜寻人的精神和文化等几处脆弱面"[28]。

米勒的讯问者利用犯人的医疗记录，试图让被拘留者陷入忧郁、丧失判断力，直到崩溃为止。犯人如果反抗，就让他们挨饿，一开始至少有14个人自杀，而在接下来的几年内，试图自杀的人数更是高达数百人[29]。光是最近就有3名关塔那摩监狱的被拘留者用牢房里的床单上吊，没有一个人在被拘留多年后受到正式起诉。一名政府发言人没有看出这些自杀行为想要传达的讯息是绝望，反而谴责他们的做法是为了博取注意力的公关式举动[30]。一名海军少将就极力主张这些行为不是绝望之举，而是"向我们发动的不对称战争"。

拉姆斯菲尔德部长正式授权使用连美军都禁止运用的粗暴讯问技巧，米勒的讯问团队变得更具侵略性。阿布格莱布于是成了米勒的新实验室，测试的假设是需要用什么手段才能从反抗的囚犯口中获取"可采取行动之情报"。拉姆斯菲尔德带着他的助手斯蒂芬·坎伯内（Stephen Cambone）到关塔那摩和米勒会面，目的就是要确定他们都在玩同样的把戏。

我回想起卡尔平斯基说米勒告诉她："你得把犯人当狗看，如果……他们认为自己跟狗有丝毫不同，那么你从一开始就丧失对讯问过程的主控权了……这办法有效，我们在关塔那摩湾就是这么做。"[31]

记录显示卡尔平斯基将军也说过米勒"到那里跟我说他要把拘留作业给'关塔那摩化'（在阿布格莱布进行）"。[32]帕帕斯上校也曾表示米勒告诉他用狗可以有效创造出有利于取得犯人情报的气氛，而狗"戴或不戴嘴套"都可行。[33]

为了确保他的命令被执行，米勒写了一份报告并确保他所留下的团队都收到一张光盘，其中详尽列出必须遵守的指令。接着桑切斯将军授权执行新的严酷规定，规定中详尽说明许多被运用于关塔那摩的讯问技术。陆军退役将领保罗·克恩清楚指出将关塔那摩策略运用在阿布格莱布所造成的问题，"我认为这造成了困惑，我们在阿布格莱布的计算机里发现国防部长拉姆斯菲尔德的备忘录，但那是写给关塔那摩的，不是给阿布格莱布。这造成了一些困惑"。[34]基于上述所有理由，杰弗里·米勒将军被我们加入审判被告名单中，他们的罪名是"违反人性"[35]。

在必须为阿布格莱布虐刑负起系统性责任的指挥阶层当中，位居顶端的是美国副总统迪克·切尼，以及总统乔治·布什；然而人权观察协会的控诉却在追究到这里之前却步了。但我不会有所迟疑。等一下我将把这两名加入我们在本书中举行审判的被告清单中。他们设定重新定义刑求的议程、搁置国际法提供给犯人的保护，并鼓励中情局对犯人运用一系列非法、致命的讯问技巧，只为了他们对所谓反恐战争的执著迷恋。

不过我们必须先进一步探讨下列问题：1A院区发生的虐待行为是否只是少数害群之马所为的单独事件？或者他们的攻击行为实属于更大规模的虐行模式的一部分，这个模式受到高层默许并被许多军方和民间干部广为运用在包括暴动嫌犯的逮捕、拘留和讯问过程之中。我的论点是，这是个由上至下开始腐败的堕落环境。

刑求无所不在，身体伤害当小菜

虐囚照片首次被公之于世的隔天，美国参谋首长联席会议主席理查德·迈尔斯坚持否认这类虐行是系统性犯罪行为，反而把所有责任都推到"阿布格莱布七嫌"身上。他公开表示（2005年8月25日）："事实上我们针对阿布格莱布事件至少展开了15项调查行动，我们已经在处理了。我的意思是，不过就是几张随手拍下的照片，如果说这些事只发生在阿布格莱布夜班时间，事实也是这样，参加的人就只有一小群守卫而已，我们可以很明显看出这不是什么更普遍的问题。"[36]

他真的读过任何调查报告吗？单从我在这里概述过的几项独立调查的部分内容，就能明白看出犯下虐行的远不只是照片上出现的那几个来自1A院区的宪兵。这些调查指出，军事指挥官、民间讯问人员、军事情报人员和中央情报局共同创造了酝酿出虐行的条件。更糟的是，他们甚至参与其中一些更致命的虐行。

我们也回想起施莱辛格调查小组曾仔细描述55件发生于伊拉克境内的虐囚事件，以及20件仍在缓慢调查中的被拘留者死亡案例。塔古巴报告也找到许多无法无天的虐行例子，说明了阿布格莱布监狱发生的"系统性、非法的虐囚行径"。国际红十字委员会也曾告诉美国政府，美国许多军事监狱中被拘留者受的待遇已经涉及"等同于刑求"的身心压迫。

此外，红十字会的报告还指出，阿布格莱布的讯问人员用的方法"似乎是军事情报人员标准作业程序的一部分，目的是用来取得自白和情报"。而我们刚刚才读到最近的统计资料显示，美国位于伊拉克、阿富汗和古巴境内的军事监狱中曾发生超过600件以上的虐待案件。这些听起来像是少数害群之马在一个恶劣监狱的恶劣牢房里做出来的事吗？

在阿布格莱布之前被揭露的性虐囚事件

尽管军方和民间的行政指挥官都希望将伊拉克发生的虐待和刑求事件当作独立事件，是2003年秋天在阿布格莱布1A院区值夜班的少数不良军人的独立作为，然而新的陆军档案记录却揭穿这不实宣称。2006年5月2日，由美国公民自由联盟（American Civil Liberties Union）公布的陆军档案记录透露，在阿布格莱布丑闻爆发的两周前，政府高层官员已经得知这些极端的虐囚事件。一份题为《伊拉克及阿富汗虐囚指控案》（Allegations of Detainee Abuse of Iraq and Afghanistan），日期注明为2004年4月2日的情报文件中，就详尽记载了正在调查中的62起美军虐待及杀害被拘留者案件。

这些案子包括伤害、用拳头捶、用脚踢、痛殴、模仿死刑行刑、性侵害女囚、威胁要杀害一名伊拉克儿童以便"让其他伊拉克人知道教训"、把被拘留者衣服脱光、痛打一顿、用爆炸物吓他们、向铐上手铐的伊拉克儿童丢掷石块、用他们的围巾绑成绳结让他们窒息、讯问时用枪口对准被拘留者等。至少有26起的案子中涉及被拘留者死亡。在这些案子当中，有些几乎已通过了军法诉讼程序，虐行的范围超出阿布格莱布监狱，而触及美军基地克罗帕营、布卡营及其他位于伊拉克摩苏尔（Mosul）、萨马拉（Samara）、巴格达、提克里特（Tikrit）等地的拘留中心，以及位于阿富汗的奥岗—E（Orgun-E）军事基地。（关于美国公民自由联

第15章 让系统接受审判：领导层的共谋

盟的完整报告请参见注释[37]）

针对由陆军准将理查德·福尔米卡（Richard Formica）所领导的第十二项军方虐囚调查结果，一份五角大楼的报告指出在2004年初，美国特种部队持续运用严酷且未经授权的讯问手法对待被拘留者，为期长达四个月。这件事发生在2003年阿布格莱布虐囚案之后，而且这些讯问手法已经废止了。有些受到虐待的拘留者在长达十七天的时间里只得到饼干和水充饥，全身一丝不挂地被关在小到只容站立或躺倒的牢房里一个礼拜，饥寒交迫，得不到睡眠，承受着极端的精神负荷。尽管这些虐行被揭发，但没有一个军人受到处罚或至少受到申诫处分。福尔米卡认为这些虐待行为既不是出于"蓄意"，也不能怪罪于"个人失误"，而是"不当政策的失败"使然。在这个粉饰太平的看法之后，他根据自己的观察补充说，"没人因为这样的对待而看起来憔悴不堪"。[38] 他的发言真是太令人惊讶了！

海军陆战队冷血谋杀伊拉克人民

我在本书中一直将焦点放在了解监狱的恶劣环境如何让本性良善的狱卒堕落，但还有一个更大、后果更致命的环境，那就是战争。无论发生在什么时代、哪一个世纪，战争都会将平凡人、甚至是好人变成杀手。杀害他们的指定敌人，这就是士兵们受训练的目的。然而在战斗的极端压力下，在疲惫、恐惧、愤怒、仇恨及复仇火焰的熊熊燃烧下，人可能会在道德边界迷失，杀害敌军以外的平民。除非是严格维持军队的纪律，每一个军人都知道必须为自己的行动负起个人责任，并且行动受到上级的严密监督，否则一旦毫无节制地释放出愤怒，他们就可能会做出强暴杀害敌方军民的恶行。我们知道在越南美莱村以及其他不甚广为人知的军队屠杀事件中，例如美军猛虎部队在越南所干下的屠杀行为里，这类人性迷失都真实地存在。上面提到的美军精英战斗部队，在越战期间曾以长达七个月的时间持续屠杀手无寸铁的平民[39]。悲哀的是，战争的残酷从战场蔓延到家乡，并重新在伊拉克上演。[40]

军事专家警告，由于在不对称的战事中，军人们作战的对象往往是四处流窜的敌人，在这样的压力下，维持纪律会越来越困难。所有战争都曾发生过战时杀戮，绝大多数的侵略部队都曾犯下这类暴行，即便是高科技部队也一样。"战斗会带来压力，以平民为对象的犯罪行为就是典型的战斗压力反应，如果你让够多的士兵参与够多的战斗，其中一些人就会开始谋杀平民。"这是一名华盛顿军方智库的资深官员的说法。[41]

我们必须承认军人是训练有素的杀手，他们在战斗营中成功完成了密集的学习经验，而战场就是他们测试身手的地方。他们必须学会压抑从前受到道德训练——基督教十诫之一的"汝不可杀人"。新的军事训练就是将他们洗脑，以便让他们接受在战时杀人是种自然的反应，这就是所谓"杀人学"（killology）的科学内涵。杀人学这个名词的英文是由一名退休中校戴夫·格罗斯曼（Dave Grossman）、现任西点军校军事科学教授所创，他在他的网站以及著作《论杀人》（*On Killing*）中对此有详细说明。[42]

然而这门"制造杀手的科学"有时候会失去控制，让人把谋杀当成家常便饭。请想想一名二十一岁的美军杀害一名伊拉克平民，只因为他拒绝在交通检查哨前停下。"这好像不算什么。在那里杀死一个人就跟捻死一只蚂蚁一样容易。我是说，杀人就像是，'来吧，我们吃点比萨'一样，意思是原本我以为杀人会是什么改变你一生的经验，结果我杀了人，感觉却像是，'好啊，那又怎样。'"[43]

2005年11月19日,在伊拉克一个叫做哈迪塞(Haditha)的小镇上,一颗放在路旁的炸弹爆炸了,杀死了一名美国海军陆战队队员并造成其他两名士兵受伤。接下来几小时中,根据一份海军陆战队调查报告上的说法,有15名伊拉克平民被一枚临时制成的爆炸物杀害。案子就这么结了,几乎每天都有许多伊拉克人被这种方式杀害,这不是什么新鲜事。然而哈迪塞镇上的一个居民塔希尔·萨比特(Taher Thabet)制作了一卷录像带,带中记录了死亡平民弹痕累累的尸体,并把它交给《时代》杂志位于巴格达的办公室。这个举动促使相关单位启动了一个严格的调查行动,以查明24名平民被该海军陆战营杀害的事件真相。事情经过似乎是海军陆战队队员进入三户民宅,并以步枪射击和丢掷手榴弹的方式有条不紊地杀害了大多数居民,其中包括七名孩童和四名妇人。他们也射死了一名出租车司机,以及在附近路边拦出租车的四名学生。

当海军陆战队高级军官知道陆战队队员违反交战信条无故杀害平民后,显然曾企图掩饰这件事。2006年3月,该海军陆战队营的指挥官以及他的两名排长被解除指挥权,其中一人声称自己是"政治牺牲者"。在本书撰写时,仍有几个行动在调查这起事件,可能会发现有更高层指挥官涉案。对于这个可怕的故事我们必须补充一个重点,来自第三排、基洛(Kilo)连的海军陆战队员都是经验丰富的军人,而这是他们的第二或第三次任务。他们曾参加稍早在弗卢杰发生的激烈战役,半数弟兄都在这场战斗中身亡或受重伤。因此在哈迪塞镇屠杀事件前,他们早已酝酿了巨大的愤怒与复仇情绪。[44]

战争是军人的地狱,但是战场上的平民和儿童的处境更恶劣,尤其是军人在道德的路径上迷失、开始野蛮对付他们时。另一个最近发生并正在调查的事件中，美军在伊拉克伊萨奇（Isaqui）的一个小村庄里杀害了13名平民。其中一些人被发现时全身被捆绑，由头部枪击射杀，包括几名儿童在内。一名美军高级官员承认有一些"非战斗人员"被杀害，并把这些平民的伤亡称为"附带伤害"（我们再次看见与道德脱钩息息相关的委婉词标签化机制[45]）。

请想想，当一名高级官员允许士兵杀死平民，这时会发生什么事？四名美军被控在伊拉克提克里特的一次民宅突击行动中杀死三名手无寸铁的伊拉克人，这次行动是由他们旅长迈克尔·斯蒂尔（Michael Steele）下令，指令是"所有男性暴动者、恐怖分子格杀勿论"。泄露这条新交战守则的士兵曾被其他同袍威胁不准将这次枪击死亡事件告诉任何人。[46]

战争中最大的恐惧之一是军人强暴无辜的一般女性，正如我们在第1章中曾经描述过发生于卢旺达胡图族民兵屠杀图西族女性的残酷记录。相似恐怖暴行的指控也出现在伊拉克，隶属第101空降师的一群美军在联邦政府法庭上被控杀死一名十四岁女孩的父母及她四岁大的妹妹后强暴她，然后从头部将她射杀，最后将所有人的尸体烧毁。明确证据显示，这群美军在交通检查哨见到这名女孩后就开始计划犯下这起血案，他们在行凶前先脱下了制服（以免被认出），并在强暴她之前先杀死她的家人。而军方却在一开始将谋杀的责任怪罪给暴动分子。[47]

让我们现在告别抽象的概化、统计数字和军方调查，来听听几名陆军讯问人员现身说法，关于他们的所见所闻以及他们如何虐待被拘留者。他们谈到虐待行为普遍发生、目睹到的刑求模式，以及他们自己亲自做过的事，这些都有公开记录可查证。

我们也将简短回顾新近揭露出在关塔那摩实行的计划，这个计划中被媒体昵称为"拷问小姐"（torture chicks）的年轻女性讯问人员运用各种性诱惑，以作为讯问的技巧。这些女性讯问人员的出现以及她们所使用的策略，必然是经过指挥官许可，并不是她们自己主动决定要在古巴的监狱里卖弄风骚。我们将会知道，不只是1A院区的陆军后备役宪兵们会犯下下流虐行，连精英士兵和军方官员都会对囚犯做出更野蛮的伤害行为。

最后我们将看到刑求的范围几乎是无远弗届，因为在命名为"引渡"、"非常规引渡"甚至"反常规引渡"的计划中，美国将刑求"向外输出"至其他国家。我们会发现不只有萨达姆会刑求他的人民，美国也一样这么做，而新的伊拉克政权也在伊拉克全境各秘密监狱内刑求其男女同胞。这些人在各种不同名目的包装下来到，真实的面目却只有一个——刑求者，了解到这点，我们只能为伊拉克人民感到无比伤痛。

证人现身说法

专业军士安东尼·拉古拉尼斯（Anthony Lagouranis，已退休）曾担任陆军讯问人员长达五年（2001年至2005年），并在2004年间前往伊拉克进行任务。虽然他是第一次派驻到阿布格莱布监狱，仍被安排进入一个特殊的情报搜集单位，该单位负责伊拉克全境拘留设施的讯问任务。当拉古拉尼斯谈到伊拉克境内讯问单位中弥漫的"虐待文化"时，他的根据资料是来自全国各地，并不仅限于阿布格莱布监狱的1A院区。[48]

下一个证人则是罗杰·布罗考（Roger Brokaw，已退休），他自2003年春天起曾在阿布格莱布监狱担任讯问员工作长达六个月。布罗考表示，在他曾经交谈过的人当中，仅有少数者，比例约2%的人具有危险性或是暴动分子。他们大多数是由伊拉克警察逮捕或是指认，被找上的理由可能是因为跟某个伊拉克警察有嫌隙或是单纯被讨厌而已。这两个证人都说情报搜集工作之所以缺乏效率，跟拘留所内人满为患而且大多数人没有什么好情报可提供有关。有些人只是住在暴动发生区域内，就被警察把一家男性全部逮捕回去。由于那里缺乏训练有素的讯问者和翻译，就算这些被拘留者真的有什么情报，轮到他们被讯问时，情报也已经过时跟缓不济急了。

花了这么多力气却只得到极少有用的结果，于是带来许多挫折。而这些挫折又带来许多侵犯行为，正如挫折感带来侵略性的古老假设。随着时间流逝，暴动愈演愈烈，来自军方指挥官的压力也越益庞大，因为指挥官也感觉到指挥链上层行政部门长官心中的急切。情报的取得变得至关重要。

布罗考说："因为他们得立刻找到人来问出点东西。他们有一定的配额，每个礼拜要讯问多少人，然后交报告给上面的人。"

拉古拉尼斯说："我们很少从囚犯身上问到什么好情报，我觉得这都该怪我们净抓一些没有情报好给的无辜者。"

布罗考："我说过话的人里面有98%的人都不该待在那里。把这些人抓来只是为了交差，他们突击搜索民房，然后把房子里的人全都抓出来丢进拘留所里。帕帕斯上校（说），他有得拿到情报的压力。拿到情报，他说'如果我们拿到情报，我们就可以救其他人的命，你知道，像是找到武器、找到那些暴动分子的藏身处，我们就可以救士兵的命。'我想这造成一种想法，认为不管讯问人员或宪兵想做什么来软化这些人，这些事都可以原谅。"

布罗考也说指挥链的人由上而下释放出一个信息，"绝不手软"[49]。

布罗考："'我们要绝不手软'我听过这句话，某个晚上开会时乔丹中校说，'我们要绝不手软，我们要让那些人知道，你知道我的意思，让他们知道谁才是老大。'他指的就是被拘留者。"

随着反抗联军的暴动事件致命性越来越高、范围越来越广，宪兵和军情人员必须取得可采取行动的情报资料的压力也越来越大。

拉古拉尼斯又做了更详细的补充："现在这种事在伊拉克到处都是，他们到人们的家中去刑求。步兵队进到民家去刑求。他们会用一些工具，比方说像烙铁。他们会用斧头敲碎人们的脚，把骨头、肋骨打断。你知道，这是——这是很严重的事。"他又说："当部队出动到民宅里突击时，他们会留在房子里刑求他们。"

为了取得情报，宪兵和军情人员到底可被允许做到什么程度？

拉古拉尼斯："这些虐刑部分是为了取得情报，也有部分只是单纯的虐待狂发泄。你会越做越过分，没办法停手，想看看自己可以干到什么地步。对人们来说，如果你跟一个你觉得可以全权掌控、你的力量远远压倒他的人坐在一起，然后你却没办法教他照你说的去做，这时出现强烈的挫折感是很自然的事。然后你每天都做同样的事，每天每天。有一天当你感觉到达某个点，你会开始想要玩点大的。"

当把高浓度的恐惧跟复仇情绪等心理催化剂加进这个反复无常的乱局时，会发生什么事？

拉古拉尼斯："如果这些没完没了的轰炸真的让你愤怒，我的意思是他们向我发射火箭炮，但你却无能为力。于是你跟一个你觉得可能是干出这些好事的家伙待在讯问间里面，你就会想尽可能把气出在他身上。"

他们真的做到什么地步？

拉古拉尼斯："我记得有一个负责管理讯问所的陆军准卫，他听说过海豹特战部队的人怎么用冰水来降低犯人的体温，然后你知道，他们会帮他量肛温，确定他不会死。他们会让他持续徘徊在低体温状态。"而交出他们所要的情报的报酬就是在人犯被冻死前帮他解冻！

于是我们见到强而有力的心理学策略"社会塑造"付诸实践。这名讯问员运用类似的方法进行讯问——他一整个晚上都把一个冷冰冰的金属集装箱当作讯问间。

拉古拉尼斯："我们让犯人的体温维持在低体温，让他待在我们叫做'环境操控'的地方里面，用（吵闹尖锐的）音乐声和闪光灯轰炸他。然后我们会把军用巡逻犬带进来对付犯人。虽然这些狗都被控制住了，像是上了嘴套或由军犬巡逻员牵着，可是犯人因为被眼罩遮住所以根本不知道。那些狗都是很高大的德国牧羊犬。然后我会问犯人问题，如果我不喜欢他的答案，我就跟军犬巡逻员做个手势，狗就会狂吠然后扑到囚犯身上，但其实它没办法咬人。有时候他们就会尿在连身衣上，因为实在太害怕了，你了解吧？尤其是他们的眼睛被蒙住，他们根本不知道发生了什么事，你知道，这种处境会令人很恐惧。我被命令去做像这样的事情，我叫那个准卫在他叫我做的每一件事情上签名。"

某些平常会被有道德感的人自我谴责的行为举动，现在却成了道德脱钩机制的运作方式。

拉古拉尼斯："那是因为你真的觉得自己喜欢自外于正常社会，你了解吗？你的家人、朋友，他们并没有看见那里的事情经过。在这里的每个人都在某种程度上参与了这场我不知该怎么说，神经病妄想，或是如果想要好听点的字眼，幻觉。原本完整的世界瞬间分崩离析了。我的意思是，我觉得心情很平静。还记得我待在摩苏尔的搬运箱里,你知道,我整个晚上都跟一个家伙(接受讯问的犯人)待在一起。感觉就像是彻底跟这世界隔绝了,包括道德隔绝,你觉得好像可以对这家伙做任何事,甚至你也想这么做。"

终其余生,这个年轻的讯问员都将记得他在为国服务时曾亲身参与并认识了邪恶。他描述暴力的增长趋势,以及暴力如何滋长暴力。

拉古拉尼斯:"你会越做越过分,没办法停手,想看看自己可以干到什么地步。那似乎是人性的一部分。我的意思是,我确定你读过在美国监狱里面做过的研究,就是你把一群人放到监狱里让他们管理里面的另一群人,让他们可以支配他们,残酷行为、刑求很快就会出现,你知道吗?所以这种事很平常。"(我们可以认为他指的是斯坦福监狱吗?如果是的话,斯坦福监狱实验在都市神话里面已经变成一座"真的监狱了"。)

要减少虐待行为的发生,最基本需要的是强而有力的领导:

拉古拉尼斯:"我在我到过的每个拘留所里面都看到这种事(残暴行为和虐待)。如果没有真的很强的领导者,昭告所有人'我们不容许虐待犯人'……每个拘留所都会有虐待行为发生。就连那些根本不打算取得情报的宪兵也一样,他们只是有样学样,因为那里的人都是这么做。如果没有自律或是上面的人来管理,大家就会变成那样。"

而在亲眼目睹来自"海军陆战队两栖侦察部队在伊拉克北巴别(North Babel)所犯下的虐刑"之后,拉古拉尼斯再也无法忍受了。他开始写报告揭发虐刑,用照片记录囚犯身上的伤口、录下他们的宣示证词,接着把所有资料交给海军陆战队的指挥链。但就像奇普·弗雷德里克也曾跟他的上级长官抱怨阿布格莱布监狱的种种不正常状况，他们的抱怨下场都一样，针对这名讯问员的来信，海军陆战队的指挥部门中没有人有任何回应。[50]

拉古拉尼斯："甚至没有人来看看发生了什么事。没有人来跟我谈过。这些虐待报告就好像寄到一个不知名的地方去了。没有人来调查他们，或许是他们没办法，或许是不想。"（官方的沉默姑息让所有异议都显得恶心。）

关塔那摩监狱里的讯问团队可以做到多过分？"063号犯人"这个特殊案例可以说明。这个犯人的名字是穆罕默德·盖塔尼（Mohammed al-Qahtani），他被认为是"9·11"恐怖攻击中的"第二十名劫机者"。他受过各种你想象得到的虐待。他曾经被刑求到尿在自己身上，连续好几天无法睡觉，被迫挨饿，被一只凶恶的警犬逼吓。他的持续抵抗换来进一步的虐待。063号犯人被迫穿上女性胸罩，头上被放了一条女用皮带，讯问员拿他当取笑对象，说他是同性恋。他们甚至给他戴上狗链，然后叫他做一些狗常玩的把戏。一名女性讯问人员先是叉开大腿跨坐在他身上刺激他产生性反应，接着再斥责他违背了自己的宗教信仰。《时代》杂志的调查记者几乎巨细靡遗且详尽生动地记录了盖塔尼长达一个月的秘密审讯生活[51]。这段日子几乎就是由各种残暴野蛮的讯问策略，再加上一些精致复杂的技巧及许多可笑愚蠢的把戏组合而成。但事实上，任何经验丰富的警探都可以在更短时间内运用不那么堕落的手法来问出更多情报。

海军的法律顾问阿尔贝托·莫拉（Alberto Mora）听闻这项讯问的事后极感震惊，在他的想法中，任何军队或政府均不该宽恕这些非法的讯问方式。莫拉发表了一份极具说服力的声明，声明中提出的基本架构使我们能正确了解到宽恕虐待式讯问代表了什么意涵：

第15章　让系统接受审判：领导层的共谋

假如我们不再宣布残暴的行为是非法行为，反而将之纳入政策当中运用，这样的做法将会改变人民与政府之间的基本关系，并彻底摧毁人权概念。宪法指出人拥有天赋人权，并非国家或法律所赋予，人应拥有人格之尊严，人权概念中包含了免于残酷待遇的权利。人权是普世原则，而非仅限于美国——即便是那些被指为"非法武装分子"的人也应享有人权。如果您做出了例外，整部宪法都将因此崩塌。这是个根本性转变的议题。[52]

亲爱的读者，我现在将要求你试着想象自己扮演陪审员的角色，请你就这些经过计划的讯问策略，与那些被称为"思想变态的"1A院区宪兵们在照片中的虐待行为做个比较。在许多张照片中，我们可看到被拘留者头上被戴上女用内裤，但除此之外最可怕的还是琳迪·英格兰用狗绳绑在一个犯人颈上牵着他在地板上爬的那张。现在我们似乎可以合理地做个结论，戴在头上的女用内裤、狗绳以及惨无人道的场面，全都是借自最早运用过这些技巧的中情局及米勒将军在关塔那摩的特别讯问团队，这些策略后来成了普遍被接受的讯问方式，并在战区内被广泛运用，只是没被允许拍下照片而已！

精锐军人的虐行

我们对整个指挥结构提出的控诉，最令人印象深刻的见证或许来自伊恩·菲什巴克上尉，菲什巴克是西点军校的荣誉毕业生，并在服役于伊拉克的精英空降部队担任上尉。他在最近一封写给约翰·麦凯恩（John McCain）参议员抱怨虐囚事件猖獗的信中起首这样写道：

> 我是西点军校毕业生，目前正于陆军步兵服役，军阶是中尉。我和812空降师一起出过两次战斗任务，一次前往阿富汗，一次则是伊拉克。虽然我的任务是为全球反恐而战，但是我的上级的行动与声明却让我认为，美国的政策是日内瓦公约不适用于阿富汗或伊拉克。

在与人权观察协会做多次访谈后，菲什巴克上尉又透露了更多特定细节，说明讯问员必须遵守的合法界限所产生的困惑造成了什么令人不安的结果。他的单位驻扎在靠近弗卢杰的水星营前哨作战基地，两名来自同单位的中士也对他的说法提出补充[53]。（尽管我们在前一章中已经提及，但我还是要在这里呈现菲什巴克上尉的完整说法及事件背景。）

在写给麦凯恩参议员的信中，菲什巴克证实了包括在讯问前惯例殴打犯人脸部及身体、将沸腾的化学药品倒在犯人脸上、例行将犯人铐在让人身体不支累倒的位置，以及让犯人失去意识的强迫操练等虐行存在。他们甚至会将犯人叠成金字塔，就像阿布格莱布的做法。在阿布格莱布丑闻案爆发前，这类虐行就已经存在，而且直到丑闻和爆发后从不曾间断。

> 在水星前哨作战基地里，我们让犯人们叠成金字塔，不是裸体，但是是叠成金字塔状。我们强迫犯人们做些充满压力的操练，一次至少两小时……曾经有个情况是我们用冷水把一个犯人淋湿，然后把他整夜留在外头。（这里又出现了拉古拉尼斯曾提到过的，让犯人暴露于极端情境的虐待技巧。）也曾经发生一个士兵拿棒球棒用力揍被拘留者的腿。这些方法都是我从我的士官长那里学来的。

第15章 让系统接受审判：领导层的共谋

菲什巴克也证实这些虐待行为是由指挥官下令并受到原谅，"他们会告诉我，'这些家伙就是上个礼拜丢下应急爆炸装置的那些人。'然后我们会狠狠教训他们一番，让他们吃苦头……不过你会开始了解，这就是那里的做事法则"。（我们回想起之前曾讨论过，一个特殊情境中会逐渐浮现新规范，新做法很快就会变成必须奉行的标准。）

令人惊讶的是，菲什巴克说他的士兵们也用数码相机拍下他们的虐囚行径。

> （在水星前哨作战基地）他们说他们也有类似阿布格莱布监狱的虐囚照片，因为这些照片之间的相似度太高，所以他们把照片销毁了。他们是这么说的，"他们（阿布格莱布的军人）因为那些我们也被交代去做的事情惹上了麻烦，所以我们要销毁这些照片。"

最后，菲什巴克上尉展开一趟长达十七个月的说明活动，向他的上级们解释他对这一切虐行的关切与怨言，结果和讯问者安东尼·拉古拉尼斯以及弗雷德里克上士如出一辙，他并没有收到任何下文。于是他只好将他的信寄给麦凯恩参议员将一切公之于世，这件事巩固了麦凯恩参议员对于布什政府搁置日内瓦公约的反对立场。

"拷问小姐"：关塔那摩自白室里的膝上艳舞

我们的下一个证人透露了军方（或许与中情局合作）在关塔那摩监狱中发展出来的新堕落把戏。"性被拿来当武器，以便使拘留者和他的伊斯兰信仰之间出现隔阂。"在该监狱营中工作的军

545

方翻译人员埃里克·萨尔（Erik Saar）这么说道。这名年轻的士兵满怀爱国主义热忱来到关塔那摩湾，相信自己一定能对这场反恐战争有所贡献。然而他很快地了解到他根本帮不上忙，在那里发生的事完全是"一场错误"。2005年4月4日，在艾美·古德曼（Amy Goodman）广播节目"今日民主"的访谈中，萨尔以生动写实的方式详述了被用于对付囚犯的各种性策略，全部都是他目睹。他在相当于一本书篇幅的丑闻告白《铁网之内：一个军情人员在关塔那摩的亲身见闻》（Inside the Wire: A Military Intelligence Soldier's Eyewitness Account of Life at Guantanamo）详述了这次的访谈。[54]

在他于该监狱服役的六个月期间，阿拉伯语十分流利的萨尔担任翻译工作，将官方讯问者的话和问题翻译给犯人听，再以英语将犯人的答复传达给讯问人员。于是他得扮演"大鼻子情圣席哈诺式角色"，用适当的语言将符合讯问者和犯人动机的确切意思传达给这两个人。而这个新虐待把戏必须由富有性魅力的女性讯问员上场演出。萨尔说道："这个女性讯问人员会用性诱惑的方式让被讯问的犯人觉得自己是不洁的……她会在犯人背上揉搓自己胸部，谈论关于自己身体部位的一些事……犯人十分震惊而且愤怒。"

萨尔辞掉了他的工作，因为他认为这样的讯问策略"根本无效而且无助于维护我们的民主价值"[55]。《纽约时报》的专栏作家莫琳·多德（Maureen Dowd）于是创了一个昵称"拷问小姐"，用来称呼利用性魅力从囚犯身上套取情报和自白的女讯问员[56]。

萨尔曾说过一段特别戏剧性的邂逅，可以归类在军方命名为"女性空间进犯"的讯问技巧之下。主角是一个具有"高情报价值"的二十一岁沙特阿拉伯人，他大部分的时间都待在牢房里祈祷。在开始讯问前，负责的女性讯问人员，我们称她为"布鲁克"，布鲁克和萨尔两个人先经过一番"消毒"程序，把制服上的名字贴起来以免泄露身份。然后布鲁克说："要问供的被拘留者是个杂碎，我们得好好对付他。"原因她说得很明白，"不下猛药那个杂碎不会招，所以今天晚上我要来试试新花样"。军方认为这个沙特阿拉伯人和"9·11"事件的劫机者一起接受飞行训练，因此他有很高的情报价值。萨尔指出，"当军方讯问者跟被拘留者问话时，如果他不合作，他们很快就会'下猛药'：对囚犯厉声高叫、升高对抗情势，或是表现出一副坏警察的嘴脸，完全忘记要跟犯人建立交情"。

布鲁克继续说："我只要让他觉得除了合作别无其他选择就行了。我想让他觉得自己很脏，脏到他没脸回到牢房里花一整个晚上祷告。我们要在他和他的上帝中间设下障碍。"[57]于是当犯人不愿意配合回答问题时，布鲁克决定下点猛药。

"出乎我意料，"萨尔高声说，"她开始解开上衣的纽扣，动作很慢、很挑逗，就像脱衣舞娘一样，露出在胸前撑得紧紧的合身棕色陆军T恤……然后慢慢向他走过去，用她的胸部在他背上磨蹭。"她用诱惑的口吻说："你喜欢这对美国大奶子吗？我看到你下面开始硬了。你想你的阿拉真主会怎么说呢？"接着她转了个圈坐到他正对面，把手放在他的胸前，挑逗地说："你不喜欢这对大奶子吗？"当那个犯人转头看萨尔时，她开始挑战他的男子气概："你是同性恋吗？为什么你一直看他？他觉得我的奶子很不赖，你呢？"（萨尔点头赞成）

犯人抵抗她的动作，往她脸上吐了口口水。但她不为所动，开始发动另一波更强烈的攻势。她开始解开裤子的扣子，一边问那名犯人：

"法里克（Fareek），你知道我现在是生理期吗？我这样碰你你有什么感觉？"（当她把手从她的内裤里抽出来时，她的手上看起来像是沾了经血。然后她最后一次问他，是谁教他去学开飞机、是谁送他去上飞行学校。）"你这贱人，"她用气音一边说，一边把他以为是经血的东西擦到他脸上，"你想早上你的弟兄们看见你时会怎么想，如果他们知道你脸上沾的是个美国女人的经血？"布鲁克说着站起身，"顺便告诉你，我们把你牢房里的水给关了，所以你脸上的血得留到明天早上了"。当我们离开讯问间时，她掉头就走……她用了她认为最可能拿到长官要的情报的办法，她尽力了……我刚才到底做了什么鸟事？我们在这地方干的是什么勾当？

这的确是个好问题。对萨尔或其他人来说，却不可能有清楚的答案。

关塔那摩监狱中的其他虐行

埃里克·萨尔透露了关塔那摩监狱中的其他做法，全都是欺诈、不道德、非法的。他和讯问团队的其他成员都接受到严格命令，要求他们绝不可和红十字国际委员会的观察员交谈。

当行程预定要参观"典型"讯问过程的要人来访时，监狱方面就会安排"演戏"。他们会弄一个假场景，让场面看起来很正常、很一般。这让我们想起纳粹在捷克斯洛伐克的特雷辛城（Thereseinstadt）集中营的模式，他们也是这样愚弄国际红十字委员会的观察员和其他人，让他们以为里面的犯人都很满意他们的重新安置。萨尔形容，在这个"万事美好"的场景内，所有的东西都被"消毒"过了：

第15章 让系统接受审判：领导层的共谋

我加入这个情报团队后所学到的事情之一就是，如果有重量级贵宾来访，通常这类人指的可能是将军、上级政府单位的执行长、情报局来的人，甚至是国会代表团，这时候所有人都会团结合作，他们会告诉讯问员去找一个之前表现很合作的人带到讯问间里，贵宾来访的时候就让他们坐在观察室里观察里面的讯问过程。基本上他们会找曾经合作过的人，找可以面对面坐着正常交谈的人，还有就是可能以前曾经提供过一些情报的人，然后他们就可以重新演一场戏给参观的贵宾看了。

然后基本上，对于一个情报专家来说，这种做法根本是一种羞辱。老实跟你说，我不是唯一一个这样觉得的人，因为在情报社群里面，你存在的意义和价值就是提供做决策的人正确的信息，让他们做正确的决定。这就是情报人员存在的唯一目的，提供正确的信息。弄出一个虚假世界好让来参观的人以为这里是某个样子，可是实际上却根本不是这样，这种做法完全损害到我们身为专业情报工作者所尽的一切努力。

酷刑工作"外聘"

偷偷摸摸的刑求伎俩被当是用来对付顽抗嫌犯的工具，目的是迫使他们吐出情报，而我们从中情局的秘密计划中可以得知这些手段的普遍程度，中情局利用这些秘密计划将犯人迅速移送到愿意为美国做脏事的国家。在被称为"引渡"计划或"非常规引渡"计划的政策中，数十甚至也许数百名"高情报价值恐怖分子"被中情局租赁的商用飞机载送到多个其他国家[58]。布什总统显然曾授权允许中情局让拘留中的人犯"消失"，或是"引渡"至其他以刑求知名（且国际特赦组织记录有案）的国家[59]。这类囚犯通常被单独监禁在"秘密地点"的拘留所内与世隔绝。而在"反常规引渡"计划中，甚至授权外国官方在非战斗状态及非战争地区逮捕"嫌犯"，然后将他们转送到拘留地，通常是关塔那摩监狱，剥夺所有国际法提供的基本法律保护。

宪法权利中心董事长迈克尔·拉特纳（Michael Ratner）谈到这项计划：

> 我把这叫做酷刑工作的外聘计划，它的意思是在这场所谓的反恐战争里面，中情局可以从世界各地把想要的人抓起来，然后如果不想自己动手拷打或讯问犯人，不管你用什么词来称呼，就把他们送到和我们情治单位关系密切的其他国家，可能是埃及也可能是约旦。[60]

负责这项引渡计划的中情局高级长官是迈克尔·朔伊尔（Michael Scheuer），他透露实情：

> 我们把这些人送回他们的出身地中东，前提是如果那些国家有专为他们成立的合法渠道并且愿意接受他们。他们会得到符合该国法律的待遇，不是根据美国法律，你可以挑，可能是摩洛哥、埃及或约旦的法律。[61]

在这些国家所用的讯问技巧里头，显然包括了中情局不想要搞清楚的酷刑手段，他们只要能够从被拘留者手中得到有用的"情报"就好。不过在我们这个高科技时代，这种计划不可能被隐瞒太久。一些美国盟邦针对至少30架次的飞行记录展开调查，这些飞机班次被怀疑被中情局用于酷刑输出计划。调查结果透露，重要嫌疑犯被送往曾属于前苏联加盟国的东欧国家。[62]

依我的判断，这项酷刑工作的外聘计划显示，并不是中情局和军方情资间谍不愿意刑求囚犯，而是他们认为那些国家的特工知道怎么做才会更好。他们娴熟运用"三级刑求"①技术的时间比美国人还长。我在这里大致介绍的不过是其中一小部分，实际上虐行的对象遍及美国军事监狱中各式各样的拘留者，范围远较此普遍，我的目的是要驳斥美国政府宣称这类虐待和刑求事件不是"系统性的"进行。

来自拘禁于伊拉克和阿富汗拘留所内人犯的验尸和死亡报告显示，在44件死亡案件中，有一半是在海豹特战部队、军情人员或中情局讯问过程中或讯问后发生。这些杀人事件是由虐待性刑求技巧造成，这些手法包括戴头罩、噎住口部使其窒息、勒绞、用钝器殴打、水刑、剥夺睡眠以及使犯人暴露于极端温度下。美国公民自由联盟的执行长安东尼·罗梅罗（Anthony Romero）清楚指出："毫无疑问这些讯问过程导致死亡。那些知情却坐视不管的高官，以及创造这些政策并为之背书的人应该负起责任。"[63]

究办到顶：切尼及布什的责任

在（阿布格莱布）照片被公开后几个月内，情势越来越清楚，这里面有一个虐行模式，而这不是几个不守规矩士兵

---

① 三级刑求指的是运用造成犯人身体或精神痛苦的技巧，以便得到所需情报。这些技巧根据恐吓及造成痛苦的程度不同而分为三阶段进行。这个词最早来自西班牙宗教法庭讯问异端时所采取的阶段式刑求手法，后来又被纳粹用来指称以刑求方式取得自白的讯问手法。

的个人行为能造成的。是布什政府决定要扭曲、忽视规定或对规定置之不理，才会导致这模式出现。美国政府的政策在阿布格莱布以及世界各地制造出不择手段虐囚的风气。

这是人权观察协会在一份标题为《美国：动用酷刑不必受惩罚？》的报告中做的摘要声明，这让我们把注意力放到指挥链的最上层——副总统切尼和总统布什的责任。

反恐战争制定了刑求新典范

和他前一任期中针对"贫穷"和"毒品"所发动的毫无意义的名词战争一样，布什政府重蹈覆辙地在2001年的"9·11"攻击过后宣布发动"反恐战争"。这场新战争的核心假设是，恐怖主义是对"国家安全"及"国土"的首要威胁，因此必须尽一切手段对付。事实上，所有国家都拿此种意识形态基础当作取得人民和军队支持的手段，以遂行压迫及侵略行动。在20世纪60和70年代，巴西、希腊及许多国家的右翼独裁政权即曾随心所欲地运用此种意识形态以正当化刑求，及处死被宣布为"国家公敌"的人民[64]。20世纪70年代晚期，意大利右翼的基督教民主党也曾运用"紧张策略"的政治控制手段，加深人民对赤军旅（Red Brigades，激进共产党员）恐怖主义行动的恐惧。当然了，最经典的例子莫过于希特勒将犹太人标签化，称他们是造成20世纪30年代德国经济崩溃的祸首。于是来自国家内部的威胁成为他们向外征服计划的正当理由，因为他们必须在德国以及纳粹占领的国家里终止这样的邪恶行为。

恐惧是国家所握有的最特别的心理武器，利用恐惧，国家可以使人民为了交换万能政府所许诺的安全生活，而愿意牺牲基本自由以及法治的保障。恐惧先是得到美国民意及国会多数支持对伊拉克发动先制战争，而接下来恐惧又让他们继续支持布什政府愚蠢坚持的各项政策。一开始恐惧的传播方式带有奥威尔式味道，人们预测萨达姆持有的"大规模毁灭性武器"将对美国及美国盟邦发动核武器攻击。例如在国会投票决议是否支持发动伊拉克战争的前夕，布什总统告诉全国人民及国会，伊拉克是个威胁美国安全的"邪恶国家"。"了解这些事实后，"布什谈道，"美国人不应该忽略这个集结起来对付我们的威胁。面对大难将至的明确证据，我们不该等待最后的结果证明——冒着烟的枪管出现才做决定，因为你看见的证据有可能是核武器攻击的蘑菇云。"[65] 但是将这朵蘑菇云散布到全美国的人不是萨达姆，而是布什政府。

而在接下来几年，所有布什行政团队的主要成员都曾在一场接一场的演说中呼应这个悲惨的警告。政府改造委员会的特殊调查部为众议员亨利·A.韦克斯曼（Henry A.Waxman）准备了一份报告，内容为布什政府对伊拉克议题的公开声明。这份报告用的公共资料库搜集了所有布什、切尼、拉姆斯菲尔德、国务卿科林·鲍威尔（Colin Powell）、国家安全顾问康多莉扎·赖斯（Condoleezza Rice）的公开声明。根据这份报告，这五名官员在125次公开露面的场合中，共针对伊拉克的威胁发表了237次"错谬且造成误导"的具体声明，每名平均为50次。在"9·11"恐怖攻击届满一周年后的2002年9月，公开记录显示，布什政府发表了将近50次误导和欺骗大众的公开声明。[66]

在普利策奖得主罗恩·萨斯金德（Ron Suskind）的调查分析中，萨斯金德追踪布什政府对于反恐战争的计划，发现早在"9·11"事件后不久，切尼发表的声明中即初见端倪。切尼是这样解释的，"如果巴基斯坦科学家正协助基地组织建立或发展核武器有百分之一的机会,我们就必须当成确有其事来回应。重要的不是在于我们的分析……而是在于我们该如何回应。"萨斯金德在他《百分之一论》(*One Percent Doctrine*)一书中写道:"所以我们可以说,有一种行动标准存在,它塑造了美国政府在未来数年内的表现与回应。"而萨斯金德也继续指出,不幸的是,在这种新形式压力——如反恐战争,再加上原以为会乖乖归顺的人民却出乎意料不断暴动、叛乱所造成的认知不协调,这一切使得庞大的美国联邦政府无法以有效率或是有力的方式运作。[67]

从布什政府的国土安全部对于恐怖攻击警报(颜色代码)系统的政治化,也可以看出另一种恐怖制造手法。我认为这个系统的目的一开始就像所有灾难预报系统一样,是为了动员人民防范恐怖威胁的来临。但是随着时间过去,这11种模糊的警告从来没有提供人民行动的实际建议。当接到飓风警报时,人们被告知要疏散;当接到龙卷风警报时,我们知道得撤退到避难室,但是当发出某个地方或某个时间将发生恐怖攻击的警报时,政府只告诉人民要"更加警觉",当然了,还有告诉我们要照常生活。尽管官方宣称握有"可靠消息",但是当许多这类威胁预报每一个都失灵落空后,却从来没有公开做出任何说明或简报。动员全国力量对付每一个威胁危机,其代价至少是每个月十亿美元,更带给所有人民不必要的焦虑与压力。到最后,与其说以颜色代表威胁程度的警报是有效的警报方式,倒不如说是政府在没有任何恐怖攻击的情况下为确保并维持国民对恐怖分子的恐惧所采取的昂贵办法。

法国存在主义作家加谬曾说过,恐惧是一种手段;恐怖制造了恐惧,而恐惧则让人民不再理性思考。恐惧让人们只能用抽象方式来想象造成威胁的敌人、恐怖分子、暴动者,认为他们是必须被摧毁的力量。一旦我们把人想象为某一类别的实体、抽象的概念，他们的面目就会模糊，化为"敌人的脸"，即使是平常爱好和平的人也会升起一股想要杀戮、刑求敌人的原始冲动。[68]

我曾在公开场合评论过，这类"幽灵警报"十分异常且危险，不过有证据明显指出布什民意支持率的上升和这类警报的试探密切相关[69]。这里的争议是布什政府借着激起并持续人民对大敌当前的恐惧，而让总统得以取得国家战时最高统帅的地位。

于是在最高统帅的封号及大肆扩张国会所赋予权力的情况下，布什和他的顾问们开始相信他们可以凌驾于国法和国际法之上，只要用重新制定的官方合法诠释来坚持他们的政策主张，任何政策都是合法。邪恶之花在阿布格莱布黑牢中盛开了，而它们的种子是由布什政府种下。布什政府借由国家安全威胁，在人民心中种植出恐惧与脆弱感，诉诸讯问／刑求手法以求赢得反恐战争，正是这威胁、恐惧、刑求的三部曲种下了邪恶的种子。

"酷刑副总统"切尼

一位《华盛顿邮报》的编辑把切尼称为"酷刑副总统"，因为他尽力废除麦凯恩对于国防部的预算授权议案所提的修正案，并且终于使得这项修正案遭到变更[70]。该项修正案要求给予美国军事拘留所内的犯人人道待遇。为了让中情局能够放手运用其认为取得情报所必需的任何手段，切尼非常努力展开游说，以便使中情局的行动能够不受限于法律。切尼主张，这样的法案将会让中情局情报人员绑手绑脚，并使他们在为全球反恐战争奋战时承担被起诉的潜在风险。（而我们对他们奋战方式的残忍性与危险性已经略有所知。）

这项法案通过完全没有使切尼受挫，他仍然热烈支持中央情报局任意运用任何手段从被秘密囚禁嫌疑恐怖分子口中取得自白和情报。当我们想到切尼在"9·11"攻击后马上发表的言论，对他的坚定立场就不会有任何惊讶了。切尼在美国国家广播公司《与媒体有约》（Meet the Press）电视节目中接受访谈时，说出一段值得注意的发言：

> 我们得做一些事，一些虽然是黑暗面的工作，如果你要这么说。我们在情报世界的阴暗面里工作已经有一段时间。很多该做的事都得安安静静完成，如果想要把事情办好就不要多话，运用我们情报人员可以取得的资源和手段悄悄地去做。这就是这种人的世界的运作方式，所以基本上为了达成我们的目标，我们必须要能按照我们的意思运用任何方法，这很重要。[71]

在美国国家公共广播电台的一次访谈中，前任国务卿鲍威尔以及劳伦斯·威克尔森（Lawrence Wilkerson）上校曾指控由切尼—布什的新保守主义团队所发布的指令，是造成伊拉克和阿富汗虐囚事件的主因。威克尔森概述了这些指令的下达路径：

> 对我而言很清楚的是，查核追踪记录显示这些来自副总统（切尼）办公室的指令通过国防部（拉姆斯菲尔德）下达到战场上的指挥官，对于战场上的军人而言，这些谨慎的圆滑措辞只意谓两件事：我们得不到足够的有用情报，你们得拿到证据才行，再者顺道提一下，这里有一些办法或许派得上用场。

威克尔森也指出切尼的顾问戴维·阿丁顿（David Addington）

"是支持总统以最高统帅身份撇开日内瓦公约束缚的死硬派"[72]。这番发言让我们直接将矛头对准了权力最高层。

"战争最高统帅"布什总统

在对抗全球恐怖主义看不见终点的战争中，布什总统身为最高指挥官，一直倚赖一个法律顾问团队为他建立合法性基础，这个团队协助布什对伊拉克发动先制性的侵略战争，重新定义酷刑，制造出新的交战守则，甚至通过所谓"爱国者法案"限制人民的自由，并授权各种方式的非法窃听，包括偷听、装设窃听装置及电话监听。如同往常，所有事情都是为了保护神圣国土之国家安全的名义，都是为了进行一场全球反"不用说大家都知道是什么"的战争。

刑求备忘录

在2002年8月1日美国司法部发表的一份被媒体称为"刑求备忘录"的备忘录中，以狭隘的方式定义"刑求"，刑求不再是指某些具体作为，而是由其最极端的后果来定义。这份备忘录中主张身体疼痛的强度必须"等同于某些严重的受伤情形，如器官衰竭、身体功能障碍或甚至是死亡所带来的疼痛"才叫做刑求。根据这份备忘录的说法，如果要以酷刑罪名起诉任何人，必须要是被告具有造成"严重身心疼痛或受苦"的"特定意图"才行。"心理折磨"则被狭隘定义为仅包括导致"具有持久性之重大心理伤害，例如持续数月或数年"的行为。

备忘录中继续坚称早期批准的1994年反刑求法可被视为违宪，因为这个法令与总统的最高统帅权力互相抵触。司法部的法学者们还提出其他指导方针赋予总统重新诠释日内瓦公约的权力，以符合布什政府在反恐战争中的目的。在阿富汗被捕的好战分子、塔利班士兵、"基地"组织嫌犯、暴动分子以及所有被围捕并移送拘留所的人，都不被当成战俘，因此无法享有任何战俘的法律保护。身为"敌方非武装分子"的他们会被无限期囚禁在世界上任何一座拘留所中，既没有律师也不会以任何特定罪名起诉。此外，总统显然批准了中央情报局的一个计划，计划的目的是让高情报价值的恐怖分子从这世界上"消失"。

虽然我们只握有间接证据，但这些证据是可信的。举个例子，詹姆斯·赖森在他《战争状态：中央情报局及布什政府秘密的一页》（State of War: The Secret History of the CIA and the Bush Administration）一书中做出结论，他指出关于中情局涉嫌使用极端的新讯问策略，"在层级非常高的政府官员之间有个秘密共识，他们将布什隔离开来，并让他能够推诿毫不知情"[73]。

关于布什和他的法律顾问团队的关系，另一个较不仁慈的说法来自法学家安东尼·刘易斯（Anthony Lewis），他在完整回顾所有可参考的备忘录后说道：

> 备忘录读来像是个流氓律师写给黑手党大佬，内容是建议如何规避法律而不被逮到监狱。这备忘录的主题简直就是怎样避免被起诉⋯⋯而另一个更令人深深感到不安的主题是总统可以下令对犯人动用酷刑，即便这受到联邦法律以及国际反刑求公约禁止，而美国正是这公约的缔约国之一。[74]

读者们已经和我一起读过这里简单介绍的相关资料（包括虐囚事件调查报告、国际红十字委员会报告等资料），现在将继续一起阅读这二十八个由布什的法律顾问、拉姆斯菲尔德、鲍威尔、布什以及其他人所发表的《刑求备忘录》，这些文件为阿富汗、关塔那摩及伊拉克等地的刑求预先铺设了一条合法之路。由卡伦·格林伯格（Karen Greenberg）和约书亚·德拉特尔（Joshua Dratel）将完整的备忘录书面记录编成一本长达1249页的书，书名为《刑求报告：通往阿布格莱布之路》（*The Torture Papers: The Road to Abu Ghraib*）。这本书揭露了布什政府的法律顾问群对法律技术的曲解与误用[75]，它让我们深刻了解到："在这全世界最法治化的国家里为保护美国人民贡献良多的法律技术，竟可被误用于邪恶的目的。"[76]

法律学教授乔丹·鲍斯特（Joadan Paust，前美国陆军军法处上尉）针对帮忙正当化刑求拘留者的布什法律顾问写道："从纳粹时代以来，我们就再也没有看过这么多法律专家如此明确涉及与战俘待遇及讯问相关的国际罪行。"

在一长串的顾问名单中，排在最上头的是总检察长阿尔贝托·冈萨雷斯，他协助完成一份法律备忘录，对于"刑求"做了如上述所言的重新诠释。直到阿布格莱布虐囚照片被公之于世后，冈萨雷斯和布什总统才公开谴责这份备忘录，认为它对于刑求的概念做了最极端的诠释。冈萨雷斯对于在反恐战争架构下扩张总统权力所做的贡献，并不亚于极具影响力的纳粹法学家卡尔·施米特（Carl Schmitt）。施米特提出如何在非常时期让执政者摆脱法律束缚的观点，协助希特勒搁置德国宪法并赋予他独裁权。冈萨雷斯的传记书写者指出，冈萨雷斯其实是个可爱的人，他向你走过来时的样子就像个"普通人"，一点也看不出有什么虐待狂或心理病态倾向[77]。然而，他的制度性角色所发表的备忘录却是造就公民自由被搁置以及残酷讯问嫌疑恐怖分子的祸首[78]。

国防部犯罪查缉行动中心反对关塔那摩讯问作业

根据最近微软国家广播公司（MSNBC）的报道，美国国防部犯罪查缉行动中心领导人说，他们曾再三警告五角大楼的高级官员（从2002年初开始持续数年），个别独立的情报单位运用严厉的讯问技术将得不到什么可靠情报，而且可能构成战争罪，一旦被公之于世更是让国家蒙羞。然而经验丰富的犯罪调查人员的关切与忠告大部分都被忽视了，指挥关塔那摩和阿布格莱布讯问作业的指挥链人员支持用他们偏爱的高压、强制性讯问方式，因而对这些意见置若罔闻。前海军法律顾问阿尔贝托·莫拉曾在公开记录中支持犯罪查缉行动中心成员的看法，"让我强烈地为这些人感到骄傲的是他们说，'即使被命令这么做，我们也不愿意服从。'他们是英雄，这是最好的形容了。他们表现出无与伦比的个人勇气与正直，捍卫了美国价值以及我们所赖以生存的体制"。但最后这些调查人员还是没能中止虐行，他们做到的只有让国防部长拉姆斯菲尔德收回对某些最严厉讯问技术的授权，因此缓和了情势而已。[79]

对反恐战争的执迷

我们可以看见，布什对反恐战争的执迷促使他走向一条危险的路，这是已故参议员名言所揭示的一条道路，"用极端手段捍卫自由，并非罪恶；以温和步伐追求正义，不是美德"。于是布什在没有任何法律明文依据的情况下授权美国国家安全局对美国人民进行国土内部监视。在这项庞大资料采集工程的任务中，国家安全局将自电话及网络上监听撷取的大量资料交给联邦调查局分析，工作量实际上超出了美国联邦调查局的能力范围，联邦调查局根本无法负荷有效处理这类情报的工作量。[80]

第15章 让系统接受审判：领导层的共谋

根据《纽约时报》在2006年1月的详尽报道，这类监测工作必须"从后门进入"美国本土负责转接国际电话的主要电信交换中心，因此须取得美国最大电信业者的秘密合作[81]。《时代》杂志的揭弊报道透露出，在不受法律束缚或国会查核及平衡的情况下，将这样的权力赋予总统的做法本身即是过度。这例子也被用来比较布什与尼克松，他们都认为总统可以凌驾法律，尼克松曾"在20世纪70年代解开拴住境内监视恶犬的皮带"，而他为此辩解的理由是，"总统做一件事时，就表示那件事不是非法的"[82]。布什和尼克松不仅说法类似，关于总统可不受惩罚的想法也如出一辙。

我们从布什首开先例使用了副署声明，也可窥知布什认为总统职权凌驾于法律之上。副署声明是指在对国会通过的法律行使同意权过程中，总统申明他有不服从他刚签署这项法律的特权。布什运用这策略的频率远多于美国历史上的其他总统，总次数超过750次；每当议会通过的法案和他对宪法的诠释有冲突时，他就会运用此策略以违反议会决议，麦凯恩提出的反刑求修正案施予个人限制即是其中一例。[83]

然而最近一项最高法院的判决限制了总统的职权，布什对行政权的主张也因而受到挑战。这项判决公开谴责布什政府计划让关塔那摩监狱的被拘留者在军事委员会（法官席）前受审，此做法既未曾受到联邦法授权，同时也违反了国际法。《纽约时报》的报导指出："这项判决是布什政府大肆扩张总统权力举动以来所遭遇到的最大挫败。"[84]

矛盾的是，当布什政府亟欲将恐怖主义的邪恶扫出这世界时，所作所为却让自己成了"当权之恶"的最佳范例。这是个将痛苦加诸于人、使人受苦至死的政权，却想要用官方、理性、有效率的程序来掩饰其行为本质——为达到他们自认为位阶更高的目的而不择手段。[85]

陪审员们，你们做出什么裁定？

你们已经读过多个证人的证词、主要独立调查小组摘要报告中的精华，部分人权观察协会、国际红十字委员会、美国公民自由联盟、国际特赦组织的广泛分析，以及美国公共电视网《前线》节目对美国军事拘留所中虐待与刑求性质的报导。

你现在还认为弗雷德里克和夜班宪兵们在阿布格莱布1A层级院区犯下的虐行是行为脱轨，是由被称为"流氓军人"的少数"害群之马"单独犯下的单一事件吗？

还有，你现在是否认为这类虐待和酷刑是强制讯问的"系统性"计划的一部分？在这些讯问过程中发生的虐待和刑求事件，程度是否更深，时间、地点以及涉案者的范围是否更大？

在被控犯下照片中虐行的宪兵们已经认罪的情况下，你现在是否认为由于情境性的力量（大染缸）以及情境性的压力（制造这个染缸的人）在这些人身上的作用，因此应可减轻其刑？

对于阿布格莱布、许多其他拘留所以及中央情报局黑牢中的虐待事件，以下每一个军事指挥链上的高阶将领都该负有串谋之责：杰弗里·米勒少将、里卡多·桑切斯中将、托马斯·帕帕斯上校以及斯蒂芬·乔丹中校，你是否愿意并且准备好对他们作出判决？[86]

对于阿布格莱布、许多其他拘留所以及中央情报局黑牢中的虐待事件，以下每一个政治指挥链上的高阶官员都该负有串谋之责：前中情局局长乔治·特内特、国防部部长拉姆斯菲尔德，你是否愿意并且准备好对他们作出判决？

第15章 让系统接受审判：领导层的共谋

对于阿布格莱布、许多其他拘留所以及中央情报局黑牢中的虐待事件，以下每一个政治指挥链上的高阶官员都该负有串谋之责：副总统迪克·切尼、总统乔治·布什，你是否愿意并且准备好对他们作出判决？

暂停起诉

（若想了解最近一场针对布什政府"违反人类罪行"的判决记录，请参考注释[87]）

针对阿布格莱布监狱虐刑的指挥串谋罪行，你也可以到www.LuciferEffect.com的网络投票区实际投票决定他们有罪或是无辜，拉姆斯菲尔德、切尼、布什都在那里接受审判，已经有许多美国人民投下他们的一票，现在是其他国家人民表达他们意见的时候了。

让阳光照入

那么，现在我们已经一起走到这趟漫长旅途的终点。我要感谢你不畏惧面对某些人性中最黑暗的一面持续到最后。重访斯坦福监狱实验中的虐刑现场，对我来说特别困难。要去面对我在争取奇普·弗雷德里克的案子有更好结果时所表现出的无能为力，也是艰难的。多年来，我一直是个乐观主义者，面对所有种族灭绝、大屠杀、私刑、刑求以及人类对其他人所犯下的恐怖罪行，我始终在这样的压力下保持希望，认为在集体行动下，我们所有人都会更有能力对抗"路西法效应"。

在这段旅程的最后阶段，我想让阳光照亮人类心理最黑暗的角落。现在是抑恶扬善的时候了，我将运用两种方式来达到这目的。首先，你们将会得到一些忠告，告诉你们如何抵抗你们不想也不需要的社会作用力轰炸。在承认情境力量在许多背景下会让人们做出恶劣行为的同时，我也明白指出，我们并非这类力量的奴仆。通过了解情境力量的运作，我们才能够抵抗、反对及避免它们带领我们迷失于令人不快的诱惑中。这样的认识可以使我们逃离包括顺从、屈从、劝服及其他形式的社会作用力及社会压迫的强大魔掌。

在这趟旅程中，我们沿途探索了人类性格的脆弱、不堪一击和朝三暮四，而在最后我们将对英雄们献上赞美来做结束。不过现在我希望你们会乐意接受一个前提：在强有力的系统及情境力量的支配下，普通的人，即使是好人也可能会被诱惑加入并做出恶行。如果你们接受，那么要准备好接受一个完全相反的前提：我们之中任何人都有可能成为英雄，我们都等待着一个情境出现，好可以证明自己身上有些"好东西"。

现在让我们学习如何抵抗诱惑，并向英雄们献上礼赞。

第 16 章

抗拒情境影响力，赞颂英雄人物

每个出口都是通往他方的入口。

——汤姆·司脱帕，《罗森克兰茨与吉尔登施特恩已死》
（Tom Stoppard, *Rosencrantz and Guildenstern Are Dead*）

我们已通过囚禁旅伴心灵的黑暗之地，来到了旅程的终点。我们曾目睹透露人性残酷面的各色症状，惊讶于善人如何轻易被环境改变，成为十分残酷的人，而且改变程度可以多么剧烈。我们的概念焦点始终是尝试要对人性转变过程能有更好的理解。虽然邪恶存在任何环境中，但我们更近距离地检视了邪恶的繁殖地——监牢及战场。它们总是成为人性的严峻考验之所，在这两个地方，权威、权力及支配彼此混杂，受到秘密的掩饰时，这股力量会让我们搁置自己的人性，并从身上夺走人类最珍视的品质：关爱、仁慈、合作与爱。

我们把许多时间花在我和同事在斯坦福大学心理学系地下室创造的模拟监狱上。在那段短短的日子里，位于加州帕洛阿尔托市天堂般的斯坦福大学成了人间炼狱。健康的年轻人在身为囚犯的极端压力、挫折及绝望下呈现出病态症状。对应于他们被随机指派担任狱卒的学生，他们原本只是用轻佻的心态来扮演这角色,最后却一再跨越界限开始认真虐待"他们的囚犯"。不到一个星期,我们小小"实验"中的模拟监狱就融入集体意识的背景中,被囚犯、狱卒及监狱工作人员形成的逼真现实取代。而管理这座监狱的是心理学家,不是国家。

我十分仔细地审视了人性转变的性质,在这之前从没有人对此做过如此完整的描绘,而我的目的是要让每一位读者尽可能逼近制度力量压倒个人力量的环境。我试着让各位了解,许多看似无足轻重的情境变因,如社会角色、规定、规范、制服等,对于深陷于系统中的所有人来说却有强而有力的影响,而这过程是如何一步步展开的。

在概念层次上,我提出当我们尝试了解犯罪行为和表面上的人格变化时,应对情境和系统过程投注更胜于以往的关切与比重。人类行为总是易受情境力量影响。而这个背景往往镶嵌于一个更大的整体中,通常是一个以自我持存为目的的特殊权力系统。包括法律、宗教和医学界人士的大多数人惯于采用传统的分析,认为行动者才是唯一的因果施为者。于是情境变数以及系统性决定因素要不是被小看就是被忽略,而它们却是形塑人们行为以及改变行动者的元凶。

我希望在这本书中提供的例子和信息能够挑战将个人内在特质当作行动主要根由的想法,这是种死板的基本归因错误。社会背景是由系统一手打造和维持的,我们认为也有必要辨识出系统提供的情境力量及行为的支撑力量。

我们的旅程从模拟监狱出发,来到了伊拉克阿布格莱布监狱梦魇般的现实中。令人惊讶的是,一个是模拟,一个是现实,然而这两个监狱中竟然有相似的社会心理过程。在阿布格莱布监狱里,我们的分析焦点都放在伊万·奇普·弗雷德里克中士这个年轻人身上，在他身上我们看到了双重的转变：从一个有为的军人变成可恶的狱卒，然后让囚犯们遭受莫大痛苦。我们的分析揭露一件事：弗雷德里克和军方、民间人士加诸于被拘留犯的大量虐待与酷刑，是由天性、情境及系统性因素所促进、培育，在这之中都扮演了关键角色，情形和斯坦福监狱实验一样。

我的立场接着从力求中立的社会科学研究者转变成检察官的角色，同时向各位读者裁判们揭发了军方指挥高层和布什政府的罪行，他们共谋创造了一些条件，让大多数的美国军事监狱充斥着毫无节制的虐刑。正如我一再提及的，提出这些观点的目的并不是为了要帮宪兵们推卸责任或脱罪，对这类恶行的说明与理解不能成为行为的借口。借助理解事件的发生经过以及体察在士兵身上发挥的情境力量，我的目的是要找出前瞻性的方法，让我们能够修正引诱出恶行的状况。惩罚是不够的。"恶劣系统"创造"恶劣情境"，"恶劣情境"造成"害群之马"，"害群之马"出现"恶劣行为"，就算是好人也无法免于受影响。

请容我最后一次定义个人、情境及系统。个人是生命舞台上的一名演员，其行为自由度是由架构他的基因、生物、肉体及心理特质所赋予。情境是行为的背景，通过它的酬赏及规范功能，情境有力量针对行动者的角色和地位给予意义与认同。系统由个人及机构施为者组成，施为者的意识形态、价值和力量创造出情境，也规定了行动者的角色以及行为期许，要求在其影响范围内的人扮演它规定的角色，做出被允许的行为。

在这趟旅程的最后阶段，我们将思考如何避免负面的情境力量或与之对抗，这是我们所有人都时常得面对的。我们将探讨怎样抵抗我们不愿意、不需要却每天不断向我们施压的影响力。我们不是情境力量的奴仆，但是得学会抵抗和对付的办法才行。在一起探索过的所有情境中，始终都有极少数人能在情境力量底下仍能屹立不摇。现在是扩充这股力量的时候了，让我想想他们是怎么办到的，好让更多人可以追随他们的脚步。

如果我曾在某种程度上引导你去承认：在某些情况下，你也可能像书内介绍的研究参与者或像真实的阿布格莱布监狱里的人一样，那么你是不是也能接受自己可能是个英雄？我们将赞扬人性美好的一面，歌颂在我们之中的英雄，以及所有人身上都有的英雄形象。

学会抗拒有害的影响

有妄想症的人在顺从、遵从或是回应劝说信息上有极大的困难，甚至当劝告来自善意的咨询师或是他们所爱之人时也是如此。他们的犬儒心态和对人的不信任，会筑起一道孤立的藩篱，使他们从大多数社会场合中缺席。虽然他们需要付出极大的心理代价，但他们可以坚决地抵抗社会影响力，所以能提供免于受影响的极端例子。相对于这种人，过分容易被骗、无条件信任别人的人则是另一种极端，他们是所有骗子眼中的肥羊。

重点并不是要我们疏远被假定身上具有负面天性——如愚蠢、天真等特质所欺骗——的人，我们需要做的是了解那些像我们一样的人，为什么会被彻底诱惑，以及这过程如何发生。然后才能站在有利的位置上去抵抗这股力量，并且将对这类骗局的意识及抵抗方式传播出去。

抽离与沉浸的二元对立

人类的处境中存在一个基本的二元性，即抽离（detachment）

第16章 抗拒情境影响力，赞颂英雄人物

相对于沉浸（saturation），或犬儒式怀疑（cynical suspicion）相对于参与（engagement）。尽管因为害怕被"卷入"而将自己从他人身边抽离是种极端的防卫姿态，不过当我们越是对其他人劝说保持开放态度，就越有可能被他们支配，这倒也是事实。然而开放、热情地与他人交往乃是人类幸福的基本条件，我们希望强烈地感觉到别人的存在，彻底地相信他人，希望自发地与人互动，并且与他人紧密相连。我们想要全然"沉浸"在生命当下，至少在某些时候，我们想要暂停评价机制，放弃原本的害怕与保留。我们希望跟着《希腊人佐巴》（*Zorba the Greek*）一起热情起舞。[1]

然而我们必须经常评估自己的人际投入是否值得。我们每个人都面对的挑战是如何熟练自如地摆荡于完全沉浸与适时抽离的两极间。我们都常面对一个棘手的问题——该如何知道什么时候该和其他人站在一起，什么时候该支持并忠于某个目标或一段关系，而不是轻易离开。我们生存的世界中有些人打算利用我们，但也有一些人是真诚希望和我们分享他们认为对彼此都有正面意义的目标，而我们该如何分辨这两种人？这正是亲爱的哈姆雷特和奥费利娅所面对的难题。

在我们开始认识对抗心智控制力量的特定方法前，必须先考虑另一种可能性："个人无懈可击"（personal invulnerability）的古老幻想[2]。我们总是认为只有别人会受到影响，自己则刀枪不入。错！我们的心理学巡礼应该已经说服你承认，我们所强调的情境力量确实会让大部分人沦陷其中。但是你并不在那些人的行列中，这是你的想法，对吗？我们从知识性评估中所学到的教训总是难以影响我们对自己行为的规范，对抽象概念的"那些其他人"适用的教训也往往不容易拿来适用于具体的自身。我们每个人都不一样，就像没有两个一模一样的指纹，没有两个人会拥有相同的

基因、成长过程和人格模式。

个体差异应受到颂扬，但是我们经常见到，当面对强大、共通的情境力量时，个人的差异却退缩、受到压抑。这样的情境发生时，行为科学家们只要知道行为的背景，即使对组成群体的特定个人一无所知，仍然能够准确预测大多数人的未来行为。然而我们应该明白，即便是最好的心理学也无法预测每个个体在既定情境下的行为表现，因为一些我们不能掌握的个体变异性始终存在。也因此，你大可拒绝我们接下来要学的教训，理由是它们不适用于你；你是特例、常态分布的尾端。不过你必须知道这么做的代价：你可能会在毫无防备的情况下被情境力量席卷。

抗拒有害影响的十步骤

在这趟旅程中我们见到许多邪恶的果实，如果认真思考滋养、孕育它们的社会心理学原则，就能运用这些原则的不同版本强化人们生命中的光明面，排除其黑暗面。由于有各种不同类型的影响力存在，因此有必要针对每种类型发展出对应的抵抗方式。与错误的不和谐之举战斗时，需要不同的手法才有办法反抗用来对付我们的"顺从—酬赏"策略。在应付会将我们去人性化或去个人化的人时，往往会出现劝服性的言论以及有力的传播者，强迫我们采取不同的原则，但这些原则却不是我们需要的。切断群体思维的做法，和减轻强力游说我们加入者的影响方式也有所不同。

我已经为你们制作了一本详尽的说明手册，不过它的内容过于深入、专门，无法在这一章中交代清楚。于是我把它放在我为这本书开通的网站上，让你们所有人都可以免费读到，网址是：www.LuciferEffect.com。用网络发表的方式，好处是可以让你在闲暇时阅读、做笔记、查阅手册内容根据的参考资料，并且好好思考在哪些情况下你会把这些抵抗策略实践在生活中。同时当你遇到一些状况，发现有某个特殊社会影响力策略被用在你或你认识的人身上时，也可以把这本方便使用的手册拿出来，找出下次当你遇到同样事情时可以有什么样的解决办法，就可以站在比较有利的位置上来应付挑战。

以下就是我用来抵抗有害社会影响力的十步骤方案，它们同时也可以促进个人的弹性以及公民的德行。它所采用的观点穿透了各种影响力方案，并提供简单、有效的模式来处理。抵抗力的关键在于以下三种能力的发展：**自我觉察力**（self-awareness）、**情境敏感度**（situational sensitivity）、**街头智慧**（street smarts），我简称为"三S力"。你将会看见，这三种能力对许多一般性的抵抗策略十分重要。

步骤一："我犯错了！"

让我们从承认自己的错误开始，先跟自己认错，然后跟其他人认错，让我们接受"人皆有过"这句名言。你曾经判断失误，做了一个错误的决定。当你做出决定时，你有十足的理由，但是现在你知道自己错了，请你说出这三个神奇的句子："对不起"、"我为我的过错道歉"、"请原谅我"。请跟自己说你会吸取教训，从错误中成为一个更好的人。不要再将你的时间、金钱和资源浪费在错误的投资上，向前走吧。当你公开这样做时，就不再需要去正当或合理化你的错误，继续支持恶劣或是不道德的行动。坦承错误，会让降低认知失调的动机变小，当现实上的抑制物出现时，不和谐就消失了。发现错误时请你"当机立断"，别顽固地非要"坚持到底"不可，虽然有一时的损失，但往往能得到长远的回报。

步骤二:"我会很警觉。"

在很多情况下,聪明人会做出蠢事,那是因为他们没有察觉影响力的施为者在言语或行动上的关键特质,忽略了明显的情境线索。就像是我们太常依赖自动飞行模式,依赖经常派上用场的老套台词,却从没有停下来好好评估它们是否适用于这场合、这时间[3]。

让我们遵从哈佛大学研究者艾伦·兰格(Allen Langer)的忠告,我们必须改变我们平常漫不经心的态度,变得更加警觉,处在新情境中尤其如此[4]。我们在熟悉的情境中时,即使旧习惯已经过时或变错误了,它们仍会继续支配我们的行为,所以不要犹豫给自己的大脑一点警告。我们得时常提醒自己不要用自动飞行模式来生活,而是要始终活在当下,要对当前情境的意义有所反思。绝对不要用不在乎的心态涉足高尚、有道德敏感度人们畏惧的场合。如果能够在警觉性之外再加入"批判性思考"到你的抵抗策略里,结果会更好[5]。要求任何主张都有证据支持,任何意识形态都必须被充分阐述,如此你才能区分什么是实质,什么是花言巧语。试着判断别人建议的手段是不是能正当化具有潜在伤害性的目的。

在做任何事情的当下,试着想象未来的后果会是什么样的局面。拒绝用迅速简单的办法来解决复杂的个人或社会问题。从孩子们小时候起就鼓励他们批判性思考,提醒他们注意欺骗人的电视广告、带有偏见的主张,以及接收到的扭曲观念。帮助孩子们成为更聪明、更谨慎的知识消费者[6]。

步骤三:"我会负责任。"

无论如何,为自己的决定和行动负责,可以让行动者成为驾驶座上的行动者。当你允许其他人削弱、分散自己应负的责任时，就等同让他们坐到后座去开车，不必负责任的驾驶自然会开着车子不顾一切往前冲。当我们拥有个人责任感，并且愿意为自己的行动负责任时，就会比较有能力对抗有害的社会影响力。当我们越意识到责任分散只是种掩饰，使我们看不清自己在执行可疑行动的共谋角色，就会越不容易盲目服从权威。当你越不接受责任被转嫁、被分散到黑帮、兄弟会、工厂、部队或企业成员之中时，就越能抗拒顺从反社会团体的规则。记得，当你今天在做一件不对的事情时，想象一下你未来站在法庭上受审的情景，想象一下当你说着"我只是听命行事"、"每个人都这么做"时，没有人接受你辩解的景象。

步骤四："我会坚持自己的独特性。"

不要允许其他人将你去个人化，不要让他们把你放入某个分类、某个盒子、某个自动贩卖机里，不要让他们把你变成一个客体、一样东西。请坚持你的个体性；礼貌地告诉他们你的名字和凭证，大声清楚地让他们知道你。请坚持让别人也这么做。在互动时与人做视线接触（拿掉遮掩住视线的太阳镜），释放关于自己的信息以强化你独一无二的个性。当身处影响力作用的情境中，寻找你和占据支配地位之人的共通性，并借助这共通点来强化你们之间的相似性。匿名性和秘密会掩盖恶行，并且削弱人与人间的联结。匿名性和秘密会变成去人性化的温床，正如我们所知，去人性化会为霸凌者、强暴犯、刑求者、恐怖分子以及暴君提供杀戮战场。

试着做些事，改变让人们感觉匿名的社会状态。另一方面则是支持让人们觉得自己特别的做法，因为人们可以从中得到个人价值感而提升自我价值。绝不要对人或让人对你产生负面的刻板印象，嘲笑别人的字眼、标签或玩笑都具有破坏力。

步骤五："我会尊敬公正的权威人士，反抗不义者。"

在每一个情境中，试着分辨哪些人是真正拥有专业、智慧、资深资历或特殊地位并值得尊重的权威者，哪些人则是只会要求别人服从却说不出像样道理的不公正权威。许多披上权威外衣的人其实只是善于推销自己的冒牌领袖、乌龙先知或是过分自信的人，这些人不该受到尊重，反而应该别听他们的话，让他们受到公开的批判性检验才对。

父母、老师和宗教领袖们应该更积极教育孩子们有足够的能力做出批判性的区别。当一个人的权威立场具有充分理由时，孩子们应该要有礼听话，但是当权威并不值得尊敬时，反抗他们才叫做聪明的好孩子。对付优先性立场不符合我们最佳利益却自称为权威的人，这样做可以减少我们盲从的机会。

步骤六："我希望被群体接受，但也珍视我的独立性。"

比起《魔戒》(*Lord of the Rings*)中神秘的金色指环诱惑，渴望被社会群体接受的诱惑力量更为强大。这股渴望被接受的力量会让一些人几乎愿意做任何事，只求被接纳，而为了避免被群体拒绝，甚至会做出更极端的行为。人确实是社会性动物，通常我们的社会联结都对我们有好处，而且能帮助我们达成独自一人办不到的重要目标。然而有时候，我们也会遇到该服从群体的规则时，却伤害了社会整体利益的情形。因此重要的是要能够判断什么时候该服从，什么时候该拒绝。我们每个人终究都只活在自己的心灵中，活在孤独之中，所以必须乐意并且也随时准备好主张自己的独立性,而不应担忧被社会拒绝。

这件事并不容易,尤其对于自我形象尚未稳固的年轻人以及自我形象建立在工作之上的成年人来说更是如此。成为"团队一分子"的压力压迫他们为了团队利益牺牲个人道德,而这样的压力几乎难以抗拒。这时你需要的是退后一步寻求局外人的意见,寻找支持你的独立性、增进你的价值的新群体。永远都有其他不同的、更好的群体等待你加入。

步骤七:"我会对架构化信息维持警觉心。"

创造架构化信息的人不是艺术家,就是舌灿莲花的骗子。架构化的议题往往比小心翼翼在界限内进行说服的言论更有影响力。而且有效的架构化信息可以只是一些声音、影片段落,或是标语、代表图案,看起来一点也不像是在传达特定意识形态。我们在完全没有意识到它们的情况下受到影响,架构化信息形塑我们对于它们推广的观念或议题的态度。我们渴望被架构为"稀有"的东西,即使那些东西实际上是满坑满谷。我们嫌恶被架构为具有潜在损失的东西,偏爱似乎能让我们获得好处的,甚至当正负结果预测为相同时也一样[7]。

我们全都不希望扮演输家,希望自己永远是赢家。语言学家乔治·拉科福(George Lakoff)清楚指出,重要的是去意识到架构化信息的力量并且维持警觉心,才能够抵消它们在不知不觉中对于我们情绪、思想和投票行为的影响[8]。

步骤八:"我会平衡我的时间观。"

当我们让自己受困于延伸的现在式时间中时,可能会被引导做出并不真正认同的行为。当我们不再感受到过去的承诺及对未来的责任时，就等同于对情境诱惑敞开自我，你将可能做出像小说《蝇王》中一样的暴行。如果身边的人变得残酷嗜虐或失去控制，请你不要"随波逐流"，你还可以仰赖一个超越现在取向的享乐主义或宿命论的时间观。

你可能会对你的行动的未来结果先做个损益分析。你或许充分意识到一个囊括你个人价值和行为标准的过去时间框架。借助发展出平衡的时间观，你可以根据情境和手边的任务将过去、现在或未来用于行动评估上，相较于过分依赖单一或某两个时间框架的时间观，你将可以取得比较有利的位置，做出更负责任、更为理智的回应。当过去与未来结合起来时，将能抑制现在的暴行，从而削弱情境的力量[9]。

举例而言，研究显示，协助荷兰犹太人逃避纳粹追捕的正直非犹太人，他们并没有跟他们的邻居一样找理由说服自己不要伸出援手。这些英雄们倚赖的是从过去生活中建立起来的道德结构，同时坚守住未来的时间观，他知道自己将会从未来回顾这个可怕情境，而他们将被迫回答这样的问题：当他们选择是否臣服于恐惧和社会压力时，是否做了正确的事[10]。

步骤九："我不会为了安全感的幻觉而牺牲个人或公民自由。"

对安全感的需求是人类行为有力的决定因素。当面对所谓安全威胁或是面对让我们远离危险的承诺时，我们可能会受到操弄而做出无法赞同的事。那些兜售、传播影响力的人借着提出一份浮士德式的契约而取得支配我们的权力，契约内容是：只要你交出部分自由给当局，不管是个人还是公民自由，我们就会保证你毫发无伤。扮演撒旦角色的诱惑者会跟你说，只有当所有人都牺牲一点小小的权利或自由时，他的力量才有办法拯救你。请拒绝这桩交易。绝对不要为了安全的许诺牺牲基本的个人自由，因为你的牺牲是真实而且立即生效，但他的许诺却是个遥远的幻觉。

这原则不仅适用于传统的婚姻安排，也同样适用于一个好公民考虑是否对国家利益尽到责任；如果领导人承诺的个人和国家安全是以全民的集体牺牲为代价，要求搁置法律、牺牲隐私权和自由时，请拒绝这桩交易。弗洛姆的经典名著《逃避自由》提醒我们，这是法西斯领袖采取的第一步，即便是在名义上的民主社会也一样。

步骤十："我会反对不公正的系统。"
个人往往会在系统的强大力量面前退却，这些系统包括我们曾形容过的军队和监狱系统，以及帮派、教派、兄弟会、企业，有时甚至是功能出问题的家庭。但如果与其他有相似想法和决心的人一起合作，将个人的抵抗能力结合起来，就有可能造成一些改变。

本章的下一节将要谈到一些改变系统的个人的故事，他们有的人自愿承担风险，担任"吹哨人"的角色，揭发他们之中成员的恶行，有的人则是积极做一些事来挑战系统。

抵抗系统的作为可以是指身体的出走，离开一个所有信息、赏罚都受到控制的总体情境；可以是指挑战群体思维的心态，记录下所有恶行的证据；也可以是指取得其他权威人士、咨询者、调查记者或自愿者的协助。系统拥有巨大的力量，它可以抗拒改变，甚至连正当的抨击都无法摇撼。在系统中，要挑战不公不义系统和大染缸的制造者，个人英雄精神的最佳做法就是号召其他人一起加入行动。系统会把个人的反对重新定义为妄想症发作，两个人的反对当作一对疯子在发声,不过当有三个人站在你这边时,你们的想法就会变成值得考虑的一股力量。

关于面对有害影响力以及不合法举动的劝服言论时,如何建立个人及群体的抵抗力和弹性,以上这十个步骤其实只是初级工具。我们前面提到,完整的建议以及有研究基础的相关资料可上"路西法效应"网站查询,分类名称为"抵抗影响力守则"。

在出发前往这趟旅程的最后一站之前,我想补充一个最后的建议:不要鼓励小奸小恶,例如欺骗、说谎、八卦、散布流言、说有种族或性别歧视意味的笑话、捉弄别人或恃强凌弱。这些小恶可能会是犯下更严重恶行的踏脚石。极恶的罪行都是从看似不起眼的小恶开始。记住,通往邪恶之路是条湿滑的陡坡,一旦走上去,就很容易继续往下滑。

英雄行为的吊诡

一名女性挑战一个比她年长的权威人物,迫使他承认必须为在自己监督下发生的恶行负起共犯责任。她的作为有所进展,最后制止了虐待行为,使得无辜犯人不再受到狱卒的凌虐。如果有许多人曾经亲眼目睹囚犯的痛苦遭遇,而他们明知系统犯下了暴行却不曾出面对抗,那么她的行动是否有资格称为"英雄式"行动?

我们希望能在这里颂扬曾经做出英雄之举的特殊人物。但在被奉上台面的英雄之中,大部分的人却坚持他们只是做了每个人在那情境下该做的事,并没有什么了不起。他们拒绝把自己当成"英雄"。也许他们的反应跟所有人根深蒂固的观念有关——英雄应该是超人或女超人,不是凡夫俗子所能企及,这么想不只是谦逊使然，而是跟我们对于"何谓英雄行为"的错误概念有关。

让我们来看看人性最好的一面，以及平凡人是如何变成英雄。我们将检视其他关于英雄举动的概念和定义，并提出办法来分类不同的英雄行径，接着再说明无法被囊括进分类的例子，最后会针对恶的平庸性与英雄行为做个对照表。不过还是先让我们回到这位开启本节讨论主题、同时中止了斯坦福实验的英雄及其事迹。

让我们回想一下（第八章），当时的克里斯蒂娜·马斯拉什是从斯坦福心理系毕业的新科博士，而我和她之前就在交往了。当她看见一整排头上罩着袋子的囚犯们被押往厕所，狱卒们则大吼大叫地对他们发号施令，而我却对他们所受的苦显然漠不关心时，她克制不住爆发了。

她后来说明了她当时的感受，而她对于自己行动的诠释，则让我们更加了解英雄行为的复杂现象。[11]

> 我对他（津巴多）大发雷霆（我一向是相当自持的人），我又怒又怕地流下了眼泪，说了类似"你对这些孩子们所做的事太可怕了！"的话。

身为斯坦福监狱实验的"终结者"，我这个角色会说出什么重要的故事呢？我想我会想要强调几个重点。首先让我说说哪些故事不是真的。相对于美国标准（也是陈腐的）迷思，斯坦福监狱实验不是个人独自对抗多数的故事，而是关于多数的故事——和监狱研究有接触的每个人（包括实验参与者、研究者、观察者、顾问及家人和朋友们）如何完全陷入这研究的故事。这个故事主要叙述的是这股情境力量如何压倒人的人格和善念。

那么，为什么我的反应特别不同？我想在两样事实中可以找到答案：我是后期才进入那情境当中的"局外人"。跟其他人都不同的是，我在这个研究中从来就不持赞成意见。跟其他人都不同的是，我在监狱中没有一个社会定义的角色。跟其他人都不同的是，我没有每天都待在那里，随着情境改变以及虐待气氛升高而渐渐深陷。所以我在周末时进入的情境和其他人进入的情境并不真的是"同一个"情境——我并不了解他们先前共同经验的事情和地方、共有的观点。对他们而言，那个情境仍被认为在正常范围内，但对我来说，那里根本是个疯人院。

作为一个局外人，我也没办法选择不服从特定的社会规则，所以我采取很不一样的抗议形式——直接挑战情境本身。从某些人的角度来看，这个挑战是英雄式的举动，但是在那时候，我并不觉得这样做有什么特别。相反的，成为一个越轨的人并且同时要怀疑自己对情境和人们的判断，甚至怀疑自己是不是够格当个社会学心理学研究者，这实在是非常可怕而且孤独的经验。

克里斯蒂娜接着提出了一个资格性问题。一个有资格被称为"英雄行为"的个人反叛，它的目的必须是尝试改变系统、纠正不公正的行为、改正错误：

我私底下必须考虑的问题还有一个：如果菲利普不接受我的坚决反对还是决定继续实验，我该怎么做？我该找地位更高的人，像是系主任、院长或人体受试者研究委员会申诉？我该当告密的人吗？我无法确定自己会这么做，也很高兴最后我不必面对这抉择。不过回顾整件事，我必须这样做才能把我的价值观转化为有意义的行动。当有人抱怨某件事不正义，而这些抱怨最后只造成表面上的改变，情境本身却还是原封不动时，抗议和不服从就没有什么意义了。

她详细说明了我们在米尔格伦研究中曾讨论的一个论点，当时我们主张口头抗议只不过是"老师"的自我疗伤药，好让他对自己正在对"学生"做的事感觉好过点。挑战权威时，必要做到**行为上拒绝服从**。然而在米尔格伦实验中，我们只看到教师加害者们在离开令人痛苦的情境时，个个显得沉默而退缩，除此之外，他们没有做出任何更明显的违抗举动来试图改变什么。针对扮演英雄的少数人在反对权威人物后到底该做什么，克里斯蒂娜做出一个空前有力的回应：

> 在经典的原始米尔格伦研究中，有三分之一的实验参与者违反指令并拒绝完成实验，而这件事到底有何意义？假设这不是一个实验，假设米尔格伦跟他们说的"幌子故事"是真的，也就是有一些研究者正在研究惩罚对于学习和记忆力的影响，他们将举办多场实验，测试1000名实验参与者，参与者必须回答关于明智的惩罚所具有的教育价值的实际问题。如果不服从研究者指令，拒绝完成研究，你拿到了酬劳，不吭一声一走了之，那你的英雄式举动还是没办法阻止接下来999人遭受同样的痛苦。如果你没有做下一步动作，去挑战整个结构和研究的预设，那就只会是一个独立事件，不会产生任何社会冲击。个人的拒绝服从必须要能够转化成为系统性的违抗，迫使情境或是施为者做出一些改变才行，不能只安于改变某些操作性条件。邪恶情境太容易吸收异议者，甚至

英雄反抗人物的善意了，他们只要颁个奖章鼓励他们的作为，再发张证书当甜头，自然就可以让他们保持沉默，不再公开表示意见。

什么举动是英雄式行为，什么样的人是英雄？

当一个人做了一件有资格称为英雄之举（根据我们即将说明的标准）的行动，却没有被认为是"英雄"，那是怎么一回事？再进一步问，在什么样的情况下，他或她的行为不但不会被视为英勇，而且还被认为是懦弱的表现？

克里斯蒂娜的举动产生的正面结果是中止了某个逐渐失控的情境，这情境造成的伤害越演越烈已经偏离了初衷。她不认为自己是英雄，因为她只是表达个人的感受和信念，而这些情绪与信念的表达又（被我这位主要调查者）转变成她想要的结果。她不需要当"吹哨人"去跟更高层的权威人士告状以要求他们介入，停止这场脱轨的实验。

我们将她的情况和研究中的两个潜在英雄——克莱416和"中士"相比较；克莱416和"中士"都曾公然反抗狱卒的权威，并因此吃了不少苦头。克莱的绝食抗议以及拒绝吞下坏掉的香肠，彻底挑战了囚犯的支配，原本应该能够号召狱友们站起来捍卫他们的权利才对。事实却不然。虽然受到狱卒"约翰·韦恩"骚扰，"中士"还是拒绝公开对一名囚犯骂脏话，他的行为原本应该要被他的狱友们视为英雄式反抗，并且号召他们拒绝对这样的虐待行为让步才对。事实却不然。为何不？

在这两个案例中，他们都是单独行动，并未和其他犯人们分享他们的价值观和善念，也没有要求他们支持和认同这项举动。因此狱卒们可以轻易地为他们贴上"麻烦制造者"的标签，污蔑他们，使他们成为造成其他囚犯权益被剥夺的罪魁祸首。他们的行为本来应该要被视为英雄之举，但因为他们没有把其他异议者带出来一起改变整个虐待行为的系统，所以没被当成英雄。

他们的例子也提出了关于英雄之举的另一面向。英雄式行为和英雄地位都是社会赋予的。行动者以外的某个人将这份荣耀赋予这个人和他的所作所为。某个行为之所以被视为英雄式举动而做出这行为的人被视为英雄，表示这行为的重要性及其产生的有意义结果必然符合社会共识。等等！话别说太快！一个谋杀无辜犹太平民的巴勒斯坦自杀炸弹客在巴勒斯坦会被视为英雄，但是在以色列却会被人当成恶魔。同样地，压迫者可能被当成是英勇的自由斗士，也可能被当成懦弱的恐怖主义代理人，要视赋予他们地位的人是谁而定。[12]

这意味着，英雄式行为的定义始终受到文化和时间的限制。直到今日，木偶操偶师仍在土耳其偏远乡村的孩童面前演出亚历山大大帝的传奇故事。亚历山大曾在那些乡镇设置司令部，他的士兵们则和村里人通婚。对他们来说，亚历山大大帝是个伟大的英雄，但是对遭到他无情铁蹄所征服的乡镇而言，即便在他过世数千年后，亚历山大仍被描绘为最可恶的恶棍。[13]

除此之外，一个英雄的作为要成为任何文化的历史，必须先被读书识字的人，以及有权力写历史的人记录、保存下来，或是透过口传传统代代相传。穷人、土著、被殖民者或是文盲的人们因为无法为他们的行为留下记录，因此他们的英雄人物往往鲜为人知。

定义英雄人物和英雄式行为

行为科学领域从不曾针对英雄式行为做过系统性调查[14]。文学、艺术、神话和电影中对于英雄和英雄式行为的探讨似乎最完整和充分。许多不同资料来源都记录下人类存在的黑暗面：杀人和自杀、犯罪率、监狱人口、贫穷水准以及既定人口数中的精神分裂症基本率。正面人类活动的相同量化资料则不那么容易取得。我们并没有逐年记录一个社群中的人做了多少慈善、仁爱或是同情心的活动。我们只有偶尔会听到某个英雄式行为。由于这些正面人类活动的基本率显然相当低，导致我们相信英雄式行为很少见，而英雄人物则十分与众不同。

然而，正向心理学运动的新研究和经验严格性，又再度引发研究强调人性光明面的重要性。由马丁·塞利格曼（Martin Seligman）及其同僚为先锋的正向心理学运动，开创了强调正向人性的典范，缩小了心理学长期以来以负面人性为焦点的倾向。[15]

目前英雄式行为被接受的概念主要都在强调其身体上的风险，并未充分讨论这类行为的其他内涵，例如目的崇高性，以及个人牺牲的非暴力行为。从正向心理学者对人类美德的分析中，可归纳出一组包含六个主要类别的美德行为，几乎可以得到跨文化的普遍认同。这六个类别包括：智慧、勇气、人道、正义、节制、超越。在这六个类别中，勇气、正义和超越都是英雄式行为的核心特质。超越指的是超出自我限制的信念与行动。

英雄式行为主要的焦点是人性的善良面。我们关心的是英雄故事，因为它们是强而有力的提醒，提醒人们有能力对抗邪恶势力，提醒人们不要对诱惑让步，提醒人们超越自己的平庸性，提醒人们注意行动的呼吁，并且在其他人怯于行动时踏出第一步。

许多现代字典中将英雄式行为描写为"英勇"和"勇敢"，而这些词又接着被形容为"勇气"，而勇气的解释又让我们再次回到

"英雄式的"形容。然而较早的字典却努力要打破这概念，并且将描写英雄式行为的字眼区分得更细腻。例如1913年版的《韦氏辞典》就将英雄式行为和勇气、勇敢、坚毅、无畏、英勇和勇猛联结起来。[16]

军事英雄

历史上大多数英雄作为的例子，强调的都是有勇气的行为，指的是表现出勇敢、英勇以及冒着受重伤或死亡的风险。根据心理学家艾丽斯·伊格丽（Alice Eagly）和塞尔温·贝克尔（Selwyn Becker）的看法，勇气以及目的崇高性的结合，较有可能让一个人被视为英雄而不仅是勇士[17]。但是在英雄式行为的崇高性经常以沉默、难以捉摸的姿态出现。一般来说，冒着生命或身体损伤的危险或是冒着个人牺牲的风险就引人注目多了。从古代史诗到现代的新闻报道写作，战争英雄的英雄典范一直长盛不衰。

特洛伊战争的希腊军队指挥阿喀琉斯就经常被举为战争英雄的典型[18]。阿喀琉斯的战争功绩是建立在他对军规的笃行上，而军规又将他的行动定义为英勇。然而尽管他的行为是英雄式，但是他的压倒性动机只是为了追求荣耀与名声，追求世人记忆中的不朽。

历史学者露西·休斯—哈利特（Lucy Hughes-Hallett）曾主张："一个英雄应该牺牲自己让其他人活下来，这样一来，他就能在其他人记忆中永远长存……阿喀琉斯会献上一切，包括生命，以显示他的独一无二，赋予生命意义，逃离被遗忘的命运。"[19]以个人肉体存在为赌注交换世世代代的追念，这欲望似乎已是另一个时代的遗俗了，然而当我们评价现代的英雄行为时，这想法仍然值得我们认真思考。

关于英雄的历史观点也指出英雄人物有某些天生特质。休斯—哈利特写道，"亚里士多德曾写到，有些人天生就超凡脱俗、气宇非凡，由于他们与众不同的天赋才能，因此自然而然就能超出凡人的思维或是体能上的限制：'没有任何律则足以说明这群非凡之人，他们本身就是律则。'"亚里士多德式概念的英雄式行为定义是，"是一种伟大精神的表达，和勇气及正直相关，鄙弃非英雄人物的绝大多数人赖以维生之钳制性妥协——是广受认可的崇高美德……（英雄人物）有能力达成丰功伟业——打败一支军队、拯救一个民族、保存一个政治体制、完成一趟旅程——而且**没有其他任何人**能办到。"[20]（强调部分由我加上）

平民英雄

如果阿喀琉斯是战争英雄的原型，那么平民英雄苏格拉底则和他一样伟大。他的教诲对于雅典当权者如此具有威胁性，以至于他成了政府谴责的目标，最后因拒绝放弃他的观点而受到审判并被处以死刑。如果比较阿喀琉斯的军人英雄和苏格拉底的平民英雄，我们就可以清楚看到，英雄式行为通常是为了服务其他人或是为了捍卫社会的基本道德原则，而英雄通常在建设性和毁灭性力量的拉锯核心登场。休斯—哈利特指出："死亡的鸿毛逐渐丰满了机会之翼。"她提出一个看法：英雄将自己暴露于生命危险下以追求永生。阿喀琉斯和苏格拉底之死成为英雄精神的强有力示范，均是因为他们为了献身于他们选择的异于主流的行为规范。

苏格拉底选择了为了自己的理想而死，这是民间英雄力量的基准，将受到永恒缅怀。我们都曾听说苏格拉底在聆听宣判时，曾召唤阿喀琉斯的形象以捍卫自己的决心，宁死不屈从于欲压制他反对体制声音的专横律法。

平民百姓从事英雄式举动时，必须冒的身体风险不同于军人和第一线救护人员，因为职业人士受到职责和行为准则束缚，也因为他们受过训练。若考虑责无旁贷或是非职责所需的身体风险，英雄作为的标准也有所不同，不过两者对于承诺形式和潜在牺牲行动的要求则十分类似。

"身体风险式英雄"与"社会风险式英雄"

一个心理学家提供的定义指出，身体风险是定义英雄人物的特质之一。对贝克尔和伊格丽而言，英雄是"选择为某个人或更多人冒险的人，尽管他们的行动可能带来死亡或是严重的身体伤害"[21]。他们也承认构成英雄行为的动机，例如受到原则驱使的英雄之举，但并未详细说明。令人好奇的是，心理学家们会推动如此狭隘的英雄式行为模范，却排除其他或许有资格称为英雄行径的个人冒险形式，例如冒着失业、被监禁或是丧失地位的风险等。

塞利格曼及其同僚也将英雄式行为的概念粗分为包括"勇气"、"正义"和"超越"等几个观点，这是他们美德和力量分类系统中的一部分。举例而言，"勇气"的美德乃是建立在四个品格力上：诚实性、勇敢（大抵类似于无畏）、不屈不挠（类似坚毅）以及热情。"正义"被视为另一种德行，底下包含了公正、领导能力和合群等品格力。在实践上，为达到崇高目的概念或理想的通常最终都是正义，例如废除奴隶制度。最后，"超越"也是涉及英雄式行为的德行；超越是强迫个人与更大宇宙联结的一股力量，并能赋予我们的行动和存在意义。尽管英雄式行为的文学作品中并未清楚表达超越性，或许可将之与1913年版《韦氏辞典》关于英雄作为中的坚毅性概念相连。超越性可以允许从事英雄式行为的个人与其行为所产生的负面后果分离开来，无论后果是事先预料到或是事后才察觉。为了成为英雄人物，一个人必须能超越英雄之举必然带来的立即风险与危害，做法或许是改造风险的性质，或许是将风险与"更高秩序的"价值关联以改变风险的意义。

英雄式行为的新分类

受到与斯坦福监狱实验相关的英雄式行为的思考启发，我开始就这引人入胜的议题与我的心理学同事泽诺·佛朗哥对话，以便对这主题有更完整的探讨。我先是扩大了英雄式风险的概念，接着提出一个关于英雄式行为的强化定义，最后才产生一个新的英雄作为分类法。"风险"或"牺牲"显然不该只限于对身体完整性或死亡的立即威胁。英雄作为的风险可能是指任何对于生活品质的严重威胁。举例而言，英雄式行为可以包括面对健康的长期威胁或是严重的财务损失；失去社会或经济地位；或是被放逐。由于这样做大幅放宽了英雄作为的定义，因此我们有必要排除某些英雄式行为的形式，这些行为事实上可能不属于真英雄而是"伪英雄"。

并不是所有异议分子、战士或圣人都是英雄。英雄必须同时体现出深思熟虑的崇高理想以及潜在的牺牲。有时候个人被赋予并非他们的行动所应得的英雄地位，因为这样做可以满足某个机构或是政府的目的。这些"伪英雄"是由强有力的系统力量操控的媒体创造出的产物。[22]

英雄从事的英雄事迹会通过许多不同方式得到补偿，若他们在行动当下曾经预期得到这些附加收获，他们就必然没有资格成为英雄。如果附加收获是在行动后逐渐累积起来，并不在事前预期之中，也不是推动行动的动力，它们就仍然是英雄式行动。这里的重点是，英雄之举是以社会为中心，而非自我为中心。

英雄式作为应该被定义为拥有以下四种关键特质：第一，必须出于自愿；第二，必须涉及冒险或如生命威胁之类的潜在牺牲、对于身体健全性的立即威胁，或是对健康的长期危害、可能造成个人生活品质严重下降；第三，必须服务于某个或某些他人，或是服务一整个社群；第四，行动当下必须不预期有附带性或外在性的收获。

为了某个崇高理念而献身的英雄式行为通常不像冒着身体风险的英雄之举一样戏剧化。然而身体风险性的英雄作为经常是瞬间决定的结果，是片刻间的行动。此外，身体风险性英雄作为通常都涉及重伤或死亡的可能性，但并不确定。一般而言，从事这项行动的个人不久后就会离开该情境。但另一方面，可能会有人主张某些形式的平民英雄作为比冒着身体风险的英雄作为还要更伟大。例如曼德拉、马丁·路德·金及史怀哲均志愿将自己的壮年时期投身于日复一日的民间活动中，他们的作为即可称为英雄。就此意义而言，与身体风险性的英雄作为相关的风险应称为**危险**较恰当，而平民式的英雄作为所冒的风险则应称为**牺牲**。

牺牲所带来的代价不受时间限制。一般来说，平民英雄较有机会仔细回顾他们的行动，衡量斟酌他们所做决定的后果。他们每个人原本都可能选择放弃捍卫自己的主张，因为行动的代价已经不胜负担，却没有这么做。他们每一位都冒着降低生活质量标准的风险。他们的行动会带来严重后果：被捕、监禁、刑求，让家人生活于危险中，甚至被暗杀。

我们可以说，当面对危险时坚持最高的平民理念乃是英雄作为的概念核心。为从事英雄式行为所遇到的危险冒身体风险，仅是面对威胁的一种方式。平民英雄的作为提醒我们，英雄式行为"是蔑视危险，而不是无知或不知轻重，它是出于对**某个伟大目标的崇高奉献**（强调部分由我加上），是对自己能以为目标奉献的精神面对危险的自信。"危险可能是立即的生命危险，也可能是潜伏性的。让我们思考一下曼德拉因反对种族隔离暴政而开启他长达27年的牢狱生涯时发表的声明：

终其一生，我献身为非洲人民而奋斗。我曾经对抗过白人统治，也曾经对抗过黑人统治。我珍惜民主和自由社会的理想，所有人能和平共处，拥有均等的机会。这是我愿意去活出的理想、愿意去实现的理想。但如果有必要，我也随时准备好为此理想而献身。[23]

以这个更弹性的英雄式行为定义为基础，佛朗哥和我俩人制作了一个暂行的分类表，表中共包含了12种英雄式行为的子类，其中两个子类乃以军事、身体风险性的英雄类型区别之，剩下10个子类则以平民、社会风险性的英雄类型区别。此外，这个分类表也指出了这12种英雄类型的特征差别，以及他们所遭遇到的风险形式，并从历史及当代资料中找到的一些例子。

我们是从推理过程以及回顾文学作品中演绎发展出这个分类表。它既不是以经验为基础，也没有经过经验确认，只是个暂行的模型，我们愿意接受来自新研究发现或读者们的认证与补充而修正。我们提供的这些子类、定义、风险形式以及例子，很明显都受到文化和时间限制。它们很大程度上反映的是欧美、中产阶级、成人、后现代观点。其他观点的加入势必能扩充及丰富这个分类表。

英雄式行为分类表

	次类别	定义	风险/牺牲	范例人物
军事英雄式行为：英勇、勇敢、勇猛	1.军事及其他职责所在之身体风险性英雄	个人因从事军职或其他紧急状况之职业，而需要一再出入高风险情境中；必须有超出职责所需的作为才符合英雄式作为条件	·重伤 ·死亡	阿喀琉斯 美国最高荣誉勋章受奖者休·汤普森 海军上将詹姆斯·斯托克代尔
平民英雄式行为	2.平民英雄：非责无旁贷之身体风险性英雄	明知将冒生命危险之情况下仍试图拯救他人免于身体伤害或死亡之平民	·重伤 ·死亡	获卡内基英雄基金会授奖之英雄人物
社会英雄式行为：坚毅、勇气、无畏	3.宗教人物	终身奉献于体现最高原则之宗教性服务，或开辟宗教/精神上之新境界。通常具有导师地位，或成为助人活动之公共典范	·以禁欲苦行方式牺牲自我 ·颠覆宗教正统	佛陀 穆罕默德 圣方济各 特里萨修女
	4.政治或宗教人物	转而从事政治事业以推动更大规模变革的宗教领袖，或是拥有推动政治实践之深刻精神信念体系的政治人物	·暗杀 ·受监禁	甘地 马丁·路德·金 曼德拉

续表

	次类别	定义	风险/牺牲	范例人物
社会英雄式行为：坚毅、勇气、无畏	5.异议人士	明知（有时候是经深思熟虑）危险而不顾生命安危致力于实践某个目标的政治或宗教人物	·为致力于某一目标或理想而牺牲生命或几近丧命	耶稣 苏格拉底 圣女贞德 荷西·马蒂[①]
	6.政治或军事领袖	通常为领导一个国家或人群渡过艰苦时期的人物；致力于统一国家、提出共同愿景，并可体现出族群之存续不可或缺之特质。	·暗杀 ·落选 ·受抹黑 ·受监禁	林肯 罗伯特·爱德华李将军 罗斯福总统 英国前首相丘吉尔
	7.冒险者/探险家/发现者	地理上未知世界的探索者、运用创新、未被证实为可行的交通方式的人	·身体健康 ·重伤 ·死亡 ·机会成本（旅途全程）	奥德赛 亚历山大大帝 阿梅莉亚·埃尔哈特[②] 尤里·加加林[③]

---

① José Martí，古巴革命英雄，1892年创立古巴革命党，为推动脱离西班牙殖民而发起独立战争并因此阵亡。
② Amelia Earhart，美国著名女飞行员、作家。第一个获颁飞行荣誉十字勋章、第一个单独飞越大西洋的女飞行员。她还创下了许多飞行纪录，并出版书分享自己的飞行经验。1937年在全球首次环球飞行途中神秘失踪。
③ Yuri Gagarin，苏联太空人，1961年4月12日搭乘"东方一号"太空船升空绕行地球轨道一周，是人类有史以来第一次进入太空。他从此没有再做过太空飞行，但积极参与训练太空人，于一次飞行练习中坠机遇难。

续表

	次类别	定义	风险/牺牲	范例人物
社会英雄式行为：坚毅、勇气、无畏	8.科学（发现）英雄	科学上未知世界的探索者、运用创新、未被证实为可行的研究方法的人、对人类具价值之新科学信息的发现者	·无法说服他人研究发现的重要性 ·受到职业上的排斥或放逐 ·遭受财务损失	伽利略 爱迪生 居里夫人 爱因斯坦
	9.救人于危难的行善者	助人于危难者；涉及强烈抑制利他行为发生的情境；不见得有立即的身体风险	·受到权威人士的惩罚性制裁 ·被捕 ·受刑求 ·死亡 ·机会成本 ·被放逐	纳粹犹太人大屠杀中的援救者 哈丽雅特·塔布曼① 史怀哲 理查德·克拉克 伊雷妮·桑德勒
	10.生命斗士/受迫害者	克服残障或逆境之个人，无论环境与条件如何仍获得成功，并为他人提供了示范榜样	·失败 ·被拒绝 ·受蔑视 ·被嫉妒	霍拉修·阿尔杰② 海伦·凯勒 埃莉诺·罗斯福（Eleanor Roosevelt） 罗莎·帕克斯③

① Harriet Tubman，出生于美国南方奴隶家庭的非裔女性。曾通过由废奴主义者及奴隶们筑成之"地下铁道"（Underground Railroad）秘密网络系统，帮助许多黑奴逃出蓄奴地区。她后来积极参与废奴运动，并在南北战争期间在南军中担任护士，同时执行间谍和侦查任务。战后她利用迟来的微薄养老金建立养老院收容非裔穷人、老人。

② Horatio Alger，美国作家，曾写作出版数本以白手起家、穷人致富为主题的故事。后来这名字成为美国人心中白手起家，奋斗不懈终于成功者的代名词，"霍拉修·阿尔杰神话"也是美国梦的具体代表。

③ Rosa Parks，黑人民权运动者。1955年12月1日在一辆实施种族隔离政策的公车上拒绝将少数保留给黑人的位置让座给两个后上车的白人因而被捕。她的行动与被捕遭遇开启了后来马丁·路德·金博士领导一连串的非暴力抗争行动。

续表

	次类别	定义	风险/牺牲	范例人物
社会英雄式行为：坚毅、勇气、无畏	11.科层体制中的英雄	任职于内部机构间或机构内出现纷争的大型组织：在强烈压力下仍坚守原则	·危及细心经营的职业生涯 ·职业上受到的排斥或放逐 ·遭受财务损失 ·失去社会地位 ·失去信用 ·遭到危及身体安全的报复	路易·巴斯德
	12.纠举内部不法者	意识到组织内之非法或不道德作为之个人，在不预期得到酬赏的心态下将这些作为报道出来	·危及细心经营的职业生涯 ·职业上受到的排斥或放逐 ·遭受财务损失 ·失去社会地位 ·失去信用 ·遭到危及身体安全的报复	罗恩·赖德诺尔 戴比·莱顿 克里斯蒂娜·马斯拉什 乔·达比

英雄榜点名

为了更具体说明英雄式行为的概念，并说明不同形式的英雄作为，我将点名几位特别令人感兴趣或是我个人熟识的英雄人物，在这里概略介绍他们的故事。我曾主张是时势造英雄，因此可以用几个主要情境标志将其中一些英雄人物分在同一类，例如种族隔离政策以及琼斯镇的大规模自杀／谋杀事件。

种族隔离英雄

在推动自由和人性尊严的前锋部队中有一群特殊的英雄，他们自愿终身对抗系统性压迫。甘地和曼德拉各自走上一条英雄式道路，朝向拆除种族隔离系统的理想终点迈进。1919年，甘地开始他对英国殖民印度的消极抗争。他因此入狱两年。此后的20年中，甘地持续为印度解放而奋斗，为印度阶级社会内每个人能享有平等待遇而奋斗，也为宗教的包容性而奋斗。第二次世界大战耽搁了印度民族自觉运动的脚步，但印度终于在1948年自大不列颠帝国手中独立。甘地在印度独立后不久就遭到暗杀，但他以非暴力抗争手段对抗压迫而成为世人的典范。[24]

1948年，南非正式实施了合法的种族隔离制度，从此后直到1994年废除为止，南非的黑人成为被奴役的一群。1962年，曼德拉因煽动罢工和示威抗议集会以及其他罪名遭审判。接下来27年中，他一直被囚禁于恶名昭彰的罗本岛监狱（Robben Island Prison）中。坐牢期间，曼德拉和追随他的政治犯们利用监狱系统创造出一个真实且具有象征意义的抵抗情境，激起南非人民和全世界要求结束种族隔离制度的声浪与行动。他转变了好几代囚犯们自我产生的认同，带领他们了解到他们是政治犯，可以有尊严地以行动来支持一个正义的目标。在过程中，他也帮助改变了许多狱卒的态度和信念，同时挑战了整个监狱系统。[25]

越战英雄

在极端受迫下，詹姆斯·斯托克代尔（James Stockdale）和休·汤普森（Hugh Thompson）的行动呈现两种截然不同的军事英雄类型。斯托克代尔是斯坦福大学胡佛研究所的同事（我的心智控制课程的客座讲师），他在2005年以八十一岁高龄过世，同时被晋升为海军二级上将。在许多人心目中，斯托克代尔无疑是20世纪的军事英雄典范，他曾反复承受极端残酷的刑求拷问长达七年之久，却没有对俘虏他的越南人丝毫让步。他生存下来的关键原因是依赖他早年受到的哲学训练，在战俘的岁月中，始终谨记斯多葛主义哲学家的教诲。斯托克代尔的思想使得他得以哲学式地将自身从他无法控制的刑求和痛苦中抽离，专注于思考在周遭环境中所能控制的事物。他为自己以及和他一起囚禁的人创造出以自我意志为出发点的行为规范。一个人的意志必须不被敌人打倒，才能在极度创伤的状况中生存，这正是数千年前伊壁鸠鲁被罗马统治者刑求时亲身示范的教诲。[26]

休·汤普森曾在一场逼近死亡的战役中表现出无与伦比的勇气，因而成为杰出的英雄人物，而他要对抗的竟然是自己的士兵！美国军事史上最惨绝人寰的事件之一莫过于1968年3月16日越战的美莱村大屠杀。估计约504名越南村民遭到美军和查理连长官欧内斯特·梅迪纳上尉、小威廉·卡利中尉的围捕及屠杀[27]。为了报复因埋伏和地雷造成的美军死伤，威廉·卡利下令摧毁在代号中被称为"粉红村"的村庄，该村被怀疑窝藏越共。但因为没有找到任何越共踪影，因此美军把所有村民集中起来，再以机关枪扫射至死（有些人被他们活活烧死、强暴，甚至剥去头皮），连老弱妇孺和婴儿都不放过。

当大屠杀正展开时，一架由休·汤普森准尉驾驶的直升机正好为了掩护任务而在村子上空，他目睹地面上发生的暴行，于是降落下来救了一群还活着的越南村民。当汤普森和他的两名机组员发出烟雾信号弹后回到直升机时，还看见梅迪纳上尉和其他美军一边跑过来一边向伤者开枪。汤普森驾驶他的直升机飞回到美莱村时，美军正准备炸毁一间里头塞满受伤越南人的茅屋，于是他下令停止屠杀行为，并且威胁如有任何士兵或军官违抗他的命令，直升机的重机关枪就会向他们开火。

尽管两名尉官的军阶都比汤普森还高，但军阶并没有阻止他伸张自己的道德感。当他下令将土坑里的越南人抬出来时，一名中尉反对，表示他们可能会引爆手榴弹，汤普森回答他："我会做得比他们还过火。叫你的士兵不要轻举妄动。我的枪口正对着你们。"他接着又命令另外两架直升机飞来将十一个受伤的越南平民撤离就医。而他的直升机则回头救起一个还攀在死去母亲身上的小婴儿。一直到汤普森向他的上级报告这场大屠杀后，他们才得到停火命令。[28]

由于汤普森戏剧性地介入，以及这事件所受到的媒体瞩目，他后来在军中成了不受欢迎的人物，为了惩罚他，他一再被要求出最危险的飞行任务。他的飞机曾五次被击落，他曾摔断脊骨，并且长期承受这场梦魇般经验带来的心灵创伤。而美国军方花了30年的时间才愿意承认他和他的机组伙伴——格伦·安德烈奥塔（Glenn Andreotta）和劳伦斯·科尔伯恩（Lawrence Colburn）的英雄事迹，而颁给他们国军英雄勋章，这是军方对于未直接参与对敌作战军人的最高荣誉。休·汤普森于2006年1月辞世。（诡异的是，卡利中尉则在某些地方受到英雄般的待遇，甚至有首向他致敬的歌曲曾登上1991年美国流行金曲排行榜前40名。[29]）

战火中的"吹哨人"

这是较不戏剧化的英雄式行为，涉及的是个人迫使系统正视其不愿面对的事实：自己的高级官员和其他军人对平民施虐。我这里要说的是乔·达比的英雄事迹，一个勇敢揭发阿布格莱布虐囚事件的后备役宪兵。

对于宪兵及情治人员在阿布格莱布屏护区1A层级牢房中犯下的大量虐待情事，我们都已经知之甚详。当酷刑、羞辱动作和暴力行为的戏剧性照片迫使军事指挥官再也无法视而不见时，令人愤慨的可耻行为终于迅速中止了。阻止这些恐怖事情继续发生的，却是一个再平凡不过的年轻人做出的非凡之举。根据我在军方的联络人的说法，乔·达比的确发挥了巨大的个人毅力才能做出这样的举动，因为他只是一个低阶的后备役军士，却迫使他的上级长官注意到自己辖下所发生的恐怖暴行。

当达比第一次看见他的弟兄查理·格拉纳给他的光碟片上的照片时，他觉得那些照片有趣极了。"对我来说，第一次看到脱光光的伊拉克人叠成的金字塔，还蛮好笑的……那些照片实在很新奇，所以我笑出来了。"[30]在最近一次访谈中他这样回忆道。但是当他看到越来越多照片时（明显有性羞辱意味的照片，还有展示殴打痕迹的照片），他开始觉得不一样了。"好像有什么东西不对劲，我无法停止想这件事。大概三天后，我决定向上级检举这些照片。"这对达比来说是个困难的决定，因为他非常清楚自己面对的道德冲突，"你必须了解，我不是会出卖别人的人……但是这件事超出我的界限。我必须做出选择，是要做一件在道德上对的事，还是要对其他士兵维持忠诚。两者不可能兼顾。"[31]

除非他可以用匿名身份检举，否则达比还是担忧会受到同袍报复[32]。于是达比复制了一份照片光碟，用打字方式写了一封匿名信，然后把所有东西放进一个黄色信封袋里交给一位犯罪查缉处的干员，只说是在办公室里捡到的。不久后，特殊干员泰勒·皮朗（Tyler Pieron）找到达比质问他，并让他承认，"我就是把东西放在那里的人"。接着他提出一份宣誓证词。达比的身份一直维持匿名，直到2004年国防部部长拉姆斯菲尔德在一场有关虐囚事件的国会听证会上意外"说漏嘴"，泄露了他的身份，当时达比正在餐厅里和好几百名军人一起吃晚饭。他迅速被带离现场，并且在接下来好几年都被藏在军方的保护拘留所里。"但是我一点也不后悔。我在检举这些照片前对自己所做的决定感到心安理得。我知道如果被发现是我的话，我一定会被讨厌。"

照片揭露导致政府开始调查阿布格莱布监狱及其他收容被拘留者之军事设施内的虐行。达比的行动阻止了许多虐待和刑求事件继续发生，并使得阿布格莱布监狱的管理方式产生重大改变。[33]

我协助让达比在2004年接受美国心理学学会之会长奖表扬，但他无法亲自出席领奖。由于他本人以及他的妻子、母亲接到许多的报复恐吓，几乎有三年的时间都必须待在军方的保护拘留所内。达比在2005年获颁肯尼迪勇气人物奖，直到那时，他的英雄作为才终于获得全国肯定。肯尼迪图书馆基金会董事长卡罗琳·肯尼迪（Caroline Kennedy）在颁奖时曾说道，"愿意冒个人风险增进国家利益并维护美国民主价值的人，该受到政府各部门的肯定与鼓励。美国感激陆军军士乔·达比所做的一切，他维护了我们奉为立国根本的法治精神。"

琼斯镇英雄

1978年11月18日，圭亚那的琼斯镇发生一场大规模的自杀及谋杀事件，在那次悲剧当中共有913位美国人罹难，而其中戴比·莱顿（Debbie Layton）和理查德·克拉克（Richard Clark）幸存了下来。戴比来自加州奥克兰市一个相对富裕、受过教育的白人家庭，理查德则来自旧金山，出身于密西西比州一个贫微的非裔美国人家庭。他们逃离琼斯镇的可怕梦魇，抵达旧金山湾区后，都成了我的朋友。他们两位都够格称为英雄，尽管方式不同；戴比扮演吹哨人，理查德则是个好心的见义勇为者。

戴比在十八岁那年加入牧师吉姆·琼斯创立的宗教团体"人民圣殿"。许多年来，她一直是个忠诚的信徒，最后还成了神殿的财务干事。也因为职务的关系，她被委托从琼斯镇转出数百万美元存到瑞士银行的秘密账户中。她的母亲和兄长拉里也都是神殿的成员。但是随着时间过去她逐渐了解到，比起琼斯向信众们许诺的种族和谐共处、生活自给自足的乌托邦，琼斯镇更像个集中营。近一千名的忠实信徒被迫从事沉重的劳动工作，经常处于半饥饿状态，并受到身体和性方面的虐待。他们身边被武装警卫包围，间谍渗透进生活中。琼斯甚至强迫他们固定做自杀操演，称之为"白夜"计划；这也让戴比心生恐惧，并且开始了解到，他做这些事的真正目的是为了准备让信徒们集体自杀。

在受到人身安全的极大威胁下，戴比决定逃离琼斯镇，并将那里潜在的毁灭力告知担心他们安危的亲人及政府。她甚至无法将她的潜逃计划事先让母亲知道，只因为担心抱病中母亲的情绪反应会让琼斯得知她的计划。戴比终于运用了种种复杂策略逃离了琼斯镇，她立即尽她所能通知当局琼斯镇中的虐待情形，并警告他们，她相信一场悲剧已经迫在眉睫。

1978年6月，她向美国政府发出了一份宣誓文件，警告可能将有一场集体自杀行动。这份宣誓文件中包含了37个详细要点，一开始即指出，"关于，人民圣殿成员集体自杀之威胁及可能性，我戴比·莱顿·布莱基（Deborah Layton Blakey）以下所言句句属实,如有造假愿受伪证罪处罚:这份宣誓书的目的是为唤起美国政府注意一个已存在的情况,该情况已威胁到生活于圭亚那琼斯镇之美国公民的生命安全。"

六个月后,她的灾难性预言竟恐怖地应验了。悲哀的是她呼吁援助的请求遇上多疑的政府官员,他们拒绝接受如此怪异的故事是真的。尽管如此,某些忧心的家属确实相信她的话,促使加州国会议员里奥·瑞安(Leo Ryan)展开调查,陪同瑞安前往圭亚那的还有一名记者、一个摄影师及一些家属。当瑞安被欺骗相信那里是理想生活环境,并准备带着正面评价回到美国时,有几个决定在他保护下脱逃的家庭加入了瑞安一行人。不过为时已晚,当时琼斯已深陷进偏执妄想中,认为叛逃者一定会将琼斯镇的真实情况泄露给外界。于是琼斯指使人谋杀了国会议员及一些随行人员,接着下令将掺入氰化物的含糖饮料发给厌倦而疲惫不堪的信徒。我在第十二章中摘录过他恶名昭彰的最后一小时演说,完整版本的演说可上网至琼斯镇网站上查询。[34]

戴比·莱顿曾写过一本十分有说服力的书,说明为什么她和这么多人会受到这恶魔般的传教士劝诱与蛊惑而掉入他的陷阱。吉姆·琼斯如何从一个善意的神职人员变成了死亡天使,这令人不寒而栗的路西法式转变过程在其书《诱人之毒》(Seductive Poison)中有完整呈现[35]。我曾在别处主张,琼斯运用的心智控制策略和乔治·奥威尔的经典小说《一九八四》中描绘的策略明显相似,这使得琼斯镇成为研究田野,而琼斯镇现象则是我们所能想象得到最极端心智控制手法的一场实验——也许甚至受到美国中情局赞助[36]。

理查德是个单纯、实际的人,他虽然说话温吞,却对于人群和地方有敏锐的观察力。他曾说,当他一抵达琼斯镇时,就察觉到有某些事情非常不对劲。在这个许诺之地里,没有一个人的脸上带着笑容;在这个想象中应该十分富足的地方,每个人都在挨饿。人们窃窃私语,从不高声谈笑。游戏前不但得先工作,甚至除了工作外根本没有时间玩乐。不分昼夜都听得到琼斯的声音在耳边嗡嗡作响,他不是亲自发表演说,就是通过录音带放送谈话。男女分别住在不同营房内,已经结婚的夫妇们若没有经过琼斯允许,甚至也不能行房。没有人有办法离开,除非他们能够在离家几千英里外的异国丛林里找到出路。

理查德·克拉克构想了一个计划。他自愿担任没人愿意接下的"猪圈"工作,那是个臭味四溢的地方,独立位于琼斯镇的不规则院区中,但对理查德而言是个理想地方,他可以从这里逃离琼斯令人头脑发昏的演讲轰炸,从丛林中找出通往自由之路。当他开始缓慢、谨慎地进行脱逃计划时,他把这件事告诉了黛安娜,并说等到时机成熟,他们两个人就可以一起离开。为了挑战琼斯布下的大量眼线,理查德做出十分危险的决定,把他的计划告诉极少数家庭的成员。

11月8日星期天早晨,琼斯下令所有人都放一天假,以便庆祝瑞安参议员带着在这农业社会主义乌托邦中看到的美好成果信息归国。这正是理查德的脱逃信号。他召集了八名同伙假装要出去野餐,然后带着他们逃出丛林到达安全的地方。当他们抵达圭亚那的首都乔治敦时,他们所有亲朋好友都已命丧黄泉。

理查德·克拉克最近因自然原因过世,他一直知道,相信自己的直觉、街头智慧以及自己对"不一致性的察觉力"是个正确决定。最重要的是,他欣慰自己拯救了跟随他逃离黑暗之心的人;理查德·克拉克,一位平凡的英雄人物。[37]

拯救犹太儿童逃出纳粹毒手的英雄

波兰妇女伊雷妮·森德勒（Irene Sendler）曾拯救了近2500名原本必死无疑的犹太儿童逃出纳粹魔手，她与二十名波兰天主教徒组织成一个团体，协助将住在华沙犹太区的犹太儿童们装在篮子或救护车里偷渡出去。虽然她明知在纳粹占领下的波兰，任何帮助犹太人的人被逮到，就可能会连同家庭成员一起枪杀。森德勒最后在1943年被纳粹逮捕，尽管一再受到刑求折磨，却始终拒绝透露安置在非犹太家庭中的孩子姓名。她最近因为她的英雄行为得到波兰参议院表扬，但高龄九十七岁的她已经虚弱得无法亲自参与颁奖典礼。不过森德勒曾经寄了一封信给她所拯救的其中一位孩子，她在信中说道："我和那些如今已不在人世的伟大秘密信差们一起拯救的每个孩子，都是我存在的理由，而不是光荣的头衔。"

英雄行为的四维坐标模型

以勇气的概念以及这里所举的英雄式行为例子为根据，我制作了一个英雄式行为的基本模型。在某个特殊个人的总体动机架构中，英雄式行为可被描绘入三维模型：**风险／牺牲类型、参与形式或方式、追寻目标**。在"风险／牺牲类型"的横轴上，一端可固定为人身危险，另一端则是社会牺牲。同样地，在"参与形式或方式"的纵轴上，一端固定为采取主动（英勇特质），另一端则是采取被动（坚毅特质）。而在第三个维度上，"追寻目标"则可以用以保全性命还是坚持理想为目的来形容。尽管这两个目标在某些方面是同样的意思——顾全性命也是个高贵的想法，不过在这个背景中，此一区分还是重要。下页描绘了英雄式行为的三维坐标模型。

本模型中要加入的第四个维度为**时间性**（chronicity）。英雄可

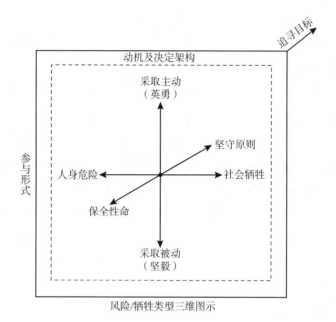

风险/牺牲类型三维图示

以是在立即作为下产生,也可能要随着时间积累才能看出他们的伟业。在战争的背景下,在单一行为中展现的英雄作为会被形容为勇敢之举——在单场战斗中表现出勇气的行为。对比之下,慢性的英雄式行为则叫做卓绝之举,是在长期抗战中所表现出的勇气。还没有对应的词可用来指称持久的平民英雄作为,也许是因为在民间领域里,在险境中表现英雄之举的戏剧性特质不是那么容易辨认的缘故。

英雄的对照:非凡与平凡

贪生怕死的土壤上孕育不出盛名之木。

——约翰·弥尔顿

传统概念中，英雄是优异卓越的人种，现在我们要加入一个相反的观点——有些英雄只是做出非凡之举的平凡人。第一种英雄的形象比较浪漫，也比较受到古代神话和现代媒体的欢迎和喜爱。这种观点认为英雄做的事情是平凡人异地而处时不会做，或是做不到的。这些超级明星一定是生来就带着英雄的基因，英雄不是常规，是异例。

第二种观点，我们可以称为"规则就是例外"，这种想法导引我们去检视情境和人之间的互动，检视在特殊时间和空间中推动人做出英雄之举的动态。情境的作用或许是激发行动的催化剂，也可能是扮演降低行动阻碍的角色，社会支持网络的形成就是其中一种方式。值得注意的是，在大多数例子中，参与英雄式行动的人都一再拒绝被冠以英雄美誉，正如克里斯蒂娜的案例。

这些行英雄事迹的人认为他们只是采取在那时候看似必要的行动而已。他们相信任何人都会做出一样的举动，要不然会难以理解为什么其他人没有这么做。曼德拉曾说过："我不是圣人，我只是因为处于非比寻常的环境中，所以变成领袖的平凡人。"[38]我们常从做出英雄之举的人们口中听到这类话，这些人来自社会各阶层，他们会说"这没什么"、"我做了我该做的"。这些是"平凡"或日常生活中的勇士们的谦抑之词，是我们的"平庸英雄"。接下来让我们将正面的平庸性和汉娜·阿伦特教给我们的所谓"邪恶的平庸性"做个对照。

论邪恶的平庸性

邪恶的平庸性概念来自阿伦特对于阿尔道夫·艾希曼受审时的观察，艾希曼被控犯下侵害人权的罪行，协助策划欧洲犹太人的人种灭绝行动。在《艾希曼受审于耶路撒冷：关于邪恶的平庸性的一份报告》书中，阿伦特系统地阐述了这观点，她认为不应该将这类人视为例外，把他们当成禽兽或是变态的虐待狂。她主张，这类典型被用于诠释邪恶罪行加害者的天性式归因，作用只是将加害者和人类社群成员隔绝而已。但是汉娜·阿伦特说，我们应该揭露的是艾希曼和那些跟他类似的人身上的平凡性。了解到这点后，就会更加意识到这类人是所有社会中普遍而潜藏的一股危险力量。艾希曼抗辩他只是按照命令行事而已。关于这位集体屠杀刽子手的动机与良知，阿伦特指出，"就他的基本动机来说，他相当确定自己不是他所称'内心卑劣的人'，意思是他内心深处藏着一个下流混账；就他的良知而言，他记得非常清楚，如果说他会觉得良心不安的话，唯一的原因只会是因为他没有服从指令——以极度热诚和一丝不苟的手法将数百万男女老幼送上断魂路。"

在阿伦特对艾希曼的描绘中，最令人震惊的是从各方面来说，艾希曼似乎是个极端正常而且彻底平凡的人：

> 共有半打的精神病学家鉴定艾希曼的精神状态属于"正常"，据说其中一位更是宣称："无论如何，他的精神状态比做完他精神鉴定之后的我还要正常。"而另一位则发现，就他的整体心理状态，他对妻小、父母、兄弟姊妹及友人的态度来评估，他"不仅是个正常人而且还非常讨人喜欢"。[39]

阿伦特提出她至今仍维持经典地位的结论：

> 艾希曼的问题正是在于，他跟太多人其实没有两样，他们既不是变态也不是虐待狂，而且他们过去是、现在也仍是

可怕且骇人地正常。从法律制度及道德判断标准而言，这种正常性比所有暴行总和都还令人震惊，因为这意味着……此一新类型犯罪者的确是人类公敌……在他几乎不可能知道或不觉得自己做错的环境下犯下这些罪行。[40]

接着阿伦特写下了这段铿锵有力的话语，她形容艾希曼带着尊严步向绞刑架：

> 仿佛在生命的最后几分钟，他用他的一生总结了人性之恶这门漫长课程曾给我们的教训——邪恶那令人丧胆、蔑视一切言语和思想的平庸性。[41]

我们前面提过"平凡人"犯下暴行的观点，历史学家克里斯多弗·布朗宁已做出完整的探讨。他揭露了由数百名来自德国汉堡的男性所组成的101后备队，在遥远的波兰村庄中犯下的灭犹罪行，而这些罪行或是属于系统性行为，或是由个人所为。这些属于工人及中下阶层的中年居家男子枪杀了数千名手无寸铁的犹太人，不分男女老幼，并且将另外数千名犹太人强制送往死亡集中营。然而布朗宁在他的书中坚决声称他们全都是"平凡人"。他认为纳粹政权的大规模屠杀政策"并非少数搅乱日常生活宁静的失常或特殊事件，正如101后备队的故事指出，集体谋杀成了例行公事。正常性本身最后变成极度反常"[42]。

心理学者欧文·斯托布也持同样观点。他的研究使得他逐渐导出结论，"邪恶从平凡思维中滋长并由普通人付诸实行，这向来是通则，不是例外。"[43]根据齐格蒙特·鲍曼（Zygmunt Bauman）对犹太人大屠杀的分析，残酷的行为应该从社会根源来归因，而不是归咎于"性格分析学式的"决定因素或是"人格缺陷"。鲍曼更进一步认为,有能力声张道德自主性以抗拒破坏性权威指令的少数个人,才是通则中的例外。在面对试炼之前,这样的人极少能意识到他或她拥有的力量。[44]

邪恶平庸性的另一种特质将我们引进拷问者巢穴,这类人的任务是运用一切必要手段来摧毁受害者意志、抵抗力及尊严,而我们得思考的是,他们和病态性罪犯是否有任何差异。研究拷问者的人的共同看法是,总体而言我们无法从拷问者的背景看出他们和一般大众的差别,在他们从事这个肮脏工作之前并不具备性格上的特殊性。约翰·康罗伊(John Conroy)曾在爱尔兰、以色列和芝加哥三个不同事件地研究参与拷问的人,他得出的结论是:在所有案例中,那些"最恶劣的行径"都是由"一般人"犯下。他主张拷问者在镇压敌人的过程中表达了他们所代表的社群意志。[45]

我的同事希腊心理学者米卡·哈里托斯—法图罗斯曾深度分析受希腊军政府训练担任官方许可刑求者的军人(1967—1974),她得到的结论是:拷问者不是天生,而是后天训练而成。针对"谁有办法成为有效率的拷问者?"这问题,她的答案是"任何人的儿子都办得到"。只需要短短几个月,来自农村的普通年轻男性就可以被训练成"凶器",做得出牲畜一样的残暴行为,他有能力使用最可怕的手法来羞辱、伤害任何被贴上"敌人"标签的人——当然了,那些人全都是自己的同胞[46]。这类结论不是仅适用于某个国家,许多极权政体中都有出现过共通现象。我们曾研究过巴西的"暴力工作者",这些警察为统治巴西的军政府刑求、谋杀巴西人民。而从我们所能搜集到的所有证据中显示,他们也都是些"平凡人"。[47]

论英雄之举的平庸性

我们现在可以准备考虑这样的观点：大部分成为恶行加害者的人可以和做出英雄之举的人直接相比较，因为他们有一个共通点——都只是平凡的一般人。邪恶的平庸性与英雄之举的平庸性之间有许多相似性。两者都不能直接归因于独一无二的天性倾向；无论在基因或是内在心理面上，做出这两类事情的人都不具有病态或良善的特殊内在特质。两种状况都是在特殊时间、特殊时间中才浮现，在这之中，情境性力量扮演着强制的角色，推促着特定个人跨过不行动到行动之间的决定界限。当个人被行为脉络中产生的牵引力量攫获时，会有做出决定的决定性时刻。这些力量结合起来，增加了个人做出伤害他人或帮助他人行为的机会。他们的决定或许是有意为之，或许是无意识中做成。然而在大多数情况下，强烈的情境力量经常会强力驱使人行动。情境的行动引导力包括：群体压力和群体认同、行动责任的分散、只考虑眼前不顾后果、社会模式的出现，以及对某个意识形态的承诺。

在犹太大屠杀期间对犹太人伸出援手的欧洲基督徒的说法中，有个共有的主题，总结说就是"善良的平庸性"。这些做了正确的事却丝毫不以英雄自居的拯救者，认为自己只是表现了何谓正派合宜言行的共通感受，这样的人数量多得令人注目再三。而在纳粹绝世空前的系统性种族灭绝行动背景下，他们的善良平庸性格外使人印象深刻。[48]

我在这趟旅程的路上已尝试告诉各位，阿布格莱布监狱的虐囚宪兵狱卒和斯坦福监狱实验中的虐囚狱卒都说明了《蝇王》类型的暂时性人格变化，亦即从寻常人变成邪恶的加害者。我们必须将这些人和持续执行大规模暴行的暴君对照并列，后者包括阿明将军、希特勒和萨达姆。我们也应该将一时的英雄和终身英雄对照观察。

在美国亚拉巴马州的一辆公交车上，罗萨·帕克斯（Rosa Parks）拒绝坐到公交车后方的"有色人种"座位区；乔·达比揭发阿布格莱布虐囚事件；应声赶往救援危难中受害者的英雄之举，是指发生在特定时间、地点的勇敢作为。对照于此，甘地或是特里萨修女的英雄之举则是终身笃行的英勇作为。慢性英雄和急性英雄的对照正如同勇敢与英勇的对照一般。

这意味着，我们之中任何人都能轻易成为英雄或是邪恶加害人，一切端视我们如何受到情境力量影响而定。重要的是，我们必须找出如何限制、约束及避免促使我们做出社会病态行为的情境性及系统性力量。此外同样不可少的是，每个社会都要在公民之中培养出"英雄形象"意识。我们可以透过传达这样的信息来培养英雄形象的公民意识：每个人都在等待成为英雄的时刻到来，而在时候到来时期望人们做出正确的事。对每个人来说，决定性的问题是：是否采取行动帮助他人？是否要避免伤害他人？还是该什么事都不做？我们应该要预备许多桂冠颁发给发现自己潜藏力量和美德，并让勇气和美德推促他们对抗不公正和残忍行为、始终坚持节操的人。

我们已回顾过大量反社会行为的情境性决定因素的研究，特别是米尔格伦对权威力量的调查，以及斯坦福监狱实验中揭露的制度性力量，这些研究透露出，正常的一般人可以被引导对无辜的他者做出残酷的行为，而这改变可以到达什么程度[49]。尽管在这些研究以及许多其他的研究中，大多数人或是服从、顺从、屈从，或是被劝服、受到诱惑而做了不该做的事，但始终有少数人抗拒、抗议、拒绝服从不符合人性的指令。从某种意义上而言，面对轻易让大多数人沦陷的强有力情境力量，一个人的抵御能力也就是英雄精神所在。

抵抗情境力量之人的人格，是否不同于盲目服从者[50]？一点也不。相反的，英雄之举的平庸性概念坚持认为，在重要时刻做出英雄之举的人和轻易受到诱惑的大多数人并没有根本上的差异。但并没有足够的经验研究可支持这主张。这是因为英雄式行为并不是可以做系统性研究的单纯现象，它难以被清楚定义，也无法当场进行资料搜集。英雄式行为瞬间即逝，难以预料，完全只能通过回溯的方式评价。也由于英雄们通常是在英雄行为发生后数个月或数年后才接受访谈，因此这些也许会被摄影家亨利·卡蒂埃—布雷松（Henri Cartier-Bresson）称为"决定性瞬间"的英雄作为，我们也找不到相关回溯性研究[51]。总而言之，我们并不了解在英雄们决定冒险的那一刻，他们的决定基础是什么。

英雄作为证实了人类之间的关联

世界各地每个国家中都有成千上万的平凡人一旦身处特殊环境中会决定做出英雄之举，其原因至今尚未完全了解。表面上看来，我们所采取的观点似乎戳破了英雄神话，把原本稀有特殊的事物变得稀松平常。不过实情并非如此，因为我们的立场仍然承认英雄作为特殊而稀有。英雄式行为维护了一个社群的理想，并提供非比寻常的指引，也为有利社会的行为提供了角色示范。英雄式行为的平庸性代表着我们所有人都是等待中的英雄，是我们所有人在某个时间点上都可能面对的选择。

我认为，若我们将英雄之举当成是人人皆有的人性，而不是被选中的少数才有的稀少特质，将更能增进每个社群中的英雄式行为。根据记者卡罗尔·迪皮诺（Carol Depino）的说法："每个人都有能力成为某种程度上的英雄。有时候你可能不了解。对某个人来说,一个英雄之举可能只是把门敞开然后跟他打声招呼。我们所有人都是某个人的英雄。"[52]

关于平凡英雄的普遍性,将可激励我们重新思考我们之中的寻常英雄,那些用他们的日常牺牲丰富我们生命的人们。

于是,我们来到这次深入黑暗之心的漫长旅程尾声,而我们将带着最终的信息返回:应当赞颂英雄式行为和英雄人物。我们将以集体心灵中更巨大的良善,以及凡夫俗子们立志成为个人英雄的决心,打击并最终战胜存在于人与人之间的邪恶。这并不是个抽象概念,而是如俄罗斯诗人、斯大林时代的劳改营囚犯亚历山大·索尔仁尼琴(Aleksandr Solzhenitsyn)提醒的,"善恶之界存乎一心,谁愿意摧毁自己心中的一部分?"[53]

感谢你与我分享这次旅程。
再会!

菲利普·津巴多

注 释

第1章

1. 出自弥尔顿的 *Complete Poems and Major Prose*（ed. M. Y. Hughes New York：Odyssey Press，1667/1957）第1册第254页与第2册44—289页描述撒旦和恶魔的会议。
2. Elaine Pagels 的 *The Origin of Satan*（New York：Random House，1995），p. xvii.
3. 请见 David Frankfurter 的 *Evil Incarnate: Rumors of Demonic Conspiracy and Satanic Abuse in History*（Princeton, NJ：Princeton University Press，2006）pp. 208-209。
4. 如下这些值得一读的书籍都探讨了对邪恶的心理学观点，包括：R. F. Baumeister，*Evil: Inside Human Cruelty and Violence*（New York：Freeman，1997）；A. G. Miller, ed.，*The Social Psychology of Good and Evil*（New York：Guilford Press，2004）；M. Shermer，*The Science of Good & Evil: Why People Cheat, Gossip, Care, Share and Follow the Golden Rule*（New York：Henry Holt，2004）；E. Staub，*The Roots of Evil: The Origins of Genocide and Other Group Violence*（New York：Cambridge University Press，1989）；J. Waller，*Becoming Evil: How Ordinary People Commit Genocide and Mass Killing*（New York：Oxford University Press，2002）。
5. 有越来越多针对文化心理学的研究文献，比较了鼓吹个人独立的社会（个人取向）和强调人际间互助的社会（群体取向），探讨这两种不同的社会的不同行为表现和价值观。要了解不同观点会如何影响"自我概念"，以下著作很不错：Hazel Markus 和北山忍（Shinobu Kitayama）合著的"Models of Agency: Sociocultural Diversity in the Construction of Action"，in *Nebraska Symposium on Motivation*，ed. V. Murphy-Berman and J. Berman，*Cross-Cultural Differences in*

Perspectives on Self（Lincoln：University of Nebraska Press，2003）。

6. 探究性格天生概念的一篇最佳参考文献是 Susan Gelman，*The Essential Child: Origins of Essentialism in Everyday Life*（New York：Oxford University Press，2003）。而针对了解智能（intelligence）是否为天生（固定）或是渐进学习（可改变），在许多不同领域中影响成功与否因素的其他资源，可以参考 Carol Dweck，*Mindset: The New Psychology of Success*（New York：Random House，2006）。

7. 针对处理这样的校园暴力事件，我的心理系同事 Elliot Aronson 做了一个具建设性的研究。他使用社会心理学的力量，来提供一个改善校园社会环境的蓝图，以同情和合作取代竞争和拒绝：E. Aronson，*Nobody Left to Hate: Teaching Compassion After Columbine*（New York：Worth，2000）。

8. Heinrich Kramer and Jakob Sprenger，*The Malleus Maleficarum of Kramer and Sprenger*（*The Witches' Hammer*），edited and translated by Rev. Montague Summers（New York：Dover，1486/1948）。也可以在在线总览 Stephanie du Barry 于1994年写的这篇评论：http://users.bigpond.net.au/greywing/Malleus.htm。

9. 我们必须相信长久以来神学上对女性的暴力态度。历史学 Anne Barstow 回溯整个系统的运作，指出广泛地接受由教会或是国家背后的男性权力对女性的欺压，也就是"女巫狂热"（witch craze）的开始。来自：Anne L. Barstow，*Witchcraze: A New History of European Witch Hunts*（San Francisco：HarperCollins，1995）。

10. C. Wright Mills，*The Power Elite*（New York：Oxford University Press，1956），pp. 3-4.

11. Sam Keen，*Faces of the Enemy: Reflections on the Hostile Imagination*（enlarged ed.）（New York：Harper & Row，1986/2004）。也可以参考由 Bill Jersey 和 Sam Keen 共同制作的一系列 DVD。更多讯息请参考：www.samkeen.com。

12. L. W. Simons，"Genocide and the Science of Proof"，*National Geographic*，January 2006，pp. 28-35.另外还有 D. G. Dutton、E. O. Doyankowski 和 M. H. Bond 在《侵略和暴力行为》（*Aggression and Violent Behavior*）第十集（2005年5—6月）第437—473页合写的"大规模屠杀：由军事屠杀到种族灭绝"（Extreme Mass Homicide：From Military Massacre to Genocide），这是令人印象深刻且见解独到的分析。这些心理学家认为，政治和历史的因素塑造了军事

屠杀、种族屠杀和政治屠杀的目标群体（target group）的选择。这样的选择基于一个信念：此目标群体先前长期取得不正当的好处。因为这样，就有了足够的理由报复这群"如癌一般的群体"（cancerous group）。相对地，杀害无辜人们的理由源于一个假设的概念：他们认为，进攻的族群也就是现在的攻击者，未来有风险和危机的威胁。

13. 在一些令人悲恸的故事中，那些对女性使用强暴作为武器的恐怖行为的人，在 Peter Landesman 于 2003 年 9 月 15 日于《纽约时报》82—131 页所作的调查报道中，都被他称为"强暴部长"（以下所有相关引述都来自这篇报道）。

14. Jean Hatzfeld, *Machete Season: The Killers in Rwanda Speak*（New York：Farrar, Straus and Giroux, 2005）。

15. R. Dallaire with B. Beardsley, *Shake Hands with the Devil: The Failure of Humanity in Rwanda*（New York：Carroll and Graf, 2004）。

16. 心理学家 Robert Jay Lifton，也就是《纳粹医生》（*The Nazi Doctors*）的作者认为，强暴常常是战争中蓄意使用的工具，让痛苦和羞辱持续极端地影响受害者个人和她身边的每一个人。Landesman："女人是圣洁的象征，一个家庭以这个为中心打转，而这样突如其来的残酷攻击，羞辱了她们全部的人。所有意味着羞辱的氛围，在生存者和她的整个家庭中持续回荡着。这种方式之下，强暴比死亡还可怕。"（第 125 页）也可以阅读 A. Stiglmayer, *Mass Rape: The War Against Women in Bosnia-Herzegovina*（Lincoln：University of Nebraska Press, 1994）。

17. 张纯如：《南京大屠杀：被遗忘的二战浩劫》(*The Rape of Nanking: The Forgotten Holocaust of World War II*, New York：Basic Books, 1997), p. 6。

18. A. Badkhen, "Atrocities Are a Fact of All Wars, Even Ours", *San Francisco Chronicle*, August 13, 2006, pp. E1-E6, and D. Nelson and N. Turse, "A Tortured Past", *Los Angeles Times*, August 20, 2006, pp. A1 ff.

19. A. Bandura, B. Underwood, M. E. Fromson, "Disinhibition of Aggression Through Diffusion of Responsibility and Dehumanization of Victims", *Journal of Research in Personality*（1975）; pp. 253-269. 受试者相信，隔壁房间的其他学生真的依照他们所按下的键而受到不同程度的电击；但是事实上动物和其他人都是虚构的，没有任何人受到电击。

20. 引述自我们发表在《纽约时报》上，陈述关于监狱人员与执行死刑中道德分离的文章:Benedict Casey,"In the Execution Chamber the Moral Compass Wavers",*The New York Times*,February 7,2006。参见M. J. Osofsky,A. Bandura,& P. G. Zimbardo,"The Role of Moral Disengagement in the Execution Process",*Law and Human Behavior*,29(2005);pp. 371-393。

21. 这些主题请见"Liberation Psychology in a Time of Terror",在线浏览:www.prisonexp.org/pdf/havelprize.pdf。

22. Rabindranath Tagore,*Stray Birds*(London:Macmillan,1916),p. 24.

第2章

1. 有关去个人化的早期研究与理论整理于我在20世纪70年代所撰写的章节:"The Human Choice: Individuation, Reason, and Order Versus Deindividuation, Impulse, and Chaos",*1969 Nebraska Symposium on Motivation*,ed. W. J. Arnold and D. Levine(Lincoln:University of Nebraska Press,1990),pp. 237-307。而关于破坏公物较新的文章可以参见P. G. Zimbardo,"Urban Decay, Vandalism, Crime and Civic Engagement",in *Schrumpfende Städte/Shrinking Cities*,ed. F. Bolenius(Berlin:Philipp Oswalt,2005)。

2. 研究生Scott Fraser主持布朗克斯的研究团队,而他的伙伴Ebbe Ebbesen主持帕洛阿尔托市的研究团队。

3. "Diary of an Abandoned Automobile",*Time*,October 1,1968.

4. 我们有获得当地警方执行实地实验的许可,所以警察通知我,邻居们关心那辆废弃的汽车失窃了——被我偷了。

5. "破窗理论"(Broken Windows Theory):重建街坊秩序可降低犯罪率,首先出自James Q. Wilson and George L. Kelling,"The Police and Neighborhood Safety",*The Atlantic Monthly*,March 1982,pp. 22-38。

6. 我曾经协助发展一个反战抗争者训练的计划,让他们可以得到在接下来的选举中提倡和平的候选人争取市民支持,使用的是一些基本的社会心理学策略,还有一些说服和顺从的技巧。Bob Abelson,我先前在耶鲁的老师和我将这些概念集合起来,成为一份执行手册:R. P. Abelson and P. G. Zimbardo,*Canvassing for Peace: A Manual For Volunteers*(Ann Arbor, Mich.:Society for the Psychological Study of Social Issues,1970)。

7. 这一拨警民冲突首见于1967年10月威斯康星大学。学生抗议恶名昭彰的制造业者道氏化学公司（Dow Chemical）在校园中征才，因为他们的汽油炸弹正燃烧着地球和越南人民。也是相同的情况，大学校长过度匆忙下决定，想要仰赖警察来遏制示威的学生群众；他们被催泪瓦斯弄到双眼红肿，被警棍痛打，而且全都是蓄意伤害。我尤其难忘一个强烈震撼的媒体影像：十几个警察痛打一个在地上喘息爬行的学生，大多警察都因为催泪瓦斯而难以辨识，或者干脆脱掉可以辨识身份的外套。匿名加上威权，就会导致一场灾难。但这一场事件，也意外地引起全美国学生的动员。大多数人都是没有政治立场，也从来没有参与过这类活动的学生——不像其他欧洲国家，他们的历史上，都长期记载着人民对抗政府对于公众教育不合理的约束以及为其他不公平投诉抗议。

那是在1970年5月于俄亥俄州肯特州立大学，学生抗议尼克松和基辛格都主张前进柬埔寨，令越战越演越烈。一些学生到预备军官训练营（ROTC）放了把火，接着就是上千名国家卫兵受命占领校园，对着抗议者喷洒催泪瓦斯。俄亥俄州州长James Rhodes在电视上公开演说："我们要斩草除根地解决这个问题，否则只是治标不治本。"令人遗憾的言辞，一语道尽了国家卫兵对这些制造麻烦的学生所做的极端作为——没有协商或和解的余地，必须彻底铲除。这群手无寸铁的学生在5月4日群聚起来，无畏地向70位步枪装上刺刀的卫兵们走去。其中一个士兵惊慌失措，一不小心直接向他们开枪。突如其来的闪光之下，大部分的卫兵也向学生们发射子弹。大约只有三秒钟，就发射了67发子弹。四个学生中弹身亡，八个受伤，其中有些伤势较严重。其中有一部分死伤者并非抗议学生，只是刚好在上学的路上和子弹的射程之内。像是Sandra Schewer，是在400英尺外被射击，而更讽刺的是，Bill Schroeder，一个预备军官训练营的学生，不是抗议者也被射击，堪称"殃及池鱼的受害者"（victims of "collateral damage"）。

一个士兵事后说："我的脑袋告诉我这不是对的，但是我对一个人开枪，他就硬生生倒下了。"从来没有人为这些杀人的罪名负责，一幅针对这个事件的漫画描绘一个年轻女性对着这些倒下的学生遗体惊声尖叫，更燃起了举国反战的情绪。

相较于肯特州立大学的屠杀事件，十天后，密西西比杰克逊州立大学还有另一件相似却较鲜为人知的事件：国安部队占据校园，上百发子弹瞄准黑人学生扫射，造成3名学生死亡、12名学生受伤。

相对于这些致人死命的冲突，1970年5月全国性学生挺身而出的大多数活动就都较为平和，虽其中仍有许多动乱和暴力的例子。在一些案例中，国家当局开始斟酌如何避开暴力冲突。在加州，当时的州长Ronald Reagan宣布关闭28个大学校区和行政系统长达四天。卫兵被派遣到肯塔基大学、南加州大学、伊利诺伊大学香槟分校和威斯康星大学麦迪逊分校。加州大学柏克莱校区、马里兰大学和其他地方，那时也发生了一些冲突。在加州的弗雷斯诺州立大学（Fresno State College），汽油弹销毁破坏了耗资百万美元的计算机中心。

8. 这个计划，"斯坦福学生去激进化"（Standford student depolarization），是由斯坦福教职员和学生团体发起的，并且得到帕洛阿尔托市议会的支持。而在此之前，我曾经到市民大会堂热切地为促进和解尽份心力。

9. 对于帕洛阿尔托警察进行"星期天逮捕行动"的描述，并不是将当时场景记录建档，大部分是我自己事后的回顾，再加上企图创造合理故事线索的目的。我对我们研究的实验流程和理论背景的描述，结合了先前我向泽克总局长和KRON电视制作人所做的解释，以请求逮捕行动的拍摄合作事宜，和在到达警察局之前向摄影师所做的说明，加上我回忆那天早上我和执行逮捕的警察所说的话，也都是我企图传递给读者的重要信息，省掉故意卖弄学问地说一堆制式化的背景知识。真正执行这个研究时，是根据更多的理论背景，检验相关影响的特质或是性格等等因子与情境因子，以了解在新的行为背景下行为的转变。在后来的几个章节中，就会更加具体而容易明了。

10. 接下来的三个场景，是根据三位模拟犯人的可靠信息，以及一开始的背景数据和后来的访谈，再加上他们在星期天逮捕行动中的观察。毫无疑问地，我已经获得"创造的许可"（creative license），可以将这些信息延伸扩充用以建构这些想象的情境之中。我们会看见，这些情境和他们接下来在虚拟监狱中的犯人行为，的确有些平行相呼应之处。

第3章

1. 除非另有说明，所有犯人和狱卒的对话都来自实验录像带的逐字稿，犯人和狱卒的名字全都改名以保护其真实的身份。斯坦福监狱的实验材料、原始资料和分析结果，都将全部保存在俄亥俄州阿克伦市的美国心理学史档案馆（Archives of the History of American Psychology in Akron, Ohio），并且收藏在档案馆的菲利普·津巴多文献区里。第一批会置入的，就是斯坦福监狱实验。

联络档案馆的方式：www.uakron.edu 或 ahap@uakron.edu。斯坦福监狱实验研究已经成为许多媒体的热烈探讨对象，也有些受试者选择在媒体上曝光身份。然而，这是第一次我为了广大群众如此详细撰写关于这个实验。因此，我必须决定更换所有犯人和狱卒的姓名来保护他们的真实身份。

2. 这些规定，是贾菲和同伙学生们在实验前一年春天的社会心理学行动课程中发展出来的。计划中，他们在自己的宿舍中创造了模拟监狱。那堂课中，学生从我建议总计超过十个实验计划中挑选一个。这些计划的主旨，都在调查每个人对社会规范的观点，像是将老者接回家中养老，或是参加宗教活动，还有融入犯人和狱卒的角色的社会化历程。贾菲和其他一票学生选择监狱作为研究的一部分主题，他们在自己的宿舍里设计且运作一个虚拟监狱长达一个星期——戏剧化的结果，促成了现在这个正式的实验。

在学生安排这座模拟监狱时我给过一些建议，但是一直到课堂呈现那天，我才晓得他们在那星期的模拟监狱中经历了什么。在正式讲课前公开地表达那样强烈的感觉，我很惊讶，对于他们的行为和他们在新角色中的朋友，竟掺杂着愤怒、挫折、羞愧、迷惘，我接着和他们所有人一起作汇报，证实那个情境真的带给他们满满的冲击。但是我也必须考虑，他们是自己选择进入这个主题，又不太清楚是否他们或监狱的摆设有没有不寻常、不恰当之处——只有在控制恰当且随机分派狱卒和犯人角色，才能真正区分情境因子和个人性格。那也促使了我们设计在下一年夏天的研究。贾菲最后报告的团体研究，在1971年5月15至16日，简单地定名为"模拟监狱"。（非发表的报告书，斯坦福大学，1971年春天。）

3. 狱卒交班报告（Guard's Shift Report）。
4. 犯人最后评估的录音带（Prisoner's taped final evaluation）。
5. 第一周斯坦福大学Tressider学生中心规划的主菜如下：

晚餐：星期天：炖牛肉；星期一：红番椒炒豆；星期二：鸡肉派；星期三：火鸡肉；星期四：玉米饼和培根；星期五：意大利面和肉丸子。

早餐：五盎司果汁、麦片或熟煮蛋和一个苹果。

午餐：两片面包搭配以下其一冷盘——香肠、火腿或肝泥香肠。一个苹果、一块饼干、牛奶或水。

6. 犯人回顾日记。
7. 犯人回顾日记。

8. 犯人回顾日记。
9. 归档的犯人信件。
10. 引述自狱卒在1971年11月于NBC *Chronolog* 的访谈。
11. 犯人回顾日记。
12. 狱卒会议录像带所记录的逐字稿。请参见DVD：*Quiet Rage: The Stanford Prison Experiment*。

第4章

1. 斯坦福监狱实验在这里和其他章的引述，来自各式各样的资料来源，是我试图找寻特定的恰当材料。这些档案，大多是实验进行中所拍摄的录像带逐字稿、值班后写下的狱卒值班报告，或研究结束后的访谈记录，受试者回家几个星期后再回到学校来的最后评估报告，研究结束后陆陆续续地寄回来的回顾日记、访谈录音带，以及1971年9月NBC电视台节目 *Chronolog* 的电视访谈，还有个人观察，也包括其后克雷格·黑尼、克里斯蒂娜和我在已发表章节中的回忆。这个引述，则来自最后评估报告。
2. 除非另有说明，犯人和狱卒的对话都来自实验中录像带的逐字稿。
3. 狱卒值班报告。
4. 狱卒回顾日记。
5. 狱卒回顾日记。
6. 犯人8612所说的这句话，是整个实验之中最具戏剧性的。为了让这个模拟实验可以执行，每个人都必须要表现得就像在一个真正的监狱，而不是一个模拟的监狱里。这在某个意义上，牵涉到承认所有关于监狱象征的架构并非只是实验，大家都得有这种共同的自我审视（self-censorship）。这也意味着，虽然每个人知道一切只是个实验，但还是必须假装这就是个真正的监狱。8612这句话粉碎了这个架构，他说这不是个监狱，只是模拟实验。他让当时混乱的环境顿时静默，因为他以具体、但有些诡异的例子解释，为何这不是个监狱——在真正的监狱里，他们不会拿走你的衣服和床。另一个犯人公开挑战他，却只是简单地说："他们会。"在那交换意见后，自我审视规则被增强了，而剩下的犯人、狱卒和工作人员，则继续在自我强加的限制下表现明显的事实。自我审视的运转机制，Dale Miller最近的著作有详细说明：*An Invitation to Social Psychology: Expressing and Censoring the Self* (Belmont,

CA: Thomson Wadsworth, 2006)。

7. 犯人回顾日记。
8. 犯人访谈录音。
9. 在这个例子里,"合约"的意义并不是那么清楚。相关信息详见监狱实验网站：www.prisonexp.org。网站上有下列实验材料：我们提供给受试者的研究叙述说明,受试者签署的同意书,以及交给斯坦福大学人类受试者研究委员会的申请书。
10. 犯人回顾日记。
11. 犯人回顾日记。
12. 犯人回顾日记。
13. 引述自之后斯坦福监狱实验回忆的章节：P. G. Zimbardo, C. Maslach, and C. Haney, "Reflections on the Stanford Prison Experiment: Genesis, Transformations, Consequences", in ed. T. Blass, *Obedience to Authority: Current Perspectives on the Milgram Paradigm*, (Mahwah, NJ: Erlbaum, 1999), pp. 193-237。
14. 同上注。
15. 犯人最后访谈(Prisoner's final interview)。

第5章

1. 除非另有说明,犯人和狱卒对话都来自实验中录像带的逐字稿。
2. 狱卒值班报告。
3. NBC电视台节目 *Chronolog* 的电视访谈(1971年11月)。
4. 狱卒回顾日记。
5. 犯人回顾日记。
6. 卧底与津巴多博士的最后会谈录音记录。
7. 犯人回顾日记。
8. 犯人回顾日记。
9. 海军研究处补助我的"去个人化研究"(请见十三章),并且扩展赞助至监狱实验。这是海军研究处补助编号：N001447-A-0112-0041。
10. 请见Leon Festinger, *A Theory of Cognitive Dissonance* (Stanford, CA: Stanford University Press, 1957). See also my edited volume of research by my NYU students, colleagues, and me, Philip G. Zimbardo, ed., *The Cognitive Control*

of Motivation（Glenview, IL：Scott, Foresman, 1969）。

11. 请见 Irving Janis and Leon Mann, *Decision Making: A Psychological Analysis of Conflict, Choice, and Commitment*（New York：Free Press, 1977）。

第6章

1. 所有狱卒、犯人、工作人员和神父间互动的对话皆出自于录像带的逐字稿，再加上工作日志和我个人的回忆。神父的名字已更改以保护他的真实身份，但是其他关于他或是他与犯人与我的互动，都尽可能的精确真实。
2. 我们可以在第十四章看到相同的反应：一个真正的狱卒，阿布格莱布监狱的工作人员弗雷德里克中士，抱怨对于犯人的可处置（permissible）界线缺乏清楚的指示。
3. 狱卒值班报告。
4. 犯人回顾日记。
5. 卧底与津巴多博士的最后会谈录音记录。
6. NBC 电视台节目 *Chronolog* 的电视访谈（1971年11月）。
7. 稍微离题，我发现有个人看过我讨论犯人的去个体化和狱卒权力，这个人，就是有名的黑人政治犯乔治·杰克逊的辩护律师。我在星期六（1971年8月21日）下午收到他寄给我的信，邀请我当他当事人的专家证人，他的当事人在索莱达兄弟会案件中被控谋杀警卫，就快要开庭了。他希望我可以与他的当事人对谈，当时他被关在圣昆廷附近的拘留所，那地方很讽刺地叫做"最高矫治中心"（The Maximum Adjustment Center）（也许是借用乔治·奥威尔《一九八四》这本书的用语）。但那个星期六事情多到让我不得不婉拒这个邀请。后来杰克逊据称因潜逃而被杀，而我也在其后涉入了几个审判案件。在某次联邦法院的审讯中，"最高矫治中心"被质疑是一个"残酷和异常惩处"的地方。此外，我也曾担任"圣昆廷六人"蓄意谋杀案件二次审判的专家证人。这个审判在马林郡法院（Marin County Courthouse）进行——Frank Lloyd Wright 为它设计的优美线条，正好和"最高矫治中心"形成几乎可以说是喜剧性的反差效果。
8. 犯人的最后评估。
9. 我们的"假释委员会"在星期三举行聆听会，详细的说明在下一章。然而，没有任何一个犯人真的被"假释"，我不确定"中士"会怎么归因，其他两位之所以被提早释放，是因为极度的压力反应。也许狱卒告诉其余的犯人"那两位已经被提早释放"，是为了让他们保有一线希望。"最高防护"（maximum security）一定是表示，他们被关在黑洞。

10. 犯人的最后评估。

11. 重听这幕场景的录音带时，我突然觉得，这个狱卒好像是《铁窗喋血》里头由 Strother Martin 扮演的残忍典狱长；事实上，他的长相和动作更像 Powers Boothe 在电影《圭亚那悲剧》（*Guyana Tragedy*，1980）里扮演的吉姆·琼斯（Jim Jones）。这个惊悚的悲剧仅仅发生在六年后。《铁窗喋血》（1967）由 Donn Pearce 编剧，Stuart Rosenberg 执导，Paul Newman 领衔主演。《圭亚那悲剧》的导演则是 William Graham。

第7章

1. 第一天，卡罗·普雷斯科特就对其他听证会委员以下面的这个长篇大论作为开场："我们知道假释委员会常常否决理想的假释申请人选，那个人过来委员会之前，已经接受过训练、治疗、咨询。他们否决假释的理由非常简单，只是因为他很穷、他是累犯、他的邻居不支持他被释放回家、他的双亲已逝、没有任何所得，因为他们只是不喜欢他的长相，或是因为他一枪打死警察，而接着他们可能会挑选一些没有任何问题的理想犯人……理想犯人——可是他们还是否决掉他的第三次、第四次、第五次、第六次申请。那些最有可能又回到监狱的，最有可能被监狱环境完全形塑和扰乱迷惑、无法再回到社会的年轻的孩子，和那些乖乖做事、从不惹麻烦，而且可以在监狱外不作奸犯科的那些人比起来，最后反而比较可能获得假释。听起来很不可思议，但事情就是如此——监狱重要的大事。监狱需要犯人。这些人群聚监狱，不是为了再回到监狱一次，还有许多事情等着他们去做。但是刚进来的人通常尚未明确定罪……当你以假释委员会的身份对他们说，'我有许多闲时间来跟你们耗。'话是这么说，但是事实上，假释委员没有必要去看待如此平淡无奇的细节，那些……"

2. 除非另有说明，否则所有犯人和狱卒对话都来自实验中录像带的逐字稿，里头包含所有听证会的引述。

3. 我曾在维卡维尔监狱（Vacaville Prison）参加过许多次加州假释委员听证会，由旧金山法律事务所的 Sidney Wollinsky 策划为公众辩护计划的一部分；这个计划，是设计来评估在不确定的审判系统中假释委员会的功能，也是当时和加州惩治部门的一个议题。在那个系统之中，法官可以决定判决年数，像是五年到十年，而不是固定年数。然而，犯人通常会服完最大值而不是平均值。

这令我心寒又难过。看见每个犯人绝望地在短短被分配到的几分钟内提出申请，试图让两个委员信服他可以被释放。其中一个委员甚至没有注意听他的报告，因为他正读着每天大排长龙的资料清单中，下一位犯人的资料。而另一个浏览他的资料的委员，可能才刚第一次读。当假释被驳回后，大部分犯人必须再等一年才有机会再来一次。我的笔记显示，最可能获得假释的条件是服刑时间够长。如果问到犯人的过去——罪名、受害者和审判的细节，或是他在监狱系统惹出的麻烦——就通常不会被假释。无论如何，如果他被询问到关于现在有做什么样建设性的努力，好让他可以被提前释放，或出狱之后有什么计划，那么被假释的机会就会增加。也可能假释委员心里早下了决定，只是无意识地询问一堆为什么犯人不值得被释放的问题，搜集过去的罪证和重大事件。另一方面，如果委员在这个犯人资料中瞧见几许指望，他们就会聚焦在询问如果获得假释，他未来计划做什么；听到这样的问法，犯人最少可以先享受几分钟非常乐观、被释放的可能性。

4. 简·艾略特，"蓝眼／棕眼证论"（*blue-eyes/brown-eyes demonstration is told in: W. Peters, A Class Divided, Then and Now*, Expanded Edition, New Haven, CT: Yale University Press，1971/1985），Peters拍摄的两部得奖纪录片，ABC新闻纪录片《眼睛风波》（*The Eye of the Storm*，可以联系Guidance Associates，New York），和PBS前线纪录片《班级分裂》（*A Class Divided*，可在线获得信息：www.pbs.org/wgbh/pages/frontline/shows/divided/etc/view.html）。

5. 这段卡罗的谈话，引述自Larry Goldstein制作的NBC *Chronolog*访谈节目，1971年9月在斯坦福所拍摄，我的秘书Rosanne Saussotte整理了逐字稿。但不幸的是，节目播出前他们剪掉了这段谈话。

6. George Jackson，Soledad Brother：*The Prison Letters of George Jackson*（New York：Bantam Books，1970），pp. 119-120.

第8章

1. 清醒梦（lucid dreaming）是做梦者处在一个半梦半醒的状态，可以监控甚至控制自己做梦的内容。有关于这个有趣的现象，可以看看我同事S. LaBerge

的书，是一本很不错的新进参考书目：*Lucid Dreaming: A Concise Guide to Awakening in Your Dreams and in Your Life*（Boulder, CO: Sounds True Press, 2004）。

2. 科特·班克斯与犯人的访谈录音。
3. 狱卒的最后评估。
4. 犯人的最后评估。
5. 狱卒的最后评估。
6. 狱卒的最后评估。
7. 狱卒的最后评估。
8. NBC *Chronolog* 电视节目访谈，1971年11月。瓦尼施是经济学三年级研究生。
9. 狱卒的最后评估。
10. 狱卒回顾日记。
11. "带着规则工作"（work to rule，基本定义详见：http://en.wikipedia.org/wiki/Work_to_rule）：就策略而言，这是有组织性的劳工罢工的一种可能的形式。因为社会紧急工作人员像是警察和消防队员，如果他们开始罢工，马上就会遭到解雇或是替换。显然，第一个美国的先例就是有名的1919年波士顿警员罢工（Boston Police Strike）。当时的马萨诸塞州州长Calvin Coolidge解雇了1200名警察，并且宣称："在任何时间、地点，没有人有任何权力向大众安全罢工。"这句话现今被广泛地引用。他以大众的支持作为跳板，不但帮助他成为代理总统，甚至选上了美国总统。还有一个例子是1969年亚特兰大警察部门，那时美国警察联谊会（Fraternal Order of Police）以"怠工"（slowdown）策略实行罢工，与"带着规则工作"看似相同的方式。在那个时候，"嬉皮士"（hippie）激进主义者通常不会被逮捕，而且受到警方宽宏的待遇，大家都能接受，是不成文的规定。为了争取更好的工作报酬与合理的工作时数，警察联谊系统开始"怠工"，借助开出大量的罚单给"嬉皮士"和其他轻微的犯法者，使得当局系统拥塞，实际上让警力运作无法有效执行。那个时候，人人担心犯罪事件一触即发，最后通过讨价还价，警方得到了更好的酬劳和待遇。可见 M. Levi, *Bureaucratic Insurgency: The Case of Police Unions*（Lexington, MA: Lexington Books, 1977），以及 *International Association of Chiefs of Police, Police Unions and Other Police Organizations*（New York: Arno Press and the New York Times, 1971）（Bulletinno.4,

September 1944）。

12. 犯人的最后访谈。
13. 犯人实验后问卷。
14. 犯人的最后评估。
15. 政治历史学家Sheila Howard追溯第一位使用绝食抗议作为政治工具，史无前例的绝食者为Terence MacSwiney，他是爱尔兰科克市新上任的市长，在1920年因为捍卫政治立场而成为犯人，后因绝食抗议而死。Gerry Adams［新芬运动（Sinn Fein movement）的领导者］表示，MacSwiney直接影响到甘地（请见Bobby Sands的书之序言）；从1976年到1981年，爱尔兰政治犯有许多诸如此类的绝食抗议，最有名的一次，也是最后一次，甚至造成十个人死亡，包括七位爱尔兰共和军（Irish Republican Army，IRA）成员，特别是其中一位是他们的领导人。Bobby Sands和三位爱尔兰解放军、共和党员犯人在位于贝尔法斯特正南方的Long Kesh监狱绝食抗议。不同于其他抗议，他们的方式是"毛毯抗议"：拒绝穿监狱制服，因为这代表了一个人犯罪的身份，但在他们绝食抗议时裹着毛毯保持温暖。

在监狱里，Bobby Sands写了一系列激励人心的诗句和其他零星文章；他激起了国际间对被占领的民族背后政治因素的支持，特别是伊朗和巴勒斯坦。同样地，巴勒斯坦的国旗与爱尔兰三色旗（代表天主教／国家主义／共和主义：Catholic/nationalist/republican）一同飘扬在德里城（Derry）和贝尔法斯特地区。

相关参考书目包括：Shelia Howard，*Britain and Ireland 1914-1923*（Dublin：Gill and Macmillan，1983）；Gerry Adams，*Foreword to Bobby Sands Writings from Prison*（Cork：Mercier Press，1997）；and Michael Von Tangen Page，*Prisons, Peace, and Terrorism: Penal Policy in the Reduction of Political Violence in Northern Ireland, Italy, and the Spanish Basque Country*，1968-1997（New York：St. Martin's Press，1998）。

16. 犯人的最后评估。
17. 犯人最后面谈，也是下个引述的来源。
18. 狱卒回顾日记。
19. 犯人回顾日记。
20. 犯人实验后问卷。
21. 犯人回顾日记。

注　释

22. 这个延伸和接下来的引述，是来自克里斯蒂娜·马斯拉什和克雷格·黑尼和我所著的文章中的一段：P. G. Zimbardo, C. Maslach, and C. Haney, "Reflections on the Stanford Prison Experiment: Genesis, Transformations, Consequences", in *Obedience to Authority: Current Perspectives on the Milgram Paradigm*, ed. T. Blass（Mahwah, NJ: Erlbaum, 1999）, pp. 193-237. Quote is on pp. 214-216。

23. 出处同上，pp. 216-217。

24. Bruno Bettelheim 报告了在纳粹集中营的囚犯身上出现相同的现象，在大屠杀的早期他被拘留在那里，那是集中营变成屠杀营之前。他叙述一些同伴如何放弃继续生存下去的念头，变得形同行尸走肉。他令人动容地完整叙述关于在那样可怕的情境下的生存和放弃，如何令人永生难忘。以下是他这篇散文"Owners of Their Face"的部分内容，出自他的著作 *Surviving and Other Essays*（New York: Alfred A. Knopf, 1979）:

> 我从 Paul Celan 的诗，以及在经历过集中营中的生离死别，观察他人和自己而得到了一些体悟：即使是被党卫军最恶劣地对待，也不能浇熄生存的意志——那便是，只要一个人可以鼓起勇气继续怀抱希望，就能维持住自己的自尊心。严刑拷打可以强化一个人的决心，不让致命的敌人破坏生存下去的渴望，并且在被限制的环境下尽力保持一个人的真实存在。虽然党卫军的残暴会迫使一个人伤痕累累，但这也让一个人更真实地体会到活着的感觉，让一个人更能够继续挺下去，伺机在某一天击垮敌人。……所有事情都只为一个重点。如果完全没有或只有一丝丝的迹象，显示外头庞大的世界里有人深深地关心一个犯人的命运，也就是外在世界所能赐予的正向意义象征，要是最后连这个都消失殆尽，让他感到被世界遗弃，通常伴随着他的是意志和生存能力消耗殆尽的悲惨结果。他只能寻找一个非常清楚的、没有被抛弃的明证——但党卫军保证很少有人可以找得到，尤其是在灭绝集中营里——大部分人的希望，还是破灭。这些濒临绝望和崩溃瓦解的极限状态的人里，有些人已变成了行尸走肉，因为他们的生命动能已经起不了作用了——就像"穆斯林"，他们不敢相信，别人会像他们那样坚定地相信自己没有被忽略、遗忘。（第105—106页）

第9章

1. 狱卒回顾日记。

2. 赛罗斯是一个十八岁的大学新鲜人,并且考虑成为一名社工人员。
3. 狱卒事件记录报告(Guard's incident report)。
4. 除非另有说明,所有犯人和狱卒对话都来自实验中录像带的逐字稿。
5. 1971年8月29日,公众辩护律师寄给我的信件。
6. "紧急事件压力处理"(Critical Incident Stress Debriefing)是针对灾后压力受害者最基本的治疗方式,像是恐怖攻击、天灾、强暴和其他虐待行为。然而,近来实证结果挑战了它的治疗价值,甚至还有实例指出可能会因此增加和延长压力而产生不良后果,一些例子显示,用这种方式让人们宣泄情绪,不但没有得到情绪释放效果,反而还提升了负面想法。一些相关的参考文献包括:B. Litz, M. Gray, R. Bryant, and A. Adler, "Early Intervention for Trauma: Current Status and Future Directions," *Clinical Psychology: Science and Practice 9*(2002): pp. 112-134. R. McNally, R. Bryant, and A. Ehlers, "Does Early Psychological Intervention Promote Recovery from Posttraumatic Stress?" *Psychological Science in the Public Interest 4*(2003): pp. 45-79。
7. 犯人回顾日记。
8. 狱卒回顾日记。每个受试者只得到一星期的酬劳,但因为提早终止而没有得到第二星期的酬劳,每位犯人和狱卒,一天都有15美元的酬劳。
9. 狱卒回顾日记。
10. 犯人的最后评估。
11. 犯人的最后评估。
12. 犯人回顾日记。
13. 狱卒回顾日记。
14. 犯人的最后评估。
15. 犯人回顾日记。
16. 狱卒最后的访谈。
17. 狱卒实验后问卷。
18. 狱卒回顾日记。
19. 狱卒回顾日记。
20. 犯人实验后问卷。
21. 狱卒回顾日记。
22. 狱卒访谈录音。

23. 狱卒回顾日记。
24. 访谈纸本记录：*Quiet Rage: The Stanford Prison Experiment*。
25. NBC *Chronolog* 电视访问，1971年11月播出。
26. 狱卒回顾日记。
27. 狱卒回顾日记。
28. 绰号"约翰·韦恩"的狱卒赫尔曼，可以和我的同事John Steiner的遭遇相互呼应。Steiner是所诺马州立大学（Sonoma State University）社会学荣誉退休教授，也是一个大屠杀的幸存者，年轻时曾经在布加勒斯特集中营待过好几年。听说我们的犯人给一个最坏的狱卒取名叫做"约翰·韦恩"时，他这么和他的自身经验对照："我们都不晓得集中营里的狱卒的名字，所以我们叫他们'中尉先生'（Herr Lieutenant）或是'S. S.警官先生'（Mr. S. S. Officer），就是没有名字，没有身份识别。然而，其中最凶恶的一个狱卒，我们特别给他取了个绰号。因为他射杀人无需任何理由，只是杀他们，把他们推向电篱笆，残暴地像是野蛮的西部牛仔，所以我们叫他'汤姆·米克斯'（Tom Mix），但是只敢偷偷在他背后讲。"汤姆·米克斯是20世纪30至40年代最强硬的电影牛仔，约翰·韦恩紧随其后，成为新一代的代表人物。
29. 狱卒的最后评估。
30. 狱卒实验后问卷。
31. 狱卒实验后问卷。

第10章

1. "习得的无助感"这一概念始自于Martin Seligman及其伙伴的动物研究。狗在制约实验中被强制施以电击，由于它们无法逃跑只能接受电击，所以很快地就会不再试着逃跑了，它们就像放弃一样认命接受电击，即使给它们逃跑的机会也一样。后来的实验发现在人类身上也出现同样的情形，之前曾被迫接收噪声的人，即使让他们可以停止新出现的噪声，他们也什么都不做。类似情形在临床忧郁症者、受虐儿童及配偶、战俘及某些养老院的老人身上也同样明显。相关参考资料请见M. E. P. Seligman, *Helplessness: On Depression, Development and Death* (San Francisco：Freeman, 1975)；D. S. Hiroto, "Loss of Control and Learned Helplessness", *Journal of Experimental Psychology* 102 (1974): 187-198；J. Buie, "'control' Studies Bode Better Health in Aging",

APA Monitor, July 1988, p. 20。

2. 关于我们所搜集到的资料及其统计分析结果，最佳的参考资料是我们所发表的第一篇科学论文：Craig Haney, Curtis Banks, and Philip Zimbardo, "Interpersonal Dynamics in a Simulated Prison," *International Journal of Criminology and Penology* 1（1973）: 69-97。这份期刊目前已废刊，由于不属于美国心理学学会的出版物，因此也没有留存下档案记录。不过这篇文章的 PDF 文档可上网搜寻到，网址为 www.prisonexp.org 以及 www.zimbardo.com。也请见 P. G. Zimbardo, C. Haney, W. C. Banks, and D. Jaffe, "The Mind is a Formidable Jailer: A Pirandellian Prison", *The New York Times Magazine*, April 8, 1973, pp. 36ff; P. G. Zimbardo, "Pathology of Imprisonment", *Society* 6（1972）: 4, 6, 8。

3. T. W. Adorno, E. Frenkel-Brunswick, D. J. Levinson, and R. N. Sanford, *The Authoritarian Personality*（New York: Harper, 1950）.

4. R. Christie, and F. L .Geis, eds. *Studies in Machiavellianism*（New York: Academic Press, 1970）.

5. A. I. Comrey, *Comrey Personality Scales*（San Diego: Educational and Industrial Testing Service, 1970）.

6. Figure 16.1, "Guard and Prison Behavior", in P. G. Zimbardo and R. J. Gerrig, *Psychology and Life*, 14th ed., （New York: HarperCollins, 1996）, p. 587.

7. B. Bettelheim, *The Informed Heart: Autonomy in a Mass Age*（Glencoe, IL: Free Press, 1960）.

8. E. Aronson, M. Brewer, and J. M. Carlsmith, "Experimentation in Social Psychology", in *Handbook of Social Psychology*, vol.1, ed. Lindzey and E. Aronson（Hillsdale NJ: Erlbaum, 1985）.

9. K Lewin, Field Theory in Social Science（New York: Harper 1951）. K. Lewin, R. Lippitt, and R. K. White, "Patterns of Aggressive *Behavior in Experimentally Created* 'Social Climates'", *Journal of Social Psychology* 10（1939）: 271-299.

10. Robert Jay Lifton, *The Nazi Doctor: Medical Killing and the Psychology of Genocide*（New York: Basic Books, 1986）, p. 194.

11. 1967 年 11 月电影《铁窗喋血》于美国上映。

12. P. G. Zimbardo, c. Maslach, and C. Haney, "Reflections on the Stanford Prison Experiment: Genesis, Transformation, Consequences", in *Obedience to Authority: Current Perspectives on the Milgram Paradigm*, ed. T. Blass (Mahwah, NJ: Erlbaum, 1999), pp. 193-237; 引自第229页。
13. 出自囚犯的最后访谈, 访谈日期为1971年8月19日。
14. R. J. Lifton, *Thought Reform and the Psychology of Totalism* (New York: Harper 1969).
15. L. Ross, and R. Nisbett, *The Person and the Situation* (New York: McGraw-Hill, 1991).
16. L. Ross, "The Intuitive Psychologist and His Shortcomings: Distortions in the Attribution Process", *Advances in Experimental Social Psychology*, vol.10, ed. L. Berkowitz (New York: Academic Press, 1977), pp. 173-220.
17. Sarah Lyall对这些角色的完整描述请见 "To the Manor Acclimated", *The New York Times*, May 26, 2002, p. 12。
18. Zimbardo, Maslach, and Haney, "Reflections on the Stanford Prison Experiment", p. 226.
19. A. Zarembo, "A Theater of Inquiry and Evil", *Los Angeles Times*, July 15, 2004, pp. A1, A24-A25.
20. L. Festinger, *A Theory of Cognitive Dissonance* (Stanford, CA: Stanford University Press, 1957); P. G. Zimbardo and M. R. Leippe, *The Psychology of Attitude Change and Social Influence* (New York: McGraw-Hill, 1991); P. G. Zimbardo, *The Cognitive Control of Motivation* (Glenview, IL: Scott, Foresman, 1969).
21. R. Rosenthal and L. F. Jacobson, *Pygmalion in the Classroom: Teacher Expectation and Pupils' Intellectual Development* (New York: Holt, 1968).
22. V. W. Bernard, P. Ottenberg, and R. Redl, "Dehumanization: A Composite Psychological Defense in Relation to Modern War", in *The Triple Revolution Emerging: Social Problems in Depth*, eds. R. Perruci and M. Pilisuck (Boston: Little, Brown, 1968), pp. 16-30.
23. H. I. Lief and R. C. Fox, "Training for 'Detached Concern' in Medical Students", in *The Psychological Basis of Practice*, ed. H. I. Lief, V. F. Lief, and N. R. Lief (New

York: Harper & Row, 1963); C. Maslach, "'Detached Concern', in *Health and Social Service Professions*", paper presented at the American Psychological Association annual meeting, Montreal, Canada, August 30, 1973.

24. P. G. Zimbardo, "Mind Control in Orwell's *1984*: Fictional Concepts Becomes Operational Realities in Jim Jones' Jungle Experiment", in *1984: Orwell and Our Future*, eds. M. Nussbaum, J. Goldsmith, and A. Gleason (Princeton, NJ: Princeton University Press, 2005), pp. 127-154.

25. 引自Feynman为调查"挑战者"号航天飞机失事意外之罗杰斯委员会报告（Rogers Commission Report）所撰写的附录。他在自传性作品的第二卷中也曾描述此次经验，请见*What Do You Care What Other People Think? Further Adventures of a Curious Character*（Princeton, NJ: Princeton University Press, 2005), pp. 127-154。

26. G. Ziemer, *Education For Death: The Making of the Nazi* (New York: Farrar, Staus and Giroux, 1972).

27. E. Kogon, J. Langbein, and A. Ruckerl, eds, *Nazi Mass Murder: A Documentary History of the Use of Poison Gas* (New Haven, CT: Yale University Press, 1993), pp. 5-6.

28. Lifton, *The Nazi Doctors* (1986), pp. 212-213.

第11章

1. "总体情境"（total situation）是强烈影响人性运作的一种情境，Erving Goffman运用总体情境概念来描绘情境对于精神病患和犯人的影响。在总体情境中，人们的身心状态会受到拘束，造成所有的讯息和报偿结构都被限制在情境的狭小范围内。克雷格·黑尼和我将这个概念延伸至高级中学，因为高中这个情境有时候很像监狱。请见 E. Goffman, *Asylums: Essays on the Social Situation of Mental Patients and Other Inmates* (New York: Doubleday, 1961); C. Haney and P. G. Zimbardo, "Social Roles, Role-playing and Education: the High School as Prison", *Behavioral and Social Science Teacher, vol.1*（1973）: pp. 24-45。

2. P. G. Zimbardo, *Psychology and Life*, 12th ed. (Glenview, IL: Scott, Foresman, 1989). Table "Ways We Can Go Wrong", p. 689.

3. L. Ross and D. Shestowsky, "Contemporary Psychology's Challenges to Legal Theory

and Practice", *Northwestern Law Review* 97（2003）：pp. 108-114.
4. S. Milgram, *Obedience to Authority*（Mew York：Harper & Row，1974）.
5. D. Baumrind, "Some Thoughts on Ethics of Research：After Reading Milgram's 'Behavioral' Study of Obedience," *American Psychologist* 19（1964）：pp. 421-423.
6. 许可文件载于《人体受试者研究评论》(*Human Subjects Research Review*)，可上网查询，网址为www.prisonexp.org，在"Links"选项下。
7. 请见L. Ross, M. R. Lepper, and M. Hubbard, "Perseverance in Self-Perception and Social Perception：Biased Attributional Processes in the Debriefing Paradigm", *Journal of Personality and Social Psychology* 32（1975）：pp. 880-892。
8. L. Kohlberg, The Philosophy of Moral Development（New York：Harper & Row, 1981）.
9. 请见Neal Miller对生物回馈及自动调节机制的研究，他的亲身示范也告诉我们基础研究可以有何种卓著贡献：N. E. Miller, "The Value of Behavioral Research on Animals", *American Psychologist* 40（1985）：423-440；N. E. Miller, "Introducing and Teaching Much-Needed Understanding of the Scientific Process", *American Psychologist* 47（1992）：pp. 848-850。
10. P. G. Zimbardo, "Discontinuity Theory：Cognitive and Social Searches for Rationality and Normality-May Lead to Madness", in Advances in Experimental Social Psychology, vol.31, ed. M. Zanna（San Diego：Academic Press, 1999）, pp. 345-486.
11. 关于《寂静的愤怒》这部影片的详情，请见P. G. Zimbardo（writer and producer）and K. Musen（co-writer and co-producer）, *Quiet Rage: The Stanford Prison Experiment*（video）（Stanford, CA：Stanford Instructional Television Network, 1989）。
12. 个人通信，电子邮件，通信日期为2005年6月5日。
13. C. Haney, "Psychology and Legal Change：The Impact of a Decade", *Law and Human Behavior* 17（1993）：pp. 371-398；C. Haney, "Infamous Punishment：The Psychological Effects of Isolation", *National Prison Project Journal* 8（1993）：pp. 3-21；C. Haney, "The Social Context of Capital Murder：Social Histories and the Logic of Capital Mitigation", *Santa Clara Law Review* 35（1995）：

pp. 547-609; C. Haney, *Reforming Punishment: Psychological Limits to the Pain of Imprisonment* (Washington, DC: American Psychological Association, 2006); C. Haney and P. G. Zimbardo, "The Past and Future of U. S. Prison Polley: Twenty-five Years After the Stanford Prison Experiment", *American Psychologist 53* (1998): pp. 709-727.

14. P. G. Zimbardo, C. Maslach, and C. Haney, "Reflections on the Stanford Prison Experiment: Genesis, Transformations, Consequences", in *Obedience to Authority: Current Perspectives on the Milgram Paradigm*, ed. T. Blass (Mahwah, NJ: Erlbaum, 1999). 引文出自第221, 225页。

15. 同前引书，第220页。

16. C. Maslach, "Burned-out", *Human Behavior*, September 1976, pp. 16-22; C. Maslach, *Burnout: The cost of Caring* (Englewood Cliffs, NJ: Prentice-Hall, 1982); C. Maslach, S. E. Jackson, and M. P. Leiter, *The Maslach Burnout Inventory*, (3rd ed.) (Palo Alto, CA: Consulting Psychologists Press, 1996); C. Maslach, and M. P. Leiter, *The Truth About Burnout* (San Francisco: Jossey-Bass, 1997).

17. 班克斯继续在学术上开创出杰出的事业，他只花了三年就拿到了斯坦福的博士学位，并成为普林斯顿大学心理系第一位非裔美国人终身职教授。他接着来到哈佛大学任教，并且为美国教育测验服务社（Educational Testing Service）提供优异服务，还是创办《黑暗心理学期刊》（*Journal of Black Psychology*）的编辑。遗憾的是，1998年时他因癌症而英年早逝。斯坦福监狱实验结束之后，贾菲（David Jaffe）也同样在医学界开创出一番杰出事业，他现在是圣路易斯儿童医院（St. Louis Children's Hospital）的急诊部主任，也在位于密苏里州圣路易斯市的华盛顿大学担任儿科副教授。

18. P. G. Zimbardo, "The Stanford Shyness Project", in *Shyness: Perspectives on Research and Treatment*, ed. W. H. Jones, J. M. Cheek, and S. R. Briggs (New York: Plenum Press, 1986), pp. 17-25; P. G. Zimbardo, *Shyness: What It Is, What to Do About It* (Reading, MA: Addison-Wesley, 1977); P. G. Zimbardo and S. Radl, *The Shy Child* (New York: McGraw-Hill, 1986); P. G. Zimbardo, P. Pilkonis, and R. Norwood, "The Silent Prison of Shyness", *Psychology Today*, May 1975, pp. 69-70, 72; L. Henderson and P. G. Zimbardo, "Shyness

as a Clinical Condition: The Stanford Model", in *International Handbook of Social Anxiety*, L. Alden and R. Crozier (eds.) (Sussedx, UK: John Wiley & Sons), pp. 431-447.
19. P. G. Zimbardo, "The Power and Pathology of Imprisonment", Congressional Record, serial No.15, October 25, 1971, Hearings before Subcommittee No.3 of the Committee on the Judiciary, House of Representatives, Ninety-Second Congress, First Session on Corrections, Part II, Prison Reform and Prisoner's Rights: California (Washington, DC: U. S. Government Printing Office, 1971).
20. P. G. Zimbardo, "The Detention and Jailing of Juveniles", (Hearings Before U. S. Senate Committee on the Judiciary Subcommittee to Investigate Juvenile Deliquency, September 10, 11, and 17, 1973) (Washington, DC: U. S. Government Printing Office, 1974), pp. 141-161.
21. P. G. Zimbardo, "Transforming Experimental Research into Advocacy for Social Change", in *Applications of Social Psychology*, eds. M. Deutsch and H. A. Hornstein (Hillsdale, NJ: Erlbaum, 1983).
22. S. H. Lovibond, X. Mithiran, and W. G. Adams, "The Effects of Three Experimental Prison Environments on the Behaviour of Non-Convict Volunteer Subjects", *Australian Psychologist* (1979): pp. 273-287.
23. A. Banuazizi and S. Movahedi, "Interpersonal Dynamics in a Simulated Prison: A Methodological Analysis", *American Psychologist 17* (1975): pp. 152-160.
24. N. J. Orlando, "The Mock Ward: A Study in Simulation", in *Behavior Disorders: Perspectives and Trends*, O. Milton and R. G. Wahlers, eds. (3rd ed., Philadelphia: Lippincott, 1973), pp. 162-170.
25. D. Derbyshire, "When They Played Guards and Prisoners in the US, It Got Nasty, In Britain, They Became Friends", *The Daily Telegraph*, May 3, 2002, p. 3.
26. M. G. Bloche and J. H. Marks, "Doing unto Others as They did to Us", The *New York Times*, November 4, 2005.
27. J. Mayer, "The Experiment", *The New Yorker*, July 11 and 18, 2005, pp. 60-71.
28. Gerald Gray and Alessandra Zielinski, "Psychology and U. S. Psychologists in Torture and War in the Middle East," *Torture* 16 (2006): 128-133, 引文出自

第130-131页。

29. "The Schlesinger Report", in *The Torture Papers*, eds. K. Greenberg and J. Dratel（UK：Cambridge University Press, 2005）, pp. 970-971. 关于这份独立调查报告，在第十五章中我们将有详尽的阐述。

30. Richard Alvarez, review of Stanford Prison Experiment, Cover, September 1995, p. 34.

31. Philip French, review of "Das Experiment", *The Observer*, online, March 24, 2002.

32. Peter Bradshaw, review of "Das Experimen", *The Guardian*, online, March 22, 2002.

33. Roger Ebert, review of "Das Experiment", *Chicago Sun-Times*, online, October 25, 2002.

34. Blake Gopnik, "A Cell with the Power to Transform", *The Washington Post*, June 16, 2005, pp. C1, C5.

35. W. Mares, *The Marine Machine: The Making of the United States Marine*（New York：Doubleday, 1971）。

第12章

1. C. S. Lewis（1898—1963），剑桥大学的中世纪及文艺复兴时期英文教授，也是一位小说家、儿童作家，在道德和宗教议题方面颇受欢迎的讲者。在他最知名的著作《地狱来鸿》(*The Screwtape Letters*, 1944) 中，他模仿一位来自地狱的资深恶魔的口吻写信给一个小恶魔，鼓励他在人间好好努力。而《核心集团》(*The Inner Ring*) 则是1944年他在伦敦大学国王学院开给学生聆听的纪念讲座。

2. R. F. Baumeister and M. R. Leary, "The Need to Belong：Desire for Interpersonal Attachments as a Fundamental Human Motivation", *Psychological Bulletin 117*（1995）：pp. 427-529.

3. R. B. Cialdini, M. R. Trost, and J. T. Newsome, "Preference for Consistency：The Development of a Valid Measure and the Discovery of Surprising Behavioral Implications", *Journal of Personality and Social Psychology 69*（1995）：pp. 318-328; 也请见 L. Festinger, A Theory of Cognitive Dissonance（Stanford, CA：

Stanford University Press，1957）。

4. P. G. Zimbardo and S. A. Andersen, "Understanding Mind control: Exotic and Mundane Mental Manipulations", in *Recovery from Cults*, ed. M. Langone,（New York：W. W. Norton, 1993）；也请见 A. W. Scheflin and E. M. Opton, Jr., *The Mind Manipulations: A Non-fiction Account*（New York：Paddington Press, 1978）。

5. 除了规范性、社会性压力要求人必须附和他人观点外，理性力量也是其中一个因素，因为人们可能可以提供有价值的信息和智慧。请见 M. Deutsch and H. B. Gerard, "A Study of Normative and Informational Social Influence upon Individual Judgment", *Journal of Abnormal and Social Psychology 51*（1995）：pp. 629-636。

6. *Associated Press*（July 25, 2005）, "'Cool Mom' Guilty of Sex with Schoolboys: She Said She Felt Like 'One of the Group'"，这份报道是关于2003年10月至2004年10月间，她在科罗拉多州乡间的戈尔登镇（Golden）所举办的性爱、毒品派对。

7. 关于自利取向、以自我为中心并认定自己在"水准之上"的偏见心态已经有广泛研究。关于自利偏误在各个不同适用领域中的主要影响之概论，请见 D. Myers, *Social Psychology*, 8th ed.（New York：McGraw-Hill, 2005）, pp. 66-77。

8. E. Pronin, J. Kruger, K. Savitsky, and L. Ross, "You Don't Know Me, but I Know You: The Illusion of Asymmetric Insight", *Journal of Personality and Social Psychology 81*（2001）：pp. 639-656.

9. S. E. Asch, "Studies of Independence and Conformity: A Minority of One Against a Unanimous Majority", *Psychological Monographs* 70（1951）：whole No.416；S. E. Asch, "Opinions and Social Pressure", Scientific American, November 1955, pp. 31-35.

10. M. Deutsch and H. B. Gerard（1955）.

11. T. Blass, *Obedience to Authority: Current Perspectives on the Milgram Paradigm*（Mahwah, NJ：Erlbaum, 1999）, p. 62.

12. 1949年，我在纽约布朗克斯区的詹姆斯·门罗中学（James Monroe High School）就读，当时坐在我旁边的同班同学就是斯坦利·米尔格伦。我们都是身形瘦削的孩子,满怀着想要闯出一番事业的野心,好逃离我们居住的贫民区的禁锢。斯坦利是个聪明的小个子,我们会去找他,希望从他那里得到可信赖的答案。我则是人缘好的高个儿,总是笑笑的,其他人来找我通常是为了得到社交方面的建议。而从那么早的时期起,我们就已经开始迈向情境主义者的道路了。我转学到门罗中学前,曾在北好莱坞中学(North Hollywood High School)度过可怕的一年,我在那个学校受到排挤,完全交不到朋友(我后来才知道,我被排挤的原因是有流言传说我出身纽约的一个西西里黑手党家族),却被选为三年级班上的"吉米·门罗",这在是门罗中学最受欢迎的男孩才会冠上的头衔。斯坦利和我曾经讨论这样的转变是怎么发生的。我们都同意,改变的人并不是我,情境才是最重要的因素。数年后我们再次碰面,那是在1960年的耶鲁大学校园,我们都是刚起步的助理教授,他在耶鲁,而我在纽约大学,情况却倒转了,斯坦利希望受人欢迎,而我则很想要变得聪明些。越是得不到的东西,人们就越想要。

我也应该提一下,我和斯坦利之间另外有个共通点,是我最近才发现的。我是最初建立地下实验室的人,而这地点在整修后则成为米尔格伦进行他在耶鲁的服从权威实验的地点(在他无法再继续使用社会学者O. K. Moore那间雅致的互动实验室后)。那间实验室是我在数年前为了我和Irving Sarnoff合作的一项研究而设置,当时我们要测试的是一些弗洛伊德式预测,主题是关于恐惧和焦虑对社会亲密性(social affiliation)的影响差异。我在上心理学导课的那栋楼的地下室弄了个小小实验室,那栋建筑有个可爱的英国名字,叫做Linsly-Chittenden Hall。还有一个有趣地方就是,米尔格伦的实验和斯坦福监狱实验都是在地下室进行。

13. T. Blass, *The Man Who Shocked the World* (New York:Basic Books,2004),p. 116.

14. 请见R. Cialdini, *Influence* (New York:McGraw-Hill, 2001)。

15. J. L. Freedman and S. C. Fraser, "Compliance Without Pressure:The Foot-in-the-Door Technique", *Journal of Personality and Social Psychology* 4 (1966):pp. 195-202;也请见S. J. Gilbert, "Another Look at the Milgram Obedience Studies:The Role of the Graduated Series of Shocks", *Personality and Social Psychology Bulletin* 4 (1981):pp. 690-695。

16. *E. Fromm, Escape from Freedom* (New York:Holt, Rinehart and Winston,

1941）。美国由于担忧恐怖分子对国家安全造成威胁，而这样的恐惧又受到政府官员推波助澜，于是许多人民、五角大楼以及国家领导人接受了这样的看法：为了避免未来的攻击行动，刑求人犯是获得情报的必要手段。我将在第15章中主张，这样的理由是造成阿布格莱布监狱中美国狱卒动手虐待囚犯的原因之一。

17. Blass, *The Man Who Shocked the World*, *Appendix C*, "The Stability of Obedience Across Time and Place".
18. C. K. Hofling, E. Brotzman, S. Dalrymple, N. Graves, and C. M. Pierce, "An Experimental Study in Nurse-Physician Relationships", *Journal of Nervous and Mental Disease* 143（1966）: pp. 171-180.
19. A. Krackow and T. Blass, "When Nurses Obey or Defy Inappropriate Physician Orders: Attributional Differences", *Journal of Social Behavior and Personality* 10（1995）: pp. 585-594.
20. W. Meeus and Q. A. W. Raaijmakers, "Obedience in Modern Society: The Utrecht Studies", *Journal of Social Issues* 51（1995）: pp. 155-176.
21. 引文出自 *The Human Behavior Experiments*, transcript: Sundance Lock, May 9, 2006, Jig Saw Productions, p. 20. 文字稿可上网查询，网址为 www.prisonexp.org/pdf/HBE-transcript.pdf。
22. 关于脱衣搜身骗局的引文和信息都出自同一篇文章，这篇提供相当丰富信息的文章请见 Andrew Wolfson, "Hoax Most Cruel", in *The Courier-Journal*, October 9, 2004. 也可上网查询，网址为 www.courier-journal.com/apps/pbcs.dll/article？AID=/20051009/NEWS01/510090392/1008Hoax。
23. 引自1979年的一场电视访谈，请见 Robert v. Levine, "Milgram's Progress", *American Scientist* Online, July-August 2004. 原始出处为 Blass, *Obedience to Authority*, pp. 35-36。
24. R. Jones, "The Third Wave", in *Experiencing Social Psychology*, ed. A. Pines and C. Maslach（New York: Knopf.1978）, pp. 144-152; 也请见 R. Jones 所写的一篇谈到他的第三波课堂实验的文章，可上网查询，网址为 www.vaniercollege.qc.ca/Auxilliary/Psychology/Frank/Thirdwave.html。
25. 电视写实剧《波潮汹涌》（*The Wave*），由 Alexander Grasshoff 执导，1981年播出。

26. W. Peters, *A Class Divided Then and Now* (expanded ed.) (New Haven, CT: Yale University Press, 1985 [1971]).

27. H. H. Mansson, "Justifying the Final Solution", *Omega: The Journal of Death and Dying* 3 (1972): pp. 79-87.

28. J. Carlson, "Extending the Final Solution to One's Family", unpublished report, University of Hawaii, Manoa, 1974.

29. C. R. Browning, *Ordinary Men: Reserve Police Battalion 101 and the Final Solution in Poland* (New York: HarperCollins, 1993), p. xvi.

30. E. Staub, *The Roots of Evil: The Origins of Genocide and Other Group Violence* (New York: Cambridge University Press, 1989), pp. 126, 127.

31. J. M. Steiner, "The SS Yesterday and Today: A Sociopsychological View", in *Survivors, Victims, and perpetrators: Essays on the Nazi Holocaust*, ed. J. E. Dinsdale (Washington, DC: Hemisphere Publishing Corporation, 1980), pp. 405-456;引自第433页。也请见A. G. Miller, *The Obedience Experiments: A Case Study of Controversy in Social Science* (New York: Praeger, 1986)。

32. D. J. Goldhagen, *Hitler's Willing Executioners* (New York: Knopf, 1999). 也请见这份评论Christopher Reed, "Ordinary German Killers", in *Harvard Magazine*, March-April 1999, p. 23。

33. H. Arendt, *Eichmann in Jerusalem: A Report on the Banality of Evil*, revised and enlarged edition (New York: Penguin Books, 1994), pp. 25, 26, 252, 276.也是下一则引文的出处。

34. M. Huggins, M. Haritos-Fatouros, and P. G. Zimbardo, *Violence Workers: Police Tortures and Murders Reconstruct Brazilian Atrocities* (Berkeley: University of California Press, 2002).

35. M. Haritos-Fatouros, *The Psychological Origins of Institutionalized Torture* (London: Routledge, 2003).

36. Archdiocese of São Paulo, *Torture in Brazil* (New York: Vintage, 1998).

37. 美洲学校的官方网站网址为www.ciponline.org/facts/soa.htm/；也可参考一个批判性网站，网址为www.soaw.org/new。

38. F. Morales, "The Militarization of the Police", *Covert Action Quarterly* 67 (Spring-Summer 1999): p. 67.

注 释

39. T. McDermott, *Perfect Soldiers: The Hijackers: Who They Were, Why They Did It* (New York: HarperCollins, 2005).

40. M. Kakutani, "Ordinary but for the Evil They Wrought", *The New York Times*, May 20, 2005, p. B32.

41. Z. Coile, "'Ordinary British Lads'", *San Francisco Chronicle*, July 14, 2005, pp. A1, A10.

42. A. Silke, "Analysis: Ultimate Outrage", *The Times* (London), May 5, 2003.

43. 我和这个事件产生关联的原因是认识了逃离这场大屠杀的少数人之一的哥哥,他妹妹叫 Diane Louie, 还有她的男朋友 Richard Clark。当 Diane 和 Richard 回到旧金山后,我为他们进行咨询,从他们那里得到不少关于这场恐怖事件的第一手报道。后来我又担任 Larry Layton 的专家证人,Larry 被控串谋杀害国会议员 Ryan, 通过 Larry 我又和他的妹妹 Debbie Layton 成了朋友,她是反抗吉姆・琼斯独裁统治的另一位英雄人物。我们将在最后一章中谈到更多关于他们的英雄事迹。

44. 琼斯在 1978 年 11 月 8 日悲剧事件发生的最后一小时演说稿被称为"死亡录音"(FBI No. Q042), 可免费上网查询,这是加州奥克兰市的琼斯镇协会所提供的善意服务,将这段演讲转录为文字的是 Mary Mccormick Maaga; 网址为 http://jonestown.sdsu.edu/Aboutjonestown/Tapes/Tapes/Deathtape/Q042.maaga.html。

45. M. Banaji, "Ordinary Prejudice", *Psychological Science Agenda* 8 (2001): pp. 8-16; 引自第 15 页。

第13章

1. Jonathan Swift, *Gulliver's Travels and Other Works* (London: Routledge, 1906 [1727]). 斯威夫特对于人类同胞的遣责是间接的,来自于他另一个自我,即小说中的主人翁格列佛在游历大人国和其他地方时受到形形色色奇人异士的言语抨击。我们这些人形兽在书中被描述为"最卑劣的畸形生物"。我们也从书中得知,我们的不完善是无药可救,因为"没有那么多时间去矫正人形兽所犯下的恶行和蠢事,即便他们的本性至少还留了那么一点美德与智慧的空间"。

2. R. Weiss, "Skin Cells Converted to Stem Cells", *The Washington Post*, August

22, 2005.
3. W. Golding, *Lord of the Flies* (New York: Capricorn Books, 1954), pp. 58, 63.
4. P. G. Zimbardo, "The Human Choice: Individuation, Reason, and Order Versus Deindividuation, Impulse and Chaos", in 1969 *Nebraska Symposium on Motivation*, eds. W. J. Arnold and D. Levine (Lincoln: University of Nebraska Press, 1970).
5. M. H. Bond and D. G. Dutton, "The Effects of Interaction Anticipation and Experience as a Victim on Aggressive Behavior", *Journal of Personality* 43 (1975): pp. 515-527.
6. R. J. Kiernan and R. M. Kaplan, "Deindividuation, Anonymity, and Pilfering", paper presented at the *Western Psychological Association Convention*, San Francisco, April 1971.
7. R. J. Watson, Jr., "Investigation into Deindividuation Using a Cross-Cultural Survey Technique", *Journal of Personality and Social Psychology* 25 (1973): pp. 342-345.
8. 关于去个人化，一些相关参考资料请见E. Diener, "Deindividuation: Causes and Consequences", *Social Behavior and Personality* 5 (1977): pp. 143-156; E. Diener, "Deindividuation: The Absence of self-Awareness and Self-Regulation in Group Members", in *Psychology of Group Influence*, ed. P. G. Paulus (Hillsdale, NJ: Erlbaum, 1980), pp. 209-242; L. Festinger, A. Pepitone, and T. Newcomb, "Some Consequences of De-individuation in a Group", Journal of Abnormal and Social Psychology 47 (1952): pp. 382-389; G. Le Bon, The Crowd: A Study of the Popular Mind (London: Transaction, 1995 [1895]); T. Postmes and R. Spears, "Deindividuation and Antinormative Behavior: A Meta-analysis", in *Psychological Bulletin* 123 (1998): 238-259; S. Prentice-Dunn and R. W. Rogers, "Deindividuation in Aggression", in *Aggression: Theoretical and Empirical Reviews*, eds. R. G. Green and E. I. Donnerstein (New York: Acaademic Press, 1983), pp. 155-172; S. Reicher and M. Levine, "On the Consequences of Deindividuation Manipulations for the Strategic Communication of Self: Identifiability and the Presentation of Social Identity", *European Journal of Social Psychology* 24 (1994): pp. 511-524; J. E. Singer, C. E. Brush and

S. C. Lublin, "Some Aspects of Deindividuation: Identification and Conformity", *Journal of Experimental Social Psychology* 1 (1965): pp. 356-378; C. B. Spivey and S. Prentice-Dunn, "Assessing the Directionality of Deindividuated Behavior: Effects of Deindividuation, Modeling, and Private Self-consciousness on Aggressive and Prosocial Resonses", *Basic and Applied Social Psychology* 4 (1990): pp. 387-403.

9. E. Goffman, Stigma: Notes on the Management of Spoiled Identity (Englewood Cliffs, NJ: Prentice-Hall, 1963).

10. 请见C. Maslach and P. G. Zimbardo, "Dehumanization in Institutional Settings: 'Detached Concern' in Health and Social Service Professions; The Dehumanization of Imprisonment", paper presented at the American Psychological Association Convention, Montreal, Canada, August 30, 1973。

11. R. Ginzburg, *100 Years of Lynching* (Baltimore: Black Classic Press, 1933). 印在明信片上到处发行的私刑照片, 请见J. Alen, H. Ali, J. Lewis, and L. F. Litwack, *Without Sanctuary: Lynching Photography in America* (Santa Fe, NM: Twin Palms Publishers, 2004)。

12. 请见H. C. Kelman, "violence Without Moral Restraint: Reflections on the Dehumanization of Victims and Victimizers", *Journal of Social Issues* 29 (1973): pp. 25-61。

13. B. Herbert, "'Gooks' to 'Hajis'". *The New York Times*, May 21, 2004.

14. A. Bandura, B. Underwood, and M. E. Fromson, "Disinhibition of Aggression Through Diffusion of Responsibility and Dehumanization of Victims", *Journal of Research in Personality* 9 (1975): pp. 253-269.

15. 关于道德脱钩议题, 请见阿尔伯特·班杜拉文章中的广泛探讨, 其中主要有: A. Bandura, Social Foundations of Thought and Action: A Social Cognitive Theory (Englewood Cliffs, NJ: Prentice-Hall, 1986); A. Bandura, "Mechanisms of Moral Disengagement", in *Origins of Terrorism: Psychologies, Ideologies, Theologies, States of Mind*, ed. W. Reich (Cambridge, UK: Cambridge University Press, 1990) pp. 161-191; A. Bandura, "Moral Disengagement in the Perpetration of Inhumanities", *Personality and Social Psychology Review* (Special Issue on Evil and Violence) 3 (1999): pp. 193-209; A. Bandura, "The

Role of Selective Moral Disengagement in Terrorism", in *Psychosocial aspects of Terrorism: Issues, concepts and Directions*, ed. F. M. Mogahaddam and A. J. Marsella (Washington, DC: American Psychological Association Press, 2004), pp. 121-150. A. Bandura, C. Barbaranelli, G. V. Caprara, and C. Pastorelli, "Mechanisms of Moral Disengagement in the Exercise of Moral Agency", *Journal of Personality and Social Psychology* 71 (1996): pp. 364-374; M. Osofsky, A. Bandura, and P. G. Zimbardo, "The Role of Moral Disengagement in the Execution Process", *Law and Human Behavior 29* (2005): pp. 371-392.

16. 在一份来自路透社新闻的报道中，一位三十五岁名叫Mukankwaya的胡图族母亲说她和其他胡图族女性曾围捕邻居的小孩，因为她们现在认为图西族是她们的敌人。她说她们抱持可怕的决心，拿着巨大的棍棒把吓呆的孩子们活活打死。"因为他们认识我们，所以他们都没哭。"她说道，"他们只是睁大了眼睛。我们杀的人多到数不清。"她的道德脱钩方式是她相信她和其他妇女们是在"给那些孩子们恩惠"：他们现在就死总比成为孤儿好，因为他们的父亲都已经死在政府发给图西族男人的大砍刀下，而他们的母亲也都遭到强暴和杀害了。这些孩子们将来的日子一定会非常艰辛，所以她和其他胡图族母亲们认为自己有理由打死这些孩子，这样他们就不必面对悲惨的未来。

17. 请见S. Keen, *Faces of the Enemy: Reflections on the Hostile Imagination* (San Francisco, CA: HarperSanFrancisco, 2004 [1991]), 其套装影碟也十分值得一看 (2004)。

18. 引自Harry Bruinius, *Better for All the World: The Secret History of Forces Sterilization and America's Quest for Racial Purity* (New York: Knopf, 2006)。

19. 请见F. Galton, *Hereditary Genius: An Inquiry into Its Laws and Consequences*, 2nd ed. (London: Macmillan, 1892; Watts and Co.1950); R. A. Soloway, *Democracy and Denigration: Eugenics and the Declining Birthrate in England, 1877-1930* (Chapel Hill: University of North Carolina Press, 1990); Race Betterment Foundation, *Proceedings of the Third Race Betterment Conference* (Battle Creek, MI: Race Betterment Foundation, 1928); E. Black, *War Against the Weak: Eugenics and America's Campaign to Creat a Master Race* (New York: Four Walls Eight Windows, 2003); E. Black, *IBM and the Holocaust: The Strategic Alliance Between Nazi Germany and America's Most Powerful*

Corporation (New York: Crown, 2001).
20. M. L. King, Jr., *Strength to Love* (Philadelphia: Fortress Press, 1963), p. 18.
21. B. Latané and J. M. Darley, *The Unresponsive Bystander: Why Doesn't He Help*? (New York: Appleton-Century-Crofts, 1970).
22. J. M. Darley and B. Latané "Bystander intervention in Emergencies: Diffusion of Responsibilities", *Journal of Personality and Social Psychology* 8 (1968): pp. 377-383.
23. D. A. Schroeder, L. A. Penner, J. F. Dovidio, and J. A. Pilliavan, *The Psychology of Helping and Altruism: Problems and Puzzles* (New York: McGraw-Hill, 1995). 也请见C. D. Batson, "Prosocial Motivation: Why Do We Help Others?" in *Advanced Social Psychology*, ed. A. Tesser (New York: McGraw-Hill, 1995), pp. 333-381; E. Staub "Helping a Distressed Person: Social, Personality, and Stimulus Determinants", *Advances in Experimental Social Psychology*, vol.7, ed. L. Berkowitz (New York: Academic Press, 1974), pp. 293-341.
24. J. M. Darley and C. D. Batson, "From Jerusalem to Jericho: A Study of Situational Variables in Helping Behavior", *Journal of Personality and social Psycology* 27 (1973): pp. 100-108.
25. C. D. Batson et al., "Failure to Help in a Hurry: Callousness or Conflict?" *Personality and Social Psychology Bulletin* 4 (1978): pp. 97-101.
26. "Abuse Scandal to Cost Catholic Church at Least $2 Billion, Predicts Lay Leader", Associated Press, July 10, 2005.也请参见纪录片《远离邪恶》(*Delivers Us form Evil*),这是部关于Oliver O'Grady神父的影片,他被控在长达20年间于加州北部连续犯下儿童性骚扰罪行,受害者包括小男孩和小女孩。而红衣主教Roger Mahoney明知许多关于O'Grady的怨言,却并未将他免职,反而定期将这名性上瘾的神父调到其他教区,让他可以继续残害其他孩子的新鲜肉体。(这部影片由Amy Berg所执导,Lionsgate Films于2006年10月发行。)
27. L. Ross and R. E. Nisbett, *The Person and the Situation* (Philadelphia: Temple University Press, 1991).
28. A. Bandura, *Self-Efficacy: The Exercise of Control* (New York: Freeman, 1997).

29. R. Kueter, *The State of Human Nature*（New York：iUniverse, 2005）。关于文化的心理影响力之评论，请见 R. Brislin, *Understanding Culture's Influence on Behavior*（Orlando, FL：Harcourt Brace Jovanovich, 1993）。也请见 H. Markus and S. Kitayama, "Culture and the Self：Implication for Cognition, Emotion and Motivation", *Psychological Review* 98（1991）：pp. 224-253。

30. L. Ross and D. Shestowsky, "Contemporary Psychology's Challenge to Legal Theory and Practice", *Northwestern University Law Review* 97（2003）：pp. 1081-1114；引自第1114页。对于法律及经济学中情境地位的探讨，Jon Hanson 及 David Yosifon 两位法律学者曾做过广泛评论及分析，十分值得参考，请见 Jon Hanson and David Yosifon, "The Situation：An Introduction to the Situational Character, Critical Realism, Power Economics, and Deep Capture", *University of Pennsylvania Law Review* 129（2003）：pp. 152-345。此外我的研究伙伴克雷格·黑尼也曾针对司法体系需纳入更多情境因素写过大量文章，举例而言，请见 C. Haney, "Making Law Modern：Toward a contextual Model of Justice", *Psychology, Public Policy and Law* 8（2002）：pp. 3-63。

31. F. D. Richard, D. F. Bond, Jr., and J. J. Stokes-Zoota, "One Hundred Years of Social Psychology Quantitatively Described", Review of *General Psychology* 7（2003）：pp. 331-363。

32. S. T. Fiske, L. T. Harris, and A. J. C. Cudy, "Why Ordinary People Torture Enemy Prisoners", *Science*（Policy Forum）306（2004）：pp. 1482-1483；引自第1482页。也请见 Susan Fiske 在 *Social Beings*（New York：Wiley, 2003）中的分析。

第14章

1. 国防部拘留作业独立调查小组（Independent Panel to Review DoD Detention Operations）的结案报告。完整报告内容可在斯坦福监狱实验网站查询，网址为 www.prisonexp.org/pdf/SchlesingerReport.pdf/。该报告之发布日期为2004年11月8日。

2. 美国哥伦比亚广播公司《六十分钟Ⅱ》节目的报道可上网查询，网址为 www.cbsnews.com/stories/2004/04/27/60II/main614063.shtml。

3. 证据显示，迈尔斯将军曾在阿布格莱布监狱事件报道预定于《六十分钟Ⅱ》

播出的八天前打电话给唐·拉瑟，要求美国哥伦比亚广播公司延后播出这段节目。他的理由是为了避免危及"我们的国军"以及他们在"战争方面的努力"。而该公司遵从了迈尔斯的要求，将这段报道延后两周播出。一直到CBS发现《纽约客》正准备刊出调查记者西莫·赫什的详尽报道，最后CBS才决定播出。这个要求显示军方高层完全明白媒体即将披露的信息将会造成"形象问题"。

4. Congress Testimony: Donald Rumsfeld, Federal Document Clearing House, 2004; Testimony of Secretary of Defense Donald H. Rumsfeld Before the Senate and House Armed Services Committees, May 7, 2004. 皆可上网查询，网址分别为 www.highbeam.com/library/wordDoc.doc? docid=1P1: 94441824; www.defenselink.mil/speeches/2004/sp20040507-secdef1042.html。

5. 引自 Adam Hochschild, "What's in a Word? Torture," *The New York Times*, May 23, 2004. 针对仅将这些行径视为"虐待"而非"刑求"的观点，Susan Sontag 曾在一篇短文中提出简练而明确的反驳，请见"Regarding the Torture of Others", *The New York Times Magazine*, May 23, 2004, pp. 25ff。

6. 梵蒂冈外长 Giovanni Lajolo 总主教持不同观点："刑求？这对美国是比'9·11'事件更沉重的打击。不一样的只是，这打击不是来自恐怖分子，而是美国人自己。"总部设于伦敦的阿拉伯语报纸 *Al-Quds Al-Arabi* 的主笔则表示："这些解放者比独裁者还要坏。对美国而言，这是压垮骆驼的最后一根稻草。"

7. 我曾想要发起一个"乔·达比英雄基金"(Joe Darby Hero Fund)，然后向全国募款，等他一旦不再受到军方保护时即可把这笔钱给他。一位为《今日美国》(*USA Today*) 工作的媒体记者 Marilyn Elias 说她的报纸会刊出关于这位"躲藏中的英雄"的故事，如果我可以提供一个让人捐钱过去的地方，她会在文章里提到这个英雄基金。于是一连好几个月，我徒劳无功地想说服式各样组织作为这笔基金的公开渠道，这些组织包括国际特赦组织、达比家乡的银行、我在帕洛阿尔托市的联邦银行，以及一个刑求受害者协会。每个单位都给我一堆虚假理由推托掉了。我可以说服当时的美国心理协会主席 Diane Halperin 在该协会年会上颁给达比会长奖，但是这提议却受到董事会成员大力反对。对许多人而言，这件事太政治性了。

8. 引自"A Question of Torture", PBS News *Frontline*, October 18, 2005.

9. CBS, 60 *Minutes II*, April 28, 2004.
10. "Iraq Prison Abuse Stains Entire Brigade", *The Washington Times*（www.washingtontimes.com）, May 10, 2004.
11. Janis Karpinski with Steven Strasser, *One Woman's Army: The Commanding General at Abu Ghraib Tells Her Story*（New York: Miramax, 2005）.
12. 英国国家广播公司第四频道的节目于2004年6月15日访谈卡尔平斯基之内容。2006年5月4日，她也在斯坦福大学举行的一场会议中重申这些指控，我担任这场会议的引言人。
13. 这份心理评估包括和军方心理学者阿尔文·琼斯于2004年8月31日及9月2日进行之访谈，以及接下来的一系列心理测验。进行的测验包括明尼苏达多个性测验二版（MMPI-2）；米利翁临床多轴度测验三版（Million Clinical Multiaxial Inventory-3 [YC1]）；韦克斯勒智力测验简易版（Wechsler Abbreviated Scale of Intelligence）。9月21日这份官方心理咨询报告以及测验资料送到我手上，并转交给在帕洛阿尔托市的太平洋心理研究院（Pacific Graduate School of Psychology）担任博士培训计划主持人的Larry Beutler博士。他运用独盲测验方法诠释，以避免对地位和测验对象认知造成的干扰。当我在家中与奇普访谈时，我也为他进行马斯拉什心理倦怠测验（Maslach Burnout Inventory），这份测验的结果送去给一名工作倦怠方面专家、任职加拿大沃夫维尔（Wolfville）组织发展中心的Michael Leiter博士诠释。并于2004年10月3日收到他的正式评估结果。他也采取盲法以避免对测验对象背景的认知所造成的干扰。
14. Psychology consultation report, August 31, 2004.
15. 关于这方面的资料与相关研究之概述，请见我所出版的：P. G. Zimbardo, *Shyness: What It Is. What to Do About It*（Reading, MA: Perseus Books, 1977）。
16. 第372宪兵连是驻扎于马里兰州克里萨普镇（Cresaptown）的后备役军人单位。这连队的大多数成员均来自阿巴拉契亚山区的低收入小镇，地方上的媒体时常出现募兵广告。那里的人为了赚钱或是看看这个世界，常在青少年时期就从军去了，也可能因为当兵是离开成长小镇的唯一办法。根据报道，第372连的成员间团队关系十分紧密。请见*Time magazine*, Special Report, May 17, 2004。

17. 我与奇普于2004年9月30日进行的访谈,以及2005年6月12日的私人书信。
18. 对阿尔文·琼斯博士的访谈评估报告以及奇普接受的一系列心理测验(测验日期2004年8月31日至9月2日)之摘要。
19. 琼斯博士对所有测验结果的摘要。
20. 这里及他处的引文均出自《委托人测验诠释》(Test Interpretation of Client),此为Larry Beutler博士于2004年9月22日给我的书面报告。
21. 关于认知过载及认知资源负荷议题有相当大量的心理学文献。以下是少数参考资料:D. Kirsh,"A Few Thoughts on Cognitive Overload",*Intellectica* 30(2000):pp. 19-51;R. Hester and H. Garavan,"Working Memory and Executive Function:The Influence of Content and Load on the Control of Attention",*Memory & Cognition* 33(2005):pp. 221-233;F. Pass,A. Renkl,and J. Swelle,"Cognitive Load Theory:Instructional Implications of the Interaction Between Information Structures and Cognitive Architecture",*Instructional Science* 32(2004):pp. 1-8。
22. 所有问答内容均来自2004年9月30日于我家中进行的访谈录音记录,由我的助理Matt Estrada转录为文字稿。
23. R. J. Smith and J. White,"general Granted Latitude at Prison:Abu Ghraib Used Aggressive Tactics",*The Washington Post*,June 12,2004,p. A01,可上网查询,网址为www.washingtonpost.com/wp-dyn/articles/A35612-2004jun11.html。
24. 关于讯问人员利用操弄宪兵来帮助他们取得情报这件事,一位退役的军方讯问人员和我分享他的看法:"这就是难处所在了。道德败坏的讯问者(讯问者来自不同单位,位阶向下依序是,年轻的军方讯问人员、雇佣人员、中情局人员)的确很乐意利用愿意相信他们的人的成见来达成目的。我曾遇过负责拘留工作的人员(在这个例子,负责管理监狱任务的是一个连的步兵)打算在我身上套用美国文化里面对讯问者的所有刻板印象;但是当我花点时间跟他们解释我完全没参与他们怀疑我做过的事,以及我为什么没那么做时,他们就了解我对这事情的看法,而且他们同意也愿意修正他们的作业方式来支持我的看法。人类控制另一个人类,这是非常令人敬畏的责任,只能被教育、被训练、被理解这么做,而不应该是被下令这么做。"2006年8月3日收到这段经验分享,分享者希望匿名。
25. 我与奇普·弗雷德里克于2004年9月30日进行的访谈。

26. 肯·戴维斯的陈述被放进一部纪录片中，片名是《人类行为实验》(The Human Behavior Experiments)，2006年6月1日于日舞频道（Sundance Channel）播出。

27. S. T. Fiske, L. T. Harris, and A. J. Cuddy, "Why Ordinary People Torture Enemy Prisoners", Science 306（2004）：pp. 1482-1483；引自第1483页。

28. 引自个人通信，电子邮件，通信日期为2006年8月30日，获得复制之许可。作者目前工作于美国商业部安全局。

29. 关于这份由乔治·费伊少将与Anthony R. Jones中将共列作者的调查报告，我们将在下一章中有更多探讨。这份报告的部分内容请见Steven Strasser, ed., The Abu Ghraib Investigations: The Official Reports of the Independent Panel and the Pentagon on the Shocking Prisoner Abuse in Iraq（New York：Public Affairs, 2004）。完整报告内容可上网查询，网址是http://news.findlaw.com/hdocs/docs/dod/fay82504rpt.pdf。

30. M. A. Fuoco, E. Blazina, and C. Lash, "Suspect in Prisoner Abuse Has a History of Troubles", Pittsburgh Post-Gazette, May 8, 2004.

31. 引自一位军事情报分析师于格拉纳审前聆讯上发表的证词。

32. Stipulation of Fact, Case of United States v. Frederick, August 5, 2004.

33. 引自奇普写给我之个人书信内容，2005年6月12日寄自利文沃思堡。

34. 引自狱卒"赫尔曼"于纪录片《人类行为实验》中发表的谈话，2006年6月1日播出。

35. 同前引出处。宪兵肯·戴维斯于纪录片《人类行为实验》中发表的谈话。

36. 请见www.supportmpscapegoats.com。

37. 请见网站"现在全搞砸了"（Now That's Fucked UP）：www.nowthatsfuckedup.com/bbs/index.php（特别是参考www.nowthatsfuckedup.com/bbs/topic41640.html）。

38. Allen et al., Without Sanctuary: Lynching Photography in America.

39. Browing, Ordinary Man（1993）.

40. Janina Struk, Photographing the Holocaust: Interpretations of the Evidence（New York：Palgrave, 2004）.

41. 请见www.armenocide.am。

42. 更多Teddy Roosevelt与他儿子Kermit的战利纪念照片，请见"On Safari with

Theodore Roosevelt, 1909", 可上网查询, 网址为 www.eyewitnesstohistory.com/tr/htm。有意思的是, 尽管账单上名目是"搜集"各种动物品种, 实际上根本是以狩猎—杀戮为目的的狩猎团行动, 总共有512只动物遭屠杀, 其中有17只狮子、11只大象, 以及20只的犀牛。讽刺的是, Theodore Roosevelt (小名Teddy Roosevelt) 的孙子Kermit Jr.是中情局在伊朗阿贾克斯行动 (Operation Ajax) 的首脑, 这也是该局第一个成功的政变, 该行动于1953年推翻了 (通过民主选举选出的) 伊朗总理Mohammed Mossadegh。根据资深的纽约时报记者Stephen Kinzer的说法, 这次行动立下后来半世纪的榜样, 在这段期间, 美国政府与中情局先后联手成功推翻了 (或是支持推翻) 危地马拉的政府领导人 (1954年), 然后是古巴、智利、刚果、越南, 一直到与我们的故事最相关的——伊拉克的萨达姆·侯赛因 (2003)。Kinzer也指出这些国家在发生政变后, 社会环境中变得充满不稳定, 民间冲突及暴力事件四起。这些行动产生的深远影响持续到今日。它们所制造出的大量不幸与苦难让那些地区激烈地与美国敌对。从阿贾克斯行动以及最近的伊拉克战事, 美国又回到了原点, 开始进行下一个反间谍任务, 甚至开始策划对伊朗发动战争。西莫·赫什, 我的家庭友人也是调查美莱事件和阿布格莱布事件的纽约客记者, 即曾对此做过报道披露, 可上网查询, 网址为 www.newyork.com/fact/content/?50124fa_fact; S. Kinzer, *All the Shah's Men: An American Coup and the Roots of Middle East Terror* (Hoboken, NJ: Wiley, 2003); S. Kinzer, *Overthrow: America's Century of Regime Change from Hawaii to Iraq* (New York: Times Books, 2006)。

43. 这段引文来自我在小组讨论会 (我担任这场会议的引言人) 中所做的笔记。这是她参与2006年5月4日"布什政府所犯下的残害人道罪行" (Crimes against Humanity committed by the Bush Administration) 会议所发表的演说, 属于议程的一部分。一位退役的军方讯问人员质疑她认为讯问人员是以上对下的方式准许宪兵拍下这些照片的说法, "我不认为这个'许可'是来自讯问人员, 如果有任何人做出许可的话……在我担任讯问人员以及讯问作业督察者20年的经验中, 该知道的'门路'我都听说过了, 而一个讯问人员不但乐意参与没把握有助于讯问过程的非法行为, 还和其他人共谋完事并信赖他能不负所托, 对我而言这说法似乎不太可信。"2008年8月3日收到这段经验分享, 分享者希望匿名。

44. 这段哥伦比亚广播公司对布卡营虐囚事件的报道可上网查询，网址为www.cbsnews.com/stories/2004/05/11/60II/main616849.shtml。

45. 这些说法及更多资料请见人权观察协会的报告"领导无能：关于美国陆军第82空降师刑求伊拉克被拘留者之第一手报道"（Leadership Failure：Firsthand Accounts of Torture of Irqui Detainees by U. S. Army's 82nd Airborne Division），2005年9月24日发表，可上网查询，网址为http://hrw.org/reports/2005/us0905/。

46. 奇普·弗雷德里克获判的八年刑期在军司令令下减刑半年，又在陆军怜恤及假释委员会中获得18个月的减刑（2006年8月），这是根据我和其他许多人声明中所提出的种种呼吁及酌情减刑的正当理由所做的决定。

47. 个人通信，通信日期为2005年6月12日。

48. E. Aronson and J. Mills，"The Effect of Severity of Initiation on Liking for a Group"，*Journal of Abnormal and Social Psychology* 59（1959）：pp. 177-181.

49. 一位军方官员曾对我说，"当我要形容负责拘留作业的人所做的毫无特色的残酷行为时，我自己曾用了'变成斯坦福'这个词。"

50. H. L. Hensley是学会认证合格之创伤性压力专家（Board Certified of Experts in Traumatic Stress），也是美国创伤性压力专家学会的合格会员，目前担任美国联邦政府的心理作战及反恐顾问。Hensley在卡佩拉大学（Capella University）攻读博士学位期间专攻创伤性压力症候群，曾针对阿布格莱布事件进行过广泛研究。他也指出："借助对被告者代表性样本的相似分析，或许可建立起这篇报告中的各项宣称的信度。相似资料的正相关可能是显示津巴多效应作用在阿布格莱布监狱的效度，因而可解释偏差行为。"（第51页）。A. L. Hensley，"Why good People Go Bad：A Psychoanalytic and Behavioral Assessment of the Abu Ghraib Detention Facility Staff"。2004年12月10日，呈送华盛顿特区地方辩护会之策略性军法辩护文。

51. R. Norland，"Good Intentions Gone Bad"，*Newsweek*，June，13，2005，p. 40.

第15章

1. Closing statement，October 21，2004，by Major Michael Holley，Court-martial trial of Sergeant Ivan Frederick，Baghdad，October 20 and 21，2005，pp. 353-354.

2. My closing spontaneous statement，October 21，2004，p. 329.

3. "当权之恶"作用是让机构人员只关心在过程中建立正确的程序、对的步骤,以便以最有效率的手段来达成目的。这些行政官员在做的同时并未确认达成目的的手段是否合乎道德、法律及伦理价值。为了方便起见,他们忽略了由于他们的政策和作为所制造出来的虐行及其可怕的后果。当权之恶的罪孽是众人有份的,警察和矫正部门、军队和政府核心以及激进革命团体都难脱关系。

   正如我们在四十余年前见过Robert McNamara对越战采取的精密手法,他信赖科学分析的定见以及技术理性主导的形式主义手段来解决社会和政治问题,因此让一个组织和其成员能够包装其恶行而使人不注意到伦理问题。其中之一是,政府以为了国家安全必须这么做为理由,强制特勤人员参与平时被视为不道德、非法而且邪恶的行动。正如犹太人大屠杀以及第二次世界大战期间所有受拘留的日裔美籍公民都是行政权之恶的例证,我主张,布什政府将刑求计划纳入"反恐战争"中也是当权之恶的展现。

4. 关于阿布格莱布事件的大事记年表以及调查报告,有个不错的单一资料可上网查询,网址为www.globalsecurity.org/intell/world/iraq/abu-ghurayb-chronology.htm。

5. 关于调查记者西莫·赫什揭露阿布格莱布虐囚事件的那篇报道,请见"Torture at Abu Ghraib. American Soldiers Brutalize Iraqis: How Far Up Does the Responsibility Go?" *The New Yorker*, May 5, 2004, p. 42; 可上网查询,网址为www.hotinourname.net/war/torture-5may04.htm。

6. 可上网查询,网址为http://news.findlaw.com/nytimes/docs/iraq/tagubarpt.html#ThR1.14。

7. 关于费伊/琼斯报告,部分内容请见Steven Strasser and Craig R. Whitney eds., *The Abu Ghraib Investigations: The Official Reports of the Independent Panel and the Pentagon on the Shocking Prisoner Abuse in Iraq* (New York: Public Affairs, 2004)。完整内容可上网查询,网址为http://news.findlaw.com/hdocs/docs/dod/fay82504rpt.pdf。也请见Strasser and Whitney the 9/11 Investigations: Staff Reports of the 9/11 Commission: Excerpts from the House-senate Joint Inquiry Report on 9/11: Testimony from Fourteen Key Witnesses (New York: Public Affairs, 2004)。

8. 据报道中央司令部的指挥将领John Abizaid曾要求一位军阶高于费伊少将的军

官指挥调查，以便访谈高级军官；根据陆军军规，费伊少将无权面谈高级官员，琼斯中将则可。

9. Steven H. Miles, *Oath Betrayed: Torture, Medical Complicity, and the War on Terror*（New York：Random House，2005）.

10. Eric Schmitt, "Abuses at Prison Tied to Officers in Military Intelligence", *The New York Times*, August 26, 2004.

11. 2004年8月26日，国防部拘留作业独立调查小组成员在递交结案报告时曾向国防部部长拉姆斯菲尔德做简报。该调查小组的四名成员中包括前国防部部长Harold Brown；前佛罗里达州众议院议员Tillie Fowler；（退役）空军上将Charles A. Horner；前国防部部长、小组主席詹姆斯·施莱辛格。包括附录G在内的完整报告可上网查询，网址为http://www.prisonexp.org/pdf/SchlesingerReport.pdf.

12. 请见www.hrw.org。报告中还另有一项值得检视的资料，也就是加拿大公共广播公司（Canadian Broadcasting Corporation）*Fifth Estate*节目所录制的《少数害群之马》（*A Few Bad Apples*），于2004年8月24日播映。这节目将焦点放在2003年10月25日夜间在1A院区中发生的事件，当时有数名士兵刑求伊拉克人犯，而其他人则作壁上观。我们在第十四章中报道过这事件，事件引爆点是因为传言指出那些人犯曾强暴一名男孩，不过事后证实传言错误。此外美国哥伦比亚广播公司的网站上也提供一些参考资料，包括造成这起虐行的大事记，西莫·赫什对阿布格莱布事件的报道，以及布什、拉姆斯菲尔德和桑切斯所签署的备忘录。前一项资料来源的网址为www.cbs.ca/fifth/badapples/resource.html。

13. 请见www.whitehouse.gov/news/releases/2004/05/20040506-9.html。

14. "Abu Ghraib Only the 'Tip of the Iceberg'", Human Rights Watch Report, April 27, 2005.

15. E. Schmitt, "Few Punished in Abuse Cases", *The New York Times*, April 27, 2006, p. A24.这份摘要乃是根据与人权观察协会及人权第一组织（Human Rights First）有伙伴关系之纽约大学人权暨全球正义中心（Center for Human Rights and Global Justice）编制的完整报告。该中心研究员从信息公法下的资料库中取得约十万笔文件做统计分析，其中有三分之二的虐行发生于伊拉克。

16. "Abu Ghraib Dog Handler Gets 6 months", CBS News Video Report, May 22, 2006. 可上网查询, 网址为www.cbsnews.com/stories/2006/03/22/iraq/main1430842.shtml。
17. 完整报告可上网查询, 网址为http://humanrightsfirst.info/PDF/06425-etn-by-the-numbers.PDF。
18. 包括我的引文出处段落在内的完整人权观察组织报告可上网查询, 网址为www.hrw.org/reports/2005/us0405/1.htm (执行摘要); 也请见www.hrw.org/reports/2005/us0405/2.htm可看到这篇报告的其他内容。
19. Congressional Testimony of Secretary of Defense Donald Rumsfeld, Hearing of the Senate Armed Services Committee on Mistreatment of Iraqi Prisoners, Federal News Service, May 7, 2004.
20. 请见www.genevaconventions.org。
21. "Report of the International committee of the Red Cross (ICRC) on the Treatment by the Coalition Forces of Prisoners of War and Other Protected Persons by the Geneva Conventions in Iraq During Arrest, Internment and Interrogation", February 2004. 可上网查询, 网址为http://download.repubblica.it/pdf/rapporto_crocerossa.pdf。
22. 引自 "A Question of Torture", PBS *Frontline*, October 18, 2005。
23. Testimony of Lieutenant General Ricardo Sanchez, Senate Armed Services Committee, Hearing on Iraq Prisoner Abuse, May 19, 2004.
24. Mark Danner, *Torture and Truth: America, Abu Ghraib and the War on Terrorism* (New York: The New York Review of Books, 2004), p. 33.
25. Janis Karpinski, interview on "A Question of Torture", PBS *Frontline*, October 18, 2005.
26. 引自Lt. Ricardo Sanchez to Commander Central Command, memorandum, Interrogation and Counter-Resistance Policy, September 14, 2003, 可上网查询, 网址为www.aclu.org/SafeandFree/SafeandFree.cfm? ID=17851&c=206。
27. Joseph Darby interview, *GQ magazine*, September 2006.
28. The New Yorker's Jane Mayer, 引自 "A Question of Torture," PBS *Frontline*, October 18, 2005。
29. 最近 (2006年6月) 有将近90位被拘留在关塔那摩监狱中的人犯持续扩大

绝食活动，抗议受到错误监禁。一位海军指挥官将这活动视为"博取注意力"的伎俩而随便应付。为了避免他们死亡，官员们必须遵照医疗指示以鼻管方式为其中六位绝食者每日强制喂食。这本身无异于新的酷刑，尽管他们声称这才"符合安全与人道"。请见 Ben Fox, "Hunger Strike Widens at Guantanamo", Associated Press, May 30, 2006, 以及 Andrew Selsky, "More Detainees Join Hunger Strike at Guantanamo", Associated Press, June 2, 2006。

在之前的一章中，我曾提到爱尔兰和其他地方政治犯的绝食抗议，并将这情形与我们的囚犯克莱—486采取的策略相比较。最受推崇的爱尔兰绝食抗议者之一 Bobby Sands 即死于绝食中。值得注意的是关塔那摩监狱绝食抗议活动的组织者 Binyam Mohammed 即宣称如果他们的诉求没有得到重视，他和其他绝食抗议者宁可像 Bobby Sands 一样"有坚持信念的勇气，把自己活活饿死。没有人应该认为我在这里的弟兄们会比他懦弱"。请见 Kate McCabe, "Political Prisoners' Resistance from Ireland to GITMO: 'No Less Courage'", www.CounterPunch.com, May 5, 2006。

30. "GITMO Suicides Comment Condemned U. S. Officials' 'Publicity Stunt' Remark Draws International Backlash," Associated Press, June 12, 2006. 该政府官员为 Colleen Graffy 负责公共外交事务的副助理国务卿；海军少将则是 Henry Harris。

31. Janis Karpinski, interview on "A Question of Torture", PBS *Frontline*, October 18, 2005. Also reported in "Iraq Abuse 'Ordered form the Top'", BBC, June 15, 2004. 可上网查询，网址为 http://news.bbc.co.uk/1/hi/world/americas/3806713.stm。当米勒到达阿布格莱布时曾说："我的看法是我们对这些囚犯太好了。在关塔那摩，犯人知道谁是老大，而且从一开始他们就知道了。"他说："你得把犯人当狗看，如果你认为或觉得事情不是这样，那你就会失去主控权。"关于米勒的发言可上网查询，网址为 www.truthout.org/docs_2006/012406Z.shtml。

32. Scott Wilson and Sewell Chan, "As Insurgency Grew, So Did Prison Abuse", *The Washington Post*, May 9, 2004. 也请见 Janis Karpinski, *One Woman's Army* (New York: Hyperion, 2005), pp. 196-205。

33. Jeffrey R. Smith, "General Is Said to Have Urged Use of Dogs", *The Washington Post*, May 26, 2004.

34. General Kern in "A Question of Torture", October 18, 2005.
35. 2006年6月30日，杰弗里·米勒少将自军中退役。根据军方及国会方面的消息来源透露，他之所以选择退休不继续追求升迁或是三星官阶，原因是他在阿布格莱布监狱以及关塔那摩监狱的刑求、虐待事件中所扮演的角色已经搞臭了他的名声。
36. 迈尔斯将军持续把阿布格莱布虐囚事件怪罪给少数"老鼠屎"宪兵，而忽视或是故意不理会来自许多独立调查报告中所有证据都透露高级官员的广泛串谋以及系统方面疏失，这样的行为要不是显示出他的冥顽不灵就是他的无知。关于迈尔斯的发言可上网查询，网址为www.pbs.org/wgbh/pages/frontline/torture/etc/script.html。
37. 关于刑求、虐待拘留者事件，在已发布的超过十万页政府文件中有详尽记载，可通过美国公民自由联盟的搜寻引擎公开取得，网址为www.aclu.org/torturefoiasearch。2004年4月的陆军情报书内容也可上网查询，网址为www.rawstory.com/news/2006/New_Army_documents_reveal_US_knew_0502.html。
38. Eric Schmitt, "Outmoded Interrogation Tactics Cited", *The New York Times*, June 17, 2006.
39. 美国俄亥俄州的《托莱多力锋报》(*Toledo Blade*)及其记者们曾因调查猛虎部队在越南犯下的屠杀事件而拿到普利策奖。这部队在长达七个月的时间内四处残杀越南平民，他们的所作所为在军方刻意遮掩下尘埋了30年。至于101空降师这个突击队则是在越南部队中受到最高勋章表扬的队伍之一。陆军调查关于他们所犯下的包括战争罪、致残行为、酷刑、谋杀以及无差别地攻击平民等指控，并找到可起诉18名军人的充分证据，但却未对他们提出任何指控。请见"Buried Secrets, Brutal Truths", www.ToledoBlade.com。专家同意，猛虎部队胡作非为的暴行若能更早调查，可能可以避免六个月后的美莱屠村事件。
40. 一名曾在伊拉克住过三年、能说阿拉伯语甚至伊拉克方言的美国记者Nir Rosen曾报道："美国的占领行动已经成了一桩大规模罪行，受害对象即是伊拉克人民，而这罪行大多时候都是由美国人和媒体在无意识中犯下。"请见Nir Rosen, "The Occupation of Iraqi Hearts and Minds", June 27, 2006, 可上网查询，网址为http://truthdig.com/dig/item/20060627_occupation_iraq_hearts_minds/。也请见记者Haifer Zangana的相关评论，"All Iraq Is Abu Ghraib.Our

Streets Are Prison Corridors and Our Homes Cells as the Occupiers Go About Their Strategic Humiliation and Intimidation", *The Guardian*, July 5, 2006。

41. Anna Badkhen, "Atrocities Are a Fact of Al Wars, Even Ours: It's Not Just Evil Empires Whose Soldiers Go Amok", *San Francisco Chronicle*, August 13, 2006, pp. E1, E6. 引用自全球安全网站（GlobalSecurity. org）管理者John Pike的发言，文载于E1。

42. Dave Grossman, *On Killing: The Psychological Cost of Learning to Kill in War and Society* (Boston: Little, Brown, 1995). Grossman的网站网址为www, killology.com.

43. Vicki Haddock, "The Science of Creating Killers: Human Reluctance to Take a Life Can Be Reversed Through Training in the Method Known as Killology", *San Francisco Chronicle*, August 13, 2006, pp. E1, E6. 引用自前陆军一等兵Steven Green发言，文载于E1。

44. David S. Cloud, "Marines May Have Excised Evidence on 24 Iraqi Deaths", *The New York Times*, August 18, 2006; Richard A. Oppel, Jr., "Iraqi Leader Lambasts U.S. Military: He says There Are Daily Attacks on Civilians by Troops", *The New York Times*, June 2, 2006.

45. D. S. Cloud and E. Schmitt, "Role of Commanders Probed in Death of Civilians", *The New York Times*, June 3, 2006; L. Kaplow, "Iraqi's Video Launched Massacre Investigation," Cox News Service, June 4, 2006.

46. MSNBC. COM, "Peers Vowed to Kill Him if He Talked, Soldier Says", Associated Press, August 2, 2006, 可上网查询，网址为www.msnbc.com/id/14150285。

47. T. Whitmore, "Ex-Soldier Charged with Rape of Iraqi Woman, Killing of Family", June 3, 2006. 可上网查询，网址为http://news.findlaw.com/a/0/51/07-04-2006/d493003212d3/a9c.html; Julie Rawe and Aparisim Ghosh, "A Soldier's Shame", *Time*, July 17, 006, pp. 38-39。

48. Roger Brokaw and Anthony Lagouranis, on "A Question of Torture", PBS *Frontline*, October 13, 2005, 可上网查询，网址为www.pbs.org/wgbh/pages/frontline/torture/interviews.html。

49. "绝不手软"（to take the gloves off）这说法在英文中一般用来指拿下在拳赛中使用的柔软拳击手套，在没有手套的保护下以光秃的指节来打击对手。口语上的意思就是不要去管一般格斗中双方的规范，尽全力给予对手严酷的打击。

50. T. R. Reid, "Military Court Hears Abu Ghraib Testimony: Witness in Graner Case Says Higher-ups Condoned Abuse", *The Washington post*, January 11, 2005, page A03. "弗雷德里克因认罪曾参与阿布格莱布虐囚案而从中士被降级为一等兵，他表示他曾询问过六位军阶从上尉到中校的高级军官关于狱卒的行为，但他们并未命令他停止这些虐行。弗雷德里克也说一位被称为'罗密欧干员'的中情局官员曾经叫他帮忙'软化'一名暴动嫌犯，以便进行质问。他作证，这名干员曾跟他说别管士兵们做了什么，'只要别杀了他们就好'"。可上网查询，网址为www.washingtonpost.com/wp-dyn/articles/A62597-2005Jan10.html。

51. A. Zagorin, and M. Duffy, "Time Exclusive: Inside the Wire at Gitmo", *Time*, 可上网查询，网址为www.time.com/time/magazine/article/0, 9171, 1071284, 00.html。

52. 引自 Jane Mayer, "The Memo", *The New Yorker*, February 27, 2006, p. 35。

53. 关于与弗雷德里克及其他两位中士做的访谈，详情发表于人权观察协会的报告 "Leadership Failure: Firsthand Accounts of Torture of Iraqi Detainees by the Army's 82nd Airborne Division," September 2005, vol.17, No.3（G），可上网查询，网址为hrw.org/reports/2005/us0905/1.htm. 关于菲什巴克写给参议员麦凯恩的完整信件则发表于2005年9月18日的《华盛顿邮报》；可上网查询，网址为www.washingtonpost.com/wpdyn/content/article/2005/09/27/AR2005092701527.html。

54. Erik Saar and Viveca Novak, *Inside the Wire: A Military Intelligence Soldier's Eyewitness Account of Life at Guantanamo* (New York: Penguin Press, 2005).

55. Erik Saar, radio interview with Amy Goodman, "Democracy Now", Pacifica Radio, May 4, 2005, 可上网查询，网址为www.democracynow.org/article.pl? sid=05/05/04/1342253。

56. Maureen Dowd, "Torture Chicks gone Wild", *The New York Times*, January 30, 2005.

57. 萨尔和讯问人员"布鲁克"的引述请见 Inside the Wire, pp. 220-228。

58. 关于这些引渡计划的一个极佳故事，请见 A. C. Thompson and Trevor Paglen, "The CIA's Torture Taxi", *San Francisco Bay guardian*, December 14, 2005,

pp. 15，18。这项调查揭露，一架私人公司所属、编号N313P的波音喷射机曾获得前所未有的机密工作许可，可降落在世界上任何军事基地，根据追踪发现，这架飞机用来绑架一名黎巴嫩裔的德国人Khaled El-Masri。根据美国公民自由联盟人权专家Steven Watt的说法，中情局用于这类引渡工作的机群有26架，这是其中的一架。

59. 请见Human rights Watch, "The Road to Abu Ghraib", June 2004, 可上网查询，网址为www.hrw.org/reports/2004/usa0504/。也请见John Barry, Michael Hirsh, and Michael Isikoff, "The Roots of Torture", *Newsweek*, May 24, 2004, 可上网查询，网址为http://msnbc.msn.com/id/4989422/site/newsweek/："根据熟知内情的消息来源透露，总统指令授权中情局在美国境外建立一系列秘密拘留所，被收容在这些拘留所中的人犯均遭受到空前严厉的讯问。"

60. *Frontline*, "The Torture Question", transcript, p. 5.

61. 同前引处。

62. Jan Silva, "Europe Prison Inquiry Seeks Data on 31 Flights: Romania, Poland Focus of Investigation into Alleged CIA Jails", Associated Press, November 23, 2005.

63. "21 Inmates Held Are Killed, ACLU Says," Associated Press, October 24, 2005；完整报告请见美国公民自由联盟，"Operative Killed Detainees During Interrogations in Afghanistan and Iraq", October 24, 2005, 可上网查询，网址为www.wclu.org/news/NewsPrint.cfm？ID=19898&c=36。

64. 请见M. Huggins, M. Haritos-Fatouros, and P. G. Zimbardo, *Violence Workers: Police Torturers and Murderers Reconstruct Brazilian Atrocities*（Berkeley：University of California Press, 2002）。

65. White House，President Bush Outlines Iraqi Threat：Remarks by the President on Iraq（October 7, 2002）。可上网查询，网址为www.whitehouse.gov/news/releases/2002/20/20021007=8.html。

66. "Iraq on the Record：The Bush Administration's Public Statements on Iraq", Prepared by the House of Representatives committee on Government Reform- Minority Staff's Special Investigations Division, March 26, 2004, 可上网查询，网址为www.reform.house.gov/min/。

67. Ron Suskind, *The One Percent Doctrine: Deep Inside America's Pursuit of Its Enemies Since 9/11*（New York：Simon & Schuster, 2006），p. 10.

68. Adam Gopnik, "Read It and Weep", *The New Yorker*, August 28, 2006, pp. 21-22.
69. Philip Zimbardo with Bruce Kluger, "Phantom Menace: Is Washington Terrorizing Us More than Al Qaeda？" *Psychology Today*, 2003, pp. 34-36; Rose McDermott 和津巴多也在文章《恐惧政治：恐怖行动警报的心理学》("The Politics of Fear: The Psychology of Terror Alerts") 中阐述过这个主题，收录于 *Psychology and Terrorism*, eds. B. Bonger, L. M. Brown, L. Beutler, J. Breckenridge, and Philip Zimbaro (New york: Oxford University Press, 2006), pp. 357-370。
70. *The Washington Post*, October 26, 2005, p. A18.
71. 这是2001年9月16日，切尼于马里兰州戴维营接受《蒂姆·拉瑟与媒体有约》(*Meet the Press with Tim Russert*) 节目访问时所做出的评论。完整内容可上网查询，网址为 www.whitehouse.gov/vicepresident/news-speeches/speeches/vp20010916.html。
72. 引自 Maureen Dowd, "System on Trial", *The New York Times*, November 7, 2005。
73. James Risen, *State of War: The Secret History of the C. I. A. and the Bush Administration* (New York: Free Press, 2006).
74. Anthony Lewis, "Making Torture Legal", *The Washington Post*, June 17, 2004, 可上网查询，网址为 www.washingtonpost.com/wp-srv/nation/documents/dojinterrogationmemo20020801.pdf. 2003年3月6日国防部在备忘录中向拉姆斯菲尔德建议讯问技巧，这份备忘录也可上网查询，网址为 www.news.findlaw.com/wp/docs/torture/30603wgrpt/。
75. K. J. Greenberg and J. L. Dratel, eds., *The Torture Papers: The Road to Abu Ghraib* (New York: Cambridge University Press, 2005). 本书部分内容可上网查询，网址为 www.ThinkingPiece.com/pages/books.html。
76. 引自 Anthony Lewis, in Introduction to the Torture Papers, p. xiii. 我们也该提到，有一小群司法部律师圈里的人，而且所有人皆由布什政府所指派，这群人起身反对在法理上赋予总统实际上等同不受限制的权力监视、刺探人民，刑求有嫌疑的敌人。《新闻周刊》(*Newsweek*, 2006年2月) 的记者将这场"宫邸造反"(Palace Revolt) 称为"宁静中带有戏剧性的勇敢表现"。他们其中一些人为了捍卫法治国家而非人治国家的原则而付出了高昂代价，受到排斥、升迁被拒甚至被鼓励辞去这项服务。

77. B. Minutaglio, *The President's Counselor: The Rise to Power of Alberto Gonzales* (New York: Harper Collins, 2006).

78. R. J. Gonzales, Review of Minutaglio's the President's Counselor, *San Francisco Chronicle*, July 2, 2006, pp. M1 and M2.

79. Online: "Gitmo Interrogations Spark Battle Over Tactics: The Inside Story of Criminal Investigators Who Tried to Stop the Abuse", MSNBC. COM, October 23, 2006.www.msnbc.com/msn.com/id/15361458.

80. "FBI Fed Thousands of Spy Tips. Report: Eavesdropping by NSA Flooded FBI, Led to Dead Ends", *The New York Times*, January 17, 2006.

81. Eric Lichtblau and James Risen, "Spy Agency Mined Vast Data Trove, Officials Report," *The New York Times*, December 23, 2005.也请见 Adam Liptak and Eric Lichtblau, "Judge Finds Wiretap Actions Violate the Law", *The New York Times*, August 18, 2006。

82. Bob Herbert, "The Nixon Syndrome", *The New York Times*, January 9, 2006.

83. C. Savage, "Bush Challenges hundreds of Laws", *The Boston Globe*, April 30, 2006.

84. L. Greenhouse, "Justices, 5-3, Broadly Reject Bush Plan to Try Detainees," *The New York Times*, June 30, 2006.一名海军方面的律师被指定为关塔那摩监狱中一名拘留者的律师代表，他因严肃而诚实地看待自己的职责，所以被布什政府否决升迁。尽管受到压力，海军少校 Charles Swift 并没有让他的也门籍当事人在军事法庭前认罪。他的结论是这样的委员会不符合宪政体制，他并支持最高法庭在 Hamdan v. Rumsfeld 一案中做出决议，否决这些委员会的效力。而否决他的升迁也意味他 20 年的卓越军旅生涯需告一段落。《纽约时报》社论说道，"Swift 中校为 Hamdan 先生所做的辩护以及自 2003 年 7 月起在国会中所做的证词，皆表示他已尽了一人的最大努力，揭发关塔那摩湾的可怕错误以及布什政府违反法纪的军事委员会。" 请见 "The Cost of Doing Your Duty", *The New York Times*, October 11, 2006, p. A26。

85. Guy B. Adams and Danny L. Balfour, *Unmasking Administrative Evil* (New York: M. E. Sharpe, 2004). 要了解布什政府的瑕疵政策以及五角大楼对战争现实

的否认给伊拉克带来什么程度的灾难,还有一个背景知识也同样重要,请见 Thomas Ricks, *Fiasco: The American Military Adventure in Iraq*(New York: Penguin Books, 2006)。

86. 负责监督阿布格莱布监狱讯问任务人员的乔丹中校被陆军调查人员指控七项罪名,并因犯罪性虐行而被判有罪,此时已是虐待事件浮上台面的数年后了。根据报道,他曾建了一面三夹板墙,目的是为了挡住视线以免他看见虐待犯人的举动(根据2006年4月29日Salon.com网站的报道)。2006年4月26日,乔丹因违反军法统一法典条款而被控七项罪名,但是直到2006年9月6日为止,法庭并未做出任何决定。相关故事可上网查询,网址为cbsnews.com/stories/2006/04/26/iraq/main154777.shtml。帕帕斯上校因在一个认罪协商中为乔丹的违法罪行作证而得以免于被起诉。杰弗里·米勒少将引用宪法权利对自我归罪的保障,而不必在涉及使用狗来威胁被拘留者的相关案件中作证。详情请见 Richard A. Serrano and Mark Mazzetti, "Abu Ghraib Officer Could Face Charges: Criminal Action Would Be First in Army's Higher Ranks", *Los Angeles Times*, January 13, 2006。

87. 2006年1月,美国布什政府违反人道罪行国际委任调查团(The International Commission of Inquiry on Crimes Against Humanity Committed by the Bush Administration of the United States)在纽约市举行审判,除了其他罪名外,这个法庭明确针对布什政府提出了下列六项罪状,这些罪状也符合我对拉姆斯菲尔德、特内特、切尼、布什的指挥串谋指控。

刑求。罪状一:布什政府授权运用刑求和虐待手法,做法违反了国际人道及人权立法,也违反了美国的宪法及实定法。

引渡。罪状二:布什政府授权将羁押在美国拘留所中的人犯转送("引渡")至已知仍实行刑求制度的外国。

非法拘留。罪状三:布什政府授权无限制拘留在国外战区以及远离任何战区的其他国家中遭逮捕者,并拒绝使他们受到日内瓦公约对战俘待遇之保障,以及美国宪法的保护。罪状四:布什政府授权仅凭托词即任意逮捕及拘留美国境内数以万计的移民并在未受指控或审判的情况下将其拘留,此举违反国际人权立法,也违反美国国内宪法、民权法。罪状五:布什政府运用军事力量逮捕及无限期拘留美国公民而未提出任何指控,并拒绝让他们伸张己身权利,在美国法庭上对受到拘留之对待提出质疑。

谋杀。罪状六：布什政府借由授权中情局杀害总统指定的人选，他可以是世界上任何人，无论是美国公民或非美国人。

关于这场审判的更多信息可上网查询，网址为www.bushcommissionindictments_files/bushcommission.org/indictments.htm。也可观看来自布什犯罪委员会的作证录像带，详情请见www.BushCommission.org。

第16章

1. 《希腊人佐巴》是Nikos Kazantzakis的经典小说，写于1952年。1964年Anthony Quinn在一部同名电影中诠释佐巴的角色，这部电影由Michael Cacoyannis执导，联袂演出的Alan Bates则是演性格羞怯、知识分子倾向的老板，正好和佐巴豪放不羁、以无比热情拥抱生命的性格成对比。

2. B. J. Sagarin, R. B. Cialdini, W. E. Rice, and S. B. Serna, "Dispelling the Illusion of Invulnerability: The Motivations and Mechanisms of Resistance to Persuasion", *Journal of Personality and Social Psychology* 83（2002）：pp. 525-541.

3. 1979年，英国城市曼彻斯特的一家伍尔沃斯连锁店爆发一场火警，大部分人皆逃出火场，却有十个人死于这场火灾，他们原本有充裕的时间可以逃到安全地方。消防队队长表示，他们的死因是遵守"餐厅规定"而不是逃生守则。这些人当时已用完晚餐正在等候结账；除非结完账，否则不能够离开餐厅。没有人想要特立独行，没有人想要与众不同。他们继续等候，结果所有人全死了。这个事件在我也参与制作的英国电视节目《人性大观》（*The Human Zoo*）中有所描写，购买请联系纽约的洞察力媒体出版社（Insight Media）。

4. E. J. Langer, *Mindfulness*（Reading, MA: Addison-Wesley, 1989）.

5. D. F. Halpern, *Thought and Knowledge: An Introduction to Critical Thinking*, 4th ed.（Mahwah, NJ: Erlbaum, 2003）.

6. C. Poche, P. Yoder, and R. Miltenberger, "Teaching Self-Protection to Children Using Television Techniques", *Journal of Applied Behavior Analysis*, vol.21（1988）：pp. 253-261.

7. D. Kahneman and A. Tversky, "Prospect Theory: An Analysis of Decision Under Risk", *Econometrica* 47（1979）：pp. 262-291. A. Tversky and D. Kahneman, "Loss Aversion in Riskless Choice: A Reference-Dependent Model", *Quarterly Journal of Economics* 106（1991）：pp. 1039-1061.

8. G. Lakoff, *Don't Think of an Elephant: Know Your Values and Frame the Debate* (White River Junction, VT: Chelsea Green, 2004). G. Lakoff and M. Johnson, *Metaphors We Live by*, 2nd ed. (Chicago: University of Chicago Press, 2003).
9. P. G. Zimbardo and J. N. Boyd, "Putting Time in Perspective: A Valid, Reliable Individual Differences Metric", *Journal of Personality and Social Psychology* 77 (1999): pp. 1271-1288.
10. Andre Stein, *Quiet Heroes: True Stories of the Rescue of Jews by Christians in Nazi-Occupied Holland* (New York: New York University Press, 1991).
11. 本页引自马斯拉什对斯坦福监狱实验之意义的反思，原文收录于马斯拉什、黑尼与我合著的文章中，请见 P. G. Zimbardo, C. Maslach, and C. Haney, "Reflections on the Stanford Prison Experiment: Genesis, Transformations, Consequences", in *Obedience to Authority: Current Perspective on the Milgram Paradigm*, ed. T. Blass (Mahwah, NJ: Erlbaum, 2000): pp. 216-220。
12. 关于自杀式恐怖行动的另类意义，请见心理学者 Fathali Moghaddam 的新书 *From the Terrorists' Point of View: What They Experience and Why They Come to Destroy Us* (New York: Praeger, 2006)。
13. 详情请见 Michael Wood 尝试重走亚历山大征途的精彩描写：Michael Wood, *In the Footsteps of Alexander The Great: A Journey from Greece to Asia* (Berkeley: University of California Press, 1997)。Wood 这趟旅行也被拍摄在英国国家广播公司的一部绝佳纪录片中，由 Maya Vision 制作。
14. 本节中呈现的许多想法都是与泽诺·佛朗哥合作发展出来的，在我们合撰的论文中提供了更详尽的内容，请见 "Celebrating Heroism: A Conceptual Exploration", 2006（本书撰写时，论文正在接受发表审查中）。我也正进行一个新研究，目的是要尝试去了解当个人抗拒服从权威的社会压力时的决策矩阵。我的第一份研究与 Piero Bocchario 合作，最近已于意大利西西里的巴勒莫大学 (University of Palermo) 完成，目前正准备中。
15. M. Seligman, T. Steen, N. park, and C. Peterson, "Positive Psychology Progress", *American Psychologist* 60 (2005): pp. 410-421. 也请见 D. Strumpfer, "Standing on the Shoulders of Giants: Notes on Early Positive Psychology (Psychofortology)", *South African Journal of Psychology* 35 (2005): pp. 21-45。
16. 《法兰西学院词典》资料库计划：1913年《韦氏辞典》，可上网查询，网址为

http://humanities.uchicago.edu/orgs/ARTFL/forms_unrest/webster.form.html。

17. A. Eagly and S. Becker, "Comparing the Heroism of Women and Men", *American Psychologist* 60（2005）：pp. 343-344.

18. Lucy Hughes-Hallett, *Heroes*（London：HarperCollins, 2004）。

19. 同前引书，第17页。我们应该也记得，阿喀琉斯死后，他化为幽灵现身告诉奥德修斯（Odysseus），他宁可生而为农奴，也不愿当个死去的英雄。荷马并未把英雄式作为定义为战争的技巧和胆识，而是更社会性地定义为忠诚关系的缔结与持续，以及人与人间的互助。只要他的举止有礼、能够相互尊重，养猪户也可以是阿喀琉斯这样的英雄［同样的人物也出现在荷马史诗《奥德赛》（*Odyssey*）中，他保护了奥德修斯］。"若我父奥德修斯曾效劳于你，或对你承诺，现在请你助我一臂之力。"忒勒玛科斯（Telemachus）在前去拜访特洛伊之战中活下来的战争英雄时这么说。荷马对英雄之举的定义显然与Hughes-Hallett大不相同。

20. 同前引书，第5—6页。这是亚里士多德对"悲剧"英雄的定义。在这意义下，麦克白是个英雄人物，尽管他生性邪恶且恶行为人皆知。悲剧英雄势必得沦落，因为他认为自己"就是王法"，正如我们在《安提戈涅》（*Antigone*）这出戏里克里昂（Creon）这角色所见到的。

21. S. Becker and A. Eagly, "The Heroism of Women and Men", *American Psychologist* 59（2004）：pp. 163-178；引自第164页。

22. 伪英雄式行为最糟的例子来自美国军方对于美国士兵Jessica Lynch的无耻剥削利用。美国军方以夸大事实以及说谎的手法将Lynch从一个在受伤失去知觉情形下被俘虏的普通士兵变成配得荣誉勋章的英雄，说她只用单手就击退了凶残的掳获者。陆军建构一个全属虚构的情节，因为伊拉克战争中几乎完全没有好消息可以送回美国，而在这时刻需要一个英雄来转移国内注意力。一部英国国家广播公司拍摄的纪录片揭露了美国陆军创造伪英雄过程中所说过的许多谎言及欺骗。然而一等兵Lynch的神话实在太美好了，就连美国国家广播公司也在一部剧情片中重述了这个故事，Lynch的故事也登上主要杂志的头条，并在Lynch个人书中出现，这本书为她赚进了百万美元的预付版税。请见"Saving Pvt. Jessica Lynch", BBC America documentary, July 18, 2003; Rick Bragg, *I Am a Soldier, Too: The Jessica Lynch Story*（New York：Vintage, 2003）。

23. A. Brink, "Leaders and Revolutionaries: Nelson Mandela", 可上网查询, 网址为 www.time.com/time/time100/leaders/profile/mandela.html。

24. D. Soccio, *Archetypes of Wisdom*, 2nd ed. (Belmont, CA: Wadsworth, 1995).

25. W. F. Cascio and R. Kellerman, *Leadership Lessons from Robben Island: A Mahifesto for the Moral High Ground* (manuscript submitted for publication).

26. D. Soccio, *Archetypes of Wisdom* (Belmont, CA: Wadsworth, 1995).

27. S. Hersh, My Lai 4: *A Report on the Massacre and Its Aftermath* (New York: Random House, 1970). William Linder 的文章《了解美莱军法审判》"Introduction to the My Lai Courts-Martial" 提供了关于美莱村屠杀事件的最完整报道, 包括涉案人员、照片以及导致小威廉·卡利中尉受审的连串事件, 可上网查询, 网址为 www.law.umkc.edu/faculty/projects/ftirals/mylai/MY1_intro.htm/。

    1991年3月16日, 被指派到查利连的陆军摄影师 Ronald Haeberle 使用他的私人相机拍摄下美莱屠村事件中死去的越南妇女、儿童、婴儿及长者, 他的照片揭发了陆军企图掩饰真相的谎言, 这些死者并不是如军方声称的暴动分子, 而是遭冷血杀害的无辜、手无寸铁的平民。和阿布格莱布事件不同的是, 没有一张照片出现美国士兵在这场暴行中摆出拍照姿势。

28. T. Angers, *The Forgotten Hero of My Lai: The Hugh Thompson Story* (Lafayette, LA: Acadian House Publishing, 1999).

29. 这首献给卡利中尉的颂歌的部分歌词是:"长官, 我完全听命行事, 全力去干。是敌是友本来就很难判断。但我们没有一个人不了然于心。"

30. 自从揭发阿布格莱布监狱发生的暴行以来, 乔·达比第一次公开发言, 他在2006年9月份接受 *GQ* 杂志的 Wil S. Hylton 专访, 该篇文章的标题为《良心之囚》(Prisoner of Conscience, 达比的发言引自该篇文章)。可上网查询, 网址为 http://men.style.com/gq/features/landing? id=content_4785/。

31. K. Zernike, "Only a Few Spoke Spoke Up on Abuse as Many Soldiers Stayed Silent", *The New York Times*, May 22, 2004, p. 1.

32. E. Williamson, "One Soldier's Unlikely Act: Family Fears for Man Who Reported Iraqi Prisoner Abuse", *The Washington Post*, May 6, 2004, p. A16.

33. 与拉里·詹姆斯上校的个人通信, 通信日期为2005年4月24日。

34. 1978年11月吉姆·琼斯的最后演说, 可上网查询, 网址为 http://jonestown.sdsu.edu/AboutJonestown/Tapes/Tapes/DeathTape/death.html。

35. D. Layton, *Seductive Poison: A Jonestown Survivor's Story of Life and Death in the People's Temple*（New York：Doubleday，2003）。也可参考她的网站，网址为www.deborahlayton.com。

36. 我把吉姆·琼斯和奥威尔的小说《一九八四》所运用的心智控制术与中情局的一个心智控制计划联结起来，看法请见我所撰写的P. G. Zimbardo，"Mind Control in Orwell's 1984：Fictional Concepts Become Operatoinal Realities in Jim Jones' Jungle Experiment"收录于1984：*Orwell and Our Future*，eds. M. Nussbaum，J. Goldsmith，and A. Gleason（Princeton，NJ：Princeton University Press，2005）。针对琼斯镇作为中情局支持的实验，在Michael Meires的论文中有详尽说明，请见Michael Meires，*Was Jonestown a CIA Medical Experiment? A Review of the Evidence*（Lewiston，NY：E. Mellen Press，1968）.（Studies in American Religion Series，vol.35）。

37. 关于理查德.克拉克及黛安娜·路易的故事请见我和记者Dan Sullivan合撰的一篇文章：D. Sullivan and P. G. Zimbardo，"Jonestown Survivors Tell Their Story"，*Los Angeles Times*，March 9，1979，part4，pp. 1，10-12。

38. Brink，"Leaders and Revolutionaries"。

39. H. Arendt，*Eichmann in Jerusalem: A Report on the Banality of Evil*（rev. and enlarged edition）（New York：Penguin，1994［1968］）pp. 25-26.

40. 同前引书，第276页。

41. 同前引书，第252页。

42. C. R. Browning，*Ordinary Men: Reserve Police Battalion 101 and the Final Solution in Poland*（New York：HarperPerennial，1992），p. xix.

43. E. Staub，*The Roots of Evil: The Origins of Genocide and Other Group Violence*（New York：Cambridge University Press，1989），p. 126.

44. Z. Bauman，*Modernity and the Holocaust*（Ithaca，NY：Cornell University Press，1999）。

45. J. Conroy，Unspeakable Acts，*Ordinary People: The Dynamics of Torture*（New York：Knopf，2000）。

46. M. Haritos-Fatouros，*The Psychological Origins of Institutionalized Torture*（London：Routledge，2003）。

47. 英雄之举的平庸性概念第一次出现在津巴多为《2006年边缘年度问题》

（Edge Annual Question 2006）所写的一篇短文中，这是由 John Brockman 发起的年度活动，他邀请来自各领域的学者就一个刺激人思考的问题提出回答，该年的年度问题为"你的危险想法是什么？"请见 www.edge.org。

48. 请见 Francois Rochat and Andre Modigliani, "Captain Paul Grueninger: The Chief of Police Who Saved Jewish Refugees by Refusing to Do His Duty", in *Obedience to Authority: Current Perspectives on the Milgram Paradigm*, ed. T. Blass（Mahwah, NJ: Erlbaum, 2000）。

49. Stanley Milgram, *Obedience to Authority: An Experimental View*（New York: Harper & Row, 1974）. 也请见 Philip Zimbardo, Craig Haney, William Curtis Banks, and David Jaffe, "The Mind Is a Formidable Jailer: A Pirandellian Prison," *The New York Times Magazine*, April 8, 1973, pp. 36ff。

50. 将"服从者"和"反抗者"区别开的人格特质研究只找得到极少数有意义的预测项。在威权性格测验（F-Scale）中得分较高的人比较可能服从权威，而反抗者的测验分数则较低。请见 A. C. Elms and S. Milgram, "Personality Characteristics Associated with Obedience and Defiance Toward Authoritative Command", *Journal of Experimental Research in Personality* 1（1966）: pp. 282-289。

第二个可能影响服从与否的变项则是个人对生活的外控性影响力或内控性影响力的信念，那些接受自己的行为乃是受外在力量所控制的想法的人，服从性也较强。同样的心境下，在身为基督徒的实验参与者间，相信自己的生活乃由神掌舵的人服从性最强，而在对外在神圣力量控制信念的测验中得分较低的人则倾向否定科学以及宗教权威。请见 Tom Blass, "Understanding Behavior in the Milgram Obedience Experiment: The Role of Personality, Situations, and Their Interations", *Journal of Personality and Social Psychology* 60（1991）: pp. 398-413。

51. E. Midlarsky, S. F. Jones, and R. Corley, "Personality Correlates of Heroic Rescue During the Holocaust", *Journal of Personality* 73（2005）: pp. 907-934。

52. Carol S. DePino, "Heroism Is a Matter of Degree", *El Dorado Times*, 可上网查询，网址为 www.eldoradotimes.com/articles/2006/01/17/news/news6.tet。

53. Aleksandr I. Solzhenistyn, *The Gulag Archipelago, 1918-1956*（New York: Harper & Row, 1973）.

致　谢

　　本书由构思到实现，最后到以此形式出版，经历一段很长的旅程，不得到多方的协助实在无法完成。

　　一切要从1971年8月说起，我们在斯坦福大学计划、执行、分析这项监狱实验。此研究来自于一群选修监狱心理学的大学生报告，主导这研究计划的是戴维·贾菲，而戴维后来在斯坦福监狱实验中扮演典狱长。为了准备这项实验，也为了更了解囚犯与监狱工作人员的心理状态，并探索心理学本质在所有监狱实验中的关键点，我在斯坦福大学的暑期课程教授以上主题。与我合作的讲师是安德鲁·卡罗·普雷斯科特，先前在加州监狱长期服刑，刚刚获准假释；卡罗是我们"成人假释管理委员会"不可多得的顾问，也是强有力的领导者。两名研究所学生：科特·班克斯及克雷格·黑尼全心投入这特别实验中的每个环节。克雷格以这些经验为基石，如今已是心理学界与法学界的成功人士，大力提倡囚犯人权，并与我一同撰写了许多监狱制度相关主题的论文与文章。我非常感谢上述每位对此研究在理论与实务上的贡献，即使在研究完成多年之后亦如是。另外我要感谢每位自愿参与研究的大学生们，经过数十年，有些人还对此实验久未忘怀。如同我在文中所述，对于他们因实验而受到的后续影响及痛苦，我致上深深的歉意。

　　搜集已归档的监狱实验录像带，并将副本录像带转档为DVD

格式的责任，落到了肖恩·布鲁齐（Sean Bruich）以及斯科特·汤普森（Scott Thompson）身上；他们是两名优秀的斯坦福大学学生。除了强调这些数据中的重要情节之外，肖恩和斯科特也协助整合从各式各样研究搜集来的大量背景资料。

谭雅·津巴多（Tanya Zimbardo）及马里莎·艾伦（Marissa Allen）负责接下来的工作，组织并收集来自新闻剪报、我的笔记，以及各式各样文章广泛的背景资料。另一组来自斯坦福大学的学生则负责文献查询，工作非常熟练，特别是基兰·奥康纳（Kieran O'Connor）和马特·埃斯特拉达（Matt Estrada）。马特同时将我与伊万·弗雷德里克中士的录音访问转成可迅速理解的文字档。

我珍惜同僚与学生们在许多章节的第一、二次草稿中给予的回馈，其中包括：亚当·布雷肯里奇（Adam Breckenridge）、斯蒂芬·本克（Stephen Behnke）、汤姆·布拉斯（Tom Blass）、罗斯·麦克德莫特（Rose McDermott）及杰森·韦弗（Jason Weaver）。我特别感谢安东尼·普拉卡尼斯（Anthony Pratkanis）及辛迪·王（Cindy Wang）对最后一章"如何抵抗负面影响"提供的协助，同样感谢泽诺·佛朗哥（Zeno Franco）对"英雄主义"提供的心理学新观点。

我对于阿布格莱布与其他战区军事情势的了解，受益于海军士官长马西亚·德鲁里（Marcia Drewry），以及同时是军事心理学家的拉里·詹姆斯（Larry James）上校。道格·布雷斯韦尔（Doug Bracewell）不断提供我书中有关阿布格莱布两章主题的有用网上信息。加里·迈尔斯身为弗雷德里克中士的律师，不仅长期为这案件无酬服务，还提供我所需要的所有原始资料及信息，让我能理解案件复杂的背景。对于晚班值勤士兵因"有趣、好玩"所拍摄的"战利照片"中的性暗示，亚当·津巴多（Adam Zimbardo）

也分析得十分有见地。

我最要感谢的是鲍伯·约翰逊（Bob Johnson，与和我合撰心理学教科书 *Core Concepts* 的伙伴），鲍伯阅读了全部的原稿，并且不断提供宝贵意见以臻改进。萨沙·卢博米尔斯基（Sasha Lubomirsky）也致力于此，他整合鲍伯与罗斯·津巴多（Rose Zimbardo）教授的意见。罗斯是著名的英国文学教授，确保书中文句都适当地将我的信息传达给一般读者。感谢每一个以风度与智能完成此艰巨任务的伙伴。

也感谢兰登书屋的编辑威尔·墨菲（Will Murphy），他秉持谨慎的态度和多数编辑早已失去的技艺，勇敢地去芜存菁，保留最基本的主题。林恩·安德森（Lynn Anderson）与文森特·拉斯卡拉（Vincent La Scala）称职地展现出令人敬佩且精明的工作能力，总是持续且清楚地接受我的信息。约翰·布罗克曼（John Brockman）则是本书可以顺利出版的守护神。

最后，在夜以继日的写作之后，我疼痛的身躯又准备接受按摩治疗师来治疗了。来自旧金山微风治疗按摩中心（Healing Winds Massage）的杰里·休伯（Jerry Huber），以及古拉拉海洋Spa（Gualala Sea Spa）的安·霍林斯沃思（Ann Hollingsworth），都在我躲在西浪栖（Sea Ranch）写作期间，帮助我消除疲劳。

每位协助者、家人、朋友、同事与学生们，是你们让我将心中想法付诸文字、落笔成稿，最后出版成书，请接受我最诚挚的感谢。

菲利普·津巴多